BLE WYT TI RHWNG?

Cyflwynedig i Rhydian Llŷr,
Osian Rhun ac Eurgain Haf

Diolch i'r canlynol am eu cymorth gwerthfawr wrth
baratoi'r llyfr:

Gwasg y Lolfa (Lefi yn arbennig), Cwmni Recordiau Sain
(Menna Medi yn arbennig), Cwmni Recordiau Fflach (Aled yn
arbennig), Golwg, Gari Melville, Toni Schiavone, Rhys Mwyn,
Dan Bach, Dafydd Rhys, Llŷr Edwards, Johnny R, Emyr Pierce,
Gorwel Roberts, Dafydd Iwan a llu o gantorion a pherfformwyr
o bob oed.

Diolch yn arbennig i Pwyll ap Sion am lawer i awgrym
gwerthfawr.

Carwn gydnabod yn ddiolchgar gymwynas
Cyngor Celfyddydau Cymru yn fy ngalluogi i dreulio peth
amser yn canolbwyntio ar baratoi'r llyfr hwn.

Ffotograffau: Rolant Dafis, Peter Telfer, Stuart Ladd, Keith
Morris, Pat Pope, Marian Delyth, Sion Parri, Peter West,
Jeffrey Morgan

BLE WYT TI RHWNG?

Hanes canu poblogaidd Cymraeg
1980–2000

HEFIN WYN

Argraffiad cyntaf: 2006

Llun y clawr: Martin Roberts
Cynllun y clawr: Robat Gruffudd

Rhif Llyfr Rhyngwladol: 0 86243 800 4
Cyhoeddwyd, argraffwyd a rhwymwyd yng Nghymru
gan Y Lolfa Cyf., Talybont, Ceredigion SY24 5AP
e-bost ylolfa@ylolfa.com
gwefan ylolfa.com
ffôn (01970) 832 304
ffacs 832 782

... mae'n hen bryd cael gwared â'r duedd Gymreig i ddrwgdybio'r hyn sy'n ddinesig ac yn ddiwydiannol ac yn dorfol. Dyw'r pethau hyn – ddim yn fwy estron i Gymreictod nag i unrhyw ddiwylliant arall. Un o gryfderau Caerdydd yw'r cyfoeth o wahanol ddiwylliannau sy'n cyd-fyw yma, a'r modd y gall y naill ddiwylliant gyfoethogi'r llall a chyfranogi ohono. Yn sicr mae diwylliant sy'n bodloni ar yr hyn sy'n 'draddodiadol' a 'chynhenid', yn ddiwylliant sy'n darfod a chrebachu'n syniadol a chorfforol.

– Iwan Llwyd, *Sylw* (Rhif 1, Hydref/Tachwedd 1985)

Mae yna ormod o grwpiau gwerin 'anghreadigol a diflas' yn dysgu alawon traddodiadol allan o lyfr a'u chwarae nhw hyd syrffed. Ella eu bod nhw'n eu chwarae nhw'n dda iawn, ond be di'r pwynt os nad wyt ti'n neud rhywbeth newydd â nhw? Er enghraifft, ella fod yna grŵp o Gymru'n chwarae alaw Wyddelig, ond mae'n siŵr bod yna gant a mil o grwpiau o Iwerddon sy'n ei chwarae hi'n well na nhw. Mi fysa'n well iddyn nhw wneud rhywbeth mwy creadigol – newid y geiriau neu'r trefniant...

– Bob Delyn *aka* Twm Morys, *Golwg* (Cyfrol 3, Rhif 47, 9 Awst 1990)

Mae Cymru'n diodde o lagio diwylliannol. Mae'n ymddangos mai mynd dramor yw'r unig ffordd ymlaen – adre mae'r diwylliant yn cael ei dagu. Mae'r pethau sy'n cael eu gwneud yn Gymraeg yn cael eu gwerthfawrogi a'u deall tramor. Mae Cymru'n rhan o ddiwylliant cydwladol sy'n datblygu y tu allan i ddylanwad yr iaith Saesneg yn Ewrop. Gyda safle gre'r Saesneg yng Nghymru, y perygl yw, wrth gwrs, na fydd y Cymry yn sylweddoli hyn tan ei bod yn rhy hwyr. Mae digonedd o fandiau da yng Nghymru sy'n canu yn Gymraeg. Mi fyddai'n drueni mawr petai yna ddim bandiau yn fodlon (neu'n abl) i gigio mor galed â'r Anhrefn yng Nghymru a thramor. Rhan fach o ddiwylliant byw yw'r Anhrefn ac maen nhw wedi darganfod bod yna fodolaeth a datblygiad y tu allan i Gymru a thu hwnt i Loegr.

– Rhys Mwyn, *Golwg* (Cyfrol 3, Rhif 29, 4 Ebrill 1991)

Ond waeth heb â thrin cerddoriaeth bop fel Wil Cwac Cwac i bobol ifanc. Sawl gwaith sy'n rhaid dweud bod pop a roc yn rhyngwladol, yn croesi ffiniau, yn ddiwydiant a diwylliant ynddo'i hun? Nid tysen boeth mohono. Llwyddodd Yr Anhrefn i gael eu fideo ar slot roc BBC2 ac MTV flynyddoedd yn ôl – pam ddim defnyddio eidentiti od ac unigryw Gymraeg yr Eisteddfod i gyferbynnu â miwsig ref seicadelig, a threfnu Press Launch mwya gwreiddiol y flwyddyn i'r wasg bop ryngwladol?

– Rhiannon Tomos, _Golwg_ (Cyfrol 4, Rhif 47, 6 Awst 1992)

Nid methiant esthetaidd a achosodd ddiflaniad yr hen Sîn Roc Gymraeg, ond pwysau masnachol. Canlyniad ydoedd i ddau beth. Yn gyntaf, anallu aelodau dau fand Cymraeg gorau'r cyfnod, Y Cyrff a Ffa Coffi Pawb, i ennill y cyflog a'r sylw y teimlent eu bod yn eu haeddu. Oherwydd hynny fe benderfynon nhw ail-lansio'u gyrfaoedd yn Saesneg, ar newydd wedd y grwpiau Catatonia a Super Furry Animals, gan obeithio y byddai hynny'n gwneud iawn am y camwri. Yn ail, penderfyniad Ankst, prif label recordiau y diwydiant ieuenctid, i newid pwyslais o ddatblygu cerddorion, er mwyn hyrwyddo'r sîn Gymraeg yng Nghymru, i annog grwpiau i ganu yn Saesneg yn bennaf, gan obeithio cymell labeli mawr Lloegr i'w harwyddo.

**– Simon Brooks, _Diwylliant Poblogaidd a'r Gymraeg_
(Cyfres y Cynulliad, Y Lolfa,Talybont, 1998)**

Y gwir amdani yw bod ffyniant diwylliant poblogaidd i'r ifanc yn y Gymraeg yn ffenomen a fu bron yn unigryw ymysg cenhedloedd di-wladwriaeth Ewrop yn ystod y degawdau diwethaf. Ac mae'r ffaith ei fod wedi ffynnu i'r fath raddau yn union o dan gesail diwylliant Anglo-Americanaidd sydd wedi profi mor ddeniadol a deinamig ledled y byd, yn rhywbeth y gallwn ymfalchïo ynddo.

– Richard Wyn Jones, _Taliesin_ (Cyfrol 112, Haf 2001)

Cynnwys

Rhagair 9

Rhagarweiniad 12

Rhagair

Fel nifer fawr sy'n perthyn i'r un genhedlaeth â mi, dechreuais ymddiddori mewn canu pop Cymraeg yn fy arddegau cynnar. Dyma'r un cyfnod yn union â'r un a gychwynna'r ail gyfrol hon gan Hefin Wyn ar hanes y cyfrwng pop. Rwy'n cofio'r union adeg pryd y digwyddodd hyn. Clywed am y tro cyntaf 'O Lisa' gan Geraint Jarman a'r Cynganeddwyr (addasiad o un o ganeuon y Kinks) ar Radio Cymru. Nid oeddwn yn credu bod modd canu roc trwm yn y Gymraeg, ac roedd llais y bachgen ifanc yn gweiddi 'hefi metal' ar ddiwedd y trac wrth i seiniau aflafar gitâr drydan Tich Gwilym ddiflannu i'r pellter yn ychwanegu at fy anghrediniaeth. Onid tiriogaeth y canu pop Seisnig oedd hwn? O ganol dwndwr a chynnwrf Jarman dyma glywed wedyn gordiau agoriadol y faled bop glasurol honno, 'Pan Ddaw Yfory' gan Bando. Ni chredwn fod trefniannau soffistigedig a harmonïau cyfoethog yn bosib chwaith. Onid gorsafoedd radio America oedd yn chwarae pethau felly? Rhaid oedd cymryd y canu pop Cymraeg o ddifrif bellach!

Dyma'r cyfnod, felly, pryd yr aeddfedodd ein diwylliant poblogaidd mewn modd nas gwelwyd o'r blaen nac a welwyd byth ers hynny. Yng nghanol yr hunanhyder a'r beiddgarwch Cymraeg newydd roedd tensiynau a gwrthdaro yn mudlosgi dan yr wyneb. Crynhowyd y cyfnod yn addas iawn gan yr ysgolhaig Meic Llewellyn pan ddywedodd fod y 1990au yn amser o 'amrywiaeth a chreisis'.[1]

Fe gafwyd amrywiaeth a lluosogrwydd heb eu tebyg o'r blaen, fel pe bai pelydr o olau unlliw'r saithdegau wedi taro prism ar drothwy'r degawd newydd a'i rannu'n haenau amryliw dirifedi. Deuai canu pop Cymraeg nid yn unig o'r ffynonellau arferol, o ysgolion uwchradd Cymraeg, colegau a phrifysgolion Cymru, ond hefyd o'r tai cyngor, o gefn gwlad, o'r trefi glan-y-môr tawel, ac o grombil y dinasoedd mawr yn ogystal. Nid oedd wedi'i gyfyngu i'r filltir sgwâr arferol chwaith. Yn wir, wrth i'r Fro Gymraeg grebachu ac atomeiddio, diffiniwyd sain y cyfnod y tu hwnt i'w ffiniau arferol. Nid Cymry a fagwyd ar aelwyd y capel a'r Eisteddfod a ymddiddorai mewn canu pop bellach, ond Cymry di-Gymraeg a Saeson o ddinas Caer i Gaerdydd. Daeth canu yn Gymraeg yn ffasiynol hyd yn oed ymysg rhai na allai siarad yr iaith!

Lle'r arferai Pafiliwn Corwen a Blaendyffryn fod yn Fecca i gefnogwyr y sîn, troediai ein cantorion pop lwybrau dieithr ymhellach o'u cynefin, o Fricston at Brâg. Nid oedd y diwydiant recordio wedi'i fonopoleiddio chwaith gan yr un cwmni, yr un weledigaeth na'r un sain. Cododd labeli annibynnol fel madarch o bob cwr o'r wlad (a thu hwnt) gan ychwanegu at y cynnydd, y galw a'r amrywiaeth. Ac roedd digon o inc wedi'i golli wrth drin a thrafod y cynnyrch hefyd, fel y tystia'r stôr helaeth o ddyfyniadau a gynhwysir yn y gyfrol hon, o ddudalennau *Sgrech*, *Sothach*, *Barn*, *Golwg*, y *Cymro* a'r *Faner*, ynghyd â'r nifer helaeth o ffansîns Cymraeg a gyhoeddwyd tua'r un adeg.

Oedd, roedd y canu pop wedi dod i oed. Ond fe brofwyd gwewyr a chreisis hefyd. Cysylltid y cyfrwng yn ddiwahân â'r iaith Gymraeg, ac roedd canu yn yr iaith honno yn ddatganiad gwleidyddol, gwrthsefydliadol ynddo'i hun. Anodd oedd gwahanu'r elfennau hyn. Peidied ag anghofio bod y canu poblogaidd wedi datblygu yng nghysgod dau ddigwyddiad gwleidyddol mwyaf tyngedfennol hanes ein cenedl yn y cyfnod diweddar. Cynhaliwyd yn ystod chwarter olaf y ganrif ddau refferendwm i benderfynu a ddylid datganoli grym o San Steffan i Gaerdydd. Penderfynwyd na ddylid y tro cyntaf. Ond rhywsut fe lwyddwyd i daro'r maen i'r wal gyda'r ail gynnig. Heb amheuaeth bu'r canu pop yn fodd i godi ymwybyddiaeth o Gymreictod a hunaniaeth y genedl yn ystod y cyfnod *interim*. Os oedd methiant refferendwm '79 a llwyddiant '97 yn faromedr ar gyfer mesur llanw a thrai y diwylliant poblogaidd, nid felly y bu. Yng nghanol cyni ac ysictod Thatcheriaeth yn ystod yr 80au fe flodeuodd y canu pop Cymraeg. Ond ym merw buddugoliaeth 'Ie Dros Gymru' 18 Fedi 1997 clywid clychau difodiant y diwylliant pop yn canu yn y pellter. Anodd fyddai adrodd hanes canu pop yr iaith Gymraeg ar ôl iwfforia Medi '97 heb sôn am ganu *Cymreig* hefyd, y tŷ hanner ffordd yna rhwng y Gymraeg a'r Eingl-Gymreig. Trwy golli'r iaith fe gollwyd gafael ar hunaniaeth hefyd. Wfftiwyd y syniad mai unig swyddogaeth canu pop oedd sicrhau parhad yr iaith. Yn hytrach, gwelwyd fod yr elfen radical wleidyddol yn hongian fel math o albatros am wddf y canu pop. Nid parhad yr iaith oedd yn bwysig mwyach ond parhad y freuddwyd roc a rôl. Oedd, roedd angen cymryd y byd pop o ddifrif, ond yr oedd rhai fel pe baent wedi cymryd y peth yn rhy llythrennol; yn credu mai'r unig ffordd ymlaen oedd drwy ehangu eu hapêl tu hwnt i ffiniau'r wlad. Nid math o ddefod newid byd rhwng ieuenctid ac aeddfedrwydd swydd dosbarth- canol oedd canu pop bellach, ond ffordd o ennill bywoliaeth.

Y gwir amdani oedd fod y ffiniau'n chwalu yma yng Nghymru fel yn achos wal Berlin ar drothwy'r 90au. Ni ellid diffinio canu pop mewn termau amlwg iaith, cefndir, dosbarth, hil, cenedl na daearyddiaeth bellach. Diflannai'r atebion sicr i'r cwestiynau hyn wrth ddilyn hynt a helynt grwpiau poblogaidd yr wythdegau hwyr a'r nawdegau cynnar. Roedd ein hunaniaeth yn llawn paradocsau yn ôl cân y Jecsyn Ffeif 'Wyf Gymro'. A hyd yn oed pe baen ni'n ceisio ateb y cwestiwn 'pwy ydym?', mwy perthnasol fyddai gofyn yn hytrach, 'ble'r wyt ti rhwng?'. Daeth y canu pop felly yn fynegiant sgitsoffrenig mewn byd llawn ystyron lluosog. Bodolai yn y gofod rhywle rhwng y traddodiad cynhenid a'r amlddiwylliannau eraill. Rhwng y sîn a'r *scene*. Ymgyrraedd tuag at y man canol yna, dyna oedd y nod. Ni fyddai pethau byth yr un fath eto.

Pwyll ap Siôn, 2006

Rhagarweiniad

Diffinio ei berthynas ag S4C a Radio Cymru oedd hynt y diwylliant roc Cymraeg yn ystod y rhan helaethaf o'r 80au. Mawr oedd y disgwyliadau wrth i'r naill sefydlu ei hun a'r llall ymestyn ei oriau darlledu ar gyfer yr ifanc. Heidiodd llawer o ieuenctid creadigol i weithio i'r cyfryngau. Wrth iddynt ymsefydlu yng Nghaerdydd ac arddangos tystiolaeth o'u henillion bras fe gododd eiddigedd ei ben. Yn eu hanaeddfedrwydd credai carfan o bobl mai hybu'r diwylliant Cymraeg yng nghadarnleoedd yr iaith oedd byrdwn y diwylliant roc Cymraeg a bod y sawl a uniaethai ei hun â 'chyfryngis Caerdydd' yn gyfystyr â 'bradwr'.

Roedd eraill yn eiddigeddus am eu bod yn ddi-waith ac yn awyddus i gael tafell o'r gacen hufennog am eu bod yn cyfrannu at y sîn roc Gymraeg. Ceid sylwadau cyson nad oedd y cyfryngau, ar y naill law, yn rhoi sylw teilwng i'r canu roc a'u bod, ar y llaw arall, yn ei gwneud hi'n rhy hawdd i grŵp oedd newydd gael ei sefydlu ymddangos ar y teledu a chael sesiynau ar y radio. Mae'n debyg mai dyna hynt unrhyw sefydliad darlledu sydd ar ei brifiant ac yn ceisio canfod ei ffordd trwy'r drysni wrth wasanaethu diwylliant lleiafrifol.

Do, cafwyd rhibidirês o gyfresi'n ymwneud â cherddoriaeth roc. Diflannodd enwau'r rhelyw i ebargofiant ond erys un. Profodd *Fideo 9* yn gefndeuddwr am y modd yr arloesodd trwy lunio fideos i gyfleu naws caneuon yr artistiaid ac am y modd y swcrodd y grwpiau a'r artistiaid hynny oedd o ddifrif ynghylch eu crefft. Eddie Ladd, â'i chudyn gwallt ar ei thalcen, oedd wyneb y rhaglen a Geraint Jarman a Dafydd Rhys oedd y symbylwyr.

Roedd yna raglen arall ac eicon arall hefyd a gyfleai naws yr 80au. Cyflwynai Huw 'Bobs' Pritchard *Wplabobihocdw* ar Radio Cymru. Mae'n rhaid i ddiwylliant mor gyfnewidiol â'r diwylliant roc wrth eiriau o'r tu hwnt i'r geiriadur i gyfleu ei naws o bryd i'w gilydd. Ystyr 'wplabobihocdw' yw 'clatsho arni gered, gwlei'. A dyna a wnâi Yr Anhrefn, lladmeryddion y byd tanddaearol, na hidient ryw lawer am sylw ar S4C a Radio Cymru. Fe wydden nhw na cheid yr un chwyldro ar deledu na radio. Gellid gigio yn Llundain ac ar y cyfandir yn enw 'roceictod'.

A doedd *Wplabobihocdw* ddim yn rhaglen i'w cholli yn ôl Meg Elis: 'Cynhyrfus, dadleuol, perthnasol, anghysurus (os ydech chi'n perthyn i MI5 neu'r Blaid). Werth gwrando 'tae ond er mwyn clywed Elwyn Jones yn mynd i dop y caets ac yn datgelu gwir natur ei Dorïaeth. Hyn oll a Bobs a miwsig hefyd! Beth mwy all rhywun ei ddymuno?'.[1] Roedd y Bobs ei hun, yn ôl y blyrb swyddogol, yn cynnig 'rhagfarnau, bratspîc a narsistiaeth bwriadol – a chymryd grwpiau pop o ddifrif'.

Wrth i artistiaid eraill fwrw ati i chwennych sylw a meithrin dilynwyr y tu fas i Gymru, profodd nifer o ffactorau'n ffrwythlon o ran sicrhau llwyddiant a chydnabyddiaeth i grwpiau o Gymru ar lwyfan byd-eang. Ar ôl i'r Cyrff a Ffa Coffi Pawb chwalu roedd Mark Roberts a Gruff Rhys am fentro perfformio'n Saesneg am nad oedd hi'n bosib gwneud bywoliaeth o ganu'n Gymraeg yn unig, ac am nad oedd dim pellach i'w gyflawni, yn eu tyb hwy, o barhau i gyfyngu eu hunain i berfformio'n Gymraeg. Ffurfiwyd Catatonia a'r Super Furry Animals ac ar sail cytundebau recordio hael daeth llwyddiant masnachol byd-eang i'w rhan erbyn diwedd y 90au.

Roedd y bechgyn rheiny o'r Cymoedd, y Manic Street Preachers a'r Stereophonics, hefyd yn cyfrannu at y ddelwedd o 'Cŵl Cymru' a grëwyd gan newyddiadurwyr y *New Musical Express*. Aelod o staff yr wythnosolyn oedd Iestyn George o Abertawe, un o gyfoedion ysgol rhai o aelodau Catatonia. Cydweithiwr iddo yntau oedd Steve Lamacq, a fu'n dyst i weithred hunanddinistriol Richey Edwards o'r Manic Street Preachers yn creithio ei fraich â min rasel i brofi ei fod o ddifrif ynghylch ei ddiflastod. Roedd Cymru'n sydyn yn haeddu sylw.

Doedd dim swildod yn perthyn i Cerys Matthews, lleisydd Catatonia, naill ai ar lwyfan nac oddi arno. Diolchai i Dduw ei bod yn Gymraes bob bore pan ddihunai. Hawliai fodfeddi lu o golofnau yn gyson yn y papurau hylaw. Roedd cyflwynwyr radio, ac nid y bythol gefnogol John Peel yn unig, yn dwli ar grwpiau o Gymru. Pleidleisiodd etholwyr Cymru, o drwch blewyn, dros sefydlu Cynulliad ym Mae Caerdydd. Peidiodd y stereoteip o Gymro twp a thaeog a welid trwy lygaid Llundeinig. Roedd y grwpiau Cymreig yn gynyddol hyderus eu Cymreictod. Ond roedd yna dyndra.

Doedd pawb ddim yn cymeradwyo tuedd grwpiau Cymraeg i ystyried eu hunain yn grwpiau dwyieithog a gosod nod o chwennych llwyddiant yn y byd Saesneg. Penderfynu peidio â pherfformio yn yr iaith fain wnaeth y genhedlaeth gynt er mwyn rhoi bri a balchder i'r Gymraeg. I rai roedd y duedd i arddel dwy iaith yn dad-wneud ymdrechion y gorffennol ond i eraill roedd cyflwyno diwylliant Cymraeg ar lwyfan ehangach yn arwydd o hyder a chryfder. Ni ellid ond ennill, meddid, hyd yn oed trwy dorri rheol Gymraeg yr Eisteddfod Genedlaethol.

Chwalwyd byd cysurus y sîn roc Gymraeg. Disodlwyd merddwr a diffyg cyfeiriad gan gynnwrf ac ansicrwydd cyffrous. Ni ellid gofyn i'r un artist yr hen gwestiwn cyfarwydd 'o ble wyt ti'n dod?'. Doedd hynny ddim yn berthnasol mwyach am fod y gorffennol, gyda'i waseidd-dra a'i fethiannau, wedi ei hepgor. Ni ellid gofyn chwaith 'i ble wyt ti'n mynd?' am na wyddai neb i sicrwydd. Yr unig gwestiwn y gellir ei holi o hyd ac o hyd, fel y dywed teitl un o ganeuon y Super Furry Animals, yw 'blewytirhwng?'. Ai'r diwylliant Cymraeg ynteu'r diwylliant Saesneg Eingl-Americanaidd sy'n rheoli? Ydi hi'n bosib cyfrannu at y ddau a chynnal a diogelu'r diwylliant lleiafrifol ar yr un pryd? Ydi hi'n bosib bodoli rhwng y ddau heb ddamsang ar y cynhenid? Oes rhaid bwrw'r coelbren y naill ffordd neu'r llall yn y pen draw?

Wplabobihocdw blewytTIrhwng?

Hefin Wyn, 2006

1 / Sefydlu'r Sianel

Roedd nos Lun, Tachwedd 1, 1982 yn noson arwyddocaol yn hanes y genedl Gymreig. Honno oedd noson lansio Sianel Pedwar Cymru – y sianel deledu Gymraeg – o dan ofal Owen Edwards, y prif weithredwr cyntaf. Roedd yntau'n etifedd gwaddol Cymreictod diwylliannol nodedig Coed-y-pry, Llanuwchllyn.

Arloesodd ei daid, Syr O M Edwards, trwy gyhoeddi, golygu ac ysgrifennu llu o lyfrau, cylchgronau a chyfresi poblogaidd a hawdd eu darllen yn y Gymraeg. Defnyddiodd y sail a osodwyd gan yr Esgob William Morgan pan gyfieithodd y Beibl i ymestyn rhychwant deunydd darllen yn y Gymraeg ar gyfer cenedl yr ystyrid ei bod yn llengar. Roedd ei dad, Ifan ab Owen Edwards, wedi sefydlu mudiad Urdd Gobaith Cymru yn ogystal â'r ysgol gynradd gyntaf Gymraeg ei chyfrwng. Gwelodd yr angen i ffurfio mudiad a fyddai'n cyfannu ieuenctid Cymru ar sail hwyl yr iaith a gweithgareddau diwylliannol yn ogystal â chyfundrefn addysg Gymraeg ei chyfrwng os oedd y Gymraeg i chwarae ei phriod le ym mywyd y genedl.

Yn yr olyniaeth yma y disgwylid i'r sianel hithau, dan arweiniad y mab a'r ŵyr, roi ffocws o'r newydd i'r Gymraeg a'r bywyd Cymraeg, a hynny ar sail cyfnod o tua 40 mlynedd o gynhyrchu rhaglenni radio a theledu Cymraeg amrywiol. Roedd Sam Jones a'r Dr Meredydd Evans ymhlith yr arloeswyr cynnar o safbwynt creu rhaglenni adloniant oedd yn adlewyrchu hwyl a dawn gynhenid y Cymry. Yn yr un modd, roedd yna Gymry Cymraeg wedi magu profiad o weithio ar raglenni Saesneg, wedi eu cynhyrchu y tu hwnt i Gymru, y gellid eu denu nôl, a byddai'n rhaid dibynnu ar ragoriaeth gwŷr camera a thechnegwyr di-Gymraeg di-ri. Dyna wirionedd yr amgylchiadau.

Wrth i'r grŵp gwerin Ar Log ganu ein halawon gwerin ar ein sgriniau y noson hanesyddol gyntaf honno, gormodiaith fyddai dweud bod disgwyl i'r Sianel 'achub' y Gymraeg yn y modd y bu Beibl William Morgan yn gyfrwng i'w diogelu am bedair canrif. Roedd yna wasgfeydd amrywiol eraill hynod o bwerus yn milwrio yn erbyn y Gymraeg nad oedden nhw'n bod yn y 16eg ganrif a'r canrifoedd dilynol. Ond er y cwymp i 20% (tua 500,000 o'r boblogaeth) yng nghanran y nifer a fedrai'r Gymraeg roedd yna obeithion ynglŷn â'i goroesiad.

Bu ymgyrchu dygn i sefydlu'r sianel. Carcharwyd ieuenctid o rengoedd Cymdeithas yr Iaith Gymraeg a bu academyddion blaenllaw, gan gynnwys y Dr Meredydd Evans, yn herio cyfraith ac awdurdod trwy amharu ar drosglwyddydd. Doedd gan y wladwriaeth mo'r weledigaeth i gynnig sianel Gymraeg o'i phen a'i phastwn ei hun fel cam naturiol er mwyn cynnal iaith fyw. Cyhoeddodd Llywydd Plaid Cymru, Gwynfor Evans, ei fod yn barod i gyflawni'r aberth eithaf sef ymprydio hyd farwolaeth er mwyn sefydlu'r sianel.

Gwyddai'r wladwriaeth Seisnig, o hir brofiad wrth geisio diogelu cortynnau'r ymerodraeth, bod delio â gweithredu di-drais yn anos na delio â gweithredu treisgar. Gellid ymateb i drais, pe raid, trwy ddefnyddio holl rym treisgar y wladwriaeth. Doedd dim amau bwriad na didwylledd y tyfwr tomatos o Langadog yn Nyffryn Tywi. Haws oedd ildio cyn iddo ddechrau ymwrthod â bwyd na delio â'r anhrefn sifil fyddai'n rhwym o ddigwydd pe rhoddid cyfle i Gwynfor weithredu ei ewyllys. Byddai eraill yn efelychu'r gŵr unplyg ac mae'n debyg y byddai'r gweithredu'n cynyddu fel caseg eira.

Swm pitw o arian fyddai'r miliynau o bunnau y byddai eu hangen yn flynyddol i gynnal y sianel o gymharu â'r biliynau y byddai eu hangen yn flynyddol i gynnal trefn yn wyneb y gweithredu torfol tebygol. Byddai gwrthod bwyd, a hynny'n gyhoeddus yn hytrach na thu ôl i farrau carchar, yn arf na fedrai gwladwriaeth ei orchfygu a chadw cefnogaeth gwerin gwlad yr un pryd. Doedd yr un swm o arian yn ormod i osgoi creu merthyron.

Cyn hynny roedd y gwasanaeth teledu Cymraeg yn bytiog ac wedi ei rannu rhwng y ddwy brif sianel a wasanaethai Gymru: BBC Cymru a HTV Cymru. Nawr byddai rhaglenni Cymraeg yn cael eu darlledu ar yr oriau brig yn feunosol, oll ar yr un sianel. Byddai'r arlwy yn cwmpasu rhychwant o raglenni gan gynnwys comedi, materion cyfoes, chwaraeon, newyddion, deunydd nodwedd ac adloniant. Ar yr un pryd, rhaglenni Saesneg Channel 4 fyddai'n cael eu darlledu weddill yr oriau ac ychydig iawn o hysbysebion Cymraeg a glywid ac a welid rhwng y rhaglenni Cymraeg.

Ond Tachwedd 1, 1982 oedd noson gyntaf yr 80au o ran adloniant Cymraeg. Roedd yna ddyheu am weld cychwyn cyfnod newydd cyffrous. Ar yr un noson lansiwyd cyfres o raglenni hwyr y nos ar Radio Cymru yn apelio at ieuenctid dan arweiniad Geraint Davies, cyn-aelod o'r grŵp Hergest, a oedd yn gyfrifol am eu cynhyrchu. Dros y blynyddoedd nesaf byddai'r ddau gyfrwng yn cynnig cyfle a gwaith i ieuenctid Cymraeg creadigol.

Amcangyfrifid ar y pryd ei bod yn costio tua £40 miliwn i gynnal y sianel yn flynyddol – ffaith na fyddai'r bychanwyr fyth yn colli cyfle i'w chrybwyll. Hon oedd y sianel deledu ddrutaf yn y byd i'w chynnal o ystyried maint ei chynulleidfa yn ôl tiwn gron Patrick Hannan, un o'r sylwebyddion gwleidyddol Cymreig. Doedd y sinigiaid, na allent fwynhau arlwy'r sianel ddim yn barod i dderbyn na ellid gwerthuso cynnal diwylliant lleiafrifol yn nhermau arian sychion.

Waeth faint oedd cost paratoi rhaglenni fe fyddai cyfran o'r arian yn cyrraedd pocedi'r ieuenctid hynny oedd yn ymwneud ag adloniant, naill ai fel ffioedd am ymddangos ar raglenni neu fel cyflogau am weithio o fewn y diwydiant. Nid pregethwyr ac athrawon yn unig fedrai fyw'r Gymraeg fel modd o ennill bywoliaeth bellach. Gellid ennill cyflogau bras yn gydnabyddiaeth am grefft a disgyblaeth o fewn cyfrwng cyffrous a oedd yn datblygu'n barhaus. Crëwyd diwydiant a swyddi ar gorn yr iaith.

Ond nid y sianel oedd alffa ac omega'r byd adloniant. Ar un olwg roedd yna gyfle i arbrofi, i adlewyrchu ac i greu, ac fe fyddid yn gwneud hynny. Ystyrid sefydlu'r sianel yn fuddugoliaeth ar ôl siom methiant y refferendwm ar ganiatáu mesur o ddatganoli gwleidyddol i Gymru dair blynedd ynghynt. Cynigiai obaith a chyfle i fod yn greadigol wrth adlewyrchu a chyflwyno bwrlwm adloniant. Dyma gyfle i ffrwyno egni oedd mewn perygl o'i ddihysbyddu o weithio mewn meysydd eraill, boed o ran cynnal gweithgarwch yn yr hyn a oedd yn weddill o'r broydd Cymraeg neu o ran gwleidyddiaeth ymarferol o fewn rhengoedd mudiadau gwladgarol.

Roedd hi'n dal yn rhy gynnar i lwyr fesur effaith cyflafan 1979 ar feddylfryd y Cymry ifanc creadigol. Cymaint oedd ymchwydd y byd roc Cymraeg ar ddiwedd y 70au nes ei fod yn dal i fynd yn ei flaen yn ei nerth ei hun. Hwyrach bod yna arwyddion o'r merddwr oedd i ddod ond ar y cyfan roedd afiaith cynhenid ieuenctid yn ei gynnal. Doedd yr ifanc ddim yn debyg o roi'r gorau i'r freuddwyd dros nos. Sôn am 'yr hollalluog Roc' yn disodli pob dim arall ym mywyd yr ifanc a wnâi pryddest arobryn Siôn Aled yn Eisteddfod Maldwyn a'i Chyffiniau 1981. Hwyrach nad oedd y trwch ohonyn nhw'n gosod eu ffydd mewn newid trwy flwch pleidleisio beth bynnag, ac felly nid oedden nhw wedi cael eu dadrithio gan ddifaterwch y Cymry hŷn ar Ddydd Gŵyl Dewi 1979. Ac onid oedd S4C yno fel canllaw i gario mlaen? Dim ond ymhlith y mwyaf miniog eu crebwyll o blith y perfformwyr ifanc y byddai crynodeb Dr John Davies o ymateb ei gyd-haneswyr wedi taro tant:

> Haerwyd bod strategaeth ugain mlynedd – yn wir, strategaeth gwladgarwyr Cymreig er cyfnod Cymru Fydd – wedi mynd i'r gwellt. Aeth Gwyn A Williams ymhellach, gan ddatgan bod y Cymry yn 1979 'wedi ysgrifennu *finis* ar bron i ddau gan mlynedd o hanes Cymru'; ceid rhai a aeth ymhellach fyth, gan ddadlau nad trobwynt eithr diweddglo'r hanes hwnnw oedd pleidlais 1979. Fe'i dehonglwyd fel buddugoliaeth yn erbyn Cymreictod, fel datganiad fod y syniad o genedligrwydd y Cymry'n annerbyniol i'r mwyafrif ohonynt. 'Na thwyllwn mo'n hunain' ysgrifennodd Hywel Teifi Edwards 'roedd ymgyrch y negyddwyr yn ei hanfod yn ymgyrch yn erbyn hunaniaeth y Cymry'. Dadleuodd y dadansoddwyr gwleidyddol fod proses o *acculturation* ar droed, a bod Cymru'n cael ei meddiannu nid yn unig gan werthoedd gwleidyddol Lloegr ond gan ei gwerthoedd diwylliannol a chymdeithasol yn ogystal.[1]

Ofer dyfalu beth fyddai wedi digwydd petai'r bleidlais ar ddatganoli wedi bod yn gadarnhaol a mesur o ymreolaeth wedi ei ganiatáu. Chwilfrydedd oriau segur haneswyr yw tasgau o'r fath. Dengys profiad yn gynnar yn y filrif newydd, ar ôl sefydlu Cynulliad gyda phwerau cyfyng, na fyddai'r broses wedi bod heb ei phoenau a'i phangfeydd. Ond teg credu y byddai yna hyder o'r newydd i'w harneisio petai hynny ar y gweill yn gynnar yn yr 80au.

Beth bynnag, tra roedd babi newydd S4C yn ei grud yng Nghaerdydd, beth oedd yn digwydd yn y priffyrdd a'r caeau ledled Cymru'r dwthwn hwnnw? Ychydig wythnosau cyn lansiad S4C bu camerâu teledu yng Nghrymych yn ffilmio noson a gynhaliwyd gan Rocyn, Y Diawled ac Ail Symudiad fel rhan o Ŵyl Bro Preseli, ar gyfer un o raglenni'r sianel newydd. Ar y pryd anodd oedd osgoi clywed y gân 'Sosej, Bîns a Chips' ar raglenni radio. Bois o Grymych yn arddel athroniaeth o 'joio bowyd' oedd Rocyn, dan arweiniad Jim O'Rourke, swyddog maes gydag Urdd Gobaith Cymru yn Sir Benfro ac un o'r 'down belows' a benderfynodd ddysgu Cymraeg pan oedd yn fyfyriwr yn Aberystwyth. Rhan o'r joio oedd gwrando ar Jim yn defnyddio'r geiriau anghywir yn fynych a neb yn beiddio ei gywiro rhag colli perlau eraill. Pan fyddai'r mwyafrif wedi bod ar eu gwyliau ar 'y cyfandir' fe fyddai Jim wedi bod ar 'y cyfiawnder'! Doedd yna ddim syllu myfïol ar fogeiliau eu gitarau yn perthyn i'r bechgyn ar lwyfan. Mae'n werth chweil chwilio am gasét o eiddo'r grŵp, *Yn Fyw yn Tŷ Puw*. Cofio'r gân 'American Express' wedyn?

Grŵp o'r un stabal oedd Y Diawled, yn ceisio cynnal agwedd oedd yn cyfleu rhyfyg ac arswyd eu henw mewn arddull roc trwm. 'Shw Mae Siapus?' oedd y gân o eiddo'r grŵp fyddai'n cynhyrfu'r torfeydd, yn cael ei chanu gan Kevin Davies, a fyddai'n ddiweddarach yn datblygu'n gyflwynydd radio a theledu; y rhaglen gwis *Jacpot* ar S4C roes iddo ei enw canol. Roedd 'Llinos Mewn Lledr Du' yn dipyn o ffefryn hefyd. 'Grŵp Mwyaf Addawol 1982', yn ôl darllenwyr y cylchgrawn *Sgrech*, oedd Y Diawled.

Yn ôl llawer roedd clindarddach cerddoriaeth roc trwm yn gyfystyr â sŵn ansoniarus haid o berchyll yn sgrechen o dan styllod iet. Doedd yna fawr o sylwedd i'r gerddoriaeth ac felly doedd dim cyfle i ymateb trwy ddefnyddio'r pum synnwyr. Y riffs gitâr a'r lambastio drymiau'n ddidrugaredd oedd yn cyfrif yn hytrach na'r geiriau neu'r alaw. Bron y gellid dweud ei bod yn rheidrwydd i lenwi eich bol a'ch ymennydd â chwrw er mwyn dioddef y sŵn.

Torri ei gŵys ei hun a wnâi'r grŵp Ail Symudiad o Aberteifi, ar y llaw arall, trwy gyflwyno rhibidirês o ganeuon byr a chwyrci ar amrywiol bynciau. Richard Jones oedd cyfansoddwr caneuon gafaelgar megis 'Edrych Trwy y Camerâu' a 'Ffarwel i'r Fyddin'. Dyma'r adeg y cyhoeddwyd record hir gyntaf y grŵp, *Sefyll ar y Sgwâr* (Sain 1240M), yn dilyn cyfres o recordiau byr ar label Sain a label y grŵp ei hun, Fflach. Ar wahân i'r 'Cymry am Ddiwrnod' naw munud o hyd, caneuon bocs matsys oedd y gweddill ar y record. Recordiwyd llais unigol y brif gân a roes deitl i'r record 16 o weithiau a gosod y recordiadau ar ben ei gilydd er mwyn creu'r effaith. Roedd sentiment 'Sefyll ar y Sgwâr' recordiau a oedd yn sôn am aros yn y fro yn hytrach na mentro i'r ddinas, yn taro tant.

O wrando ar ganeuon fel 'Garej Paradwys', 'Lleisiau o'r Gorffennol' a 'Geiriau' roedd yn amlwg bod gwell eto i ddod o enau'r cyfansoddwr enigmatig a'r lleisiwr aneglur ond effeithiol, Richard Jones. Ei frawd Wyn, Robin Davies a Robert Newbold yn chwarae'r drymiau oedd yr aelodau cynnar. Byddai'r daith 'Symud Trwy'r Haf' yn chwyddo poblogrwydd Ail Symudiad.

Yn y Dixieland, Y Rhyl, ar y nos Sadwrn cyn lansiad S4C roedd Rhiannon Tomos a'r Band, Urien a Disgo'r Ddraig yn diddori'r dyrfa.

Erbyn hynny roedd y ddynes benddu wedi bwrw o'r neilltu unrhyw abwth a deimlai o ddarllen sylwadau adolygydd yn arddel yr enw Gwynfor Plwm wrth dafoli'r record sengl *Gormod i'w Golli/Cwm Hiraeth* (Sain 78S) ar dudalennau'r cylchgrawn misol *Barn*:

> ... anodd yw peidio â theimlo bod y crygni yn y llais yn annaturiol, ac yn anffodus y crygni sy'n sefyll allan. Heb hwnnw mae pethau'n well. Ar ei waethaf mae'r crygni'n swnio fel Janis Jipsan pan fyddai Sarjant Macloud yn ei hebrwng allan o'r Ship ar flaen ei seis twelves... Trueni am y crygni. Dyma, mae'n debyg, sydd wedi camarwain rhai i'w galw'n Janis Joplin Cymru. Trueni – o dan y crygni y mae llais da yn llechu.[2]

Esboniwyd mai cardotwraig o ardal Caergybi fyddai'n canu ar y strydoedd ar nos Sadwrn oedd Janis Jipsan.

Cododd mater 'crygni'r llais' ei ben eto ymhen deufis yn yr un cylchgrawn. Beatrice Hughes Jones o Bontcanna yng Nghaerdydd oedd yn llythyru y tro yma, yn yr un cywair unwaith yn rhagor:

> ... bydd llais Rhiannon Tomos fel melin goed efo dolur gwddf ymhen dim, os na roddith hi'r gorau i sgrechian a thuchian fel gwter cownsil orlawn.[3]

Ni welwyd enw'r ddynes o dan yr un llythyr yn y wasg na chynt nac wedyn. Doedd hi ddim yn arfer gan y cylchgrawn uchel-ael gyhoeddi llythyrau o'r fath a fyddai'n rheitiach eu gweld ar dudalennau'r cylchgrawn pop *Sgrech*. Yn wir, doedd *Barn*, yr adeg honno, ddim yn rhoi'r sylw dyladwy i'r diwylliant roc. Ni fyddai 90% o'r darllenwyr erioed wedi mynychu gig Rhiannon Tomos a'r Band. Y golygyddion ar y pryd oedd y brodyr Gwynn ac Ifor ap Gwilym ac Alan Llwyd.

Ond ar dudalennau *Sgrech* cafodd Rhiannon a'i llais 'cryg' sylw haeddiannol, hyd y gellid credu mai mater o glod oedd y gymhariaeth â Janis Jipsan. Nid 'Gwynfor Plwm' a 'Beatrice Hughes Jones' (y naill yn perthyn i Mici Plwm a'r llall yn perthyn i Emyr Huws Jones o bosib) oedd yr unig rai i gael eu cythruddo gan berffformiadau amrwd ond egnïol Rhiannon. Wrth agor ei adolygiad o'r record hir *Dwed y Gwir* (Sain C832) cyfeiriodd Steve Eaves at effaith ei hymddangosiad ar raglen deledu ar griw o hen gonos Cymreig:

> Tybed faint o Sgrechwyr fu'n gwylio *Rhaglen Hywel Gwynfryn* ar b'nawn Sul, Ionawr 17, a gweld y dernyn bach o ffilm tua diwedd y rhaglen yn dangos Rhiannon Tomos a'r Band yn canu 'Gwerthu F'enaid i Roc a Rôl'? Dim ond rhyw ddau funud cwta o ffilm a ddangoswyd, ar ddiwedd rhaglen sych o sgwrsio

mynwentol ynghylch cerddoriaeth neis-neis, ond er byrred oedd y cipolwg ar Rhiannon a'r hogia, mi oedd yn ddigon i chwythu anadl einioes i'r trafod ac ysbrydoli'r Fns. Phyllis Kinney i ddeud y drefn yn danllyd am y fath dwrw anghymedrol, anghelfydd, aflafar ac anghymreig! Ac wrth ei chlywed yn bwrw drwyddi felly, mi ddaru mi brofi rhyw ymchwydd braf o falchder yn fy mron. Ia, balchder – am fod clywed ambell hen gono'n rhoi ei lach ar ein canu cyfoes mwyaf cyffrous yn arwydd sicr o'i lwyddiant rywsut, a'i annibyniaeth herfeiddiol.[4]

Doedd yna'r un ddynes Gymraeg wedi perfformio â'r fath angerdd ac afiaith ers i Ann Griffiths, un o'n heiconau crefyddol, ganu ei hemynau hithau ddwy ganrif ynghynt. Roedd gwrthrychau emosiwn y ddwy yn wahanol ond nid felly eu taerineb. Steve Eaves sy'n crisialu rhagoriaeth Rhiannon Tomos:

> Mae hi ar ei gorau yn 'Sdim Digon I'w Gael', yn stumio'i llais yn wych o rywiol wrth ailadrodd llinell y cytgan. Sgyrnygu'r geiriau'n fwy cryg a wna yn 'Cer â Hi', 'Rosaline' a 'Dynamite', gan ddangos mai hi bellach yw'r mwyaf ymosodol a haerllug o gantorion roc Cymru.[5]

Chafodd yr ansoddair 'swynol' erioed ei ddefnyddio i ddisgrifio ei chanu, a hynny'n rhannol oedd allwedd ei llwyddiant. Ers ei chlywed yn canu cyfansoddiad Geraint Jarman, 'Cwm Hiraeth', ddwy flynedd ynghynt, mewn modd ymosodol a chras, roedd yn amlwg bod yna artist bygythiol, nwydus yn diferu o bechod ar lwyfannau Cymru. Does dim amwyster yng ngeiriau'r gân 'Sdim Digon i'w Gael':

> Wyt ti'n gwybod beth yw blino'n lân,
> Corff ac enaid wedi llosgi?
> Ond ma dy gariad fel tafod y tân
> Sy'n gwneud i'r ffenics atgyfodi.
> W, sdim digon i'w gael.
> Fel mae'r cylchoedd rownd yr haul,
> Yr aiff fy mreichiau am dy gorff.
> Chwarae fi fel chwarae gitâr,
> A wnaiff y miwsig hyn fyth orffen?
> Mae'n cymryd dyn mor dda
> I garu merch fel fi.
> Mae'r nos yn unig, a'r ffordd yn hir
> Cyn y ca' i gyrraedd nôl, nôl, nôl atat ti.
> Mae rhai sy'n dweud mai poen yw serch
> Ond i mi mae hynny heibio,
> Achos, ti'n gwybod, dyma un ferch
> Ddaw nôl am ragor, dro ar ôl tro.

Mae'n rhaid bod yr ymdeimlad o synwyrusrwydd llamsachus yn apelio, gan i ddarllenwyr *Sgrech* ei dewis yn Brif Gantores Roc dair blynedd yn olynol. Aelodau'r band ar y record hir oedd Len Jones, Meredydd Morris, Mark Jones a Graham Land. Awgrymai rhai o deitlau caneuon eraill y record megis 'Dim Ond y Diafol', 'Penna Lawr' a 'Proffwyd' pa mor ddigyfaddawd drwm oedd y ddynes. Un o ddewiniaid y stiwdio recordio, Simon Tassano, oedd yn gyfrifol am y cynhyrchu.

Ar ail nos Wener y sianel, Tachwedd 12, 1982, roedd Crys a Derec Brown a'r Racaracwyr yn perfformio yn y Top Rank yng Nghaerdydd ar drothwy gêm rygbi rhwng Cymru a Maorïaid Seland Newydd. Fe fu Derec Brown yn aelod o Hergest ond bellach sicrhaodd wasanaeth nifer o gerddorion profiadol o gylch Caerdydd i gyflwyno cerddoriaeth roc ddi-nonsens. Erbyn yr haf dilynol byddai record hir wedi ei chyhoeddi, *Cerdded Rownd y Dre* (Sain C870), ond ni fyddai'n plesio Steve Eaves:

> Rhyw roc-a-rôl ganol y ffordd neis neis sy yma, ac nid yr ysbryd roc-a-rôl go iawn. Toes yna ddim o'r tyndra bygythiol, iasol a glywir yng ngwaith Maffia Mr Huws dyweder, a dim o'r gwreiddioldeb a'r dyfeisgarwch egniol a glywsom ym mherfformiad Y Treiglad Pherffaith yn Pesda Roc chwaith... mae'n wir ddrwg gen i orfod dweud fod *Cerdded Rownd y Dre* yn un o'r recordiau mwyaf anniddorol i'w rhyddhau gan Sain ers tro byd.[6]

Roedd Crys, ar y llaw arall, y pendolcwyr o Gwm Nedd, ar eu hanterth ac yn perfformio'r noson ddilynol ar y cyd ag Eryr Wen, grŵp ysgafn, melodig, yng Ngwesty Blaendyffryn ger Llandysul, Mecca gigs Cymraeg yn y Gorllewin ar y pryd.

Ond er poblogrwydd roc trwm digyfaddawd y dwthwn hwnnw, mynegwyd amheuon ynghylch gallu Crys i ddal ati. Roedd haul y grŵp ar fin machlud. Newydd ymddangos oedd eu hail record hir, *Tymor yr Heliwr* (Sain 1242), wedi ei chynhyrchu gan Myfyr Isaac a Simon Tassano. Dyfarnwyd y gyntaf, *Rhyfelwr* (Sain C816), a gynhyrchwyd gan Richard Morris, yn record hir orau'r flwyddyn gan ddarllenwyr *Sgrech*. Roedd yna record fer wedi ei chyhoeddi hefyd ar label Clic yn cynnwys y ffefrynnau 'Lan yn y Gogledd' a 'Cadw Symud'. Ond roedd y fformiwla'n dechrau troi'n syrffedus ym marn Emyr Llywelyn Gruffudd:

... nid yw Crys wedi gwella fawr ddim. Mae eu geiriau yr un mor ddiddychymyg ag erioed... Ar wahân i'r sylw ystrydebol fod y treiglo'n sâl, mae yna brinder affwysol o amrywiaeth yn nhestunau caneuon y grŵp. Mae'r caneuon bron i gyd yn seiliedig ar yr un themâu, megis byd y ddawns, caru, neu fwynhau bywyd di-boen ieuenctid. Popeth yn iawn. Digon derbyniol gan y mwyafrif. Ond y drwg ydyw mai'r un pethau a ddywedir am y cwbl o'r rhain dro ar ôl tro.[7]

Hwyrach bod yr adolygydd wedi taro ar union wendid a chryfder y grŵp. Roedd y ddau yn un. Dyw cyfansoddi geiriau erioed wedi bod yn *forte* y grwpiau roc trwm ond roedd creu sŵn sgidadlan hedfan daear yn nodwedd ar eu perfformiadau. Dydyn nhw erioed wedi apelio at y doeth a'r deallus. Mae eu geirfa'n gyfyng a'u mentrusrwydd wedi ei gaethiwo. Mae'r hyn sy'n aflafar i glustiau rhai yn fêl i glustiau eraill. Gwaredigaeth o ran newid persbectif dilynwyr am ddyrys bynciau bywyd yw'r rhinwedd ddieithraf yng nghyfansoddiad grŵp roc trwm. Daeth y disgyblion hynny fyddai'n gyfarwydd â llunio traethodau ar destunau megis 'Dawns', 'Cyffro' a 'Nos Sadwrn' i'r adwy – 16 ohonyn nhw o Ysgol David Hughes, Porthaethwy:

Efallai fod y gerddoriaeth yn swnio'n Seisnig ond dim mwy na llawer o grwpiau eraill Cymru. Rhaid cofio hefyd nad yw'r Cymry wedi datblygu math o gerddoriaeth eu hunain. Mae geiriau'r record hon ar ochr un yn sôn am ddawnsfeydd Crys. Mae'r geiriau yn cyffelybu teimlad y grŵp am y nosweithiau. Os am ysgrifennu caneuon fel hyn nid oes angen geiriau egniol yn enwedig o gofio mai Crys yw'r grŵp mwyaf egniol yn Gymraeg ar lwyfan. Erbyn hyn mae caneuon Crys yn dod yn adnabyddus i bawb oherwydd eu symlrwydd a'r ffaith eu bod yn hawdd i'w cofio.[8]

Daeth un arall o'r Monwysion, Nerys Wyn Williams o Lanfairpwll, i achub cam y cryts o'r De:

Ni fuasai caneuon Crys cystal petai'r geiriau 'roc/rociwch, nos, merch/merched' ac ati yn cael eu gadael allan, oherwydd dyma yw arddull Crys. Dywed Emyr Gruffudd fod y treiglo'n sâl, ac wrth wrando ar y record fe sylweddolais innau hynny hefyd. Rwy'n amau a fyddai'r caneuon cystal petai gormod o dreiglo ynddynt oherwydd fod y diffyg treiglo yn rhoi mwy o bwyslais ar y geiriau, e.e. mae 'wedi colli ei bywyd' yn swnio llawer gwell na 'wedi colli ei fywyd' gan fod pwyslais ar y gair 'bywyd'.[9]

Eto doedd dim llonydd i'r efeilliaid Scot a Liam Forde, lleiswyr y grŵp, o ran ansawdd eu hiaith. Plannwyd yr hedyn cyn rhyddhau'r record *Tymor yr Heliwr*. Rhodri Tomos fu'n lambastio diffyg geirfa'r hwntws ac yn rhagfynegi eu cwymp:

> Peth arall sy'n rhwystro llwyddiant pellach Crys yw fod nifer o bobl wedi sylweddoli fod yna awyrgylch Seisnig i'w deimlo yn unrhyw un o gyngherddau Crys serch y ffaith eu bod yn canu yn y Gymraeg (o ryw fath beth bynnag). Er enghraifft, yn Llanbadarn Roc fe newidiodd yr awyrgylch yn llwyr pan ddaeth Crys i'r llwyfan yn enwedig wrth iddyn nhw ddilyn Meic Stevens, os ydw i'n cofio'n iawn. Rwy'n meddwl fod Cymry ifanc heddiw yn llawer mwy ymwybodol o bwysigrwydd yr iaith nag o'r blaen ac wrth wrando ar ganeuon Crys gyda'u Cymraeg bratiog (mewn mannau) rwy'n meddwl y bydd poblogrwydd y grŵp yn dechrau darfod, ond amser yn unig a ddengys.[10]

Ni chyhoeddodd Crys yr un record hir arall yn yr 80au ond fe gafodd *Tymor yr Heliwr* ei dyfarnu'n Record Orau 1982 gan ddarllenwyr *Sgrech*. Ni lwyddodd yr un grŵp arall i gyflawni'r un gamp ddwy flynedd o'r bron. Alun Morgan a Nicky Samuel oedd y ddau aelod arall o'r grŵp.

Ymhen 13 mlynedd byddai Crys yn cyhoeddi *Crys Roc Café* ar label Fflach ac yn mentro rhoi ambell berfformiad cyhoeddus. Roedd y mwyafrif o gynulleidfa Roc y Cnapan yn Ffostrasol yn ystod haf 1995 yn rhy ifanc i gofio'r bechgyn ym mlynyddoedd eu hanterth. Doedd y daps gwyn, y jîns glas tyn a'r festiau gwyn gyda streips coch ddim yn apelio erbyn hynny. Chafodd yr ailddyfodiad mo'i werthfawrogi.

Wrth i ansawdd iaith rhai o'r perfformwyr ddod o dan y lach roedd un grŵp a ddaeth i amlygrwydd yn ystod 1982 yn ddi-hid ynghylch cywirdeb iaith hyd yn oed yn ei ddewis o enw. Byddai un o aelodau Treiglad Pherffaith, Ifor Huws, ymhen amser yn datblygu'n fardd arobryn.

Yn y cyfamser aeth S4C ati i ddarlledu rhaglen yn seiliedig ar ganeuon soffistigedig record *Shampŵ* (Sain 1225M/C825) y grŵp Bando wrth i'r aelodau chwalu i'r pedwar gwynt. Canwyd clodydd haeddiannol y record droeon. Doedd Nic Parry ddim yn brin ei ganmoliaeth:

> Yr hyn sy'n aros yn y cof am y campwaith *Shampŵ* yw amrywiaeth y deunydd sydd ar y record. Ond os yw hi'n arddangos unrhywbeth o gwbl, arddangos dawn aruthrol Caryl Ifans fel perfformwraig o allu anghyffredin y mae hi. Dyma

gantores amryddawn i'w ryfeddu. Efallai mai ysbrydoliaeth gerddorol Myfyr Isaac oedd yr allwedd oedd ei angen ar Bando i agor y drws ar wir botensial Caryl. Mae'r ffaith i mi feddwl am Hazel O'Connor, Toyah Wilcox, Barbara Streisand a Diana Ross ymysg eraill wrth wrando ar *Shampŵ* yn dangos ichi amrywiaeth lleisiol Caryl.[11]

Ond codai hen grechwen yn sgil llwyddiant digamsyniol Bando. Yn yr hinsawdd oedd ohoni doedd pawb ddim yn barod i gydnabod rhagoriaeth grŵp a dreuliodd 24 awr yn recordio un trac yn stiwdio Sain ac a fanteisiodd ar yr holl adnoddau teledu posib i greu rhaglen deledu o ansawdd. Wrth i seiniau caneuon megis 'Tybed Wyt Ti'n Rhy Hen?' ac 'Oes Gen Ti Sws I Mi?', heb sôn am y clasur 'Chwarae'n Troi'n Chwerw', ogr-droi'n hir yn y cof, roedd yna garfan na fedrent stumogi'r ffaith bod grŵp cyforiog o ddoniau wedi manteisio ar adnoddau oedd yn cyfateb i'w galluoedd. Roedd cysylltiad clòs y mwyafrif o aelodau'r grŵp â'r cyfryngau torfol yng Nghaerdydd yn dân ar groen rhai o gyfranwyr y cylchgrawn *Sgrech*. Yr arch barablwr radio Hywel Gwynfryn oedd cyfansoddwr y gân a roes deitl i'r record. Wrth osod yr amdo dros y grŵp ceisiodd Nic Parry unioni'r cam ac annog balchder yn yr hyn a gyflawnodd:

> Mae'n ffaith sicr fod yna ymysg y Cymry ifanc, elfen sy'n wyrdroëdig feirniadol o unrhyw beth sy'n Gymraeg ei iaith ac yn safonol. Mae'r fath ragfarn yn ymestyn i feirniadu o flaen llaw unrhyw un gafodd lwyddiant yn y gorffennol ac sy'n ceisio llwyddo eto. Fe ddioddefodd Bando yn aruthrol wrth draed yr elfen honno yn ein plith.[12]

Ni pheidiodd cyfraniad Caryl Parry Jones fel perfformwraig a datblygodd yn un o gonglfeini adloniant S4C a Radio Cymru fel cantores, comedïwraig, dynwaredwraig a sgriptwraig doreithiog. Cyhoeddodd Caryl a'r Band LP ar label Gwerin yn cynnwys cyfres o ganeuon gafaelgar megis 'Ailfeiolin' a'r 'Dwisho Mynd Adra' Siapaneaidd oedd eisoes wedi eu delweddu ar deledu. Yn wir, roedd Caryl yn credu bod y Cymry Cymraeg yn ei chael hi'n llawer rhy rhwydd o ran cyfleoedd i ddangos eu talentau:

> Mae'n ddadl fawr gen i – dw i'n fy nghynnwys fy hun fel rhan o'r ddadl – bod pethau yn llawer rhy hawdd yng Nghymru. Mae bandiau yn para am gyfnodau llawer rhy fyr. Mae'n ddigon hawdd dweud eich barn ar y radio; mae'n ddigon hawdd dweud beth ydych chi eisiau ei ddweud yn y papur newydd; mae'n ddigon hawdd gwneud sesiynau ar gyfer radio. Dych chi'n gallu

gwneud record ar ôl dau funud; dych chi'n medru mynd ar y
teledu ar ôl dau funud a chasglu symiau mawr o arian felly,
ac fel dw i'n dweud, dydw i ddim yn meddwl y buaswn i â'r
anrhydedd o gael cyfres i fi fy hun 'taswn i 'di cael fy ngeni
yn Coventry. Ond dw i yn meddwl ei bod hi'n rhy hawdd. Ar
ôl i rywun fod ar y radio, ar ôl i rywun wneud record, ac ar
ôl i rywun ymddangos ar y teledu, beth arall sydd yna i'w
wneud?[13]

Os oedd Bando wedi cyflawni ei botensial fel grŵp, a'r aelodau
yn bwrw ati i gyfeiriadau eraill, roedd yna grŵp arall ac unigolyn
egnïol,yn dechrau tynnu sylw am resymau oedd yn gwbl groes i bopeth
roedd Bando yn ei gynrychioli. Y grŵp oedd Yr Anhrefn a'r unigolyn
oedd Rhys Mwyn (alias Rhys Gwynedd Thomas). Gormodiaith fyddai
honni bod y grŵp yn gyforiog o ddoniau ond doedd dim prinder egni
yn ei berfformiadau. Doedd y grŵp ddim yn brin chwaith o'r hyn
y gellid ei ddisgrifio yn 'agwedd' neu *gravitas*. Doedd Yr Anhrefn
ddim yn eu hanwylo eu hunain yng ngolwg y cyfryngau. Fe fyddai'r
aelodau'n fwy tebygol o boeri arnoch nag o ysgwyd eich llaw. Nid
dyma'r band i'w logi ar gyfer yr un Noson Lawen.

Fe fyddai Rhys Mwyn yn datblygu'n ffigwr dadleuol hollbresennol
na ellid ei osgoi mewn rhyw ffurf neu'i gilydd. Nid pawb fyddai'n
gwrando arno. Gwyddai sut i godi gwrychyn os nad sut i ennyn
edmygwyr. Doedd e ddim yn chwennych sylw'r cyfryngau yn y ffordd
draddodiadol o fod yn neis-neis a chydweithredol. Gwell ganddo
sefydlu Gŵyl Danddaearol yn ardal ei gynefin yn Llanerfyl a sîn
danddaearol ledled Cymru a fyddai'n brigo i'r wyneb yn gyson. Rhys
Mwyn oedd *agent provocateur* hunanapwyntiedig y byd diwylliannol
Cymraeg.

Os oedd Bando yn cynrychioli'r eithaf soffistigedig o fewn y byd
roc Cymraeg, yna roedd Yr Anhrefn yn cynrychioli'r eithaf amrwd o
fewn yr un byd, ac yn ymfalchïo yn hynny o beth. Bando fu'n canu'r
gân fuddugol 'Nid Llwynog yw yr Haul' o waith Myrddin ap Dafydd
a Geraint Løvgreen yn yr Ŵyl Ban-Geltaidd er mawr gonsýrn i rai
o golofnwyr *Sgrech*, na chredent fod y grŵp o Gaerdydd yn ddigon
gwerinol i gystadlu mewn gŵyl o'r fath. Ni ellid dychmygu Yr
Anhrefn yn ennill yr un gystadleuaeth heb sôn am gael eu gwahodd i
gynrychioli Cymru yn yr un ŵyl safonol.

Mynnodd Dewi Pws roi £5 o wobr gysur i'r bechgyn yn Eisteddfod
Genedlaethol Abertawe 1982 am eu dyfalbarhad yn mentro mewn sawl

cystadleuaeth. Ond roedd ei gyd-feirniad, Endaf Emlyn, o'r farn nad oedd yna gategori addas ar eu cyfer am nad oedd yna gystadleuaeth 'Cân Ffiaidd'. Doedd yna fawr o sôn am Yr Anhrefn ar dudalennau *Sgrech* chwaith ar y pryd, a hynny am na fedrai'r sgriblwyr wneud pen na chwt o'r meddylfryd tanddaearol. Mae'n anodd mentro i fyd y wahadden heb dreulio amser o dan y pridd.

Yn ystod y misoedd pan oedd S4C yn paratoi ar gyfer darlledu roedd yna grŵp dinod yn Aberteifi wrthi'n chwydu caneuon aneirif yn barod i'w gosod ar gasetiau amrwd. Disgyblion chweched dosbarth oedd T Wyn Davies a David R Edwards ond doedd eu gogwydd ar y byd a'i bethau ddim yn gonfensiynol. Doedd y ffaith mai berf ac nid enw, fel oedd yn arferol, a ddewiswyd yn handl i'r grŵp ddim heb ei harwyddocâd. Ymhen amser byddai David R Edwards a Datblygu yn cael mwy o ddylanwad na Sianel Pedwar Cymru ar y sîn roc Gymraeg. Gwrthododd rhaglenni radio chwarae casetiau cynnar Datblygu. Doedd y geiriau cignoeth, y cicio yn erbyn y tresi a lambastio gwerthoedd y genhedlaeth flaenorol ddim yn addas ar gyfer clustiau tyner gwrandawyr teyrngar yn ôl y cynhyrchwyr.

Wrth i'r flwyddyn ddirwyn i ben, ac wrth i'r cymeriad cartŵn Siwpyrted hedfan yn fuddugoliaethus i bobman ar ran plant Cymru ar y sianel newydd-anedig, roedd yn amlwg eisoes nad oedd y diwylliant roc Cymraeg yn debyg o gael ei lyncu'n grwn gan y cyfrwng newydd. Byddai'r dadlau'n parhau pa un ai adlewyrchu'r hyn oedd yn digwydd neu gyfrannu trwy greu oedd dyletswydd y sianel. Mewn rhwystredigaeth byddai yna feirniadu pan na fyddai camerâu'n bresennol i gofnodi rhyw ddigwyddiad arbennig yn Llanbidinodyn. Yn yr un modd, byddai ambell raglen a geisiai fod yn greadigol, o fewn terfynau technoleg teledu, yn cael ei lambastio am fod yn amherthnasol. Doedd y berthynas ddim bob amser yn esmwyth a doedd dim drwg yn hynny. Rhagwelwyd y perygl o orddibyniaeth ar y sianel a chyfyngu esblygiad y diwylliant roc i'r bocs sgwâr yn y gegin, ar draul yr hyn a ddylai ddigwydd yn hanes unrhyw ddiwylliant byw, gan Iwan Llwyd:

> Teimlaf ei bod yn amser i selogion y maes ystyried o ddifri yn nwylo pwy y mae dyfodol roc Cymraeg, a phwy sy'n rheoli'r cyfrwng... Nid y gynulleidfa sy'n pennu beth sy'n boblogaidd mwyach. Tynnwyd y cyfrifoldeb hwnnw oddi ar eu hysgwyddau. Cafodd y Cyfrwng 'C' fawr, a'r rhai sy'n rheoli'r Cyfrwng sy'n rheoli marchnad y byd roc Cymraeg. Y nhw sy'n deud ei bod

hi'n bwysig bod roc Cymraeg yn cael ei glywed yn Amsterdam ac yn Llychlyn, nid y gynulleidfa Gymraeg. A thra bod dyfodol roc Cymraeg yn nwylo'r Cyfrwng, boed radio neu deledu, mae perygl iddo golli ei ergyd a'i gymhelliad.[14]

Ar yr un pryd byddai 150,000 yn gwylio rhaglenni mwyaf poblogaidd S4C, sef 30% o gynulleidfa botensial y Cymry Cymraeg. Er mor bitw'r nifer ar ryw olwg, byddai unrhyw sianel deledu Saesneg yn falch o'r ganran honno o wylwyr. Ymhlith y rhaglenni hynny fyddai'n denu'r nifer mwyaf o wylwyr roedd rhaglenni adloniant megis *Noson Lawen* a rhaglen o ganu emynau, *Dechrau Canu, Dechrau Canmol*. Prin mewn cymhariaeth fyddai nifer gwylwyr y rhaglenni adloniant oedd wedi eu hanelu at yr ifanc; tua 25,000. Ond roedd y sianel eisoes wedi arloesi trwy anfon Geraint Jarman a'r Cynganeddwyr i Amsterdam ac Endaf Emlyn a'r Myfyrwyr i Oslo er mwyn ffilmio rhaglenni.

Er y bwrlwm a'r trin a thrafod yn y wasg Gymraeg, y gwir amdani oedd bod trwch yr ieuenctid Cymraeg yn dal wedi ffoli ar gerddoriaeth roc Saesneg ac Eingl-Americanaidd ac o'r farn mai eilradd oedd yr arlwy gyfatebol yn Gymraeg. Ond waeth beth fyddai diffygion y sianel yng ngolwg yr ifanc roedd hi yma i aros. Sodrodd ei hun ar fotwm rhif pedwar yng nghrombil setiau teledu ar aelwydydd di-ri ledled Cymru. Ar yr un adeg sefydlwyd Channel 4 yn Lloegr ar gyfer chwaeth gwylwyr a ymddiddorai yn 'y pethe' Seisnig. Tasg S4C oedd bod yn bopeth i bawb o blith y Cymry Cymraeg waeth beth oedd eu chwaeth. Dyna dynged diwylliant lleiafrifol sy'n bodoli yng nghysgod diwylliant mwyafrifol sy'n gallu cynnal amrywiaeth o sianeli teledu a gorsafoedd radio. Doedd y diwylliant roc Saesneg ddim yn ddibynnol ar na theledu na radio i'w gynnal. Doedden nhw'n ddim mwy na chyfryngau i gymryd mantais arnynt i hybu ac adlewyrchu'r diwylliant. Ac, yn arwyddocaol, roedd yna rai ieuenctid yng Nghymru yn edrych i gyfeiriadau eraill ar wahân i deledu wrth gynnal y diwylliant oedd ynghlwm â'r canu roc.

Bymtheng mlynedd yn ddiweddarach dychwelodd Iwan Llwyd at gyfnod sefydlu S4C a gweld, o edrych dros ei ysgwydd, bod yr hyn a ragwelodd ynghylch cyfraniad y 'Cyfrwng' wedi ei wireddu:

> Peidiwch â meddwl fy mod i am eiliad yn amau gwerth ennill y sianel: roedd llawer ohonom ni oedd yn cymryd rhan weithredol yn y byd roc yn brwydro'n ymarferol i ennill y sianel... Ond yr hyn a gollwyd, heb i neb sylwi yn y bôn, oedd ein gafael ni'n hunain ar ein 'sin roc' ein hunain. Fe ddaeth llwyfannau'r teledu yn bwysicach na llwyfannau neuaddau a chlybiau a thafarnau Cymru, ac yr oedd llwyfan S4C yn talu'n well hefyd.[15]

Er y croeso brwd a roddwyd i S4C fe'i gwelwyd fel lefiathan diwylliannol gan rai, yn llyncu adnoddau a thalentau'r byd roc. Yn hynny o beth profodd yn gaffaeliad ac yn fygythiad i ddiwylliant yr ifanc. Cafwyd cwffio yn Llŷn a datblygu yn Aberteifi nad oedd a wnelo nhw ddim oll â'r hyn oedd yn digwydd yng Nghlos Sophia yng Nghaerdydd.

2 / Trwbwl yn Sarn

Mae gan Fethesda le anrhydeddus yn hanes diweddar Cymru. Yn y pentref chwarelyddol hwn yn Nyffryn Ogwen ger Bangor y gwelwyd un o'r brwydrau dosbarth ffyrnicaf. Ar y naill law ceisiai chwarelwyr ennill amodau gwaith teg ynghyd â'r hawl i ffurfio undeb i gynrychioli eu buddiannau, ac ar y llaw arall gwelid trahauster Torïaidd cyflogwyr a gredai mai'r breintiedig rai ddylai bennu amodau gwaith a rheoli cyfoeth. I bob pwrpas Cymry uniaith ac Anghydffurfwyr rhonc oedd y gweithwyr tra roedd y perchenogion, teulu'r Arglwydd Penrhyn, yn Saeson uchel eu tras ac yn Anglicaniaid.

Parodd y Streic Fawr am dair blynedd ond mae'n anodd dweud pwy oedd yn fuddugol. Erbyn gwanwyn 1902, yn ail flwyddyn yr anghydfod, dychwelodd 700 i'r chwarel gan sicrhau y bydden nhw a'u disgynyddion am ddwy neu dair cenhedlaeth yn cael eu hystyried yn 'gynffonwyr'. Symudodd tua 1,300 i weithfeydd glo'r De gan adael dim ond tua 800 o'r streicwyr yn gadarn tan y diwedd.

Mowldiodd yr un digwyddiad dirdynnol hwn gymeriad un o ychydig bentrefi gwir ddiwydiannol y Gogledd-orllewin. Yno y magwyd Caradog Prichard ac mae cefndir y streic i'w weld yn amlwg yn ei nofel *Un Nos Ola Leuad*, nad oes, yn nhyb llawer, ei rhagorach yn y Gymraeg. O ardal Sling yn y pentref y daw'r actor John Ogwen sy'n adnabyddus am chwarae rhan sawl rôg a dihiryn, yn hytrach na phendefig neu sgweier, a hynny gydag arddeliad. O'r un rhan o'r pentref yr hanai John Gwyn, y gitarydd medrus a sefydlodd y grŵp Brân ac a fu'n ymwneud yn ddiweddarach â rhaglenni teledu arloesol ym maes cerddoriaeth roc megis *The Tube* ar Channel 4.

Dyna oedd cefndir diwylliannol a chymdeithasegol yr amlycaf o grwpiau Cymraeg yr 80au cynnar, Maffia Mr Huws: hogiau lleol yn meddu ar domen o hygrededd pen stryd ac yn ennyn cefnogaeth na welwyd mo'i thebyg ers dyddiau Edward H Dafis. Roedd y cyffyrddiadau *reggae* yn talu gwrogaeth i Geraint Jarman a'r Cynganeddwyr a doedd cefnogaeth agored y rasta dinesig o'r Sowth ddim yn gwneud drwg iddynt chwaith. Hwyrach mai cyfeirio'n benodol at y ras arfau rhwng yr Unol Daleithiau a'r Undeb Sofietaidd a wnâi cân deitl record orau'r grŵp, *Da'n I'm Yn Rhan O'th Gêm Fach Di* (Sain C907), a gyhoeddwyd yn 1984. Ond roedd y safiad o wrthwynebiad cadarn a di-sigl yn deilwng o hogiau oedd yn hanu o gymdeithas a wyddai beth oedd ymladd yn erbyn grym cyfalafol a chyfundrefn bwdr.

Yng Ngŵyl Padarn Roc 1980 rhoddwyd cyfle i Weiren Bigog berfformio gyntaf yn gynnar yn y pnawn. Aelodau'r grŵp oedd Deiniol Morris a'r brodyr Siôn a Gwyn Jones. Byr fu oes y Weiren. Ymunodd Hefin Huws â'r triawd fel lleisydd a ganwyd Maffia Mr Huws. O fewn pythefnos cafodd y grŵp wahoddiad i recordio dwy gân ar gyfer y rhaglen deledu *Sêr*. Recordiwyd 'Problem Mr Huws' a 'Reggae Racs' a chafwyd ymateb ffafriol yn ogystal â digon o bres – £450 – i brynu offer go iawn. Bu'n brentisiaeth o chwarae'n lleol yn gyson, a daeth y trobwynt ar ôl perffomio yn un o sesiynau *Sgrech* yn Aberystwyth yn ystod wythnos Eisteddfod Maldwyn 1981. Wedi hynny daeth gwahoddiadau cyson i gynnal gigs ledled Cymru a chyfle i gyfrannu at record amlgyfrannog *Sesiwn Sosban* (Sain 1269H). Roedd y gân 'Ffrindiau' ar y record honno, a gafodd ei threfnu gan raglen radio bore Sadwrn BBC Cymru, ar gyfer ieuenctid, yn sefyll ben ac ysgwydd uwchlaw cyfraniadau'r grwpiau eraill.

Erbyn yr Eisteddfod Genedlaethol ddilynol yn Abertawe roedd Maffia Mr Huws yn barod i sefydlu eu hunain ar y brig fel grŵp byw cyffrous a feddai ar ruddin ac agwedd. Ar wahân i ddyfalbarhad yr hogiau eu hunain roedd dau ffactor arall yn gyfrifol am y llwyddiant. Y ffactor cyntaf oedd gŵr o'r enw Richard Morris o Gwm Tawe, peiriannydd a chynhyrchydd stiwdio. Roedd ganddo enw o fod yn amyneddgar ac o fod yn dipyn o berffeithydd wrth y ddesg yn Stiwdio'r Bwthyn yng Nghwmgïedd. Bu ei fedrusrwydd wrth baratoi record sengl gyntaf Maffia ar label Fflach, *Gitâr yn y To/Reggae Racs*, yn hwb sylweddol i yrfa'r grŵp. Plesiwyd Robin Gwyn yn fawr, a doedd e ddim yn enwog am ddefnyddio geiriau'n ofer a di-hid:

> ... hon yw'r record sengl gyntaf orau i'w chyhoeddi ers rhai blynyddoedd. Crëwyd record i brofi, unwaith ac am byth, pa mor blentynnaidd yw'r rhagfarnau di-sail – ynglŷn â Seisnigrwydd y grŵp... Mae'r anthem hypnotig 'Reggae Racs' eisoes yn gyfarwydd i wrandawyr *Sosban*. Nid Jarman yn unig sy wedi meistroli dull y rastafarians o ganu. Ond 'Gitâr yn y To' sy'n rhyfeddod, mae yma gyffro ac ergyd a fyddai'n ddigon i gywilyddio'r Jam neu Clash cynnar, heb sôn am Y Trwynau Coch. Llwyddodd hogiau Pesda i greu sŵn caled heb ddisgyn

i fagl y 'gorwneud' byddarol sy'n nodweddiadol o Crys a'r
Diawled i ryw raddau.[1]

Yr ail ffactor oedd gwaith trefnu Dafydd Rhys. Cymerodd y grŵp
o dan ei adain o ran trefnu'r gigs a hybu gyrfa'r Maffia. Ni fu fawr o
dro yn sicrhau gwerthiant 850 o gopïau o'r record sengl. Gwnaeth
yn siŵr bod y grŵp yn perfformio'n gyson, ddwywaith yr wythnos
yn amlach na pheidio. Erbyn diwedd yr haf cynhyrchwyd 1,000 o
gopïau o record arall a gafodd ei chyhoeddi ar label Pesda Roc. Arni
clywid y caneuon cryf 'Hysbysebion' a 'Tri Chynnig i Gymro', oedd yn
adnabyddus erbyn hynny. Cafodd Robin Gwyn ei blesio unwaith eto:

> Gorchest o record... ysbryd 83 ar ddarn o blastig. Bydd y
> cyffro seiniol ynghyd â'r clawr trawiadol (adlais o deyrnasiad
> byrhoedlog *Sulyn*) yn destun ymchwil delfrydol i ysgolheigion
> y ganrif nesaf sy'n ceisio eglurhad am oroesiad y Gymraeg o'i
> gymharu â thranc cynnar yr ieithoedd Celtaidd eraill.[2]

Ond doedd y Maffia ddim heb eu beirniaid. Roedd aelodau'r
grŵp wedi cythruddo rhai o'r ideolegwyr ieithyddol ar ôl sôn mewn
sgwrs radio eu bod yn barod i berfformio mewn dawnsfeydd oedd
yn cael eu trefnu gan hyrwyddwyr dawnsfeydd Saesneg. Ar yr un
pryd pwysleisiwyd mai yn y Gymraeg y bydden nhw'n canu, yn ôl eu
harfer. Roedd Gareth Llwyd yn gweld peryglon:

> Y mae'n bwysig i aelodau Maffia Mr Huws, ac i ni oll, sylweddoli
> fod y datblygiad aruthrol yn y byd canu pop Cymraeg wedi
> digwydd ar gyfer cynulleidfa Gymraeg ac NID er mwyn yr
> estroniaid Seisnig sy'n ddylanwad llygredig o fewn Y FRO
> GYMRAEG... Rhaid gwylio rhag cael ein camarwain ac ni
> ddylem golli golwg ar yr un peth pwysig sy'n rhoi cadernid sicr
> i'r FRO GYMRAEG: ein hiaith. Y Gymraeg yw'r allwedd sy'n
> agor drws parhad ein cenedl yn y dyfodol![3]

Ymateb y Maffia i sylwadau oedd yn deilwng o ysgrifbin y
gweinidog a'r gwladgarwr Emrys ap Iwan, a ysgrifennai gan mlynedd
ynghynt, oedd cyhoeddi yn y rhifyn dilynol o *Sgrech* eu bod wedi
derbyn gwahoddiadau gan drefnwyr dawnsfeydd Saesneg am ddau
reswm, sef prinder gwaith a'r angen i genhadu:

> Am fod y syniad o chwarae o flaen y di-Gymraeg yn sialens i ni
> fel grŵp uniaith Gymraeg... Yr hyn sy'n bwysig yw'r ffaith bod
> grwpiau Cymraeg yn chwarae iddynt yn codi eu chwilfrydedd
> ac yn ennyn eu diddordeb, a thrwy hynny'n dangos iddynt fod
> yna ffasiwn beth â Phop Cymraeg... Nid ydym yn anghofio

ein Cymreictod wrth chwarae o flaen Saeson. Yn hytrach eu hysbysu yr ydym fod yna ffasiwn beth â Phop Cymraeg a'n bod yn wirioneddol falch o'n Cymreictod. Teimlad braf yw chwarae fel prif grŵp y noson a hynny'n uwch na grŵp Saesneg, mewn canolfan Saesneg, o flaen cynulleidfa Saesneg – A CHANU YN GYMRAEG.[4]

Ond doedd y ffrae ddim wedi dirwyn i ben. Yn y rhifyn nesaf o'r cylchgrawn cafodd y Maffia eu rhybuddio rhag 'brathiadau seirff' gan Howard Huws:

> Mae meddyginiaeth i frathiadau seirff... anghofiwch unwaith ac am byth am waseidd-dra cyfiawnhau'n bodolaeth i'r Saeson trwy "ganu i'r di-Gymraeg", "ennyn eu diddordeb", a phob hunan-dwyll cyffelyb. Cyfrannwch at ganu Cymraeg, cefnogwn ein cyd-Gymry, ac fe godwn ni safon ein diwylliant cyfoes i'r fath raddau fel bo pawb yn fodlon derbyn telerau ac amodau Cymreictod er mwyn closio ato, fel at dân ar noson oer.[5]

Roedd yna lythyrwr arall yn yr un rhifyn nad oedd chwaith am roi sylw i ddeunydd cerddorol y Maffia. Ond roedd Dafydd Rhys yn barod i achub cam y grŵp ac i gyflwyno ychydig o realiti'r sefyllfa i'r darllenwyr:

> Rhy hawdd ydy pwyntio bys at hogia Maffia Mr Huws, (hogia ifanc, brwdfrydig a di-waith o Fethesda) sydd yn berffaith iawn i leisio'u barn ar y byd roc Cymraeg ac yn llygad eu lle wrth gyhuddo agweddau ohono o fod yn "Rhy gul"... Bara menyn pob grŵp (ar wahân i'r rhai sy'n ddigon ffodus i allu dibynnu ar Sain a'r cyfryngau) ydi chwarae gigs – a hynny mor amal â phosib – ac mae hyn yn hanfodol i grŵp ifanc ennill profiad a chefnogaeth a datblygu i gyfrannu mwy.[6]

Roedd yn amlwg bod y Maffia wedi gwrthsefyll yr ensyniadau ynghylch eu hamharodrwydd i gefnogi'r 'achos Cymraeg' ac mae'n debyg bod y cyhoeddusrwydd negyddol wedi gwneud lles i'w delwedd a'u proffil. Flwyddyn ar ôl y cecru, ac wedi iddynt gyhoeddi dwy record, roedd yr LP gyntaf, *Ochr Arall y Maffia* (Sain C886), ar fin ymddangos. Doedd dim argoel y byddai prinder prynwyr. Richard Morris oedd y cynhyrchydd eto ac roedd yna adlais amlwg o waith Geraint Jarman a rhythmau *reggae* yn hytrach nag eiddo grwpiau Saesneg i'w glywed ar nifer o'r caneuon.

Roedd 1983 yn flwyddyn dda i Maffia Mr Huws. Ond ar yr un pryd roedd cynnwys llythyrau a gyhoeddwyd yn *Sgrech* yn dangos bod yna dyndra ym myd adloniant yr ifanc. Roedd yna sylwebyddion yn ceisio gosod canllawiau haearnaidd a chyfyngu ar fynegiant grwpiau roc. Prin oedd eu pwyslais ar y cyfrwng ei hun – roeddynt yn pwysleisio yn hytrach ar yr ideoleg – a'r Maffia oedd targed yr ergydion. Priodol ar ryw olwg oedd rhan hogia Pesda mewn digwyddiad yn Neuadd Sarn ym Mhen Llŷn nos Sadwrn, Rhagfyr 17; digwyddiad y mae'n demtasiwn i'w ystyried yn ddrych o'r cyfnod. Dyma adroddiad amdano gan gyfrannwr anhysbys yn *Sgrech*. Disgrifia'r olygfa wrth i'r Maffia ddechrau perfformio tua 11 o'r gloch:

> ... cyn i neb ddechrau cynhesu dechreuodd rhyw griw gwffio ar ôl yr ail gân. Cariodd Maffia ymlaen i chwarae, ond gwaethygu wnaeth yr ymladd. Bechgyn mawr tua 20-25 oed oedd y 'troseddwyr'. Roeddynt yn cwffio mewn bwndel mawr ar draws y neuadd ac yn taro a brifo nifer o'r gynulleidfa ifanc yn eu ffordd. Daliodd y ffyliaid yma i gwffio nes i bethau fynd mor ddrwg nes i'r cyngerdd orfod dod i ben. Llwyddodd y Maffia i chwarae pedair cân yn unig, gan fod y criw twp, hanner call, gwirion a babïaidd yma wedi dod i fyny i ben y llwyfan i gwffio...
>
> Roedd y peth yn ddychrynllyd – rhyw 25 o hogia hen, meddwol, gyda chymaint o ymennydd rhyngddynt i lenwi gwniadur yn cwffio'n waedlyd ar y llwyfan ac yn malu offer gwerthfawr y Maffia, yn cynnwys y drymiau ac offer y P.A., ac yn fwy na dim, yn taro a brifo pobl ddiniwed, gan gynnwys trefnwyr y noson a oedd yn cesio atal y ffeit, a merch a oedd yn un o'r trefnwyr oedd wedi mentro atynt i geisio eu rhwystro, a wnaeth ddiweddu yn eu canol yn cael ei llusgo, gwthio a thaflu gan y 'morons' meddwol yma.
>
> Oes gan y rhain gydwybod? Ynteu ai hyn yw eu hobi a'u hadloniant – sef mynd i gyngherddau, nid am y gerddoriaeth, ond i feddwi a chwilio am ffeit, a dinistrio a difetha popeth i bawb arall oedd wedi talu llawer i fynd i mewn i fwynhau y grwpiau.
>
> Ydynt yn falch rŵan eu bod wedi brifo cymaint o bobl a phlant diniwed? *Ac ydynt yn falch eu bod wedi rhoi'r hoelen olaf yn arch cyngherddau Sarn?* Gallaf sicrhau i chi yng ngeiriau un o'r plismyn a ymddangosodd ar ôl i'r ffeit ddarfod! – mai: "Dyma'r tro dwytha y bydd yna blydi grwpiau yma eto, mêt!"[7]

Mae'r disgrifiad graffig o'r cwffio a'r colbio yn creu darlun swreal. Byddai meddwl Platonaidd yn gweld y digwyddiad fel symbol o anobaith a digalondid carfan o Gymry'n eu hamlygu eu hun, o'r diwedd, dair blynedd ar ôl siomedigaeth y refferendwm ar ddatganoli.

Ond dymuniad y mwyafrif o'r Cymry yn 1979, wrth gwrs, oedd peidio â chael mesur o ymreolaeth i'r genedl. Dim ond 59% o'r boblogaeth dros ddeunaw oed aeth i'r drafferth i bleidleisio a dymuniad 80% o'r rheiny oedd cadw at y *status quo*. Felly doedd dim digalondid gwleidyddol ymhlith trwch y boblogaeth ac mae'n debyg mai mater i wleidyddion a gweinyddwyr oedd mesur statudol, beth bynnag, yn hytrach na rhywbeth y byddai 'hogia hen, meddwol, gyda chymaint o ymennydd rhyngddynt i lenwi gwniadur' yn cnoi cil yn ei gylch.

Ond hwyrach yr âi seicdreiddwyr ymhellach, gan ystyried y 'Trwbwl yn Sarn', fel y nodai pennawd yr erthygl, yn enghraifft o waseidd-dra anymwybodol y Cymry'n ei amlygu ei hun. Roedd yr hogia yma wedi arfer clywed grwpiau roc Saesneg yn eu cynefin a disgos Saesneg yn Abersoch oedd yr arlwy arferol ar eu cyfer. Roedden nhw o'r farn mai eilradd a diffygiol fyddai unrhyw grŵp roc Cymraeg mewn cymhariaeth. Doedden nhw ddim yn medru dirnad y posibilrwydd o ganiatáu a chofleidio'r hyn oedd yn meiddio bod yn ots i'r cyffredin. O ganlyniad, yn eu diffyg balchder affwysol, credent mai priodol oedd bwrw ati i falu offer y Maffia.

Bid a fo am y damcaniaethu, cymryd agwedd bragmataidd wnaeth Glyn Tomos yn ei lith olygyddol ar y mater. Er iddo awgrymu'n gryf bod diota yn cael blaenoriaeth dros adloniant ymhlith ieuenctid Pen Llŷn, yn hytrach na'u bod yn cyfuno'r ddau beth, roedd hefyd yn amau doethineb trefnwyr yn caniatáu cychwyn set prif grŵp am 11 p.m., pan ddylid mewn gwirionedd fod yn dirwyn y noson i ben.

Y gwir amdani oedd nad oedd y 'Trwbwl yn Sarn' yn anghyffredin. Byddai wnifeintoedd o grwpiau roc Saesneg yn gyfarwydd â gweld codi dyrnau rhwng dau neu dri mewn dicter mewn neuaddau ledled y Gymru Gymraeg, a hynny gydol y flwyddyn, a hwythau'n gorfod chwyddo'r sain a chadw llygad ar yr offer yn y gobaith y byddai'r gwrthdaro'n pylu chwap.

Cafodd y grŵp roc trydanol Cymraeg cyntaf erioed, Y Blew, yr un profiad yn ystod 1967... yn Aberaeron, Llanfyllin ac yn arbennig yn Llanwrda yn Sir Gâr. Tra byddai'r bechgyn yn colbio ei gilydd byddai'r merched yn eistedd yn amyneddgar o amgylch y muriau yn disgwyl i lif yr adrenalin redeg yn sych cyn ailddechrau llygadu pwy bynnag nad oedd yn gleisiau ac yn waed i gyd. Byddai'r anthropolegydd yn dweud mai dyna un o ddulliau'r hogiau slawer dydd o amddiffyn eu ffiniau yn wyneb bygythiad hogiau o gwmwd cyfagos i ddwyn y merched lleol.

Hwyrach nad oedd yn ddim mwy nag ymgorfforiad o'r hen ffordd Gymreig o fyw, hen ffordd taeogion Cymreig o fyw. Doedd trothwy Nadolig 1983 ddim yn gyfnod i'w gofio i bedwar o hogiau di-waith Pesda, felly. Ond roedd gwell i ddod. Yn Noson Gwobrau Blynyddol Sgrech ym Mhafiliwn Corwen nhw fyddai'n ennill brysgyll Grŵp y Flwyddyn, a byddent yn ennill yr un clod ddwy flynedd arall yn olynol.

3 / Garej Paradwys

Os oedd Bethesda yn bencadlys y byd roc Cymraeg yn y Gogledd-orllewin ar ddechrau'r 80au yna roedd Aberteifi'n hawlio'r un disgrifiad yn y De-orllewin. Yno y cododd yr Arglwydd Rhys gastell yn 1176 gan ddathlu'r achlysur trwy gynnal yr hyn a ystyrir yr Eisteddfod gyntaf erioed. Codwyd ymwybyddiaeth ieuenctid yr ardal o ganu pop a roc Cymraeg pan gynhaliwyd yr Eisteddfod Genedlaethol ar gyrion y dref wyth can mlynedd yn ddiweddarach. Bu'n fodd o ddathlu sefydlu gwreiddiau'r ŵyl ac o ennyn blagur o'r newydd ym myd canu roc Cymraeg. Richard a Wyn Jones oedd y lladmeryddion cyfoes. Roedd y ddau'n byrlymu o hiwmor a syniadau ffres a blodeuodd hynny ar ffurf grŵp o'r enw – yn addas iawn ar ôl wyth can mlynedd – Ail Symudiad.

Doedd yr un o'r bechgyn yn fyfyrwyr prifysgol nac yn gynnyrch yr ysgolion dwyieithog. O'u holi am eu pedigri fe fydden nhw'n debygol o ddweud, a hynny gydag awdurdod, 'O, bois y Mwnt y'n ni', a byddai hynny'n ddigon o ateb. Roedd doniolwch yr enw ei hun yn ddigon i roi taw ar ambell gecryn. Petai rhywun yn amau eu defnydd o eirfa fe geid yr ateb 'O fel 'na i ni'n siarad Cwmrâg yn Mwnt'. A dyna hi.

I'r anwybodus, dyw Mwnt yn fawr ddim na thraethell ychydig i'r gogledd o dref Aberteifi. Uwchben y llwybr serth sy'n arwain at y môr mae eglwys wen, lathraidd, fechan. Yno ym mis Mehefin yn draddodiadol cynhelir Gŵyl Sul Coch y Mwnt, sy'n gyfeiriad at dywallt gwaed Llychlynwyr, yn ôl pob tebyg, rhywbryd nôl yn niwl hanes tua chanol y 12fed ganrif. I fois y Mwnt mae teithio dramor yn gyfystyr â chroesi'r ychydig gannoedd o lathenni i Ynys Aberteifi. Mater o gynildeb yw dweud bod eu hiwmor yn 'waci'.

Mae'r gân 'Modur Sanctaidd', sy'n sôn am wrthdrawiad clawdd â char wedi ei 'fencyd', yn crynhoi holl *modus operandi* Ail Symudiad. Nid yr ehedydd sydd wedi marw ar y mynydd yn y cyswllt hwn ond modur sanctaidd ar hyd un o feidroedd Mwnt. Epig o stori mewn tair munud ar finyl. Ac mae unrhyw un sy'n medru cyfansoddi cân gyda theitl fel 'Garej Paradwys' yn gorfodi'r gwrandawr mwyaf sinigaidd i foeli ei glustiau. Pwy ond Richard Jones fyddai'n medru ein perswadio y gellir canfod elysdiroedd paradwys, glannau Afallon neu ddyfnderoedd Annwfn y tu hwnt i ddrysau garej? Roedd ei ganeuon yn gamarweiniol arwynebol wrth iddo osod y meic yn ei geg bron a rhoi'r argraff ei fod yn garglo'r un pryd. Cyhoeddwyd record gyntaf Ail Symudiad yn 1980 (Sain 76S) a doedd Denfer Morgan ddim yn ddall nac yn fyddar i fawredd y ddwy gân:

> Thema 'Ad-Drefnu' yw gwallgofrwydd cynllunio dinesig gyda'i bwyslais ar ddatblygiadau concrid a dur, ac sy'n anwybyddu gwir anghenion cymdeithas ac yn chwalu'r hen gymdogaethau... Mae 'Whisgi a Soda', yr ail gân, yn sôn am y meistri cyfalafol â'u bryd ar elwa ar gefn eu gweithwyr. Edrychant ar y gweithwyr drwy ffenestri eu swyddfeydd clyd gyda whisgi a soda yr un yn eu dwylo.[1]

Roedd egni a brwdfrydedd yn nodweddiadol o'r ddau frawd boed ar lwyfan neu yn eu hymwneud â'r sîn roc Gymraeg. Arddull ar garlam ffrenetig oedd eu heiddo a gellid tadogi llawer o'u hysbryd a'u hanian i grwpiau'r 'don newydd' oedd yn amlwg yn y byd Saesneg ar y pryd, megis Buzzcocks, Skids, Undertones ac Elvis Costello. Ond erbyn diwedd 1983 roedd Ail Symudiad wedi ffrwtian i ben fel petai eu hantur garlamus wedi chwythu ffiws. Roedd y cwmni recordio a ffurfiwyd gan y brodyr, Recordiau Fflach, ar groesffordd, a'r ddau ohonynt yn teimlo nad oedd eu hymlyniad na'u hymroddiad wedi cael ei werthfawrogi. Yn ôl y grŵp:

> Does dim amheuaeth y byddai gyrfa Ail Symudiad wedi bod yn hirach oni bai am bwysau ariannol a'n colledion trwy recordiau. Roedd hyn yn ergyd i'n brwdfrydedd. Yn anffodus, roedd hi'n amhosib i ni drefnu 'Fflach' yn iawn oherwydd ein gwaith bob dydd, ac efallai i ni fod rhy fentrus ambell waith... Yn sicr dyw'r un ffresni ddim yn y byd cerddoriaeth heddiw ag yr oedd yn 78.[2]

Roedd llai o gydweithio rhwng y grwpiau, ac fe welwyd hyn mewn digwyddiad penodol yng Ngwesty Blaendyffryn ym mis Mehefin 1981, pan benderfynodd perchennog y system sain, un o aelodau'r grŵp Cadillacs, na fedrai fenthyca'r system heb gael taliad yn ychwanegol i'r £400 oedd eisoes wedi'i gytuno. Ni pherfformiodd naill ai Ail Symudiad na Chwarter i Un y noson honno.

Yn 2002 cyhoeddwyd CD o ddeunaw o ganeuon Ail Symudiad, *Yr Oes Ail* (Fflach CD256H), gan roi cyfle o'r newydd i werthfawrogi dawn y grŵp yn ogystal â dewiniaeth Richard Morris yn y stiwdio wrth iddo roi gwisg newydd am y caneuon. Rhaid peidio ag anghofio gallu Richard Jones i lunio caneuon sydd wedi goresgyn prawf amser. Mae 'Geiriau' yn un o'i gyfansoddiadau mwy synfyfyriol:

> Gwrando – gwrando ar y geiriau
> o'r rhai sydd wedi anghofio,
> anesmwyth yw'r cysylltiad;
> siarad – siarad gyda brwdfrydedd
> am y fraint a'r anrhydedd,
> geiriau heb deimlad sy'n rhad.
> A gawn dawelwch nawr
> o'r brawddegau niwlog
> sy'n meddwl dim i ni,
> ffyddlondeb ffug,
> emosiwn ail-law.
> Geiriau – geiriau yn yr anialwch
> sy'n hollol amherthnasol,
> mae'r syrcas yn mynd ymlaen;
> atebion – atebion sy'n ddigon syml
> yn cael eu hateb yn fanwl
> i guddio'r twyllo a'r brad.

Mawredd y gân yw bod sawl dehongliad yn bosib, hyd yn oed o fewn sbectrwm y byd gwleidyddol; rhy ddisgrifiad teg o ddefnydd y sawl a fyn ddal gafael ar rym wrth ddefnyddio geiriau. Mae'r un mor berthnasol wrth gyfeirio at y defnydd o eiriau mewn perthynas sy'n dadfeilio.

Er cyhoeddi ei ymddeoliad ar ddiwedd 1983 ni fu'r grŵp yn gwbl fud. Fe ailgydiwyd ymhen blwyddyn, er nad i'r un graddau ag ynghynt. Byddai'r grŵp yn cyhoeddi tri chasét arall ond roedd oes aur y bois a berfformiodd am y tro cyntaf ym Mart Aberteifi yn 1979 wedi bod. Er hynny doedd bwrlwm cerddorol ardal y Mwnt ddim wedi dirwyn i ben. Yn union fel y bu i Ail Symudiad dorri eu cwys unigryw eu hun, roedd cyfraniad Meibion Mwnt, Malcolm Neon a Datblygiad hefyd yn 'wahanol'.

Cariad mawr Malcolm Neon ar ddiwedd y 70au a dechrau'r 80au oedd peiriannau creu sŵn. Roedd trylwyredd a threfnusrwydd yn nodwedd ohono, yn ogystal â'i ysfa i greu delwedd benodol ohono'i hun drwy ddefnyddio colur, fel y gwelwyd yng Ngŵyl Llanbadarn Roc 1981. Roedd 'y dyn tawel', fel y'i hadwaenid, wedi mapio ei ddyfodol cerddorol:

Mae gen i ddiddordeb erioed yn y synau a grëir gan syntheseinydd ac rwy'n dal i ddarganfod synau newydd. Ma' elfen gref o ffantasi yn y rhan fwyaf o'm caneuon – 'Ystafell Lwyd, Tokyo, Mae Dieithryn yn Gariadon, Fy Llygaid I, Pobol Tawel'... Dwi'n cyfadde fy mod i'n hoff iawn o Roxy Music, John Fox, David Bowie, Eno a Gary Numan. Ma' llunio a chynnal delwedd yn bwysig i fi. Sai'n barod i berfformio'n fyw eto achos does dim grŵp cefndir gen i. Pan gaiff y grŵp ei ffurfio ei enw fydd 'Gwyddoniaeth'. Un peth dwi'n awyddus i wneud yw gwneud ffilm ddu a gwyn wedi ei seilio ar 'Ystafell Lwyd'.[3]

Ond er ei fod yn parchu ei ymroddiad i greu dimensiwn newydd roedd Nic Parry yn cymharu un o'i ymdrechion cynnar, 'Paid Gadael Fynd', ar un o senglau label Fflach, i recordiad o 'mam yn hwfro a dad yn torri coed tu allan ar yr un pryd'.[4]

Cyhoeddodd Malcolm ei gasetiau ei hun rif y gwlith ac fe gafodd yr alaw ddieiriau 'Y Negesydd Adeiniog', yn llawn effeithiau trydanol, ei chynnwys ar gasét amlgyfrannog *Pwy Fydd Yma Mewn Can Mlynedd?* ar label Lola Geraint Williams. Ni ellid cyhuddo'r enigma o fod yn hesb o ran syniadau. Yn 1983, ar y cyd â Wyn Jones a Graham Bowen, ac yntau wedi cyfnewid y cyfenw 'Neon' am 'Gwyon', cyhoeddwyd casét yn enw Meibion Mwnt. Casét pedair cân oedd hwn, gyda'r defnydd o'r peiriant drymio'n amlwg, ynghyd â llais ysgafn a bregus Malcolm.

Tua'r un adeg cyhoeddwyd *Trosglwyddo'r Gwirionedd* yng nghyfres Casetiau Neon gan ddeuawd o'r dref o'r enw Datblygu. Roedd y caneuon byrion yn nodedig am gignoethni'r geiriau yn hytrach na'r gerddoriaeth. Gwawdio serch cnawdol a wna 'Adeiladu Cnawd' a sôn am gadw corff dynes wedi ei ddarnio mewn rhewgell a wna 'Cariad yn y Rhewgell', tra bo 'Bar Hwyr' yn ei dweud hi am le canolog diota yn niwylliant Cymraeg yr ifanc. Yn sicr, doedd dim prinder agwedd yng nghyfansoddiadau David R Edwards a byddai mwy i ddod, yn gasetiau, recordiau a chaneuon a fyddai'n cael mwy o sylw ar raglen John Peel ar Radio 1 nag ar raglenni Radio Cymru. Erbyn diwedd 1984 byddai Rhys Mwyn yn rhoi'r geirda canlynol i Datblygu yn *Y Faner*, wythnosolyn y sefydliad llengar Cymraeg:

Mae Aberteifi wedi rhoi genedigaeth i'r grŵp mwya caled welodd y byd pop Cymraeg hyd yma – Datblygu. Unwaith eto mae na 'pync' yn perthyn i Datblygu ac mae unrhyw un fedrith sgwennu llinell fel hyn yn haeddu medal, coron a chadair yn y Steddfod Genedlaethol yn lle y siwds crachaidd sy'n arfer ennill. *"Ti'n defnyddio merched fel y papur sy'n sychu dy din"* – barddoniaeth pur o'r casét FI DU ar casetiau Neon. Mae Datblygu yn hitio rhywun fel exocet ar darged. Maent yn gletach na deiamonds y frenhines ac mor ofalus â tharw mewn siop grefftau Gymraeg. Mae Datblygu yn wrth-rhyw mewn rhai ffyrdd ac eto, o'r herwydd, yn dod drosodd hefo fwy o ryw nac unrhyw grŵp arall yng Nghymru. Dim yn aml mae grŵp yn gyrru ias oer lawr fy nghefn a gwneud i mi GREDU... Mi ddaru y Sex Pistols yn 1977, mae Datblygu yn dal i wneud ym 1984.[5]

Er yr ystwyrian yn ardal Aberteifi roedd yna ymdeimlad bod yna ymchwydd yn pylu. Roedd nifer o grwpiau a fu'n uchelgeisiol eu dyheadau wedi cyrraedd pen y daith. Roedd y mwyafrif ohonyn nhw'n grwpiau'r recordiau sengl a'u haelodau bellach yn cael eu cyflogi gan y cyfryngau neu'n gweithio mewn swyddi breision eraill. Yr amlycaf o'r rhain oedd Angylion Stanli. Roedd y gân 'O Carol', a osodwyd ar blastig, yn *pastiche* cyffrous o arddull 60au'r Eingl-Americân, a does wybod beth fyddai llais Tony Roberts wedi ei gyflawni petai'r grŵp wedi cyhoeddi record hir. Ymhlith aelodau'r grŵp roedd dau o wir gymeriadau'r byd roc, Glyn Goll (Roberts) a'i frawd Huw Wirion (Roberts), nad oedden nhw'n malio tynnu blewyn o ambell i drwyn. Yn eu golwg nhw roedd cerddoriaeth Tony ac Aloma yn fwy 'trwm' na cherddoriaeth Crys! Ymhen ychydig dros ugain mlynedd byddai profiadau aelodau Angylion Stanli yn sail i gyfres deledu o'r enw *Emyn Roc a Rôl* am grŵp roc 'dychmygol' o'r cyfnod, Y Disgyblion.

Fe chwalodd Chwarter i Un a Canna cyn i'w recordiau sengl gyrraedd y siopau, ac felly hefyd Omega, grŵp Delwyn Siôn, prif aelod y grŵp Hergest yn y 70au, cyn i'w record hir gael ei chyhoeddi. Roedd nifer o gerddorion Omega yn aelodau o fand Rhiannon Tomos hefyd, a daeth hwnnw i ben ei rawd yn yr un modd. O leiaf roedd *Omega* yn record y gellid gwrando arni yn yr un gwynt ag eiddo recordiau olaf y mawrion megis Bando, Jîp ac Endaf Emlyn. Gwrandawer ar 'Tomi' ac 'Adferwch y Cymoedd' i werthfawrogi dawn leisiol Delwyn Siôn a doniau cerddorol Len Jones, Graham Land a Meredydd Morris yn ogystal â dawn Simon Tassano, y cynhyrchydd.

Os oedd yna rincian dannedd o weld grwpiau'n diflannu roedd yna hefyd gonsýrn bod rhai o'r gwyliau mawr yn colli eu blas ac yn dirwyn i ben. Denwyd llai nag arfer i ŵyl Pesda Roc ym mis Gorffennaf. Gwnaed colledion enbyd yn y Twrw Tanllyd yn Eisteddfod Genedlaethol Llangefni ac roedd Bedlam Bant yn Bont ym Mhontrhydfendigaid ym mis Medi yn brin o awyrgylch digwyddiad arbennig. Yn gopsi ar

y cwbl roedd Steve Eaves yn paratoi i gyhoeddi casgliad o dros gant o
ganeuon roc o dan y teitl *Y Trên Olaf Adref*, fel petai'n awgrymu ei bod
yn ddomino ar bob dim. Roedd y caneuon yn amrywio o 'Yma o Hyd'
Dafydd Iwan i 'Helbulon' David R Edwards ac o 'Ei Nentydd yn Unig
yn Rhydd' Guto Eirian i 'Y Stan Ogden Roc' y Treiglad Pherffaith. Yn
ei ragymadrodd aeth ati i bwysleisio'r gwahaniaeth rhwng cyfrol o'r
fath a chyfrol o farddoniaeth draddodiadol Gymraeg:

> Ydi, mae anniddigrwydd y "niggers Cymraeg" i'w ganfod yn
> ddigamsyniol yma, yn cyniwair yn oglau chwys, mwg a chwrw
> y tafarnau a'r dawnsfeydd, ac yn chwerwi yng nghynteddau'r
> D.H.S.S. Mynegant yma eu pryder ynghylch y cymylau
> mawr duon sy'n cronni uwch eu pennau – difodiant yr iaith
> a'n harwahanrwydd; Yr Armagedon niwclear; diweithdra ar
> raddfa enbyd; totalitariaeth gynyddol y Brydain Newydd. Ceir
> yn ogystal, wrth gwrs, ddigonedd o ganeuon smala, ysgafn
> ffwrdd-â-hi nad ydynt yn anelu at ddim ond creu hwyl ac ysgogi
> cynulleidfa i godi ar eu traed a dawnsio.

> Bid a fo am farn y Sefydliad Diwylliannol am y caneuon hyn
> a'u "priod-ddulliau anghymreig", "ieithwedd anghelfydd" a
> "mynegiant di-grefft", mae'r ifainc wedi hen benderfynu fod y
> cyfrwng yn llwyddiannus, ac yn agosach at eu calonnau na'r un
> cyfrwng mynegiant arall.[6]

Ar ryw olwg roedd hi'n edrych yn ddu. Cyhoeddwyd tua 30 o
recordiau sengl roc yn ystod tair blynedd gyntaf y degawd a phrin
ffigyrau dwbl o ran nifer y recordiau hir yn y cyfrwng. Os oedd hyn yn
nifer sylweddol o ystyried yr holl ffactorau yna'r hyn oedd yn siomedig
oedd gwerthiant y recordiau. Roedd y nifer a'r gwerthiant yn bitw
wrth gwrs o gymharu â chynnyrch cyfatebol y byd Saesneg. Bu cwmni
Sain ers tro yn gyndyn i gydymffurfio â chais pob grŵp a gysylltai
â hwy i osod eu cynnyrch ar finyl, gan bwysleisio taw gwerthiant
y grwpiau a'r artistiaid canol-y-ffordd a chorau meibion oedd yn
ariannu cyhoeddi recordiau grwpiau roc. Fel cyn-berfformiwr ei hun
gwyddai Hefin Elis bellach beth oedd realiti'r sefyllfa ac yntau'n cael
ei gyflogi gan gwmni Sain:

> O edrych ar bethau'n economaidd – a bod yn gwbl gall – fydden
> ni ddim yn cyffwrdd ddim byd roc. Efo record hir, er enghraifft,
> mae'n rhaid gwerthu 1,500 i dalu costau'n unig – ond dyw'r rhan
> fwyaf ddim ond yn gwerthu pum cant i fil. Efallai y cyrhaeddith
> y rhai mwyaf poblogaidd 1,500.[7]

Mentrodd cwmni Fflach i'r busnes gan losgi eu bysedd fwy nag unwaith wrth wasgu mil o gopïau o recordiau na werthent ond ychydig gannoedd. Roedd hi'n wers ddrud ac yn glatshen i frwdfrydedd a mentergarwch. Gellid recordio côr mewn diwrnod ond gallai gymryd cymaint â chwe awr i berffeithio sŵn y drymiau cyn hyd yn oed ddechrau ar y broses o recordio grŵp roc. Byddai'n rhaid treulio tridiau neu ragor eto yn cymysgu sain yr hyn a recordiwyd.

Ar ben hyn roedd yn amlwg nad oedd prinder arian gan ieuenctid ar gyfer diota. Tybed nad oedd yn bryd derbyn mai ymestyniad o ddiwrnod rygbi rhyngwladol oedd mynychu gig i'r rhelyw o ieuenctid, neu ymarferiad ar gyfer yr wythnos gyfan o sesh flynyddol ar faes pebyll yr Eisteddfod Genedlaethol? Doedden nhw ddim i'w gweld yn yr eisteddfodau mân ar hyd a lled y wlad. Dathliad o Gymreictod meddw oedd wythnos yr Eisteddfod fawr felly, yn union fel penwythnos gêm rygbi ryngwladol pan ddisgwylid i'w harwyr drechu eu gelynion trwy drin darn o ledr.

Ond rhag digalonni, rhaid cofio bod Y Ficar yn dal i berfformio'n llawen a Maffia Mr Huws yn dal i brofi nad oedd yn rhaid wrth gerddoriaeth roc trwm i ennyn dilynwyr. Roedd yna hefyd sîn danddaearol yn araf ddatblygu nad oedd a wnelo hi ddim oll ag S4C. Lladmerydd huotlaf y bwrlwm amrwd delw-ddrylliol ac anarchaidd hwn oedd Rhys Mwyn.

4 / Jôc Bathetig

Ym mis Gorffennaf 1984 ymddangosodd erthygl yn yr wythnosolyn *Y Faner* gan sgriblwr a fynnai fod yna agendor na ellid ei diddymu rhwng darllenwyr llengar byd 'y pethe' arferol y cylchgrawn ac ieuenctid pync, di-waith, adweithiol, roc a rôl y stryd. Fyddai'r ieuenctid hynny byth bythoedd yn darllen y cyhoeddiad radical ei wedd a sefydlwyd gan Thomas Gee bron ganrif a chwarter ynghynt. Ceisiodd Rhys Mwyn ddadlau nad oedd pwynt i 'lowt' fel ef gydsynio â chais y golygydd iddo lunio erthygl ar gyfer darllenwyr nad oedd eu ffordd o fyw yn cyffwrdd â'i eiddo ef. Doedd e chwaith ddim yn credu bod angen iddo esbonio safbwynt yr ifanc er mwyn ennyn cydymdeimlad y 'sefydliad Cymraeg'. Doedd e ddim yn chwennych maldod na sêl bendith y genhedlaeth hŷn. Yn unol â chais y golygydd, Emyr Price, fe ddefnyddiodd y llanc o Lanfair Caereinion dudalen gyfan o'r cyhoeddiad i esbonio pam na ddylai gyfrannu:

> Felly unwaith eto, pam gofyn i mi am erthygl? Yr unig reswm fedra i weld ydi fod 'Y Sefydliad Cymraeg' isio cael rheolaeth ar bopeth sy'n digwydd yng Nghymru. Dyma yn union mae'r BBC a S4C yn ei wneud drwy ddewis be' maen nhw am ddangos a drwy wneud yn siŵr fod popeth sy'n cael ei ddarlledu yn dderbyniol. Yn y modd yma mae'r Byd Cymraeg yn aros yn dderbyniol. Mewn realiti, i bobl fel fi mae'r 'Byd Cymraeg' yn jôc pathetig, cywilyddus, ond dyna fo pam ddylia ni boeni achos chi di'r bobl sy'n derbyn 'Y Byd Cymraeg' ac yn hapus ar dderbyn rybish o'r fath, dani ddigon hapus efo rhyw – am y pleser; roc a rôl – am ein mynegiant; a chyffuriau – achos fod o'n hwyl mynd allan o'n brains bob hyn a hyn.[1]

Mae'n debyg na fuasech yn synnu, oherwydd iddo esbonio pa mor ddi-ddiben oedd ysgrifennu yn *Y Faner*, pe byddwn yn dweud mai dyna fyddai cyfraniad cyntaf ac olaf Mr Mwyn. Ond na. Gwelwyd ei lun yn gwisgo sbectol dywyll ac yn dal ei fraich yn yr awyr mewn ystum herfeiddiol, a oedd yn galw i gof osgo dychmygol o eiddo Owain Glyndŵr, dro ar ôl tro yn y cyhoeddiad uwchben erthygl o'i eiddo. Ym mis Hydref 1984 dangosodd nad bwrw ei fol yn unig oedd hyd a lled ei gyfraniadau. Medrai ddadansoddi diffygion y gymdeithas Gymraeg, yn ôl fel roedd e'n ei gweld hi, wrth drafod rhyw a steil.

> Yn gyntaf mae nifer o raglenni Cymraeg yn portreadu merched mewn ffordd secsist ac annheg ac yn ail dwi'n cael yr argraff mai be 'da ni'n weld yn amlach na dim ydi ffantasîau rhyw slob tew o byrfyrt. Er bod y mwyafrif o bobl ifanc Cymraeg yn *"straight"*, fel dywedai'r hipis, mae 'na do ifanc arall yn codi hefo steil, gyts ac yn bwysicach na dim hefo ymwybyddiaeth o ryw. Mae hyn yn amlwg yn y diwylliant roc a rôl lle mae rhyw a'r Gymraeg yn gyffuriau cryfach nac unrhyw gyffur yn yr ystyr gywir o'r gair.[2]

Hawdd collfarnu, a dyna a wnâi llawer. Rhai'n collfarnu'r golygydd am ganiatáu cyhoeddi'r fath erthyglau ymosodol ac eraill yn collfarnu'r erthyglwr am ei eithafiaeth dybiedig yn dryllio delwau'r byd cyffyrddus Cymraeg. Prin bod neb wedi dewis cyfenw mor anaddas iddo'i hun erioed, ond hwyrach ei fod yn ffeind wrth gathod. Roedd Rhys Mwyn ar dân. Roedd hi'n rhyfel rhyngddo â'r cyfryngau Cymraeg. Yn ôl ei olwg ar y byd a'i bethau doedd S4C yn ddim mwy na sefydliad a roddai loches a phres i'r dosbarth canol Cymraeg. Ysgwyd pawb o rigol oedd ei genhadaeth yn hytrach na chanmol rhaglenni diddan, a hynny o ganlyniad i'r ffaith iddo ddioddef yn enbyd o blorod a chael ei hun ar y ffordd i Ddamascus:

> Na beth ddigwyddodd oedd tröedigaeth... drwy weld y Sex Pistols a gweld y stad ar wyneb Johnny Rotten a Sid Vicious... argian roedd y ddau glown yn waeth na fi, a doedd diawl o ots gan yr un o'r ddau. Roedd wyneb Sid druan yn rhoi cysur mawr i mi – sbotiau mawr coch a gwallt yn llanast. A Rotten – wel, dwi'n cofio'r lluniau ohono yn gwasgu spots ar lwyfan yng ngolwg yr holl dorf yn hollol fwriadol... bu rhaglen deledu yn gofyn *'Do Punk and Acne Go Together?'*.[3]

Torri trwy'r tresi a chyhoeddi anhrefn llwyr oedd dyhead Rhys Mwyn. Doedd yna ddim buchod sanctaidd a'i rhwystrai. Nid mab y Mans mohono ond, yn hytrach, mab y daran. Doedd e ddim yn ystyried ei hun yn llinach yr un o deuluoedd adnabyddus na dylanwadol y Gymru Gymraeg. Nid baldorddi'n unig a wnâi ond gweithredu hefyd, ynghyd â'i frawd, Siôn Sebon, ac amrywiol aelodau eraill a fyddai'n mynd a dod, mewn grŵp o'r enw Yr Anhrefn. Doedden nhw ddim yn disgwyl i drefnwyr gysylltu â nhw i gynnig gigs. Roedd ysbryd y crefftwr cartref yn gryf ac felly aent ati i drefnu gigs a theithiau eu hunain gan wahodd grwpiau eraill i ymuno â hwy weithiau. Cyhoeddodd y grŵp gasét amrwd *Anhrefn Dros Gymru* yn 1982 ar eu label eu hunain, Casetiau Marw. Doedd dim rhaid dibynnu ar chwiwiau'r un cwmni recordio cydnabyddedig; os am gyflawni, yna bwrw ati eu hunain ar eu liwt eu hunain. Roedd y grym yn eu dwylo.

Sŵn ac egni digymrodedd oedd nodweddion y perfformiadau, ynghyd â phoeri geiriau'n llythrennol tuag at y gynulleidfa. Doedd geiriau'r offrwm 'Hipis' ddim yn cydymffurfio ag unrhyw ganonau llenyddol na cherddorol cydnabyddedig, o fewn y traddodiad Cymraeg beth bynnag, ond roedd y gân yn mynegi safbwynt tuag at ffenomen newydd yn ardaloedd cefn gwlad, sef ffoaduriaid o'r dinasoedd. Doedd dim amwyster i'w glywed:

> Gwell dim byd na byd o hipis,
> Gwell dim addysg na dysgu hipi,
> Gwell erthyliad na geni hipi.
>
> *Cytgan*
> Cawn sefyll yn gadarn yn awr,
> Cawn wared â'r hipis yn awr,
> Cawn sefyll gyda'n gilydd, yn gryf ac yn gadarn,
> Cawn wared â'r hipis yn awr.
> Gwell ffycio defaid na ffycio hipis,
> Gwell ynni niwcliar na chyffwrdd hipi,
> Gwell dim bwyd na bwydo hipi.
> Gwell Magi Thatcher na C.N.D.
> Cawn ddefnyddio'r bom i gael gwared â nhw
> Gwell anrhefn na threfn yr hipi.

Roedd caneuon megis 'Hipis', 'Mr Smith' a 'Stwffiwch y Dolig' yn gwneud i ganeuon o eiddo'r Trwynau Coch cynnar a'r Llygod Ffyrnig swnio'n swynol a diniwed, er eu hecrwch amlwg hwythau pan glywid hwy gyntaf. Doedd dim nad oedd Yr Anhrefn yn barod i'w sathru a'i gollfarnu'n hallt. Dyma ddylanwad y Sex Pistols yn ddiamau, grŵp a fu'n gwawdio'r Teulu Brenhinol yn ddidrugaredd. Rhoddodd gohebydd adloniant *Y Cymro*, Hywel Trewyn, gryn sylw i ymdrechion Yr Anhrefn. Medrai fod yr un mor herfeiddiol yn ei sylwadau â'r offrwm a roddwyd ger ei fron:

> Ynghanol y sŵn aflafar a'r ansawdd tila, cenadwri geiriau eu caneuon yw 'anrhefn, heddwch a rhyddid' yn y drefn yna. Ymddengys fod yr anarchwyr Anhrefn yn wrth-bopeth, ond

ychydig yn annelwig yw'r pethau maent yn cynnig yn eu lle... Dydio ddim gwerth i chi wrando ar 'Hipis' na 'Ynni o'r Sebon' oherwydd mae'n amhosib gwneud pen na chynffon o'r ddwy gân, hynny ydi os gellir eu galw'n ganeuon.[4]

Medrai'r Anhrefn frolio bod dwy o'u 'caneuon', 'Mynd i'r Capel' a 'Dim Ffyc o Bwys', wedi cyrraedd siartiau Obscurist Sounds. Cyhoeddwyd cylchgrawn/casét amrwd hefyd o'r enw *Sut i Gladdu Saeson* a oedd, yn ôl y broliant, wedi ei recordio mewn bag plastig yn Stiwdio Saim a'i gynhyrchu gan nain Simon Tassano. Rhywle ar y casét roedd cân o'r enw 'Rwy'n Mynd i Ladd fy Nghariad Heno' gan grŵp o'r enw Clustiau Cŵn. Roedd y BBC eisoes wedi gwrthod darlledu'r gân. Ac nid pawb fedrai stumogi'r clindarddach a'r rhefru digyfaddawd Yr Anhrefn. Cafodd Dewi Wyn Jones ysgytwad o glywed y grŵp ar lwyfan Pesda Roc:

> Yn sicr i mi, dyma'r grŵp mwyaf annymunol i mi ei glywed erioed. Nifer o weithiau, yn wir degau o weithiau mewn dim ond hanner awr o berfformiad dychrynllyd o wael, clywsom y prif leisydd yn rhegi'n afreolaidd, yn gwneud hwyl am ben y byd pop Cymraeg ac yn bennaf oll yn gwneud hwyl am ben y gynulleidfa o'i flaen. Fe regodd am Iesu Grist, fe regodd ar ddynion camera HTV gan fygwth dwyn achos llys o'u blaenau petaent yn recordio eu perfformiad.[5]

Roedd Dewi yn byw yn y Rheithordy ym Mhorthmadog.

Cofnododd *Y Cymro* ffrae hegar a fu rhwng Siôn Llewelyn a Rhys Mwyn ar achlysur gig gan fyfyrwyr yng Nghaerdydd:

> ... roedd Rhys Mwyn wedi cael gormod i yfed ac roedd o'n defnyddio'r meicroffon i bregethu. Roedd y ddwy hogan a drefnodd y noson yn crio wrth i Mwyn siarad yn wirion ac mi es i droi'r PA i lawr. Fe wnaeth Mwyn droi arna i a dyna fi'n deud wrtho lle i fynd. Wedyn fe ddechreuodd luchio cwrw ar ben y merched ac ar ôl sgyffl fe wnaeth criw Y Sefydliad ochri efo fo.[6]

Ond doedd dim tewi. Rhoddodd Siôn fenthyg ei set ddrymiau am ddim i'r ŵyl danddaearol roedd Rhys Mwyn yn ei threfnu. Pan ddychwelwyd y cyfryw ddrymiau roedd un o'r crwyn wedi torri a rhai sgriwiau ynghyd â'r ffyn wedi diflannu. Amcangyfrifai Siôn fod gwerth y difrod tua £9 a gofynnodd am £5 o iawndal a chael ei gyhuddo o ofyn am dâl am ei gymwynas.

Ond roedd golygon Yr Anhrefn y tu hwnt i Gymru. Roedden

nhw ar fin lansio eu hunain ar draws Ewrop gan godi gwrychyn ac ennyn llid yn ddigon didrafferth lle bynnag y byddent. Fe fyddai yna helynt bron bob tro y byddai Rhys Mwyn neu Siôn Sebon yn agor eu geneuau ar raglenni'r cyfryngau. Esboniodd Rhys ei fod yn hwyr yn cyrraedd stiwdio i gymryd rhan mewn rhaglen radio fyw un bore am na fedrai'r porthor, yng nghyntedd prif adeilad y BBC yng Nghaerdydd, ei gynorthwyo. Doedd dim gwybodaeth o'r Gymraeg gan y porthor a doedd Mr Mwyn ddim yn barod i droi i'r iaith fain er mwyn derbyn cyfarwyddyd ar sut i gyrraedd y stiwdio.

Aeth hi'n draed moch ar y rhaglen *Codi'r Ffôn* wrth i Mr Mwyn a Mr Sebon lambastio rhai o'u cyd-westeiwyr. Roedd y defnydd o iaith amrwd ac agwedd herfeiddiol y ddau yn sicr yn codi aeliau'r gwrandawyr a bu'n rhaid i'r cyflwynydd, R Alun Evans, ddefnyddio ei holl gyneddfau a'i brofiad darlledu helaeth i lywio'r rhaglen. Ond ar raglen deledu wedyn fe fu'r ddau'n annisgwyl o glên wrth gael eu holi. Roedd yna bwrpas i'r tactegau *guerrilla* yma. Ai dyma'r safiad amrwd olaf yn erbyn yr hyn a elwid yn *acculturation* gan yr haneswyr? Roedd Rhys yn ddigon parod i amddiffyn ei ymddygiad:

> Jyst bod yn ni'n hunan oedd Siôn a finna ar *Codi'r Ffôn*, doedd dim cynllunio o flaen llaw, achos da ni ddim yn credu yn hynny. Dyna sut roeddan ni yn ymateb i'r cwestiynau. Doedden ni ddim am beidio dweud pethau achos ein bod ni ar y radio! Os nad oedd pobl yn licio beth oeddan ni'n ddweud, dwi'n falch, achos mae pethau'n rhy saff yng Nghymru.

> Yna rhaglen *Byd yn ei Le*. Roedd y rhaglen *Byd yn ei Le* yn rhan o gynllwyn gan y cyfryngau i drio'n dal ni allan. Efallai bod nhw wedi gobeithio clywed dipyn o regfeydd ar S4C. Mae'n ymddangos fod cynhyrchydd *Sêr* wedi cael 'ordyrs ffrom abyf' i ymddangos a bod 'Dyf Y Pync' wedi bod yn ymarfer am ddyddiau o flaen llaw efo'i hen gyfaill Ronald Prutheroe (neu be bynnag di ei enw o).

> Wel, mi gawson nhw sioc achos pan droais i fyny mewn siwt a thei – a dweud dim gair o'i le. Roeddan ni'n drysu eu cynlluniau pathetig nhw'n llwyr. Roedd pawb yn siomedig efo'r rhaglen achos fod Siôn a finnau heb ddweud dim byd 'drwg'. Ers pryd mae'r Anhrefn i fod i wneud yr hyn sy'n cael ei ddisgwyl? Mae unrhyw un sy'n rhoi telerau ar ein gweithgareddau yn ffyliaid!...[7]

Creu eu hamodau eu hunain a wnâi Yr Anhrefn, gan annog

unigolion a grwpiau eraill i beidio â dibynnu ar yr un dim sefydlog. Os am gyflawni yna rhaid oedd iddynt fynd ati o'u pen a'u pastwn eu hunain a hepgor y rhwydwaith arferol o gysylltiadau a sefydliadau, a gwneud hynny mewn steil. Roedd Guto Pryderi yn un o'r edmygwyr:

> Un o'r atgofion byw sydd gennyf o'r Anhrefn yn chwarae oedd bloedd ymosodol Rhys Mwyn drwy'r meicroffon yn dweud heb unrhyw betruso: *"All our songs are in Welsh, so you don't know what the f*** we're on about."* Roedd bloedd enfawr y Cymry a'r Saeson oedd yn y gynulleidfa yn fyddarol! Rywsut doedd neb yn poeni am ystyr y geiriau, roedd pawb wedi ymgolli yng ngrym pwerus y gerddoriaeth. Y peth pwysig i gofio am Yr Anhrefn oedd eu bod yn gigio, nid yn unig yng Nghymru a Lloegr, ond drwy Ewrop gyfan, gan ganu yn yr iaith yr oeddynt wedi ei harfer. Onid dyna yw nod unrhyw grŵp roc?[8]

Os oedd byd Yr Anhrefn ar i fyny a theithiau mynych i'r Almaen a gwledydd Dwyrain Ewrop yn ymhŵedd, roedd byd *Sgrech*, y cylchgrawn pop Cymraeg dylanwadol, yn dirwyn i ben ar ôl ychydig dros chwe mlynedd o gyhoeddi'n ddeufisol. Ymhyfrydai'r cyhoeddiad yn y ffaith nad oedd yn derbyn nawdd o'r un ffynhonnell. Roedd ei gynnal yn fater o lafur cariad i griw bychan, ac i neb yn fwy na'r sefydlydd a'r golygydd gydol cyfnod ei gyhoeddi, gweithiwr cymdeithasol o Gaernarfon o'r enw Glyn Tomos.

Bu'r cyhoeddiad yn ffocws ac yn llwyfan i'r byd roc Cymraeg ac yn llwyddiant digamsyniol o'i gymharu â methiant mudiad yr ifanc, Urdd Gobaith Cymru, i gynnal cylchgronau ar gyfer plant yn eu harddegau ac ieuenctid hŷn. A rhaid cofio bod £½ miliwn yn cael ei neilltuo'n flynyddol ar gyfer cynhyrchu *Sbec*, cylchgrawn lliwgar wythnosol S4C. Nid y lleiaf o ragoriaethau *Sgrech* oedd trefnu Nosweithiau Gwobrau Sgrech yn flynyddol, yng Nghorwen gan amlaf, a fyddai'n denu cannoedd o ieuenctid o bob cwr o Gymru i weld eu harwyr a'u hanrhydeddu. Roedd y nosweithiau yn denu'r camerâu teledu a hynny yn ei dro yn sicrhau bod *Sgrech* hefyd yn derbyn celc go lew o gyllid y sianel. Yr un mor allweddol oedd Sesiynau Sgrech yn yr Eisteddfod Genedlaethol, yn rhoi cyfle i fandiau newydd ddangos eu doniau. Roedd *Sgrech* yn blentyn ei gyfnod ac oherwydd maint y baich ar griw bychan, a'r ymroddiad oedd ei angen, bu'n rhaid rhoi'r gorau i'w gyhoeddi. Wedi'r cyfan, roedd yna ddyletswyddau swyddi dyddiol i'w cyflawni yn ogystal â gofynion teuluol.

Cyhoeddwyd y rhifyn olaf, y deugeinfed, ym mis Chwefror 1985, ac yn unol â'r arfer roedd colofn glecs 'Wil a Fi' yn ei dweud hi'n hallt. Y byd cyfryngol oedd yn ei chael hi a hynny gyda gordd yn hytrach na phlufyn. Deuai cenfigen a chreulonder yn fwy i'r amlwg na doniolwch a chlyfrwch yn y tameidiau sbeitlyd hyn. Yn hynny o beth doedd cyfannu ddim yn un o nodweddion y polisi golygyddol. Mae'n debyg mai anaeddfedrwydd y cyfnod oedd yn gyfrifol am obsesiwn y cylchgrawn, a gyhoeddid yng Ngwynedd, â phardduo'r sawl a weithiai yng Nghaerdydd, gweision a morynion y cyfryngau yn arbennig. Roedd yn rhan o'r ddeuoliaeth ymhlith ymgyrchwyr profiadol y dull protest o fethu ymgydnabod â buddugoliaeth sefydlu sianel deledu a'r rheidrwydd bellach i fod yn feirniadol adeiladol yn hytrach na glynu at y rhigol ddinistriol arferol. Rhaid cofio hefyd bod nifer o'r tîm golygyddol yn aelodau blaenllaw o fudiad Adfer. Glyn Tomos ei hun oedd cadeirydd y mudiad rhwng 1980 a 1983.

Roedd aelodau Adfer o'r farn y dylid dyrchafu'r broydd Cymraeg ar draul esgeuluso'r ardaloedd prin eu Cymraeg. Doedd dim trugaredd i'r sawl a fynnai fyw tu fas i ffiniau'r Fro. Yn rhifyn Mehefin 1983 cyhoeddwyd rhestr hirfaith o enwau cerddorion roc a gwerin oedd bellach yn ennill eu bara menyn ym myd y cyfryngau, gan roi'r argraff eu bod wedi cyflawni gweithred o frad gwaeth nag ymuno â'r Seiri Rhyddion. Rhoddwyd chwip din i'r meddylfryd yma gan Dafydd Iwan mewn rhifyn a gyhoeddwyd i ddathlu pumed pen blwydd y cylchgrawn:

> Mae un elfen wedi dod i'r byd roc rwy'n ei gasáu – ac y mae *Sgrech* yn rhannol gyfrifol. A'r elfen honno yw'r elfen o garfanu, o genfigen, o daflu baw, a chreu rhagfarnau diangen. Y ffaith amdani yw mai cenedl fach ar y naw yden ni, ac mai criw bychan bach o'r genedl honno sy'n cyfranogi o'r diwylliant Cymraeg (dynwaredol fel ag ydyw i raddau helaeth). Y ffaith amdani yw bod rhai ohonom wedi ein geni a'n magu mewn broydd Cymraeg, ac eraill wedi dod i mewn i'r byd Cymraeg o gefndir di-gymraeg. Y ffaith amdani yw bod rhai ohonom yn byw yn y wlad (yn fodlon neu fel arall) ac eraill yn byw mewn dinas neu ardaloedd diwydiannol a Seisnig ddigon (yn fodlon neu fel arall). Yr hyn sy'n ein clymu ynghyd yw'r ffaith syml ein bod yn rhan o weithgarwch Cymraeg.
>
> A pham yn enw popeth y mae'n rhaid cnocio'r cyfryngau o hyd? Oni fyddai gennym le i gwyno a chega mewn gwirionedd pe na bai neb o'r byd canu cyfoes yn gweithio i'r cyfryngau? Onid perffaith resymol a naturiol yw i gantorion ac 'ecstroferts' tebyg

lanio ar eu traed mewn stiwdio radio neu deledu? Ein gwaith ni – a rhan o waith *Sgrech* – yw sicrhau nad yw'r bobol hyn yn colli cysylltiad â'r hyn sy'n digwydd yn y priffyrdd a'r caeau. Ac o leiaf mae gennym bellach ganolfannau a chwmnïau y tu allan i Gaerdydd i adlewyrchu'r hyn sy'n digwydd.[9]

Mae'n debyg bod gan Dafydd Iwan fwy o reswm na neb dros fod yn grintachlyd ynglŷn â'r cyfryngau. O ystyried maint ei boblogrwydd prin fyddai'r cyfleoedd i'w weld yn canu ar deledu. Doedd hi ddim yn wleidyddol ddoeth i roi gormod o sylw iddo fel perfformiwr. Doedd y pleidiau gwleidyddol Cymreig eraill ddim yn debyg o wynebu sefyllfa gyffelyb am nad oedd eu harweinwyr nhw yn strymio gitâr na chyhoeddi recordiau. Ond bydden nhw am y cyntaf i gwyno pe rhoddid cyfres adloniant i ddiddanwr oedd hefyd yn ffigwr amlwg yn rhengoedd Plaid Cymru. 'Propaganda gwleidyddol o dan gochl caneuon gwladgarol eithafol' fyddai eu cri. Hwyrach mai dyled bennaf Dafydd Iwan i'r cyfryngau oedd gwahardd chwarae ambell record o'i eiddo megis ei folawd i'r prif weinidog, Margaret Thatcher. Roedd hynny o leiaf yn hwb i werthiant y record.

Yn yr un rhifyn roedd Robin Gwyn yn canmol annibyniaeth y cylchgrawn àc yn talu gwrogaeth i Dafydd Iwan fel un a wnaeth gymaint i fraenaru'r tir i greu byd pop a roc Cymraeg:

> Felly, er i Dafydd Iwan ffrwydro fel Exocet yng nghydwybod y Genedl, ni ledodd y Chwyldro yn ôl y disgwyl; ni wireddwyd gobeithion Saunders Lewis o bell ffordd. Mae llawer o fudiadau, sefydliadau a chymdeithasau Cymraeg yn farw ar eu traed gyda dim ond nawdd cyhoeddus gwladwriaeth wrth-Gymreig yn eu cynnal fel rhyw *'life support machine'* diwylliannol – yn gohirio a lleddfu dyddiau olaf eu cancr. Ond nid felly canu pop.
>
> Blodeuodd y diwylliant roc Cymraeg yn wely o dyfiant amryliw – yn ffrwyth llafur cariad ieuenctid gwlatgar; mae'n wir mai myfyrwyr oedd y mwyafrif o'r garddwyr ar y dechrau ond gobeithiaf fod *Sgrech* wedi cyfrannu rhywfaint at boblogeiddio roc Cymraeg yn ystod y pum mlynedd diwethaf. Yn wahanol i'w rhieni, chwaraeodd plant y chwedegau, dilynwyr canu pop yr wythdegau, ddrama eu hieuenctid gyda dadrithiad y Refferendwm ar Ddatganoli yn gefnlen iddi. Gorfodwyd iddynt agor y drws tuag at Aberhenfelen ac wynebu realiti... Mae *Sgrech* yn ddatganiad (bach a di-nod efallai, ond croyw a chlir) mewn cyfrwng sy'n berthnasol i bobl ifanc, fod Prydeindod yn anghyfreithlon, ac yn fwy na hynny yn amherthnasol ar noson dda yn Nhanybont neu Flaendyffryn a nifer o lefydd eraill o ran hynny...[10]

Roedd Robin Gwyn wedi elwa o'r rhyddid i fynegi ei farn heb ofni pensel goch sensoriaeth golygydd yn ystod y chwe mlynedd. Yn ei dyb ef roedd Noson Gwobrau Sgrech yn ddigwyddiad amgenach na'r un noson wobrwyo arall neu efelychiad o seremoni debyg yn y byd Saesneg. Trysorai'r profiad o fod ym Mhafiliwn Corwen ym mis Ionawr 1983 er mwyn dathlu digwyddiadau'r flwyddyn flaenorol. Dyma sut y cyflwyna ei adroddiad o'r noson:

> Er i ni goffau Llywelyn a chael ein sianel ein hunain yn ystod y llynedd, does dim dwywaith mai Blwyddyn y Sais oedd 1982 wedi'r cyfan. Nid at yr 'Argies' yn unig y cyfeiriwyd pennawd bythgofiadwy y *Sun 'Gotcha!'* Roedd hefyd yn fynegiant ysgrifenedig o afael yr haint Brydeinig ar drefedigaeth hynaf Lloegr. Roedd gwaredu Port Stanley o Blant y Paith a gwaredu Ysgol Llanidloes o'i hathro Cymraeg yn rhan o'r freuddwyd imperialaidd o roi *'bloody nose'* i bawb yn y byd.[11]

Ond roedd noson wobrwyo flynyddol olaf *Sgrech* yn dipyn o siom i griw o ddisgyblion dosbarth chwech Ysgol Ardudwy, Harlech. Cynhaliwyd y noson yn y De am y tro cyntaf, a hynny yng Nghaerfyrddin.

> Ar ôl pedair noson lwyddiannus yng Nghorwen 1980–83, teimlem fod gwreiddiau Roc Cymreig wedi eu rhwygo'n ddirybudd o ardd Eden diwylliant ieuenctid ein gwlad, a'u trawsblannu mewn tiroedd llai ffrwythlon. Beth oedd o'i le ar awyrgylch drydanol, fyglyd, chwyslyd Corwen? Os am symud y noson o gwbl, dylid ei chynnal mewn safle canolog. Cafwyd cefnogaeth gref o'r gogledd, ond siomiant a gafwyd ar ddiwedd y daith o safbwynt trefniant a'r nifer yn bresennol. Yn wir, ceir mwy yn mynychu noson gyffredin yng Nghorwen nag a gafwyd yng Nghaerfyrddin. Bu gwacter rhwng perfformiadau yn sgil absenoldeb y disgo, ac roedd y tiwnio diderfyn yn amhroffesiynol. Os mai hon oedd noson olaf Gwobrau Sgrech, fe ddarfu'r noson ar nodyn isel iawn, a buan iawn yr anghofir am lwyddiant ysgubol Nosweithiau Gwobrwyo yn y gorffennol.[12]

Er y chwithdod doedd tranc y cylchgrawn *Sgrech* ddim yn fater o alaru a rhincian dannedd. Nid oedd yn gyfystyr â naill ai hoelen na thuntac yn arch y byd roc Cymraeg. Cyhoeddwyd eisoes y byddai cylchgrawn annibynnol arall, *Dracht*, o dan olygyddiaeth Llion Williams (George 'Midffîld' y dyfodol), yn cychwyn cyn hir. Ar wahân i hynny roedd yna wmbreth o ffansîns yn cael eu cyhoeddi bellach. Rhan o'r athroniaeth 'creu eich celfi eich hun' oedd y cyhoeddiadau rhad yma.

Os oedd rhywun am gyfweld artist eled ati i wneud hynny, ysgrifennu'r erthygl a'i llungopïo a phowns glatsh mae gennych gylchgrawn wedi ei gyhoeddi. Doedd dim angen cyfalaf, dim ond brwdfrydedd a menter. Ond doedd nifer o'r rhain ddim yn gweld golau dydd fwy nag unwaith neu ddwy ar ôl i'r ysfa fynd yn hesb.

Un o'r rhai mwyaf trawiadol oedd *Llmych*, a ffurfiwyd gan aelodau o Gymdeithas yr Iaith yn ardal Llanrwst. Efelychiad o sŵn peswch cyn poeri oedd y teitl ac felly byddai'r sillafiad yn newid o rifyn i rifyn – *Chmyl, Llymch, Chymll*. Doedd yna ddim arwyddocâd i'r enw a hynny'n fwriadol. Yr un mor fwriadol oedd dewis enw anodd ei ynganu ac enw y byddai'r 'cyfryngwyr' yn sicr o holi beth oedd ei ystyr. Un o'r sylfaenwyr oedd Rhys Ifans o Ruthun, a fyddai'n ddiweddarach yn un o actorion Hollywood, a'r cwestiwn cyntaf ofynnwyd iddo gan Hywel Gwynfryn oedd 'beth yw ystyr *Llmych*?'!

5 / Revolucion Galesa!

D oedd Cymdeithas yr Iaith Gymraeg ddim wedi chwythu ei phlwc
yn llwyr yn ystod blynyddoedd cynnar yr 80au, er hwyrach nad
oedd yr ymgyrchoedd yn dal y dychymyg nac yn hawlio penawdau
fel yng nghyfnod y peintio a malu arwyddion. Nid mynychu rali a
phrotest a herian y gyfraith oedd gweithgarwch penwythnos heidiau
o ieuenctid y colegau mwyach. Roedd yr heddlu yn fwyfwy cyndyn i
arestio 'troseddwyr iaith' ac ynadon yn fwyfwy cyndyn i'w dedfrydu
pan ddeuent ger eu bron. Dieithr i lawer fyddai geiriau tebyg i eiddo
Gwilym Tudur wrth annerch barnwr Uchel Lys mewn achos cynllwynio
yn Llys y Goron Abertawe ddegawd ynghynt:

> Rhaid i'r Cymry roi trefn ar eu tŷ eu hunain, ac os daw hynny
> â hwy i wrthdrawiad â'r Gyfraith weithiau, rhaid galw ar y
> Cymry i dorri'r Gyfraith. Os bydd y frwydr yma ar y seiliau
> iawn, mi fydd yn werthfawr ynddi ei hun, yn rhyddhau'r
> ewyllys, yn bwrw allan ofn, ac yn dysgu hunanddisgyblaeth
> a goddefgarwch. Mae'r taeog yn llawn hunanoldeb a hunan-
> dwyll, yn troi'n chwerw a threisiol yn ei ddryswch; mae'n llwfr
> am na fu'n onest ag ef ei hun. Fe all y rhai sy'n nabod y Gymru
> Gymraeg gyfoes dystio i'r ysbryd a'r egni creadigol, anhunanol
> a ddaeth i'w bywyd yn ddiweddar.[1]

Roedd yna weithgarwch dygn yn dal i ddigwydd yn enw'r
mudiad. Lluniwyd polisïau a dogfennau er mwyn cynnal deialog ag
awdurdodau lleol a chyrff cyhoeddus. Tra llosgai Meibion Glyndŵr
dai haf fel gweithred symbolaidd i dynnu sylw at y bygythiad
i oroesiad cymunedau Cymraeg, roedd Cymdeithas yr Iaith yn
ceisio cynnig ffyrdd cyfansoddiadol o alluogi awdurdodau i atal y
mewnlifiad a darparu cartrefi am brisiau rhesymol i ieuenctid lleol.
Cadeirydd Grŵp Tai'r mudiad oedd Sais o Stoke-on-Trent o'r enw
Steve Eaves. Yn ogystal ag ymgyrchu'n gydwybodol roedd e hefyd
yn gerddor o dan ddylanwad y canu *blues* ac yn cyhoeddi recordiau
crefftus. Cyhoeddodd ei gasét EP cyntaf, *Viva lá Revolucion Galesa*, a
recordiwyd yn Stiwdio'r Felin yn y Felinheli, yn 1984 a'i ail offrwm y

flwyddyn ddilynol ar label Sain, *Cyfalaf a Chyfaddawd* (Sain C941N). Roedd *Viva* yn 'un o'r recordiau mwyaf gwreiddiol a gwleidyddol yn yr iaith Gymraeg' yn ôl Marc V Jones, a hynny petai ond ar gownt ei theitl pryfoclyd. Credai fod y canu falen yn cael ei drin yn hyderus ac ystyriol drwy gyfrwng y Gymraeg:

> Blŵs swnllyd efo adlais o sŵn croch Tom Waits a'r pwyslais a'r bît cadarn sy'n galon i'r record yma. O'r dechrau efo 'Hogia Cyffredin' a'r 'Oriau Mân' mae'r problemau oesol i'w clywed – colli merch, colli gwaith, colli gobaith... 'Nos Sadwrn': cliché o deitl ac yn olrhain hanes yr hogia cyffredin eto, gan ddisgrifio – heb gondemnio'n barchus – profiadau penwythnosol... Daw 'Tracey, y babi a finnau' ag atgofion am lun y clawr – yr eneth fach yng nghanol tlodi ac anobaith. Blŵs y bobl gyffredin ydi'r rhain. Ei hunig ddihangfa o ddiweithdra, cyflogau isel a gwaith diflas ydi 'Cocaine'. *'Born to Run'* Steve Eaves fydd hwn; anthem ddawnsiadwy i gloi noson sydd hefyd yn neges o rybudd. Cyfalafiaeth, nid y smackeds ifainc sy'n gaeth i'r cyffur, sydd wrth wraidd y masnachu mewn bywydau, y prynu a'r gwerthu. Nid pobl gyffredin sy'n elwa ond entrepreneurs dienw; mae'r cocaine yn sugno pob dicter a parch. Dyma Steve Eaves ar ei orau – wneith o ddim pregethu, dim ond agor llygaid pobl a phrocio cwestiynau: mynnwch yr atebion eich hunain.[2]

Yn 1985 hefyd roedd Steve Eaves yn rhan o ddirprwyaeth o aelodau Cymdeithas yr Iaith fu ar ymweliad â Gogledd Iwerddon, ar wahoddiad adain ddiwylliannol Sinn Fein, i weld sut oedden nhw'n adfywio'r Wyddeleg. Bu aelodau mudiad Sinn Fein ar ymweliad â Chymru hefyd ar wahoddiad Cymdeithas yr Iaith. Fu'r wasg Brydeinig fawr o dro yn cyhoeddi penawdau yn cysylltu'r mudiad di-drais Cymraeg â'r mudiad gweriniaethol Gwyddelig ehangach a ystyrid yn un â'r IRA.

Er ceined ei ganeuon doedd perfformiadau byw Steve Eaves rhywsut ddim yn ei godi i blith y mawrion a fedrai danio cynulleidfaoedd. Prin ei fod yn byw'r bywyd roc a rôl na'r falen yn nhermau Geraint Jarman neu Meic Stevens. Ond roedd am ehangu gorwelion y gynulleidfa ac roedd yn un o'r beirdd answyddogol y byddai gwasg Y Lolfa'n cyhoeddi cyfrolau o'u gwaith. Cyhoeddodd gerdd am Muddy Waters, yr *hoochie-coochie* ddyn ei hun. Credai mai'r canu pop/roc oedd y trên olaf adref at orsaf yr iaith i lawer o ieuenctid Cymraeg am nad oedd ganddyn nhw ddiddordeb yn 'y pethe' na'r un agwedd arall ar weithgarwch diwylliannol Cymraeg. Prin y byddai marw'r digrifwr cocosaidd a'r arweinydd parti Noson Lawen o Sir Aberteifi, Tydfor, y flwyddyn honno yn golygu dim i'r rhelyw ohonynt. Fydden nhw'n rowlio chwerthin nes bod eu hasennau'n dolurio o weld giamocs naturiol ddoniol Tydfor a'i ffraethineb wrth adrodd llinellau o farddoniaeth 'aruchel' megis 'Ara bach a bob yn dipyn / Ma' secyd bys i dwll din gwybedyn'? Yr un modd ni fyddai cyhoeddi casét o emynau gan yr anfarwol David Lloyd o Sir y Fflint, bymtheng mlynedd wedi ei farw, yn morio canu'r emyn-donau 'Lausanne' ac 'Arafa Don' yn gwneud i'r rhelyw godi eu haeliau hyd yn oed. Fyddai angerdd 'Iesu, Iesu rwyt ti'n ddigon' ddim yn eu cyffroi na'u siglo.

Byddai cerddorion Steve Eaves – ei 'Driawd' – hefyd yn cyfeilio i un o'r artistiaid llawn smaldod a hwyl ffwrdd-â-hi, Geraint Løvgreen; un arall a oedd wedi dysgu'r Gymraeg. Adwaenid y gŵr o dras Sgandinafaidd a fagwyd yn Wrecsam a'r Drenewydd fel cyfansoddwr miniog ei ddychan a chlyfar ei odlau. Byddai'r un mor gyffyrddus ar lwyfan teledu'r gyfres *Noson Lawen* ag a fyddai ar lwyfan chwyslyd clwb nos. Roedd ganddo'r gallu i droi digwyddiadau'r dydd ben i waered a chodi hwyl. Pan oedd sôn fod yna stelciwr yn dilyn Siân Lloyd, y seléb dweud tywydd, perfformiodd Geraint gân ar y rhaglen *Noson Lawen* yn honni ei fod e'n cael ei stelcian gan Siân Lloyd!

Fe fu'n aelod o'r grŵp, Doctor yn ei ddyddiau coleg yn Aberystwyth, gan gyhoeddi tair record fer. Hwyrach mai'r gân 'George Street' am y stryd lle lletyai'r hogiau oedd y fwyaf cyfarwydd o'r arlwy. Yna yn 1984 cyhoeddodd record hir yn enw Geraint Løvgreen a'r Enw Da. Roedd ei olwg ar y byd a'i bethau yn sgi-wiff ond yn taro tant. Adwaenai ei gynulleidfa ac roedd yn lladmerydd ar ei rhan yn ôl Dafydd Rhys a Gareth Siôn:

> Mae Geraint Løvgreen yn un o'r sylwebyddion craffaf o'r genhedlaeth honno o Gymry Cymraeg ifanc a fagwyd ar gwrw a chenedlaetholdeb ieithyddol – y genhedlaeth post-piwritanaidd ddosbarth canol Cymraeg... Mae ganddo'r gallu, oherwydd ei berthynas agos â'i gynulleidfa a'i ddawn eiriol sylweddol i ddelweddu 'cameos' dramatig o fywyd y cwrw, y 'chips' a'r nosweithiau hwyr... mae'i ganeuon yn ddathliadau digyfaddawd o ieuenctid cenhedlaeth neilltuol sydd wedi ennill mesur o annibyniaeth i'w hunaniaeth Gymraeg, ac sydd ofn ei golli wrth barchuso, cyrraedd pump ar hugain oed, cael gwaith fel cyfieithydd i Gyngor Gwynedd, a chanu efo Côr y Penrhyn![3]

Roedd geiriau'r gân 'Y Tribiwnlys' yn nodweddiadol o'i ddawn fachog wrth drin un o ddigwyddiadau'r dydd. Y cefndir oedd achos tribiwnlys diwydiannol ym Mae Colwyn gan berson yn honni bod awdurdod lleol wedi ymddwyn yn hiliol trwy wrthod swydd i Sais na fedrai siarad Cymraeg:

> Ma gen ti bob hawl bod yn Gymro
> Ond i ti beidio gneud yr iaith
> Yn gymhwyster angenrheidiol
> Pan ddaw'r Sais i chwilio am waith.

Roedd Marc V Jones hefyd o'r farn mai'r ddawn eiriol oedd cryfder penna'r record:

> Un peth cyson drwy'r LP ydi safon y geiriau – prawf pellach fod barddoniaeth marwaidd Eisteddfodol wedi'i gladdu ym meddyliau ieuenctid a barddoniaeth byw cerddorol yn ffynnu yn ei le.[4]

Roedd y grŵp, gyda'i adran bres o bedwar cerddor, drymiwr, gitaryddion blaen a rhythm a Geraint ei hun ar yr allweddellau a'r piano, gyda'r mwyaf o ran rhif oedd yn perfformio'n Gymraeg. Un grŵp a'i heriai o ran rhif aelodau ac o ran poblogrwydd oedd Y Ficer o'r Felinheli. Gwelid o leiaf chwech o aelodau'n perfformio'n gyson a chwaneg yn dibynnu pwy fyddai ar gael. Byddai Gwil John yn chwythu'r sacs i'r ddau grŵp.

Daeth Y Ficer yn adnabyddus yn fuan ar ôl i'r grŵp ffurfio am ei ganeuon tafod-yn-y-boch megis 'Ficer Tŵ Tôn' ac 'Ŵ Cyrnol' yn gwneud hwyl am ben ficer plwyf a chyrnol nodweddiadol Seisnig. Gwisgai'r aelodau goleri crwn gwynion yn union fel y gwnâi offeiriaid a phregethwyr slawer dydd. Denai Gwyn Roberts, y lleisydd, sylw at ei hun yn ei siwt sgwarog felen fras. Doedd ei bresenoldeb ddim allan o le ar lwyfan Noson Lawen o gofio bod yna binsiad o ddylanwad cerddoriaeth *ska* grwpiau tebyg i Madness a doniolwch y Dyniadon Ynfyd Hirfelyn Tesog o gyfnod cynt yn ei berfformiadau. Medrai'r grŵp hefyd gyflwyno ei fersiwn ei hun o delyneg Cynan 'Aberdaron'. Prin y cyflwynai'r cyn-chwaraewr rygbi Ray Gravell yr un rhaglen chwarae recordiau ar Radio Cymru yn y cyfnod hwnnw heb gynnwys un o ganeuon Y Ficer, gan ganu clodydd y grŵp yn ei ddull dihafal ei hun. Yn wir fe fentrodd Ray i'r byd recordiau ei hun gan gyhoeddi casét *Tip-Top* ar label Fflach.

Wedi ennill gwobr Grŵp Mwyaf Addawol yn Noson Gwobrau Sgrech 1981 bu Y Ficer ymhlith yr enillwyr am y pedair blynedd ddilynol fel enillwyr y record hir orau ddwywaith, y casét gorau ac fel prif grŵp roc y flwyddyn. Ar un adeg gwelwyd eu record hir *Allan o Diwn* (Sain C871N), a gynhyrchwyd gan Richard Morris, ar frig siart Recordiau'r Cob ym Mhorthmadog, uwchlaw recordiau gan Duran Duran a David Bowie. Arbenigai Recordiau'r Cob ar werthu ystod eang o recordiau; os oedd record wedi ei chyhoeddi yna byddai'n sicr o fod ar gael yn y siop.

Y record arall a gyhoeddwyd gan Y Ficer oedd *Yn Dal i Gredu* a'r casét oedd *Saith Norman ar Lan y Môr* ar label Trôns o eiddo'r grŵp ei hun.

Er mai grŵp hwyl diniwed oedd Y Ficer roedd y dewis o enw, yn ogystal ag enwau grwpiau Cymraeg eraill a'u caneuon, wedi cythruddo darlithydd yn Adran Gerddoriaeth Coleg y Brifysgol Bangor, a gredai bod y duedd yma yn dwyn sarhad ac anfri ar Eglwys Crist. Lleisiodd Wyn Thomas, a oedd yn awdurdod cydnabyddedig ar ganu gwerin, ei ofid ar dudalennau *Cristion*:

> Dyma i chi rai ohonynt: y Diawled, y Ficer – yn aml cyfeirir at gyngherddau'r Ficer fel oedfaon – Omega, Angylion Stanli, yr Enwogion Colledig, Proffwyd, Esgob. Ac ymysg grwpiau eraill fe welwn fod rhyw, diota a chyffuriau yn dod yn amlwg yn y teitlau a ddefnyddir ganddynt; er enghraifft, y Trwyne Coch – awgrym o ddiota a goryfed – Pedwar yn y Bar, Rhyw Byw, Igam Ogam.[5]

Tra ymboenai Wyn Thomas am effaith y rhythm hypnotig a'r sŵn byddarol ar nwydau gwrandawyr, gan gredu eu bod yn rhan o weithgaredd y diafol, roedd Eryr Wen, o leiaf, yn parhau i ddiddori mewn dull ysgafn, ysgafala nad oedd a wnelo ddim â phwerau'r fall. Daeth awr fawr y grŵp pan enillodd gystadleuaeth yr Ŵyl Ban-Geltaidd yn 1987 gyda'r gân 'Gloria Tyrd Adra'. Bu sawl metamorffosis yn hanes y grŵp a hanai o Ddyffryn Tywi yn wreiddiol, ac erbyn ei gyfnod olaf roedd y sacsoffon yn chwarae rhan amlwg ym mherfformiadau'r grŵp yma hefyd; nid Gwil John ond Einion Dafydd oedd yn chwythu y tro hwn.

Cyhoeddodd y grŵp sawl record ar ei label ei hun, Calimero, ac ar label Fflach, yn ogystal â record hir *Manamanamwnci* ar label Sain (Sain C601). Sŵn glân, hafaidd, ffwrdd-â-hi a'i nodweddai, gyda phinsiad helaeth o hiwmor, fel y dengys teitl un o'i deithiau, 'Dwi ddim yn becso pwy uffarn i ti, cer off y to', yn 1984. Yn ddiweddarach penodwyd un o'r aelodau, Llion Jones, yn ddarlithydd yn Adran y

Gymraeg yn y Brifysgol ym Mangor a bu aelod arall, Aled Siôn, yn un o Drefnyddion yr Eisteddfod Genedlaethol am gyfnod.

Grŵp arall yn yr un mowld oedd Ffenestri, a oedd yn arbenigo ar ganeuon popaidd masnachol a llawer ohonyn nhw'n offerynnol ddieiriau ac felly'n benthyg eu hunain fel arwyddganeuon rhaglenni radio neu deledu. Gwnaed defnydd helaeth o'r syntheseisydd a daeth 'Dawns yr Ysgyfarnog' yn ffefryn. Y ddau aelod amlyca oedd Geraint James a Martyn Geraint, gyda chymorth Brian Breeze, hen stejar o'r byd roc yn y De. Cyhoeddwyd record hir ar label Fflach, *Tymhorau*. Datblygodd Martyn yn ddiweddarach yn gyflwynydd medrus rhaglenni teledu i blant.

Erbyn diwedd yr 80au roedd gyrfaoedd y grwpiau hwyl yma'n machludo wrth i gyfrifoldebau swyddi a theuluoedd ddwyn sylw'r mwyafrif o'r aelodau. Roedden nhw'n blant cyfnod Edward H ac yn rhan o farwydos chwyldro a deimlwyd ar ei anterth ar ddiwedd y 60au ac a barhaodd tan ddiwedd y 70au. Y grwpiau yma oedd adladd y cyfnod a esgorodd ar ganu roc Cymraeg. Ond roedd yna fugeiliaid newydd nad oedden nhw wedi profi'r un angerdd na'r un wefr. Rhamant a sentiment oedd paldaruo am gyfnod yr 'oes aur' yn eu barn hwy. 'Un rip off gwael o Led Zep a Status Quo oedd yr Oes Aur honedig wedi'r cwbl,' meddai Rhys Mwyn yn *Y Cymro*.[6] Nawr oedd yn cyfrif, a bwrw ati i greu yn nhermau realiti cyfoes oedd yn bwysig a pherthnasol. Dyna oedd byrdwn cynnwys y mwyafrif o'r ffansîns megis *Dyfodol Dyddiol*, a oedd yn cael ei baratoi gan Gorwel Roberts:

> Mae ein canu pop ddigon ar ei hôl hi fel mae, heb i ryw entrepreneur urddaidd ein llusgo gerfydd ein gwarrau yn ôl i'r gorffennol. Ond dyna sy'n pwyso ar feddwl y Cymry yn de? Y GORFFENNOL EURAID GWYCH... Dwi ddim yn deall y 'fixation' yma efo'r 70au fel rhyw gyfnod aur... heddiw sy'n bwysig, a'r dyfodol

meddai ar ôl gweld nifer o 'sêr' y 70au yn cael eu 'hatgyfodi' yn ystod wythnos Eisteddfod Genedlaethol Abergwaun 1986.

Ond roedd rhai o'r hen stejars yn dal i fustachu mlaen. Daeth y grŵp Eliffant i ben ei rawd yn 1984 a sefydlodd Geraint Griffiths, y lleisydd, ei hun yn berfformiwr teledu. Cafodd ei sioe ei hun ar S4C, *Nôl ar y Stryd*, yn cael ei chynhyrchu gan Endaf Emlyn, a chyhoeddodd dair record o ganeuon nerthol, *Madras* (Sain C916), *Rebel* (Sain C973) ac *Ararat* (Sain C650). Rhoddodd Rhiannon

Tomos gynnig ar ffurfio band o'r enw Bandit yn 1986 ond roedd yn ymddangos bod ei hawr fawr hi wedi bod ym mhabell 'Jacs yn Joio' yn Eisteddfod Genedlaethol Abertawe dair blynedd ynghynt. Bryd hynny bu'n rhaid atal perfformiad ei band ar ôl i'r llawr suddo rhyw ddwy fodfedd ac i nifer o folltiau hollti, heb sôn am y ffaith bod y sŵn yn amharu ar y cystadlu yn y Pafiliwn.

Fe fu Dewi Pws, Dafydd Pierce, Tich Gwilym a Dyfed Thomas yn potsian gyda grŵp roc trwm o'r enw Mochyn 'Apus. Cyhoeddwyd dau gasét, *Mas o'i Ben Bob Nos* ac *Yn Drist* (Cwmni 123), ond prin oedd y gwahoddiadau i berfformio. Roedd y ffansîn *Llygredd Moesol* yn dilorni'r grŵp yn hallt fel un o grwpiau ddoe. Ceisiodd Dyfed Thomas ffurfio Plant Hywel Ffiaidd ond doedd cynnyrch ei epil ddim yn cydio. Gwnaeth Dewi Pws fwy o farc trwy *Dorri Gwynt* a chyflwyno cymeriadau fel Ricky Hoyw, Tecs Hafgan, Viv a Mansel ac Elfed Celt mewn mwy nag un gyfres o'r rhaglen deledu wallgof o ddoniol.

Ceisiodd Geraint Davies, gynt o'r grŵp Hergest, ffurfio grŵp o'r enw Newyddion gyda cherddorion hen a newydd megis Derec Brown a Rhys Powys ond heb fawr o lwyddiant. Bu'n rhaid iddo ganolbwyntio ei egni ar gynhyrchu rhaglenni radio megis *Cadw Reiat* yn adlewyrchu'r cyfrwng, gan gyfyngu ei ymddangosiadau llwyfan i ambell berfformiad gyda'r grŵp canu gwerin Mynediad am Ddim. Ond doedd dim taw ar gyfansoddwr a chanwr da. Ar ôl cwymp Omega cyhoeddodd Delwyn Siôn gasét unigol a oedd fwy yn y cywair gwerin, *Mwgyn, Mwffler a Mynyffarni* (Sain C959N), ond doedd y galwadau i berfformio, er cystal rhychwant y caneuon, ddim mor niferus â chynt i gerddor a ystyrid gan y to iau yn un o berfformwyr ddoe.

Ac er bod Nosweithiau Gwobrau Sgrech a'r cylchgrawn ei hun wedi peidio, a hynny ar ryw olwg yn tanlinellu diwedd cyfnod, doedd y Noson Wobrau ei hun ddim wedi peidio. Am nad oedd yr un cylchgrawn pop/roc arall wedi cael ei draed dano mentrodd Glyn Tomos ei hun, 'Mr Sgrech', drefnu noson yng Nghorwen. Doedd y cyfryngau ddim yn bresennol yn Noson Wobrau 1985 ac Ian Gill, lleisydd Dinas Naw, ac nid y cyfreithiwr hynaws Nic Parry oedd wrth y llyw. Erbyn hynny roedd Glyn Tomos yn golygu cyhoeddiad o'r enw *Sylw* nad oedd yn canolbwyntio ar ddiwylliant yr ifanc. Ond ar ôl cynnal Noson Wobrau Sgrech roedd gan Glyn ei hun amheuon ynghylch gwerth yr holl ymdrech a'r ymroddiad:

Roedd popeth ar rai adegau yn atgoffa rhywun o ysgol feithrin feddw. Oes rhaid yfed eich hun yn ddisynnwyr ar noson fwyaf y calendr roc Cymraeg? Ydi o werth talu £10 neu £15 er mwyn chwydu'ch perfedd allan drwy'r nos? Efallai fod y byd roc Cymraeg ar i lawr ar hyn o bryd; efallai nad yw'r grwpiau a'r nosweithiau yr hyn oeddynt, ond a ydi hyn yn esgus dros stad rhai aelodau o'r gynulleidfa?[7]

Roedd golygydd 17 oed yr atodiad *Sylw ar Roc*, Guto Bebb, hefyd yn gwaredu rhag y diota dros ben llestri:

Mewn dwy flynedd mae yfed o fewn y nosweithiau prin Cymraeg sy'n cael eu trefnu wedi tyfu allan o bob rheswm. Bellach nid oes unrhyw bwrpas mewn rhoi grŵp ar lwyfan tan 10.30 mewn 90% o ddawnsfeydd a hyd yn oed wedyn mae tri chwarter y gynulleidfa yn rhy brysur yn chwydu/caru/cysgu i roi unrhyw gefnogaeth i'r grwpiau.[8]

Os oedd Glyn a Guto'n awgrymu bod yna gyflwr o ferddwr wrth i un cyfnod ddod i ben a chyfnod arall ddechrau magu cwils, roedd yna ŵr o Gwmtawe hefyd o'r farn ei bod yn bryd gosod y tŵls ar y bar o ran y sîn Gymraeg. Roedd glöwr o'r enw Geraint Williams wedi sefydlu label recordio o'r enw Lola ac wedi cyhoeddi deunydd gan Treiglad Pherffaith, Celfi Cam, Y Sefydliad a gitarydd unfraich o'r enw Tim Leadbetter, yn ogystal â chasét amlgyfrannog o'r enw *Pwy Fydd Yma Mhen Can Mlynedd?*, yn rhannol i gefnogi'r ymgyrch gwrthniwclear. Cyhoeddodd hefyd bum rhifyn o ffansîn o'r enw *Amser Siocled*. Ond ar ôl tair blynedd o weithgaredd roedd y gŵr o Ystradgynlais wedi danto erbyn diwedd 1983:

O'r ochr ymarferol yn unig, mae gwerthiant isel cyffredinol â cholled ariannol parhaol – ac mae 'na derfyn i'r hyn y medrir ei gynnal ar frwdfrydedd yn unig. Ond yn agosach i'r galon, mae diffyg wir ddiddordeb yn y gerddoriaeth, y diffyg cydweithrediad a'r diffyg brawdgarwch sy'n bodoli ar bob lefel ymysg y Cymry yn llesteirio unrhyw awydd i ddal ati.[9]

Ymhen deng mlynedd rhoddodd Geraint gynnig byrhoedlog arall arni pan gyhoeddodd dri chasét gan y grŵp lleol Celfi Cam. Yn y cyfamser roedd y grŵp wedi cyhoeddi pedwar casét ar label Cam ac fe fyddai'r prif ganwr, Norman Lewis, yn cyhoeddi ei gasét ei hun maes o law, *Mae Gennyf Dâp Fy Hun I Wneud*. Ond rhy debyg oedd y caneuon un cord ac alawon un nodyn.

Ymddengys bod ieuenctid yn barotach i wario eu harian ar ddiota'n drwm mewn gigs a dawnsfeydd na phrynu recordiau'r grwpiau a'r artistiaid roedden nhw'n eu dilyn. Roedd un o'r cerddorion, Iwan Llwyd, hefyd yn gandryll ynghylch y gwrthdaro rhwng y canu a'r cwrw. 'Mewn aml i noson erbyn hyn, petaech yn rhechu i mewn i'r meic am bum munud, fe gaech ymateb,' oedd ei ddyfarniad diflewyn-ar-dafod.[10]

Ond rhag pastwyno'r genhedlaeth iau'n ormodol rhaid nodi bod presenoldeb bar yn medru amharu ar artistiaid y to hŷn hefyd. Cyhoeddodd y digrifwr Charles Williams na fyddai'n arwain yr un Noson Lawen fyth eto oni bai bod y bar yn ddigon pell o'r llwyfan, ar ôl iddo geisio difyrru'r gynulleidfa ar Fferm Dolwgan yng Nghwm Pennant ar achlysur Eisteddfod Genedlaethol Porthmadog yn 1987. Doedd ganddo fawr o amynedd â'r 'llu llymeitiog' a gwell ganddo petasai'r Noson Lawen yn cael ei chynnal mewn cae un acer ar bymtheg â'r bar yn y pen pellaf.[11]

Doedd dim prinder prynu o ran recordiau ar gyfer y genhedlaeth hŷn fodd bynnag. Trefnwyd mordaith ar y *Canberra* ar gyfer Trebor Edwards ac roedd ei recordiau'n gwerthu fel slecs. Archebwyd 5,000 o gopïau o'i record *Ychydig Hedd* (Sain 1260D) ymlaen llaw. Honnai label Blaca o Lanybydder bod casét o eiddo ffermwr lleol, Paul Williams, wedi gwerthu dros 1,000 o gopïau'n ddidrafferth.

Cyhoeddodd y plismon a'r huriwr teirw o Gaerfyrddin, Ronw James, gasét ohono'i hun yn canu ei hoff emynau (Sain/Tryfan) gan werthu cannoedd o gopïau ym mart y dref yn unig. Yn yr un modd cafwyd *Hoff Emynau Eifion Thomas* (Sain C965) gan arweinydd Côr Meibion Llanelli ac fe aeth *Daear Las Fy Mro* (Sain C986) gan Dafydd Edwards i frig siart *Y Cymro* yn ddiymdroi. Yn ogystal ag ychydig o ganu penillion a chanu opera roedd y ffermwr o Fethania, Sir Aberteifi, hefyd yn canu cyfieithiadau o 'Bridge Over Troubled Water' gan Paul Simon a 'Memories' gan Andrew Lloyd Webber. Roedd y ddeuawd o Fôn, Tony ac Aloma, wedi ailgydio mewn perfformio'n gyhoeddus yn sgil ymddangosiadau teledu ac yn cyhoeddi recordiau eto. Ond mae'n debyg bod Aled Jones, y soprano ifanc o Fôn, yn gwerthu mwy o recordiau na'r uchod gyda'i gilydd. Am yn agos i ddwy flynedd roedd dwy o'i recordiau, *Ave Maria* (Sain C904) a *Diolch a Chân* (Sain C894), yn sefydlog yn siart *Y Cymro*. Amcangyfrifid bod dros 50,000 o gopïau wedi eu gwerthu.

Oedd hi'n o lwm ar y sîn roc felly? Oedd pob dim yn mynd ben i waered ar ôl y bwrlwm a fu? Ymdeimlad o ramant y chwyldroadau cyson yn y gwledydd Sbaenaidd eu hiaith, wrth i un unben gael ei ddisodli gan unben arall, oedd ymhlyg yn nheitl offrwm cyntaf Steve Eaves, *Revolucion Galesa*. Doedd chwyldro ddim yn digwydd yng Nghymru. Peidiodd olwynion y chwyldro â throi yn sgil methiant y refferendwm ar ddatganoli yn 1979. Ond roedd eraill ymhlith y genhedlaeth iau yn gwingo yn erbyn yr hualau.

Ni ellid anwybyddu'r Anhrefn er cyn lleied y cynnyrch cerddorol. Roedd datganiadau cyson Rhys Mwyn yn procio a herio ganwaith fwy nag y byddai clywed caneuon y grŵp ar raglenni radio a theledu. Gwingo a gwrthryfela yn erbyn pob dim yn hytrach na chynnig agenda glir o raglen o newid cymdeithasol neu wleidyddol oedd ei fyrdwn. Dyna natur y byd tanddaearol: gweithredu a bodoli tu fas i'r drefn gydnabyddedig a oedd yn bwdr a llygredig yn eu barn hwy. Doedden nhw ddim yn chwennych clod na ffafrau cynhyrchwyr rhaglenni radio a theledu Cymraeg. Ond roedd menter Rhys Mwyn yn cyflwyno copi o offrwm Yr Anhrefn i John Peel mewn bar gwin yn Llundain yn mynd i dalu ar ei chanfed. Rhoddodd y cyflwynydd uchel ei barch sylw i'r cynnyrch, oedd yn rhy amrwd ym marn cyflwynwyr a chynhyrchwyr Radio Cymru, ar donfeddi Radio 1.

Ac os oedd yna ddiflastod yn ardal Ystradgynlais ynghylch canu roc Cymraeg roedd yna fwrlwm ymhlith yr howgets ym Methesda, a hwnnw wedi ei ganoli yn hen adeilad Capel Tabernacl. Lle cynt clywid bloeddio 'hwyl' y pulpud Cymraeg clywid clindarddach 'hwyl' y gitâr Gymraeg yn y sêt fawr. Gellid ymglywed ag ystwyrian cynhyrfus ym mrig morwydd y byd roc Cymraeg.

6 / Ym Mrig y Morwydd

O hyn ymlaen bydd y gerddoriaeth yn eiddo i bawb ac nid clic
cul siaradwyr Cymraeg yn unig. Dwi'n bwriadu defnyddio pob
cyfle i ddial ar y cyfryngau a'r gynulleidfa Gymraeg am eu diffyg
dealltwriaeth dros y tair blynedd diwethaf.[1]

Dyna eiriau heriol Rhys Mwyn ar ôl iddo lwyddo i ddwyn sylw carfan
o'r wasg roc Saesneg at y sîn roc Gymraeg. Fel arfer roedd aelodau'r
cyfryngau Saesneg Llundeinig yn arddel y rhagfarnau oesol yn erbyn
unrhyw beth Cymraeg – ei fod yn sylfaenol israddol ac yn ymwneud â
chennin a defaid. Ond roedd agwedd John Peel yn bur wahanol. Roedd
e'n ffigwr dylanwadol, wedi treulio rhan o'i fagwraeth yng ngogledd
Cymru ac yn nodedig am gynnwys cerddoriaeth gan grwpiau ac
artistiaid anffasiynol ar ei raglen radio. Roedd gwrando ar ei raglen
yn angenrheidiol i'r sawl oedd am gadw ei fys ar byls yr hyn oedd yn
digwydd o ran ffresni mynegiant yn y byd roc. Roedd wedi chwarae
recordiau Cymraeg o bryd i'w gilydd ar ei raglen ers dyddiau *Sneb
yn Becso Dam* Edward H Dafis. Byddai hefyd yn ysgrifennu colofn
wythnosol yn un o'r papurau Sul trwm.

Ar y nos Iau gyntaf ym mis Ebrill 1986 cynhaliwyd degau o gigs
ledled Llundain, yn unol â'r arfer, ond roedd yna un yn ots i'r cyffredin
mewn lle o'r enw y Fulham Greyhound. Roedd a wnelo John Peel â'r
trefniant. Gwahoddwyd cynrychiolwyr y cyfryngau Saesneg i wrando
ar Yr Anhrefn, Y Cyrff a'r Traddodiad Ofnus. Grŵp Cymraeg a oedd
wedi ymsefydlu yn Brighton i bob pwrpas oedd Traddodiad Ofnus, a
bechgyn o'r Cymoedd, Marc Lugg a Gareth Potter, oedd wrth y llyw,
yn arbrofi ag amrywiaeth o synau. Byddai'r grŵp yn cyhoeddi record
ar label Constrictor o'r Almaen a chasét *Afiach* ar ei label ei hun yn
ogystal â chyfrannu ambell gân ar recordiau amlgyfrannog. Grŵp
tanddaearol o Lanrwst oedd Y Cyrff. Roedd y gân 'Pum Munud' o'u
heiddo yn cyfeirio at dlodi a chyfoeth yn Llundain a 'Trwy'r Cymylau'
yn sôn am berson oedd yn dipyn o Wil Dau Hanner.

Bu'r noson yn llwyddiant yn yr ystyr bod y digwyddiad wedi creu
nifer o fodfeddi o brint yn y wasg Lundeinig. Mae'n debyg bod mwy

o Gymry Cymraeg ifanc yn darllen y papurau cerddorol wythnosol Saesneg nag oedd yn darllen tudalen adloniant wythnosol *Y Cymro* neu'r ffansîns Cymraeg achlysurol. Ac os oedd sgriblwyr Llundain, a llawer o Gymry yn eu plith, yn cymryd sylw ac yn clodfori grwpiau Cymraeg, yna roedd y darllenwyr o Gymry Cymraeg yn dechrau teimlo y dylent hwythau gymryd sylw o'r grwpiau hynny ac ymfalchïo yn eu bodolaeth. Doedd y sîn roc Gymraeg ddim mor ffôl wedi'r cyfan, efallai.

Roedd Rhys Mwyn ar ben ei ddigon. Daeth gigs gan grwpiau Cymraeg yn ddigwyddiad cyffredin yn Llundain ac roedd Rhys yn obeithiol y byddai un o'r cwmnïau recordio mawr yn cymryd Yr Anhrefn o dan ei adain. O ganlyniad roedd Mr Mwyn yn barod i gyhoeddi rhyfel agored yn erbyn y cyfryngau Cymraeg. Doedd naill ai Yr Anhrefn fel grŵp na'r cwmni recordiau o'r un enw wedi cael fawr o sylw gan raglenni radio na theledu Cymraeg. Ar un olwg doedd Rhys Mwyn ddim yn dymuno sylw gan gyfrwng y credai ei fod wedi ei anelu at ddiddanu'r dosbarth canol Cymraeg ac oedd yn cael ei redeg gan aelodau o'r dosbarth hwnnw. Ni chredai fod y cynhyrchwyr yn medru nac yn dymuno adlewyrchu'r hyn oedd yn digwydd yn y sîn danddaearol yr oedd e'n rhan ohoni. Arferai lambastio rhaglenni teledu megis *Roc ar ôl Te* a *Larwm* yn ogystal ag ambell eicon o ddiddanwr Cymraeg, gan ganu clodydd y grwpiau newydd 'gwleidyddol' fel yr unig gyfraniad perthnasol i fywydau ieuenctid:

> Yn raddol, mae 'na dwf newydd o grwpiau Cymraeg sydd yn uniongyrchol wleidyddol yn codi hyd a lled y wlad. Mae'r Treiglad Pherffaith yn parhau i fod yn act gomedi ond maent o hyd yn barod i gefnogi achosion da, yn enwedig, er enghraifft, eu cefnogaeth i Gymdeithas yr Iaith Gymraeg. Mae hyd yn oed grwpiau pop fel Maffia Mr Huws yn ymwybodol bod rhaid wrth ganeuon â neges yn y 'Gymru Gyfoes' sydd ohoni. Ond o'r byd 'Tanddaearol' sydd bellach wedi ei ail-fedyddio fel y sîn 'bositif', y mae'r neges yn atseinio gliriaf. Bellach mae'r Anhrefn a Datblygu yn rhyw fath o sêr pop tanddaearol, tra bo grwpiau fel y Cyrff, Tynal Tywyll, Crwyn Mwyn, Penboethion, Machlud, Elfyn Presli a'r Masi Ffyrginsons, Conyn Gwyllt, Paul S Jones a.y.b. yn aros fel *'time-bomb'* i chwythu fyny yn wyneb crychlyd y sefydliad Cymraeg.
>
> Ymhlith y caneuon diweddaraf i gael eu cyfansoddi yng Nghymru mae 'Rhywle ym Moscow' gan Yr Anhrefn sydd yn

gofyn beth sydd yn gwneud cariadon yn Moscow mor wahanol i gariadon yng Nghymru. Beth yw pwrpas yr holl ryfela yn y Dwyrain Canol? Dyna yw cwestiwn 'Lebanon' gan y Cyrff, tra bo Tynal Tywyll yn ein rhybuddio i beidio dibynnu ar y trendi lefftis Cymraeg. Mae Datblygu newydd recordio 'Nefoedd – Putain Prydain' sydd yn parhau eu safiad rhywiol-wleidyddol. Neges 1985 – da ni'n dal yma – mae gennym ddigon i frwydro drosto – mae gennym arwyr 15 munud newydd – pwy oedd Dafydd Iwan? (nefar yrd of 'im).[2]

Anaml y byddai cynnyrch label Anhrefn i'w weld yn siart *Y Cymro* ar y pryd ac ychydig o'r cynnyrch fyddai'n cael ei werthu yn yr holl siopau llyfrau Cymraeg hynny a sefydlwyd yn ystod y 70au yn rhannol er mwyn sicrhau y byddai recordiau Cymraeg ar gael yn hwylus. Doedd Siop y Pethe yn Aberystwyth neu Siop y Werin yn Llanelli ddim yn rhan o'r sîn danddaearol neu 'bositif', wrth gwrs. Ond roedd artistiaid megis Dafydd Iwan yn wybyddus i'r cwsmeriaid ac roedden nhw'n prynu ei recordiau fesul dwsin. Er hynny roedd Marc V Jones yn gwerthfawrogi ymdrechion label Anhrefn, a gyhoeddodd record o dan y teitl *Galwad ar Holl Filwyr Byffalo Cymru*:

> Mae'n bosib mai parhau gwedd newydd ar ganu roc Cymraeg wnaiff y record yma; y canu gwleidyddol aeddfed fu ar goll wrth i'r bois fynd i sôn am ferched gwyllt a gwin. Diolch byth fod rhai grwpiau ac unigolion am ddod â brwydrau byd-eang a difrifol i sylw bob dydd yng Nghymru heddiw. Dylai'r record a'r cyngherddau cysylltiedig fod yn waywffon i galon Cymru.[3]

Milwyr Byffalo y gelwid caethweision Gogledd America oedd yn ymladd yn y Rhyfel Cartref yno. Roedd elw'r record hon i'w rannu rhwng y Mudiad Gwrth Apartheid a Chymdeithas yr Iaith Gymraeg. Cynnwys y record oedd pedair cân gan dri grŵp anadnabyddus – Cathod Aur, Plant Bach Ofnus a Beirdd Coch (dwy gân) – a wahoddwyd i gyfrannu am ddim. Un o gymwynasau Anhrefn oedd rhoi cyfle i grwpiau cymharol ddinod, na fyddai'r un cwmni recordiau sefydlog yn mentro eu recordio, gyrraedd cynulleidfa ehangach. Ymddengys mai unig rinwedd angenrheidiol y grwpiau yma oedd agwedd neu safiad gwleidyddol pendant. Doedd rhagoriaeth gerddorol ddim yn ystyriaeth o ran gwahodd grwpiau i recordio. Roedd Marc V Jones wedi ei blesio unwaith yn rhagor:

> Datblygodd grŵp yr Anhrefn i fod yn fudiad, yn her i'r roc cyfryngol cyfforddus. Aethant â'r efengyl yn bellach na neb o'r blaen – i'r NME, Radio 1, Whistle Test, nosweithiau yn

Harlow, Llundain a Bae Colwyn. Drwy'r rhain y dechreusant gyrraedd cefnogwyr oedd wedi anwybyddu roc Cymraeg yn y gorffennol. Bellach recordiwyd LP ar label 'Workers Playtime', *Defaid, Skateboards a Wellies*. Mae'n anelu'n ddigyfaddawd at y gynulleidfa 'newydd', sydd erioed wedi bod i Steddfod na choleg Cymreig. Mae'n cyflwyno delweddau o Gymru (o safbwynt yr Anhrefn) i'r byd mawr, drwy geisio chwalu'r ddelwedd 'hick' sy'n gymaint o obsesiwn ganddynt.[4]

Yn ei golofn yn *Y Faner* mentrodd Rhys Mwyn enwi nifer o grwpiau y credai nad oedden nhw'n berthnasol ac y dyheai am weld eu tranc: Treiglad Pherffaith, Eryr Wen, Y Ficer a Louis a'r Rocyrs. Penderfynodd Dylan Huws, aelod o'r Ficer, daro nôl gan nodi bod rhesymeg Mr Mwyn yn llawn 'anhrefn' a'i bod yn amlwg mai ei ddiffiniad o grŵp perthnasol oedd triawd yn adlewyrchu syniadau Arthur Scargill, Che Guevara a Karl Marx. Ymhlyg yn y sylw roedd yna gydnabyddiaeth nad oedd dawn gerddorol yn berthnasol. Cyhoeddwyd llythyr hefyd yn ceisio tynnu dadleuon yr impresario o Lanfair Caereinion yn gareiau mân. Garfield Morgan, o Aberystwyth, oedd yr enw wrth gwt llythyr yn honni bod yr awdur yn lladmerydd ar ran ei genhedlaeth ac yn annog Rhys Mwyn i gau ei geg ac agor ei glustiau:

Mae'n ymddangos i mi mai llinyn mesur Rhys wrth feirniadu grwpiau yw hyn – os yw grŵp yn uffernol yn gerddorol ond yn canu gyda thant gwleidyddol, yna mae'n dda. Os yw grŵp yn dda yn gerddorol, ond yn canu am bethau bob-dydd fel syrthio mewn cariad, yna mae'n wael. Sefyllfa od, meddai yw gweld grŵp Ray Jones, sy'n canu am ddagrau'n dechrau disgyn, yn cael lle ar lwyfan Arian Byw tra bo'r Cyrff, sy'n canu am Lebanon, yn cael eu diystyru. I mi, does dim yn rhyfedd yn y peth. Y gwir amdani yw bod grŵp Ray Jones yn cynnwys cerddorion disglair tra bo'r Cyrff yn swnio fel damwain mewn ffatri cyllyll-a-ffyrc. Mae'n ymddangos mai neges Rhys yw – os yw'ch grŵp yn swnio fel crap, canwch am bethau gwleidyddol.

Mae Rhys yn honni gwybodaeth eang am grwpiau tanddaearol Lloegr. Dro'n ôl bu'n clodfori Siouxie and the Banshees. Rhys bach! Dyma grŵp sy'n rhan o'r Sefydliad Seisnig. Wyt ti ddim wedi clywed am Brickheads? A beth am The Pullovers? Mae'r ddau grŵp yma yn hanu o ardal Brixton yn Llundain, ardal y bûm yn byw ynddi hyd yn ddiweddar. Dyma beth yw grwpiau anarchaidd, tanddaearol. Na, Rhys, wnaiff malu rwtsh 'mo'r tro. Y tro nesaf cyn agor dy geg, agor dy glustiau a'th lygaid. A peth arall, Rhys. Rwyt ti'n hen![5]

Fel y gellid disgwyl doedd y Bnr Mwyn ddim yn bwriadu encilio i ynys bellennig i lyfu ei glwyfau. Roedd yn barod i wrthymosod gan ddweud ei fod yn croesawu ymateb a dadl ond ei fod wedi alaru ar 'Gymry stiwpid' nad oedden nhw'n medru gweld ymhellach na'u trwynau wrth ddarllen ei erthyglau:

> Yn gyntaf dwi isio rhoi syniadau gerbron pobl – dwi isio agor y drysau – rhoi cyfle i bobl feddwl am gyfeiriadau newydd a ffyrdd newydd o ymestyn ffiniau'r Gymraeg – i wneud y Gymraeg yn hip, 'yn cool', yn berthnasol, yn bob peth mae'r Cymry wedi ei wrthod dros y blynyddoedd... Ym 1967 roedd Y Blew yn beirniadu 'sentimentaliaeth pop Cymraeg'. Yn yr un cyfnod roedd John Cale, Cymro Cymraeg yn New York gyda'r Velvet Underground ac Andy Warhol yn ymestyn ffiniau pop ac yn canolbwyntio ar yr ochr anodd – fel Test Department ac fel y Jesus and Mary Chain. Fel y dywedodd Cale *"the reason we wore shades was we couldn't stand the sight of the audience."* Fel y dywedodd David R Edwards (Datblygu) "ni yw Bader Meinhoff y sîn Cymraeg..." Y broblem ydi fod y Cymry'n rhy gul i weld – yn rhy brysur yn bod yn Gymry cydwybodol. Y peth sydd yn drist yw bod John Cale wedi troi ei gefn ar y Gymraeg – mae byw yn New York yn cool, ond dydi Mr Cale erioed wedi gwneud dim yn y Gymraeg.[6]

Doedd dim modd anwybyddu'r hyn oedd yn digwydd yn Llundain. Wrth gwrs, doedd dim yn arloesol mewn cynnal gweithgareddau Cymraeg ym mhrif ddinas y Saeson. Yn y 50au a'r 60au roedd yna fwrlwm yn Aelwyd yr Urdd yn Gray's Inn Road yng nghwmni'r degau o athrawon a heidiai yno o Gymru. Llwyfennid dramâu Cymraeg a chynhelid Nosweithiau Llawen ac roedd yno gapeli Cymraeg bywiog eu gweithgareddau. Ac mewn cyfnod cynt roedd mudiadau megis y Gwyneddigion a'r Cymmrodorion wedi hybu gweithgareddau Cymraeg ym mhrifddinas Lloegr.

Ond roedd hyn yn wahanol: adain o'r mudiad roc Cymraeg yn ei phlannu ei hun yn Llundain ac yn chwennych clod a chydnabyddiaeth calon y byd roc Saesneg. Cyhoeddwyd fideo amrwd o'r Anhrefn a Datblygu'n perfformio yn Harlow (Anfyd 002). Dim ond un camera oedd yno'n cofnodi'r digwyddiad ac ni fu dim erioed yn gymaint o wrthbwynt i soffistigeiddrwydd. Ni ellid dangos fawr ddim o'r fideo ar yr un sianel deledu, hyd yn oed petai rheolau undebol yn caniatáu, ond roedd yn fwriadol wrthgyfryngol wrth gwrs. Rhaid bod yna kudos mewn datgan mai yn Harlow ac nid yn Harlech y recordiwyd y fideo danddaearol Gymraeg gyntaf.

Yng ngolwg llawer rhoes y presenoldeb yn Llundain fri ar ddiwylliant roc Cymraeg fel ffenomen ryngwladol, yn rhan o brif lif y diwylliant roc byd-eang, yn hytrach na rhywbeth a berthynai i ran fechan o Gymru o fewn y Fro Gymraeg. Gellid yn hawdd dynnu cymhariaeth rhwng Rhys Mwyn a Jac Glan-y-gors, y pamffledydd a fu'n cynhyrfu'r dyfroedd ymhlith Cymry Llundain yn ail hanner y 18fed ganrif. Y gitâr, nid y pamffled, oedd y cyfrwng cynhyrfu cyfoes. Penderfynodd colofnwyr cyson *Y Cymro*, Dafydd Rhys a Gareth Siôn, yn ysgrifennu'n enw Cytgord, daclo'r duedd o chwennych llwyddiant yn Lloegr:

> Does dim dwywaith fod poblogeiddio canu Cymraeg ar gyfryngau Lloegr a thu hwnt yn creu ymwybyddiaeth ehangach o fodolaeth y Gymraeg fel iaith fyw a ffyniannus, sy'n ddiymwad yn beth da... Ond y cwestiwn sydd yn rhaid ei ofyn ydi faint mae'r sylw yma'n cyfrannu yn y pendraw tuag at ffyniant y sîn bop a'r iaith yng Nghymru? Un peryg ydi fod llwyddo yn Lloegr, neu o leiaf yng ngolwg y cyfryngau Seisnig, yn troi'n ddiben ynddo'i hun... Ai eu bwriad yn y pendraw yw dymchwel y sîn annibynnol ond ynysig yng Nghymru a rhoi gwedd mwy sylfaenol Brydeinig i gyfraniad grwpiau roc Cymraeg? Os felly y peryg ydi y caiff y gynulleidfa Gymraeg ei hymddieithrio oherwydd mai'n eildwym y daw'r gerddoriaeth iddynt a honno wedi'i hanelu'n wreiddiol at y gynulleidfa ehangach Brydeinig boed honno'n danddaearol neu'n un fasnachol.[7]

Asiantaeth roc oedd Cytgord wedi ei sefydlu ym Methesda er mwyn cefnogi a hybu'r sîn roc leol yn gyffredinol. Os oedd yna weithgarwch roc Cymraeg yn y Fulham Greyhound a Harlow yn Llundain roedd yna dipyn go lew yn digwydd yn nhref yr howgets hefyd. Gwelai Dafydd Rhys a Gareth Siôn botensial. Roedd y naill wedi dychwelyd i'r ardal ar ôl astudio Rheolaeth Hamdden a Pharciau ym Mhrifysgol Pennsylvania yn yr Unol Daleithiau a'r llall wedi dychwelyd ar ôl graddio mewn Saesneg yng Nghaergrawnt a dysgu yng Ngwlad Belg am gyfnod. Manteisiwyd ar un o gynlluniau sefydlu busnes y Llywodraeth er lles hybu'r byd roc Cymraeg. Roedd y ddau'n ymwybodol o dynfa a dylanwad y byd roc Saesneg. Er gwaethaf llwyddiant Maffia Mr Huws fe benderfynodd un o'r aelodau gefnu ar y sîn Gymraeg yn sydyn yng ngwanwyn 1984 er mwyn ei mentro hi yn Llundain.

Bwriad Hefin Huws oedd gwneud enw ac arian iddo'i hun naill ai fel canwr neu fel drymiwr. Dyna a gredai oedd yr unig ffordd o gefnu ar y dôl a thlodi Bethesda. Cafodd waith fel labrwr ar safleoedd adeiladu yn ystod y dydd a chwiliai am bob cyfle i wneud ei farc gyda'r nos trwy fynychu gigs a chynnig ei hun i bwy bynnag o fewn y diwydiant oedd yn fodlon gwrando arno. Am gyfnod bu yntau a Les Morrison, un arall o hogiau Pesda, yn chwennych llwyddiant gyda grŵp o'r enw Offspring. Roedden nhw'n obeithiol y byddai cân o'r enw 'It's Not a Sad Song' yn cydio. Ond nid felly y bu. O fewn tair blynedd byddai Hefin nôl ym Methesda yn perfformio eto gyda Llwybr Cyhoeddus ac yn cyhoeddi casetiau yn ei hawl ei hun.

Yn y cyfamser trefnodd Cytgord daith drwy Gymru ar gyfer Maffia a Geraint Jarman a'r Cynganeddwyr, gan gyhoeddi casét o 'Daith y Carcharorion'. Daeth y daith honno i ben yng Nghaerdydd, yng nghlwb y Casablanca yn y dociau, adeilad a arferai fod yn gapel slawer dydd. Yn ystod y perfformiad dymchwelodd rhan o'r llawr oherwydd pydredd sych. Er i gyfran o'r gynulleidfa syrthio cwblhaodd y grŵp ei set fel petai dim o chwith wedi digwydd.

Pan adawodd Hefin Huws fe ymunodd Neil Williams â'r Maffia fel lleisydd. Bu'r ddau hyrwyddwr yn gyfrifol hefyd am gynorthwyo i osod Gŵyl Pesda Roc ar ei thraed. Yn wir, erbyn 1986 roedd cymaint o grwpiau Cymraeg yn yr ardal fel nad oedd angen gwahodd fawr ddim o grwpiau o'r tu allan i berfformio yn yr ŵyl. Ond, eto, er bod Bandit, Apil, Huw Charles a Jeli Bîn, Celt a Dinas Naw, yn ogystal â'r Maffia eu hunain, yn perfformio, doedd yna fawr ddim o dorf yn gwrando ar y grwpiau cyn i'r tafarndai gau. Er y cynnydd yn nifer y grwpiau lleol o gymharu â thair blynedd ynghynt pan gynhaliwyd yr ŵyl gyntaf, doedd yna ddim cynulleidfa werthfawrogol ac aeddfed gwerth sôn amdani.

Ymhlith grwpiau eraill yr ardal a adawodd eu hôl yn y cyfnod yma roedd Chwys Plisman a Mwg, y naill yn ennill nifer o gystadlaethau eisteddfodol a'r llall yn cyhoeddi casét byw. Grŵp arall a fu'n perfformio'n gyson oedd Proffwyd, yn cynnwys aelodau gydag enwau lliwgar megis Scando, Cochyn a Taff. Roedd Gareth Siôn ei hun yn aelod o fand caboledig o'r enw Jecsyn Ffeif a fu'n gwthio'r ffiniau trwy lafarganu darnau o farddoniaeth Waldo Williams yn y dull rap. Dywedodd Ifor ap Glyn yn ei adolygiad o gasét y Jecsyn Ffeif, *Annibyniaeth Barn*:

> Mae rhywbeth manic yn perthyn i lais Gareth Siôn, ac mae'n
> well gen i hynny na chantorion sy'n dechnegol well ond yn ofni

baeddu eu tonsils, fel petai. Rhyfeddol yw'r unig air i ddisgrifio'r gymnasteg lleisiol yn 'Dy Lygaid Di'. Mae Gareth Siôn yn rhoi llawer yn ei ganu, ac mae hynny'n cynnwys y geiriau. Mae delweddau 'Blodeuwedd' yn enwedig, yn hoelio sylw'r gwrandäwr, e.e. strancio fel rhyw 'Forwyn Fair wyllt, lliwiau'r Hydref yn ffrwydro o'i phen'. Mae dwy gerdd i gyfeiliant hefyd, yn cymryd eu lle yn hollol naturiol ynghanol y caneuon. I fi, y briodas gwbwl hapus rhwng y sain a'r synnwyr yn y cerddi yw un o uchafbwyntiau tâp sy'n llawn uchafbwyntiau. Cofiwch 'fydd y chwyldro ddim yn cael ei ddarlledu; bydd y chwyldro yn dod atoch chi'n fyw!'[8]

Cafodd Gorwel Roberts ei blesio gan yr offrwm *Byw Mewn Gwlad* a gyhoeddwyd ar label Crai. Gwelwyd llun o Dewi Prysor ar y clawr, ar ddiwrnod ei ollwng yn rhydd o Lys y Goron Caernarfon wedi iddo gael ei gyhuddo o fod â rhan yn ymgyrch llosgi tai haf Meibion Glyndŵr:

Mae 'Llwydwyll Gwareiddiad Llydaw' yn glasur o'r iawn ryw gyda'r dyb, diog, cyfrin yn gosod naws perffaith i englynion gwych Gerallt Lloyd Owen. Mae naws gwrth-prohibition i 'Byw Mewn Gwlad' ei hun lle mae'r canwr 'wedi blino ar yr oriau cau' ac am 'redeg i ffwrdd i wlad dramor' gyda 'marijuana ar y meddwl'. Mae'r personol yn troi'n wleidyddol oblegid, wedi'r cwbl, 'gweision sydd yn llywodraethu arnom' ac mae mwy yma na theyrnged i Gymru y Rasta. Mae yn nhraddodiad gorau reggae, lle mae'r personol hefyd yn fynegiant o brotest lle, rydym oll yn chwilio am y twll yn y ffens. Herfeiddiol yn hytrach na hedonistaidd yn y pendraw. 'Wyf Gymro', y clincar ffrwydrol sy'n cloi'r tâp, yn fwystfil go iawn, yn rhodio'n fygythiol ar riff bâs un nodyn ac yn gwneud datganiadau dychrynllyd fel Ellis Wynne hefo dos hegar o baranoia, William Burroughs yn sgwennu i'r Papur Bro. Mae yma fyfyrio ar y Cyflwr Cymreig ond mae hefyd yn rant-fynegiant personol iawn nad yw heb lygedyn o obaith yng nghanol y delweddu tywyll. Am y llygedyn hwnnw rwy'n awgrymu eich bod chi'n ei glywed trostoch eich hunain achos ni fydd y chwyldro hwn ar y radio, gyfaill...[9]

Cafodd Maffia Mr Huws gyfle i berfformio ar raglen Saesneg BBC2, *Whistle Test*, hefyd a chyhoeddodd y grŵp gasét *Awê Efo'r Micsar* ar label S4C. Ac am eu bod yn byw'r bywyd roc o ddydd i ddydd, a hynny heb fod yn weision cyflog i'r cyfryngau, roedd Dafydd Rhys a Gareth Siôn yn medru bwrw golwg gwrthrychol ar yr hyn oedd yn digwydd a'i osod yn ei gyd-destun hanesyddol. Synhwyrai'r ddau fod yna ferddwr a mentrodd Cytgord gyhoeddi ei gynllun achubiaeth:

Bellach mae optimistiaeth y saithdegau wedi hen ddarfod a gweledigaeth wleidyddol y Cymry Cymraeg ifanc yn fwy annelwig a niwlog. Adlewyrchir hyn yn y gynulleidfa bop sydd nid yn unig wedi crebachu ond hefyd wedi troi'n fwy rhanedig. Prin iawn yw'r grwpiau hynny erbyn heddiw sy'n medru denu cynulleidfa eang ei hystod o ran oed a chefndir. Mae'n bosib nad methiannau 1979 a'r sinigiaeth ddaeth yn eu sgil yw'r unig ffactor sydd yn gyfrifol am hyn. Yr un cyfnod a welodd droi'r llanw ar genedlaetholdeb a welodd yn eironig foddhau llawer o ofynion y dosbarth canol Cymraeg (asgwrn cefn y gynulleidfa roc – y bourgeois roc chwedl Jarman) oddi fewn i'r wladwriaeth Brydeinig.

Arweiniodd llwyddiant yr ymgyrchoedd dros statws i'r iaith a sianel Gymraeg at dwf dosbarth gymharol freintiedig ac annibynnol o Gymry Cymraeg ifanc. Mae'r dosbarth hwn yn sicr o'u Cymreictod eu hunain yn sgil y ffaith fod eu swyddi trwy gyfrwng ac er budd y Gymraeg. Tra bo'u hymlyniad wrth ambell grŵp (e.e. Geraint Løvgreen a'r Enw Da) yn parhau, at ei gilydd maent wedi peidio â theimlo'r angen i fynychu dawnsfeydd Cymraeg. Wrth gwrs mae disgwyliadau a diddordebau yn ogystal â buddiannau'r grŵp hwn yn bur wahanol i rai'r gweddill o'r ieuenctid Cymraeg eu hiaith sy'n dal i rygnu byw yn yr 'homelands' dan lach Thatcheriaeth (a phob clod i Rhys Mwyn a Chymdeithas yr Iaith am fentro i gyrraedd y gweddill hwn a threfnu gŵyl mor llwyddiannus a chyffrous yn Aberystwyth y tu allan i dymor y myfyrwyr).

Gwirion o beth fyddai i ni ddisgwyl gweld adfer gweledigaeth wleidyddol y saithdegau eto yng Nghymru. Gwirionach fyddai disgwyl gweld hynny'n dod o gyfeiriad ryw Feseia o siwpyrstar newydd. Ond mae angen gwneud un o ddau beth heddiw – naill ai boddhau anghenion y cynulleidfaoedd, neu'r darpar gynulleidfaoedd, gwahanol sydd wedi codi trwy gynnig adloniant cyson ac amrywiol ar eu cyfer, yntau geisio'u huno eto gyda gweledigaeth gyfansawdd newydd. Mae angen dycnwch a mentro ariannol ar ran trefnwyr i gyflawni'r cyntaf – byddai angen athrylith o wleidydd i gyflawni'r ail.[10]

Ai pylu cenedlaetholdeb a goruchafiaeth Thatcheriaeth oedd yn gyfrifol am ferddwr y canu roc Cymraeg yng nghanol yr 80au? Oedd yr athroniaeth Thatcheraidd mai gwerth yr unigolyn sy'n cyfrif am nad oes yna'r fath beth â chymuned yn golygu nad oedd gan ieuenctid ddim i'w ddweud a dim i ymgyrchu o'i blaid? Os nad oedd dim i'w ddweud y gellid ei ystyried yn unigryw Gymreig onid manamanamwnci ceisio ei ddweud yn Saesneg er mwyn derbyn clod ehangach a chyfoeth diderfyn? Neu os nad oedd dim cadarnhaol i'w ddweud onid manamanamwnci eto bwrw ati i dynnu sylw at ddiffygion, yn yr un modd â'r grwpiau tanddaearol yn Lloegr ac efelychu eu hanfodlonrwydd hwy â theyrnasiad yr Hen Wyddeles? Oedd rhagfur olaf Cymreictod, sef y bwrlwm roc digyfaddawd a sefydlwyd yn y 70au, yn breuo? Dal yn simsan oedd y berthynas rhwng y sîn ar lawr gwlad a'r cyfryngau yng Nghaerdydd. Daeth cyfnod mis mêl S4C i ben ac roedd yn amlwg bod pwy bynnag a gredai y byddai'r sianel yn achubiaeth neu'n hyrwyddiad i'r sîn wedi bod yn ffôl i gredu hynny. Roedd Dafydd Rhys wedi delio â'r berthynas honno hefyd:

> Doniol iawn ydi'r sefyllfaoedd sy'n codi mewn byd roc mor fach a thanddaearol i raddau helaeth sydd â chymaint o bobl cyfryngau yn ei ddilyn. Rhaid cofio hefyd mai'r bobol yma ydi'r unig bobol bron sy'n gwneud eu bywoliaeth allan o ganu roc Cymraeg. Gochelwn rhag i fwlch agor rhwng artistiaid a chynulleidfaoedd ymroddgar â'r cyfryngau. Mae'r gwrthgyferbyniad i'w weld yn barod mewn digwyddiadau fel y noson wobrwyo – grwpiau fel Y Brodyr a Maffia, sy'n byw o ddydd i ddydd ar y crystyn olaf, yn troi fyny wedi i'w faniau rhydlyd dorri lawr droeon ar y daith tra bod y cyfryngau yno yn eu disgwyl, wedi dod â'u cantîn efo nhw, a'u ceir newydd drud wedi'u parcio y tu allan. Dyma'r sefyllfa sydd ohoni mewn golygfa roc sydd wedi datblygu'n gyflym iawn. Dwi ddim yn deud mai'r ateb ydi i bobol y cyfryngau fynd o gwmpas yn llwgu mewn faniau ex-GPO pymtheg oed fel y Maffia ond mae 'na le i bawb fod yn fwy ymwybodol o sefyllfa a swyddogaethau ei gilydd. Mae gwir angen ymroddiad pawb.[11]

Ymddengys bod angen rhywun i dorri'r mowld a chydio yn y dychymyg. Ble llechai'r artist o arweinydd neu ladmerydd na fyddai ei ddeunydd yn cydymffurfio â meddylfryd y byd roc masnachol Saesneg? Ond, rhag canu cnul y sîn roc Gymraeg cyn pryd, roedd yna bethau annisgwyl yn digwydd. Roedd y grŵp Datblygu o Aberteifi yn torri cwys gerddorol unigryw. Gwrthodwyd chwarae traciau o eiddo grŵp David R Edwards ar raglen Sadyrnol Radio Cymru, *Cadw Reiat*. Doedd y safon ddim yn gydnaws â'r hyn a ddarperid ar gyfer cynulleidfa darged fore Sadwrn yn ôl y cynhyrchydd, Geraint Davies. Yn ddiweddarach clywid seiniau Datblygu droeon ar raglen hwyr y nos John Peel ar Radio 1. Offrwm i'w groesawu oedd *Hwgr-grawth-og* y grŵp yn ôl Marc V Jones:

Y neges syml: dyma record Gymraeg i ymfalchïo ynddi, efo'r dychymyg a'r gyts i fynd ar ôl pynciau y tu hwnt i'r arferol. Mae popeth yma'n effeithio ar bawb; yr ofn, y casineb, yr anwybodaeth. Dyma gatalog o bopeth sy'n cyflyru emosiwn. Yn fwy na hyn, wrth ail-wrando, mae'n cynnig darlun o'r Gymru crymi. Pryfocio![12]

Cyfrannu oddi allan i'r system a wnâi Cwmni Wmni o Gaerdydd trwy gyhoeddi cyfres o ddeunydd amlgyfrannog. Gwerthodd Gary Beard fotobeic Triumph Bonneville er mwyn codi arian i sefydlu stiwdio recordio 4-trac. Fe'i cynorthwyid gan gyn-aelod o'r Llygod Ffyrnig, Dafydd Rhys, a Meredydd ab Iestyn, ac ymhlith y grwpiau gafodd gyfle i recordio gan y cwmni roedd Bro Gronwy, Len a Persi a Pysgod Melyn ar Draws. Marc V Jones sy'n canu clodydd y cwmni wrth adolygu *Y Tâp Glân* gan Rhyw Byw:

> Llinyn mesur o isddiwylliant iach ydi'r ffaith fod cwmnïau heblaw am y 'multi-national' Cymraeg – Sain – yn dechrau codi'u pennau a thorri tir newydd yn y byd roc Cymraeg. Dyma'r trydydd casét ar label Cwmni Wmni, un o'r labeli diweddaraf i ymddangos a dilyna gasét cyntaf Rhyw Byw – Safwn yn y Twlc – a'r casét amlgyfrannog clodwiw 'Haf ar y Tâf'.[13]

Ar yr un dudalen yn *Y Cymro* roedd adroddiad gan Dafydd Rhys ar gynhadledd oedd wedi ei threfnu gan y rhaglen *Cadw Reiat* yng Ngwesty Blaendyffryn ger Llandysul i drafod y sîn roc. Doedd hi ddim yn gynhadledd lwyddiannus. Doedd yna fawr neb yn bresennol. Chyrhaeddodd un o'r grwpiau oedd i fod i berfformio, Proffwyd, ddim tan yn hwyr ac ni chyrhaeddodd Maffia Mr Huws o gwbl. Tasg y colofnydd oedd tafoli methiant y gynhadledd. Roedd hi'n gyfnod arholiadau ysgol a choleg ac roedd Rali Clybiau Ffermwyr Ifanc Ceredigion yn cael ei chynnal yr un diwrnod. Doedd crynswth gwrandawyr *Cadw Reiat* ddim yn ddigon hen i fynychu lle trwyddedig ac roeddynt yn dal i ddibynnu ar eu rhieni i'w cludo o fan i fan. Os taw diota oedd prif ddiléit y mwyafrif o ieuenctid wrth fynychu gigs prin eu bod am dreulio diwrnod yn trafod yr hyn na wydden nhw fawr ddim yn ei gylch. Hwyrach nad oedd yna fawr neb yn gwrando ar *Cadw Reiat* neu efallai nad oedd y gwrandawyr am gyfaddef eu bod yn wrandawyr. Hwyrach eu bod am gadw draw yn unol â'r rhagfarn yn erbyn unrhyw weithgaredd a drefnid gan y 'cyfryngau' yn hytrach na changen o'r sîn danddaearol. Os oedd y disgwyliadau'n fawr ar gyfer y gynhadledd er mwyn datrys 'problem' cynulleidfaoedd, y mân gecru a'r ffragmanteiddio, roedd y sylweddoliad yn ysgytwol mai merddwr oedd yn bodoli o ran ymgais y 'sefydliad cyfryngol' i fynd â'r maen i'r wal.

Waeth beth am fethiant cynhadledd *Cadw Reiat* ym Mlaendyffryn, roedd yna weithgarwch cyffrous yn digwydd ar yr ymylon. Rhan o'r gweithgarwch hwnnw oedd y grŵp Tynal Tywyll o stabl Anhrefn. Sôn am atgofion meddwol melys y cyfryngis am ddyddiau da wnâi '73 Heb Flares'. Roedd Noson Tafodau Tân yng Nghorwen yn 1973, pan ffrwydrodd Edward H ar y llwyfan, yn *'boring'* yng ngolwg cenhedlaeth Tynal Tywyll. Ond roedd eu hagwedd yn dderbyniol yn ôl Marc V Jones wrth iddo adolygu *Emyr*:

> Yn y flwyddyn ddiwetha gwnaeth Recordiau Anhrefn fwy i hybu grwpiau newydd na wnaeth Sain mewn deng mlynedd. Pedair cân sy gan Tynal Tywyll yma yn trafod materion dwys o fewn cerddoriaeth melodaidd fedrus. Cyfeiria 'Emyr' at y gweinidog o Dywyn a ddenodd sylw'r cyfryngau ysbeilgar y llynedd – ymgais ddifrifol, yn null Morrissey'n holi'r Moors Murderers, i ddeall y troseddwr. Sain pop bywiog sy'n nodweddu Tynal Tywyll a hefyd lleisydd arbennig sy'n medru canu (!) yn enwedig ar y gân 'Emyr' lle mae'n hanner sisial y geiriau...[14]

Arfer 'Emyr', gyda llaw, oedd torri pidynnau oddi ar gyrff y rhoddwyd iddo'r cyfrifoldeb o'u claddu ac yna eu cadw mewn cypyrddau yn ei gartref.

Doedd pob dim ddim yn hynci-dori yng nghanol yr 80au felly. Roedd canol y 70au ymhell i ffwrdd ac artistiaid ddaeth o dan ddylanwad y cyfnod hwnnw bellach yn hen begoriaid. Doedd y genhedlaeth iau ddim am wneud dim â hwy. Doedd dim modd osgoi tensiynau. Prin y gellid condemnio'r 70au yn fwy hallt nag a wnaed gan Rhys Mwyn yn un o'i lithau yn *Y Faner*:

> Mae yfed cwrw, a charu mewn ffordd ddiegwyddor yn nodwedd o'r Cymry ifanc,... Rwy'n rhoi rhan fawr o'r bai ar yr afiechyd hwnnw oedd yn cael ei alw yn grŵp roc, sef Edward H Dafis. Nhw greodd y ddelwedd fod y Cymry yn genedl o ffermwyr cefn gwlad yn gwisgo gwasgod a welis gwyrdd. Os nad oedd dafad o gwmpas mi fyddai unrhyw beth mewn sgert sydd yn symud yn gwneud y tro – a chyn belled â bod pawb wedi meddwi'n racs dydi o ddim gormod o ots, achos fydd 'na neb yn cofio yn y bore...

Ych-a-fi, mae'n gwneud i mi chwdu – diolch byth fy mod wedi bod yn rhy ifanc i fynd i gyngerdd Edward H, neu mi fyddwn wedi cael hyrpis cyn bod yn 16 ac efallai yn waeth byth wedi prynu sgarff-wddw coch pathetig... Dwi ddim yn ystyried fy hun yn biwritan ond mae gennyf egwyddorion – y bobl a "meddwl agored" sydd yn meddwi a chysgu o gwmpas yn y Steddfod ydi'r union bobl sydd yn dychryn a smalio bod ganddynt gywilydd pan maent yn clywed grwpiau fel Yr Anhrefn yn dweud ychydig o eiriau sydd yn golygu 'rhyw'... hipocrosi? Yr un bobl sydd yn sgwennu sgriptiau budr i S4C ydi'r bobol sydd yn gwahardd grwpiau gonest am eu sylwadau ar ryw, cyffuriau a'r Gymru gyfoes...[15]

Efallai nad oedd pawb yn rhoi gormod o goel ar frygowthan y Bnr Mwyn ond roedd Steve Eaves am ei alw i gyfrif. Roedd y Sais a ddysgodd Gymraeg ac a gyfrannai i'r sîn roc Gymraeg yn amau dilysrwydd agwedd y Cymro, a oedd yr un mor weithgar o fewn y sîn roc Gymraeg, o ran newid cymdeithas. Amheuai, mewn dadansoddiad treiddgar o'r ffenomen roc a rôl ryngwladol, ei fod yntau eto'n ysglyfaeth i'r byd roc cyfalafol:

Ond yr hyn sy'n fy mhoeni erioed ynglŷn â honiadau Rhys ydi fod o'n methu gwahaniaethu rhwng 'pose' gwleidyddol a gweithredu gwleidyddol go iawn, rhwng delwedd a sylwedd. Tydi hynny ddim yn golygu mod i'n bychanu'r dylanwad llesol mae'r Anhrefn wedi ei gael ar roc Cymraeg: i'r gwrthwyneb yn hollol. Mi lwyddodd yr Anhrefn i roi cic go egar yn nhin y sîn ac achub y gynulleidfa roc rhag boddi yn nhomen dail y grwpiau clên, neis-neis. Do, mi wnaethon nhw lawer hefyd i ryddhau roc Cymraeg o afael y cyfryngau, a dangos fod 'na le i grwpiau gydweithredu'n ymarferol a chwarae gigs yn rheolaidd heb godi crocbris... Mae Rhys Mwyn yn honni byth a hefyd mai grŵp 'anarchaidd' ydi'r Anhrefn. Wel hyd y gwela i, cachu rwtsh ffuantus ydi'r honiadau hyn i gyd. Mae'n gwbl nodweddiadol o feddylfryd rhyddfrydol bwrgeisaidd y byd roc Cymraeg fod meithrin 'delwedd wleidyddol' yn golygu'r un peth i'r bobol hyn â 'bod yn wleidyddol berthnasol'...

Yn y Gymru Gymraeg sydd ohoni mae chwyldroadwyr go iawn yn greaduriaid prin ar y naw. Tydi ffug-radicaliaid ein canu roc ddim yn gweithredu o gwbl fel pobl sydd â'u bryd ar chwalu'r 'system' – sef y drefn economaidd a llywodraethol sydd ohoni, ynghyd â'i holl sefydliadau cyfreithiol, addysgol, cyllidol, cymdeithasol ac yn y blaen. Ac i'r rheiny ohonom sy'n gweithio ers blynyddoedd o fewn mudiadau Sosialaidd chwyldroadol, mae'r chwarae plant yma yn gyfeiliornus ac yn tynnu sylw oddi wrth yr angen inni ddysgu sut yn union y mae cyfalafiaeth ryngwladol yn ei chynnal ei hun a'i marchnadoedd, a sut i ymdrefnu mewn mudiadau gweithredol er mwyn hyrwyddo yr amodau hanesyddol sy'n rhagflaenu chwyldro.[16]

Tra bo rhai'n mynd i'r afael â rôl chwyldroadol canu roc, ar lefel syniadol beth bynnag, roedd criw o gerddorion yn arddel yr enw Nos Sadwrn Bach yn ddigon bodlon ar gyfarfod yn rheolaidd yng Nghlwb Ifor Bach yng Nghaerdydd bob nos Fercher i ail-fyw'r dyddiau da. Yr hyn a wnâi Iwan Llwyd, Ifor ap Glyn, Gary Beard, Meredydd ap Iestyn, Guto Dafis a Martin Williams oedd chwarae fersiynau trwm o ganeuon poblogaidd y 60au a'r 70au o eiddo artistiaid megis Y Triban, Eleri Llwyd a Hogia'r Wyddfa. Chwaraeid cân Edward H Dafis, 'Plismyn Bangor', hefyd, a oedd yn ei thro'n fersiwn o 'Honky Tonk Woman' y Rolling Stones.

A doedd dim o'i le ar ymdrechion grwpiau'r ymylon, boed Y Brodyr, Eirin Peryglus, Y Cyrff neu Llwybr Llaethog, ynghyd â'r perfformwyr tanddaearol, i fwrw ati fel petai yna fawr o draddodiad o ganu roc Cymraeg. Mae'n werth nodi dau grŵp arall petai ond am ddyfeisgarwch eu henwau: Emyr Embassy a'r Balaclafas ac Elfyn Presli a'r Masi Ffyrginsons. Un o ganeuon y Masi Ffyrginsons oedd 'Byw Dan Jack Boots Maggie Thatcher'. Yn y cyfamser roedd dyrnaid o artistiaid cydnabyddedig oedd wedi hen ennill eu plwyf uwchlaw'r cecru a'r ymrannu. Doedd naill ai Dafydd Iwan, Geraint Jarman na Meic Stevens yn plygu i chwiwiau ffasiynau'r funud. Doedd rhefru a bustachu ffansîns megis *Yn Syth o'r Rhewgell*, *Ish*, *Llygredd Moesol* neu *Dyfodol Dyddiol* ddim yn mennu dim arnyn nhw.

Gyda llaw, tybed ai'r cylchgrawn *Sgrech*, a'i golofn 'Wil a Fi' yn benodol, a fu'n bennaf gyfrifol am ledu'r ymdeimlad o ddiflastod yn y sîn roc wrth lambastio'r artistiaid hynny oedd yn gysylltiedig â'r cyfryngau'n ddidrugaredd a hynny ddim ond am eu bod yn gysylltiedig â'r cyfryngau? Doedd Rhys Mwyn ddim yn uniaethu ei hun â cholofn y 'sibrydion'. Roedd e'n feirniadol o'r cyfryngau Cymraeg am yr hyn a ystyriai oedd eu hanallu i ddelio â'r sîn roc roedd e'n rhan ohoni. Doedd ei sylwadau ddim wedi eu hanelu at unigolion yn bersonol ond yn hytrach at yr hyn a ystyriai yn ddifaterwch a diffyg gweledigaeth ar ran cynhyrchwyr a threfnwyr rhaglenni yn gyffredinol. Roedd Steve Eaves yn amau'r holl gysyniad o ganu roc fel cyfrwng achubiaeth i'r Gymraeg oni ellid torri'n rhydd o grafangau cyfalafiaeth. Doedd delwedd a chreu argraff ddim yn ddigon i fynd i'r afael â'r gyfundrefn a'i chwyldroi.

Ymddengys bod gan *Sgrech* ofal am fustach porthiannus a haeddai gerdyn coch ymhob sioe ond na lwyddwyd i'w arddangos ar ei osgeiddig orau yn yr un sioe. Ymddengys bod gan S4C a Radio Cymru ofal am gyfrwng newydd oedd ar ei brifiant ac a oedd yn prifio ynghynt nag y medrai'r ddau ei ddilyn. Doedd dim modd ei ffrwyno i ddibenion radio na theledu. Roedd ganddo ei hyrfa ei hun. Ond roedd yna gyfle i rywun gydio ynddo a'i ysgwyd a'i ddefnyddio i ddibenion ehangach na diddanu.

7 / Y Tri Hyn

Ni ellid cyhuddo Meic Stevens o ymuno â'r ecsodus i Gaerdydd i fanteisio ar haelioni'r cyfryngau ac i fyw'r bywyd bras. Doedd yr aderyn drycin ddim yn troi ei gefn ar neb yn benodol nac yn gwerthu ei enedigaeth-fraint am naill ai gar Porsche na fflat moethus. Yn un peth doedd e erioed wedi llwyddo i yrru dim yn fwy pwerus na moped, a moelyd hwnnw oedd ei hanes yn amlach na pheidio, ac roedd yn hen gyfarwydd â gorffwyso mewn cartrefi ar hyd y ddinas heb hidio lawer am ansawdd y moethusrwydd. Adwaenai'r ddinas a'i cherddorion fel cefn ei law a bu'n rhan o fwrlwm creadigol teledu Cymraeg ddegawd ynghynt.

Roedd Meic wedi hen arfer â bod yn rhan o raglenni adloniant fel perfformiwr ond heb lwyddo i sicrhau'r cyfrifoldebau a'r breintiau cynhyrchu a threfnu y byddai, o bryd i'w gilydd, yn eu chwennych. Yn wir, pan roddodd Dr Meredydd Evans y gorau i'w swydd fel Pennaeth Adran Adloniant Ysgafn BBC Cymru yn 1973 roedd Louis Michael James Stevens o'r farn y dylai gael y cyfle i'w olynu. Nid felly y bu a gwell peidio â cheisio dyfalu beth fyddai wedi digwydd petai wedi ei benodi. Tua'r adeg yma yr ymfudodd i Lydaw yng nghwmni Gwenllïan Daniel. Ond doedd hynny, yn naturiol, ddim heb ei helbulon gan i'r ddau dreulio'r noson cyn gadael Caerdydd yng ngofal yr heddlu:

> Cyhuddodd yr heddlu ni o fod ag arfe ymosodol yn ein meddiant – sef y cyllyll poced roedden ni wedi'u prynu y diwrnod cynt. Fe gafon ni'n cyhuddo o wrthsefyll restiad ac o ymosod ar yr heddlu wrth iddyn nhw gyflawni eu dyletswyddau. Aethon ni o flaen ein gwell am hanner awr wedi deg y bore. John Blackburn Gittings (o Lincoln Hallinan) gynrychiolodd fi, a gwrthodwyd yr holl achosion yn fy erbyn i, a ches i'r gyllell yn ôl! Rywfodd, fe gafwyd Gwenllïan – oedd yn cael ei chynrychioli gan ei brawd – yn euog, ar y sail ei bod hi wedi mynd â'r bagie 'nôl i'r fflat ond heb adael y gyllell, roedd hi wedi'i hanghofio, a bod honno'n dal i fod wedi'i lapio mewn bag papur yn ei phoced. 'Dyna i chi gyfiawnder Pryden' meddylies, a ninne'n cerdded mas o'r llys ac yn plymio ar ein penne i'r dafarn agosâ. Mae

'ngheg i wastad yn mynd yn sych grimp mewn llysoedd – yr adrenalin sy'n gyfrifol, siŵr o fod. Rhai orie wedyn, fe aethon ni ar long Brittany Ferries yn Millbay Docks, Plymouth, a bant â ni, gan hwylio i'r nos ar ein ffordd i Roscoff – a rhyddid.[1]

Dyw'r bywyd roc a rôl ddim o reidrwydd mor gyffrous o ddydd i ddydd oni bai eich bod yn byw ar ymyl y dibyn. Ar ôl ychydig flynyddoedd o gyffro yn Llydaw dychwelodd Meic i Gymru'n barhaol erbyn diwedd y 70au. Cafwyd caneuon 'Llydewig' ar y record *Gôg* (Sain C565) yn 1976. Roedd y record yn gofiadwy am ei chlawr sinistr ac am y gân 'Cwm y Pren Helyg', oedd yn cadarnhau'r gafael oedd gan ei bentref genedigol, Solfach, arno lle bynnag y byddai. Cyfansoddodd ganeuon hudolus ar gyfer yr opera roc *Dic Penderyn*, a lwyfannwyd yn ystod Eisteddfod Genedlaethol Caerdydd 1978, a'r flwyddyn ddilynol cyhoeddodd record hir o'i ganeuon cynnar ar ei label ei hun, Recordiau Tictoc, ac yna ar gasét gan Sain o dan y teitl *Caneuon Cynnar Meic Stevens*.

Roedd Meic yn perfformio'n gyson unwaith eto a doedd yr un Twrw Tanllyd yn gyflawn heb ei ymddangosiad. Cafwyd eiliad ddiffiniol yn hanes canu roc Cymraeg yn Eisteddfod Caernarfon 1979 pan glywid Meic yn canu un o ganeuon Y Bara Menyn, 'Mynd i'r Bala Mewn Cwch Banana', ar y cyd â'r Trwynau Coch, oedd wedi mabwysiadu'r gân fel un o'u hanthemau. Yn hynny o beth roedd dwy genhedlaeth yn un ac yn tystio i barhad a dilyniant y diwylliant roc Cymraeg. Yn naturiol, roedd y trwbadŵr yr un mor oriog ag erioed o ran ei berfformiadau. Ond ni fyddai fyth heb gynulleidfa pa mor wamal bynnag y byddai. Gwyddai'r cyfarwydd mai doeth oedd dyfalbarhau yn y gobaith y ceid un o'r perfformiadau gwefreiddiol hynny oedd bownd o ddigwydd o bryd i'w gilydd gan wneud iawn am bob diffyg amynedd.

Erbyn 1982 ailgydiodd yn y grefft o gyhoeddi recordiau. Roedd *Nos Du, Nos Da* (Sain 1239M) yn cynnwys y rhyfeddol 'Môr o Gariad' a oedd yn gofnod pwerus o chwalfa ei berthynas â Gwenllïan Daniel. Mae'n debyg y bydd y gân yma byw tra bydd yna Gymry Cymraeg yn profi'r hunllef o golli cariad. Mae tristwch y sylweddoliad anorfod i'w deimlo'n diferu oddi ar bob nodyn o'i gitâr. Mae'n wrthbwynt dirdynnol i'r gân serch 'Gwenllïan' ar y record *Gôg* â'i sŵn gitâr dioglyd, jycôs. Ar *Nos Du, Nos Da* hefyd roedd ei alargan i'r merthyr Gwyddelig 'Bobby Sands'; pan berfformiwyd y gân yma am y tro cyntaf yn gyhoeddus yng Ngwesty'r Great Western yng nghanol Caerdydd gellid clywed hyd yn oed y plufyn ysgafnaf yn taro'r llawr. Ond cymaint oedd yr ymdrech a'r emosiwn i gyfleu arwriaeth y Gwyddel nes i weddill y perfformiad y noson honno droi'n ffradach llwyr. Ar y record hefyd mae'r gân llawn tynerwch sy'n mawrhau diniweidrwydd plentyn, 'Bethan Mewn Cwsg'. Roedd y record yn llawn o'r cyfuniad eclectig arferol o ganeuon. Y flwyddyn ddilynol cyhoeddwyd *Gitâr yn y Twll Dan Stâr* (Sain 1273M) gyda chyfran uwch nag arfer o gyfansoddiadau'n gwyro tuag at dristwch. Gellid nodi 'Cyllell trwy'r Galon' ac 'Ysbryd Solfa', y naill yn sôn am natur cariad a'r llall yn sôn am ddiflaniad Cymreictod yn ei bentref genedigol, fel caneuon nodedig. Pan oedd yn alltud yn Llydaw yn 1974 y gwelodd yr hyn oedd wedi digwydd yn Solfach a gosod ei deimladau ar gân. Rhaid oedd aros tan 1985 cyn cyhoeddi'r record nesaf, *Lapis Lazuli* (Sain 1312M), a oedd yn cynnwys cân deyrnged i'w gyfaill o Lydaw, 'Erwan', a'r hyfryd delynegol 'Noson Oer Nadolig'. Mae'n demtasiwn i ddweud bod rhai o'r caneuon yn ganeuon llanw ond doedd dim amau'r ddawn eiriol o wrando ar 'Glas yw Lliw y Gem', cyfansoddiad ar y cyd â Jackson C Frank, a'r gân deitl ei hun, 'Lapis Lazuli'. Er cystal y geiriau a'r delweddau ar bapur rhoddir bywyd a hud o'r newydd iddynt o'u clywed o enau'r cyfansoddwr ei hun. Gwrandawer arno'n sôn am y glasfaen llachar.

> Glas fel lapis lazuli. Y mae'r môr yn rhew i gyd.
> Eira araf, esmwyth yn fy llaw.
> Gwawr fel lapis lazuli. Eira dros y môr o hyd.
> Enfys ar y gorwel ochr draw.
> Mae dŵr y môr mor las â lapis lazuli
> Glas fel lapis lazuli'n fflachio yn fy llygad i.
> Pêl yr haul fel tân trwy gwmwl baw.
> Gwawr fel lapis lazuli. Glas fel lapis lazuli.
> Enfys dywyll ar y gorwel ochr draw.
> Mae llais y môr mor las â lapis lazuli.
> Glas fel lapis lazuli. Trwy'r eira gwyn rwy'n gweld y tir.
> Cychod wedi maglu yn y drych.
> Glannau lapis lazuli. Creigiau tir, gwyn a du.
> Sŵn y llong fel mellten yn ei rhych.
> Mae sŵn y môr mor las â lapis lazuli.

Ar gorn cyhoeddi'r record yma y cafodd Dafydd Rhys ei gyffroi i bwysleisio na ddylid ystyried Meic Stevens yn gitarydd a chanwr sydd ddim ond yn creu ychydig o adloniant a difyrrwch i ladd amser. Nid cyfrannu at y diwylliant roc Cymraeg y mae ond ei gynnal:

> Hyd yma annigonol ac at ei gilydd anaeddfed fu beirniadaeth lenyddol gerddorol ddifrifol ar ganu cyfoes yn Gymraeg. Golyga

hyn fod cynnyrch artistiaid o ddawn diamheuol Meic Stevens yn aml iawn yn cael eu hanwybyddu neu eu trin yn unig fel adloniant ysgafn lastwredig... Rhaid sylweddoli fod Stevens yn ŵr o athrylith ramantaidd arbennig sy'n dinoethi ei hun yn emosiynol drwy gyfrwng y broses greadigol o gyfansoddi a pherfformio. Mae nifer helaeth o ganeuon Meic Stevens wedi cyrraedd y statws o fod yn anthemau, emynau a chaneuon gwerin ein cyfnod ac mae ôl myfyrio dwys a fflachiadau o ysbrydoliaeth gyfrin ar lawer ohonynt. Mae canu roc yn ei hanfod yn gofyn arfer dwy grefft greadigol wahanol iawn i'w gilydd – y grefft o gyfansoddi a'r grefft o berfformio.

Proses ddwys a dyrys yw'r broses greadigol i unrhyw fardd a cherddor o allu Meic Stevens wrth gynhyrchu caneuon o safon 'Gwely Gwag', 'Cân Walter', 'Cwm y Pren Helyg' a 'Môr o Gariad'. Gwelir yr un teimladrwydd a dwysder ar waith mewn caneuon newydd fel 'Glas yw Lliw y Gem'.[2]

Yn union fel cynnwys unig gyfrol ei gyd-fardd o Sir Benfro, Waldo Williams, mae Meic yn mynnu cynnwys trawstoriad o'r dwys dirdynnol a'r ysgafn ysgafala ar ei recordiau. Ei offrwm olaf yn yr 80au oedd *Gwin, Mwg a Merched Drwg* (Sain C608N), gyda'r teitl yn cyfeirio at ei gân deyrnged i Victor Parker, gŵr croenddu o'r Caribî a brenin gitaryddion dociau Caerdydd. Mesur o fawredd Meic oedd y ffaith na feiddiai neb ei feirniadu am ddewis clodfori a choffáu gŵr nad oedd wedi cyfrannu i'r byd adloniant Cymraeg yn uniongyrchol. Ond roedd Vic Parker yn rhan o draddodiad cerddorol Cymru a Meic wedi swcro'r traddodiad hwnnw yn yr hen ddociau amlddiwylliannol. Yn unol â'i arfer, wrth bortreadu Victor llwyddodd i gyfleu naws dyn a feddai gymaint o fywiogrwydd yn ei fysedd gitâr ag yn ei lygaid llym.

O'r pedair record hir a gyhoeddwyd ganddo yn yr 80au dim ond un cerddor sy'n perfformio ar fwy nag un record a dim ond ar ddwy ohonyn nhw y mae hwnnw, sef Marc Jones a'i gitâr fas. Dengys hynny naill ai fod Meic yn hoff o amgylchynu ei hun â cherddorion gwahanol yn gyson er mwyn ymestyn ei alluoedd ei hun neu fod aml i gerddor yn gyndyn i gyfeilio iddo'n rhy aml rhag bod anwadalwch yn troi'n fwrn. Mae'n debyg bod y gwirionedd rhywle rhwng y ddau begwn. Ond o leiaf bu Eryl Jones yn peiriannu'r pedair record ar ran cwmni Sain.

Mae ei oriogrwydd fel perffformiwr yn ddihareb. Gall pawb sy'n dilyn ei yrfa nodi eu deg uchaf o berffformiadau gwamal Meic Stevens. Mae'n debyg y byddai ei ymddangosiad yntau a'r Cadillacs ar lwyfan y Top Rank yng Nghaerdydd cyn gêm rygbi ryngwladol yn 1980 rhywle ar restr pawb. Doedd dim siâp arno. Canodd 'Mynd i'r Bala' ddwywaith. Ceisiodd ganu ambell gân Saesneg. Ildiodd. Daeth Bryn Fôn i'r adwy i ganu rhai o ganeuon yr opera roc *Dic Penderyn*. Mentrodd dynes benfelen anhysbys o'r gynulleidfa gydio yn y meic yn y diwedd a bloeddio canu gan gyfleu ychydig o enaid roc a rôl. Shambyls. Ceisiodd Meic ganu 'Cân Walter' heb gymorth y band. Roedden nhw wedi encilio erbyn hynny. Ond roedd y cwch wedi suddo. Rhoes un ymgais arall trwy ganu 'Y Brawd Houdini' ond roedd y gynulleidfa wedi colli diddordeb. Ond eto doedd neb yn gythreulig o flin; siomedig, ie, ond eto'n gwybod hwyrach y tro nesaf y ceid perfformiad caboledig.

Bu bron iddi fynd yn draed moch pan oedd disgwyl iddo berfformio yng nghlwb Sat'z ym Mangor ym mis Mehefin 1985. Doedd dim golwg ohono'n cyrraedd i ymarfer a chyfarwyddo â'r cyfleusterau sain. Roedd y trefnwyr ar bigau drain. Yng nghanol eu pryder cafwyd galwad ffôn oddi wrth yr heddlu yn yr Amwythig. Doedd dim modd i Meic deithio fodfedd ymhellach ar y trên am nad oedd yn medru dod o hyd i'w docyn teithio. Bu'n rhaid rhoi sicrwydd y byddai arian yn ei ddisgwyl yng ngorsaf Bangor i dalu am y daith pan gyrhaeddai. Dyna a fu, daethpwyd o hyd i gitâr ar ei gyfer a chafwyd chwip o berfformiad am dri chwarter awr. Fe'i gwahoddwyd nôl i berfformio'r wythnos ganlynol a'r tro hwnnw bu Neil Williams a Hefin Hughes, dau o aelodau Maffia Mr Huws, yn chwarae'r gitâr fas a'r drymiau iddo. Mae yna restr faith o droeon hefyd pan nad yw hyd yn oed wedi cadw addewid i fod yn bresennol i berfformio.

Gallai'r un dilynwyr, yr un mor hawdd, lunio deg uchaf o'i berfformiadau gwirioneddol ysgubol. Yr hyn y gellir ei ddisgwyl wrth fynychu perfformiad gan Meic Stevens yw'r annisgwyl. Wedi'r cyfan, dyma'r gŵr gafodd ran cameo 'y gweinidog' yn ffilm Karl Francis *Yr Alcoholig Llon*. Fu hyn i gyd ddim yn rhwystr iddo rhag cael ei ddyfarnu'n Brif Berfformiwr y Flwyddyn yn Noson Gwobrau Sgrech droeon, i gael ei dderbyn yn aelod o'r Orsedd yn Eisteddfod Llambed 1984 nac ychwaith i ddychwelyd i Lydaw yn ei dro i berfformio yn y gwyliau gwerin. Gwyddys mai sgadenyn hallt oedd Stevens. Bu'n dreth ar amynedd 'S L Webydd' yn Eisteddfod Genedlaethol Casnewydd 1988:

> Mae Stevens bellach wedi troi yn barodi eitha pathetig ohono'i hun gyda'i strancio dadleugar a'i fethiant cyson i gofio geiriau hyd yn oed ei ganeuon enwocaf yn ddigon i flino ei gefnogwyr mwyaf pybyr

meddai'r sawl a sgrifennai o dan enw ffug.[3]

Ar ryw olwg gellir disgrifio Geraint Jarman yn *protégé* neu brentis i Meic Stevens. Cafodd y llanc o Gaerdydd gyfle i droedio llwyfannau Cymru yn enw'r Bara Menyn gyda Meic a Heather Jones ar ddiwedd y 60au. Y maracas oedd ei brif offeryn ar y pryd a'i gyfraniad achlysurol fyddai eistedd ar ei gwrcwd ar y llwyfan yn darllen ei farddoniaeth nad oedd, yn sicr, yn nhraddodiad y beirdd cefn gwlad. Roedd y cyfnodau a dreuliodd Geraint yng nghwmni Meic yn Solfach yn agoriad llygad iddo ond, ar yr un pryd, ni fuont yn hindrans iddo rhag datblygu ei bersona cerddorol ei hun yn ddiweddarach fel artist *reggae*. Roedd ei lais unigryw fel bardd ar ei brifiant wedi ei gydnabod gyda chyhoeddi ei gyfrol, *Eira Cariad*, gan lawer o blith ei genhedlaeth a chan y bardd a'r ysgolhaig Gwyn Thomas:

> Yn un o ganeuon y Beatles (pan oedden nhw) mae yna ryw berson yn sôn amdano'i hun yn dal bws:
>
> > Found my way upstairs and had a smoke
> > Somebody spoke and I went into a dream.
>
> Mae'r 'went into a dream' yna'n cyfleu ansawdd barddoniaeth Geraint Jarman i'r dim – iddo ef 'dyw'r ffin rhwng pethau go-iawn a breuddwyd ddim yn bod. Ond cofier fod dweud y gwir trwy ffantasi yr un mor gymeradwy â'i ddweud mewn unrhyw ffordd arall. Mae gan y bardd hwn ddychymyg ffres a hynod o egniol; gall synnu dyn dro ar ôl tro gyda'i ffigurau neu ddelweddau a chyda'i sylwgarwch. Ystyriwch, er enghraifft, ddweud am weld coed yr Hydref fel hyn:
>
> > Gweld canghennau
> > noeth, diawen
> > a dail meddal, soeglyd
> > fel hen elastoplasts
> > yn glynu wrthynt.
>
> Ar ben hyn yn y gerdd arbennig hon, y mae Hydref natur yn cyfleu Hydref teimladol a'r posibiliadau sydd yn hynny. Fel enghraifft o sylwgarwch nodaf:
>
> > A thrwy gydol y dydd roedd pethe fel hyn,
> > a minnau'n siarad i mi fy hun
> > fel mae rhieni'n siarad ar ôl i'r
> > plant fynd i'r gwely.
>
> Ar ôl i'r bardd ei ddangos y mae dyn yn sylweddoli fod yna newid yn ffordd rhieni o siarad ar ôl i'r plant fynd i'r gwely. Does dim dwywaith fod yma fardd go-iawn yn llefaru ac nid

dyn-sydd-am-fod-yn-fardd neu berson-ag-ynddo-addewid-ar-gyfer-y-dyfodol; mae darllen 'Rhosyn' yn ddigon i argyhoeddi unrhyw un o hyn, o leiaf unrhyw un nad ydi o ddim wedi'i fwrw ar ynys fechan y syniad ffug-Gymreig, telyneglyd hwnnw o farddoniaeth a oedd mewn bri yma ddechrau'r ganrif.[4]

Datblygodd Geraint Jarman yn fardd bît *reggae* yn hytrach nag yn un o'r beirdd Cymraeg arferol oedd yn dilyn rhigol ac na fydden nhw fyth yn breuddwydio perfformio cerdd i gyfeiliant yr un offeryn. Erbyn dechrau'r 80au roedd Jarman wedi hen sefydlu ei hun fel arwr 'y Cymry newydd' oedd yn ceisio canfod eu ffordd i 'Ethiopia'. Trawsblannodd ddelweddau o fyd y Rastaffariaid *reggae* i fyd y Cymry cadarnhaol oedd yn chwilio am fyd ysbrydol cyffelyb y tu hwnt i'w Babilon gyfoes trwy apelio at rym a nerth hanes. 'Gwnewch gais heddiw ac efallai y cewch chi fod yn rhan o'r 'Ethiopia Newydd',' meddai Hywel Gwynfryn wrth ddarllen hys-bys yn gofyn am gyfranwyr staff ar gyfer y rhaglen radio *Helo Bobol*.[5]

Yn dilyn cyhoeddi ei ail record hir, *Tacsi i'r Tywyllwch* (Sain C596), yn 1977, cyhoeddodd record fesul blwyddyn dros y pum mlynedd wedyn gyda theitlau'r un mor rymus awgrymog a chaneuon yn llawn teithi bardd oedd wedi hidlo ei brofiadau trwy fuddai Cymreictod bregus a chyfnewidiol magwraeth dinas. Doedd penderfyniad Cymdeithas yr Iaith Gymraeg i beidio â chynnig gigs iddo am gyfnod ar ôl iddo gymryd rhan mewn cynhyrchiad yn dathlu goroesiad cestyll Normanaidd Cymru, symbolau amlwg o'n goresgyniad, ddim wedi amharu ar ei boblogrwydd. Er bod nifer y gigs yn prinhau troes Jarman fwyfwy at brosiectau teledu ar ôl cyhoeddi *Diwrnod i'r Brenin* (Sain C823) yn 1981.

Roedd y record honno'n frith o ganeuon yn ymwneud â'r 'Mabinogi', sef cynnwys y cynhyrchiad a arweiniodd at y 'gwaharddiad'. Cynrychiolai'r wyth drws ar y clawr fynedfeydd i'r Aberhenfelen chwedlonol i'r wyth Cynganeddwr. Clywid llais Rhiannon Tomos ar un o'r caneuon ac roedd rhythmau'r gerddoriaeth *reggae* mor amrywiol â chynghanedd y penceirddiaid gynt. Roedd dilynwyr Jarman a welai Gymru drwy'r un sbienddrych hanesyddol ag yntau'n amlwg yn ymateb i rhythmau roc a *reggae* yn hytrach na rhythmau cynghanedd gyflawn.

Llwyddodd Gareth Siôn a Dafydd Rhys i grisialu'r union berthynas rhwng y Cymry Cymraeg cymharol freintiedig a'r gymuned ddu yn ninasoedd Lloegr a maestrefi tlawd Jamaica:

Y tir cyffredin yw'r ffaith ein bod fel ein gilydd yn rhannu profiad diwylliannol anghyflawn ac yn profi'r ddeuoliaeth o fod â'n gwreiddiau mewn cymunedau lleiafrifol sy'n gwbl ddibynnol am gynhaliaeth ar uwch-ddiwylliant estron. Fel y dyn du, a gollodd hanfod ei ddiwylliant wrth ei drawsblannu trwy gaethwasiaeth o Affrica i India'r Gorllewin, rydym wedi hen arfer â'r tyndra rhwng annibyniaeth ddiwylliannol a dibyniaeth economaidd...

Datblygodd geiriau caneuon 'reggae' p'run bynnag tu hwnt i ffiniau dogmataidd, ond gan gadw'r gyfeiriadaeth a'r eirfa Rastaffaraidd i fynegi ac astudio gorthrwm yn hytrach nag yn unig ddengyd ohono i gysur crefydd... Falle mai mynd ar ôl sgwarnogod yw tynnu gormod o gymariaethau, a bod y rheswm dros atyniad cynifer o gerddorion Cymraeg at arddull gerddorol ddu – boed yn reggae neu ffync – lawer yn symlach. Mae'r rhythmau'n dda. Mae'r cysondeb caled a chymhleth yn ergydio a chydio mewn dyn nes mynnu ymateb.[6]

Yn 1983 cyhoeddodd Jarman y record *Macsen* (Sain C889), a oedd yn seiliedig ar wisg fodern a roddwyd i hen arwr ac a gomisiynwyd fel rhaglen deledu. Doedd yna fawr o'r efengyl *reggae* yn perthyn iddi. Ddwy flynedd yn ddiweddarach cyhoeddwyd *Enka* (Sain C948), oedd eto'n seiliedig ar gomisiwn teledu. Roedd hon yn plesio Gareth Siôn a Dafydd Rhys am ei bod yn cynnwys caneuon 'gwleidyddol' unwaith yn rhagor:

Dyma'r record hir fwyaf diamwys wleidyddol ers dechrau'r wythdegau: mae'n ymgorfforiad o'i ddawn eiriol a cherddorol ar ei miniocaf a dengys ddatblygiad ysbrydol yn ogystal â gwleidyddol (Mae'r oll yn gysegredig) yn awen y bardd o Gaerdydd. Mae'n fwy na chasgliad o ganeuon: mae'n gyfanwaith o ran cyflwyniad cerddorol a thematig, ac mae iddi'r naws hyderus hwnnw na chafwyd gan Jarman ers 'Fflamau'r Ddraig'... Bechod na chafodd Gruffydd ab yr Ynad Coch – lleisydd arall i anghyfiawnder ei gyfnod – y cyfle i leisio'i farwnad i Llywelyn ein Llyw Olaf i gefndir o gerddoriaeth 'rege'. Mae Jarman yn gwneud y gwaith drosto wrth ein hatgoffa fod Cymru'n dal i ddilyn 'hynt y gwynt a'r glaw' saith can mlynedd ar ôl lladd Llywelyn:

Saith can mlynedd yn y bedd
Saith can mlynedd heb ddim hedd
Saith can mlynedd yn dilyn hynt y gwynt a'r glaw
Saith can mlynedd yn y baw.[7]

Ei unig record arall yn ystod y degawd oedd *Y Gerddorfa Wag* (S4C), a oedd eto'n seiliedig ar ffilm deledu ac yn cynnwys caneuon â theitlau megis 'Gwynt Milain y Sais' a 'Ceffyl yn y Cae'. Troes yn gynhyrchydd teledu gan ddefnyddio ei egni i annog grwpiau newydd. Profodd y gyfres *Fideo 9*, ac yntau wrth y llyw, yn gefndeuddwr o ran rhaglenni adloniant/diwylliant roc Cymraeg. Defnyddiodd ei rôl fel cynhyrchydd, gyda chyllid sylweddol at ei ddefnydd, i chwarae rhan y noddwr llys modern. Ond roedd ei gynnyrch yntau eisoes, yn ogystal ag eiddo eraill, wedi profi nad adloniant pur mo canu roc mwyach ond cyfrwng oedd yn gofyn am briodas ddeallus rhwng cerddoriaeth a geiriau. Roedd y bardd a'r cerddor yn cyfuno'n un wrth gydio yn y gitâr a lleisio i'r meic. Doedd yr hen fesurau traddodiadol ddim yn apelio at bob egin fardd fel cyfrwng mynegiant dilys mwyach; swynwyd rhai gan y mesurau newydd hypnotig. Dyna oedd wedi taro Nia Melville:

> ... mae'n ymddangos taw'r unig ffordd mâs i'r Bardd Ifanc Cymraeg yw i gydio mewn gitâr, gosod y farddoniaeth ar dôn a'i chanu. Mae gwledd o farddoniaeth i'w chlywed ar recordiau a chasetiau roc, ac nid damwain yw'r ffaith bod llawer o waith grwpiau fel Datblygu a Thraddodiad Ofnus yn debycach i ryw adrodd i gyfeiliant 'avant garde' nag i gerddoriaeth roc draddodiadol. Nid damwain chwaith bod Steve Eaves, Iwan Llwyd, Ifor ap Glyn, er enghraifft, yn gantorion/offerynwyr yn ogystal â bod yn feirdd. Ond ai dyna le dyfodol barddoniaeth yng Nghymru? Cael ei alltudio i ghetto canu roc? Nid yw pob bardd yn barod i ffurfio band er mwyn cael cyfle i gyfleu ei gwaith/waith. Ni ddylent orfod gwneud hynny. Ond pa ddewis arall sydd? Gwell bod yn fyw mewn ghetto iach nac yn farw ar lwyfan y Brifwyl.[8]

Er mwyn hybu'r closio rhwng barddoniaeth a chanu roc roedd y tri pherfformiwr uchod wedi cymryd rhan mewn taith a drefnwyd gan asiantaeth Cytgord i gyflwyno barddoniaeth gerbron cynulleidfaoedd. Amcan y daith 'Fel Hêd y Frân' oedd dangos nad rhywbeth marwaidd ar dudalen yw rhes o eiriau ond cyfres o synau sydd, o'u goslefu mewn ffyrdd arbennig, yn cynnig boddhad i'r gwrandawr. Roedd Ifor ap Glyn yn rhan o'r daith fu'n ymweld ag ysgolion ac a brofodd yn gynsail ar gyfer teithiau cyffelyb ar hyd tafarndai a chlybiau'r wlad:

> Roedd yna bwyslais ar berfformio yn ogystal â darllen; wedi'r cyfan dyna hanes barddoniaeth Gymraeg reit nôl i'r beirdd llys a'r 'pastynwyr ffair' cynhara. Adroddodd Steve Eaves i gyfeiliant gitâr Elwyn Williams; rapiodd Phil a Steve o'r Brodyr;

canodd y Camelod Fflat, ac adroddodd Ifor Huws i gyfeiliant tâp o biano *ragtime*. Y bwriad oedd trio gwneud barddoniaeth yn boblogaidd, h.y. rhywbeth ag apêl dorfol, a gwrthweithio'r duedd i'w ystyried fel rhywbeth sych yn ei hanfod, rhywbeth ar gyfer clic cyfyng o ddeallusion coleg.[9]

Bardd a pherfformiwr a fu ar daith barhaus o ddiddori cynulleidfaoedd ers dechrau'r 60au oedd Dafydd Iwan. Byddai bob amser wrth ei fodd yn delio â chynulleidfaoedd, boed yn cyflwyno cân ddwys i gyfeiliant symol gitâr neu yn adrodd helyntion ffraeth Wili John. Byddai'n goglais a phrocio'r gynulleidfa yn ei dro gyda chrynswth o ganeuon yn ymwneud â rhyw agwedd neu'i gilydd ar wayw Cymreictod. Yn wahanol i Meic Stevens a Geraint Jarman doedd e ddim yn rhoi'r un pwys ar 'yrfa gerddorol' am fod ganddo gynifer o heyrn yn y tân fel cyfarwyddwr a rheolwr cwmni recordiau Sain, pregethwr cynorthwyol a ffigwr gwleidyddol ymhlith dyletswyddau eraill. Byddai i'w glywed o bryd i'w gilydd hefyd yn ymryson ar raglen radio *Talwrn y Beirdd*. Gellid dibynnu arno i gadw'r fflam ynghyn.

Cyhoeddodd y record *Bod yn Rhydd* (Sain C750) ym mlwyddyn methiant y refferendwm ac yn 1982 cyhoeddwyd llyfryn yn cynnwys cant o'i ganeuon. Roedd y rhagair yn adlewyrchu'r ffaith bod nifer helaeth o'r caneuon wedi eu cyfansoddi oherwydd y rheidrwydd i frwydro a bod angen alawon a geiriau i gynnal ysbryd:

> Cawsom flas chwyldro ac ambell gip ar Fro Afallon, llifodd dagrau llawenydd a dagrau siom, dysgwyd sawl gwers galed a dechreuodd cenedlaetholdeb Cymru aeddfedu a magu gewynnau. Gwelwyd cannoedd o fechgyn a merched Cymru yng ngharchar am eu bod yn Gymry heb gywilydd o'r ffaith, a gwelwyd craciau'n ymddangos yn y drefn Brydeinig yng Nghymru, ac ambell gastell Seisnig yn dymchwel. Bu'r daith yn droellog, weithiau'n ddifyr, weithiau'n llethol; disgynnodd sawl un ar fin y ffordd, a bu'n rhaid i rai dalu pris rhy uchel. Erys y taeog, y crafwr a'r bradwr, ac y mae ffordd bell eto i fynd. Caneuon y daith yw'r rhain, yn adlewyrchu asbri'r frwydr a hwyl y gyfeddach, y troeon trwstan a'r munudau mawr.[10]

Mae bwrw golwg ar y chwe chân gyntaf yn y llyfr yn ddigon i ganfod bod dychan miniog wedi chwarae rhan amlwg yn ei ganeuon propaganda dros gyfnod o ugain mlynedd wrth iddo geisio ymryddhau ei gyd-Gymry o waseidd-dra. Ymhlith yr hanner dwsin ceir prawf hefyd o Dafydd Iwan y rhamantydd, y gŵr sy'n cydnabod gwerthoedd Cristnogol a'r canwr a fyddai yn ôl pob tebyg, pe na bai wedi dewis gwisgo mantell yr ymgyrchydd, yn faledwr a chanwr gwerin penigamp. Roedd Peredur Lynch yn bendant o'r farn nad oedd pob un o'r cant yn taro deuddeg ond bod y goreuon yn llawn o'r hyn na ellir ond ei alw yn 'hiraeth dwfn' na fedr neb ond Cymro o'r iawn ryw ei werthfawrogi:

> Er mai geiriau a gyfansoddwyd i'w canu sydd yn y gyfrol hon dyw hynny yn amharu dim ar y ffaith mai barddoniaeth ydynt. Er bod yna duedd i ystyried rhywun sy'n canu â'r gitâr yn 'fodern' a 'newydd' y syndod yw bod y mwyafrif llethol o gerddi Dafydd Iwan yn hollol draddodiadol a thelynegol eu naws. Yn wir, ar adegau y maent yn or-draddodiadol ac yn dibynnu'n ormodol ar hen, hen ddelweddau, trosiadau a chymariaethau; ar adegau hefyd y mae'r hen sentiment Cymreig hwnnw yn llwyr lethu dawn a greddf yr artist. Nid yw 'Baled y Welsh Not' er enghraifft ond talp o ordeimladrwydd dagreuol...
>
> Y mae yna ddyrnaid o ganeuon yn y gyfrol yma, sydd i mi, beth bynnag, ben ac ysgwydd yn uwch na'r gweddill o ran ansawdd barddonol, caneuon fel 'Weithiau bydd y fflam', 'Mae hiraeth yn fy nghalon', 'Dim ond un gân' a'r orau ohonynt i gyd 'Mae'r darnau yn disgyn i'w lle'. Y gair sy'n cyfleu ysbryd a natur y caneuon hyn yw 'hiraeth' ddywedwn i; hiraeth am rhyw orffennol pell, hiraeth am wybod y gwirionedd ynglŷn â bywyd a bodolaeth, a hiraeth am y dyddiau tangnefeddus afallonaidd hynny pan nad oedd rheibwyr ac estron yn ein gwlad. Y mae yma syrffed hefyd, syrffed rhywun sydd wedi cael llond bol ar Gymru a'i phroblemau, ond a ŵyr yn y pen draw nad oes modd dianc rhagddi na'i hosgoi. Caneuon gwirioneddol wych yw'r rhain, y mae ynddynt, yn fwy na dim y peth hwnnw na ellir ond ei alw'n farddoniaeth.[11]

Fel y dywedwyd ganwaith, un peth ydi gwrando ar ganeuon Dafydd Iwan yn lled oeraidd ar record a pheth arall yw gwrando arnynt mewn awyrgylch cyngerdd pan ellir cyffwrdd â'r angerdd tanbaid bron. Gan gadw hyn mewn cof penderfynodd cwmni Sain recordio nifer o gyngherddau taith 'Cerddwn Ymlaen' yn ystod haf 1981 a chyhoeddi record *Dafydd Iwan Ar Dân* (Sain 1217M) yn cyfleu'r profiad byw. Hefin Elis a Tudur Huws Jones oedd y ddau gyfeilydd ar y daith. Ond o ddarllen ei nodiadau ar glawr y record doedd Dafydd yn amlwg ddim am i brynwyr ei mwynhau fel atgof o daith lwyddiannus yn unig pan oedd yna gymaint o agweddau ar yr hen fyd yma'n dal i achosi pryder.

Yn y byd ac yn y Gymru sydd ohoni, all neb yn ei lawn bwyll eistedd yn ôl yn braf â'i draed i fyny. Gyda'r 'Trident' ar y gorwel a'r awyren yn chwarae rhyfel uwch ein pennau, gyda chymdeithasau'n cael eu chwalu a diffyg gwaith fel cancr yn ein bröydd, fedrwn ni ddim fforddio bod yn ddifater. Pobol ydym ninnau, fel pobol Chile, El Salvador ac Iwerddon sy'n ymladd am ryddid, ac yng ngeiriau Victor Jara, am 'yr hawl i fyw mewn heddwch'. Os ydym am ennill yr hawl honno'n ddi-drais rhaid yn gyntaf ddinoethi'r trais a'r rhyfelgarwch gwallgo sy'n sail i lywodraeth fel llywodraeth Lloegr ar hyn o bryd. Mae America a Rwsia lawn cyn waethed mi wn, ond ryden ni'n talu'n trethi i lywodraeth Lloegr...[12]

Doedd dim pall ar y bregeth a doedd dim pall ar y 'Teithiau' a drefnid ar y cyd ag Ar Log. Rhoes y trefniant fywyd o'r newydd i'r artist a'r grŵp. Cymaint fu llwyddiant y gyntaf, 'Cerddwn Ymlaen' yn 1981, nes trefnu 'Taith 700' y flwyddyn ddilynol a 'Macsen' yn 1983, a chyhoeddi dwy record, *Rhwng Hwyl a Thaith* (Sain 1252M) yn 1982 ac *Yma o Hyd* (Sain C875) yn 1983. Ar y naill roedd yr enwog 'Ciosg Talysarn' i'w chlywed. O bryd i'w gilydd digwydd rhyw fwnglerach sydd yn fêl ar fysedd cyfansoddwr a chanwr gwrth-Brydeinig fel Dafydd Iwan. Roedd hi'n gyfnod llosgi tai haf a'r awdurdodau, yn eu hymdrech i ddod o hyd i'r llosgwyr ac yn wyneb prinder gwybodaeth oddi wrth werin gwlad, wedi gosod offer gwrando cudd mewn blwch teleffon ym mhentref Talysarn – ac mewn blychau eraill mae'n siŵr – ond dinoethwyd y defnydd o 'Ciosg Talysarn'. Roedd y noson a gynhaliwyd yng Nghefn Coch ger Llanfair Caereinion, pan oedd helynt y clustfeinio cudd ar ei anterth, yn goelcerth eirias o noson.

Er iddo gyhoeddi tair record i blant ar y cyd ag Edward Morus Jones am helyntion Cwm Rhyd y Rhosyn yn yr 80au cynnar roedd rhaid aros tan 1986 cyn i Dafydd Iwan gyhoeddi record arall ar ei liwt ei hun. Roedd *Gwinllan a Roddwyd* (Sain C985) yn deyrnged i dri o arwyr cenedlaetholdeb Cymreig modern, y tri a fu'n gyfrifol am losgi ysgol fomio Penyberth ym Mhen Llŷn yn 1936, sef Saunders Lewis, Lewis Valentine a D J Williams: gweithred symbolaidd a brofodd fod yna ruddin uwchlaw lleisio anniddigrwydd yn perthyn i Gymru gwlatgar o hyd. Ar y record hon hefyd y clywid y gân ddirdynnol 'Hawl i Fyw', wedi ei hysgogi gan y newyn yn Ethiopia a amddifadodd filoedd o blant o'r hawl i fyw. Roedd y pynditiaid yn barod i gadarnhau'r hyn oedd wedi ei gydnabod eisoes ar gorn recordiau blaenorol a pherfformiadau byw. Tudur Jones fu'n defnyddio'r cyfle i adolygu'r record i gloriannu'r artist:

> Mae mawredd Dafydd Iwan fel artist yn gorwedd gryfaf yn ei gyfuniad o ddychan brathog wedi'i gyplysu'n ymddangosiadol-anghydnaws ag arddull singalong... Ar ei gorau, y mae yn ei gonestrwydd uniongyrchol unwaith eto yn codi Dafydd Iwan uwchlaw adloniant ac yn gwneud ei waith yn gyfraniad gwir bwysig i'r achos cenedlaethol.[13]

Roedd Rhys Jones yr un mor barod i gloriannu mawredd un o wehelyth teulu'r Cilie:

> Dyma drwbadŵr cyfoes sydd â'r bersonoliaeth, y dalent a'r llais i hoelio a hawlio ein sylw. Amhosibl yw anwybyddu Dafydd Iwan. Gall bigo cydwybod mewn un frawddeg, ac anelu ein sylw at anghyfiawnderau drwy gyfrwng cân syml.[14]

Ym mis Gorffennaf 1986 cynhaliwyd cyngerdd mawreddog ym Mhafiliwn Corwen i ddathlu chwarter canrif o berfformio gan ŵr a fedrai ddychanu a gwawdio yn ogystal ag anwesu ac anwylo o fewn rhychwant dwy neu dair cân. Yno'n dathlu roedd Côr Penyberth, Ar Log, Ray Gravell a Band Hefin Elis. A doedd dim sôn ei fod ar fin tewi. Yn wir roedd yn barod i fwrw ei lach ar yr hyn oedd yn llesteirio datblygiad adloniant Cymraeg yn ei olwg. A doedd sefydlu S4C ddim o reidrwydd wedi bod yn fendith. Roedd am weld cefnu ar y cecru a bwrw ati i greu o'r newydd:

> O edrych ar y cyfnod ers sefydlu S4C a Radio Cymru, gwelwyd dirywiad amlwg yn nifer y nosweithiau byw ar hyd a lled Cymru. Yn wir, gellid dadlau bod y dirywiad wedi digwydd oherwydd y datblygiadau ym myd teledu a radio... fy nadl i yw mai'r perfformiad byw yw craidd y mater. Heb hwnnw mae'r teledu a'r radio a'r stiwdio recordio yn gallu bod yn ffug, neu'n gelwydd neu'n ffantasi... Does dim yn waeth na gweld bandiau Cymraeg yn torri calon a cholli diddordeb oherwydd diffyg ymateb a diffyg trefn. Mae'n ddyletswydd arnom i gydweithio i sicrhau gwell amodau i'r cerddorion ifanc brwdfrydig hyn.

> Ond ar yr un pryd, rhaid i bob band beidio meddwl fod ganddynt hawl ddwyfol i fynd ar y cyfryngau neu i wneud record. Yn y pendraw, y galw oddi wrth y gynulleidfa sy'n penderfynu pwy sy'n sefyll neu syrthio. Ac er mor braf yw breuddwydio am ryw nirfana lle mae pawb yn cael cyfle, a phob grŵp yn 'grŵp bach' mae'n rhaid inni oll fyw efo'r ffaith fod rhai yn llwyddo'n well

na'i gilydd. Yr hyn y gallwn wneud hebddo yw'r cythrel canu a ddaeth i'r byd roc Cymraeg yn ddiweddar. Ar un adeg, diffyg y genfigen fewnol hon oedd yn gwneud y byd pop mor wahanol i'r byd eisteddfodol. Erbyn hyn, ysywaeth, mae'r aggro yn y byd pop yn gwneud i'r Eisteddfod i edrych fel te parti lleianod. A'r unig beth sy'n mynd i ddileu'r ysbryd negyddol hwn yw mwy o ganu, llai o falu awyr, – felly rwy'n cau fy ngheg.[15]

Geiriau i'w dwys ystyried gan un a fu yng nghanol y bwrlwm diweddar o'r cychwyn cyntaf ac a fu yn anad neb arall yn gyfrifol am ei greu. Roedd anian Dafydd yn tueddu at y byd gwerin yn hytrach na'r byd roc, a hynny am ei fod â'i fryd ar ddefnyddio'r cyfrwng i ddweud neges ar ei ffurf symlaf. I wneud hynny roedd cyfathrebu a chysylltu â chynulleidfa'n hollbwysig. Dilyn llwybr propaganda a wnâi gan ddefnyddio dull a naws gwerinol cyfarwydd a chynhenid. Gwelai oblygiadau a gobeithion ehangach yn hynny o beth:

O'm rhan fy hun, yr hyn sy'n gwneud i mi ddal ati yw'r elfen o gysylltiad cynulleidfa, a chymysgu'r dwys a'r digri, y cymdeithasol a'r personol, gyda phwyslais bwriadol hollol ar gynnwys gwleidyddol a sylwebaeth ar y byd cyfoes… Ac os yden ni am ymladd ac ennill y frwydr yn ddi-drais rhaid i ni ddinoethi'r treisgarwch a'r filitariaeth sy'n gymaint rhan o lywodraethau'r byd heddiw. Fel rhai sy'n talu trethi i Lywodraeth Lloegr, ein dyletswydd greda i yw dinoethi rhagrith a rhyfelgarwch y llywodraeth honno.[16]

8 / Rhywbeth O'i Le

Bu'r Eisteddfod Ryng-golegol yn feithrinfa i lu o artistiaid a ddaeth yn adnabyddus ar lwyfannau ac ar sgriniau teledu Cymru. Does yna'r un wlad arall yn y byd sydd â phrifysgol a cholegau sy'n cynnal Eisteddfod. Ac er taw lleiafrif yw'r brodorion ymhlith poblogaeth y colegau mae yna ddigon i gynnal Eisteddfod sy'n rhialtwch blynyddol. Clywir myfyrwyr y gwahanol golegau'n bloeddio canu eu hanthemau nes atseinio drwy'r neuadd a chodi'r to. Enillydd y gystadleuaeth canu cân serch yn Eisteddfod Ryng-golegol 1981 oedd crwt o Gwm Tawe o'r enw Huw Chiswell. Fe fu am gyfnod yn aelod o'r Trwynau Coch ond roedd ar fin blodeuo fel artist unigol. Doedd dim modd cadw ei dalent naill ai fel perfformiwr nac fel cyfansoddwr o dan lestr.

Un o fechgyn y cyfryngau a droes ei olygon i gyfeiriad Caerdydd oedd Huw. Ymunodd â chwmni HTV fel ymchwilydd rhaglenni ac â chlwb bocsio Sblot er mwyn ymarfer ei ddawn gyda'i ddyrnau. Yn 1984 enillodd ei gyfansoddiad 'Y Cwm' gystadleuaeth *Cân i Gymru* a chafodd y gân ei dyfarnu'n ail yn yr Ŵyl Ban-Geltaidd gyda Geraint Griffiths yn ei chanu. Doedd dim yn danddaearol ynghylch Huw o ran ei ogwydd tuag at gerddoriaeth. Roedd disgwyl pethau mawr i ddod ac fe wireddwyd y disgwyliadau hynny. Yn 1985 recordiwyd cyfansoddiad o'i eiddo, 'Dwylo Dros y Môr', gyda nifer helaeth o berfformwyr y sîn roc Gymraeg yn cyd-ganu fel modd o godi arian at apêl newyn Ethiopia. Gwerthwyd tua 22,000 o gopïau o'r record, a'r haf hwnnw, gyda chymorth yr Eisteddfod Genedlaethol a'r trefnydd, Osian Wyn Jones, yn benodol, amcangyfrifwyd bod tua £250,000 wedi'i godi.

Mae'n werth nodi nad oedd brawdgarwch a chariad at gyd-ddyn yn nodweddu'r holl weithgareddau yn yr Eisteddfod honno yn y Rhyl. Cyflwyniad Cymdeithas yr Iaith Gymraeg oedd rifíw o dan y teitl *Ddy Mŵfi* oedd yn feirniadol o bobl y cyfryngau ac yn giaidd o ddychanol a maleisus yn ôl rhai. Un o'r actorion a'r sgriptwyr ac amddiffynnydd pennaf y cynhyrchiad oedd Rhys Ifans. Aed â'r cynhyrchiad ar daith a doedd rhai ddim wedi eu plesio. Meddai 'Di-enw o Lanelli':

> Myfyriwr Prifysgol ydwyf, ac ni wrthwynebaf ddefnyddio rhegfeydd pan fo hynny'n ategu naws neu realaeth cynhyrchiad dramatig. Ymgais i fod yn glyfar, ac i roi sioc, oedd hynny yn achos Cymdeithas yr Iaith... Nid rhyw fuwch cysegredig mo S4C o gwbl – y mae'n hollol agored i feirniadaeth deg ac adeiladol. Ond pan dry hynny'n enllibio gwbl negatif, nid oes werth o gwbl iddo.[1]

Fe fu'r cyw actor a fyddai'n ddiweddarach yn actio rhan un hanner 'Y Ddau Ffrank' ar S4C ac yn ymddangos mewn trôns drewllyd yn y ffilm *Notting Hill* cyn troi ei olygon tuag at Hollywood yn hogi ei arfau nes eu bod yn finiog fel rasel:

> Roedd rifíw Cymdeithas yr Iaith yn hynod o enllibus, yn afiach ac anweddus, ac yn anhygoel o amhroffesiynol...!

So what!
> Os wnaethoch chi fwynhau.
> Os oeddech chi isio chwydu.
> Os oedd gennych gywilydd o fod yn Gymry...!
> Grêt![2]

Yn y cyfamser roedd Huw Chiswell yn mireinio ei grefft fel perfformiwr a mawr oedd y disgwyl am ei record gyntaf, *Rhywbeth o'i Le* (Sain C996). Cymaint oedd y disgwyliadau nes bod bechgyn Cytgord yn credu y dylid cyhoeddi rhagflas o'r offrwm:

> Mae'r record yn cwmpasu amrywiaeth eang o arddulliau cerddorol ac yn cynnwys caneuon sydd bellach yn hen ffefrynnau fel 'Y Cwm' a'r gân sy'n dwyn enw'r record 'Rhywbeth o'i Le', a ymddangosodd gynta ddwy flynedd yn ôl ar y tâp aml-gyfrannog o Gaerdydd, 'Hâf ar y Tâf'. Er mai'r piano a llais Chiz yw prif offerynnau'r record, a bod caneuon fel y teyrnged teimladwy 'Tadcu' yn defnyddio dim arall, mae rhai o'r caneuon cyflymach e.e. 'Rhy Hwyr' ac 'Mae Munud yn Amser Hir' wedi'u seilio ar sŵn rhythm offerynnau pres...

> Yn ogystal ag amrywiaeth gerddorol, mae ystod eang o amrywiaeth thematig ar y record. Ar y naill law ceir caneuon cymdeithasol-wleidyddol fel 'Etifeddiaeth ar Werth' – cân ysgafn ei thôn ond crafog a dychanol ei neges sy'n cyfeirio at y cwmni gwerthu tai 'Heritage' yn ei fro enedigol, a'u harwyddlun di-chwaeth yng Ngodre'r Graig, 'Heritage For Sale'. Ymysg y caneuon eraill â thema gymdeithasol mae 'Y Cwm', 'Mae Munud yn Amser Hir' sy'n gyflwynedig i'n harweinydd Margaret Thatcher, ac wrth gwrs y faled wych ac adnabyddus

bellach 'Rhywbeth o'i Le' sy'n ymdrin â marwolaeth ddiystyr milwr Cymraeg yn rhyfel y wladwriaeth Brydeinig yn erbyn Gwyddelod y gogledd.[3]

Erbyn hyn roedd Huw Chiswell wedi profi ei hun yn hync go iawn ar ôl actio rhan gwrthrych breuddwydion pob dynes mewn ffilm Gymraeg o'r enw *Ibiza, Ibiza!* yn dilyn hynt y pâr dosbarth canol hwnnw, Glenys a Rhisiart (Caryl Parry Jones ac Emyr Wyn), ar eu gwyliau yn yr haul, ar ôl iddynt dreulio wythnos yn yr Eisteddfod Genedlaethol wrth gwrs. Roedd y pynditiaid yn barod â'u clod ar ôl cyhoeddi'r record: '... yn gymysgedd dyrys o Bruce Springsteen a Billy Joel ac yn grwt o Gwmtawe sy'n gwirioni'r genod ar draethau Ibiza draw, mae'n greadur sydd, a dweud y lleiaf, yn hoff o gadw ei options ar agor,' meddai Tudur Jones.[4]

Doedd dim amheuaeth bod Huw Chiswell wedi gwneud ei farc. Profodd ei hun trwy gyfansoddi caneuon am yr hyn a welai o gwmpas ei draed ac a deimlai yn ei galon, heb roi ei fryd ar ddilyn yr un ffasiwn gerddorol yn slafaidd er mwyn mynegi ei brofiadau. Cafwyd yr un sylwgarwch treiddgar a chanu cadarn ar ei ail record hir, *Rhywun yn Gadael* (Sain 1429M), yn 1989. Roedd 'Frank a Moira' yn bortread o unigrwydd ingol a 'Baglan Bay', gyda'i ddarlun o drafford wleb a goleuadau neon, yn cyfleu tristwch nos Sul a'r holl gynodiadau y mae'r Sabath yn eu cyniwair ym meddwl y Cymro.

Yn ogystal â'r newyn yn Ethiopia, mater arall a boenai gydwybod dynoliaeth yng nghanol yr 80au oedd bwriad yr Americaniaid i leoli taflegrau niwclear yng Nghomin Greenham yng ngorllewin Lloegr. Bu mudiadau heddwch yn ymgyrchu'n ddi-ildio a buont yn llwyddiannus yn eu gwrthwynebiad. Gwragedd oedd ar flaen y gad, yn cynnig eu hunain fel symbol o ffrwythlondeb y ddaear ac yn cynrychioli cariad a daioni yn hytrach na dicter a dinistr. Roedd merched o Gymru ymhlith y cyntaf i sefydlu gwersyll heddwch parhaol yn amgylchynu'r safle. Lladmerydd y gwragedd oedd Eirlys Parri â'i chân 'Cannwyll yn Olau'. Dyna hefyd oedd teitl ei record a gyhoeddwyd yn 1983 ar label Sain. Roedd y brif gân eisoes wedi ei mabwysiadu fel anthem yn ôl Alwena Roberts:

> Bob hyn a hyn fe ddaw na gân – oddi wrth Dafydd Iwan yn amlach na pheidio – sy'n mynegi union deimlad llawer o bobl ynglŷn â gwleidyddiaeth y dydd. Un felly yw 'Cannwyll yn Olau' Eirlys Parri, cân y clywais ferched yn ei chanu mewn gorymdaith heddwch yng Nghaerdydd yn ddiweddar. Gyda'r

ras arfau a'r ymgyrch ddiarfogi'n cyflymu ar garlam, mae rhywbeth iasol a chofiadwy yn y geiriau a ysgrifennwyd gan ŵr Eirlys, Geraint Eckley.[5]

Roedd Eirlys Parri wedi hen arfer perfformio ar recordiau ac ar lwyfannau Nosweithiau Llawen ers diwedd y 60au. Fe'i magwyd ym Mhenllyn ac roedd holl gyfoeth llafar yr ardal honno'n rhan o'i chynhysgaeth. Un o'i chaneuon nodedig oedd 'Pedwar Gwynt', a glywyd ar record am y tro cyntaf yn 1969 ac a recordiwyd ar ei newydd wedd ar y record ddiweddaraf hon. Cyfieithiad o'r gân 'Four Strong Winds' gan Ian Tyson, a recordiwyd gan Neil Young, oedd hi. Teilyngodd gyfres deledu iddi hi ei hun a chyhoeddwyd casét *Yfory* (Sain C949) yn 1985 a *Ffordd y Ffair* (Sain C628N) yn 1988. Cyfieithiadau oedd y mwyafrif o'r caneuon.

Cantores arall yn yr un mowld oedd Leah Owen, yn canu caneuon cryf ac yn batrwm o ddawn lleisio ar ei orau. Hwyrach bod ei chefndir a'i chysylltiad eisteddfodol, yn arbennig fel 'cantores werin', yn ei gwneud hi'n anodd ei hystyried yn ddiddanwraig er ei hymdrech i gyflwyno ei hun fel cantores ganol-y-ffordd ar recordiau. Cyhoeddodd *Y Gyfrinach Fawr* (Sain C888) yn 1983 ac *Ailgynnau'r Tân* (Sain C962) yn 1986. Byddai'n gwbl gartrefol yn derbyn adolygiad o'i recordiau tebyg i'r adolygiad canlynol gan Bethan Bryn o record *Gŵyl Cerdd Dant Y Bala* (Sain C884):

> Teimlaf fod angen dwy delyn ar y partïon ac yn arbennig y corau. Yn wir, weithiau ar yr uchafbwyntiau prin y gellid clywed yr alaw a rhaid cofio fod y delyn i fod yn gydradd â'r lleiswyr pa faint bynnag o gyfalawon sydd yn cydredeg. Nid oes ychwaith arpeggio, ar y delyn, ar ddiwedd y darn, digwydd hyn amryw o weithiau. Dylai'r delyn a'r llais orffen gyda'i gilydd – ond rhaid cyfaddef mae chwiw bersonol gennyf yw hyn. Roedd gorddefnydd o'r effaith atsain yn amharu peth ar eglurdeb y sain, yn arbennig gyda'r canu llawnach megis y corau a'r partïon... Nid oes digon o amrywiaeth amseriad a naws rhwng y gwahanol ddatganiadau a hyn yn ei gwneud yn anodd i gynnal diddordeb y gwrandäwr...[6]

Ystyrier hefyd feirniadaeth Mair Carrington Roberts wrth iddi werthuso'r record *Deuawdau Cerdd Dant* (Sain C936). Mae'r pwyslais ar gyflawni perfformiad perffaith yn seiliedig ar reolau cydnabyddedig:

> Mewn deuawd dda rhaid cael deulais yn asio'n gytbwys, ac mewn deuawd gerdd dant yn arbennig, dau feddwl yn cyd-ddehongli'n ddidwyll ac yn llefaru'n afaelgar, llawn dyhead.

Medrwn werthfawrogi'r holl nodweddion hyn wrth wrando'r datganiadau, a cheir swyn arbennig wrth glywed y lleisiau yn plethu'n gywrain i'w gilydd mewn cyfalawon cerddorol, llawn dychymyg.[7]

Dengys hyn nad oedd yna fawr o adloniant yn perthyn i gerdd dant ac nad oedd disgwyl i'r cyfrwng newid agwedd na phersbectif yr un gwrandawr ynghylch yr un annhegwch cymdeithasol nac anghyfiawnder gwleidyddol. Byddai canu roc ar ei orau yn gwneud hynny am ei fod yn gyfrwng anhraddodiadol ac am nad oes pwys ar gynnal crefft sydd wedi goroesi'r canrifoedd. Mae'r cyfrwng yn newydd ac yn dal i esblygu a hynny am ei fod yn nwylo'r ifanc. Mae'n fwy o gyfrwng mynegiant nag o gelfyddyd.

Byddai Margaret Williams yn gyfarwydd â cherdd dant, y byd eisteddfodol a'r maes adloniant. Cafodd hithau, yn union fel Leah Owen, ei chodi yng nghanol y traddodiad cynhenid ar Ynys Môn, ond datblygodd i fod yn un o'r ychydig artistiaid canol-y-ffordd llwyddiannus yn y Gymraeg. Hwyrach ei bod yn rhy soffistigedig i berfformio yn y clybiau, ond roedd yn meddu ar ddigon o sglein i berfformio ar fyrddau'r llongau pleser crand. Gwnaeth S4C yn fawr o'i thalent trwy gomisiynu sawl cyfres. Byddai'r gantores benddu yn ei helfen yn canu caneuon megis 'Dwg Ni'n Gyfan Drachefn' a 'Ti yw'r Oll' a chyffelyb gyfieithiadau gyda lleisiau côr meibion yn y cefndir. Llwyddodd i ddiosg y dylanwadau eisteddfodol. Medrai wenu'n rhadlon ar gynulleidfaoedd y tu draw i'r camera. Sylwodd Islwyn Ffowc Elis ar ei rhagoriaethau:

> Mae popeth hanfodol i gantores boblogaidd gan Margaret: llais, wyneb, sefyll urddasol, cyflwyno cynnes, a'r 'peth' ychwanegol anniffiniol hwnnw sy'n gwneud artist.[8]

Cyhoeddodd Eleri Llwyd, un o artistiaid amlwg y 70au, gasét yn 1987, sef *Ar Fy Mhen Fy Hun* (Sain C607N). Ond prin oedd yr artistiaid benywaidd iau a gydiai mewn gitâr ac a darai ddrymiau. Eithriad oedd y grŵp benywaidd lled ffeministaidd Pryd Ma Te? (neu PMT). Siân Wheway, a fu am gyfnod yn aelod o Omega, Carys 'Cyrls' Huw, Mair 'Harlech' Tomos Ifans a Nia Bowen oedd y perfformwyr. Roedden nhw hefyd yn rhan o waddol 'yr oes aur' ac yn cofio'r wefr o fod yn nawnsfeydd chwyslyd Edward H.

Chwaraeai Pat Edwards y gitâr fas i Datblygu ond fyddai ganddi hi, mwy na'r merched mewn grwpiau fel Sgidia Newydd, Eirin Peryglus neu Fflaps, ddim i'w ddweud wrth 'yr oes aur' honedig. Paratoi am y 90au a theithio dramor oedden nhw. Prin y gellid ystyried Ann Fflaps yn berfformwraig yn yr un llinach ag Eleri Llwyd neu Leah Owen:

> Dwi'n dod o gefndir Saesneg ac mi ddysgais fy ffordd fy hun o sgwennu yn Gymraeg. Mae rhai pobl yn cael fy ffordd i o sgwennu yn reit od. Mae o yr un fath os dwi'n sgwennu rhywbeth Saesneg. Yn y bôn, mae'n gas gen i ystrydebau... Mae Lloegr wedi gorchfygu Cymru ac mae'r di-Gymraeg yng Nghymru mor ddall â Lloegr. Mae gan Gymru fwy yn gyffredin hefo Ewrop, yn enwedig yr Almaen a Dwyrain Ewrop.[9]

Cyrhaeddodd record hir *Amhersain* (Probe) o eiddo Fflaps, a recordiwyd yng Nghymru, rif wyth yn siart recordiau hir Ffrainc. Gwrthodwyd rhoi sesiwn i Fflaps ar raglen radio bore Sadwrn Radio Cymru, *Bambŵ*. Roedd gan y rhaglen bolisi o roi cyfle i grwpiau newydd ond pan sylweddolwyd bod Fflaps ar fin cyhoeddi record ar label Anhrefn penderfynwyd nad oedd yn 'grŵp newydd' a thynnwyd y gwahoddiad yn ôl. Ymateb Rhys Mwyn oedd gwahardd Radio Cymru rhag chwarae recordiau label Anhrefn. Ond yn fuan wedyn cafodd Fflaps eu diarddel oddi ar label Anhrefn am fod y grŵp yn canu yn Saesneg ac 'yn ymddwyn fel sêr pop'.

Dau frawd na fyddai'n debyg o ymddangos ar lwyfan Noson Wobrau Sgrech ond a lenwai fwlch ym maes adloniant canol-y-ffordd oedd Adrian a Paul Gregory – Y Brodyr Gregory. Bu'r ddau grwt yn dysgu eu crefft am bymtheng mlynedd yng nghlybiau Lloegr. Er i'r ddau roi'r gorau i ddefnyddio'r Gymraeg ar ôl symud o Lanaman i Rydaman yn eu harddegau cynnar, roedd sefydlu S4C a'r addewid o waith teledu yn ddigon o sbardun iddynt ailgydio yn yr iaith. Gwyddai'r ddau sut i drin cynulleidfaoedd ac roedd llond whilber o hiwmor byrlymus, a'r gallu i ganu'n ddiymdrech, yn arwain at wahoddiadau di-ri i gyngherddau a Nosweithiau Llawen, ac roedden nhw'n gymeriadau pantomeim perffaith hefyd. Cyhoeddwyd record fer yn deyrnged i un o fechgyn amryddawn y dyffryn, *Cân i Ryan*, ac roedd eu gyrfa Gymraeg ar y cledrau. Cyhoeddwyd record hir *Y Brodyr Gregory* (Sain C955) yn 1986 a *Dim ond y Gwir* (Sain C622N) yn 1988. Roedd Elin Mair Jones yn Llanuwchllyn wedi ei phlesio ar ôl gwrando ar y gyntaf:

> Mae'r sain yn unigryw, yn wir chlywyd dim tebyg yn yr iaith Gymraeg o'r blaen, mae'n anodd ei ddiffinio, os y dylem geisio. Digon yw dweud eu bod yn nes at yr Everley Brothers na

Vernon a Gwynfor... Wnes i ddim gwirioni o'u clywed gyntaf ond yn bendant mae'r ddeuawd wedi hen dyfu a thyfu arna i beth bynnag erbyn hyn.[10]

Rhoddwyd cynnig ar y farchnad Saesneg hefyd pan gyhoeddwyd sengl (Sain 120) yn cynnwys 'Always the Last Goodbye' a 'Tears of Emotion'. Ond fel deuawd Gymraeg y gwnaeth y ddau eu marc.

Artistiaid yn yr un cywair oedd Rosalind a Myrddin, yn canu addasiadau o nifer o ganeuon Abba, a Trisgell o Ruthun yn rhychwantu'r traddodiad Cymreig o ganeuon gwerin, ychydig o gerdd dant a chaneuon canol-y-ffordd. Cafodd Timothy Evans ei fedyddio'n 'Pavarotti Llanbed' ar gownt ei lais melfedaidd. Cipiodd y postmon a'r bridiwr ieir bantam a defaid Torwen nifer o brif wobrau eisteddfodol gan gynnwys gwobr Canwr y Flwyddyn yn Eisteddfod Gydwladol Llangollen yn 1991. Yn wir enillodd yr Unawd Tenor yn Llangollen deirgwaith o'r bron yn ogystal â'r Unawd Tenor dan 25 oed yn yr Eisteddfod Genedlaethol bedair gwaith o'r bron. Yn ogystal â chyhoeddi casét o'i ganeuon yn 1989 cyhoeddodd cwmni Sain gasét hefyd o ganeuon y diweddar Richie Thomas, Penmachno. Roedd wedi ennill yr Unawd Tenor yn yr Eisteddfod Genedlaethol ddwywaith yn ogystal â'r Rhuban Glas a chystadleuaeth y Rose Bowl ar gyfer tenoriaid Prydain gyfan yn 1951. Roedd yna farchnad o hyd i ganeuon a recordiwyd ugain mlynedd ynghynt gan un o gewri'r llwyfan cyngerdd. Yn yr un modd roedd yna fynd ar unrhyw beth o eiddo Trebor Edwards a gyhoeddid, ac roedd cyfrinach ei apêl yn amlwg yn ôl Rhys Jones:

> Gŵr hollol ddiymhongar sy'n rhyfeddu ei fod mor boblogaidd. Trwy ei lais melys, ei eirio croyw, a'i ddiffuantrwydd cywir, fe enillodd ei le'n hollol ddiymdrech.[11]

Briwsionyn hynod o flasus oedd cyfraniad Jim O'Rourke a'r Hoelion Wyth. Yn unol â'i drylwyredd arferol aeth Jim ati i logi cerddorion o'r radd flaenaf yn cynnwys Terry Williams ar y drymiau, a arferai chwarae gyda Dire Straits ymhlith grwpiau amlwg eraill, a rhai o gerddorion amlycaf Iwerddon megis Donal Luny a Davy Spillane. Roedd Jim yn awyddus i wyntyllu ei gysylltiadau teuluol ag Iwerddon a chanu clodydd ei hoff Sir Benfro. Roedd ei daid wedi rhwyfo o Gorc i Aberdaugleddau yn 1908 ac yntau wedi ei fagu yn ddi-Gymraeg o dan linell y landsger er bod teulu ei fam yn hanu o ardal Tyddewi. Cyhoeddwyd *Y Bont* (Sain C625N) yn 1987 ac aed ar daith i'w hyrwyddo. Cyn hynny cyhoeddodd *Pentigili* ar ei label ei hun gan ddefnyddio cerddorion cyfarwydd megis Wyn Jones, Brian Breeze a Gordon Jones.

Ar drothwy'r 90au cyhoeddwyd casét *Hogia Ni* (Sain C504) gan Hogia Llandegái yn cynnwys 14 o ganeuon yn cael eu canu mewn Noson Lawen. Er i'r recordiad gael ei wneud tua 1973, pan soniodd yr hogiau eu bod am ymddeol am y tro cyntaf, doedd hynny ddim yn rhwystr i werthiant sydyn osod y casét ar frig siart *Y Cymro* yn syth bìn. Roedd Dafydd Orwig yn deall eu hapêl:

> Bydd y record hon yn dwyn atgofion hapus i filoedd. Recordiwyd y caneuon yn fyw mewn Noson Lawen yn Nolywern, Dyffryn Ceiriog. O flaen cynulleidfa yr oedd yr Hogia ar eu gorau, ac mae'r record olaf hon yn dal ar gof a chadw beth o naws yr Hogia ar lwyfan. Dyma nhw fel y mae miloedd yn eu cofio – yn eu hafiaith a heb ddim gimics electronig. Diolch i chi Hogia – Nev a Now, Ron a Roy – am eich cyfraniad i ffrwd adloniant Cymraeg dros y blynyddoedd. Daethoch a hwyl a sbri i gannoedd o ardaloedd ac atgyfnerthiad i Gymreigrwydd llawer un.[12]

Fyddai'r cannoedd a chwaraeai'r casét yn hidio'r un ffeuen am berfformiadau grwpiau megis Yr Anhrefn naill ai unman yng Nghymru nac yn Llundain heb sôn am yn yr Almaen a Dwyrain Ewrop. Doedden nhw ddim am weld newid. Roedden nhw'n fodlon eu byd yn gwrando ar yr hyn oedd yn gyfarwydd. Iddyn nhw roedd difyrrwch a diddanwch yn ymwneud ag artistiaid a fedrai ddal eu sylw ac a fedrai gyfathrebu ar donfedd gyfarwydd. Ond doedd gan y to iau ddim amynedd â'r criw a ystyrid yn hen gnecs. Deued y 90au. Roedd Rhys Mwyn wedi paratoi llawlyfr ar gyfer llwybr datblygiad cyfrwng yr ifanc am y degawd oedd i ddod:

> Tra mae'r Unol Daleithiau yn ymosod ar Gymru gyda Music TV a bob math o sebon dan haul mae'r grwpiau ifanc Cymraeg yn sylweddoli fod rhaid cael fideos Cymraeg ar MTV. Yr agwedd newydd yw ymladd yn ôl gyda diwylliant. Mae diwylliant wrth gwrs yn llawer mwy llwyddiannus na gwleidyddion. Mae diwylliant cyfoes Cymraeg – gigs, celf, dramâu, ffilmiau a recordiau 12" dawns – yn gwneud mwy o les i'r Gymraeg nag unrhyw wleidydd neu ymgyrch wleidyddol am un rheswm syml: mae diwylliant yn dod o'r stryd tra mae'r mudiadau gwleidyddol yn dod o'r ucheldiroedd pell. Mae pobol yn dysgu Cymraeg heddiw ar ôl gweld bands Cymraeg, ar ôl cael eu hysbrydoli gan ddiwylliant a'r ffordd ymlaen felly yw lledaenu diwylliant Cymraeg i bob stryd. Mae angen diwylliant Cymraeg ymhob

caffi, tafarn, ysgol, clwb ieuenctid ac hyd yn oed y capeli. Does neb yn addoli yn y capeli bellach, felly pam ddim agor y drysau a gadael i'r ifanc gynnal gigs?

Y Cymry parchus sych-Dduwiol, cenedlaetholgar, Eisteddfodol yw gweithredwyr MI5, fel yn achos y Tai Haf... gweision yr Uwch Ddiwylliant Prydeinig. Hawliwn ein iawndal nawr!!! Pan fydd strydoedd Cymru yn cael eu llenwi gan gerddoriaeth Gymraeg a phan fydd orielau celf Cymru yn arddangos gwaith Cymry Cymraeg – dyna'r dydd y bydd diwylliant Cymru wedi dianc o grafangau'r elît... mae'r diwrnod yna'n dod yn nes... Fy ngobaith yw argyhoeddi pobol Cymru o ddau beth Gallwn gael ein ysbrydoli gan ddiwylliant ar wahân i'r un Cymraeg a gall y Gymraeg ysbrydoli eraill.

Rhaid tanseilio yr holl syniad o 'drefnu' nosweithiau Cymraeg a dod â diwylliant Cymraeg yn fyw ar lefel y stryd – wedyn bydd pethau yn DIGWYDD ac nid yn cael eu trefnu.

meddai'r gŵr a wnâi enw iddo'i hun fel corddwr yn hytrach na cherddor.[13]

9 / Bonaparte O'Coonassa

Bu cryn sôn am adfywiad gwerin yng Nghymru yn ystod y 70au, ac erbyn yr 80au sefydlwyd nifer o glybiau gwerin yn cynnig cylchdaith ar gyfer y nifer cynyddol o artistiaid a geisiai ailgydio yn y traddodiad offerynnol. Roedd yna lun o draddodiad lleisiol wedi goroesi er gwaethaf ymdrechion y Piwritaniaid i'w gladdu wrth i gyfundrefn grefyddol yn hytrach na rhialtwch ffeiriau ffurfio calendr cymdeithasol y Cymry. Ond roedd rhai o'r farn ei fod wedi ei barchuso, os nad ei sbaddu, am ei fod yn cael ei gynnal o dan gochl yr Eisteddfod, ac nad trwy ganu cân werin i blesio beirniad yn hytrach na chynulleidfa hwyliog y mae cadw traddodiad yn fyw.

Ond roedd Ar Log, y grŵp a sefydlwyd gan y brodyr Dafydd a Gwyndaf Roberts, wedi arloesi trwy berfformio'n broffesiynol a hynny y tu hwnt i Gymru y rhan helaethaf o'r amser. Doedd hualau'r Eisteddfod yn mennu dim arnyn nhw wrth iddynt berfformio mewn clybiau gwerin yn Lloegr ac mewn gwyliau yn Llydaw, yr Almaen a'r Unol Daleithiau. Cafodd y grŵp fywyd o'r newydd yng Nghymru wrth ymuno â Dafydd Iwan ar gyfer teithiau wedi eu trefnu'n drwyadl ar ddechrau'r 80au. Roedd y cyfuniad o echblygrwydd naturiol Dafydd a doniau offerynnol yr hogiau'n gyfuniad perffaith o Gymreictod balch a hunanhyderus.

Erbyn diwedd 1983 roedd y grŵp wedi blino ar ddeng mlynedd o deithio ac oherwydd gofynion teuluol y brodyr cyhoeddwyd na fydden nhw'n parhau yn genhadon gwerin llawn-amser Cymru ar draws y byd. Cyfyngwyd eu perfformiadau dramor i ambell ŵyl werin yn yr haf a theithiau i Dde America o dan nawdd y Cyngor Prydeinig. O ganlyniad roedd hi'n bosib derbyn mwy o wahoddiadau na chynt yng Nghymru. Cyhoeddwyd recordiau yn rheolaidd a hynny o dan y teitlau diddychymyg *Ar Log II, Ar Log IV* ac ati. Ac er na ellid ond canmol eu menter a chydnabod y llwyddiant digamsyniol a ddaeth i'w rhan, roedd ambell un, megis Gareth Ioan, o'r farn eu bod yn brin o'r afiaith a ddisgwylir gan grŵp gwerin:

Gwelais hwy yn Theatr Gwynedd a does dim amheuaeth am ddawn offerynnol a cherddorol ein hunig grŵp proffesiynol, yn enwedig y brodyr Roberts, a'u telynau. Teimlais, fodd bynnag, nad oes ysbryd yn eu chwarae, yr un gwendid ac a geir yn eu recordiau. Efallai mai awyrgylch theatr oedd yn gyfrifol am hynny.[1]

Doedd tri o ddisgyblion chweched dosbarth Ysgol Eifionydd, Porthmadog, ddim yn barod i ganu clodydd Ar Log chwaith. Yn wir roedd Pedr Clwyd, Geraint ap Sior ac Enfys Huws yn feirniadol o'r holl sîn canu gwerin yng Nghymru, ac yn ddiflewyn-ar-dafod eu beirniadaeth:

> Ydi canu gwerin Cymru ar i lawr? Prin bod angen sôn am ddylanwad angheuol y Diwygiad Methodistaidd ar ein traddodiad cerddorol – bellach does gan Gymru ddim un offerynnwr o Gymro Cymraeg i'w gymharu â gwaethaf gwledydd Celtaidd eraill... Yn anffodus arweiniodd llwyddiant Ar Log at fyrdd o grwpiau tebyg a fu'n ymosod yn awchus ar gelain ein canu gwerin, gan ddioddef diffygion lu – dim gallu a dim dychymyg yn fwy na dim. Yr unig grŵp i orchfygu'r gwendidau hyn yw'r Hwntws, er bod 4 yn y Bar hefyd yn dangos tueddiadau i'r cyfeiriad iawn.[2]

Grŵp o'r De-ddwyrain oedd Yr Hwntws, yn canu alawon a chaneuon a berthynai i'r ardal honno o Gymru ac y daethpwyd o hyd iddynt mewn hen lawysgrifau a chofnodion yn yr Amgueddfa Werin. Prin oedd Cymraeg rhai o'r aelodau ac yr oedd dylanwad Gwyddelig llawdrwm a chras ar eu dehongliadau. Bu Yr Hwntws hefyd yn perfformio ar gylchdaith y gwyliau tramor. Codi o ludw Cilmeri wnaeth Pedwar yn y Bar. Cyhoeddodd Cilmeri, hogiau o ardal Dolgellau, record hir *Cilmeri* yn 1980 (Sain C768). Rhoddwyd croeso brwd i'w chynnwys offerynnol gan Leah ac Eifion Lloyd Jones mewn adolygiad deallus:

> Dyma record sy'n barhad o ddau draddodiad: traddodiad canrifoedd o ganu gwerin Cymraeg ac o gyfeiliant offerynnol gwerin i ddawnsio Celtaidd, gyda'r naws Wyddelig yn amlycach na dim. Mae'n barhad hefyd o ddatblygiad cymharol ddiweddar ym myd canu a recordio yng Nghymru: y datblygiad sy'n ein tywys yn ôl at y traddodiad fel a geir gan offerynnau 'Ar Log', canu'r 'Plethyn' a chanu ac offerynnau 'Mynediad am Ddim'. A yw'r record hon gan 'Cilmeri' yn gaffaeliad i'r datblygiad a'r traddodiad? Mae'n braf cael cyflwyno ateb cadarnhaol pendant. Dyma grŵp o chwech sy'n arddangos crefft gerddorol

ryfeddol ar dri-ar-ddeg o *wahanol* offerynnau. Nid rhyfedd, felly, fod y sain a gynhyrchir yn llawer mwy amrywiol na sain 'Ar Log': y mae hefyd yr un mor gywrain. Prin, fodd bynnag, fod y cyfuniad o leisiau ac offerynnau mor grefftus â 'Mynediad am Ddim', ond gwendid lleisiol yn hytrach nag offerynnol sy'n gyfrifol am hynny.[3]

Yna, yn 1982, cyn i'r grŵp chwalu, cyhoeddwyd *Henffych Well* (Sain 1236M) gan hepgor cyfraniad gan Robin Llwyd ab Owain. Yn ôl arch hyrwyddwr y traddodiad gwerin, Arfon Gwilym, roedd y record yma hefyd yn gyfraniad gwiw:

Dylai o leiaf dri pheth fod yn amlwg i bawb. Yn gyntaf, fod y bechgyn hyn wedi meistroli eu hofferynnau yn drwyadl. Yn ail – ac mae hyn yn bwysig – eu bod yn deall eu gwaith. Mae yma ôl ymchwil a dehongli deallus ar y datganiadau yn ogystal â'r nodiadau. Yn drydydd, eu gofal a'u sylw i'r manylion. Agwedd 'nid da lle gellir gwell' sydd gan y rhain, nid 'fe wnaiff y tro' – agwedd i'w chymeradwyo gan bawb sy'n perfformio'n gyhoeddus. Gofalwyd am gydbwysedd derbyniol o ganeuon llon/lleddf a lleisiol/offerynnol. Gofalwyd am amrywiaeth hynod o offerynnau – gan gynnwys crwth, bouzouki a neola (offeryn tebyg i soddgrwth ond ei fod yn llai ac yn sgwâr). Gofalwyd am gymysgedd diddorol o'r hen a newydd. Gofalwyd am daflen eiriau ddeniadol gyda nodiadau a lluniau. Ac aethpwyd ati i drefnu taith, a chyhoeddusrwydd yn ei sgil. Dyna'r ffordd i wneud pethau.[4]

Trefnwyd noson yng nghwmni Cilmeri a'r Wolfe Tones, un o brif grwpiau Iwerddon, yng Nghanolfan Hamdden Glannau Dyfrdwy. Rhoes hynny sylw ehangach i'r traddodiad Cymreig gerbron cynulleidfa na fyddai ar y cyfan yn ymwybodol ohono. Roedd gan y grŵp un o'r enwau hynny sy'n gyfoethog yn ei gysylltiadau hanesyddol ond ar yr un pryd nad oedd, hwyrach, yn debygol o hyrwyddo llwyddiant am ei fod yn dynodi diwrnod du yn hanes Cymru. Cyhoeddodd ei olynydd, Pedwar yn y Bar, ddwy record, y naill, *Byth Adra* (Sain C908), yn 1984 a'r llall, *Newid Cynefin* (Sain C992), yn 1986. Ond ym marn Tudur Jones doedd yr offrwm ddim yn codi cerddoriaeth werin Gymreig gyfuwch ag eiddo ein cefndryd Celtaidd:

Traddodiad lleisiol fu i ganu gwerin Cymru hyd at yn ddiweddar, ac mae Pedwar yn y Bar yn rhan o'r ymdrech ganmoladwy i geisio unioni rhywfaint ar y gwendid offerynnol. Y broblem yw fod y byd canu gwerin, yn fwy felly efallai na chanu roc hyd yn oed, erbyn hyn yn un rhyngwladol ei lwyfan, gan ddefnyddio felly safonau rhyngwladol i fesur cyflwyniadau. Yn dilyn arbrofion cyffrous Alan Stivell ar ddechrau'r 70au, daeth grwpiau megis Planxty, y Bothy Band ac yng Nghymru Yr Hwntws â chanu gwerin yn agosach at brif ffrydlif canu poblogaidd yr ifanc, gyda nerth ac egni newydd a gyplysai elfennau o'r traddodiad gwerin gydag arddulliau cynhyrfus roc. Roedd peth o waith y Bothy Band yn arbennig yn ymylu ar fod yn ganu gwerin pync, gan mor ffrwydrol oedd ei argraff.

Rhaid cyfaddef mai difyrrwch diddim yw llawer o gynnyrch y byd gwerin yng Nghymru o hyd – dymunol heb fod yn fawr mwy na hynny. Mae *Newid Cynefin* wrth fethu oherwydd diffygion lleisiol i gyrraedd y safonau harmoniol disgwyliedig, tra ar yr un pryd oherwydd analluoedd offerynnol i chwarae'r un gêm ag eiddo Donál Luny, Christy Moore ac ati, yn syrthio rhwng yr un stolion ag y bu canu gwerin Cymru yn hofran uwch eu pennau ers tro.[5]

Roedd yna eraill yn ei chael hi'n anodd i benderfynu ar yr union berthynas rhwng y grwpiau gwerin Cymraeg a grwpiau Celtaidd eraill, a grwpiau o Iwerddon yn benodol. Saesneg oedd iaith caneuon y rhelyw o'r cyfryw grwpiau ac er nad oedd amau eu rhagoriaeth offerynnol roedd Myrddin ap Dafydd yn ei gweld yn chwithig pan roddid blaenoriaeth iddynt mewn gwyliau gwerin yng Nghymru. Poenai am yr egwyddor o roi lle eilradd i'r Gymraeg:

Mae'r Gwyddelod yn enwog am eu grwpiau baledol, grymus fedar gynnig lleisiau cras sy'n crafu y tu mewn i'ch clustia chi ac sy'n arbennig o addas ar gyfer caneuon chwyldroadol, ymosodol. Hen, hen bryd i ni weld un felly yng Nghymru. Mi fedrwn ddysgu llawer hefyd ynglŷn â rhoi triniaeth offerynnol deilwng i'n halawon oddi wrth y gamp sydd ar offerynnau mewn gwledydd eraill. Ond eisoes mae'r troi yma at wledydd eraill wedi mynd yn fwrn ar rai. Mi 'dan ni'n eu clywed nhw'n cwyno am yr holl bonshan 'ma efo grwpiau o Werddon ac o'r Alban. A wir, er mod i'n ffan mawr o'r grwpiau hyn i gyd, bron nad ydw i'n cytuno bod perygl rhoi gormod o'n llwyfannau i grwpiau, sydd wedi'r cyfan yn dramor. Flwyddyn ar ôl blwyddyn, y 'seren' yng Ngŵyl Werin Dolgellau yw grŵp o'r Alban neu Iwerddon. Mae nhw'n dda a phroffesiynol, ond beth tasa Twrw Tanllyd, ein gŵyl roc fawr flynyddol yn rhoi ei llwyfan blaen i grŵp da, proffesiynol o Loegar neu Merica i ganu'n Saesneg? Wnâi hynny fawr o les i feithrin y safon adra heb sôn am y ffaith mai Saesneg fasa'r iaith.[6]

Lleisiwyd pryder hefyd ynghylch arfer grwpiau o impio arddulliau Celtaidd eraill wrth gyflwyno caneuon gwerin Cymraeg. Hwyrach bod hynny'n anorfod o ystyried mor wan oedd y traddodiad yng Nghymru ac nad oedd gan y cerddorion fawr o ddewis ond troi at eu cefndryd i feithrin patrwm ac ysbrydoliaeth.

Ond os am roi gwobr am hirhoedledd ac ymdrech waeth beth am y canlyniadau yna Mabsant fyddai'n mynd â hi. Erbyn diwedd yr 80au roedd grŵp Siwsann George wedi cyhoeddi deg record ar amrywiaeth o labeli ac wedi teithio'n gyson ar draws y byd. Hanai Siwsann o Dreorci yng Nghwm Rhondda ac roedd yn gynnyrch y gyfundrefn addysg Gymraeg. Sgotyn oedd Stuart Brown ond roedd yntau wedi dysgu Cymraeg hefyd. Aelod arall oedd Steve Whitehead. Am gyfnod bu'r telynor Robin Huw Bowen, Telynor Moreia, yn aelod o'r grŵp. Roedd ail record y grŵp ar label Gwerin, *Chwar'e Chwyldro* yn 1987, yn nodweddiadol o gynnyrch Mabsant ond doedd hi ddim wedi plesio Emyr Huws Jones:

> O'r naw cân a geir yma mae pedair yn gyfieithiadau, a chan fod pob un ond un yn colli rhywbeth yn y cyfieithu, welai ddim pam na ellid bod wedi eu canu yn Saesneg... Ac mae'r delyn yn swnio fel bandiau lastig wedi eu tynnu dros dun bisgits. Fel cyfanwaith, siomedig yw *Chwar'e Chwyldro*. Dylai Mabsant sticio at yr hyn a wnânt orau, sef cyflwyno caneuon traddodiadol ac ambell gân gyfoes Gymraeg, a gwneud hynny'n syml, heb drio bod yn rhy uchelgeisiol a chlyfar... a methu![7]

Daliodd Mabsant ati heb wyro'n ormodol oddi wrth y fformiwla arferol. Ond erbyn cyhoeddi'r record *Cofeb* (Sain C408N) yn 1989 roedd yna arwyddion bod y grŵp wedi cymryd sylw o feirniadaeth Ems. O leiaf roedd Robat Arwyn wedi ei blesio:

> ... cryfder y casgliad yw'r caneuon diweddar lle mae symlrwydd yr alawon, nerth a grym y geiriau, a llais arbennig Siwsann George yn gyrru ias i lawr y cefn, yn arbennig felly 'Tiger Bay' (cân Frank Hennessy), 'Cofeb' (Siwsann George a Simon Mackenzie), 'Tryweryn' (Meic Stevens a Heather Jones) a 'Cân y Geiniog' (Emlyn Dole). Ar y dechrau roeddwn yn amau doethineb Mabsant yn cynnwys 'Myfanwy' (Joseph Parry) yn y casgliad, cân dwi'n arfer ei chysylltu â chorau meibion ffug-sentimental ledled Cymru. Ond diolch i'r drefn, mae symlrwydd y trefniant, sy'n gwneud defnydd helaeth o'r gitâr acwstig, a'r datganiad didwyll yn llenwi'r gân â rhyw awyrgylch newydd, glân.[8]

Doedd Jerry Hunter ddim mor barod ei ganmoliaeth. Credai fod yr offrwm wedi ei anelu at y farchnad Americanaidd. Ac roedd e'n Ianc ei hun:

> Ar glawr tâp newydd Mabsant, *Cofeb*, disgrifir y grŵp fel 'Prif genhadon canu gwerin Cymru'. Os gwir y disgrifiad hwn, mae na reswm dros fecso am ganu gwerin Cymru... canlyniad y cyfuniadau yw casgliad o ganeuon heb arddull arbennig, heb asgwrn cefn. Ymddengys *Cofeb* fel rhywbeth a recordiwyd er mwyn ei werthu dramor – hynny yw, mae'n berffaith fel record Cymraeg/Cymreig i farchnata ymhlith hen gymrodorion yr Unol Daleithiau. Os dyna beth oedd bwriad yr ymdrech, mae'n debyg y bydd hi'n llwyddiannus dros ben... yn berffaith i werthu i'r disgynyddion Cymreig sentimental yn America.[9]

Oherwydd holl weithgarwch y grŵp dros y blynyddoedd, yn cyhoeddi llyfr o ganeuon, yn ogystal â'r holl recordiau, roedd Pwyll ap Siôn am dynnu cymhariaeth â'r Anhrefn wrth adolygu'r ddegfed record, *Tôn Gron* (Fflach C075G), yn 1990:

> Mae Mabsant wedi ymgymryd â rôl debyg iawn i'r Anhrefn yn y sin roc; mae'r ddau grŵp wedi ennill eu plwy drwy ddyfalbarhad a gweledigaeth, â'u parodrwydd i ryddhau recordiau yn aml a pherfformio yn gyson.[10]

Grŵp prysur a chynhyrchiol oedd yn meddu ar dinc Cristnogol oedd Pererin. Yn wir, cyhoeddodd Arfon Wyn, y prif symbylydd, ar un adeg bod ganddo genhadaeth i waredu Cymru o bob anfoesoldeb trwy ffurfio mudiad moes: 'diogelu rhag anlladrwydd, budreddi a chabledd ar deledu ac mewn llyfrau'.[7] Hawliai'r criw iddynt gael peth llwyddiant ar Ynys Môn pan rwystrwyd troi un o draethau'r ynys yn hafan i noethlymunwyr. Recordiai hefyd o dan yr enw Arfon Wyn a'i Gyfeillion. Yn 1989, a hwythau wedi bod wrthi ers deng mlynedd, enillodd Pererin gystadleuaeth ar gyfer grwpiau gwerin mewn gŵyl yng Nghill Airne, Iwerddon. Dau o'r aelodau sefydlog oedd Einion Williams ac Emyr Afan. Oedd hyn felly'n golygu bod cerddoriaeth werin Cymru o'r diwedd gyfuwch ag eiddo'r cefndryd Celtaidd? Roedd gan Gareth Siôn farn bendant ar ôl ymweld â'r Ŵyl Ban-Geltaidd:

> Gyda Chymru'n pydru ar ei thraed o wahanglwyf y mewnlifiad, y Llydaweg yn cael ei llindagu gan bolisi bwriadus o orthrwm gan lywodraeth Ffrainc a chymunedau'r Iwerddon yn cael eu tanseilio gan ddiboblogi, Duw a ŵyr ein bod ni angen ysbrydoli'n

gilydd. 'Falle na welwn ni solidariti gwleidyddol rhwng y gwledydd Celtaidd byth ond mae cerddorion yn genhadon da, a medar cerddoriaeth greu cysylltiadau greddfol ac emosiynol sy'n ddyfnach na'r gwleidyddol. Medar cerddoriaeth wedi'r cyfan greu gobaith, ac mae gobaith fel hyder yn sylfaen dda i barhad.[11]

Ymddengys ei bod hi'n bwysig bod yna groesbeillio a chyfathrach gyson yn digwydd rhwng y gwledydd Celtaidd. Ni fedrai'r traddodiad offerynnol ddatblygu o'i ynysu, ac roedd Cymru ymhell ar ei hôl hi yn hynny o beth o gymharu ag Iwerddon am fod y traddodiad yno wedi para'n ddi-dor fel rhan o'r diwylliant llafar. Roedd yna ffidil a bodhran i'w gweld ar bob aelwyd bron a phob cenhedlaeth o'r newydd yn dysgu eu chwarae fel mater o drefn.

Uchelgais aml i grŵp oedd perfformio yn Iwerddon a daeth y profiad hwnnw i ran Ali Grogan, grŵp o'r De-orllewin oedd yn cynnwys un o gyn-aelodau'r grŵp roc Rocyn, Geraint Jones, yn ogystal â Phil Higginson, Julie Harries a Dave Petersen fel aelodau lled sefydlog. Cawsant gyfle i ddangos eu doniau ar radio a theledu'r wlad yn ogystal â pherfformio yn Nulyn a Chorc. Bu'r grŵp yng Ngŵyl Werin Lorient hefyd ac roedd ei rawd yn nodweddiadol o nifer o grwpiau cyffelyb a ffurfiwyd yn llawn brwdfrydedd ond a oedd wedyn yn gorfod llaesu dwylo oherwydd galwadau eraill ar amser yr aelodau. Cyhoeddwyd record *Lliw Heulwen* (Sain 1305M) yn 1984 a hynny'n dilyn casét a gyhoeddwyd ddwy flynedd ynghynt.

Rhai o'r grwpiau eraill oedd Dros Dro, Catraeth, Deri Dando, Aberjaber, Calennig, Clochan, Penderyn, Seithenyn a Bwchadanas ac, yn arbennig, Plethyn, grŵp unigryw Gymreig o ochrau dwyreiniol Sir Drefaldwyn, ar y ffin â Lloegr. Rhagoriaeth y grŵp o dri oedd yr asio lleisiol rhwng y cogiau Jac Gittins a Roy Griffiths a'r lodes lân oedd yn angor y grŵp, sef chwaer Roy, Linda Healy. Ni chafodd eu doniau naturiol eu hystumio gan gystadlu eisteddfodol ac roedd y diolch am hynny i'r baledwr ac un o weinidogion yr ardal, Elfed Lewys, a fu'n eu meithrin. Er iddo yntau ennill ar y gystadleuaeth canu alaw werin yn Eisteddfod Genedlaethol Aberafan 1966 trwy ganu 'Beth yw'r Haf i Mi?' a 'Trwy'r Drysni a'r Anialwch', roedd yn gredwr angerddol taw tu hwnt i'r llwyfan eisteddfodol y mae cadw'r traddodiad canu gwerin yn fyw. Canfyddodd yn y triawd o gyffiniau Meifod yr ymgorfforiad o'r traddodiad byw.

Ar ôl cyhoeddi'r rhyfeddol *Blas y Pridd* (Sain C745) yn 1979 cyhoeddodd Plethyn gyfres o recordiau hir yn ystod yr 80au a chyhoeddodd Linda ddwy record hir yn ei hawl ei hun. Gwnaed yn fawr o dalentau beirdd megis Myrddin ap Dafydd, un o gyfoeswyr Linda yng Ngholeg y Brifysgol yn Aberystwyth, i gyfansoddi baledi a chaneuon gwerin modern a chyfoes. Am fod y grŵp mor gynhenid Gymreig ac yn llawn o naws y canu plygain, prin bod angen i Plethyn drafferthu ynghylch concro'r gwledydd Celtaidd a gweddill y byd. Priodol oedd cynnal cyngerdd yn Neuadd Pontrobert ger Llanfyllin i ddathlu ugeinfed pen blwydd y grŵp yn Hydref 1994 a dathlu cyhoeddi ei wythfed albwm, *Seidir Ddoe* (Sain C2083), yr un pryd.

Ond roedd yna rwystredigaeth am nad oedd y canu gwerin i weld yn cydio go iawn. Er y bwrlwm dechreuol, byr fu oes y mwyafrif o'r clybiau gwerin. Daeth Clwb Gwerin Dyffryn Aeron i ben yn ystod hydref 1983 pan oedd Dafydd Iwan yn perfformio yno a'r Wurzels yn perfformio'r un noson yn Theatr Felinfach gerllaw. Denwyd y grŵp â'r hiwmor gwledig o Wlad yr Haf gan Fwrdd Datblygu Cymru Wledig fel rhan o bolisi o gyflwyno adloniant i gefn gwlad Cymru. Y flwyddyn flaenorol ceisiwyd denu Larry Grayson i Theatr Felinfach. Gwelwyd tueddiadau o'r fath fel enghraifft o philistiaeth gan y sawl oedd am orseddu adloniant cynhenid yn y broydd Cymraeg yn hytrach na mewnforio adloniant a berthynai i ddiwylliant arall.

Mae'n debyg bod mynychu nosweithiau canu gwerin yn ystod wythnos yr Eisteddfod Genedlaethol yn galluogi rhywun i fesur tymheredd y canu gwerin yng Nghymru. Ar ôl treulio wythnos yn Eisteddfod Casnewydd yn 1988 doedd Bonaparte O'Coonassa ddim wedi ei blesio:

> Yn y ganrif ddiwetha, doedd dawnsio gwyllt y werin a'u cerddoriaeth ddawns nwydwyllt ddim yn addas i sefydliad parchus newydd y Steddfod, sydd wedi cydio'n gadarn yn niwylliant Cymru hyd heddiw. Wrth gwrs doedd hi ddim yn bosib dileu canu gwerin yn llwyr ac fe basiodd fersiynau wedi eu sbaddu i'r llwyfan Eisteddfodol. Slamddawnsio'r oes oedd dawnsio gwerin, ond trwy gyfrwng y Steddfod a pharchusrwydd dychrynllyd y diwylliant newydd, trodd yn ffosil sidet cystadlaethau. Digwyddodd yr un peth i'r canu gwerin. Carcharwyd canu pop brodorol Cymru ar lwyfan ac mewn casgliadau a dim ond fersiwn sidet Steddfodol sy'n goroesi. Meddyliwch amdano fo.
>
> Yn ôl at heddiw, ac mae'r traddodiad sbaddedig yma yn dal mewn grym. Mae 'na duedd o hyd i feddwl am ganu gwerin Cymraeg fel rhywbeth 'neis', heb ddim ysbryd nac egni yn

perthyn iddo fo... Mae'n ymddangos bod grwpiau gwerin Cymru wedi parhau am byth weithiau, does yna byth ddim byd newydd, byth agwedd ffres. Dyma Mabsant yn canu i'r llwyfan a mae gobeithion rhywun yn codi. Onid rhain ydi cenhadon canu gwerin Cymraeg, yn teithio'n ddi-baid ac yn crafu bywoliaeth o'u crefft o noson i noson ar y ffordd unig yn yr hen fan? Yn anffodus mae Mabsant yn syrthio rhwng dwy stôl, a'r stoliau hynny ydi cerddoriaeth fywiog a llais Siwsann George yn ei ganol o'n disgleirio, – y stôl arall ydi'r sŵn diflas, annifyr mae Stuart yn greu ar y synth. Wel, dyna wast meddyliais i wrth i Stuart efelychu gitâr fas unwaith eto: sticia i'r pib neu pryna synth newydd. Lle mae'r grwpiau gwerin Cymraeg sy'n dod yn agos at wireddu'r potensial pop sydd yn y melodïau gwych a'r jigs dawns cynhyrfus yma?

... Mae gen i freuddwyd. Mae'r grŵp gwerin post-pync cynhyrfus, cyfoes Cymraeg yn canu ar lwyfan. Mae llygaid popwyr ifanc Cymru'n pefrio a'r awyr yn llawn disgwyl. Mae'r cordiau cyntaf yn taro'r clustiau fel gordd acwstig ac mae'r lle i gyd yn ffrwydro. *Yo! FOLK ON.*[12]

Roedd lle i amau bod a wnelo Bonaparte â grŵp Bob Delyn a'r Ebillion. Gellid ystyried y sylwadau deifiol uchod yn gyffes ffydd Twm Morys ynghylch gobeithion ei *alter ego*, Bob. Roedd y 90au yn wynebu Bob Delyn a'r Ebillion yn union fel yr oeddent yn wynebu aelodau Bwchadanas. Yn 1982 cyfrannodd Bwchadanas bum cân at record werin amlgyfrannog *Cwlwm Pedwar* (Sain C850), gan ddenu'r sylw canlynol o eiddo Howard Huws:

Arddull gyfoes, sionc, sy ar y gorau'n ddifyr ofnadwy. Yn anffodus, mae nhw'n gallu mynd dros ben llestri hefyd. Mae gan Siân James lais da, hollol addas ar gyfer mynegi hwyl a hiraeth, ond oni fasa chydig gynildeb yn fwy effeithiol na'r gwichiadau uchel a'r dynwared ar ganu Iris Williams? Tydio'm yn digwydd yn aml, ond mae'n ddigon i dorri ar awyrgylch a llif y caneuon.[13]

Cyn pen dim cyhoeddwyd record sengl *Eryr Eryri/Tarw Scotch* (Recordiau Bwchadanas) gan ddenu cryn sylw eto. Steve Eaves oedd yn cynnig gair o gyngor i Siân y tro hwn:

Does ond gobeithio y bydd perfformiadau byw Bwchadanas yn canolbwyntio fwyfwy ar eu caneuon gwreiddiol o hyn allan, ac yn rhoi mwy o amlygrwydd i leisiau Rhys (Harries) a Geraint (Cynan). Gall hyn – ynghyd â mwy o benrhyddid offerynnol – fod yn fodd i ategu eu gwaith â rhywfaint o gyffro amrwd a mentrus, yn lle gorddibynnu ar y ddisgyblaeth led-glasurol ac eisteddfodol a amlygir yn arddull ganu Siân. Mae'n siŵr gen i y byddai gwrthgyferbyniad o'r fath yn ein gwneud yn fwy gwerthfawrogol o ddawn dehongli Siân hefyd.[14]

Cyhoeddodd Bwchadanas record hir *Cariad Cywir* (Sain C906) yn 1984 yn cynnwys caneuon gwerin cyfoes megis 'Canrifoedd Gyda'r Glaw' yn cyfeirio at ferthyrdod Bobby Sands, y gweriniaethwr Gwyddelig, a chaneuon am wrthryfel y Beca. Ar ôl dyddiau coleg byddai nifer o blith y saith aelod yn cyfrannu'n helaeth at ledaenu canu gwerin Cymraeg yng Nghymru a thu hwnt, a'r un ohonynt yn cyfrannu'n fwy na Siân James.

10 / Wplabobihocdw

R oedd mor ffrantig ag enw ei raglen radio hwyr y nos a'i ego mor
fawr â'r Wyddfa. Doedd yna ddim amser i atalnod llawn ym mywyd
Huw 'Bobs' Pritchard. Meddai ar ddoniau a rhinweddau i gyffroi
cynulleidfa yr arddegau. A doedd hi ddim bob amser yn hawdd dweud
WPLABOBIHOCDW. Roedd gofyn cael hyrfa er mwyn cael eich tafod o
gwmpas yr enw, nad oedd i'w weld yn yr un geiriadur. Ac felly y dylai
hi fod, gwlei: ffrwydrad o raglen nad oedd yn talu gwrogaeth i neb na
dim, ond yn hytrach yn dilyn trywydd unigolyddol ffansi'r funud. Roedd
ei raglen yn un o gyfres o raglenni newydd *Hwyrach* a oedd wedi eu
hanelu at ieuenctid yn hwyr y nos ar Radio Cymru yn 1988. Ond doedd
dim modd cyfyngu'r Bobs i'r di-wifr. Roedd eisoes yn gyfarwydd fel
cyflwynydd rhaglen deledu o'r enw *Y Bocs*. Roedd ganddo ei swyddfa
ei hun ym mhencadlys y BBC ac roedd hi'n swyddfa brysur.

Trodd ei law at adolygu ar dudalennau *Y Cymro* hefyd, a hynny 'heb
flewyn ar fy nhafod a heb frêc ar fy meiro'. Gwahoddwyd ymateb i'w
sylwadau ond pwy fentrai gystadlu â'r gŵr oedd yn gweithredu ar 160
m.y.a. pan oedd yn hamddena? Ni ellid ond rhyfeddu at ei ddoniau a
chydnabod ei fod yn chwa o awyr iach. Doedd dim rhaid ei gymryd e
na'i sylwadau ormod o ddifrif. Dyma beth oedd tonig a dihangfa oddi
wrth y niwrosis arferol o geisio penderfynu a oedd record yn gyfraniad
go iawn ac a oedd agwedd y grŵp/artist tuag at ganu yn Lloegr/yn
Saesneg i'w chymeradwyo. Doedd hi yffach o ots achos dim ond barn
Bobs oedd hi wedi'r cyfan. Bu'n adolygu offrwm o eiddo Aled Siôn,
cyn-aelod o Eryr Wen, sef *Bant â'r Cart*:

> I gymharu ag ymdrech ddiweddar Neil Rosser a'r Partneriaid
> (*Y Ffordd Newydd Gymreig o Fyw*) mae *Bant a'r Cart* yn hen
> ffasiwn ac yn adleisio'r hen ffordd Gymreig o fyw. Felly, er
> gwaetha'r ffaith 'y mod i'n parchu cam positif Aled i ailgydio
> yn y gitâr a chanu o'i galon, dydi'r adolygiad hwn ddim yn
> bwriadu cyfaddawdu. Lle'r oeddwn i? A ie, y rhesymau am y
> siom ddiweddara hon. Wel, yn gyntaf, nid Aled sy'n canu o'i

galon bob tro ond yn hytrach ei 'Bernie Taupin' personol o, Dyfrig 'Deth' Davies. Y bardd traddodiadol hwn yw awdur 6 o'r caneuon ar y tâp, a dengys teitlau fel 'Colli Iaith', 'Mae'r curiad yn llon' a 'Traeth Llonyddwch' natur diogel a cheidwadol bardd protest llawn cenedligrwydd ac ystumiau sentimental eraill...

Curiad a gwleidyddiaeth farddonol a geir yma felly bydd yr un mor draddodiadol, saff a difflach a'r gerddoriaeth offerynnol sy'n gefndir iddo. Mae 'Alanobeithiol' yn agosáu at ddyddiau'r Eryr Wen, cytunaf, ond o leia ma'na ysbryd anffurfiol gymharol ffwr-a-hi iddi, tra bod y rhan fwyaf o'r tâp hwn yn ymdrybaeddu neu'n rolio hyd yn oed, yn nyfnder sŵn a threfniadau'r rocyr canol y ffordd Gymreig. Wedi dweud hyn, os dach chi'n licio llais Aled, Eryr Wen, Dic Jones israddol, ac yn hiraethu am y dyddie pan oedd roc Cymraeg yn unffurfiol a 'megis llyfr Brian' yna fe ddyle 'Bant a'r Cart' eich plesio'n llwyr. I grynhoi felly, nid yw'r tâp, yn plesio'r rhai datblygedig(!) yn ein mysg, ond yn sicr mae 'na ddigon o alawon bachog, diniwed a phoblogaidd i gadw gwrandawyr Hywel Gwynfryn yn hapus. Byddai rhywbeth mwy arbrofol wedi fy synnu a'm plesio'n fwy serch hynny. Tase Aled yn ganwr Saesneg, dwi'n sicr base Shakin Stevens a fo'n bartneriaeth dda!...[1]

Doedd y Bobs ddim yn cyfyngu ei ddoniau i'r stiwdio a'r papur newydd. Cyhoeddai gasetiau o'i ganeuon ei hun. Bu'n aelod o grŵp o'r enw Siencyn Trempyn am gyfnod nes darganfod nad oedd angen grŵp arno. Canlyniad y galwyni o hyder a feddai oedd toreth o gasetiau yn enw Y Byd Afiach gyda theitlau megis *Bobs Narsisys Yum Yum Yum*. Roedd Iwan Llwyd yn barod i fwrw ei linyn mesur dros y cynnyrch:

... gwelwn mai wyneb afiach bywyd sy'n ysgogi Bobs – ochr dywyll y bod dynol a'i ochr dywyll o'i hun. Mae llif ei ymwybod yn plymio'r dyfnderoedd, ac mewn caneuon fel 'Natur Dyn' bron nad yw ei weledigaeth yn ganol oesol, gyda dyn yn y canol rhwng uffern a nef. 'Pregethwr ddyliwn i fod' medde Bobs, ac mae'n amlwg ei fod yn sefyll yn gadarn yn llinach adlonwyr fel Paul Weller a Billy Bragg, heb sôn am Lenny Bruce cyn hynny. Adlonwyr sy'n dewis y cyfrwng i danlinellu drygau cymdeithas, heb gynnig ateb. Byddai Bobs yn ddoeth i ddilyn y trywydd yma, a gwylio rhag cael ei ddenu i fod yn siwpyrstar Sbecaidd, nac yn rantiwr Paislaidd...[2]

Credai Gareth Siôn ei bod yn rheidrwydd crybwyll rhagoriaethau'r Bobs hefyd:

... cyfuniad o ffraethineb a gwreiddioldeb anarchaidd yn ei osod yn gyfangwbl ar ei ben ei hun. Mae'i arddull fewnblyg, anffurfiol ond ymosodol yn ei wneud nid yn unig gystal ond ben a sgwyddau'n uwch na rhywun fel Billy Bragg yn Saesneg ac mae caneuon fel 'Pwy yw y brenin mawr?' a 'Mewn Cae' ymysg y caneuon pop gorau i'w sgwennu yn Gymraeg.[3]

Wplabobihocdw oedd y rhaglen a ddarlledid ar nos Lun a byddai'r hen Bobs yn fwy na pharod i drafod pynciau megis digartrefedd a llosgi tai haf. Gwahanol oedd arddulliau'r cyflwynwyr eraill, boed Ian Gill, Owain Gwilym, Siwan Elis neu Nia Melville. Ymhen amser daeth *Heno Mae'r Adar yn Canu* (Malcolm Neon oedd piau arwyddgan y rhaglen) ar nosweithiau Gwener yn rhaglen gwlt. Byddai Nia Melville o Gwm Tawe'n ymdrin â cherddoriaeth yn ddeallus yn hytrach na chwarae recordiau fel papur wal yn y cefndir. Byddai ei sgwrs yn ymwneud â'r gerddoriaeth ei hun ac roedd ganddi ddiddordeb yn y grwpiau a'u cynnyrch.

Gwasanaeth wedi ei adfer oedd y gwasanaeth hwyr y nos yma ar gyfer ieuenctid yr isddiwylliant/diwylliant roc. Darparwyd rhaglenni tebyg tua'r un adeg ag y lansiwyd S4C ond rhoddwyd y gorau iddynt ar ôl tair blynedd. Roedd Toni Schiavone, un o arweinwyr blaenllaw Cymdeithas yr Iaith a hyrwyddwr diflino'r diwylliant roc yn Llanrwst, yn ystyried bod absenoldeb rhaglenni perthnasol i'r ifanc yn gyfystyr ag amddifadu rhan o'r gynulleidfa o wasanaeth Cymraeg:

> Mae yna wir beryg ein bod ni'n creu isddiwylliant Cymraeg eu hiaith sydd yn gweld y gwasanaeth presennol yn hollol amherthnasol iddynt... Mae'r to iau yn anfodlon â'r gwasanaeth presennol, mae'r rhaglenni pop ar y penwythnos yn rhy blentynnaidd iddynt, a does dim rhaglenni arall iddynt ar y radio. Ni all y Gymraeg fforddio colli'r gynulleidfa yma, a dyna pam rydym yn ymgyrchu yn erbyn y newidiadau. Oes rhywun yn gwrando?[4]

Roedd yna draddodiad o raglenni ar gyfer ieuenctid ar foreau Sadwrn ers dyddiau'r rhaglen arloesol *Helo Sut 'Da Chi?*, yn cael ei chyflwyno gan Hywel Gwynfryn, ar ddechrau'r 70au. *Sosban* oedd y rhaglen gyfatebol ar ddechrau'r 80au, yn cael ei chyflwyno gan Richard Rees. Roedd y gŵr o dre'r Sosban hefyd yn cyflwyno rhaglen *Rockpile* yn yr un cywair ar Radio Wales. Roedd e'n ddarlledwr proffesiynol ond, serch hynny, doedd e ddim yn plesio'r pynditiaid. Gwelai Iwan Llwyd wendid sylfaenol a oedd yn gymaint o feirniadaeth ar y cynhyrchydd ag ydoedd ar y cyflwynydd:

Dwi ddim yn beirniadu'r cyflwynydd – mae digon wedi gwneud hynny'n barod – ond allai ddim peidio â theimlo bod angen i gyflwynwyr rhaglenni pop Cymraeg yn gyffredinol fagu rhagor o ddiddordeb yn hynt a helynt eu maes. Ceir colofnau adloniant wythnosol yn *Y Cymro, Sulyn*, a phapurau lleol a bro, a daw SGRECH bob yn ail fis. Dylai'r cyflwynwyr fod â digon o ddiddordeb i ddarllen y rhain, a dod yn ymwybodol o'r safbwyntiau a'r dadleuon a geir ynddynt. Byddai cynnwys y rhaglenni wedyn yn llawer mwy cyfoes a diddorol.[5]

Ond fyddai hyd yn oed adfer y rhaglenni hwyr y nos ddim yn ddarpariaeth ddigonol ar gyfer yr ifanc yn ôl hogiau Cytgord, Dafydd Rhys a Gareth Siôn. Roedd angen gwasanaeth cyflawn neilltuedig ar gyfer yr ifanc:

I wneud cyfiawnder ag anghenion Cymry ifanc a'u bwrlwm o ddiwylliant cyfoes, does angen dim llai na gwasanaeth radio pedair awr ar hugain lle gall rhywun diwnio mewn unrhyw awr o'r dydd boed yn teithio mewn car neu'n yfed paned, a chlywed record roc Gymraeg yn cael ei chwarae. Does obaith i ddiwylliant yr ifanc yng Nghymru gyrraedd ei lawn botensial heb i gamau breision gael eu gwneud i'r cyfeiriad hwn.[6]

Ond er y fuddugoliaeth o ran adfer rhaglenni radio hwyr y nos roedd yna broffwydi gwae o hyd o ran ffyniant y sîn roc. Oedd, roedd hi wedi ei geni ond roedd hi'n dal yn ei chewynnau a doedd dim modd ei diddyfnu oddi ar y botel. Yn gynnar yn 1988 daeth Gorwel Roberts i'r casgliad mai'r rheswm am y cecru a'r myllio ar y cyfryngau byth a hefyd oedd sylweddoliad o'r diwedd bod Thatcheriaeth yr 80au a methiant y refferendwm ar ddatganoli ar ddiwedd y 70au wedi danto'r genhedlaeth iau a'i gwneud yn genhedlaeth ddigyfeiriad:

Mae llawer o bobol yn edrych i'r gorffennol am 'Oes Aur' adloniant Cymraeg, ac i raddau, mae hyn yn ddealladwy. Mae rhaid i bob cenedl dynnu maeth ac ysbrydoliaeth o'r gorffennol, ond er mwyn y dyfodol y dylid gwneud hyn. Mae gormod o bobl yng Nghymru yn meddwl yn hiraethus am y gorffennol yn lle ei ddefnyddio at bwrpas positif heddiw. Mae cerddoriaeth gyfoes Gymraeg wedi bod ar ei chryfa pan mae wedi cerdded law yn llaw efo'r mudiad cenedlaethol Cymreig ar adegau pan mae'r gwahanol fudiadau wedi bod yn magu hyder a chefnogaeth. Efallai mai'r prif reswm am hyn ydi bod cenedlaetholdeb wedi bod yn fodd o uno'r sin gerddorol, mewn modd na allai unrhyw beth arall ei gyflawni. Duw a ŵyr, does dim eisiau i bob grŵp Cymraeg bledio'r achos cenedlaethol, ond mae'n anodd meddwl am ddim byd arall allai uno ac adfywio ein diwylliant pop.

Dwi'n meddwl bod methiant datganoli a llwyddiant y Torïaid ers 1979 wedi torri ysbryd y Cymry i raddau helaeth iawn fel na fedrwn weld ffordd allan o'n twll du yn hawdd iawn. Mewn cyfnod lle mae angen gweithredu yn bositif, mae anobaith y sefyllfa yn ein llusgo i lawr ac mae anobaith, wrth gwrs, yn creu anobaith. Sut y gellid cynnal ein sîn Gymraeg 'wleidyddol' felly? Hynny yw, diwylliant pop modern sy'n golygu mwy nag adloniant ysgafn a *'valium'* cerddorol, ond sydd hefyd yn eang ei apêl ac yn boblogaidd.[7]

Cyhoeddwyd dadansoddiad llym Gorwel Roberts yn *Y Cymro* ar adeg pan oedd y diwylliant roc Cymraeg, yn fwy nag erioed, ar groesffordd. Doedd dim daioni mewn beirniadu'r cyfryngau'n dragywydd a'u gwneud yn fwch dihangol am y ffaith nad oedd yr ymchwydd a fu wedi dwyn ffrwyth ar ei ganfed. Roedd y cwestiwn oesol hwnnw o union berthynas y diwylliant Cymraeg a'r diwylliant Saesneg hollgofleidiol yn codi ei ben. Mae'n debyg bod hynny'n fwy o benbleth ym maes roc na'r un maes arall oherwydd taw perthyn i'r byd Saesneg oedd gwreiddiau'r cyfrwng o'i gymharu, dyweder, â chanu gwerin a cherdd dant.

Un ymateb greddfol i fethiant datganoli a dylanwad Thatcheriaeth oedd allforio'r diwylliant roc Cymraeg. Doedd dim disgwyl i entrepreneuriaid tramor drefnu hynny; roedd rhaid i'r grwpiau fwrw ati o'u pen a'u pastwn eu hunain. Roedd gan Yr Anhrefn yr hyder i wneud hynny, boed yn yr Almaen neu yn Llundain. Roedd eraill yn ystyried troi i berfformio'n Saesneg a choncro'r Saeson ar eu telerau eu hunain fel gweithred olaf o *bravado* cyn wynebu tranc neu dafliad olaf y dis i geisio ennill y jacpot, sef cydnabyddiaeth i roc Cymraeg a Chymreig ymhlith y Saeson. Byddai hynny yn ei dro'n codi hyder y Cymry yn eu diwylliant cynhenid yn hytrach na'u bod yn ei ddismoli byth a hefyd.

Dyna'r elfennau oedd yn gogordroi ym meddyliau'r rhai oedd yn pryderu ynghylch trywydd y diwylliant newydd oedd ar ei brifiant. Doedd Gorwel Roberts ddim yn medru cynnig atebion. Ond roedd angen ffocws ar gyfer trafodaeth aeddfed, a dyna a gafwyd gyda chyhoeddi'r cylchgrawn *Sothach* ym mis Mawrth 1988. Ar ôl i *Sgrech* fynd i'w aped dair blynedd ynghynt a'i olynydd, *Dracht*, yn ei ddilyn ar ôl dim ond dau rifyn, roedd dirfawr angen am fforwm trafodaeth neu ebargofiant fyddai tynged pob dim. Doedd dim lladmerydd nac arweinydd o blith y to iau o berfformwyr er bod yna rai yn ymorol am y teitl.

Cafwyd awgrym o'r gwacter a fu a'r gobaith oedd i ddod yng ngholofn olygyddol gyntaf Llyr 'Lloerig' Edwards wrth iddo gyfeirio at farwolaeth un o aelodau'r grŵp Maffia, Alan Edwards, mewn damwain ffordd yn Llydaw:

> Yn wir ar ôl blynyddoedd diffaith ymddengys bod peth calon ar ôl yn y sîn roc Cymraeg, gyda'r grwpiau yn y cyngerdd coffa yn chwarae yn rhad ac am ddim. Mae'n rhaid gofyn y cwestiwn ymhle mae'r holl grwpiau yma wedi bod drwy'r misoedd ola yma. Mae pawb dwi'n nabod yn cwyno am ddiffyg dawnsfeydd a bod pethe wedi mynd yn 'boring'.[8]

Nodwedd amlyca'r rhifynnau cyntaf oedd y cyfeiriadau agored at y defnydd o gyffuriau. 'Fe wnaeth ein llwybrau ni ac Al groesi wrth basio ambell i smoc, potel a jôc wrth wrando ar fiwsig mewn gwahanol ystafelloedd ffrynt yn Pesda,' meddai rhai o ffrindiau Alan wrth dalu teyrnged iddo yn y rhifyn cyntaf un. Cyhoeddwyd erthygl am gyffuriau yn yr ail rifyn, a hynny ar yr un dudalen â hysbyseb yn denu myfyrwyr i'r Coleg Normal ym Mangor, gyda chyfeiriadau megis 'Mae dropio tab fatha cael rhyw efo Duw'. Ar glawr y pedwerydd rhifyn roedd llun un o aelodau Yr Anhrefn yn amlwg yn smygu spliff. Mae'n debyg bod hyn yn rhoi hygrededd pen stryd i'r cylchgrawn drwy gydnabod arfer oedd yn gyffredin yn y byd roc. Cyhoeddwyd holiadur yn gofyn i ddarllenwyr ddatgelu eu harferion rhywiol yn y trydydd rhifyn ym mis Awst ond ni chyhoeddwyd canlyniadau ymateb ieuenctid maes pebyll yr Eisteddfod Genedlaethol i'r holiadur.

Er hynny, cyflwr y sîn roc a cheisio canfod faint o'r gloch oedd hi ar y diwylliant oedd y consýrn pennaf. Os oedd yna sôn am gymod a chydweithio yn y rhifyn cyntaf wrth ganmol Rhys Mwyn am drefnu gig goffa yna roedd y gŵr ar yr ymylon yn profi ei hun yn gymaint o gythraul roc ag erioed erbyn y trydydd rhifyn. Yn Eisteddfod Genedlaethol Casnewydd 1988 gwahoddodd eisteddfodwyr ifanc i fynychu'r gigs a drefnai am ddim tra roedd Cymdeithas yr Iaith yn codi 'crocbris' (£3.50) o dâl mynediad ac ar yr un pryd yn gwrthod rhoi cyfle i rai o grwpiau mwyaf teyrngar y mudiad dros y blynyddoedd berfformio'n unman. Cafwyd y sylwadau mwyaf treiddgar gan aelodau rhai o'r grwpiau. Doedd Dafydd Ieuan, aelod o Masnach Rydd, ddim yn hapus gyda threfnwyr a hyrwyddwyr y sîn:

> Mae 'na brinder trefnwyr dawnsfeydd yng Nghymru ac mae rhai sydd wrthi yn trin grwpiau yn gachu. Cynigiodd Bryn Tomos, trefnydd gigs Eisteddfod Llanrwst, ddim ond £15

i'r Crumblowers am ddod yr holl ffordd i fyny o Gaerdydd i chwarae yn y Gogledd. Mae hynny'n warthus. Peth arall dwi'm yn licio ydi gweld grwpiau yn cael eu ffurfio er mwyn gwneud arian sydyn ar y teledu. Dro yn ôl ail-ffurfiwyd Dinas Naw. Wedi iddyn nhw ymddangos ar *Stîd* nid oes neb wedi clywed dim ganddynt. Mae'r awydd i wneud punten sydyn yn difetha'r byd pop Cymraeg.[9]

Cynnig sylwadau am natur y grwpiau eu hunain wnaeth Mark Roberts, aelod o Y Cyrff, a fyddai ymhen tipyn, fel Dafydd Ieuan, yn ffigwr dylanwadol yn y byd roc Cymraeg:

Dwi'n gweld y byd roc Cymraeg fel trac rasio ceffylau. Y grwpiau di'r ceffylau a mae nhw i gyd yn rhedeg rownd y trac – rhai ohonyn nhw y ffordd anghywir. Y Cyrff yw'r ceffyl doeth sydd yn sefyll yn y canol yn gwylio'r ceffylau eraill yn rhedeg mewn cylchoedd.[10]

O leiaf roedd pawb yn cael dweud eu dweud bellach mewn cylchgrawn cenedlaethol o ran ei ddosbarthiad. Cyn hynny roedd y sylw i'r sîn yn dameidiog. Cwynai'r grŵp Chwyldro o Gaernarfon taw mewn cyhoeddiad Saesneg o'r enw *Underground* yr adolygwyd ei record gyntaf *Tu ôl i'r Sgrin* gan ddenu'r geiriau 'rippling with affection and charm'. Doedd dim sylw wedi bod yn *Y Cymro* meddai aelodau'r grŵp. Erbyn canol yr 80au anwastad oedd y sylw a roddid i'r diwylliant roc ar dudalen adloniant yr wythnosolyn cenedlaethol. Yn yr wythnos y cyhoeddwyd truth Gorwel Roberts doedd yna'r un hysbys am gig Gymraeg ar y dudalen adloniant. Cofnodwyd pwt am fwriad grŵp o'r enw Madfall Rheibus o'r Wyddgrug i gyhoeddi record sengl. Cyhoeddwyd hefyd adolygiad o record, sef *Diwrnod Arall* gan Gôr Ysgol Gyfun Gŵyr. Ymhlith y caneuon ar y record roedd trefniadau o 'Mr Duw' gan Cleif Harpwood a 'Fedrwch Chi Anghofio' gan Huw Jones. Roedd yr adolygydd, Llion Griffiths, yn canmol 'y sain bur, y geirio eglur a'r trefnu crefftus', rhinweddau nad oeddent yn gyson wir am yr arlwy roc a rhinweddau y byddai llawer o'r rocwyr amrwd yn eu hwfftio.

Mae'n debyg mai un ffactor wnaeth filwrio yn erbyn llwyddiant *Dracht* oedd ffenomen y ffansîns yng nghanol yr 80au. Daeth yn bosib i ieuenctid brwdfrydig gyhoeddi eu cylchgronau eu hunain heb boeni am gyfraith enllib, canllawiau arferol newyddiaduraeth gyfrifol na chywirdeb iaith. Yn wir, ceid yr argraff, os rhywbeth, bod nifer o'r ffansîns yn ymhyfrydu mewn defnyddio iaith sathredig. Yn union fel y gellid cyhoeddi casetiau heb fynd ar ofyn y cwmnïau recordio sefydledig, gellid cyhoeddi cylchgrawn yr un mor amrwd heb fynd ar ofyn gwasg: roedd y peiriant dyblygu yn troi'n argraffwr. Gwelai Ifor ap Glyn fod yr ieuenctid am fod yn gyfrifol am eu sîn eu hunain:

> Gyda'r ffansins, mae'r to ifanc wedi creu eu cyfryngau eu hunain, fel nad ydynt yn gorfod dibynnu ar wythnosolion amherthnasol. Nid yn gymaint fod y cyfryngau sefydlog (*Y Faner* et al) yn cau y rebals allan yn llwyr – (cofio Rhys Mwyn yn sgwennu i'r *Faner*?) – ond, wnaiff rebals eraill ddim prynu'r *Faner* oherwydd un golofn ddiddorol! Mae'r ffansins yn ceisio llenwi'r agendor rhwng D'ewyrth Tom, *Clwb Plant Y Cymro*, a'r papurau bro sy'n ein hysbysu fod Mrs-Jones-Cae-Top-wedi-gwneud-y-blodau-yn-Seion-Sul-diwetha-ac-mai-tro-Mr.T.PhilipDavies-oedd-hi-i-fynd-rownd-hefo'r-plat-casglu.[11]

Wrth gwrs, roedd Rhys Mwyn ar flaen y gad ac yn cyhoeddi ffansîn gyda'r enw pwrpasol *Llanast*. Ond byrhoedlog oedd y mwyafrif o'r ffansîns wrth i egni bylu ar ôl cyhoeddi dau neu dri rhifyn ac i'r dosbarthu a'r gwerthu brofi'n fwrn. Llwyddodd *Llmych* o Ddyffryn Conwy gyrraedd ffigyrau dwbl o ran nifer y rhifynnau. Ac eto roedd Ifor ap Glyn yn gweld eu perthnasedd:

> ...mae'r ffansîns wedi helpu i altro'r holl fap cerddorol Cymraeg. Gynt, brad oedd meddwl gosod eich gorwelion ymhellach na stiwdios Caerdydd neu noson wobrwyo Corwen. Bellach mae grwpiau yn edrych tuag at John Peel a'r Almaen yn ogystal â thuag adref. Trwy ehangu apêl y Gymraeg i Loegr a'r Almaen, bydd y Cymry difater nôl yng Ngwalia Wen yn gwneud mwy o sylw o'u hiaith; dyna'r ddamcaniaeth beth bynnag. Mae'r ffaith fod ffansîn Saesneg, *Crud*, ym Mae Colwyn yn dilyn hynt yr Anhrefn a Datblygu, a'r ffaith fod pobl ifainc di-Gymraeg yn tyrru i'r Fic yn Llanrwst i glywed y Cyrff a'r Orsedd, yn tueddu i ategu'r ddamcaniaeth.[12]

Ond ni ellid dibynnu'n gyfangwbl ar y dyblygydd. Ar ôl y beirniadu a'r bytheirio a fu ar raglenni radio a theledu am fod yn symol a gwantan eu hadlewyrchiad a'u hymdriniaeth o ddiwylliant ieuenctid, fe gafwyd ymwared ar nos Iau, Mai 12, 1988 pan ddarlledwyd *Fideo 9* am y tro cyntaf. Dyma gefnu ar hirlwm gan osod y diwylliant roc Cymraeg yn ei gyd-destun a'i arddangos yn ei ogoniant. Yn y rhaglen gyntaf dangoswyd Y Cyrff yn perfformio yng Ngwlad Pwyl a'r Anhrefn yn perfformio yn Berlin: y ddau grŵp yn perfformio tu fas i Gymru. Geraint Jarman a Dafydd Rhys, a fu'n aelod o'r Llygod Ffyrnig, oedd wrth y llyw yn enw Criw Byw. Cwmni teledu annibynnol oedd yn paratoi'r arlwy bellach yn hytrach na naill ai'r BBC neu HTV fel yn achos rhaglenni blaenorol megis *Sêr, Roc ar ôl Te, Larwm* a *Stîd*. Fel yr awgrymai teitl y gyfres newydd, byddai fideos yn chwarae rhan bwysig wrth gyflwyno caneuon y grwpiau. Ac roedd gan Mr Jarman syniadau pendant ynglŷn â sut i lunio fideo roc, fel yr esboniodd hogiau Cytgord:

> Yn ei ddefnydd o dechnoleg gerddorol mae Jarman yn parhau i fod gyda'r mwyaf cyfoes yng Nghymru. Fe rydd ei ddefnydd presennol o dechnoleg gyfoes weledol, a'i lwyr reolaeth dros dynged ei ddelweddau ef, yn yr un cae ag artistiaid rhyngwladol. Gobeithio felly y bydd ffrwyth ei lafur yn profi ei fod yn parhau'n driw i annibyniaeth ei weledigaeth, a'i fod wedi osgoi llithro fel cynifer o'i flaen i bydew hunan barodi ar S4C.[13]

Roedd disgwyl pethau mawr o'r gyfres ac fe'u cafwyd. Neilltuwyd cyllid sylweddol iddi ac, yn ddiamau, nid y lleiaf o'r ffactorau allweddol oedd personoliaeth a chymeriad y cyflwynydd, Eddie Ladd. Rhoces o Aberteifi oedd wedi penderfynu mabwysiadu enw gwrywaidd anrywiog yn enw proffesiynol oedd Gwenyth Owen. Prin y gellid ei dychmygu'n cyflwyno'r un o raglenni radio bore Sadwrn yr 80au, boed *Sosban, Cadw Reiat* neu *Bambŵ*, a phrin y gellid ei dychmygu'n cyflwyno rhai o'r rhaglenni cyfatebol ar y teledu chwaith. Doedd y cudyn gwallt yna ar draws ei thalcen a'r capan tomishanto ddim yn gweddu ar gyfer y rheiny rhywsut. Gwisgai cyflwynwyr y gorffennol ddillad ffasiynol yn hytrach na rigowt y gellid bod wedi ei brynu mewn sêl codi arian neu siop elusen. A doedd y cyflwynwyr hynny ddim yn plesio chwaith, yn arbennig cyflwynwyr *Sêr*, yn ôl Emyr Llywelyn Gruffudd:

> Y maen tramgwydd mwyaf yn ystod y flwyddyn olaf fu'r cyflwyno. Mae Arfon Haines Davies yn hynod o broffesiynol ei arddull, wrth gwrs, ond byddai'n syniad da i rywun yrru copi o 'Gramadeg Cymraeg' iddo'r Dolig yma. A beth am yr hen Siwan Jones, wyres prif ddramodydd ein cenedl? Yr unig beth alla i ei ddweud yw gobeithio y gall hi actio'n well nag y mae'n cyflwyno.[14]

Nid dyna oedd cefndir darlledu na delwedd Eddie Ladd. Ni feddai ar unrhyw siarad gwast. O ran ei golwg gellid ei chamgymryd am un o ferched gwersyll heddwch Comin Greenham ond roedd yn meddu ar 'agwedd', rhywbeth roedd ei ddirfawr angen i osod siâp a chyfeiriad i'r diwylliant roc Cymraeg. Doedd dim yn nawddoglyd ynghylch ei hagwedd. Roedd hi'n saethu o'i chesail a'i hannel yn driw bob tro. Ac, wrth gwrs, fyddai enw fel Gwenyth Owen fyth wedi gwneud y tro. Roedd yna naws eisteddfodol yn perthyn iddo – 'a'r cystadleuydd nesa yw Gwenyth Owen'. Doedd Eddie Ladd ddim yn swnio fel datgeinydd cerdd dant rhywsut. Roedd yn hawdd i'r gwyliwr gredu bod Eddie yn cymryd y sîn yn gwbl o ddifrif ac nad un o 'bobl brydferth' y cyfryngau yn dilyn trywydd teuluol mohoni.

Bu'n rhaid i'r sinigiaid pennaf ganmol y gyfres ac roedd hynny'n anodd i rai ar ôl mynd i rigol o feirniadu'r fath raglenni. Yn fuan iawn doedd dim amheuaeth y byddai ail a thrydedd gyfres yn cael eu comisiynu. Dyma oedd gan yr adolygydd teledu Siân Gwenllian i'w ddweud:

> Mae yna gyfresi pop dirifedi wedi bod yn Gymraeg ond tan *Fideo 9* doedd yr un wedi taro deuddeg yn hollol lwyddiannus. Ond fe lwyddodd Criw Byw i gyflwyno gwedd fodern ein diwylliant inni mewn ffordd gyffrous a mentrus. Ar ôl haf diflas ar S4C, da oedd cael ein hatgoffa fod ganddom ni'r gallu i greu teledu bywiog ar adegau.[15]

Penderfynodd Gerwyn Williams fod Eddie ac *Wplabobihocdw* wedi codi rhychwant diwylliant ieuenctid Cymraeg i dir uwch nag o'r blaen ar ôl gweld rhaglen deledu *Ms Ladd a Mr Bobs yn y Steddfod*, a ddangoswyd ddiwedd mis Awst 1988. Rhoddwyd cyfle i'r ddau droedio maes Eisteddfod Genedlaethol Casnewydd er mwyn holi'r cwestiynau y byddai eu cynulleidfaoedd am eu holi am berthnasedd yr ŵyl i'r ifanc. Manteisiodd yr adolygydd ar y cyfle i gynnig ei gnegwerth ei hun hefyd:

> Nôl yma yng Nghymru ar y Sianel Gartrefol, gallech wylio *Ms Ladd a Mr Bobs yn y Steddfod* efo'ch cwrw, *The Dame Edna Experience* efo'ch wisgi, cyn noswylio gyda'ch coco yng nghwmni *Network 7*. Er mai *N7* biau'r fformat, mae gan *Fideo 9* le i ddiolch i Dame Edna 'hithau. Rhyngddynt rywsut mae Eddie Ladd a'r Fonesig Awstralaidd yn lladmeryddion priodol i'r cyfnod ôl-fodernaidd, ôl-chwedegaidd sydd ohoni: yr amwysedd enwol ac ymddangosiadol ynghylch rhyw; ymgais fwriadol eu rhaglenni i ddryllio 'normalrwydd' honedig cyfrwng y teledu. Ond yn lle'r ffantasi o liw sy'n perthyn i ffrogiau, sbectolau a setiau'r Awstraliad, mae lifrai duon sobreiddiol y rhaglen Gymraeg yn arwydd nad ydi hi cweit mor 'rhydd' a 'hawdd' ar bobol ifanc heddiw...

Tybed pam mai ymatebion gweddol negyddol yn unig a gafwyd? A holwyd unrhyw aelod ifanc o'r Orsedd pam yr ymaelododd – ac rwy'n gallu meddwl yn syth am ryw ddwsin ohonynt. Iawn, mae gwisgo amdanoch fel Arab er mwyn stompio mewn wellingtons trwy fwd ychydig yn od os nad yn cinci. Ond o leia y mae'n wyrdroad cynhenid Gymreig! Ymdrech fawr wirfoddol sy tu cefn i'r Steddfod. Ewyllys ac egni pobol ledled Cymru sy'n ei chynnal. Ac os nad ydi'r awdurdodau'n fodlon ymaddasu, bydd y Steddfod yn brigo fwyfwy o gylch yr ymylon. Dyna a wnaed yn gynyddol yn ystod y blynyddoedd diweddar. Oherwydd yn y pen draw, mae'r Steddfod hon – ac mae'n ofynnol ei bod felly – yn eiddo i'r Archdderwydd ac Eddie Ladd.[16]

Gyda sefydlu *Sothach* a *Fideo 9* roedd yn ymddangos bod y diwylliant roc Cymraeg wedi cefnu ar yr 'Oesoedd Tywyll' a grëwyd gan rewlifiad methiant y refferendwm ar ddatganoli. Roedd yna egni a phwrpas newydd i'w deimlo wrth i'r 90au nesáu. Ond doedd hynny ddim yn golygu bod pawb a ymddiddorai yn y cyfrwng, hyd yn oed o blith yr ieuenctid, wedi ffoli ar yr hyn a gynigid yn y Gymraeg. *Roc ar y Groesffordd* oedd teitl rhaglen deledu a ddarlledwyd ym mis Tachwedd 1988. Comisiynwyd adroddiad rhag blaen i chwennych barn ieuenctid. Yn ôl y canlyniadau roedd 52% o'r disgyblion ysgol a holwyd wedi colli diddordeb mewn roc Cymraeg dros y tair blynedd a aeth heibio; doedd 64% byth yn gwrando ar Radio Cymru ond roedd 76% yn gwylio S4C yn achlysurol. Doedd hyn ddim yn syndod i Rhys Mwyn. Adlewyrchiad o fethiant y cyfryngau oedd hyn yn hytrach nag arwydd o unrhyw apathi ar ran yr ieuenctid. Ni chredai fod cynhyrchwyr rhaglenni yn adnabod eu cynulleidfaoedd ac felly doedd ganddyn nhw ddim gobaith mul o fedru darparu ar eu cyfer:

> Mae'n rhy hawdd bod yn 'bysgodyn mawr' drwy wisgo polo-necks a mae'r diffyg diddordeb ymhlith Cymry dosbarth gweithiol yn ganlyniad uniongyrchol i'r ffaith fod pop Cymraeg yn cael ei redeg gan iypis elitaidd (hen ac ifanc) fyddai mewn gwirionedd yn cachu brics o orfod chwarae o flaen cynulleidfa ddieithr.[17]

Dal i godi ei ben wnâi pwnc cyfeiriad canu roc Cymraeg wrth i grwpiau berfformio'n amlach y tu fas i Gymru nag yng Nghymru ei hun. Pwy felly oedd eu cynulleidfa? Am ba hyd y byddai'r duedd yma'n para? Prin fod yr un beirniad na welai rinwedd mewn denu sylw i gynnyrch Cymru'n rhyngwladol. Byddai'n fodd o ennyn hunan-barch yn ôl Dafydd Rhys:

... mae ymddangosiad 'Dwylo Dros y Môr' ynghyd â phytiau o
Noson Wobrwyo Sgrech ar y Tube a'r ymdrech i gael y fideo ar
MTV yn America yn torri tir newydd. Yn y pen draw mi fyddai
grŵp Cymraeg neu ddau yn derbyn rhywfaint o gydnabyddiaeth
ryngwladol yn dod â thipyn mwy o hunan-barch i'r olygfa roc
Gymraeg ac mi fyddai'n help i wared y rhagfarn sydd gan
gymaint o Gymry ifanc bod unrhyw gerddoriaeth Gymraeg yn
is-safonol.[18]

Mynnai Iwan Llwyd bwysleisio nad oedd dim yn newydd yn y
duedd yma ac amheuai pa mor gadarnhaol oedd y cymhelliad a pha
mor gywir oedd y seicoleg o ennill cydnabyddiaeth y tu hwnt i Gymru
er mwyn cynyddu sylw a pharch yng Nghymru ei hun:

Y gwir yw na chychwynnodd y ddadl hon gyda'r Anhrefn
yn yr wythdegau. Mae'n hen, hen ddadl, yn deillio o ddiffyg
hyder y Cymry yn eu diwylliant eu hun. A hyd y gwela i,
does 'na ddim i ddangos bod llwyddiant o'r fath yn cyrraedd
cynulleidfa newydd o fewn Cymru. Fyth ers dyddiau Edward
H yn y saithdegau, mae'r gynulleidfa Gymraeg sy'n mynychu
nosweithiau ac yn prynu recordiau wedi aros yn weddol gyson
o ran nifer. Ac mae 'na filoedd ar filoedd o Gymry ifanc allan
acw'n rhywle nad oes ganddyn nhw'r un iot o ddiddordeb pwy
sy ar *Fideo Naw* neu pwy sy ar frig siartiau Cytgord...[19]

Yn wir roedd Gruff Jones, un o sefydlwyr cwmni recordiau
newydd Ankst, eto yn 1988, am weld Yr Anhrefn yn rhoi'r gorau i
berfformio dramor a hynny er lles delwedd canu roc Cymraeg:

Mae 'na beryg i bobl tu allan i Gymru feddwl mai'r Anhrefn ydi
miwsig Cymraeg. Dan ni wedi dod i'r casgliad yn ddiweddar
y dylai'r Anhrefn ddod yn ôl o Ewrop achos maen nhw mor
wael. Maen nhw'n creu argraff drwg. Dylan nhw gael clywed
Traddodiad Ofnus, Arfer Anfad neu'r Cyrff, neu'r Gwefrau.
Rhywun sy'n dda yn gerddorol.[20]

Roedd yn amlwg bod gan Rhys Mwyn gystadleuaeth o ran
brygowthan yn ymfflamychol. Roedd yn amlwg hefyd bod gan gwmni
Sain gystadleuaeth o ran denu grwpiau roc i gyhoeddi recordiau.
Ond doedd Dafydd Iwan ddim yn gweld y bygythiad i fonopoli Sain
yn beth drwg i gyd:

Mae'n hawdd bellach i grŵp newydd fynd ar y radio a'r teledu
i ganu yn Gymraeg nag yn Saesneg. Yn Lloegr gall grŵp da
rowndio'r clybiau am flynyddoedd heb smel ar na record na
radio na theledu. Yng Nghymru, gall grŵp wneud y cyfan

o fewn chwe mis, ac yna mae peryg o gael dadrithiad. Ar un wedd, mae cael nifer o labeli annibynnol yn beth iach, ond y peth pwysig yw meithrin y gynulleidfa, a chwyddo cylchrediad rhaglenni radio a theledu, tapiau, recordiau a chylchgronau.[21]

Wrth ffarwelio â'r 80au roedd hi'n union ugain mlynedd ers ffurfio cwmni recordiau Sain, a fu'n garreg filltir arwyddocaol o ran rhoi cyfle i grwpiau ac unigolion gyhoeddi recordiau crefftus yn defnyddio'r dechnoleg orau oedd ar gael ar y pryd. Roedd 1989 felly yn gyfle i fwrw golwg ar yr hyn oedd wedi digwydd yn ystod yr ugain mlynedd hynny. Neilltuodd y cylchgrawn *Barn* bedair tudalen ar ddeg i gyhoeddi cyfraniadau gan ddau unigolyn ar hugain oedd am ddweud eu dweud. 'Deinosor amherthnasol' oedd Sain bellach ym marn Alun Llwyd, cyd-sefydlydd ugain oed cwmni recordiau Ankst, 'ac yn rhan mor allweddol o ddiwylliant penaethiaid S4C a Radio Cymru.'[22] Ymateb cwmni Sain oedd sefydlu label Crai yn 1989 er mwyn delio â grwpiau roc, ac ymhyfrydu yn llwyddiant Sobin a'r Smaeliaid a Chlwb Cefnogwyr Sobin, â'i fil o aelodau.

Roedd Robin Gwyn ychydig yn hŷn nag Alun Llwyd ac yn awyddus i dalu teyrnged, ac i roi hergwd, nid i gwmni Sain ond yn hytrach i Rhys Mwyn:

> Er mai puteinio rhai o anthemau'r Stones a Status Quo oedd stamp Edward H Dafis, mae'r wefr o weld grŵp trydan go iawn cynta Cymru yn aros yn y co' fel carreg filltir ryfeddol – am eu bod yn chwyldroadol ar y pryd. Ac o syrthni sychdduwiol y sêt fawr, o ddiflastod clostroffobig y steddfod gylch, fe ddaeth miloedd allan i'r awyr iach i ddryllio cadwyni eu magwraeth Anghydffurfiol – ac i ddrachtio math newydd o Gymreictod. Erbyn iddyn nhw chwalu yn '76, roedd y grŵp yma wedi profi i genhedlaeth gyfan o Gymry Cymraeg cyffredin, nid jest stiwdants a nashis dosbarth canol, ei bod hi'n bosib mwynhau bod yn ifanc trwy gyfrwng y Gymraeg.
>
> Tua'r un adeg, roedd recordiau cynhara'r Clash a'r Sex Pistols yn Lloegr yn deffro yr un math o gynnwrf yn y gwythiennau – chwyldro creadigol oedd yn ailddiffinio'r holl syniad o ganu poblogaidd. Roedd clasuron y cyfnod – 'White Riot' ac 'Anarchy in the UK' – fel nosweithiau Edward H yn y Winter Gardens, yn naid i'r dyfodol. Ond deng mlynedd a mwy yn ddiweddarach mae cysgod '76 yn drwm ar y byd pop Cymraeg, ac mae angen naid arall i'r dyfodol. Mae teyrngarwch Yr Anhrefn, Y Cyrff, U-Thant, Y Fflaps, a llu o grwpiau 'tanddaearol' eraill, i weledigaeth Joe Strummer a Mick Jones i'w edmygu, ond mae dyddiau'r Clash City Rockers drosodd.

Yr eironi mwyaf yw bod Rhys Mwyn bellach yn euog o'r union gyhuddiad y mae o wedi ei daflu ers blynyddoedd i wyneb hipis canol oed sy'n hiraethu am Gân y Stiwdants a Phafiliwn Corwen yn '73. Mae yntau hefyd mewn rhigol o bregethu am y 'dyddiau da' i genhedlaeth oedd yn eu clytiau pan oedd Llundain yn llosgi – fe ddylai Mr Mwyn, o bawb, sylweddoli bod y byd wedi symud ymlaen.[23]

Gweld yr holl ddiwylliant yn gaethiwus yn nwylo'r sefydliad a wnâi Siân Howys, ac fel aelod amlwg o Gymdeithas yr Iaith roedd yn dyheu am weld elfen wleidyddol yn cydgerdded â'r datblygiadau:

Mae pobl ifanc Cymru yn cael eu gormesu a'u caethiwo mewn pob math o ffyrdd; addysg amherthnasol, diffyg gwaith yn eu cymunedau. Galwn am ryddid i beidio marw o anwybodaeth ond yn hytrach i gymryd rhan gyfrifol yn y gwaith o ddiogelu'r iaith a'r cymunedau Cymreig. A dyna ni nôl at bwysigrwydd cyflwyno'r diwylliant Cymreig mewn modd perthnasol, byw a chyfoes, os yw'r Gymraeg i fyw. Mae 'na fwy i fywyd na chystadlu yn yr Urdd a dwlu ar Jabas, – wedi'r cyfan mae Jess wedi chwarae yn Prague ac mae Ian Morus yn dduw rhyw![24]

Ond nid pawb a gymerai ddiléit mewn dadansoddi methiannau a chynllunio strategaethau i achub y sîn roc Gymraeg. Roedd rhai yn ddigon bodlon ar fod yn rhan ohoni a disgrifio sut y gwnaethant ymuno â'r bwrlwm. Doedd cyfrannu tuag at gynnal y sîn ddim mor bwysig â hynny. Cofiai Siân Jobbins y profiad o adael Caerdydd yn ystod haf 1985 er mwyn treulio wythnos yn Eisteddfod Genedlaethol Y Rhyl a hithau'n bedair ar ddeg oed:

Yn bedair-ar-ddeg ar droi'n bymtheg camais yn ansicr i'r eisteddfod answyddogol a'i is-ddiwylliant – yr eisteddfodwr gwyryf. Fy mlas cyntaf ar fyd sex, drugs a roc a rôl Cymru!!! 'Don't speak the lingo love' ymatebodd y gyrrwr tacsi yn nawddoglyd. 'Ond roeddwn ni yn meddwl fod pawb yn siarad Cymraeg yn sunny Rhyl' ebychais yn syn wrth fy ffrind oedd yn straffaglu fel eliffant i mewn i'r tacsi amhersonol. I'r maes â ni... Trafferth? Na, ddim mewn gwirionedd, wir dim ond gorfod dwyn pegs pobol eraill er mwyn rhoi'r babell lan,... Ond y broblem fwyaf i gyd oedd y glaw. Braidd yn anodd oedd hi i edrych yn rhywiol wrth wisgo wellingtons a sgert fini a rhwng y ddau – coesau gwyn blewog; cofiwch, sôn am ferched ydw i, nid bechgyn. Braidd yn anodd oedd hi i geisio cerdded yn osgeiddig tuag at y bws gan osgoi'r dom da oedd dros y maes i gyd.

Heidiodd pawb ar y bws, – neu ai lori mart oedd hi, yn llawn defaid? Pawb yn brysur yn brefu, llygadu a bachu, ond i'r oen diniwed o'r ddinas hyderus y sioc fwyaf oedd mai Cymraeg oedd cyfrwng popeth. Ymbalfalu am drwydded yrru ffug fy nghyfnither, sythu nghefn, adolygu gwybodaeth y drwydded – dyddiad geni, cyfeiriad etc. a dim ond gobeithio'r gorau. Trio fy ngorau i edrych yn ddeunaw ond prin fy mod i'n edrych yn ddeuddeg. Cyrraedd a sylwi fod y mart yn brysur – 'Be ti'n yfed...' Sgen ti dân?... Be mae merch fel ti yn gwneud mewn lle fel hyn?... Dwi di gweld ti rhywle o'r blaen, Glanllyn wythnos 9...' Cwestiynau glaslanc salw ag esgus o fwstash o dan ei drwyn budur. 'Ond Gog di o' meddai fy ffrind. Yn ansicr a hynod o anwybodus llwybreiddiais at y bar. Clustfeiniais ar sgwrs y ferch o'm blaen i gael canfod beth oedd yr *'in-drink'* – dau hanner o *'cider'* melys plîs, gofynnais yn llywaeth gan ofni iddi beidio â'n syrfio. Yn y trobwll meddw, dynol hwn DARGANFYDDAIS MAFFIA. 'O, mae Hefin Huws mor sexy mae o'n lush'. A dyna sut y bu, syrthio mewn cariad â Hefin Huws am weddill yr wythnos a dawnsio a chymdeithasu ymhob gig. Steddfod Rhyl 85 – fe es, fe welais ac fe fwynheais; roeddwn wedi uniaethu â Roc Cymru a'r iaith Gymraeg.[25]

Roedd ei brawd hŷn yn fwy parod i athronyddu a dadansoddi. Roedd Siôn Jobbins yn aelod o'r grŵp Edrych am Julia ac yn honni nad oedd aelodau'r un o grwpiau Cymraeg eraill Caerdydd yn wilia Cymraeg â'i gilydd:

> ... mae e rili yn ff***n mynd dan y nghroen i pan ma da ti grwpie sy'n mynd i ysgol Gymraeg Caerdydd, sy'n gneud lods o arian allan o cyfrynge Cymraeg a sy ddim â'r parch a'r sens i siarad Cymraeg. Cafodd S4C ei sefydlu achos bod pobl di mynd i'r carchar, a ma'r *'cheek'* da lot o bobol – ddim jyst grwpie, ond pobol y cyfrynge hefyd – i neud rhaglen Gymraeg, ond pan ma hi'n dod at siarad Cymraeg – *different subject*.[26]

Oes eisiau dweud mwy am yr 80au? Wplabobihocdw? Wel, gellir cyfeirio at fyrroes grŵp roc trwm o'r enw Ceffyl Pren na fu'n perfformio rhyw lawer er iddo greu cryn gyhoeddusrwydd iddo'i hun. Mabwysiadodd ddelwedd go chwith trwy gytuno i hyrwyddo ymgyrch 'Peidio Yfed a Gyrru' y Swyddfa Gymreig un Nadolig. Ar achlysur arall penderfynodd y grŵp o Gaerdydd, dan arweiniad Gareth Morlais, logi Theatr Dewi Sant yng nghanol y ddinas ar gyfer gig a gwahodd grŵp cymharol ddinod arall, Dinas Naw o Fangor, i rannu'r llwyfan. Roedd y digwyddiad yn un cofiadwy am fod Ian

Gill, lleisydd Dinas Naw, wedi cwyno am na chafodd yntau a'i gyd-gerddorion gymorth y criw cludo i osod eu hoffer ar y llwyfan. Mewn datganiad yn ddiweddarach dywedodd llefarydd ar ran Ceffyl Pren fod y criw cludo offer o ardal y Barri wedi penderfynu mynd ar streic am deirawr yn ystod y prynhawn am nad oedd eu henwau ar y crysau-t arbennig a baratowyd ar gyfer y gig. Ni soniwyd a oedd eu streic wedi dwyn ffrwyth ai peidio.

Ar adegau ni ellid penderfynu ai cymryd ei hun ormod o ddifrif ai peidio oedd y Ceffyl Pren wrth iddo gloffi droeon ar ei siwrne. Dyma beth ddywedodd y grŵp pan holwyd yr aelodau am eu gobeithion:

> Rydan ni'n rhagweld y cymerith o ryw bump i ddeng mlynedd i ni allu dorri trwodd i'r dilynwyr roc yn y Gogledd, ac felly rydyn ni'n fand sy'n bwriadu bod yn perfformio ac yn hyrwyddo'n hunain am beth amser eto.[27]

Roedd sylwadau'r hogiau wedi eu seilio naill ai ar ymdeimlad o ffydd anhygoel neu ar naïfrwydd o'r un maintioli.

Ar nodyn llawer mwy difrifol roedd marwolaeth Huw Huws, aelod o'r grŵp Y Brodyr, mewn tân yn ei gartref yn Saltney ger Caer yn 1985 ac yntau'n 30 oed yn ysgytwad enbyd. Roedd e a'i gyd-aelod, Phil Bradley, yn hanu o Gaergybi ond wedi cartrefu ar y ffin ac, yn creu cerddoriaeth feiddgar a blaengar gan wneud defnydd helaeth o'r *drumulator*. Cyhoeddodd Y Brodyr gasét o'r enw *Syched* ac yn ddiweddarach, record o'r enw *Cymynrodd* (Sain C991), dair blynedd ar ôl colli Huw. Cysylltir sŵn a sain lled unigryw y grŵp â'r gân 'Lleisiau mewn Anialwch' a gyhoeddwyd yng nghyfres Senglau Sain.

Wrth ffarwelio â'r 80au, yn fathemategol o leiaf, ac o gofio am y cwysi Cymraeg a dorrwyd ar hyd dolydd canu roc Lloegr, mae'n werth nodi ymateb un o sgriblwyr yr wythnosolion cerddorol Saesneg. Erbyn hynny roedd hi bron yn fwy tebygol i adolygiadau o recordiau Cymraeg ymddangos yn y cyhoeddiadau Saesneg nag yn y cyhoeddiadau Cymraeg. Doedd hynny ddim yn creu argraff arbennig ar Steven Mills, un o gyfranwyr y *New Musical Express*:

> It'd be sad if Wales became just another English county, it would be sad if Welsh went the way of Cornish, British Gallic, the Yorkshire dialect and Old Scots. But that's all. Not tragic, not terrible – just sad.[28]

Yn naturiol, roedd Dafydd Iwan yn ei gweld hi'n lled wahanol ac os rhywbeth yn poeni bod yna ormod o bwyslais ac egni yn cael ei roi ar feddiannu'r cyfryngau, yn arbennig y rhai tu hwnt i Gymru:

> Rwy'n dal i feddwl bod yr hyn sy'n digwydd ar lawr gwlad – yn y priffyrdd a'r caeau, y dafarn a'r gig a'r clwb a'r capel – yn bwysicach na radio, teledu a stiwdio recordio. Mae'r diwylliant byw yn bwysicach na'r cyfryngau. Adlewyrchu'r diwylliant byw yw gwaith y cyfryngau.[29]

O, ie, byddai Hywel Gwynfryn byth a hefyd yn chwarae cân o'r enw 'Yr Hances Felen' gan grŵp o'r enw Talon na chyhoeddodd yr un gân Gymraeg arall ar wahân i honno ar sengl ddwyieithog (Sain 131). Ac roedd hi'n gân oedd yn cydio, yn cael ei chyflwyno gan lais trawiadol Elaine Morgan.

Ffarwel i'r 80au a chroeso i'r 90au a chroesffordd â'i mynegbost yn cynnig sawl trywydd. Roedd Y Larwm eisoes yn perfformio ar Y Sgwâr.

11 / Gwerthwch Fi i Lawr yr Afon

A r ryw olwg, estyniad o Lannau Mersi yw'r Rhyl gyda'i heulfan enwog, yng nghyfnod ei anterth, yn denu miloedd o Sgowsers a Geordies bob haf. Yn eu plith clywid amrywiaeth o acenion Cymraeg o bob cwr o'r Gogledd wrth i blantos Ysgolion Sul dorheulo ar y traeth a gwario yn y ffair wagedd, gan ddychwelyd adref yn farw-flinedig â'u sandalau'n llawn tywod a chandi-fflos ar eu gweflau yn gorn ar ddiwrnod i'w gofio. Roedd hynny yn y dyddiau pan oedd yna Ysgol Sul ymhob capel a drysau pob capel yn dal ar agor led y pen bob Sul ac yn ystod yr wythnos.

Prin yw'r Cymry Cymraeg amlwg a gysylltir â'r Rhyl. Cofir am y Parchedig Ddoctor R Tudur Jones, polymath o ysgolhaig, diwinydd a chenedlaetholwr a oedd yn un o gewri'r pulpud Anghydffurfiol. O'r un dref hefyd yr hana polymath o'r un maintioli, Frederick Sefton Francis, cenedlaetholwr gweithredol a digyfaddawd y gellid ei ddisgrifio o ran hyd ei ddedfrydau carchar fel troseddwr profiadol. Ond roedd Ffred yn heddychwr o argyhoeddiad ac wedi disgyblu ei hun i ymarfer gofynion llym y dull di-drais o weithredu ac ymgyrchu. Goleuodd aml i gell carchar wrth iddo rannu ei ddaliadau â charcharorion nad oedden nhw mor barod i weld daioni dyn a chofleidio cariad y Creawdwr. Dysgu'r Gymraeg a hynny'n bennaf trwy ymroddiad personol a wnaeth Ffred.

Roedd y gŵr ifanc a oedd, yn anad yr un Cymro arall, yn ymgorfforiad o Gymdeithas yr Iaith Gymraeg hefyd yn ystyried Elvis Presley yn un o'i eilunod. Byddai'r un mor barod i ddifyrru cyd-garcharorion trwy ganu detholiad o'i *repertoire* helaeth o eiddo'r crwt o Memphis, Tennessee, ag y byddai i ganu detholiad o emynau o'r caniedydd Cymraeg. Ffred oedd ysgrifennydd anrhydeddus Clwb Edmygwyr Elvis yr ardal. Y cysylltiad hwnnw a droes un o fechgyn eraill y Rhyl, Mike Peters, a oedd yn fwy adnabyddus yng Ngogledd America nag oedd yng ngogledd Cymru, at y Gymraeg a chanu roc Cymraeg.

Roedd grŵp The Alarm yn enwog yn America ac yn perfformio gan amlaf mewn stadiwm o flaen torfeydd enfawr. Roedd y perfformiadau a'r caneuon yn ymgorfforiad o ganu roc Americanaidd. Roedd yr hogyn hirwallt o'r Rhyl wedi perffeithio yr acen a'r agwedd angenrheidiol. Ond rhwng y teithiau byddai Mike Peters yn dychwelyd i'r dref glan-y-môr yn rheolaidd. Am ei fod wastad yn agored i dderbyn dylanwadau newydd byddai'n cadw llygad ar yr hyn oedd yn digwydd yng Nghymru. Roedd ynddo awydd i ailgydio yn y Gymraeg a gweithredu i hyrwyddo ei pharhad. Penderfynodd y byddai cyfran o unrhyw elw o gyngherddau'r grŵp yng Nghymru yn mynd i goffrau Cymdeithas yr Iaith ac y byddai hyd yn oed yn cyhoeddi recordiau Cymraeg yn enw Yr Alarm. Doedd e ddim o'r farn bod y Gymraeg yn iaith amherthnasol o ran y freuddwyd roc a rôl:

> Dwi'n meddwl bod pobl yn fwy agored i ieithoedd eraill rŵan achos mae'r byd yn newid yn hynny o beth. Mae gwahanol ddiwylliannau'n croesi. Mae Efrog Newydd yn ddinas hynod o gosmopolitan hefo nifer fawr o ddiwylliannau'n byw'n agos iawn i'w gilydd. Gwahanol identitis yn byw'n agos iawn i'w gilydd ac mi fydd raid i bobl ddod i dermau hefo hynna. Maen nhw'n dechrau dod i dermau efo hynna ac mae deall dau ddiwylliant yn bwysig iawn. Dyna'r ffordd ymlaen i'r byd.[1]

Rhaid cofio bod nifer o artistiaid roc yn ystod y cyfnod yma wedi meithrin cydwybod gymdeithasol. Dangosodd Bob Geldof trwy drefnu'r record Band Aid yr hyn y medrai'r byd roc ei wneud i leddfu'r newyn yn Ethiopia. Doedd dim rhaid i'r bywyd roc a rôl fod yn fywyd hedonistaidd hunanol. Roedd eraill megis Sting yn ymgyrchu i achub fforestydd trofannol De America. Roedd aelodau U2, y grŵp o Iwerddon y dywedwyd am The Alarm eu bod yn gysgod gwantan ohono, yn ymddiddori yn yr anghyfiawnderau a fodolai yng ngwledydd Affrica. Troi at gefnogi'r Gymraeg fel ei gyfraniad at achub amrywiaeth y byd wnaeth Mike Peters. Dyna oedd ei weledigaeth rhag gorseddu'r unffurfiaeth imperialaidd oedd yn rhan o unrhyw batrwm Americanaidd.

Roedd y sengl 'Sold Me Down the River' wedi cyrraedd deg uchaf y siartiau yn America ond heb wneud fawr o argraff ar y siartiau yn Lloegr. Tony Visconti, gŵr yr oedd yna alw mawr am ei wasanaeth, oedd y cynhyrchydd. Cyhoeddwyd fersiwn Gymraeg, 'Gwerthwch Fi i Lawr yr Afon', ar label IRS a chyn diwedd yr 80au cyhoeddwyd record hir, *Newid*, ar yr un label. Doedd dim prinder cyhoeddusrwydd cyn cyhoeddi'r record hir ac roedd yna ddisgwyliadau mawr. Nid bob dydd y byddai artist roc oedd wedi llwyddo yn America trwy lenwi neuaddau enfawr at yr ymylon yn cyhoeddi record Gymraeg. Ac roedd yn amlwg nad gimic oedd y fenter. Plesiwyd Derec Brown, a synhwyrodd fod yna newid os nad chwyldro ar y gorwel:

> Fe gana Mike Peters gyda holl angerdd dyn sy wedi deffro i'r anghyfiawnder sy'n digwydd yn ei wlad, ac mae'r gerddoriaeth sy'n gyfeiliant i'w eiriau yn galed, yn finiog ac yn gweu i'r geiriau i'r dim. Roc traddodiadol go iawn sydd yma, dim ffrils, dim nonsens, dim chwarae o gwmpas... Gyda'u cyngherddau i godi arian i Gymdeithas yr Iaith, mae'r Alarm wedi dangos eu hochr yn glir, a phob clod iddynt am hynny. Trwy hynny maent wedi mynd ymhellach na U2 o'r Iwerddon a Simple Minds o'r Alban yn eu hymrwymiad i'w gwlad a'u gwreiddiau. Prynwch y record hanesyddol hon a dewch i newid pethau nawr! Er bod pethau'n ymddangos yn ddu ac yn llwm i ni fel cenedl, mae 'na ddigon o gerddoriaeth dda a chyffrous ar *Newid* i godi unrhyw galon.[2]

Oedd y cyffro yma ynghylch yr hogyn o'r Rhyl yn debyg o arwain at ddadeni o'r newydd yn hanes canu roc Cymraeg ac yn hanes Cymdeithas yr Iaith fel mudiad ymgyrchu o blaid y Gymraeg? Beth fyddai'n digwydd nesa tybed? Fyddai Tom Jones yn cyhoeddi recordiau Cymraeg tra byddai'n parhau i ddifyrru'r cyfoethogion yn Caesar's Palace, Las Vegas? Fyddai Shirley Bassey yn canu 'Pwy Fydd Yma Mhen Can Mlynedd?' yn ei dull dihafal ei hun? Fyddai miloedd o Gymry ifanc, boed yn Gymraeg eu hiaith neu'n brin eu Cymraeg, yn medru gwrthsefyll pŵer peiriant propaganda'r canu roc Eingl-Americanaidd a derbyn bod canu roc trwy gyfrwng y Gymraeg hefyd yn weithred gwbl naturiol ac, o bosib, yn cynnig dimensiwn arall i'w bywydau? Fyddai rhengoedd Cymdeithas yr Iaith yn chwyddo unwaith eto ac ymgyrchu torfol yn ailgydio?

Arwydd o ymrwymiad Yr Alarm oedd y penderfyniad i gyhoeddi recordiau Cymraeg ar label Crai, is-gwmni Sain, o hynny mlaen. Yn 1991 cyhoeddwyd *Tân*, yn cynnwys cyfieithiadau o gân Neil Young 'Rockin in the Free World' a 'Merry Xmas (War is Over)' o eiddo John Lennon. Ond 'casgliad di-liw' o ganeuon oedd dyfarniad Derec Brown y tro hwn.[3] Roedd Pwyll ap Siôn, fodd bynnag, am dafoli arwyddocâd tröedigaeth Yr Alarm cyn tafoli'r gerddoriaeth:

> Er nad yw'r grŵp yn canu'n fyw yn y Gymraeg, mae eu cerddoriaeth yn llenwi bwlch yn y fasnach recordiau ac yn siŵr

o ennyn diddordeb llawer o Gymry di-Gymraeg a'r rheiny sy'n chwerthin am ben y syniad o gerddoriaeth roc mewn iaith arall. Mae'r dirmyg hwn yn dangos eironi *genre* a ymddangosodd yn wreiddiol fel ffordd o ddangos unigolyddiaeth a rhyddid dyn yn erbyn grymusterau'r peiriant politicaidd. O bosib, yr hyn mae Yr Alarm yn ceisio'i wneud drwy gydnabod y Gymraeg fel iaith sy'n fyw ac sy'n ffynnu yw dod ag ysbryd gwreiddiol roc yn ôl iddo, lle mae problemau hunaniaeth yn cael eu rhoi o'r neilltu yn y pleser o rannu mwynhad a chyffro cerddoriaeth roc.[4]

Ond, mwya'r piti, roedd Yr Alarm wedi chwalu a hynny oherwydd 'gwahaniaethau cerddorol' cyn i'r ail record hir gael ei chyhoeddi. Daeth y cenhadu i ben cyn iddo godi stêm yn iawn. Ond doedd Mike Peters ei hun ddim am droi cefn ar ei Gymreictod. Bwriadai barhau â'i yrfa fel artist unigol a pharhau i gyhoeddi recordiau Cymraeg. Bu'n rhannu llwyfan â Dafydd Iwan. Dechreuodd gymysgu â cherddorion ardal Bethesda a bu'n cymryd rhan mewn cyngerdd i godi arian tuag at addasu adeilad Capel Tabernacl yn y pentref yn ganolfan i gerddorion roc Cymraeg. Ffurfiodd grŵp newydd o'r enw Poets of Justice yn cynnwys cyn-aelodau'r grŵp Cymraeg Jess o ardal Aberteifi, gyda'r bwriad o berfformio'n Saesneg yn bennaf.

Cyhoeddwyd *Nôl i Mewn i'r System* o dan enw Mike Peters and the Poets ar label Crai yn 1994. Roedd y CD yn cynnig dwy fersiwn o'r brif gân a doedd yna'r un o'r caneuon o dan bedair munud o hyd. Doedd Derec Brown ddim wedi ei gyffroi'n ormodol: 'Fel caneuon Cymraeg Yr Alarm, mae chwithdod y geiriau yn tynnu oddi ar y miwsig yn aml iawn, sy'n drueni mawr.'[5] Yn wir, roedd y defnydd o eiriau fel 'jangid', 'ishe', 'altro', 'lice' a 'ffyrch' yn awgrymu bod dylanwad 'Cwmrâg' cylch y Mwnt yn gryf iawn ar y record. Teimlai Pwyll ap Siôn chwithdod cyffelyb o ran y defnydd o eirfa yn ogystal ag anhawster i ddeall y 'neges':

> Mae *Nôl i Mewn i'r System* yn dychanu'r bobl hynny sy'n rhy ddall i weld ymhellach na'r hyn sy'n berthnasol i'w hunain, yn lle cynnig rhywbeth yn ôl i'w diwylliant a'u cymdeithas... Ond wedi gwrando ar y gân daw penbleth ynglŷn â sut medr neges fel hyn fod yn ddiddorol a pherthnasol yn wyneb lluosogrwydd o'r fath. Beth, mewn gwirionedd sy'n gyffredin rhwng 'Surfers, Samplers' a 'Bois Motorbeics'? Ac onid yw Mike Peters ei hun yn gyfrifol am yr un drosedd a'r bobl mae'n eu barnu? Ai gwir neges *Nôl Mewn i'r System* felly yw bod Mike Peters ei hun yn beirniadu'r 'bobl sy'n beirniadu'? Mae hyn i gyd yn drewi o wrth-ddweud a rhagrith i mi ... Yr argraff mae rhywun

yn ei deimlo, o wrando ar y geiriau, yw bod Mike Peters tu hwnt i feirniadaeth, ac yn siarad fel rhyw fath o broffwyd â gweledigaeth drosgynnol o'r byd.[6]

Doedd Elin Llwyd Morgan ddim wedi ei chyfareddu gan yr offrwm chwaith:

> Does gen i ddim byd yn erbyn y dyn (na'i fand) yn bersonol, ond fedra i ddim deall pam mae cymaint o Gymry yn ei fawrygu fel rhyw fath o athrylith cerddorol. Ai oherwydd eu bod nhw'n daeogion sy'n moesymgrymu ger bron unrhyw Gymro sy'n enw adnabyddus y tu allan i'w wlad, neu am eu bod nhw o ddifri calon yn meddwl bod ei gerddoriaeth yn werth gwrando arni? Y peth gorau am y traciau 'Nôl i Mewn i'r System' (y fersiwn 3.90 munud a'r fersiwn 5.01) ydi Brychan Llŷr yn canu yn y cefndir am ychydig eiliadau, fel rhyw fath o *light relief* o nadu Mike Peters.[7]

Cyhoeddwyd un cryno-ddisg Cymraeg arall ar label Crai, *Aer*, eto yn 1994, yn gydymaith i'r *Breathe* Saesneg, ond roedd y ddwy record yn Eingl-Americanaidd eu naws waeth beth oedd cyfrwng y mynegiant. Er treulio cyfnod yn troedio heolydd cul Cymru yng ngolwg mynyddoedd Eryri roedd hi'n amlwg mai teithio ar hyd traffyrdd llydan gwlad Wncwl Sam yng ngolwg y gwastadeddau eang oedd yn apelio fwyaf at Mike Peters. Dyna oedd y ddelwedd. Doedd caneuon y llanc o'r Rhyl ddim yn unigryw berthnasol i Gymru. Doedd yna ddim cyfeiriadaeth Gymreig yn britho ei ganeuon. Defnyddio'r Gymraeg i hyrwyddo'r freuddwyd Americanaidd oedd byrdwn ei gynnyrch, a gwahodd y Cymry Cymraeg i rannu'r freuddwyd honno drwy gyfrwng y Gymraeg yn ogystal â'r Saesneg. Dyna gasgliad Pwyll ap Siôn wrth adolygu *Aer*:

> Nid y math o resymeg a pherswâd ymarferol y baledwr a'r gwerinwr a geir yma, ond rhyw fath o weledigaeth ysbrydol, broffwydol, gyfriniol wedi'i gyflwyno mewn epigramau ystrydebol ac arwynebol. Ac mae'r freuddwyd roc a rôl y mae Mike Peters mor barod i'w thraddodi yn medru swnio'n beryglus o naïf yn y Gymraeg, fel ar ddechrau 'Levi's a Beiblau': 'Dreifio lawr y draffordd mewn Cadillac/Un o'r hen ganeuon yn chwarae yn y 'back".[8]

Roedd Mike Peters yn byw mewn dau fyd oedd ar wahân er eu bod yn gorgyffwrdd: byd y diwylliant mwyafrifol hollgofleidiol a byd y diwylliant lleiafrifol a ddibynnai ar liaws tyngedfennol am ei oroesiad. Gorchfygai'r naill y llall yn ei fywyd er iddo geisio dygymod ag anghenion bod yn driw i'r ddau. Tebyg oedd penbleth Poets of Justice neu Jess: ceisio cyfannu'r ddau fyd mewn cyfnod pan oedd y byd roc Cymraeg yn simsanu ac yn ansicr o'i ddyfodol.

Ffurfiwyd Jess fel grŵp Saesneg yng ngwanwyn 1987 ac ar ôl perfformio tua dwsin o droeon yng nghyffiniau Aberteifi penderfynodd y grŵp droi i berfformio'n Gymraeg y flwyddyn ddilynol. Brychan Llŷr, mab Dic yr Hendre neu Dic Jones y bardd arobryn, oedd y lleisiwr a'r lladmerydd. Bu cysylltiad clòs rhwng y grŵp a stiwdio Fflach yn y dref amaethyddol. Manteisiwyd ar y cyfleoedd teledu oedd ar gael, ac yn unol â'r drefn y dyddiau hynny cafodd Jess gyfle i berfformio dramor. O fewn dwy flynedd cyhoeddodd y grŵp ei fod am fentro canu'n Saesneg unwaith eto ond ni roddwyd croeso twymgalon i'r cyhoeddiad.

Pan oedd Jess a'r Anhrefn i fod i rannu llwyfan yng Nghorwen mynnodd Rhys Mwyn na fyddai ei grŵp yn perfformio rhag rhoi hygrededd i artistiaid Cymraeg oedd am ganu'n Saesneg. Yn ôl Rhys roedd Yr Anhrefn wedi rhannu llwyfan â grwpiau Saesneg droeon ond wastad wedi perfformio'n Gymraeg waeth beth oedd yr amgylchiadau. Doedd e ddim yn barod i gymeradwyo penderfyniad grŵp Cymraeg i droi i'r Saesneg: '... troi pobl i ffwrdd oddi wrth roc Cymraeg... Dwi'n ei weld o fel peth peryglus iawn – mae'n awgrymu ei fod o'n iawn i grwpiau newydd droi i'r Saesneg,' meddai.[9] Doedd gan Yr Anhrefn ddim drymiwr ar y noson benodol honno hyd yn oed petaen nhw'n bwriadu perfformio.

Gweld perygl a wnâi llith olygyddol y cylchgrawn *Sothach* wrth atgoffa'r darllenwyr bod ymlyniad gwleidyddol yn cael ei golli pan beidia grŵp roc ganu mewn iaith leiafrifol:

> Yn y pendraw yr hyn sy'n bwysig yw bod diwylliant roc Cymraeg yn cryfhau a mwy a mwy o fandiau yn canu yn Gymraeg a bod y gynulleidfa'n tyfu. Y maen prawf fydd effaith penderfyniad Jess ar hyn. Amser a ddengys p'run ai bendith neu felltith i'r diwylliant roc fydd penderfyniad Jess. Yr unig gysur gennym yn y pendraw yw nad oes gan bob band yng Nghymru eu pris ac mai eithriadau yw'r bandiau heb ymlyniad gwleidyddol cryf i ganu yn Gymraeg.[10]

Ond roedd bois y band o ddifrif. Mater o fireinio crefft oedd hi i Brychan Llŷr. Doedd hi ddim yn hawdd categoreiddio cerddoriaeth y grŵp. Roedd arddull canu Brychan yn datblygu'n fwyfwy idiosyncratig wrth iddo dorri a diberfeddi geiriau i greu synau. Awgrymai teitlau'r caneuon megis 'Shiglidi Bot' neu 'Pan Ddaw y Glaw i Lawr' nad cynnig sylwebaeth ar Gymreictod na bywyd y filltir sgwâr a wnâi Brychan, Emyr Penlan, Chris Lewis ac Owen Thomas. Storws ar fferm Penlan oedd eu cartre dyddiol, fel yr esboniai Brychan:

> Byddai'n hawdd iawn iawn ac yn braf iawn aros yn y gwely tan hanner dydd (yn amlach!) ac ymarfer rywsut rywsut ryw ddwywaith yr wythnos, ond bellach byddwn yn cwrdd bob bore am unarddeg ac ymarfer tan bump (oes yna beryg ein bod yn dechrau callio, d'wedwch?). Dyna ugain awr, fwy neu lai, o ymarfer bob wythnos. Mae'r penwythnos yn aml yn mynd i drafaelu a chynnal rhyw gig neu'i gilydd. Byddwn yn trio trefnu amser rhydd i siwtio'n gilydd, yn union fel unrhyw job arall. Fel 'na mae hi. Fel 'na ry'n ni am iddi fod.[11]

Na, doedd dim yn fasnachol ynghylch deunydd y grŵp. Bu Jess ar daith yng nghwmni grŵp dawns o'r enw Camre Cain, sydd yn ei hun yn awgrymu parodrwydd y grŵp i arbrofi a chroesi ffiniau artistig. Rhoddwyd croeso i gasét *Y Gath* (Fflach) yn 1991, ac yna, yn 1992, cyhoeddwyd y casét aeddfetaf o bosib, *Paris Hotel*, ar label o eiddo'r grŵp. Wrth ganu ei glodydd roedd Owain Meredith yn cydymdeimlo â chyfyng-gyngor y grŵp ynghylch dewis iaith ei fynegiant:

> Mae'n amhosib llwyddo ar y sin roc rhyngwladol drwy ganu yn Gymraeg, yn yr ystyr mae unrhywun sydd wedi ei fagu ar *Top of the Pops* a'r *NME* yn deall. Mae drws y 'Freuddwyd Roc a Rôl' yn dyn ar gau i unrhywun sy'n dewis canu mewn unrhyw iaith heblaw Saesneg. Mae wedi bod yn broses boenus gweld Jess yn brwydro rhwng eu hawydd naturiol i lwyddo a realiti'r sefyllfa. Mae'n ddiddorol nodi fod nifer fawr o eiriau'r caneuon ar *Paris Hotel* yn ymdrin â'r union broblemau hyn... Gellir dadlau mai didwylledd Jess sydd wedi rhoi gymaint o elynion iddynt. Mae naws theatraidd cerddoriaeth Jess yn golygu fod eu cerddoriaeth nhw yn tueddu i fynd yn fwy cymhleth wrth iddyn nhw fynd ymlaen ac efallai yn anoddach gwrando arno fo a'i werthfawrogi.[12]

Erbyn 1993 roedd Jess yn perfformio'n rheolaidd yn Llundain a'r flwyddyn honno bu'r grŵp yn perfformio yng ngŵyl Glastonbury, yr ŵyl roc fwyaf o'i bath yng ngwledydd Prydain. Ond er y gigio cyson yn y mannau iawn ddaeth yna'r un cytundeb gan un o'r cwmnïau recordiau mawr. Yn ddiweddarach datblygodd Brychan Llŷr yn dipyn o ffigwr cwlt yn yr Eidal, o bobman, wrth berfformio o dan yr enw U4Ria.

Wrth i Jess/Poets of Justice ei mentro hi y tu hwnt i'r sîn roc

Gymraeg roedd yna eraill yn anesmwytho'r un modd ac yn llygadu llwyddiant trwy gyfrwng y Saesneg. Ond ai 'gwerthu eu hunain i lawr yr afon' oedd cam o'r fath wrth gyfaddawdu nid yn unig o ran iaith ond o ran syniadau a gogwyddion hefyd? Llwyddo fel canwr roc yn hytrach na chanwr roc Cymraeg wnâi Brychan Llŷr yn yr Eidal. Ond roedd o leiaf un grŵp Cymraeg nad oedd yn brin o ddilynwyr a chefnogwyr nad oedd canu'n Saesneg yn opsiwn iddo. Ai dyna pam yr enynnai lid llawer o ieuenctid 'blaengar'?

12 / Sobinmania

Petai'r rhagfarn yn erbyn Bryn Fôn/Sobin wedi ei seilio ar y gân 'Rebal Wicend' byddai'n hawdd ei deall. Mae cyfansoddiad Emyr Huws Jones yn sôn am Gymro a fu unwaith yn ifanc yn ceisio dianc o'i gyfforddusrwydd dosbarth canol nôl i'r cyfnod heb gyfrifoldebau hwnnw ar benwythnosau. Yn ogystal â bod yn ddarlun byw iawn o dyfu'n hen ac aeddfedu, mae'n llawn o gyfeiriadaeth gymdeithasol Gymreig. Ceir cipolwg ar dristwch methu dygymod â'r anorfod. Gellid derbyn y byddai cysyniad o'r fath yn dân ar groen 'rebeliaid go iawn y colegau' nad oedd y fath brofiad wedi dod i'w rhan. Mae 'Rebal Wicend' yn adrodd stori:

> Mae'n cyrraedd y swyddfa yn gynnar bob bore
> yn cario ei friff-ces 'executive' bach
> 'Bore da Mr Eliot' a 'diolch yn fawr Rachel'
> 'a cofiwch dim siwgr, trio cadw yn iach'
> ac mae'n eistedd fel sowldiwr o flaen ei brosesydd
> a phob pin a phapur a ffeil yn eu lle
> ac am bump mae 'nôl i lyw'r BMW
> yn gyrru am adre ar gyrion y dre.
>
> bob nos wrth droi'r goriad mae'n gweiddi 'Dwi adre'
> a 'sut ddiwrnod ge'st ti' a 'be sy 'na i de'
> ac ar garreg yr aelwyd mae'r slipars yn c'nesu
> ac arogl cartref yn llenwi y lle
> ond ar nos Wener daw adre a hongian ei siwt
> a newid i'r hen denims cul
> hongian modrwyau drwy'r tyllau'n ei glustiau
> a chuddio y rasal tan yn hwyr ar nos Sul
>
> a dyna chi o yn rebel wicend go iawn
> hefo'i stic-on tatŵ a'i dun baco herbal yn llawn
> rebal wicend o'i gorun i'w draed
> ac ysbryd gwrthryfel yn berwi 'mhob diferyn o'i waed
> ac ar bnawn Sadwrn mewn denims a lledar
> crys T heb lewys a'i wallt o yn saim
> mae'n mynd draw i'r dafarn i siarad â'r rocyrs
> i yfed Jack Daniels yn lle lagyr ân laim

ar ôl yfed digon mae'r gitâr yn dŵad allan
ac mae o'n canu y blws a thrio swnio'n ddu
sôn am drallodion genod ysgol yn disgwyl
mae o'n teimlo yn dderyn ac yn ymddwyn fel ci
amser cinio dydd Sul mae o nôl yn y dafarn
yn yfed ei hochor o ddeuddeg tan dri
yn siarad yn ddwfn am genod a wisgi
a phob ystum o'i eiddo yn deud 'ylwch fi'

ond gyda'r nos cyn gwylio Hel Straeon
mae o ar goll yn y bybls yn y bath ddigon siŵr
mae'r metamorphosis drosodd am wythnos fach arall
pan mae'r rebal yn mynd lawr y plwg gyda'r dŵr
ac ar fore dydd Llun mae o nôl yn y swyddfa
a'r crîs yn ei drowsus yn finiog fel blêd
mae'r rebal wicend yn edrych o'i gwmpas
ac yn sylweddoli ei fod o yn mêd.

Wel, na, fyddai'r gân ddim yn apelio at ddeallusion ifanc, clyfar, llawn delfrydau, siŵr iawn. Lwmpyn o dristwch yn byw mewn dau fyd nad yw wedi llwyddo i newid y byd yw'r 'Rebal Wicend'. Ac yn waeth na'r cyfan, ymddengys mai ei hoff raglen deledu yw'r rhaglen nodwedd *Hel Straeon* sy'n cofnodi hynodrwydd Cymry a Chymru sydd ar fin diflannu. Ond yn 1994 y recordiwyd y gân a'i chyhoeddi ymhlith nifer o ganeuon eraill o eiddo'r digymar Ems ar gryno-ddisg Sain Crai (CD 044N), *Dyddiau Di-gymar*. Bryn Fôn oedd yn canu'r ddeg cân o eiddo Ems yn ogystal â'r gân deyrnged o'i waith ei hun i'r cyfansoddwr o Langefni a Chaerdydd. Trefnwyd taith lwyddiannus i hyrwyddo'r cryno-ddisg gyda cherddorion o fri megis Richard Dunn, Aran Ahmun, Graham Land, Paula Gardiner a Pwyll ap Siôn ymhlith aelodau'r band. Ond roedd y rhagfarn yn erbyn Bryn Fôn wedi ei hen sefydlu. Dyma sut yr aeth Julian Thomas ati i adolygu cyngerdd gan Sobin a'r Smaeliaid yn yr Octagon ym Mangor ym mis Mawrth 1991:

Dwi'n uffernol o ragfarnllyd ond wrth baratoi'n feddyliol ar gyfer y frwydr galed a diflas o mlaen, penderfynais gadw meddwl clir, agored (er mod i ar y ffordd i adolygu cyngerdd gyda grŵp dwi'n wirioneddol gasáu!). Serch hynny, mi oedd yn gyfle i mi brofi, am yr ail dro yn unig yn fy mywyd mae'n rhaid imi bwysleisio, y 'ffenomenon' hwnnw – SOBINMANIA. Os dach chi, y darllenwyr, eisoes wedi penderfynu taw jyst slagio bydd gweddill yr adolygiad yma – ARHOSWCH!

Mi wnes i fwynhau'r cyngerdd yn fawr iawn, y gorau ers tro, briliant, anhygoel – ond dwi'n mynd i slagio hefyd am laff! Heh!

Heh! ... Beth bynnag, mi oedd Sobin yn rhoi sioe dda. Mae'n gwybod yn union beth i'w ddweud a phryd a sut i blesio'i gynulleidfa. Er cymaint dwi'n casáu'r gerddoriaeth mi oedd yn broffesiynol ac yn dynn. Yn bersonol dwi'n meddwl bod Sobin yn gachu ond os oedd dros bum cant o bobol yn anghytuno da fi yn yr Octagon mae'n rhaid bod ganddo rywbeth (Duw a'n helpo ni!) felly pob lwc iddo, ond anghofia am ganu caneuon Crysbas plîs![1]

Felly, pwy oedd Bryn Fôn? Pwy oedd Sobin a phwy oedd Crysbas? Hogyn o bentref Llanllyfni yn Arfon oedd Bryn. Bu'n fyfyriwr yn y Coleg Normal ym Mangor ac yn ystod y cyfnod hwnnw, ar ddiwedd y 70au, y ffurfiwyd Crysbas. Cyhoeddodd y grŵp record fer ar label Sain (Sain 66). Daeth 'Blŵs Tŷ Golchi' a 'Draenog Marw' yn ffefrynnau. Roedd 'Draenog Marw' yn swn io'n rhyfedd o debyg i 'Dead Skunk' o eiddo Loudon Wainwright III a 'Plwy Llanllyfni' yn hynod o debyg i 'Merrimac Country' gan Tom Rush. Ar ôl dyddiau coleg a chyda dyfodiad S4C gwnaeth Bryn ei siâr o waith cyflwyno ac actio ar deledu ac ar lwyfan. Cymerodd ran yn yr opera werin *Dic Penderyn* yn Eisteddfod Genedlaethol Caerdydd 1979 ac mewn nifer o gynyrchiadau gan Gwmni Theatr Bara Caws. Roedd yn un o actorion allweddol y gyfres gomedi deledu *C'mon Midffîld* fel Tecwyn y gôl-geidwad llipa a'r gŵr brechdan jam. Chwaraeodd y brif ran mewn ffilm deledu o waith Endaf Emlyn, *Y Beicar*, yn ogystal ag mewn cyfres deledu, ar y cyd â Morfudd Hughes, am hynt deuawd canu gwlad, wedi ei sgriptio gan Michael Povey. Cyhoeddwyd casét o ganeuon *Gary a Susan*. Enillodd cyfansoddiad o'i eiddo yntau a Rhys Parri, 'Gwlad y Rasta Gwyn', gystadleuaeth *Cân i Gymru*.

Roedd gan Bryn Fôn broffil amlwg. Roedd yn ffigwr adnabyddus. Yn gopsi ar y cwbl cafodd ei arestio yn gynnar yn 1990 ar amheuaeth o fod â rhan yn ymgyrch Meibion Glyndŵr ar ôl i ddyfais ffrwydrol gael ei chanfod mewn wal ger ei gartref. Ni chafodd ei gyhuddo o'r un drosedd a'r dybiaeth oedd bod 'y ddyfais' wedi ei gosod yno'n fwriadol fel 'tystiolaeth' er mwyn ceisio profi fod a wnelo Bryn Fôn rywbeth â'r ymgyrch llosgi tai haf. Ar yr un adeg arestiwyd yr actor Dyfed Thomas, *alter ego* y Dr Hywel Ffiaidd, y cymeriad theatr roc a gythruddodd gymaint o barchusion yn ystod y degawd blaenorol, yn ei gartref yn Tooting, Llundain, a Mei Jones, aelod o'r grŵp gwerin Mynediad am Ddim a Wali *C'mon Midffîld*, yn ei gartref yntau yn Llangernyw.

Yng nghanol yr 80au y ganwyd ei *alter ego*, Sobin a'r Smaeliaid. Er bod yr enw'n awgrymu bod yna lwyth coll o gyfnod yr Hen Destament wedi dod i'r fei, chwarelwr oedd Sobin a oedd am ddatgan bod ei ysbryd, er y llwch ar ei gorff gwargrwm a'r holl drybestod yn ei fywyd, yn dal yn gadarn. Roedd yna gyffro yn perthyn i bersona Sobin. Perthynas pell i Bryn oedd e mewn gwirionedd o'r enw Robin Jones nad oedd yn medru ynganu'r llythyren 'r' pan oedd yn blentyn ac a alwai ei hun felly yn 'Sobin'. Cydiodd yr enw fel llysenw ac am ei fod yn byw ym mhentre Nazareth a phobl y cylch yn cael eu hadnabod fel Smaeliaid neu Ishmaeliaid cydiodd hefyd yn y dychymyg.

Roedd yna wahoddiad i bwy bynnag a ddymunai ymuno â'r Smaeliaid. Ac fe ymunodd cannoedd o bobl â'r Clwb Cefnogwyr a ffurfiwyd. Rhwng 1988 a 1992 gwerthwyd dros 25,000 o unedau o gynnyrch Sobin a'r Smaeliaid. Gwerthwyd 2,000 o gopïau o'r cryno-ddisg *Caib* o fewn wythnos i'w gyhoeddi a hynny er bod yna gasét o'r un caneuon eisoes wedi ei gyhoeddi flwyddyn ynghynt. Roedd y gwerthiant yn rhyfeddol o ystyried mai tua 2,000 o gopïau, a hynny dros gyfnod o amser, fyddai goreuon cynnyrch o'r fath yn ei werthu. Fyddai hi ddim yn anarferol i gôr meibion werthu tua 30,000 o recordiau ac i record gan Trebor Edwards werthu 50,000 o gopïau dros amser. O ystyried y byddai gwerthiant o tua 6,000 o record roc Saesneg yn sicrhau lle iddi yn y deugain uchaf a gwerthiant o 65,000 yn ei gosod ar y brig roedd gwerthiant cynnyrch Sobin yn rhyfeddol. Roedd potensial gwerthiant record Gymraeg yn dipyn llai nag eiddo record Saesneg. Ac os mai gwerthiant yw llinyn mesur llwyddiant cyhoeddi unrhyw record, yna mae'n rhaid bod yna rinweddau'n perthyn i gynnyrch Sobin a'r Smaeliaid/Bryn Fôn. Ond nid felly oedd pawb yn ei gweld hi.

Ni fyddai cyfranwyr y cylchgrawn *Sothach* yn colli cyfle i fod yn bipslyd. Isafbwynt Eisteddfod Genedlaethol Bro Delyn 1991 i Julian Thomas oedd y ffaith bod gan Sobin babell iddo'i hun ar y maes. Cyhoeddwyd llythyr yn *Sothach* o eiddo Enid Heulwen Jones, Ynys y Cri, Gwent. Swniai'r un mor ffug â'r llythyrau cyson a gyhoeddwyd o eiddo'r Cyrnol T J Bibonwy Jones, Llanandras, neu'r Rev. Mari Hybarch Jones, Sarn Mellteyrn. Dyma oedd gan Enid Heulwen i'w ddweud:

> Mae canu yn Gymraeg yn unig yn fewnblyg a chul. Dydi'r iaith Gymraeg ddim yn addas i ganu ynddi. A beth bynnag, be di'r ots os ydy Sobin yn canu yn Saesneg, dydy'r Cymry ddim yn ei

hoffi fo, a mae pawb sydd yn ei hoffi o yn ffarmwrs o Bala sydd yn chwil drwy'r amser ac yn gwisgo welis.[2]

Roedd cyngor Siôn Pennant i'r darllenwyr yn gwbl ddiamwys wrth iddo fwrw golwg ar gryno-ddisg *Rhaw* y Sobin:

> Pwy sy'n prynu albyms Sobin? Mae rhywun; hon yw un (os nad Yr un) o'r albyms â gwerthiant mwyaf yn Gymraeg. Pam fod pobl yn hoff ohonyn nhw? Onid yw'n beth trist fod cymaint o Gymry Cymraeg yn hoff o wrando ar actor yn canu caneuon crap? Un o ddirgelion mawr y Genedl.[3]

Doedd Siôn Pennant ddim yn un o adolygwyr cyson y cylchgrawn. Ond roedd awdur y sylwadau golygyddol yn yr un rhifyn yn barod i godi ei lawes ac, ar yr un pryd efallai, ddatgelu gwreiddyn y rhagfarn yn erbyn yr artist:

> Doedd neb yn Radio 1 wedi clywed am Sobin, a'r gwir yw, efallai fod llawer ohonom yn falch. Pwy sydd am i'r byd wybod sut gerddoriaeth mae'r Cymry bach *'backwards'* yn gwrando arno? Mae'n rhyfeddol o beth, ond dydi'r *'critics'* dal ddim yn ei hoffi![4]

Eto yn yr un rhifyn, gofynnwyd i Nia Melville, *guru*'r gwifrau ar Radio Cymru bob nos Wener gyda'i sioe *Heno Mae'r Adar yn Canu*, ddatgelu beth oedd llinell glo ei hoff jôc. A'i hateb? Wel, 'Bryn Fôn' wrth gwrs. Ydi, mae hiwmor yn fater o chwaeth bersonol iawn.

Yn y cyfamser roedd enw Sobin a'r Smaeliaid i'w weld yn gyson ar frig siart Cytgord a gyhoeddid yn *Sothach*. Does wybod a oedd y golygyddion yn ystyried Derec Brown yn 'critic' o'r iawn ryw ond mi oedd e'n mynd i'r afael â ffenomen llwyddiant Sobin ac yn tafoli ei ddawn gerddorol. Dyma ei sylwadau ar ôl gwrando ar *Caib*:

> Gymaint yw poblogrwydd y grŵp erbyn hyn, fe allen nhw fod wedi rhyddhau casét o Bryn Fôn yn adrodd barddoniaeth Bwyleg Canol i gefndir sŵn JCB, a byddai'n dal i werthu miloedd... A chyda'r amrywiaeth ymhlith cyd-gyfansoddwyr Bryn Fôn (Geraint Cynan, Rhys Parri, Meredydd Morris a Dafydd Les), a'r cyffyrddiadau jazzaidd, reggaeaidd, efallai mai'r casgliad hwn fydd yn rhoi'r pleser mwya yn y tymor hir yn hytrach na'r ddau arall.[5]

Roedd cerddorion Sobin yn gerddorion profiadol a phroffesiynol. Gwyddai Sobin/Bryn sut i gyfathrebu â chynulleidfa. Medrai fynd o dan groen caneuon gan roi'r argraff ei fod yn gwneud hynny'n ddiymdrech. Roedd yn driw i'w gefndir ac roedd cyfeiriadaeth ei ganeuon yn gyfarwydd ac yn hawdd i'r gynulleidfa uniaethu â hi. Medrai lenwi neuaddau a phebyll fel y gwnâi'n flynyddol ar noson Sioe Amaethyddol Llandysul yng Ngheredigion. Mynnai Rhian Jones achub ei gam ar ôl yr holl sôn negyddol fu amdano:

> Fel un o'r tri a drefnodd noson lwyddiannus iawn yn Sioe Llandysul eleni gyda Sobin a'r Smaeliaid (a fu'n perfformio am dros ddwy awr) cytunaf taw nhw yw grŵp roc Cymraeg mwya poblogaidd erioed. Yr unig reswm y tybiaf pam bod Sobin yn cael cam gan drefnwyr gigs yw bod carfan fechan iawn o bobol yn genfigennus o Bryn Fôn a'r aelodau eraill. Profodd noson y sioe fod Sobin a'r Smaeliaid yn gallu denu pobol o bob rhan o dde a chanolbarth Cymru i'r babell fawr ar gae Blaencwmerwydd ar gyfer y ddawns fwya poblogaidd mewn unrhyw sioe yn ne Cymru. Ymfalchiaf yn y ffaith bod yna 1,200 o bobl yn bresennol eleni – mwy na llynedd – a bod pawb wedi mwynhau mas draw. Roedd y caneuon yn atsain yn eu meddyliau am ddyddiau – fe fydd Pwyllgor Sioe Llandysul yn gwahodd Sobin a'r Smaeliaid yn ôl i Horeb, Llandysul yn y dyfodol agos. Mae angen y math yma o ganu ar Gymru, a chredaf y bydd eu LP newydd yn gwerthu'n gyflym iawn.[6]

Beth oedd i gyfrif felly fod wagen gnocio Bryn Fôn yn cyflymu wrth rowlio ar hyd y cledrau? Ai'r ateb syml yw'r ffaith nad oedd neb yn Radio 1 wedi clywed amdano, chwedl golygyddol *Sothach*? Ai dyna linyn mesur llwyddiant grŵp roc Cymraeg bellach? A yw pob grŵp Cymraeg sy'n methu â denu sylw troellwyr disgiau prif orsaf radio Lloegr yn '*backward*' a manamanamwnci eu bod yn rhoi'r ffidil yn y to ddim felly?

Buddiol fyddai gwerthuso cyfraniad Sobin a'r Smaeliaid yng nghyddestun grŵp Cymraeg y gellid ei ystyried yn wrthbwynt llwyr iddynt. Beth am ddewis Yr Anhrefn? Rhaid derbyn bod grŵp Rhys Mwyn yn fwriadol amrwd a heb roi fawr o bwys ar gyfansoddi caneuon yn ystyr arferol cyfansoddi. Roedd poeri geiriau'n annealladwy yn rhan o'r steil a'r ddelwedd. Mynegi dicter a chynnwrf oedd y nod a hynny mewn tair munud, heb hidio am ddim arall. Doedd hi fawr o ots chwaith os nad oedd hi'n hawdd gwahaniaethu rhwng un gân a'r llall. 'Rhedeg i Paris' oedd yr unig gân ag awgrym o felodi yn perthyn iddi. Os na fyddai'r pyntars yn gwneud ychydig o ddawnsio pogo, sef neidio yn yr unfan, ac yna'n rhuthro'n un haid fel cenfaint o foch o fewn gofod cyfyng, ni fyddai'r gig yn llwyddiant. Yn wir, o ran y clindarddach gitarau gellid yn hawdd greu dwndwr cyffelyb trwy recordio dau neu dri o dractorau am dair munud. Tebyg fyddai'r ansawdd cerddorol.

Yn 1995 roedd Rhys yn gyfrifol am gyhoeddi cryno-ddisg cysyniadol *Hen Wlad Fy Mamau* (Sain Crai CD048). Mae'n debyg taw byrdwn y gwaith o gelfyddyd oedd cynnig ei hun fel gwrthbwynt i syniadaeth yr anthem genedlaethol. 'Dwi'n erbyn syniadau macho Hen Wlad Fy Nhadau – jingoism Fictorianaidd shite,' meddai'r Bonwr Mwyn.[7] Roedd ei gysyniad yn ymwneud â gwerthoedd y Fam Ddaear, derwyddiaeth, y cyfnod Celtaidd a bwyta'n iach. Cafwyd cyfraniadau gan artistiaid amrywiol na fyddid yn eu cysylltu â'r cyfrwng roc megis Philip Madoc, Gerallt Lloyd Owen ac Elinor Bennett yn ogystal ag artistiaid na fyddid yn eu cysylltu â'r byd Cymraeg megis Molara & Zion Train, Harvinder Sangha a June Campbell. Rhoes hynny hygrededd trawsddiwylliannol i'r prosiect. Doedd Bryn Fôn/Sobin a'r Smaeliaid ddim ymhlith yr artistiaid.

Hyd yn oed os yw'r darlun ychydig yn eithafol mae'n tanlinellu'r gwahaniaeth rhwng grŵp roc Cymraeg oedd â'i ddilynwyr yn yr hyn oedd yn weddill o'r Fro Gymraeg a grŵp roc Cymraeg tanddaearol oedd yn dibynnu ar gydnabyddiaeth gan droellwyr Radio 1 i gyfiawnhau ei fodolaeth. Roedd Bryn Fôn yn artist Cymraeg organig. Roedd Rhys Mwyn yn artist Cymraeg oedd am ddangos i'r Saeson y medrai band Cymraeg berfformio pa chwiw gerddorol bynnag oedd yn ffasiynol yn Lloegr ar y pryd cystal ag unrhyw fand Saesneg. Medrai Bryn/Sobin gyflwyno caneuon serch sensitif y byddai'r gynulleidfa yn uniaethu â hwy tra byddai'r Anhrefn a grwpiau cyffelyb yn debygol o beidio sôn am unrhyw agwedd ar gariad oni bai eu bod yn sôn am ryw yn ei ffurf fwyaf amrwd fecanyddol.

Fe roddwyd cyfle i Sobin ddweud ei ddweud ar dudalennau *Sothach* pan gyhoeddwyd cyfweliad ag ef air am air fwy neu lai. Roedd yn hynod o hunanfeddiannol wrth ddelio â'r holl sylw negyddol i Sobin a'r Smaeliaid ar dudalennau'r cylchgrawn:

> Mae hyn eto yn fy nghael i braidd, yn enwedig gan bobl sy'n trio paratoi cylchgrawn ar gyfer y ffan Cymraeg ar gyfer y gwrandäwr Cymraeg, dwi'n credu ych bod chi'n ddilornus iawn o'r gynulleidfa felly, hynny ydi mai gan bwy bynnag ydyn nhw, os da nhw'n ffarmwrs neu'n bobl Penllyn, mae gynnyn nhw hawl i'w tast cerddorol eu hunain. Di'r ffaith eu bod nhw'n heidio i'r Octagon neu i Gorwen i weld un band arbennig ddim yn golygu i bod nhw'n Hicks gwledig heb ddim steil na tast.[8]

Pan ddaw'r dydd y cyhoeddir cyfrolau am artistiaid roc Cymraeg, yn union fel y gwnaed am feirdd Cymraeg ar un adeg, fe fydd yna sylw helaeth yn cael ei roi i Sobin/Bryn a dim ond ychydig baragraffau am yr Anhrefn. Mae caneuon y gŵr o Lanllyfni yn gofnod o newid cymdeithasol. Onid yw 'Gwlad y Rasta Gwyn' yn brawf o ddiflaniad gafael Anghydffurfiaeth ar genhedlaeth ifanc y cyfnod? Dengys bod gan Rastaffariaeth fwy o afael ar ieuenctid y cyfnod na'r Hen Gorff. Ar y llaw arall gellid cymharu'r neidio yn yr unfan a nodweddai gigs Yr Anhrefn ag arfer y 'jumpers' yn ystod cynnwrf y diwygiadau cynnar.

Ai eiddigedd pur oedd wedi cynnau'r rhagfarn? Hwyrach nad oedd y ceir crand, pwerus y gwelid Bryn Fôn yn eu gyrru, gan brofi ei lwyddiant yn godro'r cyfryngau, yn ei anwylo wrth iddo wibio ar hyd ffyrdd y wlad, a hynny er na ellid ei ddisgrifio fel un o gyfryngis y ddinas. Ni symudodd ymhell o Lanllyfni erioed. Ond mae yna wendid yn perthyn i'r Cymry o ran cydnabod llwyddiant materol, a hynny'n arbennig ar gorn yr iaith. Mae'r 'iaith' yn perthyn i'r 'pethe' ac arwriaeth wirfoddol amaturaidd yn unig sy'n deilwng i gynnal 'y pethe' yn eu ffurf ddilychwin. Hwyrach hefyd y byddai wedi talu ar ei ganfed i Sobin/Bryn, o ran ei hygrededd ymhlith y lleiafrif a gymerai'r isddiwylliant roc gymaint o ddifrif, petai wedi treulio peth amser yn ei slymio hi mewn sgwat llaith yn yr Almaen ac yn perfformio mewn clybiau tywyll, dinod. Doedd yr adolygwyr chwaith ddim yn medru ei gymharu â grwpiau/artistiaid Saesneg fel yr oedd yn rhaid gwneud wrth adolygu pob dim yn ôl pob golwg o ddarllen y cylchgronau roc Saesneg. Byddai cân o'i eiddo yn fwy tebygol o gael ei chlywed ar *Ar Eich Cais* ar nos Sul ymhlith emynau a ffefrynnau eisteddfodol ar Radio Cymru nag ar raglen John Peel yn ystod yr wythnos ar Radio 1 yn gymysg â cherddoriaeth *grunge* neu *thrash*. Fyddai'r rhaglen flaengar *Heno Mae'r Adar yn Canu* ddim yn cydnabod ei berthnasedd chwaith. Roedd Sobin/Bryn yn Gymreig a Chymraeg ac felly, mae'n debyg, yn *'boring'*, a'r gwybodusion a'r pynditiaid o ganlyniad ddim yn gwybod beth i'w wneud ohono ar wahân i'w 'slagio'. O'r herwydd cafodd ei gadw'n gyfrinach rhag y cyfryngau Saesneg. Ond gwyddai'r cefnogwyr yn iawn beth i'w wneud sef mynychu ei gigs wrth y cannoedd a phrynu ei recordiau wrth y miloedd.

Ta beth, rowlio i unman dros ddibyn hanes fu hynt wagen gnocio Bryn Fôn yn y pen draw. Camodd o un degawd i'r llall heb sylweddoli bod yna ystwyrian a cheisio cyflawni hyn a'r llall yn digwydd o'i gwmpas. Yn 2004 cân o eiddo Emyr Huws Jones, 'Ceidwad y Goleudy',

Neil Williams, canwr Maffia Mr Huws
Llun: Rolant Dafis

Uchod: Y Cyrff yn cyflwyno'r Testament Newydd

Isod: Geraint Løvgreen a'r Enw Da

Les Morrison yn ei stiwdio ym Methesda
Llun: Rolant Dafis

Yr anfarwol Rhys Mwyn yn
hyrwyddo Anhrefn ac yn herian
cynulleidfa arall i ymateb
Llun: Rolant Dafis

Ann Mathews o'r Fflaps
Llun: Peter Telfer

Bob Delyn, *aka* Twm Morys, yn gyfuniad o Bob Dylan ac Alan Stivell
yn byw fel un o glerwyr oes a fu
Llun: Stuart Ladd

'Y dyw rhyw ei hun', Ian Morris,
lleisydd Tynal Tywyll

Eirin Peryglus: grŵp oedd yn gyfarwydd â pherfformio tu fas
i Gymru

Rhys Pys, canwr U-Thant a'r Cenhedloedd Unedig

Un o ffefrynnau John Peel, yr
arch ddelw-ddrylliwr o Aberteifi,
ac asgwrn cefn y grŵp Datblygu,
David R Edwards
Llun: Keith Morris

Lugg a Potter, bois Cwm Rhymni'n
arbrofi a gwthio'r ffiniau gyda
Traddodiad Ofnus a Tŷ Gwydr
Llun: Jeffrey Morgan

Hanner Pei o Gaerdydd
Llun: Rolant Dafis

Beganifs o'r Waunfawr a droes yn Big Leaves
Llun: Peter Telfer

Tri Chynganeddwr: Geraint Jarman, Tich Gwilym, a Neil White
Llun: Rolant Dafis

Sion Williams o'r grŵp
Dom o ardal Crymych.
Un o gyflwynwyr
rhaglenni 'Hwyrach'
Radio Cymru ar un
adeg.
Llun: Stuart Ladd

Mike Peters o'r Rhyl. Troes The Alarm yn Yr Alarm am gyfnod wrth
iddo geisio concro neuaddau Cymru yn ogystal â'r lleoliadau canu
roc enfawr yn America
Llun: Peter West

Bryn Fôn ar ei chwyslyd orau na fyddai fyth yn perfformio mewn
neuadddau gwag
Llun: Sion Parri

oddi ar y cryno-ddisg *Dyddiau Di-gymar* oedd ar frig siart Mawredd Mawr Radio Cymru o'r cant o ganeuon Cymraeg gorau erioed. Ac roedd tair o ganeuon eraill a gysylltid â Bryn, gan gynnwys 'Rebal Wicend', wedi cyrraedd y deg uchaf. Mae'n debyg nad oedd yr un ohonynt erioed wedi'u clywed ar donfedd Radio 1. Y bobl oedd yn pleidleisio. Roedd Bryn Fôn yn hanner cant oed a newydd briodi.

Roedd geiriau adolygiad Robert Henri-Jones o'r cryno-ddisg *Dyddiau Di-gymar* pan gafodd ei gyhoeddi, tua'r un adeg â *Hen Wlad Fy Mamau*, yn dal yn berthnasol. Ar ei waethaf roedd yn cyfaddef bod y caneuon yn gafael:

> ... mae 'Ceidwad y Goleudy', 'Lawr i'r Niwl' a 'Cofio Dy Wyneb' yn ganeuon y gellir gwrando arnynt mewn cadair siglo wrth wylio'r haul yn machlud, neu wrth foddi mewn jin ar ôl i'r cariad roi slap olaf i'r drws. Ydynt, maent yn peri Niagra o ddagrau ysblennydd o dristwch hefyd. Ond os cawn roi'r hances boced o'r neilltu am eiliad. 'Rebal Wicend' – mae'r teitl yn ddigon i wneud i rai wrido. Dyma'r math o naffder mae Bryn Fôn wedi ei wneud yn boblogaidd gyda Sobin. Ond mae'r geiriau'n taro deuddeg, a dwi'n dal i ganu'r cytgan... Does yna ddim sy'n cŵl a threndi am y record yma – mae'n well gan Bryn Fôn fwynhau ei hun. Bydd pobl yn gwrando ar yr ambell sleifar o gân sydd yma am flynyddoedd.[9]

Roedd yn rhaid i Dafydd Iwan yntau fanteisio ar y cyfle i roi pelten i'r cnocwyr mewn llyfr a gyhoeddwyd am Sobin gan S4C. Roedd swyddogion yr orsaf deledu wedi synhwyro bod marchnad barod i'w thapio yno. Roedd y grŵp eisoes wedi cyflwyno cyfres deledu:

> Mae'r caneuon eu hunain yn hollbwysig. Dydyn nhw ddim yn trio'n rhy galed i ddweud rhywbeth mawr nac i fod yn ffasiynol, ond mae'r goreuon yn gwneud argraff ar feddyliau pobl ifanc. Hefyd mae rhywun yn gallu canu'r caneuon hefo'r grŵp – elfen brin, sydd wedi ei dibrisio yng Nghymru.[10]

Roedd llyfr o ganeuon o eiddo Sobin wedi eu trawsgyweirio ar ffurf hen nodiant gyda chyfeiliant piano cyflawn a chordiau gitâr eisoes wedi ei gyhoeddi. Doedd Dafydd Iwan ddim wedi colli cyfle, wrth lunio'r rhagair, i ganu clodydd ac i awgrymu beirniadaeth gynnil o'r cantorion roc Cymraeg hynny oedd yn mynd ati ar garlam i ymddieithrio oddi wrth unrhyw wreiddiau cynhenid:

> Mae llawer un wedi rhoi cynnig ar geisio creu argraff ym myd canu roc yng Nghymru ond nid gorchwyl hawdd mohono.

Yr unig beth sicr yw fod nifer o ffactorau'n cyd-daro – llais, personoliaeth, alawon, geiriau – a'r 'rhywbeth arall' hwnnw na ellir rhoi bys arno. Yn achos SOBIN A'R SMAELIAID, y grŵp annhebygol gyda'r enw anffasiynol, mae'r ffactorau i gyd yn cyd-daro, a dengys y llyfr hwn un o'r ffactorau pwysicaf – caneuon canadwy sy'n dweud rhywbeth ac yn golygu rhywbeth ac yn wahanol iawn i lawer o ganeuon cyfoes, caneuon sydd wedi'u gwreiddio'n ddwfn, a hynny ym mhridd creigiog y filltir sgwâr y perthyn Bryn Fôn iddi yn Nyffryn Nantlle.[11]

Os oedd Bryn Fôn ynghlwm i Ddyffryn Nantlle roedd yna fwy o Tom Jones, y calon-doddwr a'r pidyn-gorddwr o Las Vegas, yn perthyn iddo nag o Rhys Mwyn, yr Ewropead, y pync diedifar a'r slogan-gorddwr. Oherwydd hynny, debyg, y bydd caneuon oddi ar y cryno-ddisg *Dyddiau Di-gymar* yn dal i fod yn agos at frig siart Mawredd Mawr am flynyddoedd i ddod.

A phetai o unrhyw gysur i Sobin/Bryn roedd hyd yn oed Meic Stevens yn cydnabod ei fawredd. Pan ofynnodd Gwion Rhys meddw i'r trwbadŵr, oedd yr un mor feddw, a oedd o'r farn bod 'Sobin yn shit?' cafodd yr ymateb: 'Mae Sobin yn proffesional show, best thing really since Edward H. Mae e wedi gwneud ei market research ti'n gweld.'[12]

13 / Ailysgrifennu'r Llyfraith

Cychwynnodd y 90au ar nos Sadwrn, Rhagfyr 7, 1991 ym Mhontrhydfendigaid pan drefnodd Cymdeithas yr Iaith Gymraeg gig anferth Rhyw Ddydd, Un Dydd i groesawu dau o'i haelodau, Branwen Niclas ac Alun Llwyd – y naill yn ferch i Archdderwydd a Chofiadur yr Orsedd a'r llall yn fab i weinidog Presbyteraidd ac yn gadeirydd Cymdeithas yr Iaith Gymraeg ar y pryd – yn ôl o garchar. Cynhaliwyd y digwyddiad yn yr honglad o neuadd a godwyd gydag arian y miliwnydd Syr David James. Gwnaeth y Cardi ei ffortiwn yn bennaf trwy gadw cadwyn o sinemâu yn Llundain ac roedd am amlygu ei hun fel tipyn o philanthropydd. Gwaddolodd beth o'i gyfoeth i gynnal eisteddfodau mawreddog yn Sir Aberteifi, a rhan o amod codi sgubor o neuadd ym mhentref diarffordd y Bont oedd cynnal eisteddfod flynyddol yno a fyddai'n cynnig gwobrau hael ar draul ei garedigrwydd yntau. Nid *penny reading* o ddigwyddiad mohono ar unrhyw delerau ond ffenestr siop i'r hyn a ystyriai oedd yn ddiwylliant aruchel y Cymry.

Ond roedd gan Y Cyrff, Y Crumblowers a Ffa Coffi Pawb syniadau gwahanol am ddiwylliant y Cymry. Roedden nhw'n ymwybodol bod i'r Bont le anrhydeddus yn hanes y diwylliant amgen a ddeilliodd o'r briodas rhwng yr Eingl-Americanaidd a'r cynhenid. Cynhaliwyd Pinaclau Pop yno ar ddiwedd y 60au ac oddi yno y tarddodd y Twrw Tanllyd. Meddiannwyd llwyfan y neuadd gan sgrechian gitarau a chan felodïau telynau yn eu tro. Yno ar drothwy'r Nadolig y cyfarfu Mark Roberts â Cerys Matthews gan gychwyn ar berthynas a fyddai'n rhoi i Walia Wen y label 'Cŵl Cymru' gan ddisodli'r hen ystrydeb o 'Wlad y Gân' ym meddyliau ein cymdogion dros Glawdd Offa.

Yno yn yr oerwynt milain y penderfynodd nifer o'r grwpiau Cymraeg amlycaf na fydden nhw'n cyfyngu eu hunain mwyach i ganu yn Gymraeg a chyfrannu i sîn roc oedd yn crebachu. Roedden nhw wedi blino ar berfformio o flaen cynulleidfaoedd meddw nad oedden nhw'n amlwg am dalu unrhyw barch i gerddoriaeth. Doedd dim amdani ond ei mentro hi yn y byd Saesneg Llundeinig. Hynny neu roi'r gorau iddi a chwilio am swyddi diogel a fyddai'n cynnig pensiwn hael ymhen deng mlynedd ar hugain. Yn y gorffennol roedd Cymdeithas yr Iaith wedi defnyddio Pontrhydfendigaid i gyhoeddi bodolaeth canu roc Cymraeg cynhyrfus oedd am lwyddo ar ei delerau ei hun heb dalu fawr ddim gwrogaeth i'r byd Saesneg cyffelyb. Ond nawr roedd y Gymdeithas yn trefnu digwyddiad i gofnodi ymlyniad dau o'i haelodau at frwydr yr iaith a fyddai'n profi'n gefndeuddwr wrth i ladmeryddion yr iaith ledu eu hadenydd a chwennych bywoliaeth, cydnabyddiaeth ac enwogrwydd trwy gyfrwng y Saesneg.

Pwy oedd Mark Roberts? Hogyn o Lanrwst fu'n gweithio yn ffatri leol Pero yn cynhyrchu bwyd cŵn ar ôl gadael Ysgol Dyffryn Conwy oedd Mark, ond ei gariad mawr oedd y byd roc. Un o'r dylanwadau pennaf arno oedd athro Daearyddiaeth yn yr ysgol o'r enw Toni Schiavone, gŵr o dras Eidalaidd o Ddyffryn Teifi a fu am gyfnod yn gadeirydd Cymdeithas yr Iaith. Cychwynnodd ef ei yrfa yn nwyrain Llundain a bu'n gweithio'n rhan-amser mewn siop recordiau yn Notting Hill. Cofiai fynd â phlant croenddu'r ysgol yn East Acton i weld cyngerdd a brofodd yn gefndeuddwr yng ngyrfa Bob Marley yn y Lyceum.

Roedd clywed yr athro Daearyddiaeth yn sôn yn frwdfrydig rhwng gwersi am grwpiau megis The Clash yn creu argraff ar y Mark ifanc a'i ffrindiau. Ond yn fwy na hynny byddai'n eu goleuo ynghylch y byd canu roc Cymraeg ac yn eu hannog i ffurfio grwpiau Cymraeg yn hytrach na grwpiau Saesneg, yn groes i'r duedd ymhlith ieuenctid Dyffryn Conwy. Roedd y boi yma'n cŵl yng ngolwg y disgyblion, yn medru cyfathrebu â hwy ar yr un donfedd ac yn barod i hybu eu creadigrwydd y tu fas i'r ystafell ddosbarth.

Yn wir, doedd dim pall ar ei frwdfrydedd. Byddai'n trefnu gigs yn neuadd yr ysgol gan selio dealltwriaeth gyda'r gofalwr na fyddai'r hanes am unrhyw ddifrod achlysurol a achosid yn cyrraedd clustiau'r prifathro. Aeth ati i ffurfio'r ffansîn dylanwadol a hirhoedlog *Llmych*. Ond yn bennaf anogai ieuenctid lleol i ffurfio grwpiau Cymraeg a'u cymell yr un pryd i wrando ar grwpiau Saesneg, fel y byddai e'n gwneud, a chaniatáu iddynt gael eu dylanwadu gan y cyfryw artistiaid. Arferai Llanrwst fod yn enwog am ei thelynorion ond bellach roedd yr un mor enwog am ei gitaryddion. Grwpiau Cymraeg eraill Dyffryn Conwy oedd Yr Orsedd, Boff Frank Bough, Dail Te Pawb, Bwyd Llwyd, Tân Gwyllt a Dinistrio'r Diniwed.

Ond pwy oedd Cerys Matthews? Merch i deulu breintiedig dosbarth-canol oedd yn byw yn un o faestrefi Abertawe oedd Cerys. Roedd ei thad yn llawfeddyg yn un o ysbytai'r ddinas. Byddai dau o'i chyd-ddisgyblion yn Ysgol Gynradd Gymraeg Bryn-y-môr yn chwarae rhan allweddol yn ei gyrfa maes o law. Ond pan oedd Iestyn George ac Owen Powell yn parhau â'u haddysg trwy gyfrwng y Gymraeg yn Ysgol Gyfun Ystalyfera roedd Cerys yn derbyn addysg breifat yng Ngholeg St Michael's, Llanelli. Yn ddiweddarach roedd Owen a'i frawd, Lloyd, yn aelodau o'r grŵp Y Crumblowers. Ar ôl graddio o Goleg Polytechnig Llundain trodd Iestyn at newyddiadura yn y maes roc. Bu'n gyd-olygydd ffansîn o'r enw *Zine* ac yn ddiweddarach byddai ei gyd-letywr, Steve Lamacq, yn priodi un o'i gyd-olygyddion, Juliet Sensicle. Gwerthid tua 4,000 o gopïau o bob rhifyn o'r ffansîn. Bu Iestyn a Steve yn gweithio i'r *New Musical Express* am gyfnod cyn i Steve ddod yn llais cyfarwydd fel un o droellwyr Radio 1. Fe fyddai'r cysylltiadau yma'n dwyn ffrwyth ar eu canfed pan fyddai Cerys a Mark yn lansio eu grŵp newydd.

Ond beth oedd pedigri Mark o fewn y byd roc Cymraeg? I ble roedd ei bererindod wedi ei arwain cyn iddo gyfarfod â Cerys? Roedd Mark yn aelod o'r enwocaf o grwpiau lleol Llanrwst, Y Cyrff. Yn wir Mark *oedd* y grŵp i bob pwrpas. Ei egni a'i weledigaeth oedd yn llywio'r grŵp. Dylan ac Emyr Davies a Barry Cawley, hogiau lleol eraill, oedd yr aelodau cynnar. Yn ddiweddarach gadawodd Emyr ac ymunodd Paul Jones â'r grŵp, ac felly hefyd Mark Kendall yn ei dro. Daeth un o'r caneuon cynnar, 'Cymru, Lloegr a Llanrwst', yn gymaint o anthem i'w cenhedlaeth ag ydoedd 'London's Burning' The Clash i genhedlaeth o Saeson. Ond doedd dim lle i honni mai efelychiad gwan o grwpiau Saesneg oedd Y Cyrff. Canwyd clodydd eu recordiau'n ddiwahân ac yn arbennig aeddfedrwydd y cryno-ddisg *Llawenydd heb Ddiwedd* ar label Ankst. Roedd y gerddoriaeth yn ogystal â'r ddawn eiriol yn tynnu sylw, fel y tystiai Jason Walford Davies:

> Dyma dâp soffistigedig sydd, yn fwy na'r un arall yn Gymraeg, yn llwyddo i gyffwrdd ag amrywiaeth a chymhlethdod personoliaeth pob gwrandäwr... Yn ogystal â cherddoriaeth dda mae yma eiriau deallus iawn ac mae hynny'n beth prin y dyddie 'ma... Ond fel y llun ar y clawr mae gwaith Y Cyrff yn gymhleth ac yn anodd ei ddehongli. Beth tybed yw ystyr cân fel 'Colofn' neu 'Beddargraff'? A beth am eiriau fel 'Ac ers i'r frenhines adael/Hoffwn eistedd yn dy boced'? Falle y dylen ni adael yr esboniadau i'r Cyrff eu hunain trwy wrando yn

hytrach na holi; wedi'r cyfan nhw sy'n cynnig y disgrifiad gore o natur y tâp unigryw yma, a hynny yn y gân 'Cwrdd'. 'Y sylfaen, y teimlad, mor syml, mor onest'. Pwy all ofyn am fwy na hyn?[1]

Ymhen amser byddai ei efaill o gyd-academydd, Damian, yn canu clodydd dawn gyfansoddi'r grŵp a hynny am fathiad athrylithgar o air yn y gân 'Llawenydd heb Ddiwedd':

> Mae rhywbeth hynod yn digwydd. Cywesgir dau air, dau syniad, yn un. Wrth i'r gân ruthro i'w diwedd, ymddengys fod dau air yn uno'n sydyn yn afiaith y cyflymdra, dan bwysau'r odlau anorfod. Bethir term newydd yn y fan a'r lle. Mae'n fathiad beiddgar:

> > "Daw'r dydd pryd fydd ystyr dy fywyd yn glir
> > Ehangwn y ffrwyth o'r sudd
> > Mi fyddwn oll yn rhydd.
> > A bydd traeth yn gymorth i'r weledigaeth
> > Ail-ysgrifennwn y <u>llyfraith</u>
> > Pob gair o gelwydd yn ffaith..."

> Wrth ailysgrifennu'r *llyfraith* mae'r Cyrff yn diwygio'r llyfrau oll a Chyfraith Gwlad yr un pryd, ac yn herio pob canon. Adnoddau cynhenid yr iaith sy'n eu caniatáu i wneud hyn. Trwy eu clyfrwch geiriol, maent yn diwygio'r gredo ddealledig, ond nid deallus honno, sy'n tybio nad yw canu poblogaidd yn Gymraeg yn haeddu sylw beirniadol.[2]

Roedd eraill o blith y doeth a'r deallus yn arllwys eu canmoliaeth, a hynny'n gwbl briodol. Ar ôl iddo yntau wrando ar *Llawenydd heb Ddiwedd* credai Emyr Glyn Williams nad oedd yna'r un grŵp tebyg wedi canu yn Gymraeg:

> Does yna ddim (a fuodd yna erioed) grŵp tebyg i'r Cyrff yn Gymraeg. Weithiau mae eu hannibyniaeth yn edrych fel styfnigrwydd, eu hymddygiad ar lwyfan yn gyfuniad peryglus o drais ac angerdd, a'u hyder yn gallu hudo a gelyniaethu am yn ail. Ond, yn wahanol i'r grwpiau eraill, mae'r caneuon wastad wedi bod yn fyw, yn ddatganiadau cig a gwaed yn herio'r difaterwch o'u cwmpas... Mae'r Cyrff rŵan mewn sefyllfa i frasgamu allan o gysgodion cerddorol y gorffennol efo record sy'n gampwaith. Fel pob record bwysig arall ym myd canu cyfoes, mae'r cyfan yn gymysgedd o hyder, gweledigaeth, crefft a ffydd. Tair cân ar ddeg yn ymdrin â serch, blinder, gwendid, colled a'r brwydro diddiwedd yn erbyn y gorffennol; i gyd yn treiddio'n unigol i'r isymwybod fel cyffur trwy'r gwythiennau. Rhai o'r caneuon yn gaddo cysur, eraill yn bygwth poenydio

ond i gyd yn llwyddo i gyffroi. Mae trefniant yr offerynnau yn annisgwyl, does yna ddim byd wedi'i guddio, mae pob melodi yn lân, yn glir ac yn onest. Mae'r cynhyrchu spartan yma'n sicrhau fod pob sŵn yn hanfodol.

Neges *Llawenydd heb Ddiwedd* yw 'Bywyd yw y cyffur, bodoli yw yr ystyr' a llawenydd heb edifarhau yw'r dyfodol. Ond os dyma yw'r neges sut mae esbonio'r gân ola, 'Eithaf'? Os sgrifennwyd cân fwy prydferth a thrist, dwi heb ei chlywed hi. Mae gwrando arni fel edrych ar hen lun ohonoch eich hun gan fethu'n llwyr â chofio nag adnabod y person. Does dim modd prisio gwerth eiliadau fel y rhain: 't'oedda nhw'n ddyddiau i'r eithaf, er gwaethaf'. Mae'r cyfan yn oes mewn eiliad – profwch

meddai'n fuddugoliaethus.[3]

Yn gynharach, yn 1987, roedd Y Cyrff wedi cyhoeddi saith o ganeuon dan y teitl *Y Testament Newydd* – record a ystyrid yn garreg filltir ynddi'i hun. Roedd y teitl yn troi'r holl draddodiad Anghydffurfiol Cymreig wyneb i waered gan awgrymu mai yn y caneuon yma y ceid yr 'efengyl' newydd. I bob pwrpas mae'n gofnod o ymateb Mark Roberts i'w brifiant a'i ddeffroadau rhywiol ei hun. Mae'n cydnabod y newidiadau yn ei gyfansoddiad ac yn cynnig ei brofiadau fel 'y gwirionedd newydd' rhagor na'r hyn a geid mewn unrhyw Ysgol Sul. Roedd adolygydd dienw yn ffansîn rhanbarth Clwyd o Gymdeithas yr Iaith Gymraeg yn gwneud yn fawr o'r cyfeiriadau Beiblaidd:

... Chwe chân am Gymru, Problemau Cymdeithasol, a Rhyw. Y Cyrff yn meiddio dweud be mae nhw'n meddwl: y pregethwyr newydd yng Nghymru. Croeso i Eglwys y Sanctaidd Cyrff – dowch i mewn... PENNOD UN: I gychwyn 'ansicrwydd byr', llawn o 'balls' – munud a hanner o nwyd. Nesa 'Y Cyfrifoldeb' y gân yn ffadio i fewn ac yna BUMPH! Melodi, rhythm cryf a cytgan uffernol o 'catchy'. Neges hefyd – 'pan mae Cyrff yn cwrdd', y Gyfrifoldeb, paid ag anghofio!!! Y gân olaf ar Bennod Un ydi yr un, 'Defnyddia Fi'. Ddim yr un i chwarae i dy fam! Sylfaenol, 'sordid' a dwi'n ei garu o! 'dwi'n barod i ddysgu?'... 'dyro fo fewn'... 'gorwedd lle dwi wedi dod'... 'dwi isio bod yn gi i ti'. Oes rhaid i mi ddweud mwy?

PENNOD DAU: Mae naws mwy 'caled' i'r ochr yma gyda'r gitarau yn crafu, y bas yn dew a drymiau Dylan yn gyrru'r cyfan yn ei flaen hefo bit ffyrnig. 'Y Pleser' yw'r gân gyntaf – 'bass-line' wych, drymio cadarn a geiriau ymosodol yn syth o'r galon a mae na hyd yn oed gitâr acwstig ar y diwedd. Eat your heart out Richard Morris. 'Fy Enaid Noeth' sy'n dilyn.

Cân gyflym, uchel ag, fel mae'r teitl yn awgrymu, onest. Y gân olaf yw 'Y Deffro' sy'n dechrau hefo'r cwpled bythgofiadwy; 'So mae 'hipsters' Cymraeg yn gwrando ar John Peel... Ond ma' nhw'n dal yn y capel prynhawn dydd Sul'.[4]

Cydiodd yr EP bum cân *Yr Atgyfodiad* yng ngwar Siôn T Jobbins:

Caneuon sy'n eich codi i fyny ac yn eich tynnu i lawr. Tonau, harmonïau a gwrthbwyntiau sy'n gafael yng ngwar eich emosiwn – mae'r grŵp mor aeddfed. Ac yna'r geiriau – mae cymaint o ddyfnder yma. Mae'r canwr, trwy unigrwydd ei eiriau, yn cysylltu â miloedd. Mae'r gonestrwydd yn brathu, wrth sôn am garwriaeth yn methu neu wrth fyfyrio ar hunanladdiad. Mae'r geiriau'n asio'n berffaith â'r gerddoriaeth ac mewn ffordd od yn rhoi hyder i rhywun. Be alla'i ei ddweud...? Wn i ddim a oedd y canwr yn crio tua diwedd 'Weithiau/Anadl', ond roeddwn i.[5]

Erbyn diwedd 1992, ar ôl wyth mlynedd, roedd gyrfa Y Cyrff wedi dod i ben, a hynny am na chredai Mark fod yna fawr mwy y gellid ei gyflawni. Cyhoeddodd y grŵp eu bod yn rhoi'r gorau iddi pan oedden nhw ar daith yn Tsiecoslofacia. Yn ogystal ag ennill clod yng Nghymru roedd y grŵp wedi derbyn canmoliaeth gyson gan y wasg Saesneg. Ac roedd Mark Roberts a Cerys Matthews yn breuddwydio am lwyddiant pellach yn y maes. Symudodd y ddau i fyw mewn tŷ yn ardal Adamsdown o Gaerdydd a phrin y byddai'r naill i'w weld heb y llall. Fyddai hi ddim yn anarferol i'w gweld yn bysgio ar hyd yr Ais yng nghanol y ddinas er mwyn ceisio cadw dau ben llinyn ynghyd. Doedd yr arian dôl ynddo'i hun ddim yn ddigon i gynnal bywyd cymdeithasol hectig. Doedd yr un o'r ddau wedi arfer â phatrwm bywyd oedd wedi ei strwythuro'n fanwl. Ar wahân i batrwm byw anwadal Mark fel aelod o grŵp roc, roedd Cerys wedi bod yn gofalu am blant yn Sbaen ar ôl rhoi'r gorau i gwrs nyrsio seiciatryddol yn Llundain. Bu hefyd yn glanhau'r traethau ar hyd arfordir Sir Benfro am gyfnod ac yn dilyn hynt a gigs Y Cyrff. Er na fu'n aelod o'r un grŵp fyddai hi ddim yn anarferol ei gweld yn strymian gitâr ac yn ei difyrru ei hun yn canu caneuon gwerin a blŵs. Roedd y diléit yno, a'r awydd i gyfansoddi caneuon.

Bu'r ddau wrthi'n ddygn yn cyfansoddi ac yn recordio tapiau demo pan fyddai'r amgylchiadau ariannol yn caniatáu. Byddent yn cyfansoddi a recordio yn y ddwy iaith. Roedd yna fwrlwm yng Nghaerdydd wrth i gerddorion y sîn roc Gymraeg gyfarfod yn gyson i drafod a chyfnewid syniadau ac i rannu ac annog dyheadau. Cafwyd cyfle i ganu 'Gyda Gwên' ar *Fideo 9* yn enw Sweet Catatonia. Yn naturiol, gwnaed fideo o'r gân ar gyfer y rhaglen, a chreodd gryn argraff ar Rhys Mwyn. Cysylltodd â'r ddau, trefnu cyfarfod a chynnig ei hun fel tad yn y ffydd. Yn eironig ddigon, ef oedd erbyn hyn yn gyfrifol am redeg label Crai ar ran cwmni Sain ac roedd yn chwilio am grwpiau i'w recordio a'u hyrwyddo. Er mwyn tynnu sylw at gyhoeddiad cyntaf y label roedd Yr Anhrefn wedi chwarae gig ar ben Yr Wyddfa yn 1990. Gwelai Rhys Mwyn bod yna botensial yn y deunydd crai a ymddangosodd ar *Fideo 9* a threfnodd daith i'r Sweet Catatonia, ar y cyd â'r Anhrefn, i'r Almaen.

Mater o 'fenthyg cerddorion' oedd hi ar y dechrau un ar sail pwy bynnag oedd yn rhydd i recordio traciau demo. Ond o dan anogaeth 'y rheolwr' ymunodd Paul Jones, cyn-aelod o'r Cyrff, i chwarae'r gitâr fas, Dafydd Ieuan a fu'n aelod o'r Anhrefn a Ffa Coffi Pawb i daro'r drymiau a merch o Brighton, Clancy Pegg, i chwarae'r allweddellau. Yn Eisteddfod Genedlaethol Llanelwedd 1993 cyflwynodd Catatonia ganeuon yn y ddwy iaith mewn gig a drefnwyd gan Blaid Cymru, ac ym mis Medi cyhoeddwyd EP *For Tinkerbell* ar label Crai gyda'r brif gân yn cael ei chanu'n Saesneg. Fe'i gwnaed yn 'Sengl yr Wythnos' gyda'r teitl 'Rompy Stompy Welsho Punkpop Sex' gan y *New Musical Express*. Fe'i canmolwyd i'r entrychion gan Steve Wells:

> Starts off all soppy and luvverly and suddenly turns into an X-Ray Spex-ish heavy metal orgy with a Sugarcubes-style blitzkrieg of total funpop... What's it about? It's about lurve and sex and it is very, very clever. You know how every now and then you hear a pop record that makes you feel as if someone is stroking your spine with an ice cube? Or that you're being dangled upside down from a jet helicopter and dragged through an ocean of ice cold champagne? It's one of those.[6]

Roedd ymdrechion diflino Rhys Mwyn i hyrwyddo'r grŵp yn y cyfryngau a phresenoldeb Iestyn George yn swyddfa'r *NME* yn Llundain wedi talu ar eu canfed yn barod. Dechreuodd cyhoeddiadau a chyfryngau eraill ddangos diddordeb. Chwaraeodd Mark Radcliffe y record ar ei sioe hwyr y nos ar Radio 1. Roedd John Robb yr un mor ganmoliaethus ond heb fod mor eithafol ei ieithwedd â Steve Wells ar dudalennau y *Melody Maker* mwy sobreiddiol. Roedd rhywbeth yn digwydd, a llais unigryw Cerys Matthews, neu Cerys Anazapela fel y galwai ei hun ar y pryd, oedd yn denu a dal sylw ar ddiwedd 1993. Cyhoeddwyd ail record ar label Crai, *Hooked*, yn cynnwys un gân Gymraeg a chafwyd adolygiadau ffafriol. Roedd sylwadau Derec Brown fel petaen nhw'n crynhoi'r hyn oedd i ddod:

> Ceir rhyw fath o lonyddwch a gwagle hudol yn eu caneuon, sy'n tueddu at y cyweirnod lleddf ond heb fod yn ddiflas o leddf. Unwaith eto ceir cytganau cofiadwy a lleisio perffaith sy'n dangos fod y grŵp yn barod nawr am gasgliad ehangach o ganeuon. Trueni, fodd bynnag, nad oes fersiynau Cymraeg o 'Hooked' a 'Fall Beside Her' ar y CD hwn – teimlaf fod y grŵp yn gwneud cam â'r gynulleidfa Gymraeg. Wedi'r cyfan, cyfrannu at y byd pop Saesneg, nid cyfrannu at y byd pop Cymraeg, yw canu yn Saesneg.[7]

Dyna osodiad dadleuol a fyddai'n destun dadleuon di-ri dros y blynyddoedd nesaf. Ond roedd Cerys yn barod i ddelio â'r cyhuddiad o 'frad':

> Rydyn ni mor falch o fod yn Gymry, ond dydyn ni ddim isie cael ein cyfyngu i un iaith yn unig. Mae ganddon ni ganeuon yn Sbaeneg a Ffrangeg hefyd, felly rwy'n meddwl ein bod ni'n ehangu ein gorwelion a dangos i bobol fod 'na gerddoriaeth dda yn dod mas o Gymru. B'asen ni'n gwneud anghyfiawnder â ni ein hunain a Chymru petaen ni'n dewis bod yn gul ac aros o fewn ffiniau un wlad ac un iaith. Rydyn ni'n gallu siarad mwy nag un iaith, felly pam na ddylen ni ganu mewn mwy nag un iaith.[8]

Roedd Clancy Pegg, y Saesnes a ddysgodd Gymraeg, yn barod â'i gwerth chwech hithau hefyd:

> Cyn belled â'i fod e'n swnio'n dda, dwi ddim yn gweld bod ots ym mha iaith yr ydan ni'n canu. Mae yna rai caneuon yn swnio'n well yn Gymraeg a rhai eraill yn swnio'n well yn Saesneg, mae mor syml â hynny. A beth bynnag, mae'n gwneud synnwyr fod rhywun fel Dafydd Iwan yn canu'n Gymraeg am fod ganddo fo neges wleidyddol i'w throsglwyddo, ond efo ni y gerddoriaeth sy'n dod gynta.[9]

Ond ar ôl ymddangosiad Catatonia yng Ngŵyl y Cnapan yn yr haf daeth cysylltiad uniongyrchol Rhys Mwyn â'r grŵp i ben. Roedd cwmnïau mawr Llundain yn ymhŵedd ac am drefnu eu pobol eu hunain i reoli a hyrwyddo'r grŵp, newid yr aelodaeth, hepgor yr ymlyniad at ganu'n Gymraeg a chanolbwyntio ar goncro'r byd. Martin Patton o gwmni MRM fyddai'n rheoli eu tynged bellach a chredai fod yna ddyfodol disglair i'r grŵp hyd yn oed os oedden nhw'n dal i fynnu canu ambell gân yn Gymraeg:

Maen nhw'n sgrifennu caneuon gwych ac mae ganddyn nhw syniadau anhygoel. Mae eu syniadau nhw ymhell tu hwnt i dri chord, pennill a chytgan – maen nhw'n meddwl tu hwnt i'r ffin yna. Mae cael bod yn Llundain bron yn angenrheidiol mewn sawl ffordd. Mae 90 % o'r diwydiant yma. I bwrpasau marchnata, os ydych chi am werthu 10 miliwn albym, mae'n rhaid i chi ganu yn Saesneg ond, yn y bôn, ryden ni am i'r band wneud beth maen nhw am ei wneud. Mewn rhyw ffordd weird, mae pethau fel yna'n gallu gweithio yn y sin indie. Os ydyn nhw am barhau ar y trywydd yna fe wnewn ni e'n bosib iddyn nhw.[10]

Wrth groesawu Catatonia a ffarwelio â'r Cyrff ni chafwyd gwell teyrnged i ddoniau'r bechgyn o Lanrwst nag eiddo Elin Llwyd Morgan:

> ... mi oeddan nhw'n berfformwyr heb eu hail, yn llawn egni ac angerdd, ac roedd eu gwylio nhw weithiau fel crafu man sy'n cosi efo min cyllell.[11]

Byddai'r gymhariaeth yr un mor berthnasol wrth wrando ar, a gwylio, Catatonia ar eu gorau maes o law. Byddai sgriblwyr papurau cerddoriaeth roc Llundain yn canu clodydd Catatonia i'r entrychion gan geisio rhagori ar ei gilydd o ran eu disgrifiadau gorganmoliaethus ac absŵrd. A waeth beth am agwedd llawer o'r puryddion yng Nghymru ynghylch penderfyniad Catatonia i chwennych clod a llwyddiant yn y byd Saesneg, roedd o leiaf un bardd arobryn o Gymro yn barod i ddefnyddio'r gynghanedd ar ei mireiniaf i ddisgrifio'r profiad o wylio Cerys Matthews mewn gig. Fyddai sgriblwyr Lloegr ddim yn medru efelychu camp Ceri Wyn Jones yn hynny o beth:

> Mewn gig, â'r meini'n gwegian,
> stŵr mud yw'n storïau mân:
> gwydrau, mŵg, a drymiau harn,
> gwadnau'n gwawdio yn gadarn;
> pregethu, poeri, gwthio,
> dyrnau'n cau, a phawb o'u co;
> Yn y tarth tu hwnt i iaith,
> boteli yw'r bît eilwaith.
> Ond, drwy'r tarth, daw hyder tôn
> i anwylo'r cwerylon,
> a'i chalon gatatonig
> yn cofleidio'r dawnsio dig.
> Nodau'r meic sy'n hollti'r mwg
> yn y golau o'r golwg,

a'u taranau'n tirioni
holl ddyrnau ein hofnau ni.
Ym merw'r ddawns mae'r ddwy iaith -
Yr arafwch a'r afiaith:
Cerys yw deigryn cariad,
yn arwydd hir a'r rhyddhad.
hi'r gân serch, hi rygnu sur,
hi'r wâc asid, hi'r cysur;
hi'r alaw fel dur hoelen,
hi Road Rage, hi gordiau'r wên.
Ac ynddi hi mae'r ddwy wedd -
y duwch ym Mlodeuwedd:
hithau'n bygwth a'n begian,
â chusan chwys yn ei chân.
Gwydr chwâl yw ei hana'l hi,
ochenaid yn teilchioni
rhyngom nes troi'n angerdd
yn groen gŵydd, a'i geiriau'n gerdd.
Pan af adre'r bore bach
a sibrwd i'r sêr sobrach,
mae ei chri 'mhob gwythïen,
a'i drymiau hi'n mwydro 'mhen.
Wedyn, cyn i gwsg eu cau,
mae'r ana'l yn f'amrannau,
a chân yr alarch unig
yn oeri'r gwaed wedi'r gig.[12]

14 / Ffa Coffi Pawb

Ym mis Hydref 1991 ysgrifennwyd y canlynol mewn llith olygyddol yn y cylchgrawn *Sothach*:

> Mae canu pop Cymraeg (ar ei orau) yn un o'r agweddau prin ar ein diwylliant sy'n gyfoes, cynhyrfus, annibynnol ac yn perthyn i'r ifanc. Mae'r sgwennwyr gorau yn y diwylliant pop ben ac ysgwydd uwchlaw'r 'beirdd go iawn' sy'n sgwennu yn Gymraeg o ran gwreiddioldeb, perthnasedd a chynnwrf... Lle mae 'cyting ej' y diwylliant Cymraeg yn y 90au? Ydi o ar y teli? Ar lwyfan drama? Y gair ysgrifenedig? Y byd celf? Canu pop? Penderfynwch chi.[1]

Doedd pawb ddim yn rhannu'r un optimistiaeth. Cyhoeddwyd erthygl yn y cylchgrawn wythnosol *Golwg* ychydig wythnosau ynghynt dan y teitl 'Roc ar y Groesffordd', gan wahodd dau oedd yn ei chanol hi i gyfrannu eu sylwadau. Ysgrifennai Iestyn George fel Cymro a gyfrannai'n uniongyrchol at hybu'r byd roc Saesneg ond a geisiai hyrwyddo bandiau Cymraeg o fewn y byd hwnnw. Doedd e ddim am weld roc Cymraeg yn peidio:

> Mae Cymru mewn annibendod. Annibendod diwylliannol – lle mae'r ffiniau'n aneglur a thraddodiadau mewnblyg yn amherthnasol i fywyd modern ein gwlad. Wrth i ni lusgo'n hunain o'r 20fed ganrif mae dylanwadau estron yn gryfach nag erioed. Yn eironig, mae'r sin roc wedi ffynnu trwy fenthyg dylanwadau Eingl-Americanaidd... Rhaid cydnabod ein bod ni'n glwm yn gerddorol i ddiwylliant dieithr heb anghofio gwaith sylfaenol yr arloeswyr – Geraint Jarman a'r Brodyr yn enwedig. Does dim un ffigwr wedi creu cymaint o gyfoeth cerddorol yn hanes y sin Gymraeg na Jarman. Am y tro cyntaf erioed roedd ganddon ni arwr *cool* i'w edmygu. Hawdd deall sut mae Tŷ Gwydr yn adlewyrchiad modern o waith Jarman...

> Mae datblygiad y sin roc yng Nghymru yn ddifrifol o bwysig. Dyma'r unig agwedd gwir fodern i'n diwylliant ni. Gymaint rhwyddach yw hybu'r iaith trwy gynnal cyngherddau a rhyddhau recordiau na phwyso ar blant i ddarllen mwy o lyfrau Cymraeg, neu eu gorfodi i wylio S4C. Mae gan grwpiau

Cymraeg gyfrifoldebau llawer ehangach na'u cyfoeswyr yn
Lloegr ac mae'n allweddol eu bod nhw'n defnyddio'r adnoddau
a'r profiad i weithio at y dyfodol... Rhaid i'r sîn Gymreig
adeiladu ar ei llwyddiant. Nid yn y ffordd nodweddiadol o
sefydlu pwyllgorau a grwpiau gwaith ac yn y blaen ond trwy
fuddsoddi yn ariannol ac yn ysbrydol – sefydlu cwmnïau
recordiau, siopau a phatrwm dosbarthu. Cadwch e'n fach ac
yn iach.[2]

Gyda llaw, roedd Iestyn wedi mentro i Lundain yn fwriadol er mwyn
osgoi'r hyn a ystyriai'n fewnblygrwydd afiach Cymru:

Fe benderfynais pan oeddwn yn yr ysgol yn Ystalyfera, nad
oeddwn am fynd i'r coleg yn Aberystwyth neu Fangor. Mae
rhywbeth afiach mewn pobl sy'n ffurfio ac yn byw mewn
'ghettoes' Cymraeg, cul eu gorwelion – yn enwedig wrth edrych
ar y nifer sy'n cael swyddi da yn y cyfryngau oherwydd hynny!
– Fe allwn fynd mlaen am oriau ar y pwnc hwnnw![3]

Ei fam oedd y ddarlledwraig Beti George, cyn-fyfyrwraig yn
Aberystwyth.

Yr ail gyfrannwr oedd Rhys Mwyn, yn delio â'r duedd ymhlith
grwpiau Cymraeg i ganu'n Saesneg:

Mae 'canu yn Saesneg' yn un o'r bwganod sydd wedi codi ei ben
i daflu'r Sîn Roc Gymraeg oddi ar ei hechel ac i greu dadleuon a
dryswch. Mae sawl grŵp wedi cynnwys cân neu ganeuon Saesneg
fel rhan o set fyw ond wrth ymchwilio'r stori yma beth ddaeth
yn hollol amlwg oedd nad oes neb o'n sîn ni wedi 'llwyddo' yn
Saesneg a does neb wedi rhoi dadl gref iawn dros ddefnyddio'r
Saesneg... Ers blynyddoedd bellach mae rhai grwpiau uniaith
Gymraeg wedi teithio Ewrop a recordio sesiynau i John Peel,
a hyn heb gyfaddawdu – heb ganu unrhywbeth yn Saesneg.
Does neb wedi 'gorfod' canu ambell i gân yn Saesneg... Y neges
bwysica yn fy marn i yw mai'r Gymraeg yw iaith y caneuon
– does dim rhaid cyfieithu hynny![4]

Wrth ysgrifennu ar ddiwedd y 90au roedd Simon Brooks yn gwbl
bendant bod canu roc Cymraeg wedi trengi ar ôl i gymaint o grwpiau
Cymraeg llwyddiannus gael eu denu i'r byd Saesneg:

Mewn cwta flwyddyn neu ddwy, rhwng haf 1992 a haf 1994,
daeth y Sîn Roc Gymraeg, a oedd yn gymaint rhan o ddiwylliant
yr ifanc ers ymddangosiad Y Blew yn Steddfod Y Bala yn 1967 i
ben. Wrth gofnodi hanes diwylliannol ei diflaniad, dylid yn awr
roi heibio'r awch i chwilio am fychod dihangol a chynllunio,
yn hytrach, ar gyfer ei hadferiad... Nid methiant esthetaidd

a achosodd ddiflaniad yr hen Sîn Roc Gymraeg, ond pwysau masnachol. Canlyniad ydoedd i ddau beth. Yn gyntaf, anallu aelodau dau fand Cymraeg gorau'r cyfnod, Y Cyrff a Ffa Coffi Pawb, i ennill y cyflog a'r sylw y teimlent eu bod yn eu haeddu. Oherwydd hynny fe benderfynon nhw ail-lansio'u gyrfaoedd yn Saesneg, ar newydd wedd y grwpiau Catatonia a Super Furry Animals, gan obeithio y byddai hynny'n gwneud iawn am y camwri. Yn ail, penderfyniad Ankst, prif label recordiau y diwydiant ieuenctid, i newid pwyslais o ddatblygu cerddorion, er mwyn hyrwyddo'r sîn Gymraeg yng Nghymru, i annog grwpiau i ganu yn Saesneg yn bennaf, gan obeithio cymell labeli mawr Lloegr i'w harwyddo.[5]

Beth felly oedd yn gyfrifol am y fath newid? Tua'r un adeg ag yr oedd *Sothach* yn canu clodydd y mentrusrwydd a'r creadigrwydd o fewn y byd roc Cymraeg roedd *Golwg* yn bwrw amheuon ar hygrededd a pharhad yr hyn oedd yn digwydd. Tra bo'r naill yn gweld roc uwchlaw pob cangen arall o ddiwylliant Cymraeg o ran ei ffyniant roedd y llall yn gweld craciau'n ymddangos.

Gweld Cymru'n wlad henffasiwn a chul ei gorwelion oni bai bod ei grwpiau roc yn efelychu grwpiau Eingl-Americanaidd a wnâi Iestyn George o swyddfa'r *NME* yn Llundain. Ansawdd a chynnyrch y grwpiau roc oedd unig linyn mesur Cymreictod modern yn ei olwg. Roedd yn aelod o glwb colbio Sobin a'r Smaeliaid ond amwys oedd ei agwedd tuag at ddewis iaith berfformio artistiaid.

Doedd Rhys Mwyn, ar y pryd, ddim yn gweld cyfiawnhad dros annog grwpiau Cymraeg i ganu'n Saesneg ac ymddengys ei fod yn rhannu pryder Dafydd Iwan y buasai troi at y Saesneg yn arwain at ddiwedd y diwylliant roc Cymraeg. Ond ymhen dwy flynedd byddai'n rhaid iddo lyncu ei boer a chydnabod bod troi i ganu'n Saesneg yn anorfod yn hanes rhai o'r grwpiau, gan gynnwys Catatonia, y band roedd e'n ei hyrwyddo. Ac roedd hynny nid o ran unrhyw egwyddor ond yn syml oherwydd y rheidrwydd i ennill bywoliaeth a dilyn gyrfa gerddorol. Nid mater o gefnu ar y Gymraeg oedd hi o reidrwydd ond mater o fentro'n Saesneg hefyd. Ildiodd Rhys i'r drefn wrth iddo sôn yn ddiweddarach am benderfyniad Catatonia wrth yr awdur David Owens:

> They learnt their craft, but they all grew up and realised that they had gone as far as they could. I think people eventually realised that you could be big in Wales, but it doesn't keep the wolf from the door. You know, respect don't pay the bills.[6]

Beth felly ddigwyddodd rhwng cyhoeddi'r sylwadau yna yn *Sothach* a *Golwg* yn 1991 a diwedd 1994 pan oedd y sîn roc Gymraeg wedi dirwyn i ben yn ôl Simon Brooks? Cyhoeddwyd y sylwadau, wrth gwrs, cyn cynnal y cyngerdd Rhyw Ddydd, Un Dydd ym Mhontrhydfendigaid ym mis Rhagfyr 1991, yng nghwmni Ffa Coffi Pawb ac eraill. Ond pwy felly oedd Ffa Coffi Pawb?

Ar ôl i'r Cyrff chwalu doedd yna fawr o ddadl mai Ffa Coffi Pawb oedd y band Cymraeg mwyaf egnïol a dyfeisgar o ran ei allu i gyfansoddi caneuon cywrain. Roedd enw'r grŵp ei hun yn em am fod ei ynganiad yn chwarae ar y tebygrwydd rhwng ei seiniau â rheg Sacsonaidd gyfarwydd. Am gyfnod byddai Ffa Coffi Pawb yn cael eu disgrifio fel fersiwn Cymraeg o'r grŵp dadleuol a hanai o'r Alban, Jesus and Mary Chain. Ar ddechrau 1991 roedd ganddynt dri chasét wedi eu cyhoeddi ar dri label gwahanol yn ugain uchaf siart Cytgord. Yng ngolwg y lleisydd a'r prif gyfansoddwr, Gruff Rhys, roedd rhaid wrth feddwl amldraciog yn union fel stiwdio recordio wrth fwrw ati i gyfansoddi, a gorau oll petai'r traciau yn y meddwl yn fwy niferus na thraciau'r stiwdio y byddid yn recordio ynddi. Roedd teitlau caneuon megis 'Hydref yn Sacramento' a 'Gwanwyn yn Detroit' yn awgrymu ffordd wahanol o weld pethau. *Clymhalio* (Ankst 018) oedd teitl y casgliad cyntaf o ganeuon ar label Ankst a *Hei Vidal* (Ankst 036) oedd yr ail. G I Jones sy'n crynhoi natur y grŵp wrth baratoi i gyfweld Gruff, Dafydd Ieuan, Dewi Emlyn a Rhodri Pugh:

> Mae *Hei Vidal* (Ankst) yn adfer ffydd rhywun mewn gallu grŵp Cymraeg i gynhyrchu LP Roc sy'n aeddfed ond heb fod yn rhy fewnblyg-ddifrifol. Pan ddaru'r Cyrff chwalu roedd hi'n hawdd anobeithio am sefyllfa pethau. Mae Ffa Coffi yn camu i mewn i'r 'bwlch' yma yn esmwyth a diffwdan. Mae'r LP yn fflyrtio efo'r abswrd, yn llawn dychymyg a delweddau byw... Ar y cyfan mae *Hei Vidal* yn gyfoethog yn ei threfniadau ac yn ddigri-ddwys yn ei delweddau geiriol. Braf ydi cael siarad efo rhywun fel Gruff Rhys sydd yn llawn o bethau positif i'w ddweud am ei gerddoriaeth ac sydd ddim yn fodlon hogio'r sylw trwy fynegi unrhyw ragfarnau anaeddfed am gerddoriaeth pobol eraill.[7]

Yn unol â'i arfer roedd Gruff wedi cnoi cil yn drylwyr ynghylch ei syniadau a'i agweddau, fel y dengys yr ateb hwn pan ofynnwyd iddo a oedd yna gerddorion penodol roedd e'n eu hedmygu:

> Dwi wedi gwrando ar gymaint o gerddoriaeth fel mod i wedi colli unrhyw ystyr o chwaeth – dwi wedi colli gafael ar fy synnwyr

o chwaeth – s'gennai ddim llawer o ddiddordeb mewn bod i mewn i unrhyw sîn. Mae pob mudiad cerddorol mor fas mae o'n cymryd blynyddoedd iddyn nhw wneud unrhyw argraff efo'i gilydd.[8]

Roedd e'r un mor athronyddol pan ofynnwyd iddo a oedd e'n credu fod yna newid wedi bod yn y sîn roc yng Nghymru:

Ychydig flynyddoedd yn ôl roedd yna hinsawdd gerddorol wahanol lle roedd y chwaeth y tu ôl i'r gerddoriaeth yn bwysicach na'r gerddoriaeth ei hun. Roedd pobol isio bod ar John Peel neu yn yr NME – os nag oeddech chdi'n Sobin. Rŵan mae 'na grwpiau ifanc sydd heb ddim diddordeb yn hyn. Maen nhw'n fewnblyg mewn ffordd i Gymru. Dwn i ddim os ydi hynny'n iach ai peidio.[9]

Llwyddodd adolygydd yn ysgrifennu o dan yr enw Now Now i ddal hanfod aeddfedrwydd y casét a gyhoeddwyd gyda llun pentwr uchel o blatiau ar y clawr:

Mae sylfaen ddoniol *Hei Vidal* yn cael ei ymgorffori mor rhwydd i'r caneuon fel bod rhywun yn gwrando â gwên ar yr wyneb, ond heb fod chwerthin yn brigo'n rhy aml i'r wyneb a thorri hud y pleser o wrando ar gerddoriaeth sydd just yn ddigon *brilliant* i sefyll ar ei draed ei hun, pa bynnag thema athronyddol sydd i'r tâp.[10]

Roedd Gorwel Roberts hefyd o'r farn fod yr offrwm yma, gyda'r gân deitl yn cyfeirio at ddramodydd dinod o'r Eidal, yn llawn aeddfedrwydd:

Mae *Hei Vidal* yn dangos y Ffa'n dal i lynu'n glos wrth sodlau indie ac yn croesi gitarau trwm efo drymiau Glitterband a melodïau Marc Bolan. Mae'r geiriau pop clasurol hunanymwybodol yn parhau'n elfen gre yn y baned Goffi a chyffyrddiadau ffidbac eto'n britho caneuon fel 'Arwynebol Melyn'. Mae 'Sega Segur' yn gân serch gyfrifiadur efo gitarau a harmoniau Metal Guruaidd a'r llinell arwyddocaol: 'Mae'n haws dilyn hysbysebu na dilyn Iesu', sy'n dangos *credentials* celfyddydol yr Artist a'r Bardd Tacrwydd Cymraeg *par excellence*, Gruff Rhys. Mae hon yn albym sy'n dechrau tyfu arnoch chi unwaith 'dach chi wedi dod dros y nofelti o gyfri'r dylanwadau. Does dim byd newydd yma ac, o ran hynny, efallai fod y Ffa'n grŵp cyfoes perffaith gan mai'r hyn sy'n newydd yw'r ffordd y maen nhw'n cymysgu'r gorffennol yn y cawdel. Os yw Pop Cymraeg am fwyta ei hun, yna bydd Ffa yn rhan hanfodol o'r fwydlen.[11]

Roedd Derec Brown yntau am gydnabod rhagoriaeth *Hei Vidal*, a gynhyrchwyd gan Gorwel Owen yn Stiwdio Ofn yn Rhosneigr ar Ynys Môn:

> Mewn diwylliant lle mae pethau'n swnio'n fwyfwy tebyg i'w gilydd, a chopïo a samplo yn disodli gwir ddyfeisgarwch, mae *Hei Vidal* yn gampwaith unigryw sy'n cadw'r synhwyrau'n effro ac yn brwydro yn erbyn y cyffredin.[12]

Erbyn iddynt rannu llwyfan â Gorky's Zygotic Mynci yn Eisteddfod Genedlaethol Llanelwedd 1993 roedd gyrfa Ffa Coffi Pawb yn dirwyn i ben. Cyhoeddwyd un offrwm arall o gerddoriaeth ddawns dan y teitl *Cymryd y Pys* nad oedd neb yn siŵr beth i'w wneud ohono. Ond doedd yr aelodau ddim am droi eu cefnau ar gerddoriaeth. Yn wir, roedden nhw am wneud bywoliaeth yn y maes ac wedi sylweddoli nad oedd hynny'n bosib trwy gyfrwng y Gymraeg. O ffenics Ffa Coffi Pawb y datblygodd y Super Furry Animals, gydag awydd yr aelodau i archwilio eu cenedligrwydd yng nghyd-destun grymoedd y farchnad fyd-eang yn eu cynnal a'u cosi. Erbyn diwedd y degawd byddai'r grŵp wedi gwireddu gobeithion Gruff Rhys, y dwfn-feddyliwr:

> Mae'r sîn roc Gymraeg yn ynysig iawn, does dim lle i uchelgais ac mae'r awyrgylch yn gallu bod yn llethol. Mae'n hiaith yn bwysig iawn i ni ond rydan ni am anelu'n caneuon at y gynulleidfa ehangaf bosibl. Dydan ni ddim yn dweud na fydd yna ganeuon Cymraeg ond mi fydd pob trac ar ein albyms yno oherwydd eu cryfder ac nid oherwydd eu hiaith. Rydan ni'n benderfynol o aros yng Nghymru am mai dyma'n cartref ni ac mi rydan ni am gadw mewn cysylltiad â'n cymunedau... Rydan ni jest yn teimlo fod ein hapêl yn ymestyn tu hwnt i Gymru. Mi rydan ni'n byw yn Ewrop a does dim ffiniau bellach.[13]

Ond oedd yna wirionedd yn honiad Simon Brooks fod cwmni recordio Ankst yn gyd-gyfrifol am dranc y sîn roc Gymraeg? Pwy oedd Ankst a beth oedd ei fwriadau? Ai annog artistiaid Cymraeg i droi eu cefnau ar berfformio'n Gymraeg oedd byrdwn cenhadaeth y cwmni? Wedi'r cyfan, does yna ddim 'k' yn y wyddor Gymraeg.

Ffurfiwyd Ankst yn 1988 gan ddau fyfyriwr yng Ngholeg y Brifysgol, Aberystwyth, Alun Llwyd a Gruffydd Davies. Roedd y ddau'n llawn ieuengrwydd, yn ddiamynedd, yn goferu o frwdfrydedd ac yn uchelgeisiol. Credent nad oedd grwpiau cyfoes yn cael chwarae teg gan y cwmnïau recordio. Cwmni Sain yn bennaf, a Recordiau Fflach i raddau llai, oedd dan y lach am fod yn geidwadol eu chwaeth ac yn ddifenter eu hagwedd yn eu golwg hwy. Yn hytrach na chwyno aethant ati i weithredu. Ar ôl dwy flynedd fe welodd Alun faint y dasg oedd yn eu hwynebu:

> Yn ei hanfod mae canu trwy gyfrwng y Gymraeg yn dal yn ddatganiad gwleidyddol cryf iawn a dyna pam ei bod hi'n bwysig mynd â grwpiau Cymraeg i Loegr a gweddill Ewrop, fel bod y Gymraeg yn cael ei gweld fel iaith a diwylliant byw. Ond dydw i ddim yn credu bod y diwylliant roc yn mynd i achub yr iaith Gymraeg – mae o'n gallu bod yn fynegiant positif o beth sy'n digwydd ar y pryd; mae'n bwysig bod grwpiau yn canu am y sefyllfa wleidyddol ond dydw i ddim yn meddwl y gallan nhw wneud llawer mwy na hynny. Fe allan nhw godi ymwybyddiaeth a dod â'r gynulleidfa o bosib i mewn i fyd gweithredu uniongyrchol a'r hyn sy'n digwydd yng Nghymru ar hyn o bryd.
>
> Mae canu roc yn rhan naturiol o'r diwylliant Cymraeg bellach a'r unig dristwch yw bod yna rwyg pendant rhwng dwy garfan ddiwylliannol – y garfan draddodiadol, pobol cerdd dant ac eisteddfodau, a'r rhai sy'n dilyn pop Cymraeg. Mae angen mwy o gydweithio rhwng y ddwy garfan. Cyn belled ag y mae cynulleidfa dorfol yn y cwestiwn, cyn ein bod ni yn Ankst yn cael syniadau mawr am werthu recordiau trwy Ewrop mae angen i ni edrych ar ein gardd gefn ni'n hunain a sylweddoli bod yna gynulleidfa botensial o ddeg mil, a dim ond mil sy'n prynu ar hyn o bryd.[14]

Yn rhyfedd iawn, digon tebyg oedd rhesymau Dafydd Iwan a Huw Jones dros sefydlu Sain yn 1969, 19 mlynedd ynghynt. Ac roedd yna sawl tebygrwydd rhwng Dafydd ac Alun. Roedd y ddau'n feibion y Mans ac yn ymgyrchwyr gwleidyddol. Roedd Alun ar fin blasu cyfnod yng ngharchar yn enw Cymdeithas yr Iaith yn union fel y gwnaeth Dafydd Iwan pan oedd yntau wrthi'n ystyried sefydlu cwmni Sain. Yn union fel Dafydd fe fyddai Alun hefyd yn ysgwyddo cyfrifoldeb arswydus swydd cadeirydd Cymdeithas yr Iaith. Ond doedd gan y gweithredwr ifanc fawr ddim i'w ddweud wrth y dyn busnes canol-oed bellach. Mater o'r ifanc a ŵyr a'r hen a dybia oedd hi. Ond roedd Sain wedi canfod mai'r recordiau canol-y-ffordd a chorau meibion fyddai'n denu deng mil o brynwyr.

Ar ôl pum mlynedd o geisio gwireddu breuddwyd roedd Ankst wedi cyhoeddi 38 o gasetiau/cryno-ddisgiau yn cyflwyno'r gorau o blith y grwpiau roc Cymraeg. Roedd Emyr Glyn Williams wedi ymuno yn drydydd gweithiwr amser-llawn ac amcangyfrifwyd bod trosiant blynyddol y cwmni tua £50,000. Defnyddid llawer o draciau a recordiwyd gan gwmni teledu Criw Byw ar gyfer y rhaglen *Fideo 9*. Golygai hynny eu bod o ansawdd uchel ac nad oedd angen i Ankst drefnu amser stiwdio i'r rhelyw o grwpiau. Rhoddwyd bri ar ddyfeisgarwch wrth drefnu marchnata ac aed ati i gydweithio â'r artistiaid. Gwnaed rhywfaint o waith ymchwil yn y maes hefyd ar gyfer rhaglenni teledu. Y maes roc oedd unig ddiddordeb y triawd.

Erbyn hynny roedd cwmni Sain yn delio â throsiant o tua £750,000 yn flynyddol ac yn cyflogi 15 o staff yn llawn-amser. Roedd gan y cwmni ei stiwdio recordio ei hun ac ymylol oedd ei gynnyrch roc blaengar o gymharu â chynnyrch y diwylliant traddodiadol. Yr elw a wnaed o werthiant recordiau corau meibion ac ambell artist poblogaidd megis Trebor Edwards ac Aled Jones oedd yn galluogi'r cwmni i fuddsoddi amser stiwdio mewn recordio grŵp roc o bryd i'w gilydd. Byddai'n rhaid wrth leiafswm gwerthiant o 2,000 o gryno-ddisgiau neu gasetiau i gyfiawnhau'r amser stiwdio a neilltuid i baratoi'r holl draciau. Sobin a'r Smaeliaid oedd yr unig artist fyddai'n sicr o gyfiawnhau'r buddsoddiad. Ond i lawer o genhedlaeth Ankst roedd Sobin yn golledig. Fodd bynnag, er mwyn efelychu'r datblygiadau *indie* yn Lloegr, lle'r oedd y prif gwmnïau'n sefydlu is-labeli i ddelio â grwpiau newydd, ac er mwyn gwrthsefyll y bygythiad amlwg o golli pob grŵp roc Cymraeg newydd i grafangau Ankst, sefydlodd Sain is-label Crai yn 1989, gan sicrhau hygrededd i'r fenter trwy gyflogi neb llai na Rhys Mwyn yn rheolwr. Roedd Rhys yn dal i geisio dygymod â'r syniad o grwpiau Cymraeg yn canu'n Saesneg:

> Dwi'n meddwl ei bod hi'n annheg moesoli ynglŷn â grwpiau pop yn canu yn Saesneg tra bo corau yn gwneud hynny a neb yn deud dim. Wrth gwrs, does yna ddim pwrpas i grŵp fod yn canu yn Saesneg a nhwytha ond yn perfformio yng Nghymru, ond dydi hynna ddim yn wir yn achos Catatonia. Mae'n rhaid i Gymru fod allan yna hefo gweddill y byd... mae'n rhaid chwalu'r stigma sy'n bodoli ynglŷn â grwpiau roc Cymraeg, mai rhywbeth i Gymru yn unig ydyn nhw. Be sy'n rhaid cofio ydi ei bod hi llawn mor bwysig chwarae ym Mhentrefoelas ag yn Tokyo.[15]

Sefydlodd Fflach yr is-label Semtex, gan ychwanegu 'x' arall at yr enw er mwyn peidio â phechu'r cwmni ffrwydron. Yn ddiweddarach penderfynwyd y byddai Rasp yn enw mwy addas i gyflawni'r un pwrpas.

Doedd triawd Ankst, fodd bynnag, ddim wedi danto. Roedden nhw'n hyderus ac yn llawn cynlluniau tuag at y dyfodol. Perswadiwyd un o hen stejars Sain, Geraint Jarman, i recordio ar label Ankst. I ddathlu'r gorffennol cyhoeddwyd casgliad o ganeuon yn cynrychioli cynnyrch y pum mlynedd gyntaf o dan y teitl *Ap Elvis*. Mae'n werth dyfynnu adolygiad Rhys Lloyd yn helaeth er mwyn deall ymagwedd ei genhedlaeth tuag at y Gymru oedd ohoni, ac i sylweddoli bod gwybodaeth drylwyr o'r sîn Saesneg/ryngwladol yn anhepgor i werthfawrogi'r bandiau cyfoes:

Yn cychwyn yr ochr gynta mae'r meistr geiriau ei hun, David R Edwards, efo 'Chia Niswell ac Ati'. Mae David R wedi creu'r *'sexmusic'* Cymraeg cynta, ond mae'n dal i lynu at ei hoff thema: *stereotypes* dosbarth canol Cymraeg carafanwyr Cymru. Yr un hen dargedau, efallai, ond mae'n poeri'r geiriau allan fel cawod y gwanwyn – yfwch a mwynhewch. Does yna ddim byd catatonic am Catatonia: Mark a Cerys yn darganfod elfennau'r Sundays, Velvet Underground, a'r Cocteau Twins. Llais angylaidd dros sleidgitar hyfryd. Ond yn anffodus, does dim lle i Wwzz ar dâp casgliad, er bod y frawddeg *'progressive house'* Cymraeg cynta yn dod i'r meddwl: dydi Wwzz ddim yn debyg o blesio ffans Steve Eaves.

Mae Beganifs wedi cael gwared ar ddylanwad Criw Byw o'r diwedd ac yn dechrau creu eu stwff eu hunain. Riff gitâr gwych ond mae'r geiriau'n rhy eglur, fel tasa nhw'n ceisio gwneud yn siŵr fod mam yn eu clywed nhw o ben pella pafiliwn Eisteddfod yr Urdd. Os dylai unrhyw grŵp wneud yn siŵr eu bod nhw'n dal ati, Gorky's Zygotic Mynci ydi'r grŵp. 'Diamonds o Monte Carlo': hollol wreiddiol, cytgan hyfryd, ond tueddiad i slip-sleidio bob hyn a hyn. *Get your Grade A's out* i Aros Mae gyda'u cân, 'Pro'! – cuddiwch y Pro Plus ac fe wnewch chi sylweddoli fod pobol wyn yn gallu gwneud reggae eitha da. Mwf da oedd gadael y delyn ym Mecsico a gwneud yr hyn oedden nhw' i eisiau. *Bitchy*! Er bod y Fflaps yn dal i swnio fel y Fflaps (dwfn), dydyn nhw ddim: maen nhw'n colli'r hen Johnny ar y drymiau, rhan bwysig iawn o'u sŵn. *Johnny Come Home!* Yn anffodus – ond nid pleidlais unfrydol oedd hon – 'Cyna Fi Dân' gan Tŷ Gwydr oedd y gân gyntaf i mi ffast-fforwardio. Am ryw reswm, mae Tŷ Gwydr yn sownd yn y gorffennol, wedi colli'u ffordd efallai.

Mae'r gân orau yn cychwyn Ochr Dau: *cover* Ffa Coffi Pawb o 'Tocyn' (gan Brân yn wreiddiol). A defnyddio'r ystrydeb, mae'n fwy 70aidd na'r 70au. Mae Ffa Coffi wedi lladd bwystfil Glam Rock cyn i unrhyw un arall gael gafael arno fo: Sweet,

Suzi Quatro, Wizard, efo hiwmor Mud ond heb fod yn crap fel
Gary Glitter. Gyda 'Rhywbeth Amdani' gan Steve Eaves roedd
gan bawb oedd yn gwrando ormod o gywilydd i gyfadde' bod
yna rhywbeth amdani: cynhyrchiad da, trac ffag a phaned
hwyr y nos, y faled orau yn y Gymraeg... Mae Llwybr Llaethog
wedi dwyn beic y Goodies ac mae'r tri ohonyn nhw wedi
reidio i lawr y ffordd yn syth i mewn i'r Disposable Heroes of
Hiphoprisy, sy'n dod y ffordd arall ar dandem: dyma gynnyrch
y gwrthdrawiad a ffordd wych o gloi'r casét – mwy o rantio yn
erbyn y dosbarth canol. Sulwyn – chwaraea fo! Nid ein bod ni'n
gweld ti'n chwarae Datblygu na Llwybr Llaethog: carafanwyr
Cymraeg *rule on*, dosbarth Ysgol Sul, *we love you, all the way!*
Albwm dethol a dewis yw Ap Elvis ond dyna yw casgliad, ynte?
Rhywbeth i bawb (*cliché!*), Tecwyn.[16]

Roedd y gagendor rhwng y gwahanol garfanau'n amlwg. Ymddengys
bod yn rhaid i fand fabwysiadu agwedd wrth-ddosbarth-canol-
diwylliedig-Cymraeg os am sicrhau hygrededd. Roedd byd 'y pethe'
yn 'naff' er bod nifer o aelodau'r amrywiol grwpiau, a sefydlwyr Ankst
ei hun, yn hanu o'r dosbarth hwnnw. Os nad oeddent wedi tewi eisoes
fyddai'r grwpiau a glywid ar *Ap Elvis* ddim yn hir cyn gwneud, a hynny
naill ai am byth neu er mwyn atgyfodi ar ffurf arall. Byddai'r ddau
artist unigol, Steve Eaves a Geraint Jarman, yn blodeuo eto.

Roedd yr adolygydd, Rhys Lloyd, yn aelod o'r grŵp U Thant a fu
wrthi am yn agos i ddeng mlynedd gan sicrhau cefnogaeth sylweddol
ar draws Ewrop yn ogystal â chyhoeddi recordiau ffafriol. Gwnaeth
y grŵp gryn argraff ym mhabell ieuenctid Blas Cas yn Eisteddfod
Genedlaethol Casnewydd 1988 pan benderfynodd y canwr, ac yntau'n
gwisgo sombrero anferth a hosan binc ffiaidd am ei gorff, arwain
gorymdaith mas o'r babell ac o amgylch y maes. Probe oedd yn
dosbarthu *Duw Uwd* ym Mhrydain ac Incognito yn yr Almaen yn 1991.
Cafodd y record ei chwarae ar orsaf radio KCRW yn Los Angeles ar ôl
i'r criw gyfarfod â throellwraig yr orsaf yng Ngŵyl Glastonbury. Roedd
Iwan Pryce ar fin piso ar ben sach sbwriel ddu pan sylweddolodd fod
y sach yn ystwyrian a bod Deirdre, y droellwraig, yn gorwedd ynddi.
'Ymylol, esoteric a vogueaidd' oedd disgrifiad Pwyll ap Siôn o gryno-
ddisg *Acid neu Alcohol* (Gate 100CD) U Thant yn 1994.[17]

Ond roedd Ankst wedi ei sefydlu ar seiliau cadarn ac wedi ennill
cefnogaeth cywion y colegau a ymroddai i greu cerddoriaeth roc
Gymraeg heb hidio am ei chadw yn ecscliwsif i'r parthau Cymraeg.
Doedd Ankst ddim am efelychu gwertheodd ei ragflaenydd a sefydlwyd

bron i ugain mlynedd ynghynt. *O'r Gad* oedd teitl un o gasetiau amlgyfrannog cynnar y label newydd a'r teitl yn fwriadol mewn gwrthgyferbyniad â'r *I'r Gad* adnabyddus o eiddo cwmni Sain. Roedd Derec Brown wedi ei blesio:

> ... cryfder casgliad o'r fath yw bod yr aeddfed a'r ifanc, y roc a'r gwerin, y ffwnc a'r gerddoriaeth ddawns, y chwedegau a'r nawdegau, y de a'r gogledd, yr offerynwyr a'r gwasgwyr botymau i gyd yn gallu cyd-fyw a chydweithio heb drafferth mewn maes sy'n prysur ehangu gorwelion a chynulleidfa.[18]

Cyflwynwyd y casét amlgyfrannog fel casgliad eclectig yn arwyddo hyder grwpiau roc Cymraeg y 90au, ac yn rhinwedd ei deitl roedd yn cynnig her agored yr Ankst ifanc i'r hen gono yn Llandwrog. Roedd y frwydr ar ei hanterth.

15 / Spliffs a Rêf

Un grŵp blaengar nad oedd i'w glywed ar gasgliad *Ap Elvis* oedd Tynal Tywyll, a hynny er mai'r ail a'r pedwerydd offrwm o eiddo Ankst oedd *Slow Dance Efo'r Iesu* a *Syrthio Mewn Cariad* gan Tynal Tywyll. Roedd Ian Morris, lleisydd y grŵp, yn dipyn o eilun rhywiol ymhlith ieuenctid yr arddegau. Hanai o Dregarth ger Bangor a gweithiai i gwmni olew adnabyddus yn Llundain. Crynhoir ansawdd cerddoriaeth y grŵp gan Derec Brown wrth iddo adolygu'r sengl *Jack Kerouac/Boomerang* ar label Fflach. Roedd y llinell 'hongian yn llac gyda Jack Kerouak', yn cyfleu'r syniad o Gymry ifanc yn ymdrybaeddu yng nghwmni awdur *On The Road*, Beibl y dilynwyr bît, wedi cydio:

> Sŵn glân, hafaidd, chwedegaidd, gitâr jingl-jangl a harmonïau slic perffaith a geir ar y sengl yma, y math o fiwsig a gysylltir â mynd yn eich hoff gar gyda'ch hoff gymar i'ch hoff draeth ar brynhawn cynnes, heulog o aeaf, – pan yw'r ffyrdd a'r traethau'n glir![1]

Yn ôl Gareth Siôn roedd caneuon Tynal Tywyll 'yn ddathliadau tyner, llesmeiriol o ansicrwydd ac euogrwydd ieuenctid'.[2] Ond roedd Tynal Tywyll am fentro canu'n Saesneg hefyd, a hynny dan yr enw The Collectors, gan barhau i berfformio'n Gymraeg yn enw Tynal Tywyll. Troedio'n ofalus a wnâi Rhys Mwyn wrth ymateb i gynnwys cryno-ddisg *Astronaut Girl* The Collectors:

> Mae'r ffaith bod Ian Morris yn dridegrhywbeth yn ei gwneud hi'n fwy anodd derbyn y Collectors fel *wannabees*. Mae gan Nathan Hall y grefft o sgrifennu pop ac mae gan Ian y llais – dwi'n hoffi'r CD! Ond dwi ddim yn gweld sut gall y Collectors lwyddo – maen nhw'n rhy hen – ac mae hynna'n gythraul o beth i'w ddweud achos rydw inna hefyd!![3]

Bu'n rhaid i The Collectors/Tynal Tywyll amddiffyn eu persona dwyieithog ar ôl cyhoeddi cryno-ddisg arall, *Desolation Angels*, ar label recordiau Citizen a chael sylw ar slot bandiau newydd rhaglen foreol Steve Wright ar Radio 1. Penderfynodd Nathan Hall ymateb i

sylwadau a wnaed gan Iwan Standley yn amau cymhelliad y grŵp
dros geisio 'ei gwneud hi' yn Lloegr:

> ... yr hyn a oedd yn peri mwy o bryder oedd islais y cwestiynau
> eraill a oedd yn ffrwtian o dan wyneb yr erthygl yn ei
> chyfanrwydd: Pwy ydych chi'n feddwl ydych chi, yn mentro
> yn y byd mawr Saesneg – a faint o siawns sydd ganddoch chi
> pan fo'r cwmnïau mawr yn sicr o ddewis arwyddo rhyw fand
> o Fanceinion cyn cynnig cytundeb i grŵp o hics o'r bryniau?
> Dwi'n arogli cymhlethdod y lleiafrif yn fan hyn – 'melltith y
> diwylliant amaturaidd', yng ngeiriau cyfaill (Cymraeg) i mi. Y
> gwir amdani yw bod y diwylliant pop Cymraeg wedi gwella'n
> aruthrol ers cofleidio egni sŵn 'Madchester' yn 1989/90. Erbyn
> hyn, dyw pobol ddim yn ffurfio grwpiau jest er mwyn 'cael
> ychydig o beints a hwyl ar benwythnosau'. Mae sawl grŵp wedi
> ystyried y posibilrwydd o geisio cyrraedd cynulleidfa ehangach
> wrth i'w hunan-barch a'u gallu dyfu. Mae Tynal Tywyll yn un
> o'r grwpiau hynny.[4]

Cyhoeddodd Tynal Tywyll gasgliad arall o ganeuon o dan y teitl *Dr
Octopws* yn 1995 ar label y grŵp ei hun. Doedd The Collectors ddim
wedi cynnal gyrfa gerddorol yr aelodau.

Doedd dim gwadu bellach nad oedd pob record bop Gymraeg yn
cael ei phrynu gan yr un bobl. Roedd newydd-deb y ffenomen wedi
peidio a'r canu ei hun wedi datblygu i sawl cyfeiriad. Nid mater o
brynu record roc Gymraeg fel gweithred o gefnogaeth wleidyddol gan
gyhoeddi ein bod ni 'yma o hyd' oedd hi bellach. Roedd yna ymrannu
a chategoreiddio o fewn y cyfrwng ei hun a chwaeth neilltuol yn
cael ei meithrin ar sail beth bynnag oedd yn ffasiynol ar y pryd yn y
byd Eingl-Americanaidd. Ar un olwg roedd y gynulleidfa Gymraeg
draddodiadol yn crebachu a rhaid oedd apelio at gynulleidfa o'r
un ystod oedran a chwaeth mewn gwledydd eraill. Doedd canu yn
Gymraeg ynddo'i hun ddim yn ddigon. Roedd roceictod mor bwysig
â Chymreictod. Yng nghanol yr *hiatus* yma ynghylch cyfeiriad y canu
roc Cymraeg, annog grwpiau i naill ai ffurfio eu hunain o'r newydd
a cheisio cynnwys rhai caneuon Cymraeg yn gymysg â'r caneuon
Saesneg neu ganu'n gyfan-gwbl Saesneg heb arlliw o Gymreictod yn
eu caneuon na'u henwau, ofnid erbyn Nadolig 1993 bod y sîn roc
Gymraeg ar fin trengi.

O'r dwsin o gasetiau neu gryno-ddisgiau Cymraeg a gyhoeddwyd
ar gyfer yr ŵyl dim ond tri oedd yn apelio at y gynulleidfa roc a
doedd yr arlwy fawr gwell y Nadolig canlynol. Roedd Cymdeithas

yr Iaith yn trefnu llai o gigs yn Eisteddfod Genedlaethol Castell-nedd 1994 ar ôl dioddef colledion a gorfod canslo gigs yn Llanelwedd y flwyddyn flaenorol. Cymryd cyffuriau a thrachwantu alcohol yn hytrach nag ymhyfrydu mewn cerddoriaeth roc a diwylliant ieuenctid oedd byrdwn ymweliad y mwyafrif o ieuenctid â'r brifwyl, a'r rhelyw o'r rheiny prin wedi cyrraedd eu harddegau. Doedd Garmon Rhys ddim wedi cael modd i fyw ar y maes pebyll, dinas ddihalog ieuenctid Cymru am wythnos bob blwyddyn, yn Llanelwedd:

> Roedd llawer o drigolion y 'Young People's Village' yn rhy 'stoned' allan o'u pennau drwy'r wythnos i fecso dam am gyflawni tasg mor gymhleth â cherdded i dafarn. Un o brif broblemau'r maes pebyll oedd yr awyrgylch apathetig, petaech chi'n mynd lan at rai pobl gyda ffeiarleiter, coed tân, petrol, hanner pwys o semtex a bocs o fatsys fe fyse'n nhw'n edrych arno chi gyda rhyw olwg 'be ddiawl dwi fod i wneud 'da hwn?', cyn crasho mas am y nos a hithe ond yn hanner awr wedi deg. Dyw sbliff achlysurol ddim yn gwneud drwg i neb, ond o'dd grwpie o bobl yn y maes pebyll a'r unig beth ar eu meddwl oedd pryd y bydde nhw'n cael eu joint neu tab nesa a phan mae grŵp o bobl ar gyffurie'n dragywydd dyw nhw ddim moyn nabod unrhywun arall. Oherwydd hyn roedd yr awyrgylch ar y maes yn dawel, cysglyd ac uffernol o 'anti social'.[5]

Doedd gan Ifan Gwynfil, ugain oed o Dregaron, fawr o amynedd â'r holl gryts a'r crotesi ifanc a welai'n ymdrybaeddu mewn alcohol ar ôl iddo wneud yr ymdrech i groesi Pumlumon:

> Diffyg synnwyr wnaeth fy nharo yn yr Eisteddfod eleni: nos Lun mi welais fachgen 14 oed yn cael ei gario'n anymwybodol o dafarn, wedi iddo chwydu ymhobman – roedd ei ffrindiau ar ras i gyrraedd yr un sefyllfa er mwyn cael eu llusgo allan yn yr un modd (rwy'n gwybod, mi siaradais â nhw); y noson ganlynol, yn yr un dafarn, eto cyn 8 o'r gloch, mi welais yr un bachgen yn chwarae'r un gêm; nos Fercher mi gefais ddianc a mwynhad wrth fod yn un o'r bobl ieuengaf yn gwrando ar Bob Delyn a Steve Eaves yn y Grand Pavilion (gormod o gyfryngwn, efallai?); a nos Sadwrn roedd yna dri bachgen 13 oed yn ceisio sobri ei gilydd yn nhoiledau'r Strand, wedi i ddau ohonyn nhw gyfogi dros y llawr... Rhag cael fy nghyhuddo o ragrith, wy'n ddigon hapus i gyfaddef fy mod i wedi gwneud bron yr union beth sydd yn awr yn fy mlino, ond fues i erioed yn gorwneud pethau cymaint nac ar oedran mor ifanc â'r rhain.[6]

Er i Beca Brown wneud mwy o ymdrech i werthfawrogi'r arlwy
roc doedd ffordd newydd chwydlyd o fyw y genhedlaeth iau ddim yn
ddieithr iddi. Sylwodd ar y ffenomen ar y nos Lun:

> Roedd y strydoedd yn debycach i *obstacle course* na
> phalmentydd ac roedd rhaid bod o gwmpas eich pethau o
> ddifri' i osgoi'r llynnoedd o chwd... Wrth sefyll wrth y bar yn
> un o'r tafarndai, mi glywais un o'r hogia lleol yn gofyn mewn
> llais siomedig, '*Is there anywhere I can go where the girls are
> over fifteen?*' Croeso i'r Steddfod, mêt.[7]

Ar y nos Sadwrn roedd Beca yn un o tua chant o ieuenctid a
gynhaliodd rêf answyddogol gyntaf yr ŵyl mewn cae ger y maes
pebyll. Daeth y digwyddiad i ben tua saith o'r gloch fore Sul. Roedd
awdl arobryn yr Eisteddfod yn moli selogion ifanc tafarn y Black
Boy yng Nghaernarfon. Pan ofynnwyd i Meirion MacIntyre Huws
mewn gwers Gymraeg ychydig flynyddoedd ynghynt enwi dau
gynganeddwr ei ateb oedd Geraint Jarman a Tich Gwilym. Roedd yn
brifardd ar yr un donfedd â'r ieuenctid roc.

Achosodd cynnwys rhaglen deledu hwyr y nos o'r ŵyl ar gyfer yr
ifanc, *Swig o Ffilth*, gryn helynt. Y tramgwyddo pennaf oedd tuedd
un o'r cymeriadau, Lorna Doom (Lisa Palfrey), i fflachio ei bronnau,
a thuedd Hywel Pop (Rhys Ifans), nad oedd yn annhebyg o ran golwg
i'r darlledwr Hywel Gwynfryn, i drawsnewid ei hun yn rhywiol yn
Helen Pop, yn ogystal â dolur rhydd o regfeydd.

Erbyn y Steddfod ddilynol yng Nghastell-nedd roedd cyffuriau a
rêfs yn cael eu derbyn fel rhan annatod o ddiwylliant eisteddfodol yr
ifanc. Cyhoeddodd *Golwg* bortread o 'Y Drygis':

> Anifeiliaid swnllyd lliwgar 14-22 oed sy'n perthyn i draddodiad
> hir o secs a drygs a roc a rôl yn y Steddfod. Ond, yn sgil
> poblogrwydd presennol y diwylliant ref/dawns, reggae a grynj,
> mae'r pwyslais bellach ar y drygs – dop, spîd ac 'E' yn arbennig.
> I Genhedlaeth X, mae dyddiau diniwed Y Rafins a chwlt y cwrw
> yn perthyn i hen hanes. Mae'r rhai mwya dros ben llestri yn dod
> o ardaloedd cyfryngol fel Caerdydd ac Arfon ac yn blant-o-uffern
> i'r genhedlaeth gynta' o aelodau Cymdeithas yr Iaith yn y 60au,
> sydd bellach wedi gwerthu eu heneidiau i S4C/BBC/HTV neu
> ryw gwango hollol ddiangen... Dyw'r capel yn golygu dim byd
> iddyn nhw – fe gawson nhw'u magu ar fideos, Nintendo a CD's fel
> Energy Rush Hardcore – Techno Dance Hits Vol. 17. Creaduriaid
> y nos go iawn yw'r arweinwyr – yn deffro yn eu pebyll tua thri o'r
> gloch y pnawn cyn chwilio am '*blow*' ar gyfer y noson honno a
> mynd i babell Cymdeithas yr Iaith i gael tocynnau i gigs ref (Reu-

vival, Diffiniad) neu grynj (Dom, Catatonia, Gorky's).

Gwisg: Clustdlysau yn eu clustiau a'u trwynau a tatŵs bychan (ond trendi) ar rannau allweddol eraill o'r corff. Ysbrydoliaeth steil y *'posse'* rêf yw rapwyr duon L.A. ac mae'r *'slackers'* grynj yn addoli (ac yn edrych fel) sêr roc sydd wedi marw'n ifanc ar ôl cam-ddefnyddio cyffuriau: Jim Morrison, Jimi Hendrix, Janis Joplin ac, wrth gwrs, Kurt Cobain o Nirvana.

Geirfa: 'Pasia'r spliff', 'Ble o'n i neithiwr?', 'Ble ydw i heno?', 'Pwy uffar wyt ti?', 'Pwy uffar ydw i?" *'Somebody must have planted it on me officer'*.

Bwyd: Dim byd.

Diod: Budweiser a photeli cwrw egsotig eraill – dim gwydrau peint ar unrhyw gyfri.[8]

Daeth yn amlwg bod yna newid safbwynt yn digwydd o ran teyrngarwch yr ieuenctid i Gymreictod. Ers diwedd yr Ail Ryfel Byd doedd ieuenctid ddim yn derbyn gwerthoedd y genhedlaeth flaenorol yn ddigwestiwn. Roedden nhw'n diffinio eu Cymreictod o'r newydd ar sail spliffs ac ecstasi mewn rêf a dawns, a doedd wybod beth fyddai'r canlyniad. Doedd yna'r un gân werin yn apelio atyn nhw. Fyddai'r un ffaldi-rol-ro yn eu cynhyrfu. Ar drywydd profiad yn hytrach na thraddodiad oedden nhw. Croniclwyd y newid, yn union fel petai eiliad mewn amser wedi ei rhewi, ar ffurf awdl a ddyfarnwyd yr orau o blith dwsin o ymgeision yn Eisteddfod Genedlaethol Llanelwedd 1993. Roedd yr awdl honno gan Meirion MacIntyre Huws ar y testun 'Gwawr', er yn dechnegol feius yn ôl y beirniaid, eto yn llawn 'rhialtwch afrad yn mynnu ein bod ninnau'n ymuno i ddathlu'r wyrth ein bod ni yma o hyd' yn ôl Gerallt Lloyd Owen. Roedd Mei Mac yn disgrifio gig gan Yr Anhrefn yn yr Albert yng Nghaernarfon:

> O'r llwyfan yn taranu,
> hyder llanc sy'n codi'r llu.
> Yma'n ei hwyl yn mwynhau
> yn gyhyrog ei eiriau,
> llais ynghlwm â bwrlwm byw,
> dyfodol ar dwf ydyw:
> cennad iaith yn cynnau'i do,
> a bardd sydd heb ei urddo.
> Ym mloedd wresog yr hogyn,
> Anhrefn yw'r drefn, ond er hyn
> un sgrech dros ein gwlad fechan,

un iaith, un gobaith yw'r gân:
galwad i'r gad ym mhob gair,
heddiw ym mhob ansoddair.
Idiomau fel dyrnau'n dynn
a her ym mhob cyhyryn.
I nodau'r band, â'r bywhau
yn wyneb i'n calonnau,
er hwyl ymrown i rowlio'n
breichiau fel melinau Môn,
yna dawns, fel ebol dall
yn dynwared un arall.
Heno, er nad ŷm ninnau'n
hanner call am amser cau,
nid yr êl o'r poteli
yw nawdd ein doniolwch ni;
daw'n cyffur o fragdy'r fron:
alcoholiaid hwyl calon![9]

Pa glod uwch ellid ei roi i ddiwylliant cyfoes yr ifanc na dyfarnu prif wobr yr Eisteddfod Genedlaethol i gerdd yn canu clodydd y diwylliant hwnnw, yn ei fwrlwm a'i afiaith, gan gyfeirio at gampau grŵp oedd yn perfformio'n Gymraeg ar draws Ewrop? Ond os oedd y bardd yn sôn am hyder yr ifanc i fynegi eu mabinogi'n Gymraeg, roedd yna grwpiau Cymraeg yn yr union un Eisteddfod yn mynd i'r afael â chanu'n Saesneg.

Daeth y gyfres deledu arloesol honno, *Fideo 9*, i ben yn 1992 a gwantan oedd y cyfresi roc dilynol megis *i-dot* a *Garej*. Yn y cyfamser, rhwng y ddwy Eisteddfod a'r ddau Nadolig, darlledwyd rhaglen *Breuddwyd Roc a Rôl* ar S4C fel rhan o'r gyfres *O Flaen Dy Lygaid*, yn holi a oedd y freuddwyd roc a rôl Gymraeg wedi peidio â bod. Cyfarwyddwr y rhaglen oedd Ifor ap Glyn, Llundeiniwr ac aelod o'r diweddar Treiglad Pherffaith, a bu'n diffinio ei syniad o freuddwyd roc a rôl Gymraeg gyfoes:

Be ydi'r freuddwyd roc a rôl Gymraeg? Wel, dyw hi ddim yn golygu clawr blaen *Sothach*, sesiwn ar raglen Ian Gill, neu hedleinio yn y Steddfod. Er mor werthfawr yw'r rhain wrth ddringo'r ystôl yn y sîn roc Gymraeg, y pwynt ydi mai ystôl fer iawn yw honno. Mae'n hawdd iawn cael sylw yn y sîn Gymraeg. Dyw hi ddim mor hawdd gwneud bywoliaeth... Wedi'r cyfan, onid yr iaith sy'n gwneud y sîn yn wahanol? Dyw bandiau ddim yn chwarae offerynnau sy'n neilltuol o Gymreig, does yna ddim steil gydnabyddedig Gymreig o'u chwarae. Mae'n bosib dadlau fod harmoneiddio'n deillio i raddau o draddodiad y capel – ond dyw'r rhan fwyaf o grwpiau ddim yn defnyddio harmoniau lleisiol yn eu caneuon beth bynnag...

Deng mlynedd yn ôl, roedd bandiau'n cael eu condemnio am rannu llwyfan efo band Saesneg a doedd neb yn dychmygu y gallai band Cymraeg wneud peth mor 'fradwrus' â chanu'n Saesneg. Diolch byth, mae pobol wedi callio rhywfaint erbyn hyn, ac mae dyfodol y sîn yn cael ei drafod heb ddefnyddio geiriau fel 'brad' bellach. Mae rhai yn dadlau mai arwydd o gryfder ac aeddfedrwydd yw gallu troi at y Saesneg. Mae'r sîn wedi bwrw ei gwreiddiau'n ddwfn, felly does dim rhaid bod mor amddiffynnol ohoni, does dim angen y gwahanfur rhyngddi a'r byd mwyach. Mater o falans yw hi mae'n debyg.[10]

Cynigiodd Rhys Mwyn yntau sylwadau adeiladol, a hynny ar sail ei brofiadau gyda'r Anhrefn yng Ngwlad y Basg:

Mae Cymru'n diodde' o lagio diwylliannol. Mae'n ymddangos mai mynd dramor yw'r unig ffordd ymlaen – adre mae'r diwylliant yn cael ei dagu. Mae'r pethau sy'n cael eu gwneud yn Gymraeg yn cael eu gwerthfawrogi a'u deall tramor. Mae Cymru'n rhan o ddiwylliant cydwladol sy'n datblygu y tu allan i ddylanwad yr iaith Saesneg yn Ewrop... Wedi bod ymhlith Basgiaid cryf a hyderus, mae rhywun yn dod adre i Gymru ac yn sylweddoli y gallai ddigwydd yma. Mae potensial mawr i ddiwylliant Cymraeg, mae o mor gyffrous – petai'r Cymry eu hunain ond yn sylweddoli hynny.[11]

Ond ymhen tair blynedd roedd yn rhaid iddo dderbyn bod disgwyliadau'r sîn roc yn wahanol bellach ac y byddai'n rhaid i'r freuddwyd roc a rôl Gymraeg barhau i ddatblygu ac ail-greu ei hun byth bythoedd. Er ei fod yn annog grwpiau Cymraeg i berfformio mewn gwledydd Saesneg eu hiaith, a gwledydd amlieithog y cyfandir, doedd e ddim yn gwthio'r syniad o droi at y Saesneg fel ffordd o ymwared:

Beth yn union ydi'r gwahaniaeth rhwng styfnigrwydd a dyfalbarhad? Mae'n gwestiwn hollol berthnasol wrth ystyried safle 'Y Grŵp Roc' yn y Byd Pop Cymraeg. Dwy flynedd yw'r cyfnod disgwyliedig i yrfa grŵp. Blwyddyn o greu cynnwrf a diddordeb, wedyn ychydig fisoedd fel *media darlings*... Dydi hyn ddim yn beth drwg – i'r gwrthwyneb, weithiau mae byw yn gyflym a marw'n ifanc yn llawer mwy effeithiol. Ond mae'n amlwg hefyd bod grwpiau Cymraeg bellach yn para yn hirach – rhai, wrth gwrs, yn llawn-amser ac yn ceisio gohirio cymryd swyddi go-iawn. Mae yna rai eraill sy'n dal i rygnu mlaen mewn

rhigol... Ond, er mwyn goroesi, onid oes angen datblygu sioe
newydd i gyd fynd â phob record newydd? Onid yw hi'n amser
cael merched du i ganu lleisiau cefndir a torsos hoyw yn y
fideos?[12]

Os oedd y sîn roc Gymraeg fel y'i hadwaenid yn trengi roedd
pangfeydd ei marwolaeth yn golygu ei bod yn ceisio ei hatgyfodi ei
hun ar ffurf a fyddai'n galluogi ei lladmeryddion amlycaf i wneud
bywoliaeth o gerddoriaeth. Ddegawd ynghynt medrai'r cerddorion
heidio i weithio i'r diwydiant teledu Cymraeg newydd a defnyddio eu
henillion bras i barhau i berfformio a recordio ar benwythnosau ac
yn ystod gwyliau. Ond doedd y swyddi ddim yno o fewn y diwydiant
bellach a doedd S4C ddim yn cŵl beth bynnag. Doedd cerddorion
llwyddiannus sîn roc Gymraeg y 90au ddim am gyfaddawdu o ran
creu cerddoriaeth. Roedden nhw am neilltuo eu hamser yn llwyr
i'r dasg ac os taw'r unig ffordd ymarferol o wneud hynny oedd
trwy gyfrwng yr iaith fain roedd yna gerddorion yn barod i wneud
hynny heb gyfaddawdu eu Cymreictod. Byddai cerddorion o blith
cenedlaethau blaenorol wedi wfftio'r sîn Gymraeg a'i hanelu hi am
Lundain yn bendramwnwgl gan ddiosg eu Cymreictod wrth groesi
Pont Hafren. Roedd hi ychydig yn rhy gynnar i lunio beddargraff
y sîn roc Gymraeg a chroesawu'r sîn roc ddwyieithog. Ond roedd y
dadlau, yr ymrannu a'r ymgecru wedi cychwyn o ddifrif.

16 / Wi'n Napod Cerys Matthews

Casét gan un o Shonis yr ardaloedd diwydiannol oedd offrwm cyntaf label Ankst, sef *Ni Cystal â Nhw* yn 1988. Hanai Neil Rosser o Dreforys ger Abertawe ond ar y pryd roedd yn un o gyfoedion sefydlwyr Ankst yng Ngholeg y Brifysgol, Aberystwyth. Perthynai i draddodiad y canwr-gyfansoddwr a adroddai stori. Cadwai'n driw i'w gynefin ac i acen ei gynefin. Gellid yn hawdd ei gymharu â'r Max Boyce cynnar o ran ei sylwebaeth gymdeithasol. Yn ei fyd e roedd bownsars 'Bertawe 'mor galed ag Algebra'. Un a fyddai'n ymuno â chriw Ankst, Emyr Glyn Williams, fu'n bwrw golwg ar ei ail gasét ar label Ankst, *Y Ffordd Newydd Gymraeg o Fyw*, a gynhyrchwyd gan Richard Morris:

> Ar y tâp diweddara, mae'r caneuon i gyd yn delio â'r bobl a'r ardal sy'n uniongyrchol bwysig iddo fo. Dyma ei gryfder fel cyfansoddwr – mae o wedi dysgu'r wers elfennol ei bod hi'n rhwyddach cyfleu neges neu deimlad trwy ddisgrifio cymeriadau a sefyllfaoedd real yn hytrach na thrwy sgwennu am ddigwyddiadau sydd y tu hwnt i brofiad personol.[1]

Cyhoeddodd ddau gasét arall ar label Ankst, *Shoni Bob Ochor* ac *Ochor Treforys o'r Dre*, gyda chymorth Y Partneriaid yn cyfeilio, cyn diwedd 1991. Wrth wrando ar gynnwys y pedwerydd, canmolai Derec Brown ymlyniad y gŵr at Gwmtawe, er ei fod yn derbyn nad oedd yn ddall nac yn fyddar i ogoniannau rhannau eraill o'r wlad, gan iddo weithio am gyfnod fel rheolwr yn ffatri Laura Ashley yn y Canolbarth cyn cymryd swydd ddysgu yng Nghaerfyrddin:

> Ymfalchïa yn ei acen drwchus a da o beth nad yw'n swil ohoni, nac yn ofnus rhag defnyddio geiriau sy'n nodweddiadol o'i fro ei hun. Rhyfedd yn wir felly yw gwrando ar 'Merch o'r Port', sy'n cyfeirio, am wn i, at Borthmadog. Mae'n amlwg fod Neil wedi gwirioni'n lân ar ferch sy'n dweud 'yli', 'crwn' a 'nofio' tra'i fod e'n dweud 'shgwl', 'rownd' ac 'oifad' a rhaid rhoi maddeuant iddo felly gan fod serch yn gwneud y cadarnaf o ddynion yn

benysgafn. Rhyfedd hefyd clywed y geiriau hyn ar alaw 'Brown Eyed Girl' o eiddo Van Morrison.[2]

Er ei fod wedi parhau'n gynhyrchiol dyna oedd diwedd ei gysylltiad â label Ankst. Doedd Neil Rosser a'r Partneriaid ddim yn teithio ar yr un trên â mwyafrif artistiaid y label. Doedd y crwt o Gwmtawe ddim am wneud gyrfa o berfformio a doedd canu'n Saesneg neu'n ddwyieithog ddim yn ystyriaeth felly. Cyhoeddodd CD *Gwynfyd* ar label Crai yn 1995 yn cynnwys nifer o ganeuon a glywyd eisoes ar *Ochor Treforys o'r Dre*. Manteisiodd Pwyll ap Siôn ar y cyfle i fwrw golwg ar ei yrfa wrth dafoli'r offrwm:

> Yr argraff amlwg a ddaw o wrando yw bod y caneuon sy'n ymdrin â'r pethau cyfoes yn darlunio delweddau trist a llwm o'n cymdeithas ni heddiw. Ar y llaw arall, mae'r caneuon sy wedi eu lleoli yn y gorffennol yn llawn atgofion braf a hiraeth melys am y cymeriadau a'r digwyddiadau na ddaw'n ôl... Ond os ydi'r gorffennol yn llawn o rinweddau diflanedig 'yr hen ffordd Gymreig o fyw' yna mae'r presennol yn adlewyrchu'r gwacter sur sy wedi cymryd eu lle. Mae 'Wern Avenue' yn enghraifft arbennig o hyn: dyma feirniadaeth hallt o gyflwr truenus tai yng Nghymru, ac mae arddull syml a diaddurn Neil Rosser yn cyfleu'r anobaith yma'n effeithiol iawn. Yn hyn o beth mae'r gân 'Gwynfyd' yn cynnig llun ysgafnach a mwy positif o'r presennol na'r caneuon eraill, er bod yna haen o ddychan yn perthyn i rai llinellau hefyd.[3]

Roedd casetiau Neil Rosser ar ryw olwg i'w cymharu â chyfrolau hunangofiannol D J Williams, yn cynnig cyfle i wrandawyr o'r un genhedlaeth uniaethu â phrofiadau cyfarwydd yn hytrach na chynnig her i'r pyntars dderbyn gogwydd newydd ar ddyrys brofiadau llencyndod, yn nhraddodiad y grwpiau a'r artistiaid iau. Hwyrach nad oedd lle i artist canol-y-ffordd Cymreig ar label Ankst mwyach. Ar drothwy'r milflwyddiant cyhoeddodd *Swansea Jac* ar label Recordiau Rosser yn cynnwys nifer o ganeuon yn yr un cywair â chynt gydag 'Wi'n Napod Cerys Matthews' a 'Nos Da Roc Cymraeg' yn nodedig. Roedd y naill yn gân hwyliog yn sôn amdano'i hun yn ceisio creu argraff ar blant ysgol drwy ddweud ei fod yn adnabod un o'u heilunod a'r llall yn nodi tranc roc Cymraeg trwy hiraethu am nosweithiau Blaendyffryn a Phafiliwn Corwen slawer dydd yng nghyfnod ei ieuenctid.

Serch hynny, roedd yn gyw o'r un brid ac yn bartner naturiol i

Geraint Løvgreen, un o artistiaid cynhyrchiol Sain yn yr 80au ac un arall oedd yn llawn sylwebaeth gymdeithasol a dychan crafog. Un o'r ffefrynnau o eiddo Løvgreen mewn perfformiadau byw oedd 'Summertime', yn sôn am losgi tai haf, ac fe fyddai'n llosgi model o dŷ haf ar y llwyfan. Yn 1993 cyhoeddodd *Be Ddigwyddodd i Bulgaria* ac roedd caneuon y 'fetran' yn goglais Gorwel Roberts:

> Mae ambell i em ar y tâp hwn ac, yn sicr, ni fydd yn siomi dilynwyr y band. Mae 'Tŷ Hanner Ffordd' yn cael ei llafarganu'n effeithiol i gyfeiliant piano cyn torri mewn i gytgan ddaw'n syth o'r 'White Album' a geiriau miniog Iwan Llwyd yn gynnil a syml. Mae 'Yr Hen Leuad Felen a Mi' wedyn yn llifo ar jangl gitâr hyfryd cyn llithro mewn i'r naws Wyddelig Van-aidd sydd bellach yn *de rigueur* i hen fetrans ein diwylliant pop. Mae 'Gwneud yr Arg' yn parhau'r traddodiad Løvgreenaidd o gicio Cocyn Hitio Hawsaf Cymru ond yn methu â gwneud pwynt gwleidyddol sylweddol na tharo gyda morthwyl dychan go iawn. Mae'n ymatal rhag troi'r gyllell ac, wele, mae'r Arg yn rhydd unwaith eto i ddychryn plant bach ac i greu ofn ym mreuddwydion ymgyrchwyr iaith. Bwrdd yr Iaith Bop, rhywun?[4]

Yr 'Arg' y cyfeiriwyd ato oedd yr Arglwydd Dafydd Elis Thomas, un o hoelion wyth Plaid Cymru a chocyn hitio cyson ymhlith llawer o aelodau ei blaid. Prin y byddai'r to iau o rocyrs yn gwybod dim amdano heb son am drafferthu cyfeirio ato mewn cân. Yn amlach na pheidio cael ei wahodd i berfformio mewn neithiorau priodas fyddai Geraint Løvgreen erbyn hyn, a hynny ar gownt ei hwyl na fyddai'n mynd dros ben llestri. Gwyddai'r rocyrs iau na cheid yr un chwyldro mewn neithior briodas.

Un o artistiaid yr 80au oedd Steve Eaves hefyd, a rannai gerddorion â Geraint Løvgreen. Cyhoeddodd dri CD ar label Ankst, sef *Plant Pobl Eraill*, *Croendenau* ac *Y Canol Llonydd Distaw*. Doedd adolygydd dienw *Golwg* ddim yn credu bod *Croendenau*'n taro deuddeg o'i chymharu â'r cynnyrch blaenorol:

> Atyniad i'w groesawu yw sŵn brwnt organ Pwyll ap Siôn, yn newid gêr ar gân fel 'Peiriant Pres', cyn llenwi'r sŵn ar 'Rhywbeth Amdani'. Ond does dim cymaint o angerdd yn y caneuon, dim o'r hen gasineb, dim o'r wleidyddiaeth di-flewyn ar dafod. Ydy, mae'r cynhyrchiad a'r dadansoddiad yn wych, sacsoffon Dafydd Dafis yn creu delweddau, yr offer taro a'r lleisiau'n agor ffenestri newydd – ond does dim her i'r gwrandäwr.[5]

Roedd teitl y CD dilynol yn gyfeiriad at ei ymlyniad wrth Daoaeth, un o grefyddau China. Roedd e hefyd yn ymarfer un o ddisgyblaethau corfforol Japan, sef karate. Doedd Derec Brown ddim yn cynhesu at yr arlwy:

> Mae'r llais yn ddigymeriad, yn ddi-liw ac yn dangos diffyg cryfder ar adegau. Mae'r caneuon yn dangos dylanwad *bossa-nova*, *jazz* a *soul*, ac ar ôl sawl gwrandawiad, tueddant i swnio'n rhy lafurus fel petai hi wedi cymryd oriau i roi pob nodyn a gair yn eu lle. Mae'r hiwmor yn brin, a does dim arwydd o ymgolli'n llwyr yn y gerddoriaeth, h.y. diffyg agwedd roc a rôl. Gyda cherddorion mor dalentog yn cyfeilio, buasai'n dda cael dwy neu dair cân 'fyw' yn y stiwdio, gan gadw unrhyw gamgymeriad anfwriadol i dorri ar undonedd yr esmwythder diddiwedd sy'n atgoffa rhywun o raglenni bore ar Radio 2... Bydd y casgliad hwn yn siŵr o gadw cwmni i nifer o ffans sefydlog yn yr oriau mân, ond tybed a oes yma unrhyw beth i ddenu gwrandawyr newydd?[6]

Cyfaddefai Steve ei hun fod ei agwedd tuag at newid y drefn, a gweithredu i gyflawni hynny, wedi bod trwy bair meddyliol ers cyhoeddi ei gasetiau cynnar. *Sbectol Dywyll* oedd enw un o'r casetiau hynny, ond roedd bellach yn edrych ar y byd a'i bethau trwy sbectol wahanol:

> Dwi ddim yn llai brwd dros chwyldro. Dwi'n dal yr un mor gefnogol i Gymdeithas yr Iaith a dwi'n dal i werthu'r Faner Goch. Ond efallai 'mod i ychydig yn gliriach ynglŷn â be mae chwyldro'n ei olygu. O'r blaen efallai 'mod i'n sôn yn y caneuon am symptomau'r drefn, sef cyfalafiaeth. Rŵan dwi'n gweld fod y chwyldro'n dechrau ar sail dau beth – cariad ac anghyfartaledd. Mae yna lot o anghyfartaledd, a dicter yn ei sgil, ond yr ymateb i hynny ydi'r peth creadigol, cariadus – achos bod rhywun eisio adeiladu rhywbeth gwell, dyfodol mwy teilwng.[7]

Yna, ar drothwy'r milflwyddiant, cyhoeddodd *Iawn* ar y cyd ag Elwyn Williams ar label Crai, oedd yn gyfraniad aeddfed yn ôl Iwan England:

> Mae Steve Eaves a Elwyn Williams wedi sgrifennu casgliad o ganeuon ag iddyn nhw wres emosiwn sydd yn mynd i olygu rhywbeth arbennig i'r gwrandawyr. Dyw'r cyfansoddwyr ddim wedi bodloni ar eu trefnu mewn ffordd draddodiadol chwaith; nid albwm gitâr, bas a dryms sydd yma. Mae'r traciau yn gyfuniad rhyfeddol o'r syml a'r cymhleth, sy'n cyfuno i greu cyfanwaith annisgwyl. Er bod mân wendidau yma, wrth i

elfennau unigol ambell drac dynnu sylw o'r awyrgylch, mae hwn yn gasgliad hyfryd, hamddenol, hanfodol i'r rheiny sy'n hoffi caneuon wedi eu crefftio mewn ffordd arbennig a gwreiddiol.[8]

Roedd *Iawn* yn cynnwys y gân 'We Used to Sing in Welsh', oedd yn dystiolaeth o anfodlonrwydd Steve Eaves â pholisi cyhoeddi Ankst ac â thueddiadau'r sîn roc yn gyffredinol. Roedd Steve yn Sais o ran tras a magwraeth a wnaeth benderfyniad ymwybodol i ganu'n Gymraeg yn unig. Nôl yn y 60au bu'n gwneud ei siâr o ganu'n Saesneg mewn clybiau gweithwyr yng Nghaer a Chrewe ar ôl y sesiynau bingo. Ni welai'r un cyfiawnhad dros droi nôl at y Saesneg:

> Mae hi'n iaith sydd wedi bod trwy beiriant sosejis y diwydiant hysbysebu, ac wedi ei malurio gan gyfalafiaeth. Ond wrth ganu yn Gymraeg, neu wneud darn o waith celf sy'n trafod Cymreictod, mae o fel datganiad – 'Dyma'r canol. Sut 'dach chi allan fan'na ar yr ymylon?' Dwi ddim am gondemnio neb sydd eisiau gwneud bywoliaeth o ganu roc yn Saesneg. Ond mae'r agwedd mai yn Saesneg y mae llwyddo yn wasaidd, ac yn drist, ac yn golled i'r diwylliant Cymraeg. Mae pobl yn Affrica yn gwneud rhywbeth hardd ac urddasol yn eu hiaith eu hunain yn eu caneuon. Pam na fedrwn ni wneud hynny?[9]

Canwr-gyfansoddwr a syrthiodd ar ymyl y ffordd oedd Cedwyn Aled. Roedd gan y gŵr o Gas-blaidd yn Sir Benfro lais trawiadol ac ar sail caneuon cynnar megis 'Mae'r Haf wedi Dod' fe'i cymharwyd â Billy Bragg, y trwbadŵr asgell-chwith Seisnig. Fe ffurfiodd grŵp o'r enw Cwrw Bach ond talgwympo fu ei hanes ar ôl cyhoeddi un tâp, *Tameidiau*, ar label Crai. Tebyg oedd tynged Dyfed Edwards, a geisiodd gyflwyno ei hun fel canwr-brotestiwr ar y tâp *Gwlad yr Addewid* (Label Madryn). Cyfuniad o ddiffyg dyfalbarhad a sylweddoliad nad oedd y gynulleidfa yn deisyf y math hwnnw o arlwy, efallai, oedd yn gyfrifol am ei ddiflaniad yntau hefyd.

Ond yna fe ddaeth Iwcs a Doyle a chipio cystadleuaeth *Cân i Gymru* 1996 gyda'r gân 'Cerrig yr Afon'. Profodd clwstwr o ganeuon yr actor o Drawsfynydd, Iwan Roberts, a John Doyle o Fethesda, gitarydd blaen Steve Eaves, yn chwa o awyr iach pan gyhoeddwyd *Edrychiad Cynta* ar label Sain (C2147). Clywid llond pen o Gymraeg rhywiog yn cyflwyno caneuon megis 'Sŵn yn y Môr' a 'Da Iawn' yn ogystal â chân Geraint Jarman, 'Rhywbeth Bach'. Roedd un gwrandawiad yn ddigon i wybod nad oedd diben i'r ddeuawd ystyried troi i ganu yn Saesneg. Roedden nhw mor gynhenid Gymreig. Ond daeth y bartneriaeth i ben yn llawer rhy fuan yn 1998 cyn cyhoeddi CD arall a fyddai'n sicr wedi bod yn sleifar o offrwm.

Cafwyd cyfraniadau gan unigolion eraill na wnaethant fawr o argraff megis John Grindell â'i synau lleisgodwr yn llawn pap ar *Celt* (Sain C2066) a Hefin Huws ag amrywiaeth o ganeuon diddrwg didda *Cae Chwarae* (Crai C009B) a *Cicio'n Ôl* (Crai C016A). Cafwyd hefyd *Cadw'r Iaith yn Fyw* (Fflach) gan Stuart Manning, yn gyforiog o slicrwydd Americanaidd dienaid. Doedd ymdrech y gŵr o Gwmtawe ddim wedi plesio Derec Brown ac roedd ganddo air o gyngor i gwmni Fflach:

> Efallai byddai rhyddhau'r ddwy gân hyn fel sengl, neu hyd yn oed pedair cân ar gasét wedi bod yn fwy buddiol i'r cwmni a'r canwr i gael gweld beth fyddai'r ymateb i'r math yma o gerddoriaeth. Ofnaf nad oes digon o liw ac amrywiaeth, o olau a thywyllwch, o lon a lleddf ar y casgliad fel y mae, ac fel canwr newydd i gynulleidfaoedd Cymru, yn rhyddhau ei gasét cyntaf, dylid cael gwell P.R., cysylltiadau cyhoeddus i hybu'r cynnyrch. Byddai cwpwl o raglenni teledu a thaith fach o gwmpas Cymru yn ddechrau teg.[10]

Ni chlywyd siw na miw gan Mr Manning ar ôl hynny. Ond band oedd yn fwy tebygol o 'Gadw'r Iaith yn Fyw' oedd Ap Ted a'r Apostolion o Ddyffryn Nantlle. Bwriad Ap Ted oedd cyflwyno caneuon Edward H Dafis, a dyna a wnaed yn llwyddiannus ar hyd y Gogledd-orllewin am gyfnod ar ddiwedd y 90au. Ai arwydd o aeddfedrwydd a datblygiad oedd ffurfio band teyrnged Cymraeg? Mae'n debyg y byddai eraill a oedd yn ystyried eu hunain yn wir Apostolion y sîn roc Gymraeg yn ystyried y fath fand yr un mor amherthnasol â'r holl fandiau teyrnged a efelychai brif fandiau'r sîn roc Saesneg. Ond roedd y pyntars yn talu i wrando ar griw Robin Eiddior yn ail-fyw'r dyddiau da. Roedd ffurfio band teyrnged i un o sefydlwyr y canu roc Cymraeg ynddo'i hun yn brawf bod yna genhedlaeth o ieuenctid eisoes yn ystyried bod yna'r fath beth â thraddodiad canu roc Cymraeg.

Artistiaid eraill nad oedden nhw'n anelu at wneud dim mwy na diddanu oedd Dylan Davies a'i Griw, a gyhoeddodd gasét o dan yr un enw ar label Sain (C413) yn ogystal â *Rwan Hwn* (Sain C491) ac *Yr Afon* ar label Fflach; Ray Jones a'r Band yn cyhoeddi *Milltiroedd* (Sain C414); Triawd Caeran yn cyhoeddi casét o dan yr un enw (Sain C2052); yr actor Dafydd Dafis yn cyhoeddi *Ac Adre Mor Bell Ac Erioed* (Sain C2107); yr actores Gillian Elisa – Sabrina *Pobol y Cwm* – yn cyhoeddi *Rhywbeth yn y Glas* ar label Fflach a *Haul ar Nos Hir* ar label Sain (C2229); a Mirain Haf, un o sêr Ysgol Glanaethwy, yn cynnig caneuon cyfoes, cerdd dant, caneuon gwerin a phytiau llafar ar gasét o eiddo Sain (C2150), yn ernes o dalent fyddai'n troedio llwyfannau sioeau cerdd Llundain.

Roedd yna artistiaid canol-y-ffordd eraill megis Y Moniars a Mojo yn cyhoeddi deunydd yn gyson. Canu caneuon cyfarwydd megis 'Gwenno Penygelli', 'Blaenau Ffestiniog' a 'Defaid William Morgan' mewn arddull ffwrdd â hi ac ar gyflymder oedd *forte*'r Moniars, dan arweiniad y brodor o Walchmai ar Ynys Môn, Arfon Wyn. Roedd cyn-ddrymiwr Brân, Maggs a Louis a'r Rocyrs, Brian Griffiths, hefyd yn aelod o'r grŵp o saith. Byddai Einion Williams yn taro'r bodhran a Richard Synnot ddall yn chwythu'r sacsoffon. Ffidil a banjo oedd offerynnau Malcolm Budd, a byddai Steve Wynstanley ac Arfon yn rhoi cynnig ar y gitarau tra bo Barry Evans yn canu yn y cefndir. Aed ati'n fwriadol i deilwra deunydd a fyddai'n rhoi noson dda i gynulleidfaoedd a fyddai'n lled gyfarwydd â llawer o'r caneuon. Perfformiwyd mewn 200 o nosweithiau o fewn dwy flynedd ar ddechrau'r 90au a bu gwerthu ar y casetiau *Fe Godwn Ni Eto* (Crai C024A) ac *I'r Carnifal* (Crai C038N). Cyhoeddwyd CD *Hyd Yn Oed Nain Yn Dawnsio* yn 1995 (Crai CD052) ac *Y Gore O Ddau Fyd* yr un flwyddyn (Crai CD045).

Tebyg o ran ei apêl a'i arddull roc gwerinol oedd offrwm Mojo dan arweiniad dau Fonwysyn arall, y brodyr Tudur a Bedwyr Morgan o Langefni. Roedd trydydd casét y grŵp, *Awn Ymlaen Fel Hyn* (Sain SCD4043), yn aeddfed iawn yn ôl Derec Brown:

> Y brodyr Morgan sy'n gyfrifol am gynhyrchiad a threfniant y caneuon, ac yn y maes hwn mae'r ddau wedi tyfu'n aruthrol. Yn wir, gellir cymharu sŵn y recordio ag unrhyw grŵp mewn unrhyw wlad, gyda'r caneuon arafach yn rhagori o ran amrywiaeth synau, yn enwedig 'Fe Ddaw o Rywle' a 'Celwydd Noeth'. Fel gyda'r ddau gasét arall, mae'r un newydd yn llawn o ganeuon cofiadwy a chytganau ysgubol. Nid glaslanciau mo'r bechgyn yma, maent wedi ennill a cholli cariad, yn teimlo effeithiau anghyfiawnderau'r byd ac yn gweld eu cynefin yn newid er gwell ac er gwaeth. Ond er teimlo tristwch ac anobaith, mae 'na deimlad yn y caneuon o ddysgu rhywbeth yn sgil rhyw anhap neu ddigwyddiad anffodus, ac edrych ymlaen yn hyderus a gobeithiol at y dyfodol. Heb os casét cryfa Mojo hyd yn hyn, yn llawn hyder, aeddfedrwydd ac egni.[11]

Bu'n rhaid aros chwe mlynedd am yr offrwm nesaf, *Tra Mor...* (Sain SCD2137), a thra bo adolygydd anhysbys *Sothach* yn cydnabod rhagoriaeth y cynhyrchiad roedd e/hi o'r farn bod rhywbeth yn nacáu gallu'r genhedlaeth iau i'w werthfawrogi:

> Beth bynnag am y neges dyma yw arddull Mojo – pob nodyn yn ei le yn daclus iawn, lleisiau a harmoni yn syml ... ond mae'n rhaid i mi ddweud fy mod yn cael trafferth gyda hyn. Mae'r holl beth yn llawer rhy neis rhywsut, yn llawn ystrydebau a sylwadau amlwg... Ar y cyfan felly CD i nain a thaid neu fam a dad, gwyn eu byd.[12]

Roedd yn amlwg bod cenhedlaeth y rocyrs gwallt cyrliog yn deisyf arweiniad ac agwedd gan gerddorion ac artistiaid pan gyhoeddid cryno-ddisgiau. Doedd bod yn greadigol a cherddorol yn unig ddim yn ddigon. Rhaid oedd defnyddio'r cyfrwng i newid y byd yn hytrach na nodi ei felltithion a'i gadael ar hynny.

Roedd yna eraill nad oedd eu bryd ar ddim mwy na diddanu. Meddylier am Cwlwm, pump o ferched o ardal Llanbed yn llawn o harmonïau celfydd a slic. Haeddai eu casét cyntaf, *Cwlwm o Gân* (Sain C402N), yn 1990 y driniaeth feirniadol eisteddfodol gan Robat Arwyn:

> Mae'r canu yn ddisgybledig iawn, ac ôl graen ar bob cyflwyniad, yn arbennig felly eu trefniant o'r hen 'Coventry Carol' dan yr enw 'Si-lŵ, li-lŵ'. Mae'r trefniant digyfeiliant ynddo'i hun yn rhagorol, a naws eglwysig arbennig i'r datganiad. Dyma, heb os nac oni bai, yr eitem orau yn y casgliad... Weithiau ceir yma orlwytho alawon syml hefo cynghanedd i greu awyrgylch braidd yn siwgraidd, ac ambell dro mae'r llais ucha'n colli'r glendid a'r cynhesrwydd cynhenid pan fo'r gosodiadau'n mynd yn anghyfforddus o uchel. Ond dyma griw o ferched â thalent aruthrol yn eu meddiant, ac o'i sianelu i'r cyfeiriad iawn bydd iddynt ddyfodol llewyrchus dros ben.[13]

Dyna a wnaed a byddai eu presenoldeb mewn unrhyw Noson Lawen neu gyngerdd yn gaffaeliad. Datblygodd un o'u plith, Siân Cothi, yn gantores broffesiynol a fyddai'n troedio llwyfannau sioeau cerdd Llundain.

Grŵp arall a gynigiai ddimensiwn gwahanol oedd Cajuns Denbo o Fangor, yn cyflwyno cerddoriaeth yn arddull Cajun a Zydeco o Louisiana. Dennis Carr oedd y lleisydd egnïol a chyhoeddwyd *Stompio* ar label Sain (C2155). Mentrodd un o'r aelodau, Neil

Browning, gyhoeddi ei offrwm ei hun, *Scwisbocs* (Sain C2211). Cafwyd derbyniad da i gryno-ddisgiau'r Strymdingars, *Strym Gynta* (Crai C053) a *Pawb Drosto'i Hun* (Crai 2227). Daeth Celt o Fethesda i amlygrwydd gan hawlio'r un gynulleidfa â Sobin. Yr apêl oedd dau leisydd boliog, Martin Beattie a Steve Bolton, yn canu mewn harmoni, oedd yn atgoffa'r gynulleidfa o'i gwaddol canu cynulleidfaol pedwar llais. Sicrhaodd nifer o ganeuon gafaelgar megis 'Dwi'n Amau Dim' a 'Dros Foroedd Gwyllt' y byddai Celt i'w clywed ar donfeddi'r radio'n rheolaidd. Cyhoeddwyd *Celt@.com* a *Telegysyllta* ar label Sain yn ogystal â chasetiau cynnar ar eu label eu hunain.

Cyhoeddodd Fflach gasetiau/cryno-ddisgiau gan Morus Elfryn (*Ti*), y canwr pruddglwyfus o Bontsian o'r 70au, a Washington James, y tenor poblogaidd o Genarth a enillodd y Rhuban Glas yn Eisteddfod Llanelwedd, yn ogystal ag *Y Deryn Du* yn amlygu dawn Meurig Davies i iodlan. Mentrodd Siân Wheway, cyn-aelod o Pryd Ma Te?, gyhoeddi CD *Be Ddaw?* (Sain SCD2203), a'r un modd daeth yr amryddawn Caryl Parry Jones o hyd i amser i gyhoeddi *Eiliad* (Sain C2144) ar ddiwedd y degawd. Roedd y gantores, y ddynwaredwraig, y sgriptwraig a'r gyfansoddwraig wedi gwrthsefyll sawl cyfle i fentro i'r byd teledu a pherfformio'n Saesneg.

Yr un modd roedd Dai Jones wedi gwrthsefyll pob cynnig i gyflwyno rhaglenni'n Saesneg ar y rhwydwaith Prydeinig ar batrwm ei gyfres lwyddiannus *Cefn Gwlad*. Ac roedd galw mawr am y casét o'i ganeuon a gyhoeddwyd gan Sain, *Caneuon Gorau Dai Llanilar* (Sain C2011), ar sail tapiau a gyhoeddwyd ar label Cambrian slawer dydd. Wedi'r cyfan, roedd Dai Llanilar yn enillydd cenedlaethol a rhyngwladol: enillydd y Rhuban Glas yn Eisteddfod Genedlaethol Rhydaman 1970, enillydd Gwobr Goffa David Lloyd yn Eisteddfod Môn a Phrif Ganwr Eisteddfod Llangollen yr un flwyddyn. Roedd llais bas dwfn Richard Rees, Pennal, i'w glywed ar y casét yn cyd-ganu 'Y Ddau Wladgarwr'. Beth well i ddiddanu'r genhedlaeth hŷn?

17 / Cytgord, Golwg ac Anhrefn

Sefydlwyd cwmni Cytgord yn hydref 1985 gan Dafydd Rhys a Gareth Siôn, a hynny am eu bod yn gweld cyfle i ddiwallu angen. Roedd dirfawr angen rhywrai i neilltuo eu hamser, eu hegni a'u dawn i hybu ac i osod trefn ar ddatblygiadau yn niwylliant yr ifanc. Ar un llaw roedd yna grwpiau ac artistiaid ac ar y llaw arall roedd yna raglenni teledu a radio, ac yna gwagle yn y canol. Trefnu gigs yn ystod wythnos yr Eisteddfod a wnâi Cymdeithas yr Iaith yn bennaf erbyn hynny, ac roedd angen rhywrai i ddod â'r gwahanol linynnau ynghyd gydol y flwyddyn. Rhaid oedd wrth weledigaeth, wrth gwrs, os oedd mentergarwch ac arloesedd yn mynd i lwyddo. Roedd y rhinweddau hynny gan hogiau Pesda yn ôl Dafydd:

> Yr adeg honno roedd yna ddiffyg ymwybyddiaeth a llif gwybodaeth dybryd am 90% o'r gerddoriaeth roc oedd yn digwydd yn y Gymraeg. Roedd cynnydd aruthrol wedi digwydd yn nifer y bandiau ers y 70au a'r 80au cynnar pan oedd bron yr holl fandiau (fawr fwy nag ugain ohonynt) yn rhai colegol neu gyfryngol ac yn chwalu o fewn ychydig flynyddoedd i'w ffurfio... Yr hyn oedd yn rhwystredig iawn ac yn rhwystro datblygiad pellach oedd nad oedd fawr o neb yn ymwybodol o fodolaeth cymaint o grwpiau heb sôn am fod yn gyfarwydd â'u hanes a'u cerddoriaeth. Nid oedd Gwasg Roc Gymraeg mewn bodolaeth, roedd *Sgrech*, yr unig gylchgrawn sefydlog (deufisol) newydd ddod i ben a doedd yna ddim rhaglenni radio a theledu credadwy. Roedd mwy o wybodaeth i'w gael yn amal ar raglen John Peel![1]

Dyna grynodeb teg o'r sefyllfa yng nghanol yr 80au gan ŵr oedd â'i fys ar y pŷls ac yntau newydd ddychwelyd i Gymru ar ôl treulio cyfnod yn yr Unol Daleithiau. Mater o hap a damwain oedd trefnu gigs i grwpiau ar hyd y flwyddyn. Roedd yr hen arfer Cymreig o gynnal cyngherddau/Nosweithiau Llawen er mwyn codi arian at ryw elusen neu achos da neu'i gilydd, gan ddisgwyl i artistiaid berfformio am eu treuliau yn unig, os hynny, yn dal yn y tir. Byrdwn nosweithiau Cymdeithas yr Iaith yn ystod wythnos yr Eisteddfod oedd codi digon o arian i gadw'r mudiad i fynd am ddeuddeg mis arall. Doedd y syniad o gynnal gigs er eu mwyn eu hunain ddim wedi cydio. Doedd yna'r un entrepreneur wedi hollti'r gneuen honno'n llwyddiannus. Ar wahân i'r arian a geid am berfformio ar deledu, doedd yna fawr o gyfle i grwpiau trydanol berfformio'n rheolaidd er mwyn talu am eu hoffer heb sôn am ennill bywoliaeth.

Er mwyn ceisio gwneud iawn am hynny trefnodd Cytgord 'Taith y Carcharorion' ar gyfer Maffia Mr Huws a Geraint Jarman a'r Cynganeddwyr yn 1986. Am na wnaed elw o'r daith bu'n rhaid i Dafydd a Gareth dorchi llewys i wneud Cytgord yn rym o bwys yn y maes roc gan obeithio talu'r dyledion. Fe wnaed hynny trwy ddarparu gwybodaeth wythnosol ar gyfer y rhaglen deledu *Fideo 9* a deunydd wythnosol i dudalen adloniant *Y Cymro* ac, yn ddiweddarach, derbyn comisiwn gan S4C i sefydlu *Y Sgrîn Roc* ar ffurf gwybodaeth deletestun. Ar ôl gweithredu o dwlc mochyn ym Methesda, o Gaerdydd ac o ben ucha Cwm Rhymni am y ddwy flynedd gyntaf, agorwyd swyddfa go iawn ym Methesda yn hydref 1988. Trefnwyd taith Fel yr Hed y Frân ar gyfer beirdd ifanc yn 1986 hefyd, a bu'n gynsail i nifer o deithiau tebyg oedd yn rhoi llwyfan i feirdd roc nad oedden nhw o reidrwydd yn awenyddol gyffyrddus yn talyrna yn y dull traddodiadol.

Ni lwyddwyd i drefnu cyfres o deithiau cyson ar gyfer grwpiau ond cyfraniad mawr Cytgord oedd bod yn gefn gweinyddol i'r cylchgrawn *Sothach*. Ar ôl diflaniad *Sgrech* roedd yna gryn ddyheu i weld sefydlu cylchgrawn o'r enw *Dracht* ar delerau proffesiynol. Ond oherwydd gwahaniaethau ideolegol ymhlith y criw golygyddol, daeth y cyhoeddiad i ben ar ôl dau rifyn, a hynny yng nghanol 1985. Ymhen tair blynedd sefydlodd Llŷr 'Lloerig' Edwards y cylchgrawn *Sothach* ar ei liwt ei hun. Roedd y cylchgrawn yn cynnwys deunydd am bysgota yn ogystal â'r byd pop, ond erbyn diwedd 1988 roedd Llŷr wedi ymuno â chriw Cytgord. Golygai hynny y medrai ddefnyddio'r offer cyhoeddi pen-bwrdd oedd ym meddiant yr hogiau i hyrwyddo ei weledigaeth a chreu cylchgrawn proffesiynol ei wedd a'i gynnwys.

Derbyniwyd nawdd gan Deledwyr Annibynnol Cymru a Chyngor Llyfrau Cymru. Tan 1992, Llŷr Edwards, Emyr Pierce a Gorwel Roberts oedd yn bennaf gyfrifol am y cynnwys a'r diwyg, ac o 1992 tan i'r cyhoeddiad ddod i ben yn 1996, ar ôl 86 o rifynnau, roedd Huw Dylan ac Owain Meredith wrth y llyw. Profodd y cyhoeddiad yn arloesol a pherthnasol ac roedd y dyheadau a'r gobeithion yn fawr. Ar wahân i roi sylw i'r cynnyrch roc Cymraeg cyhoeddwyd cyfweliadau

gyda'r bardd o Lŷn, R S Thomas, a'r Cymro Cymraeg o Ddyffryn
Aman, John Cale, a oedd yn aelod o'r grŵp roc arloesol hwnnw o
Efrog Newydd, Velvet Underground. Yn Saesneg y cyhoeddwyd y
cyfweliad â John Cale. Cafwyd ysgrifennu cyhyrog a heriol o bryd i'w
gilydd. Rhoddwyd gofod i'r Tori rhonc o Flaenau Ffestiniog, Elwyn
Jones, leisio ei farn neu ei ragfarn am y cyfrwng roc:

> Mae o'n drist fod cynifer o ieuenctid yn dilyn grwpiau pop
> am ei fod y peth i'w wneud ac am eu bod yn teimlo rhyw
> ddiogelwch plwyfol drwy ymwneud â holl baraffanelia y byd
> pop anwaraidd. Sŵn a sothach sydd yn symbyliad eu bywyd.
> O wrando a gwylio rhaglenni fel *Fideo Naw* ac ati gallwn yn
> hawdd credu fy mod yn byw mewn byd arall. Tydi rhai o'r
> grwpiau yma yn cynhyrchu dim ond sŵn aflafar. Strymian
> gitars heb fod yna diwn ddealladwy yn aml, neidio a strancio
> ar draws y llwyfan yn ddi-hid, gwalltiau at eu stumogau yn
> ymddangos heb ei olchi ac yn sgleinio o chwys a baw. Dillad
> wedi eu pwrcasu o ryw 'jumble sale' yn rhywle bid siŵr.
> Ac am y sŵn, wel ni ellir deall y geiriau, ac os gellir dirnad
> ambell i air, yna fe ailadroddir hwnnw hyd at syrffed. Hyn
> yw canu pop heddiw. Yn sicr ni ellir ei alw yn fiwsig nac yn
> rhywbeth sydd yn rhoi ysbrydoliaeth iach i blant ac ieuenctid
> Cymru... Yr wyf yn wirioneddol bitio y plant a'r bobl ifanc
> hynny sydd yn anymwybodol o bleserau bore oes darganfod
> Shakespeare a Tennyson, T Rowland Hughes a Gwenallt, y
> pleserau sydd yn aros fel y mynydd yn gadarn a solet. Wedi'r
> cwbl, sothach yw pop yn y bôn a does yna ddim byd arhosol
> ynddo. Safonau sigledig iawn y mae'r busnes pop yn ei arddel
> mewn gwirionedd.[2]

Roedd hi'n amlwg yn ôl dadl y gŵr a addolai wrth draed Margaret
Thatcher, y Prif Weinidog ar y pryd, nad oedd wedi gwrando ar fawr
ddim o ddeunydd roc Cymraeg na Saesneg gyda chlustiau beirniadol
na gwerthfawrogol. Un oedd mewn gwrthgyferbyniad llwyr, o ran ei
gyfraniadau fel adolygydd recordiau ar dudalennau *Sothach*, oedd
gŵr ifanc o Langefni o'r enw Pwyll ap Siôn. Daeth i amlygrwydd gyntaf
pan gyhoeddwyd llun ohono fel aelod o grŵp ysgol o'r enw Drycin ar
dudalennau *Sgrech* ym mis Mehefin 1983. Ond erbyn iddo gyrraedd
canol ei ugeiniau roedd wedi astudio cerddoriaeth yn un o golegau
Rhydychen, wedi ennill Tlws y Cerddor yn Eisteddfod Genedlaethol
Bro Delyn yn 1991 (yr ieuengaf erioed) ac wedi cyfansoddi nifer o
weithiau comisiwn clasurol, ac er ei fod yn darlithio yng Ngholeg
y Brifysgol, Bangor, erbyn canol y 90au roedd ganddo amser hefyd

i fod yn gyfeilydd gydag amrywiaeth o fandiau ac artistiaid gan gynnwys Jecsyn Ffeif, Jina a Dafydd Iwan. Oherwydd ei gefndir roedd yna aeddfedrwydd, disgyblaeth a gwybodaeth berthnasol yn ei adolygiadau. Cymerai ei dasg o ddifrif. Roedd hyd yn oed wedi cyflwyno papur ym Mhrifysgol Strathclyde ar arwyddocâd canu *reggae* Geraint Jarman a'r Cynganeddwyr:

> Mae'n bwysig ein bod ni'n trin y gerddoriaeth yma o ddifri achos, yn gymdeithasol, yn wleidyddol, yn ddiwylliannol mae hi cyn bwysiced ag unrhyw gerddoriaeth yn y byd a dwi'n credu ein bod ni'n tueddu i ddibrisio'r hyn yr yden ni'n ei wneud o fewn ein diwylliant poblogaidd.[3]

Yn y rhifyn swmpus, 52 tudalen hwnnw o *Sothach* ym mis Ebrill 1993 y cyhoeddwyd sylwadau Elwyn Jones ynddo, roedd yna hefyd gyfweliadau gyda Sobin, Mabsant, Louis Thomas, Gwerinos, David Sullivan (y cyhoeddwr cylchgronau pornograffig), Elin Llwyd Morgan (un o'r Beirdd Answyddogol), Gruff Rhys – ac yntau mewn ymateb i'r cais misol i esbonio i Sais beth yw cerdd dant yn dweud 'dental floss for the ears' – arolwg o newyddiaduraeth roc Gymraeg a gwerthfawrogiad o yrfa Meic Stevens gan Huw Dylan, gyda chyfweliad â'r Brenin ei hun yn ei gartref yng Nghaerdydd yn cael ei lywio gan Owain Meredith. Hwnnw oedd yr hanner canfed rhifyn.

Ond o fewn tair blynedd daeth *Sothach* i ben, ac roedd Owain Meredith yn amau a oedd yr holl ymdrech wedi bod yn werth y drafferth wrth iddo dderbyn bod y sîn roc Gymraeg wedi dod i ben:

> Y ddadl a roddwyd fel rhyw ymddiheuriad am droi i ganu'n Saesneg ydi bod y Gymru Gymraeg yn ddigon hyderus, fod y frwydr wedi ei hennill a'i bod hi'n amser cael agwedd mwy 'eangfrydig'. Ond myth ydi natur ddwyieithog Cymru yn y bôn, rwyt ti un ai yn Gymro Cymraeg sy'n medru siarad Saesneg, neu'n Gymro sydd ddim yn siarad Cymraeg. Os ydan ni'n falch ein bod ni'n siarad Cymraeg yna mae'n rhaid inni fyw drwy gyfrwng yr iaith. Mae'r syniad yn dal yn un radical... Y realiti ydi mai lleiafrif ydi'r Cymry Cymraeg yng Nghymru a phan ydan ni'n gweithredu o'r safle hwnnw 'dan ni'n llawer mwy *concentrated* a phwerus. Mae'r ymdeimlad o rym mewn wythnos eisteddfodol, neu gig gan Dafydd Iwan neu Sobin, yn profi hyn...

> Mi oedd gyrfa'r bechgyn o Gwm Rhymni, Lugg a Potter, yn tanlinellu imi sut mae gwyro i gyfeiriad diwylliant Prydeinig yn gamgymeriad elfennol. Pwy all anghofio Y Traddodiad Ofnus, y

band taer, dig, cerddorol wych a llais Cymraeg Cymreig o galon ein cymoedd? Pwy allai ddweud hyn i gyd am Tŷ Gwydr? Petawn i'n ceisio annog Cymro di-Gymraeg i wrando ar gerddoriaeth yn y Gymraeg, mi fedrwn danbaid annog Traddodiad Ofnus, ond fedrwn i ond cyfadde' mai parodi gwan o ddiwylliant Prydain oedd Tŷ Gwydr. Dwi'n cofio hefyd pobl fel Sobin ac Edward H Dafis cyn hynny, grwpiau priflif poblogrwydd, Cymraeg eu hiaith a Chymreig eu hysbrydoliaeth, oedd yn denu miloedd ac yn siarad iaith eu cynulleidfa, a hynny mewn mwy nag un ystyr.[4]

Er ei fod yn derbyn bod grwpiau cyfoes wedi cymryd y cam bwriadol i fentro canu yn Saesneg, roedd Owain yn barod i feirniadu'r mudiadau nawdd am beidio â chynorthwyo i geisio gwrthsefyll y duedd trwy neilltuo arian sylweddol a synhwyrol i gynnal *Sothach*:

> Dim ond un cyhoeddiad ieuenctid sydd wedi bod yn ystod y deng mlynedd diwethaf. Mi oedd diffyg cefnogaeth y cyrff ariannu cyhoeddi yn yr iaith Gymraeg i Sothach yn anhygoel, ac oherwydd hynny mi oedd o'n gylchgrawn gwael, er gwaethaf ymdrechion ardderchog y cyfranwyr gwirfoddol. Cwpwl o gannoedd oedd gwerthiant y cylchgrawn, i farchnad bosibl o chwarter miliwn, ond am dros ddeng mlynedd wnaeth neb a oedd â'r gallu ariannol i newid y sefyllfa ofyn pam.[5]

Sefydliad arall a ddaeth i ben ar ddiwedd 1996 oedd CRAG (Y Cyngor Roc a Gwerin) a noddwyd gan arian cyhoeddus – £60,000 gan S4C dros gyfnod o dair blynedd. Rhiannon Tomos oedd y swyddog cyntaf yn 1994 ac roedd hi'n gweithio o swyddfa Cytgord ym Methesda, gyda'r bwriad o godi proffil canu roc a gwerin Cymraeg dramor drwy fynychu cynadleddau a marchnata deunydd y cwmnïau recordiau. Ond byr fu hoedl CRAG wrth i drafferthion adnewyddu nawdd ddatgelu bod yna gwmni teledu annibynnol o'r enw Y Pengwin Pinc, na wyddai neb am ei fodolaeth na'i gynnyrch, yn ymorol ar ran yr asiantaeth. Bu methiant Cytgord ei hun i ddal gafael ar gytundeb Y Sgrîn Roc ar gyfer S4C yn rhannol gyfrifol am fethiant *Sothach*.

Anodd dweud beth yn union oedd cylchrediad *Sothach* ond ymddengys ei fod yn amrywio o ychydig gannoedd weithiau i bymtheg cant adeg yr Eisteddfod Genedlaethol. Doedd hi ddim mor hawdd dosbarthu *Sothach* â'r degau o gylchgronau Saesneg mwy sgleiniog a roddai sylw i arwyr pop gwneud yr arddegau ar silffoedd pob siop bapurau. Roedd y gystadleuaeth yn hegar a theg dweud mai apelio at y Cymry ifanc ymwybodol a deallus a wnâi *Sothach* ar y cyfan o ran ei gynnwys a'i arddull. Mewn cyfnodau cynt a chymdeithasol wahanol roedd cyhoeddiadau Cymraeg oedd wedi eu hanelu at ieuenctid yn ymddangosiadol ffyniannus. Gwerthai *Cymru'r Plant*, dan olygyddiaeth Syr O M Edwards, tua 14,000 copi yn fisol yng nghyfnod ei anterth rhwng 1891 a 1920, a *Thrysorfa'r Plant* wedyn, dan olygyddiaeth Thomas Levi, gymaint â 44,000 yn fisol yng nghyfnod ei anterth yntau dros gyfnod o 50 mlynedd rhwng 1862 a 1911, ymhlith plant yr enwadau crefyddol.

Sefydlwyd cylchgrawn cyd-enwadol i blant, *Antur*, dan olygyddiaeth Jennie Eirian Davies yng nghanol y 60au. Roedd ei gylchrediad cychwynnol yn 14,800 ond hanerodd o fewn ychydig flynyddoedd. Wrth gwrs, rhaid derbyn bod dwywaith neu ragor yn fwy o brynwyr posibl yn y cyfnodau pan ddangosai'r Cyfrifiad fod yna 54% yn medru'r Gymraeg yn 1891 a 43% yn 1911. Roedd cyhoeddiadau'r enwadau crefyddol yn gwerthu'n helaeth. Roedd yna rwydwaith dosbarthu parod, uniongyrchol nad oedd yn dibynnu ar siopau. O fewn deng mlynedd i'w gyhoeddi yn 1930 gwerthwyd dros 32,000 o gopïau o *Caniedydd yr Ysgol Sul*, oedd wedi ei anelu at yr aelodau iau yn bennaf.

Prin oedd sylw *Y Cymro* i'r sîn roc Gymraeg yn ystod y rhan helaethaf o'r 1990au o gymharu â'r dudalen drymlwythog o newyddion ac adolygiadau o recordiau a gigs a gafwyd mewn cyfnodau cynt. Am gyfnod fe fu Gorwel Roberts yn darparu colofn o wybodaeth wythnosol o dan y pennawd 'Rycshwns o'r Blaned Roc'. Y duedd oedd nodi bod yna erthygl neu gyfweliad gydag un o'r grwpiau Cymraeg yn un o'r wythnosolion cerddorol Saesneg yn hytrach na chyhoeddi erthygl neu gyfweliad gyda'r grŵp hwnnw yn *Y Cymro* ei hun. Roedd fel petai'r papur yn ewyllysio tranc y byd roc Cymraeg. Roedd cynnwys y dudalen adloniant yn y rhifyn a gyhoeddwyd ar Ragfyr 20, 1995, yn adlewyrchiad nodweddiadol o'r hen a'r newydd, y traddodiadol a'r cyfnewidiol. Gwelwyd yno hysbyseb yn cyhoeddi cynnal Eisteddfod yr Hen Gapel, Llanbrynmair, y mis Mai dilynol a phwt byr yn nodi bod Rhys Mwyn a'i frawd, Siôn Sebon, wedi bod yn swpera gyda chynrychiolydd o gwmni recordiau Virgin yn Llundain. Byrdwn y bwyta neu'r slochian oedd trafod sefydlu label recordio newydd a fyddai'n arbenigo ar gerddoriaeth byd. Yn yr un rhifyn roedd colofn wythnosol 'Gwers yr Ysgol Sul' dan ofal Elfed ap Nefydd Roberts yn delio ag adnodau yn Efengyl Ioan o dan y pennawd 'Gweld y Gogoniant'.

Ond teg nodi bod *Golwg*, ers ei sefydlu fel wythnosolyn ym mis Medi 1988, wedi rhoi sylw cyson i'r sîn roc Gymraeg ar ei brif dudalennau, ac yn ddiweddarach yn *Atolwg*, yr atodiad sgleiniog. Roedd y cylchgrawn yn fyw i'r dadleuon a'r newidiadau oedd yn digwydd ar y pryd. Ym mis Chwefror 1996 mentrodd y golygydd, Robin Gwyn, geisio rhoi'r holl ymgecru a'r gwrthdaro ynghylch y bydoedd roc Cymraeg a Saesneg yn ei gyd-destun trwy adrodd gair o brofiad:

> Hyd at y pumed dosbarth yn Ysgol Friars Bangor ar ddechrau'r 70au, ro'n i'n siarad Saesneg efo llawer o ffrindiau gydag enwau fel Huw, Elwyn, Gwyn ac Iwan. 'Josgins' oedd yn siarad Cymraeg â'i gilydd. Plant dosbarth canol a oedd yn cael eu gwawdio, eu bychanu ac – mewn rhai achosion – eu bwlio am siarad iaith capel a steddfod. Roedd y bwlis mwyaf, wrth gwrs, yn dod o deuluoedd Cymraeg eu hunain. Dyna natur y 'Niggers Cymraeg' – dial ar eich pobol eich hun i guddio'r teimladau israddol. Roedd fy ffrind gorau, Huw, yn un o'r *lads*, yn mynnu siarad Saesneg ac yn licio pethau cyffrous, llachar, sgleiniog, Seisnig – alcohol; nofelau *Skinhead* a *Suedehead* Richard Allen; Robert De Niro yn *The Godfather II*; Malcolm McDowell yn *A Clockwork Orange*, miwsig y Stones, Bowie, Lou Reed a Roxy Music; gwylio *Match of the Day*; sgidiau Dr Martens; dillad designer, canu *'You'll Never Walk Alone'* yn y Kop. Roedden ni'n byw mewn byd *technicolour* ac roedd ein cynfas yn *widescreen*. Beth oedd gan y diwylliant Cymraeg i'w gynnig iddo fo a fi?

> Dim yfed, dim rhyw, dim rhegi, yr Urdd, dysgu adnod yn lle gwylio Jimmy Hill ar nos Sadwrn, codi am 9.00 y bore wedyn i fynd i'r capel. Byd sepia a chynfas cul yn drewi o farnish tywyll y Sêt Fawr... A dyna ni'n dod at Edward H. Efallai nad oedden nhw fawr o gerddorion – ond uffarn, roedden nhw'n canu roc a rôl yn Gymraeg! Tair blynedd fuon nhw wrthi cyn chwalu am y tro cynta' ac, erbyn eu noson ola ar Fedi 11, 1976, ro'n i'n genedlaetholwr tanbaid, yn meddwl mai Saunders Lewis oedd Duw, wedi meddwi am wythnos yn Steddfod Aberteifi, ac yn bwriadu mynd i Goleg Aberystwyth. Am y tro cynta' yn fy mywyd, ro'n i'n gweld y Gymraeg yn perthyn i'r 20fed ganrif. Am y tro cynta', doedd gen i ddim cywilydd. Ugain mlynedd yn ddiweddarach, mae'r bobol nad oeddan nhw'n fy neall i a Huw – ddim yn deall pam fod y Gymraeg yn golygu 'Na, na, na!' inni cyn Ed. H. – yn ffonio *Stondin Sulwyn* i rybuddio y byddai cael bar i'r ifanc yn Steddfod y Bala yn ddiwedd y byd...

> Y gwir amdani yw bod siaradwyr Cymraeg ifanc heddiw, fel fi a Huw gynt, yn byw mewn byd Seisnig ac Americanaidd

ac os nad ydyn nhw'n gweld bod modd gwneud sens o apêl gymhleth y byd hwnnw trwy gyfrwng y Gymraeg, maen nhw'n mynd i ddefnyddio'r Saesneg i wneud hynny beth bynnag. Y gwir amdani yw bod rêfs, rhyw, alcohol a chyffuriau eraill yn gyffrous – ar waetha'r peryglon amlwg. Pam arall fod ieuenctid pob cenhedlaeth – gan gynnwys Dafydd ap Gwilym – wedi arbrofi gyda phethau tebyg. Y ffordd orau i sicrhau bod yr arbrofi'n creu rhwyg rhwng y cenedlaethau yw pregethu rhagrith a mynnu bod trio pethau newydd yn 'Anghymreig'.[6]

Roedd ysbryd yr ifanc yn cwhwfan rhwng tudalennau *Golwg*, a byddai yna adroddiadau am steddfod yr ifanc o safbwynt yr ifanc yn rhifynnau mis Awst yn ddi-feth, yn nodi faint o'r gloch oedd hi ar y byd adloniant roc Cymraeg. Yn y dyddiau cyn claddu'r sîn roc Gymraeg roedd Steddfod Aberystwyth 1992 wedi bod yn steddfod dda yn ôl Lleucu Siencyn:

> Mae ehangder y sîn yn anhygoel erbyn hyn ac roedd hynny yn cael ei adlewyrchu yn Eisteddfod Aberystwyth 1992. Mae penderfynu pwy oedd grŵp yr Eisteddfod yn dibynnu ar ba fiwsig rydech chi'n ei leicio – roc, dawns, gwerin, ffync – ac ar ba gigs y buoch ynddyn nhw ac roedd yn amhosib mynd i bob un... Felly ar y cyfan, wythnos eithriadol o lwyddiannus oedd hi o safbwynt roc. Mae'r diwylliant a'r diwydiant yma yn mynd yn gryfach ac yn gryfach bob blwyddyn. Mae'n faes mor eang erbyn hyn, fel ei fod yn amhosibl diffinio canu roc Cymraeg mewn un frawddeg. Mae'n destun traethawd. Yr un peth sy'n gyffredin gan yr holl fandiau – o'r Cerrig Melys i Diffiniad i Dafydd Iwan – yw yr *iaith*. A dyma pam i ni gyd yma.[7]

Un nodwedd annatod ar yr ŵyl ers 1984 oedd y Gorlan Goffi ar y maes pebyll, yn cael ei rhedeg gan tua 40 o Gristnogion ifanc yn cynnig paned, gwên a sgwrs i'r heidiau meddw, a cheisio manteisio ar gyfle i genhadu trwy ddatgan bod yna fwy i fywyd na hangofyrs. Doedd dim dwywaith bod meddwi'n ffordd o fyw i lawer o ieuenctid, ac roedd hynny'n cael ei adlewyrchu'n wythnosol ar dudalennau *Golwg* yng ngholofn y 'Ddynes Despret' – y Gymraes ifanc nodweddiadol oedd wedi symud i Gaerdydd i weithio a chanfod ei bod hi'n Steddfod yno drwy'r flwyddyn. Ym mis Mai 1997 roedd hi'n nodi rhinweddau alcohol ac yn cyfrif y gost:

> Y cyffur hwnnw sy'n gwneud i'r gweddol fod yn wych, yr iawn fod yn hyfryd a'r eitha fod yn ffantastig. Y cyffur hwnnw sy'n gwneud i'r ferch oedd yn rhy ddiolwg, yn rhy dew, yn rhy boring yn y drych cyn mynd allan, droi yn dlws, yn hyderus, yn rhywiol

mewn tair awr. Yn ei meddwl picl ei hun. Ac yn jolpan wirion ym meddwl callach pawb arall. Wel, un ges pwy ydi'r jolpan wirion y bore yma? Ac un ges arall pwy oedd wedi meddwi neithiwr? Dwi yn fy ngwely (fy hun) a dw i eisiau plymio i mewn iddo dros fy mhen. Dw i eisiau gorwedd yn y plygiadau a jyst bod. Dw i isho palu twll mawr yn yr ardd, rhoi tywarchen ar fy mhen a chuddio yn y pridd. Dw i isho gadael y wlad. Dw i isho troi'n anweledig... Dw i wedi bod yn anffyddlon i Mês...

... Mae'r gweddill yn un cwmwl meddw. Mynd adre. Yno roedd Bev wedi cychwyn ar ei phenwythnos gyda photel o shampên a John ei chariad a ffrind ei chariad. Creadur digon di-nod ond dipyn o gês. Ac fel yr aeth y diodydd i lawr mi aeth o yn ddelach, yn fwy ffraeth a finne'n fwy a mwy diofal. Erbyn clecio potel o tecila rhwng pedwar a chystadleuaeth y lambada ar unedau'r gegin, roedd y boi yn dduw. Ac erbyn agor y drydedd botel o win coch, roeddwn ni'n glai yn ei ddwylo. Ac eto fyth dyma hangofyr yn torri gyda'r wawr. A finne eisiau dieithryn yn fy ngwely gymaint â thwll yn fy mhen.[8]

Roedd *Golwg* yn adlewyrchu, yn dadansoddi ac yn rhoi arweiniad ar faterion yn ymwneud â diwylliant yr ifanc o wythnos i wythnos. Ni fedrai osod yr agenda. Yr ieuenctid eu hunain oedd yn torri'r gŵys yn union fel y gwnaeth cenhedlaeth y 60au trwy ddilyn Dafydd Iwan, gan gythruddo cenhedlaeth hŷn y dwthwn hwnnw. Doedd dim atal ymchwydd cenedlaetholdeb ymosodol yn sŵn tannau'r gitâr. 'Gwnewch bopeth yn Gymraeg' oedd y slogan ar bosteri Y Lolfa. Yr un modd ymddengys nad oedd posibl rhwystro artistiaid roc Cymraeg y 90au rhag mentro ennill bywoliaeth trwy ganu'n Saesneg, a hynny yn y byd mawr rhyngwladol, heb gyfaddawdu'r un iot o ran eu hagwedd tuag at Gymreictod. Dyma oedd gan Dylan Iorwerth, sefydlydd *Golwg*, i'w ddweud am y tueddiadau newydd:

> Does dim gwadu y byddai'r rhan fwya' o gynulleidfa Radio Cymru neu *Golwg* yn dewis caneuon Saesneg ymhlith eu *'Top Three of All Time'*, chwedl y cyflwynwyr. Mae'n sicr hefyd fod rhaglenni'n iawn i gydnabod hynny er mwyn bod yn boblogaidd a hwyliog. Ond mae angen gosod y peth mewn cyd-destun – un peth ydi denu cynulleidfa yn awr, peth arall ydi tacteg tymor hir. Dadl grwpiau wedyn ydi fod cerddoriaeth yn iaith ryngwladol. Os felly, pam fod angen troi at y Saesneg? Y neges ydi mai dyna'r iaith ar gyfer llwyddo a mwynhau go iawn, nid y Gymraeg.

> Dydi iaith heb gerddoriaeth roc werth chweil ddim yn werth

ei hachub. Mae'n iaith dlawd, sydd wedi troi ei chefn ar un o brif gyfryngau diwylliant y byd. Roedd yna hen, hen gân yn sôn rhywbeth am wneud popeth yn Gymraeg. Dyma'r dystiolaeth o ffigurau ymchwil hefyd – wrth ildio meysydd i'r Saesneg, yn enwedig meysydd pwysig, deniadol, ryden ni'n crebachu'r Gymraeg. Y jôc chwerw yn awr ydi ein bod ni yn llwyddo'n raddol yn y maes swyddogol ac yn cilio o'r maes cymdeithasol. Mae Radio Cymru – a'r grwpiau – yn hollol iawn i gynnig gwedd gyffrous i drio denu cefnogwyr newydd. Ond mae'n rhaid gofyn yn y pen draw hefyd, denu pobol at be?[9]

Ac os nad oedd Cytgord wedi llwyddo i osod strwythur parhaol yn ei le er mwyn cynnal diwydiant a diwylliant roc Cymraeg, roedd wedi sbarduno gweithgareddau a fyddai'n dwyn ffrwyth. Roedd yna lenyddiaeth yn adlewyrchu'r bwrlwm a'r ffordd o fyw. Medrai Elin Llwyd Morgan ei huniaethu ei hun, er enghraifft, â *Diwrnod Hollol Mindblowing Heddiw*, sef dyddiadur hedonistaidd gan Owain Meredith, un o gyn-olygyddion *Sothach*, a gyhoeddwyd gan wasg Y Lolfa:

> Roedd hanesion Owain am ei dripiau i amryw o gigs a seshys ledled y wlad yn codi tipyn o hiraeth arna i am y cyfnod pan oeddwn i'n rhydd i fynd a dod fel y mynnwn i. Ond ar ôl sbel cefais f'atgoffa o ddiflastod a gwagedd y pleserau byrhoedlog hyn – o grwydro strydoedd yn chwilio am barti ar ôl i'r tafarnau gau, a gyrru nôl rywle ar ben fy hun drannoeth. Er gwaethaf ei lu o gyfeillion, hwyrach mai adyn ydi Owain Meredith wedi'r cyfan – a mae o'n encilio i lefydd anghysbell (fel Ynys Enlli, â'i ddisgrifiad o'r lle hudol hwn yn un o uchafbwyntiau'r llyfr) o dro i dro, cyn dychwelyd i ffair brysur ei fywyd. Mae yma hefyd ramantydd sy'n trin ei gariadon fel tywysogesau ac yn teimlo gwewyr gwahanu i'r byw, hedonydd, a sylwebydd cymdeithasol craff. Fel mewn bywyd, mae yna dueddiad i fod yn ailadroddus weithiau, ond dyddiadur ydi hwn, a'r darllenydd yn *voyeur* sy'n methu rhoi'r gorau i sbecian.[10]

Roedd yna un sefydliad nad oedd yn debyg o blygu nac ildio i neb. Nid oedd yn ddibynnol ar nawdd gan yr un asiantaeth na chorff cyhoeddus. Nid oedd yn atebol i'r un agenda ond ei agenda ei hun. Nid oedd yn debyg o gilio waeth faint fyddai'r wasgfa. Y sefydliad hwnnw oedd Rhys Mwyn, ei gwmni rheoli Mai 68 (yr enw'n gyfeiriad at chwyldro'r myfyrwyr ym Mharis yn 1968) a'r grŵp Yr Anhrefn. Nid oedd yn debyg o feirioli chwaith, fel y profwyd pan gyfrannodd at rifyn arbennig cyntaf un *Golwg* ar gyfer Eisteddfod Casnewydd 1988.

Roedd y rhegfeydd yn amlwg:

Mae ambell Eisteddfod yn aros yn y cof. Rhuthun 1973...
Edward H. Wrecsam 1977... Hergest, Abertawe 1982...
Trwynau Coch. Mae rhai yn hiraethu am ddyddiau'r bandiau
mawr. Ond nid pawb... Oes mae yna sinics, mae yna Gymry
negyddol; fedrwn ni byth wared â nhw i gyd! Ond beth sydd
yn waeth, yn lot ********* gwaeth hefyd, ydi'r 'revivalists', sy'n
elwa (neu'n methu bellach) o atgyfodi neu gadw'n fyw grwpiau
fel Jarman, Maffia, Brodyr, Eryr Wen, Etc. Y mega ********,
y mega-hasbeens, y Mediaevalists... dyna'r bobol dwi'n gasáu.
Dim ond y cyfryngau a Chymdeithas yr Iaith sy'n crefu am
atgyfodiad y 'nosweithiau mawr' a Edward ****** H. Does
dim angen un band i uno'r Cymry. Mae angen lot o fands a lot
o amrywiaeth i ddenu'r gwahanol bobol yng Nghymru. Oedd
Edward ******* H mor bwysig? Oedd yna gymaint o bobl yn
mynd i'w gweld nhw? Gyda'r holl ddewis o un band ac ychydig
iawn o gigs does dim rhyfedd bod cannoedd yn mynd i weld
Edward Shit H. Big ******* Deal. Doedd gan hyn **** all i
wneud efo cerddoriaeth.

This was the Welsh Phenomenon maaan! Hwn oedd yr esgus
am 'real-masturbation' a 'dunkeys' yn y car... Hwn oedd y
mass-waistcoat convention. Y fflêrs, y seidies... pob dim oedd
yn gwneud i mi gasáu'r Gymraeg. Beth oedd Edward *******
H yn union? Y grŵp cynta Cymraeg? Rhywle i fynd ac i
gymdeithasu? Yn sicr dim byd i'w wneud efo'r sîn roc. Edward
****** H sydd wedi rhwystro datblygiad y Cymry ac eto ar
yr un pryd wedi rhoi'r egni i'r sîn danddaearol yng Nghymru.
Y sîn ydi'r mainstream bellach. Felly, ar ddiwedd yr 80au be
sydd ganddo ni? Mwy o fands, mwy o amrywiaeth cerddorol,
mwy o recordiau a labeli, mwy o gigs, mwy o gynulleidfa. Ie,
right, mwy o gynulleidfa... nid y 'mil' detholedig o Gymry
Cymraeg sy'n dilyn bands Cymraeg bellach ond pobol ledled
y byd... Yn lle un gig mawr bob tri mis, mae yna nifer o gigs
gyda nifer o bands bob wythnos. Dwi'n gwybod fod yr erthygl
yma yn wastraff amser achos does dim rhaid dweud hyn wrth
y gynulleidfa bop newydd. A pam ****** dweud hyn wrth
yr hasbeens??? Wel, yr hasbeens sy'n rhedeg y cyfryngau a'r
Eisteddfod, y cylchgronau a'r papurau newydd.

Dwi'n falch fod y ffermwyr wedi stopio dod i'r gigs Cymraeg.
Dwi'n falch fod yr Edward H freaks i gyd wedi cael jobs, tai a
phlant. Diolch byth fod y genhedlaeth hŷn wedi troi eu cefn
ar y Gymraeg? Y bobol yma rwystrodd i ni gael mwynhau ein
hieuenctid drwy'r Gymraeg a heddiw yn yr 80au mae'r arddegau
yn dilyn bands Cymraeg oherwydd bod y gerddoriaeth a'r steil

cystal os nad gwell na bands 'Saesneg'. Dydi pob Cymro ddim yn siarad Cymraeg, yn mynd i'r Steddfod ac yn ***** caveman. Mae'r ddadl yn siŵr o barhau achos fod yr oedolion allan ohoni. Bydd y kids ifanc yn parhau i ddilyn bands da heb gymorth y Cyfryngau na'r old ffogeys... Mae'r generation gap wedi ail-agor a dyna'r peth gorau sydd erioed wedi digwydd i'r sîn roc Cymraeg. EDWARD H FREAKS ****** OFF AND DIE.[11]

Os ei dweud hi, ei dweud hi'n ddiflewyn-ar-dafod, a thynnu nyth cacwn i'ch pen. Ond yn anghyfrifol hefyd, yn y cyswllt hwn, gan arddangos tipyn o snobyddiaeth rocyddol gan ŵr sydd wastad yn barod i ganu clodydd Y Blew am wthio cwch canu roc Cymraeg i'r dwfn ond sy'n amharod i ganu clodydd Edward H am ddal i rwyfo'n egnïol. Cofier mai am un haf hirfelyn tesog, chwyldroadol y bu'r Blew wrthi'n tasgu trwy Gymru ac mai dim ond un record pedair cân a gyhoeddwyd. Canu cyfieithiadau fyddai'r bechgyn yn bennaf tra byddai eu holynwyr yn canu deunydd gwreiddiol, a'r gwreiddioldeb hwnnw yn codi o'r broydd a'r cymunedau Cymraeg ac yn ymateb i'r argyfyngau yn y parthau hynny, yn unol â natur wleidyddol canu roc Cymraeg yn y 70au.

Yn enw y Pedeir Keinc y perfformiodd bois Y Blew yn Eisteddfod Genedlaethol Aberafan 1966 ac roedd Hefin Elis a Geraint Griffiths yn eu cynorthwyo. Saith mlynedd yn ddiweddarach, yn Eisteddfod Genedlaethol Dyffryn Clwyd, y gwelwyd Hefin Elis ar lwyfan Pafiliwn Corwen yn 'gosod Cymru ar dân' yn enw Edward H Dafis, a hynny am gyfnod o dair blynedd. Bu Geraint yn aelod achlysurol yn ogystal â ffurfio ei fand ei hun, Eliffant. Un peth yw rhagfarn iach yn bytheirio yn erbyn safonau a gwerthoedd y genhedlaeth flaenorol, ond peth arall yw anallu i werthfawrogi a thafoli ymdrechion eraill i dorri tir newydd yn eu dydd, yn union fel y gwnâi'r Anhrefn eu hunain.

Oni fyddai wedi bod yn iachach ac yn ddoethach ar ran Rhys Mwyn i ganu clodydd neu o leiaf gydnabod cyfraniad Edward H, a cheisio annog yr holl grwpiau penwythnos a ddifyrrai gynulleidfaoedd y clybiau rygbi a chlybiau'r gweithwyr ledled yr ardaloedd Cymraeg i gynnwys caneuon Edward H a'u tebyg fel rhan o'u *repertoire*, ynghyd â'r holl ganeuon Saesneg o'r cyfnod y bydden nhw'n eu canu'n ddigon di-fflach? Byddai hynny wedi hyrwyddo rhan o'i genadwri i hybu einioes y Gymraeg. Byddai hefyd wedi arbed rhwygiadau diangen ac wedi arddangos gallu i weld rhinwedd er lles a daioni.

Er eu bod yn perthyn i'r sîn danddaearol amgen roedd Yr Anhrefn yn gymaint o sefydliad ag Edward H, a Rhys Mwyn yntau hefyd, yn fwy am yr hyn a gynrychiolai nag am ei gerddoriaeth. Ar ryw olwg roedd Yr Anhrefn yn fand Cymraeg oedd yn bodoli yn nhir neb, ar yr un gwastad â bandiau megis Delirium Tremens o Wlad y Basg ac EV o Lydaw. Roedd Rhys Mwyn yn ei elfen yn rhannu llwyfan â bandiau o'r fath unrhyw le ar draws Ewrop yn hytrach nag uniaethu ei hun â'r bandiau Cymraeg a ystyriai yn gul a chyfyng eu gorwelion:

> Dwi'n gwybod pa mor crap ydi pethau yng Nghymru ond dwi am gael EV yma i brofi pwynt. Petai grwpiau Cymraeg ddim mor awyddus i chwarae o flaen ffrindiau'n unig, bydda'r sîn Gymraeg yn manteisio ar y math yma o gysylltiad. Teithiwch y gwledydd Celtaidd... chwaraewch y tu hwnt i ffiniau Cymru... Mae'r sîn Gymraeg wedi bodoli fel ynys yn rhy hir... Mae'r byd roc Cymraeg wedi marw. Mae'r byd pop... ar fin cael ei eni.[12]

Dengys y dyfyniadau canlynol o ddyddiadur roc a rôl Rhys Mwyn pan oedd Yr Anhrefn ar daith yn yr Almaen ddwy flynedd yn ddiweddarach beth oedd hanfod perfformiad da. Oedd y byd roc Cymraeg yn ffynnu tu hwnt i ffiniau Cymru bellach? Ai'r Almaenwyr fyddai achubiaeth y sîn roc Gymraeg ar ei newydd wedd? Oedd cyfleu egni a lambastio yn cyfrif uwchlaw pob rhinwedd arall bellach?

> Wurzburg – yn ôl Thomas, ein dyn etc. hon yw Incest City, ardal o fewn-genhedlu. Mae'r trefnydd yn gôc oen. Y gig yn OK ond y PA yn erchyll a'r llwyfan yn disgyn yn ddarnau. Dim modd cysgu am fod c.o. yn mynnu chwarae recordiau... dim cawod... dim ond dŵr oer... yr hogiau'n diflannu i feddwi... Mwyn a'i frawd Siôn Sebon, yn trio cysgu... yn y bore, berwi dŵr mewn tegell a golchi'r gwallt gob-soaked ers y noson gynt. Noson yn y KOB Berlin. 700 yno. Cychwyn yn raddol ac adeiladu ar yr egni... dim digon, o'r llwyfan na'r gynulleidfa... gwylltio a slagio... sôn am Gymru... slagio Ffasgwyr... Mae pethau'n dal yn rhy ara... dwi'n dweud wrth Sebon mai hon yw'r gân ola/ymhell cyn diwedd y set. Off â ni a no messing i'r stafell gefn... pawb angen cael eu gwynt atyn... OK, yn ôl â ni, give emhell,... kick ass a'r holl ddywediadau roc a rôl erill... sychiad sydyn mewn tywel a llymed sydyn o mineral wasser... llwyfan... OK... EGNI... llwytho shit i lawr y meic... weindio'r band a'r gynulleidfa i'r eitha... y tro ola y bydd Gwesty Cymru a Rude Boys yn cael eu chwarae yn fyw fydd Kohn nos yfory... noson ola'r daith... felly piss take o Jarman a piss take o punk rock... mwy o sôn am Gymru a Kelt City Rockers dub... un gân ar ôl... i'r Situationists... Rhedeg i Paris... 90mph lladd y band a'r gynulleidfa... dim byd ar ôl... chwys doman, bron

â chwdu... ydan ni wedi ennill, dwi'n meddwl... bron yn ddiwedd y daith... rhaid cadw egni... maen nhw'n edrych yn dda yn Berlin ond too bloddy cool... maen nhw'n edrych yn shit yng Nghymru... mae yna bentrefi dan ddŵr... don't forget it matey.[13]

Ond o ran yr ymateb i Rhys ei hun, ac i'r Anhrefn, roedd hwnnw'n ddigon cymysg. Yn ôl Derec Brown roedd yna duedd i ailgylchu deunydd gan sefyll yn yr unfan yn gerddorol. Dyna fyrdwn ei sylwadau wrth iddo adolygu'r casét *Rhowch eich Teitl eich Hun*, ar label Crai, gan gynnig ei deitl parod ei hun:

Tipyn o wyneb yw gofyn chwe phunt a hanner am gasét gyda bron i hanner y caneuon ar gael eisoes. Mae rhoi 'Rhedeg i Paris' unwaith eto am y trydydd tro yn dangos nad yw'r grŵp yn ystyried gwerth arian y prynwyr, ac yn dangos ei fod wedi syrthio i grafangau gwaetha masnach. Byddai rhyddhau'r saith cân newydd am bris rhesymol wedi dangos ei gwir gymhellion. Os na brynoch chi'r casét a'r record ar ddechrau'r flwyddyn, mae *Rhowch eich teitl eich hun* yn werth pob ceiniog fel crynodeb o ganeuon gorau'r grŵp yn ystod 1990. Ond os prynsoch chi'r ddau arall a hwn, efallai eich bod eisoes wedi meddwl am eich teitl eich hun yn y blwch ar y clawr – 'Con'.[14]

Ond roedd Pwyll ap Siôn yn barod i ganu clodydd y cryno-ddisg *Clutter From The Gutter* (Crai CD037), a oedd yn fenter ar y cyd â'r actores o Sgowser, Margi Clarke:

... O feinyl gwyrdd *Priodas Hapus* ddeng mlynedd yn ôl i'r recordiau hir aml-gyfrannog a'r teithiau ar draws Ewrop, dydi'r band ddim wedi cadw at yr un drefn a mynd i ryw fath o rigol ddiflas. A rŵan, dyma'r fenter ddiweddara: record ddwyieithog yng ngwir ystyr y gair (Croeso i Gymru) gyda chyfraniad arbennig gan Margi Clarke... Ond efallai mai sioc fwyaf y CD sengl fydd y fersiwn estynedig o 'Clutter from the Gutter', wedi ei phensaernïo gan whizz-kids y dechnoleg 'techno' – Dave Pemberton a Neil McLellan. Fe rydd y fersiwn dyb yma'r addewid y gwelwn yr Anhrefn yn trin y broses recordio fel rhan o'r broses greadigol ac mai'r cam nesa fydd cyfuniad o sŵn electronig ynghyd â'r pŵer digyfaddawd cyfarwydd. Ond gyda'r Anhrefn does dim byd wedi'i ragfynegi...[15]

Roedd Rhys Mwyn, a'r Anhrefn, wastad yn gwthio'r ffiniau, ond weithiau doedd neb yn siŵr i ba gyfeiriad yn union roedden nhw'n anelu.

18 / Swig o Ffilth, Jonsi a'r Cyfryngis

Fyddai cyfres o *Fideo* 9 ddim yn gyflawn heb wynebau surbwch Rhys Mwyn a gweddill yr Anhrefn yn gwgu o ganol diffeithwch diwydiannol a gwrthdaro gwleidyddol rhywle yn Ewrop. Waliau brics a graffiti Belffast yw'r cefndir 'peryglus' yr wythnos hon. Ymysg yr uchafbwyntiau eraill, fe fydd sgwrs gyda'r arlunydd blaengar Iwan Bala, caneuon gan Terry Waite a'r Asid, Chwyldro, Dilyn y Dall, a fideos tramor o Ffrainc a'r India.[1]

Dyna'r blyrb a gyhoeddwyd yn y cylchgrawn *Golwg* i ddenu gwylwyr i edrych ar un o raglenni'r gyfres *Fideo 9* yn ystod mis Mai 1989. Roedd y cynnwys yr wythnos honno'n nodweddiadol o raglenni'r gyfres flaengar. Nid oedd yn ei chyfyngu ei hun i dirlun Cymru. Gosodai artistiaid roc Cymru yng nghanol tirlun Ewrop a hynny gyda hyder a *panache*. Mesur o'i llwyddiant oedd y ffaith i bum cyfres gael eu darlledu gydag Eddie Ladd yn angor i'r mwyafrif ohonynt, a hithau'n cynnig ei stamp unigryw ei hun wrth ddiffinio natur diwylliant Cymraeg yr ifanc a'i osod mewn cyd-destun ehangach. Ni ddangosai'r un awgrym o ben-ôl na bronnau benywaidd. Nid bimbo mohoni. Ac nid teisen doeslyd mo canu roc Cymraeg chwaith. Doedd dim prinder pynditiaid i ganu clodydd ymdrechion y cynhyrchwyr, Geraint Jarman a Dafydd Rhys.

Rhaglen arall angenrheidiol i bwy bynnag a gymerai'r sîn roc o ddifrif oedd *Heno Mae'r Adar yn Canu* ar y radio, rhan o gyfres nosweithiol rhaglenni *Hwyrach* ar gyfer pobl ifanc, yn cael ei chyflwyno gan yr ecsentrig Nia Melville o Gwmtawe. Byddai'r artistiaid a'r cantorion eu hunain yn gwrando ar y rhaglen yr un mor ddefodol ag y byddent yn gwrando ar raglen John Peel ar Radio 1. Cryfder Nia oedd ei bod hi'n gwrando ar y gerddoriaeth ac yn cynnig sylwadau beirniadol a gwreiddiol a ddangosai chwaeth eang. Gorau i gyd po fwyaf anarferol fyddai'r casetiau a anfonid ati. Nid papur wal yn y cefndir yn gyfeiliant i glochdar gwag mo cerddoriaeth roc i'r groten o Bontardawe. Roedd Elin Llwyd Morgan wedi ei mesmereiddio ar ôl clywed darllediad o'r rhaglen un nos Sul:

> Mae yna naws gyfriniol i'r rhaglen hon a lot o feddwl wedi mynd i drefn y caneuon (ar noson Gŵyl Ddewi, er enghraifft, roedd y caneuon i gyd am Gymru), ac mae llais suo-cŵl Ms Melville yn gyrru iasau glöyn byw i lawr fy nghefn i. Jyst y peth i faliymneiddio'r ymennydd rhwng rhialtwch y penwythnos a phrysurdeb bore dydd Llun.[2]

Roedd hi wedi dal clust Siân Gwenllïan hefyd, a hynny oherwydd yr annisgwyl:

> Ac yna daeth Nia Melville a'i detholiad cyffrous o ganu roc cyfoes a'i disgrifiadau bachog o fywyd Cymraes ifanc yn un o'r cymoedd diwydiannol. Yn yr ardd yng nghyffiniau Castell Nedd yr oedd hi bnawn Sadwrn pan glywodd seiniau 'Yma o hyd' yn dod o un o faniau ymgyrchu Plaid Cymru a'r *Internationale* yn dod o seinydd y Blaid Lafur. Mae hi'n edrych ymlaen at glywed anthem ymgyrchol Lord Sutch... meddai.[3]

Roedd Nia Melville yn un o'r ychydig bobl prin hynny a fedrai drin geiriau'n ddeheuig i gyfleu naws y bywyd roc a rôl. Roedd yn chwarae'r gitâr mewn grŵp o'r enw Llygaid:

> Rwyf newydd dreulio penwythnos difyr yn teithio dros Dde Cymru gyda'r Llygaid, yn chwarae gigs gyda bands fel Fflaps, yr Anhrefn a Jess. Ond bore Llun a ddaeth yn llawer rhy fuan. Iwfforia gwyllt nos Sadwrn wedi chwerwi'n gur pen a blinder, dillad a gwallt yn drewi o jin, ffags a chwys. Pan ddihunais y bore 'ma o'n i ddim yn siŵr os o'n i yn y tŷ iawn. O'n i ddim yn adnabod fy nghartre fy hun. Pob modfedd o'r llawr yn y stafell wely wedi'i orchuddio gan ddillad – dillad brwnt wedi eu taflu ar lawr wrth i ni newid rhwng un ddawns a'r nesaf, a dillad glân rownd y drych yn dyst i'r ffaith nad oeddwn yn gallu penderfynu beth i wisgo – y flows binc lachar, ynteu'r crys gwyn a ffrils... Rhaid oedd dilyn llwybr troellog yn ofalus trwy'r annibendod cyn mentro at weddill y tŷ.
>
> Dyna olygfa. Cefais ffit biws. Roedd y lle'n edrych fel 'te byddin wedi aros yno am barti cyn symud ymlaen. Poteli gwin, tuniau cwrw, mygs, platiau, gwydrau, gitars, cotiau, papurau, casetiau, recordiau, bagiau... a blychau llwch yn orlawn ac yn edrych fel modelau twristaidd a Fesifiws. Y gegin oedd waethaf. Y bwrdd yn plygu dan fynydd o lestri a sosbenni brwnt, sy'n nodweddiadol o'r penwythnosau yma pan mae'n rhaid llyncu llond plât o ffa pob a pizza cyn neidio i'r car a saethu bant i'r ddawns nesaf.

Yn fwy pathetig na dim, roedd y llaeth yn soser Bendigeidfran (y cwrcyn) wedi troi'n iogwrt, gydag un neu ddau flewyn du yn addurno'r wyneb. Ac roedd y bin sbwriel yn drewi. Fy ymateb cyntaf oedd chwilio'r tudalennau melyn am rif Rentokill. Ond ar ôl rhyw dair neu bedair dishgled o de a hanner dwsin o ffags cliriodd y niwl yn fy meddwl dipyn bach. Dim ond un peth amdani. Torchi llewys a bwrw ati. Hoffwn grybwyll dau bwynt: 1. Pam pam pam, gyda llond cwpwrdd o sosbenni *non-stick*, mae fy ngŵr yn mynnu defnyddio'r unig sosban sydd ddim yn *non-stick* i wneud wy wedi sgramblo? 2. Pa aelod o'r band fu mor anwaraidd â defnyddio fy *vase* gorau fel blwch llwch? Dy geilliau'n glustdlysau os digwyddiff hyn eto.[4]

Yn ôl Lleucu Siencyn doedd ymgyrch Cymdeithas yr Iaith i ailsefydlu rhaglenni hwyr y nos ar gyfer yr ifanc ar Radio Cymru ddim wedi bod yn ofer. Roedd yna sail i adeiladu arni:

> Problem *Hwyrach* yw eu bod nhw'n rhaglenni rhy saff. Er bod y cyflwynwyr â'u steils eu hunain i ryw raddau – mae yna le i bob rhaglen i fynd i eithafion y steils hynny. Mae Saeson yn tiwnio mewn yn ôl eu chwaeth bersonol nhw, o John Peel i Steve Wright – yn naturiol mae Cymry yn fwy cyfyngedig. Felly mwy o reswm byth i'r cyflwynwyr fynd yn fwy *risque* – a denu eu cynulleidfa ffyddlon eu hunain. Y Goths yn eistedd yn y tywyllwch i Nia Melville; ffrîcs *Heavy Metal* yn rhacso'u tŷ i Gary Slaymaker; a'r Sobinettes yn gwrando'n astud a ffyddlon ar Owain Gwilym. Rwy'n cofio i'r Bobs fod yn gyflwynwr gwahanol a diddorol – efallai nad oedd pob un yn licio'i steil e – ond o leia roedd ei raglenni yn lliwgar ac yn gofiadwy.[5]

Ers cyflwyno *Helo Sut Dach Chi* yn 1969 roedd yna arlwy o raglenni ieuenctid ar foreau Sadwrn hefyd, a'r rheiny yn seiliedig ar recordiau. Roedd Siân Gwenllïan wedi ei phlesio gan yr arlwy ar ddechrau'r 90au:

> Mae Radio Cymru yn bywiogi drwyddo ar fore Sadwrn. Mae'r naws yn wahanol hollol i ddarlledu gweddill yr wythnos ac anodd credu fod bore Sadwrn yn rhan o'r un gwasanaeth. Mae'r afiaith a'r ffresni i'w groesawu'n fawr. Mae Aled Samuel yn un o'r cyflwynwyr hynny sy'n ennyn un o ddau ymateb. Rydych un ai'n ei hoffi neu'n ei gasáu. Perthyn i'r garfan gynta wdw i, ers rhai blynyddoedd... Ei sioe o yw'r un ar fore Sadwrn (*Ar Lin Sam*) ac mae'n amlwg wrth ei fodd. Dyma i chi gyflwynydd sy'n cymryd ei waith o ddifri ac mae slicrwydd ei berfformiad yn ganlyniad gwaith paratoi trylwyr cyn pob rhaglen, dybiwn i (er na fyddai am gyfadde hynny, efallai!).

Un slic iawn yw Rhodri Tomos hefyd ac mae ei *Sioe Siartiau* yn cyfrannu at y naws Sadyrnaidd arbennig. Yn ogystal â chyflwyno bywiog yr hyn a gawn ni ar fore Sadwrn, yn wahanol i weddill wythnos Radio Cymru, yw dewis hollol gyfoes o recordiau. Nid y cyfuniad arferol o fiwsig canol-y-ffordd a hel atgofion o'r saithdegau ond cynnyrch y to presennol o gerddorion ifanc Cymraeg sydd wrthi mor ddyfal ond sy'n cael cyn lleied o ofod ar Radio Cymru. Mae'n werth gwrando ar fore Sadwrn dim ond i gael blas ar fywiogrwydd ac amrywiaeth eang y sin roc Gymraeg cyfoes. Ond pam cyfyngu'r Beganifs a Byd Newydd a Cerrig Melys i fore Sadwrn yn unig? Mi fasa'ch chi'n tyngu eich bod ar blaned arall.[6]

Ond nid Radio Cymru oedd yr unig orsaf radio a gynigiai raglenni yn seiliedig ar chwarae recordiau Cymraeg. Roedd gorsafoedd masnachol megis Sain Abertawe a gorsafoedd cymunedol megis Radio Ceredigion yn meithrin doniau troellwyr Cymraeg. Un o droellwyr radio'r Cardis oedd wedi dal sylw Elin Llwyd Morgan:

Galwch fi'n blwyfol os leiciwch chi, ond mae rhaid i mi gael canmol *3 tan 6*, sef slot Deian Creunant ar Radio Ceredigion. Mae Deian yn ddi-jê o'i fogel ac, fel unrhywun sy'n gwneud unrhywbeth yn arbennig o dda, yn gwneud i'w swydd ymddangos yn rhwydd. Tydi hi ddim, wrth gwrs. Mae angen stamina, hiwmor a dawn gynhenid i gyflwyno rhaglen deirawr am bum dydd yr wythnos heb hario'n llwyr neu ddechrau llwydo. Efo'i barablu hwyliog, ei chwaeth gerddorol ysbrydoledig (dim cyfaddawdu canol-y-ffordd), ei ymgomio ysgafn efo'i seidcic Morgan H a phaneli ffilmiau, recordiau a rhaglenni teledu, dyma raglen sy'n lluchio llewyrch dros y gwyll ddiwedd pnawn. Tydw i ddim wedi clywed y fath afiaith ar yr awyr ers Radio Nova, y sianel radio Wyddelig anghyfreithlon a ddiflannodd yn ddisymwth rai blynyddoedd yn ôl. Gobeithio nad dyna fydd tranc Radio Ceredigion.[7]

Doedd dim disgwyl i'r un cyflwynwyr ddal ati'n dragywydd ar raglenni *Hwyrach*. Erbyn diwedd haf 1994 roedd yna leisiau newydd wedi ymuno â'r rhai cyfarwydd oedd wedi hen ennill eu plwyf. Roedd yr arlwy yn plesio Beca Brown, a gwelai'r rhaglenni yn rhan o batrwm ehangach bywyd yr ifanc:

Felly, wedi'r holl ymgyrchu gan Gymdeithas yr Iaith dros ddarpariaeth i bobol ifanc ar Radio Cymru, ydi'r ymdrech wedi talu mewn gwirionedd? Mewn gair, ydi. Er nad yw *Hwyrach* yn ddelfrydol – o bell ffordd – mae'n gwneud cyfraniad aruthrol o fewn cyd-destun ehangach diwylliant yr ifanc yng Nghymru.

Mae'r rhaglenni wedi poblogeiddio cerddoriaeth Gymraeg, ac wedi ei chyflwyno i gynulleidfa fwy nag erioed o'r blaen;... Mae *Hwyrach* yn bwysig am yr un rheswm ag y mae Clwb Ifor Bach yn bwysig, am yr un rheswm ag y mae gigs y Steddfod yn bwysig. Beth bynnag am eu gwendidau, dyma'r pethau y gall pobl ifanc gydio'n dynn ynddyn nhw. Dyma'r pethau sy'n gwneud y Gymraeg yn rhywbeth gwerth ei chael.[8]

Ni fedrai Menna Elfyn hithau beidio â chrybwyll *Heno Mae'r Adar yn Canu* pan ddaeth ei thro i adolygu rhaglenni Radio Cymru yn *Golwg*:

Ac yn sŵn ceinciau tra gwahanol y daeth fy wythnos i ben. Mae llais Nia Melville ar *Heno, Bydd yr Adar yn Canu*, yn gweddu i'r dim ar ddiwedd diwrnod – â'i llafaredd cinci wrth gyflwyno ceinciau, yn lledrithiol. Dyna hyfryd oedd cael mynd rownd y byd gan gipio am ennyd awyrgylch mannau megis Amsterdam, Paris, Llydaw a Virginia heb son am yr Ethiopia Newydd.[9]

Roedd yna feirniadu ar y beirniaid hefyd o bryd i'w gilydd. Os oedd yna'r fath beth â chyfryngi yn tindroi a chymysgu â phobl y byd roc a theledu yna roedd Elwyn R Mathias (enw ffug?) o Aberystwyth yn ei adnabod:

Cam 1: Bod yn 'gês' mewn tafarn a chlwb trwy ddweud pethau pigog ac amharchus am, ac wrth, bobl y cyfryngau.

Cam 2: Cael slot ar raglen 'fentrus' trendi ar y radio, e.e. rhaglen Aled Sam ar y Sul, gynt.

Cam 3: Cael gwahoddiad i fod yn golofnydd teledu mewn papur neu gylchgrawn Cymraeg.

Cam 4: Defnyddio'r golofn i ladd ar y rhaglenni mwyaf poblogaidd a chynnig yn eu lle efelychiadau o ddramâu neu ffilmiau trendi Saesneg. Yna, methu a chuddio ei snobyddiaeth pen-i-waered ei hun trwy glodfori rhaglenni diddrwg, gwyrdd fel *Palu Mlaen* ac ati.

Cam 5: (i ddod) Cael ei gyflogi gan S4C neu gan gwmni sy'n cyfrannu i'r Sianel, e.e. *Criw Byw*.

Cam 6: (i ddod) Gwireddu ei freuddwyd o gael bod yn gyfryngi go iawn; cael ei enllibio mewn tafarndai a chlybiau gan hogiau clyfar, trendi ond chwerthin bob cam i'r banc, a phob beirniadaeth drosodd?[10]

Ai dyma stereoteip yr unigolion hynny a gymerodd le meibion y Mans fel darpar gyflwynwyr, ymchwilwyr, cyfarwyddwyr a chynhyrchwyr rhaglenni radio a theledu? Ai'r rhain fu'n gyfrifol am y gyfres o raglenni *Swigs* o'r Steddfod, a wylltiodd bobl y pethe'n gacwn ond a achosodd i ieuenctid rowlio chwerthin oherwydd eu beiddgarwch? Y *Swig o Ffilth* ar achlysur Eisteddfod Genedlaethol Llanelwedd 1993 oedd y seithfed a'r olaf o'r Eisteddfodau, a hynny am ei bod wedi gwneud mwy na gwireddu ei henw'r flwyddyn honno. Cafwyd rhagflas o'r hyn oedd i ddod pan deledwyd *Swig o'r Tethe* o'r Sioe Amaethyddol ychydig wythnosau ynghynt. Roedd y ddau oedd wrth y llyw, Huw Chiswell a Huw Parry, yn ogystal â'r prif actorion, Rhys Ifans a Lisa Palfrey â'u hamrywiaeth o gymeriadau, wedi mynd dros ben llestri yn ôl llawer ac, yn waeth na hynny, heb ddangos fawr o hiwmor yng nghanol y 'ffilth'. Elwyn Jones sy'n crynhoi'r ymateb:

> Fel mae'n digwydd fe welais y pum rhaglen ac ni allwn goelio fod y fath swigen anferth o sothach a budreddi wedi cael ei chomisiynu. Mae yna hiwmor iach a newydd yn peri gwên, mae yna ddychan da sy'n peri i'r gwrthrych hyd yn oed chwerthin – ac yr wyf wedi bod yn destun sbort a lambastio clyfar iawn lawer gwaith fy hun. Ond yr hyn a gawsom oedd budreddi, obsesiwn gydag iaith y gwter, hiwmor pedwerydd dosbarth (mewn ysgol eilradd wael) a dim ffresni nac ymdrech. Gall unrhyw ffŵl sefyll o flaen camera a chael 'bleep, bleep' dros bopeth y mae'n ei ddweud. Gofynnaf, gyda rhai cannoedd os nad miloedd o'm cyd-Gymry, beth oedd pwynt y rhaglen hon ac at bwy yr anelwyd y fath sothach? Os at genhedlaeth ifanc, yna dydyn nhw ddim yn deall arferion yr ieuanc – roedd y rhan fwya allan yn mwynhau eu hunain yn nhafarnau'r dre neu yn y gigs. Ar wahân i hynny, insylt i ieuenctid Cymry yw meddwl mai'r cwbl y maent ei eisiau yw budreddi a hiwmor cwbl ddichwaeth ac elfennol.[11]

Doedd ymateb chwyrn y Tori adweithiol ddim yn syndod i neb. Ond roedd Rhiannon Tomos hefyd yn ymateb yn yr un modd i wahoddiad Hywel Pop, 'Liciwch fi':

> Cwmwl mwy ydi'r ffŷs am y rhyw a'r rhegi, a oedd mewn gwirionedd yn symptom o broblem ddyfnach o lawer yn y Swigs, sef eu bod yn rhaglenni sobor a chynhenid o sâl – y salaf erioed, mewn gwirionedd. Nid tynnu blew o drwyn y Sefydliad a wnaeth y Swigs eleni, ond chwarae'n syth i'w dwylo.[12]

Gellir crynhoi ymateb y Swigwyr i hyn oll trwy ddyfynnu sylwadau

Rhys Ifans, yn ei ddillad ei hun, ar derfyn y rhaglen olaf o'r Steddfod, pan y'i gwelwyd yn ymddiheuro'n ddwys am yr holl ffieidd-dra cyn cloi â'r llinell 'Do I smell bullshit?' Cyfaddefai Rhys nad oedd yna fawr o sgriptio rhag blaen ond gwyddai'n glir pwy y dylid eu targedu:

> Unwaith chi'n cyrraedd chi'n cael *vibe* y lle – mae hwnna'n enthiwsio chi rhywsut ac rwy'n cael *off* ar y panic. Mae teledu fel arfer mor glinigol ond mae hwn yn fwy *immediate* – chi'n teimlo'n fwy fel *televisual terrorist*... Efo'r dosbarth canol Cymraeg yn teimlo mai nhw sy'n berchen ar yr iaith Gymraeg, mae yna *endless supply* o ddeunydd – roeddan nhw'n arfer gwylltio fi ond dwi'n chwerthin rŵan.[13]

Ond doedd y Swigs ddim heb eu llwyddiannau. Ar ôl i gymeriadau'r Ddau Ffrank gael eu cyflwyno yn *Swig o Fama* adeg Eisteddfod yr Wyddgrug 1991 cafodd y ddau ddysgwr o Skelmersdale (Rhys Ifans a Meirion Davies) gyfres deledu iddyn nhw eu hunain. Tybed ai uchafbwynt gyrfa'r Ddau Ffrank oedd perswadio un o gyflwynwyr Radio 1, Gary Davies, pan oedd yn darlledu'n fyw o Aberystwyth, i ddweud 'Mae gen i bidlen fach' ar yr awyr, a chael sylw ym mhapur dyddiol y *Sun* o ganlyniad? Daeth y rheg 'chuffin grêt' yn adnabyddus. Er bod y sgriptiau'n llawn Saesneg roedd yr hiwmor yn Gymreig a Chymraeg. A doedd dim pall ar greadigaethau Rhys. Ar ôl y *Swig* olaf fe gyflwynodd gymeriad o'r enw Arwel ap Aredig ar gyfer cyfres o raglenni awr o hyd o naws tabloid, *Dim Tafod*, ar gyfer yr ifanc. Meirion Davies – un o'r Ffranks – yn ei rôl newydd fel comisiynydd rhaglenni plant a phobol ifanc S4C oedd yn gyfrifol am lunio'r rhaglenni, a hynny ar sail gwaith ymchwil a wnaed gan gwmni Ankst ynghylch y math o raglenni fyddai'n apelio at ieuenctid.

Ni chafwyd yr un *Swig* arall felly, ond doedd arlwy wahanol y comisiynydd newydd ddim yn taro deuddeg chwaith yng ngolwg Robin Gwyn, a hynny'n bennaf oherwydd diffyg trylwyredd wrth baratoi ar gyfer chwaeth yr ifanc:

> Gwendid penna *Swigs 93* oedd nid y rhegi a'r hiwmor toiled – mae'r rheiny yn iawn yn eu lle os ydyn nhw'n cael eu defnyddio fel arfau effeithiol ac fel rhan o rywbeth mwy creadigol sy'n dangos ychydig o ddychymyg. Na, y gwendid oedd eu bod wedi rhedeg allan o syniadau... Does dim pwynt hiraethu am y Swigs – roedd ganddyn nhw eu gwendidau – ond o leia roedd creadigaethau Meirion Davies a Rhys Ifans (ar eu gorau) yn dal drych i sawl wyneb yng Nghymru. Roedd *Y Ddau Frank* a Horni yn ddoniol am fod y sgriptio yn drylwyr, y perfformio

yn broffesiynol – ac am eu bod yn rhoi cyfle i bobol go iawn uniaethu â nhw... Y peryg mwya yw bod darpariaeth pobol ifanc S4C yn rhoi mêl ar fysedd y Sefydliad Cymraeg sydd am rwystro unrhyw ddiwygio ar y syniad o beth yw'r 'Diwylliant Cymraeg' erbyn hyn.[14]

Ond roedd datblygiad i ddod ym maes radio a fyddai'n achosi mwy o gynnwrf na holl dramgwyddo'r *Swigs*, pan fyddai troellwr a fu'n ennill ei fara menyn ar orsafoedd masnachol megis Red Dragon yng Nghaerdydd a Sain y Gororau yn Wrecsam yn cael ei gyflogi i fod yn angor y gwasanaeth radio Cymraeg cenedlaethol. Arweiniodd penodiad Eifion Jones, y Seisnigo cyson o ran chwarae toreth o recordiau Saesneg a'r honiad o ddirywiad yn ansawdd iaith cyflwynwyr a chyfranwyr at streic gan feirdd a phenderfyniad Cymry blaenllaw i wynebu llys yn hytrach na thalu am eu trwyddedau.

Ond wrth i'r cyfrwng lyncu talentau lu, oedd yna le i amau mai'r sefydliadau darlledu oedd wedi ysbaddu'r diwylliant roc Cymraeg? Dyna yr oedd Robin Gwyn yn ei amau, gan ofyn

Tybed a ydi'r sianel wedi troi'n fwystfil Frankenstein? Anghenfil sydd wedi tagu ysbryd y chwyldro, dofi ein harweinwyr naturiol a lladd y weledigaeth o newid Cymru a'r byd?[15]

Aled Glynne Davies oedd y darlledwr a'r gweinyddwr cyntaf i gael ei benodi'n bennaeth gwasanaeth Radio Cymru nad oedd ganddo lythrennau y tu ôl i'w enw yn brawf iddo dderbyn addysg uwch. Yn hynny o beth yn unig fe dorrodd y mowld. Ond fe gafodd addysg drylwyr fel newyddiadurwr a chyfathrebwr dan adain ei dad, T Glynne Davies. Roedd T Glynne nid yn unig yn gwybod faint o'r gloch oedd hi yn ôl y 'cloc ar y wal' wrth ddarlledu yn y boreau, ymhell cyn sefydlu gwasanaeth cyflawn Radio Cymru, ond hefyd yn gwybod faint o'r gloch oedd hi ymhlith y werin datws ffraeth. Gwyddai am eu chwaeth.

Yn groes i'r darlun arferol o ddarlledwyr cynnar fel 'pobol capal', roedd T Glynne yn bendifaddau'n perthyn i fuchedd y dafarn. Byddai wrth ei fodd yn ei fresys yn anelu am y tarw ar y bwrdd dartiau ac yn ymuno yng nghleber ei gyfeillion am chwaraeon, ceffylau ac amodau gwaith. Ar yr un pryd, medrai, ar funudau dwys, adrodd llatheidiau o farddoniaeth, gan gynnwys ei eiddo ei hun, a'i bryddest arobryn 'Adfeilion' y gellid ei darllen ar yr un gwynt â 'The Waste Land' T S Eliot. Ond p'un ai'n taflu dartiau neu'n adrodd rhibidirês o linellau Dylanaidd, adwaenai T Glynne ei wrandawyr a'i gynulleidfa. Gwyddai beth oedd yn eu goglais. Fel y tad felly'r prentis hefyd, a hynny, y naill a'r llall, heb radd prifysgol. Pa ryfedd felly mai cyfeirio at yr union gynulleidfa yr oedd am ei gwasanaethu, a honno'n gynulleidfa gyfnewidiol, a wnâi'r howget o fab yn ei lythyr cais am swydd golygydd Radio Cymru yn 1995 yn rhith y ddynes chwedlonol honno, 'Mrs Jones Llanrug', a wrandawai ar Radio Cymru'n selog ond a boenai nad oedd yr arlwy yn apelio at ei mab a'i hwyrion.

Yn ei cholofn deledu roedd Siân Gwenllïan eisoes wedi gweld y byd radio Cymraeg nid yn unig o safbwynt 'Mrs Jones Llanrug' ond hefyd o safbwynt ei hwyrion:

> Diwylliant o fewn diwylliant sydd yn cael lle ar Radio Cymru ar raglenni *Hwyrach* pob gyda'r nos. Y drafferth efo neilltuo'r 'ieuenctid' i fin nos ydi fod yna rwydd hynt i weddill rhaglenni'r gwasanaeth anwybyddu'r rhan yma o'n diwylliant a chario 'mlaen yn eu ffordd gysurus, ganol-y ffordd. Yn union fel sydd wedi digwydd yn yr Eisteddfod Genedlaethol – Pabell Roc ar y cyrion = *Hwyrach*, Y Pafiliwn = prif wasanaeth Radio Cymru. Gwrandewch chi ar Radio Cymru rhwng deg a deuddeg bob nos ac mi ewch i fyd gwahanol iawn i *Blas y Bore* neu *Hywel Gwynfryn*. Ond yr un yw'r iaith... Mae'n bryd i Mrs Jones ddysgu mwy am ddiwylliant ei gwlad – yn ei gyfanrwydd. Mae yna dderyn bach yn dweud wrtha i y byddai hi wrth ei bodd yn cael bop bach wrth olchi'r llestri! Cael ei hynysu mewn time-warp o Gymreictod canol oed a chanol-y-ffordd mae Mrs Jones ar hyn o bryd.[16]

Un o weithredoedd cyntaf Aled Glynne ar ôl cael ei benodi oedd cyflogi Eifion Pennant Jones – Adrian Jones fel y'i hadwaenid ar orsaf Sain y Gororau – a ddôi yn wreiddiol o Ddeiniolen, i fod yn angor gwasanaeth darlledu Radio Cymru. Erbyn Nadolig 1996 roedd y darlledwr radio masnachol profiadol wrth y llyw go iawn ac, och a gwae, roedd yn ennill ei blwyf fel Jonsi, er mawr ofid i buryddion iaith a gwarchodwyr safonau darlledu cyhoeddus. Doedd Eifion ddim wedi arfer â sgript ar gyfer darlledu. Doedd dim angen rhywbeth felly, siŵr iawn, i faldorddi rhwng recordiau nac i gyfweld, neu yn hytrach i siarad â'r degau o wrandawyr a ddechreuodd ei ffonio ac yntau ar yr awyr, mewn ymateb i gystadlaethau. Cynt roedd hi'n arferol i ymchwilwyr gysylltu â phobl i'w perswadio i gymryd rhan ac i 'ymateb' ar raglenni a ddarlledid yn fyw. Ond nawr roedd y llifddorau wedi eu hagor o ganlyniad i falu awyr yr hogyn a siaradai mewn iaith gyffredin gan fathu dywediadau bachog a chofiadwy, ond a godai aeliau ambell wrandawr traddodiadol. Cymaint oedd ei afael ar y gynulleidfa nes iddo gyhoeddi hunangofiant yng Nghyfres y Cewri Gwasg Gwynedd o fewn tair blynedd i ddechrau darlledu yn Gymraeg.

Am gyfnod fe fu R Alun Evans, cyn-weinidog a darlledwr radio a theledu profiadol cyn iddo droi i weinyddu o fewn y BBC, ac yntau wedi ymddeol erbyn hynny, yn bygwth peidio â thalu am ei drwydded deledu mewn protest yn erbyn y newidiadau yn Radio Cymru. Ac roedd ymateb Bethan Evans, colofnydd radio *Golwg*, yn nodweddiadol o eiddo'r rhai oedd yn gwrando'n rheolaidd ar Radio Cymru ers oes pys:

> Nid y gerddoriaeth oedd yn fy mhoeni, na'r iaith, ond ar ôl yr ugeinfed 'Werth y byd yn grwn', yr hanner canfed 'Ewadd annwl', a'r canfed 'Sbiwch arna i, pan dw i'n siarad efo chi', ro'n i'n ffustio'r llyw, yn sgrechian nerth fy mhen ac ar fin gyrru ar fy mhen i glawdd. Oes raid bod mor arteithiol o syrffedus o ailadroddus? Efallai ei fod o'n gymharol ddigri y tro cynta', ond ASIFFETA EIFION BACH! Mae hyn fel tap yn dripian, fel un o ddulliau'r Siapaneaid o yrru dyn yn honco bost, fel y ffrae a'r ffons a'r wal yn disgyn drosodd a throsodd yn Y Lôn Goed, mae'n boenedigaeth bur! Bydd drugarog, Jonsi, newid dy diwn, amrywia dy araith, meddylia am rywbeth gwahanol am unwaith – er lles iechyd meddwl y genedl. Plîs?[17]

Doedd Elin Llwyd Morgan ddim yn ei chael hi'n hawdd stumogi dos o Jonsi chwaith:

> Gwn am un person sy'n chwerthin yn uchel am ben jôcs Jonsi wrth dorri cig i chi yn ei siop (a'r radio'n seinio dros y lle). Gwn am un arall a fasai'n lecio defnyddio bwyell y cigydd hwnnw er mwyn rhoi taw ar jôcs Jonsi unwaith ac am byth. Arferai'r jôcs hynny wneud i minnau wenu i ddechrau, ond erbyn hyn mae'r 'dal dy afals' a'r ymadroddion Ifas y Tryc wedi tyfu'n syrffedus tu hwnt.[18]

Ond roedd Jonsi yno i aros ac iaith darlledu Cymraeg wedi newid am byth. Ac nid Jonsi oedd yr unig newid syfrdanol. Roedd yna ganran uwch o recordiau roc Saesneg yn cael eu chwarae ar raglenni'r ifanc, a hynny gyda'r nos yn bennaf. Yn ôl amddiffynwyr purdeb y gwasanaeth ni ddylid chwarae'r un record Saesneg beth bynnag. Ond academyddion, beirdd a phobl ganol oed oedd y rheiny, yn dadlau ar sail egwyddor ddigymrodedd yn hytrach nag ar sail realiti'r sefyllfa.

Penderfynodd nifer ohonynt, dan arweiniad Myrddin ap Dafydd, fynd ar streic a gwrthod cymryd rhan mewn rhaglenni megis *Talwrn y Beirdd* nes yr aed ati i Gymreigio Radio Cymru. Ond seiliwyd y realiti yr oedd Aled Glynne yn delio â hi ar ymchwil ymhlith ieuenctid dwyieithog 16 ac 17 oed yn yr ardaloedd Cymraeg o amgylch Abertawe ac yn ymestyn draw i Gaerfyrddin. Doedd yna fawr neb yn eu plith yn gwrando ar Radio Cymru. Fyddai gan y gwasanaeth ddim gwrandawyr yn y dyfodol. Roedd Heini Gruffudd yn un o'r rhai fu'n trefnu'r ymchwil ac yn ei ddadansoddi:

> Efallai bod y beirdd ar streic, ond mae pobl ifanc wedi bod ar streic ers blynyddoedd! Er bod eu tuedd i wylio teledu Cymraeg dipyn yn well, roedd eu tuedd i wrando ar gerddoriaeth Saesneg, mynd i ddawnsfeydd Saesneg, ac ati, yn gwbl amlwg. Ffoi o wirionedd y sefyllfa y mae unrhywun sy'n cynnig *Talwrn y Beirdd* i fwyafrif llethol ein hieuenctid. Nid wyf yma am ddadlau yn erbyn ein darpariaeth draddodiadol – hir y blodeuo – ond ceisio nodi bod rhaid i Radio Cymru ac S4C ddygymod rywsut â'r agendor sydd wedi bod ers blynyddoedd rhwng y diwylliant Cymraeg ac ymlynwyr diwylliant America.[19]

Defnyddio'r Saesneg i bwrpas denu ieuenctid at raglenni Radio Cymru, gan sicrhau y byddai'r mwyafrif o recordiau a chwaraeid yn recordiau Cymraeg, oedd bwriad Aled Glynne felly. Ond roedd un eithriad o raglen lle byddai'r recordiau i gyd yn Saesneg, er y byddai'r cyflwyno yn Gymraeg. Yr unig fodd o glywed record Gymraeg ar sioe *Y Bît* fyddai petai cân Gymraeg yn cyrraedd ugain uchaf y siartiau Prydeinig. Hyn oll mewn ymgais i ddenu carfan o Gymry Cymraeg i wrando ar Radio Cymru yn wyneb cystadleuaeth hegar oddi wrth orsafoedd radio eraill a'r posibilrwydd o'u colli am byth. Doedd rhesymeg y dacteg yma ddim yn dal dŵr yn ôl Dr Meredydd Evans, un o gyn-benaethiaid y BBC yng Nghymru. Ni chredai fod yna fodd cyfaddawdu ar fater y rheol Gymraeg. Doedd yr egwyddor honno ddim i'w phlygu. Ni chredai y deilliai unrhyw ddaioni o agor y fflodiart i'r Eingl-Americaniadd ar raglenni gorsaf radio oedd wedi ei sefydlu i hyrwyddo a chynnal y Gymraeg:

> Gwanychir y byd pop Cymraeg. Mae'n fater o dristwch ei bod bellach yn angenrheidiol i atgoffa Radio Cymru y dylai fod yn nod hybu'n frwd gerddoriaeth bop Cymraeg ac, yn wir, bob ffurf ar gerddoriaeth boblogaidd Gymraeg. Gwanychir hefyd yr ewyllys i fynnu y gellir byw bywyd llawn, yn Gymraeg. Yr hyn y gofynnir i ni ei gydnabod gan lunwyr y polisi presennol

yw na all adloniant Cymraeg sefyll yn solet ar ei ddeudroed ei hun ond bod yn rhaid iddo, yn hytrach, ddibynnu ar adloniant Eingl-Americanaidd. Mae'n anodd gennyf dderbyn eu bod yn fwriadol yn coleddu'r fath gred wangalon a gwell gennyf feddwl mai yn anfwriadol y cymerwyd y fath gam gwag. Beth bynnag am hynny gobeithiaf yr ail-edrychant ar gyfeiriad y llwybr a ddewiswyd a bod ganddynt ddigon o hyder yng ngwytnwch y diwylliant poblogaidd Cymraeg i fynnu ei fod yn goroesi ar ei delerau ei hun.[20]

Ni fedrai Dafydd Iwan weld unrhyw ddaioni'n deillio o'r hyn a ystyriai'n 'lastwreiddio'. Gwelai'r tueddiadau diweddaraf yn gam am yn ôl:

Un o wyrthiau mawr ein hoes yw'r modd y mae'r byd adloniant Cymraeg wedi tyfu a blodeuo yn ail hanner y ganrif hon. Bellach gallwn sôn yn hyderus am ddiwylliant Cymraeg sy'n sefyll ar ei draed ei hun, diwylliant y gallwn fod yn falch ohono. Ond ar yr union adeg pan yw'n bwysig inni ail-ddatgan yr hyder, beth gawn ni ar Radio Cymru? Ymgais fwriadol i lastwreiddio'r cyfan. Cyflwyno llif cyson o ganeuon Eingl-Americanaidd i ganol y rhai Cymraeg, a throi nifer o raglenni 'Cymraeg' yn gyfrwng i chwarae mwy o'r hyn a glywir rownd y cloc ar Radio 1, Atlantic 252, Virgin ac ati, ac ati. Pe bai'r BBC yng Nghymru wedi cyhoeddi eu bod am geisio cymhathu'r ddau ddiwylliant, a chyflwyno cwota o ganeuon Cymraeg i Radio Wales yr un pryd â chwota Saesneg i Radio Cymru o leia mi fyddai rhywun yn gweld rhyw fath o resymeg yn y peth. Ond Seisnigo rhaglenni Cymraeg ar yr unig wasanaeth radio Cymraeg cenedlaethol sy'n bod? I beth?... Credaf ei bod o'r pwys mwyaf ein bod yn codi llais i berswadio'n cyfeillion yn Radio Cymru i bwyllo ac i ystyried cyn iddyn nhw ddifetha'r union beth y buont yn gymaint rhan o'i greu.[21]

Cyflwynodd Caryl Parry Jones, un o bileri'r byd darlledu Cymraeg, ddeiseb o 4,000 o enwau i'r BBC ar ran Cylch yr Iaith mewn protest yn erbyn y Seisnigo honedig. Wynebodd Emyr Llywelyn o Ffostrasol ger Aberaeron gyfnod o garchar am wrthod talu am ei drwydded. Yng nghanol yr holl brotestio a gweithredu gwelai Geraint Elis, darlithydd yn Adran y Cyfryngau yng Ngholeg y Brifysgol, Bangor, fod Radio Cymru yn wynebu penbleth. Petai'r gwasanaeth yn chwarae canran sylweddol lai o recordiau Saesneg credai y byddai'n rhaid cwtogi ar yr oriau darlledu. Ni chredai fod chwarae recordiau mewn ieithoedd eraill yn opsiwn realistig a gwelai beryglon pe cynyddid nifer y recordiau Cymraeg a chwaraeid:

Tra bo hyn i'w groesawu mewn sawl ystyr, mae'n dwysau problem oedd yn bodoli eisoes, sef bod yr un caneuon i'w clywed dro ar ôl tro. Mae gen i bolisi ar hyn o bryd o ddiffodd Radio Cymru os ydw i'n clywed 'Ysbryd y Nos' Edward H Dafis unwaith yn rhagor. Ac er fy mod yn hoff iawn o Tynal Tywyll, mae'r gitâr jangli a'r crwnio melodramataidd braidd yn rhy gyfarwydd bellach. Petai TGAU mewn geiriau caneuon Bryn Fôn yn cael ei gynnig, byddwn yn hyderus o'i basio, ar sail gwrando'n rheolaidd ar Radio Cymru. Nid mater syml o ddiffyg deunydd yn unig yw hyn, ond eto dyma'r broblem sylfaenol.[22]

Roedd y ddadl yn eirias rhwng pleidwyr digyfaddawd egwyddor y Gymraeg a'r pragmatyddion darlledu oedd yn gweithredu ar sail tystiolaeth data gwyddonol am agweddau ieuenctid tuag at y Gymraeg. Wynebwyd yr her o ddenu'r Cymry Cymraeg ifanc hynny nad oedden nhw'n ymwybodol o werth iaith nac unrhyw reidrwydd i'w diogelu ond oedd yn fodlon ei defnyddio'n gwbl naturiol petai'r amgylchiadau cymdeithasol yn eu hudo a'u denu i wneud hynny.

Doedd Dyfrig Jones ddim wedi ei argyhoeddi gan ddadleuon na chwaith ystadegau'r mudiad a ffurfiodd ei hun yn Gylch yr Iaith er mwyn cryfhau'r defnydd o'r Gymraeg ar Radio Cymru. Credai nad oedd y mudiad yn adnabod y Cymro neu'r Gymraes ifanc:

Dwi'n hoff o *funk, soul, reggae* a *hip-hop*, ond er mwyn gwrando ar y math yma o gerddoriaeth, mae'n rhaid i mi fynd at orsafoedd Lloegr. Mae'r math yma o gerddoriaeth yn rhan enfawr o fy mywyd diwylliannol, yn ogystal â bywyd diwylliannol nifer fawr o Gymry Cymraeg eraill, ond eto mae'n cael ei gyfri yn gerddoriaeth estron gan aelodau Cylch yr Iaith. Y broblem ganolog ydi eu bod yn methu â gwahaniaethu rhwng y cyfrwng a'r cynnwys. Os ydw i eisiau gwrando ar y math yma o gerddoriaeth, yna mi ddylai fod modd imi wneud hyn drwy gyfrwng fy iaith fy hun, gan wrando ar gyflwynwyr Cymraeg yn chwarae recordiau byd-eang.[23]

Roedd Meleri Tudur yn barod i gydnabod bod Jonsi wedi cyflawni camp na lwyddodd yr un cyflwynydd o'i flaen i'w chyflawni:

Dwn i ddim pa mor llwyddiannus y bu yn gostwng oed gwrandawyr, gan fod lleisiau'r rhan fwyaf o'i gyfranwyr yn swnio'n reit ganol oed. Mae'n ymddangos mai'r prif wahaniaeth ydi mai pobol y bingo a'r *Chippendales* ydi'r rhain, nid rhai Merched y Wawr a'r Talwrn. Mae ganddo ei ddull ffôn arbennig ei hun, heb sôn am y *catchphrases* 'Sbiwch arna'i pan dwi'n siarad efo chi' a 'Cadwch eich hun yn bur i mi' sy'n ei wneud yn wahanol iawn i gyflwynwyr eraill Radio Cymru.[24]

Doedd dim troi ar Aled Glynne. 'Dal dy afal' a 'Cadw dy hun yn bur' oedd ei gri yntau hefyd i gyfeiliant recordiau'r siartiau Prydeinig. Roedd hi'n ffaith bod dau o bob tri chais o blith yr ifanc yn gais am glywed record Saesneg. Ond roedden nhw'n gofyn yn Gymraeg. Cofiai Aled fyrdwn sgwrs a gafodd gyda'i fentor:

> Dw i'n cofio cerdded adref efo fy nhad flynyddoedd lawer yn ôl bellach. Roedden ni wedi cael noson dda o sgwrsio. Mi drodd y sgwrs at y Gymraeg. Wrth edrych tua'r dyfodol, dyma drafod beth oedd bwysicaf, un ai bod degau o filoedd yn siarad Cymraeg perffaith neu fod cannoedd o filoedd yn siarad Cymraeg llai naturiol. Roedd y cwestiwn yn un anodd – yn greulon o anodd – ond roedden ni'n dau'n cytuno'n llwyr mai dim ond un ateb oedd 'na mewn gwirionedd. Wedi dweud hynny, os oes mwy a mwy yn ymddiddori yn yr iaith mae 'na obaith. Agor y drws sydd ei angen – ac unwaith y maen nhw'n dod i mewn, mae'r gobaith yn dod yn fyw.[25]

Ategai prif weithredwr S4C, Huw Jones, y wers o agor y drws er mwyn denu cynulleidfaoedd newydd o blith y rheiny oedd yn newydd i'r Gymraeg, yn ogystal â cheisio cadw'r rheiny oedd yn ddi-hid ynghylch arddel y Gymraeg:

> Rhaid i Gymru'r dyfodol fod yn genedl gynhwysfawr os ydy hi i fod yn genedl o gwbl. Mae'r posibilrwydd y gallai Cymru ymrannu'n ddwy – ar y naill law cymuned Gymraeg draddodiadol warchodol, ac ar y llall, cymuned nad yw'n ystyried fod gan yr iaith unrhyw beth i'w wneud â hi – i mi yn ddyfodol trist. Fe fyddai hynny yn gyfystyr ag ildio holl enillion y chwarter canrif ddiwethaf yn hytrach nag adeiladu arnynt. Cymaint mwy deniadol yw'r darlun o genedl lle mae'r Gymraeg i'w gweld a'i chlywed ymhobman, yn gefndir i fywyd pawb, er yn cael ei deall a'i defnyddio gan unigolion i raddau gwahanol iawn. Gwlad lle mae cyfoeth ieithyddol naturiol Gogledd a Gorllewin yn cyfarfod gyda bwrlwm a hyder y ddinas a'r cymoedd. Haws dweud na gwneud, ond dyna, i mi, yw'r dasg.[26]

Cyn-ddarlledwr profiadol arall oedd Eifion Lloyd Jones, awdur llyfr a bathwr termau ar y dechneg o drin pob agwedd ar y cyfryngau trwy gyfrwng y Gymraeg, sef *Byd y Teledu*. Roedd e'n gweld yr angen i ddiwygio ac ystwytho ond gwelai berygl hefyd:

> Roedd y penaethiaid yn hollol gywir i geisio diwygio a chyfoesi'r gwasanaeth a'r iaith. Mae angen rhaglenni cyfoes mewn iaith gyfoes i ddenu gwrandawyr cyfoes. Ond y gamp fawr erbyn hyn

yw gwahaniaethu rhwng iaith lafar ac iaith sathredig, rhwng naturioldeb a llediaith, rhwng Cymraeg bywiog a Wenglish Eingl-Americanaidd. Yr her fawr i'r penaethiaid bellach yw canfod y llwybr cyffrous sy'n defnyddio Cymraeg bywiog bob dydd, yn hytrach na thybio fod bratiaith a llediaith yn ffasiynol a derbyniol.[27]

Er ei bod yn cydymdeimlo â chyfyng-gyngor y trefnwyr rhaglenni doedd Elin Meredith, ar ôl dwy flynedd o'r gwasanaeth radio newydd, ddim yn credu bod Radio Cymru wedi sefydlu ei hun fel radio'r ifanc. Ond roedd yna, yn ei barn hi, ddigwyddiadau y tu hwnt i donfeddi'r awyr oedd wedi bod yn llesol o ran profiadau'r Cymry ifanc:

> Ar y cyfan, er bod ei raglenni yn rhai hwyliog a'r sylw i fandiau newydd yn hynod werthfawr, nid gwasanaeth radio i'r ifanc yw Radio Cymru, ac nid beirniadaeth mo hynny o gwbl – all y gwasanaeth ddim bod yn bopeth i bawb ac ni all fforddio bod yn un peth i'r ychydig rai 'chwaith... Sut beth fyddai cael gorsaf genedlaethol Gymraeg arbennig i bobl ifanc? Cerddoriaeth a newyddion cyfoes bob awr o'r dydd. Rhaglenni llai generig a fyddai'n ymdrin â gwahanol fathau o gerddoriaeth gyfoes, rhaglenni efallai lle mae'r ymchwil y tu ôl iddynt cyn bwysiced â'r cyflwynydd. Dim caneuon cyn 1990. Dim Moniars. Gorsaf a fyddai'n cydnabod y newid anferth sydd wedi digwydd yng Nghymru.[28]

Yng nghanol yr holl refru a bytheirio gan bynditiaid, sgriblwyr a sylwebwyr am y defnydd o'r Gymraeg a'r Saesneg yn niwylliant yr ifanc, beth am farn yr ieuenctid hynny oedd wrthi'n creu a chynnal y diwylliant hwnnw? Mentrodd yr hen Ffa Coffi Pawb/y Super Furry Animals newydd ganu yn Saesneg yn Eisteddfod Genedlaethol Llandeilo yn 1996 er mawr gonsýrn i'r hen rociwr piwis hwnnw o Lannerchymedd, Gwilym Owen. Roedden nhw wedi pechu yn y cysegr sancteiddiaf:

> Er gwaetha pob eiriol gan awdurdodau'r Steddfod, mi ddaethon nhw i babell yr ifanc ar y maes ei hun a bwriadol blygu y rheol Gymraeg yn gwbl herfeiddiol. Ac yn ystod eu perfformiad roedd eu cynulleidfa yn canu yn Saesneg. Ac mae'r grŵp yma o bobl ifanc yn gynnyrch aelwydydd y dosbarth canol uwch yn y Gymru Gymraeg. Ac fe wnaethon nhw fynd ati i ganu yn gyfangwbl yn Saesneg yn un o gigs Cymdeithas yr Iaith.[29]

Doedd hynny ddim wedi amharu ar fwynhad yr ifanc ym Mro Dinefwr yn ôl Kate Crockett ac Arwel Jones:

Roedd hi'n eithriadol o ddifyr sylwi mai'r ddwy noson oedd wedi gwerthu bron cyn i'r Eisteddfod ddechrau oedd Dafydd Iwan a Super Furry Animals, yr union berfformwyr sydd wrth graidd y dadleuon diweddar am iaith canu roc yng Nghymru. Roedd hi'r un mor ddifyr sylwi bod tocynnau ar gyfer noson Geraint Løvgreen wedi gwerthu cyn rhai Gorky's, a Meic Stevens cyn y ref. Ond cyn i ni gael ein cyhuddo o begynnu'r ddadl, roedden ni hefyd yn sylwi mai'r un bobol oedd yn mwynhau Dafydd Iwan.[30]

Ond roedd yna newid yn y gwynt. Gwnaed datganiad gan un o brif grwpiau roc Cymru, a'i ddilynwyr, ar faes yr Eisteddfod Genedlaethol ei hun. Ai ceisio cyfleu synnwyr ac ystyr ynganiad Saesneg eu henw Cymraeg blaenorol wrth y sefydliad oedd byrdwn y datganiad? Oedden nhw am droi cefn ar Gymreictod ymwybodol a'r Cymreictod hwnnw oedd, hyd hynny, wedi methu â sicrhau mesur o ymreolaeth i Gymru trwy gyfrwng refferendwm? Oedden nhw am greu eu hagenda eu hunain yn rhydd o lyffetheiriau llinynnau cydnabyddedig Cymreictod a'i ailddiffinio yng ngoleuni eu profiadau eu hunain? Roedd Gruff Rhys, lleisydd a chyfansoddwr y Super Furries, yn gwbl glir ei fwriadau:

Dydw i ddim yn Adferwr, dydw i ddim yn coelio yn y Fro Gymraeg ond dwi yn Gymro. Dwi wedi byw ym Manceinion a Catalwnia yn Sbaen, a phan ti wedi teithio fel ni ti'n dod i sylweddoli fod y rhan fwya o bobl ddoi di ar eu traws nhw erioed wedi clywed am Gymru na'r iaith Gymraeg. Ond un peth sy'n sicr, mae'n Cymreictod ni yn un o'r petha cynta dan ni'n sôn amdano fo mewn cyfweliadau. Oeddan ni'n gwneud cyfweliad yn Japan – dim ots lle ydan ni, mae'n Cymreictod yn bwnc sydd yn codi dro ar ôl tro. Mae o'r un fath â Bryn Terfel yn mynd allan i'r byd ac yn cyhoeddi ei fod o'n Gymraeg ac yn siarad yr iaith.

I fi mae alaw ynddi'i hun yn iaith ryngwladol. Mae cân yn dod weithiau pan fydda i eisiau bwyd, eisiau diod... emosiwn ydi cerddoriaeth i fi... ydan ni ddim yn perthyn i genhedlaeth o brotestwyr. Ond dydi hynny ddim yn golygu nad oes gan bob aelod o'r band ei farn wleidyddol, a phan fydd newyddiadurwyr a gohebwyr yn gofyn am y farn honno, dwi'n ei theimlo hi'n ddyletswydd arna'i ddeud fy marn fel bod pobol sy'n dewis dilyn ein cerddoriaeth ni yn gwybod lle maen nhw'n sefyll.[31]

O edrych ar y diwylliant Cymraeg yn ei grynswth roedd gan Gruff Rhys blediwr lled annisgwyl dros ei athroniaeth o ymestyn allan, o fewn y maes roc o leiaf, a hwnnw'n neb llai na'i dad, y gweinyddwr llywodraeth leol a'r sgwennwr toreithiog ar faterion yn ymwneud â chadw hunaniaeth cenedl, Ioan Bowen Rees:

> Ac er bod y nifer sy'n prynu ac yn darllen papurau a llyfrau Cymraeg yn destun pryder, efallai ei bod yn bwysicach yn y pen draw bod y byd roc Cymraeg yn mynd o nerth i nerth (gyda'r Anrhefn i'w clywed yn Bratislava a Ffa Coffi Pawb yn Utrecht), fod modd cyfarfod Iseldirwyr sydd yn dilyn Pobl y Cwm, bod y Gymraeg yn bwnc Prifysgol yng Ngwlad Pwyl a bod dim pall ar y dysgwyr rhugl o bob hil a chefndir sy'n medru cyfrannu at adfywiad iaith sydd hefyd yn adfywiad cenedl, yn adfywiad hawliau dynol, yn adfywiad gwerthoedd gwâr ac yn adfywiad democratiaeth. Rhyfedd o fyd![32]

Er mwyn tanlinellu'r dwyieithrwydd newydd yma roedd *Golwg* yn cyhoeddi adroddiadau am ymweliadau'r Cymry â rhai o'r gwyliau roc mawr Saesneg megis Glastonbury a Reading. Roedd yr adroddiadau hynny wedi eu hysgrifennu yn Gymraeg, wrth gwrs. Cafodd Mari Jones Williams amser da yn Glastonbury ac roedd hi'n edrych ymlaen at wyliau eraill yr haf yn 1995, a'r rheiny yn wyliau Cymraeg:

> Dyma ni'n eistedd yng ngorsaf Gwasanaethau Pont Hafren. Yn Glastonbury, doeddwn i'n ddim ond un arall yn y dorf. Yn fan yma rydw i fel trempyn. Mae fy sgert i'n gymysgedd o fwd a gwair ac mae 'nhop gwyn (syniad drwg arall) yn batrymau lliwgar o lwch, baw, bwyd Thai, sôs coch, coffi a chwrw. Ar ôl carnifal lliwgar Glastonbury, mae pawb yma yn edrych yn llwyd, di-liw, digymeriad a diflas.
>
> Nôl i'r byd go iawn? No we! Mae'r Cnapan ddydd Sadwrn, y Phoenix y penwythnos ar ôl hynny, y Steddfod ar ôl hynny, yna Gŵyl Jazz Aberhonddu...[33]

Rhoddwyd rhwydd hynt i Lowri Mai roi ei hargraffiadau o Ŵyl Reading gan ei fod yn amlwg yn ddigwyddiad oedd yn rhan o galendr Cymry Cymraeg ifanc:

> Dydd Sadwrn – Ar ôl noson hir o gwsg dyma fynd i weld Kula Shaker. Caneuon yr albwm 'K' oedd y perfformiad. 'When the rain comes down' oedd geiriau cynta un gân fel roedd un arall o'r aml gawodydd yn dod i'n gwlychu eto. Ac i ddilyn Kula Shaker, dyma Super Furry Animals, a pherfformiad gwych, yn ôl y disgwyl. A'u gwestai arbennig nhw? Neb llai na Howard Marks, yn sefyll ar y llwyfan gyda'i ddwylo wedi eu clymu mewn cyffion y tu ôl iddo. 'God show me Magic'?

Doedd dim angen Duw, fe wnaeth y Super Furry's hyn yn iawn ar eu pennau eu hunain. Dodgy oedd i ddilyn, grŵp sydd erbyn hyn yn hen wynebau o amgylch y gwyliau. Roedden nhw wedi dod o'r Harvest Fair i chwarae i Reading, a gyda'u perfformiad *mellow*, roedden nhw'n 'Good Enough' i mi...

Dydd Sul – Diwrnod ola'r ŵyl, ac i ffwrdd a mi heibio'r stondinau dillad, esgidiau, tatŵs a bwyd o bob math. Perfformiad Reef oedd y gyrchfan. 'So will you come with me? I'll blow you anyway' a phawb o'r dorf yn dymuno hynny. Gwych, a gwell i ddod gydag Ash. Gwirioni a gwallgofi i'w perfformiad gwych – 'Down in the basement', 'Girl from Mars', 'Angel Interceptor' – roedd y caneuon yn llifo gan ddod i uchafbwynt gyda 'Kung Fu'... Ond roedd y penwythnos hwnnw'n Reading yn llawn, yn orlawn o hud. Wrth weld rhai yn crafangu yn y mwd am boteli cwrw wedi eu gadael yn hanner llawn, a dewrion yn mynd ati i wagu'r toiledau ffiaidd, fe wyddwn i ei bod hi'n bryd gadael am eleni, ond edrych ymlaen at y nesa...[34]

Ond er yr awydd i ymestyn allan ac i gofleidio'r byd roc Saesneg, roedd yna o leiaf un artist oedd yn llawn angst a rhwystredigaeth am y Cymreictod yr oedd wedi ei etifeddu, ac am barhau i fynegi ei baranoia trwy gyfrwng y Gymraeg. Byddai David R Edwards yn datblygu'n un o arwyr y Super Furry Animals. Roedd yna fwy nag un purdeb i'w gadw a mwy nag un afal i'w ddal yng nghledr y llaw. Doedd popeth ddim yn ddibynnol ar bolisi iaith Radio Cymru.

19 / Dave Datblygu R-Bennig

Mae gwrando ar David R Edwards yn bytheirio a phoeri geiriau, hyd yn oed heddiw, yn codi ofn. Am nad oedd ganddo ddim i'w gynnig yn lle'r buchod sanctaidd y mynnai eu dryllio, doedd dim dewis ganddo ond tewi yn y pen draw. Ond cyn gwneud rhoes sawl hergwd digyfaddawd i Gymreictod sefydliadol. Y gŵr o Aberteifi, yn anad neb o fewn y sîn roc Gymraeg, oedd yn fwyaf dyledus i John Peel am nawdd a swcwr a chael cyfle i fynegi ei rwystredigaethau ar yr awyr. Apeliai grŵp fel Datblygu'n fawr at y Sais rhyddfrydig ei dast. Er nad oedd yn deall y geiriau na'r feirniadaeth o eiconau a chyflyrau Cymreig, roedd Peel yn medru synhwyro bod yna rym, nerth a didwylledd yn y perfformio.

Doedd y cyfryngau Cymraeg ddim yn anwylo Dave, a hynny'n anad dim a arweiniodd at y gred mai cynnal agweddau diogel a di-her ar y diwylliant Cymraeg oedd byrdwn Radio Cymru ac S4C. Atgyfnerthwyd y gred honno pan wrthododd Cyngor Llyfrau Cymru gymhorthdal i wasg Y Lolfa er mwyn cyhoeddi cyfrol o farddoniaeth o eiddo David R Edwards yng nghyfres y Beirdd Answyddogol. Doedd hynny ddim yn gwneud drwg i ddelwedd y fodca-garwr. Doedd dim amheuaeth ym marn darllenwr anhysbys y Cyngor Llyfrau na ddylid defnyddio arian cyhoeddus i gyhoeddi *Al, Mae'n Urdd Camp*:

> Efallai mai'r teitl yw'r peth gorau yn y llyfr hwn. Darllener y ddau air cynta yn y teitl gyda'i gilydd. *Get it?* Dichon hefyd fod y bardd yn chwarae'n eithriadol fedrus a deallus â'r gair ola. Yn ôl y Longman Guide to English Usage, un o ystyron *camp* yw '*amusingly affected and in bad taste*'. Yn anffodus, nid oes affliw o ddim byd '*amusing*' yn y cerddi hyn i'w hachub rhag bod yn drwyadl *boring*. Y mae gweddill y diffiniad yn disgrifio'r llyfr i'r dim.

> Pynciau'r ysgrifennwr yw cyffuriau, alcohol, rhyw a'r Sefydliad. Disgrifir y pynciau hyn yn y broliant fel 'pynciau tabŵ' a dywedir mai ei amcan yw 'siocio'r darllenydd… a herio'r sefydliad a pharchusrwydd sychdduwiol'. Rhaid cyfaddef na wyddwn fod

y pynciau a nodir yn rhai gwaharddedig yn ein llenyddiaeth. Am yr awydd i siocio, mae'r gwaith mor sioclyd â phlatiad o sglodion oer... Methiant o gyfrol yw gwaith Dafydd R Edwards ac os ffugenw yw hwn, rhaid ei longyfarch am ei ddoethineb. Ni ddylid rhoi cymorth ariannol i'r llyfr hwn hyd yn oed os oes hanner miliwn o bunnau mewn llaw.[1]

Doedd y fath gerydd diflewyn-ar-dafod ddim yn rhwystr i'r wasg rhag cyhoeddi'r gyfrol fel yr ail ar hugain yn eu cyfres, ac roedd nifer o'r rhai blaenorol hefyd wedi eu cyhoeddi heb gymhorthdal o'r pwrs cyhoeddus. Yn naturiol, fe ddyfynnwyd brawddeg olaf adroddiad y darllenydd fel rhan o froliant y dudalen gefn, ynghyd â geirda gan Twm Morys yn rhoi sêl bendith ar waith y delwddrylliwr: 'Dyma'r drain ac ysgall gonest lle chwalwyd y capel olaf. Cofleidiwn nhw er hired y pigau.'[2]

Roedd broliant y wasg ei hun yn crynhoi delwedd gyhoeddus yr awdur ymhlith y Cymry ifanc:

'Enigma', 'rhamantydd chwerw', *bete noir* y byd roc Cymraeg'... beth bynnag yw eich barn am David R Edwards, mae'n hollol amhosib ei anwybyddu na gwadu fod ganddo ffordd gwbl unigryw o greu delweddau a thrin geiriau. I un sy'n honni mai ef yw Gwir Dywysog Cymru, mae unrhyw fanylion bywgraffyddol yn amherthnasol – mae'r cyfan yn y gyfrol ffrwydrol, chwyldroadol amrwd hon. Nid cyfrol i'r cul a'r gwan galon mohoni...[3]

Nid yw'r uchod yn gadael unrhyw amheuaeth ynghylch gogwydd syniadol David R Edwards. Roedd un o'r roc-feirdd Cymraeg amlycaf, Iwan Llwyd, yn barod i gydnabod ei ddilysrwydd:

Fe aeth Dave ati'n fwriadol i greu darluniau tywyll o ochr arall y geiniog yng Nghymru. Mae rhai o ganeuon mwyaf cofiadwy Datblygu yn sôn am gariad mewn rhewgell a Dafydd Iwan yn y Glaw, a thrwy gyfrwng y digwyddiadau a'r cymeriadau rhyfedd sy'n britho ei waith, cymeriadau fel Hwgrgrawthog a Zelda Eva Braun, Dai Eog a Lynda Mascara, creodd Dave Gymru arall, Cymru sy'n llawn trais a chyffuriau, clefydau rhywiol a chamdreigliadau. Heb gyfeiliant ei synthyseinyddion, esgyrn ei weledigaeth angau'n unig a gawn ni yma.[4]

Dechreuodd David ymdrybaeddu yn ei uffern pan oedd yn y chweched dosbarth yn Ysgol Uwchradd Aberteifi, yng nghanol yr 80au, gan gyhoeddi nifer o gasetiau amrwd. Parhaodd y chwilfrydedd tra roedd yn fyfyriwr yn Aberystwyth ac yn ddiweddarach pan oedd yn athro am gyfnod byr ym Mhowys. Ailgyhoeddwyd dau o'r casetiau cynnar, *Wyau* (Anhrefn 1988/Fflach) a *Pyst* (Ofn 1990), ar y cyd – 32 o ganeuon – ar label Ankst yn 1995. Doedden nhw ddim wedi dyddio; os rhywbeth roedden nhw'n cael eu gwerthfawrogi o'r newydd. Roedd Huw Stephens, troellwr Radio 1 a Radio Cymru, wedi ei gyfareddu:

> Yr hyn sy'n gwneud y casgliad yn un mor gyffrous, mor wefreiddiol, yw geiriau ac agwedd David R Edwards. Mae ei lais dwfn a difrifol yn swnio'n gwbl gignoeth a gonest, yn siarad ar ran miloedd o bobl sy wedi cael llond bol o'r 'system', agweddau o fywyd Cymreig a phob math o bwyntiau eraill.[5]

Roedd John T Davies yn dilyn yr un trywydd pan gyhoeddwyd *Pyst* yn wreiddiol:

> Unwaith eto mae'r hiwmor du yn amlwg ac mae rhywun yn cael ei demtio i feddwl bod David R Edwards rili yn mwynhau ei rôl fel yr arch sinig treiddgar sy'n derbyn anochelrwydd y pethau mae o'n eu casáu a bron iawn yn dathlu (os dyna'r gair) stad druenus y byd o'i gwmpas. Mae'r caneuon i gyd yn rhyw fath o gameos bach yn cynrychioli gwahanol agweddau o'r diflastod/arwynebedd/ffolineb sydd yn y byd o'i gwmpas...[6]

Tynnwyd llun nodedig o David R Edwards yn paratoi i gael picnic mewn mynwent. Roedd 'Gwir Dywysog Cymru' wedi taenu lliain ar lawr rhwng y cerrig beddau, wedi tynnu ei sgidiau, yn eistedd ar gadair ac yn barod i dynnu potel o win o fasged wiail. I unrhyw un oedd wedi gwrando ar ganeuon Datblygu gellid traethu'n helaeth am arwyddocâd llun Peter Telfer. Dyma fyddai gorweddfan olaf dyn yr ymylon yntau. Ai un o'r meirw byw oedd David R Edwards eisoes? Oedd e wedi cefnu ar dir comin bywyd a chanfod ei nirfana bersonol? Ai dyma ei ddatganiad eithaf am stad y byd o'i gwmpas? Ai mynwent oedd, ac yw, y ddelwedd ganolog? Ai dyma'r fan 'lle chwalwyd y capel olaf' chwedl Twm Morys?

Roedd yr holl sôn am gyffuriau yn ei ganeuon yn ennyn chwilfrydedd. Oedd David R. Edwards ei hun yn ddibynnol ar gyffuriau? Oedd e'n cymeradwyo eu defnyddio? Ai dyna oedd ei gynhaliaeth? Bu'n datgelu rhywfaint o'i feddyliau ar dudalennau *Sothach*:

> Sdim byd yn anghywir â chyffuriau – mae e lan i'r unigolyn a sut mae'n defnyddio'r cyffur. Gwnaeth Ray Charles rai o'i recordiau gorau ar heroin. Yn ein system addysg rhaid i blant ddysgu barddoniaeth gan y 'junkies' barddonol mawr Seisnig

– y pennau opium, ac yna diodde' athrawon yn dweud fod y pethau da mewn bywyd fel yfed a dope a smygu yn wael i chi. Mynd i'r ysgol sy'n wael i chi. Os ga i blant bydd dim rhaid iddyn nhw fynd os nad ydynt am fynd. Ond pryna i Sony Walkman iddynt ar gyfer rhai o'r athrawon a'r gwersi.[7]

Gofynnwyd iddo a oedd y gân '3 Tabled Doeth' i'w chymryd o ddifrif neu fel offrwm tafod yn y boch? Ai achosi blinder ymhlith Cristnogion oedd ei bwriad?

> Os oes 'outrage' ymysg Cristnogion mae'n amlwg eu bod wedi anghofio beth ddywedodd y boi mawr am farnu. Tase Iesu o gwmpas nawr bydde fe'n fwy tebygol o fod yn drempyn, pysgotwr neu gerddor na fyddai o fod yn gyfalafwr ar y farchnad stoc yn poeni am ei armani, ei forgais, ei wyliau tramor, a faint mae'n mynd i wario ar anrhegion Nadolig.[8]

Roedd y gŵr â'r got laes, y mwng du hir a'r cwdyn archfarchnad yn llawn o ganiau yn ei dweud hi fel yr oedd hi. Darganfu bob dim o'r newydd; ni chymerai ddim yn ganiataol. Byddai'n cwestiynu pob dim ac yn cael bod llawer o ganonau cymdeithas yn brin yn y glorian. Doedd hi ddim syndod bod Gruff Rhys o'r Super Furry Animals yn barod i sgrifennu geirda ar glawr cryno-ddisg *Datblygu 1985–1995*, a hynny yn y ddwy iaith:

> Sylweddolodd David R Edwards yn gynnar iawn ei fod yn fastard bach clyfar. Yn ffodus penderfynodd rannu ei feddylfryd â pawb ohonom sy'n ceisio dadansoddi ystyr ein bodolaeth blêr a'r hyn yr ydym yn ceisio cyflawni cyn mynd i'r bedd. Her amhosibl yw gwneud cyfiawnder â Datblygu ar bapur felly lluchiwch eich papurau newydd a'ch baneri i'r tân! Carwch eich cyd-ddyn a dalier sylw i'r Siôn Corn gwas pwmp petrol tacsi ac athro oddi-mewn…

> Beginning with the aching pop standard 'Y Teimlad' this collection gives us a glimpse of a band capable of anything. It seems to me that Datblygu are one of those bands whom standing upon their seedy pulpit hold up a mirror to the society they live in. A lazy comparison would be someone like Serge Ginsbourg, but that slimeball had so million heads to fill his mirror and bank account. David 'The last Communist in Europe (too skint to go to Cuba)' R Edwards on the other hand communicates here to half a million Welsh speakers fucked on Thatcherism. This ever poignant work comes as a sonic and moral warning to a complacent generation of white hicks on coke looking for a welcome break on the third (motor) way to oblivion.[9]

Cafodd y sesiynau hynny a recordiwyd ar raglen John Peel eu cadw ar gyfer yr oesoedd a ddêl ar ffurf casét a record hir gan Ankst dan yr enw *Datblygu, BBC Peel Sessions*. Y sŵn amrwd a heriol oedd yn taro Derec Brown:

> Tynnir y gwrandäwr i lawr i bydew o anobaith, trais a ffaeleddau bywyd, nes ei fod yn mogi ynghanol yr holl ddelweddau hunangyfiawn. A'r grŵp yn dyrnu eu hofferynnau gyda'r un awch ag adeiladwr yn cymysgu concrit, mae'r gerddoriaeth yn amrwd, yn ddramatig ac yn ffyrnig.[10]

Hwyrach mai'r CD/casét *Libertino*, eto ar label Ankst, oedd yr offrwm o eiddo Datblygu a gafodd y driniaeth fwyaf manwl. Bu Derec Brown yn bwrw ei linyn mesur drosto:

> Poera David R Edwards ei hunllefau ar dâp, a'r rheiny'n cynnwys pobl gyda gradd dda yn y Gymraeg, perchnogion Volvos gyda sticeri Tafod y Ddraig, gwyliau jazz, Telecom Prydain, cynnal sgwrs ar linell ffacs, cerddoriaeth a meddylfryd y genhedlaeth Nintendo, Radio Cymru yn ystod y dydd, Steve Wright yn y prynhawn a thalu 85c am werth swllt o frechdanau. Ynghanol y chwydfa eiriol (gyda llefaru mewn llais dwfn *a la* Cohen wedi cymryd lle unrhyw fath o ganu a fu ar gasetiau blaenorol), fe glywir cerddoriaeth fwy grymus y tro hwn, yn enwedig ar 'Y', 'Maes E', 'Dim Deddf, Dim Eiddo', a 'Hei George Orwell'.
>
> Mae'r hoffter o ailadrodd llinellau a'u hynganu mewn ffyrdd gwahanol wedi dod yn nodweddiadol o Datblygu, a cheir digon o enghreifftiau yn yr ugain cân yma. Dwi wedi teimlo erioed fod cerddoriaeth Datblygu'n gweithio'n well ynghanol cerddoriaeth pobl eraill, ar y radio neu ar gasgliad amrywiol, lle mae ei surni'n gwrthgyferbynnu'n effeithiol â'r melystra arferol. Nid gwrando hawdd mo 64 munud o brotestiadau a hunllefau David R Edwards, ac mae rhywun weithiau'n gweld colli'r record hir, lle'r oedd cywasgu neges a gweledigaeth i ugain munud ar y ddwy ochr yn gelfyddyd ynddo'i hun.[11]

Roedd Rhys Lloyd yn gweld *Libertino* fel gwerslyfr:

> Falle ei fod o'n beth cas/gwir i'w ddweud, ond wrth i'w fywyd personol waethygu, gwella bydd yr hyn gawn ni allan ohono fo. Tasa ieuenctid Cymru yn cael y cyfle, fasan nhw (a finnau hefyd) yn ymaelodi â chwrs prifysgol 'Dwi Moyn Byw fel David R Edwards/Datblygu'; fasa pawb yn pasio'r flwyddyn gynta drwy ddefnyddio Libertino fel gwerslyfr. Ond, yn sicr, dim ond un fasa'n gorffen y cwrs gydag anrhydeddau – y Prifathro, David R Edwards.[12]

Ond mae'n rhaid mai'r adolygiad mwyaf astrus, cynhwysfawr, goleuedig ac eiconoclastig oedd un Pwyll ap Siôn yn *Sothach*:

> Byd barddoniaeth Dave Edwards yw'r byd sy'n dehongli sefyllfa'r Cymry mewn ansoddeiriau chwerw a chignoeth, sy'n portreadu diflastod caethiwed y presennol, fel hanfod undonog, ailadroddus ('Ni allaf ddianc rhag hon'; dianc o drallod y presennol ac o hunllef y foment Gymraeg sy'n ganlyniad gweddillion hylif hanes y Gorllewin, fel hen erthyliad diymadferth ond ymwybodol.) Critique negyddol a deifiol o'r 'cyflwr' Cymreig yw byrdwn y geiriau, yn gosod o'n blaen destunau anghyffyrddus o gyfarwydd mewn delweddau trawiadol ac effeithiol... Ond beth yw pendraw'r haerllugrwydd a'r feirniadaeth di-flewyn-ar-dafod? Ydan ni i fod i chwerthin neu grio? Mynd allan i'r stryd a hawlio chwyldro? Torri'n harddyrnau mewn euogrwydd a sarhad? Mae Dave Edwards yn dal i lambastio'r Cymry, ac yn dal i ddangos ffaeleddau a rhagrith ein cenedl, ond nid oes eto ymgais i gynnig atebion, i geisio bod yn adeiladol.[13]

Ond i berfformiwr mor enigmatig a feddai ar hwyl yr hen bregethwyr wrth iddo fwrw ati i ddryllio delwau, doedd dim modd cynnal yr angerdd a'r tanbeidrwydd yn barhaus. Yn union fel yn hanes Evan Roberts, y Diwygiwr o Gasllwchwr, digwyddodd a darfu, nid fel seren wib ond fel seren lachar. Creodd farddoneg gwrthsafiad, chwedl Pwyll ap Siôn, wrth iddo danseilio pob agwedd ar y niwrosis Cymreig yn ogystal â'i fodolaeth ei hun. Yn eironig, gwnaeth hynny yn bennaf yn ystod pum sesiwn a recordiodd ar gyfer rhaglen John Peel ar Radio 1. Deil y profiad o wrando ar rai o'i gerddi/caneuon i godi cryd. Gwyddai ei hun fod yna linell derfyn ac nad troi i'r Saesneg fyddai ei rawd:

> Es i'n sâl, fues i yn yr ysbyty, ond hefyd roedd pethau'n dod i ben yn naturiol. Dw i'n meddwl bod ni wedi dweud beth oe'n i moyn dweud a gadael e i bobol eraill edrych nôl ar beth ni wedi ei wneud, I suppose... O'en i byth eisie canu'n Saesneg. Sa i'n barnu'r rhai sydd yn ond o'en i'n bersonol ddim yn meddwl bod e'n iawn i Datblygu ganu mewn unrhyw iaith arall.[14]

Os oedd rhai o ddatganiadau David R Edwards i'w cymharu â thraethu tân a brwmstan yr hen bregethwyr, roedd gŵr o Ynys Môn oedd yr un mor hoff o'r cysgodion â chennad Aberteifi wedi mabwysiadu'r enw Y Pregethwr hyd yn oed. Doedd Johnny R o

Walchmai ddim yn awyddus i ddatgelu fawr ddim am ei gefndir chwaith. Ond roedd yntau hefyd yn ceisio torri tir newydd ar yr ymylon ym myd dawns tecno a samplo, sef cymryd lleisiau neu ddarnau o gerddoriaeth adnabyddus, boed oddi ar y radio neu oddi ar recordiau eraill, a'u defnyddio ar eich cynnyrch eich hun.

Yr hyn a wyddys yw bod Johnny a'i gyfeillion ym mherfeddion Môn, ar un adeg yng nghanol yr 80au, yn teithio'n gyson i glybiau mewn llefydd fel Wigan a Blackburn i fwynhau'r hyn a elwid yn *Northern Soul*, ffync a rap. O ganlyniad roedd Johnny'n awyddus i sefydlu sîn debyg yng Ngwalchmai a'r cyffiniau. Roedd yn unigolyn rhy aflonydd i fodloni ar fod yn aelod o fand ac i droelli mewn clybiau'n unig. Aeth ati i greu ei ddeunydd ei hun gan sefydlu label R-Bennig. Dyma oedd gan Derec Brown i'w ddweud am beth o'i gynnyrch cynnar ar yr un dudalen o'r cylchgrawn *Barn* â chyfres o englynion i gyfarch un o gyn-olygyddion *Y Faner*, Mathonwy Hughes, ar ei ben blwydd yn 90 oed:

> Johnny R – *Sony Sandra Sony Kevin/Gwallt Nia 23* (R-Bennig) Record Sengl
>
> Johnny R yw prif symbylydd y grŵp rap/dawns A5 o Ynys Môn. Arbenigrwydd y grŵp hwnnw yw cyfuno cerddoriaeth dawns â phenillion llafar sy'n gymysgedd o'r digri a'r difrifol. Ar y sengl plastig meddal glas yma ceir dwy gân, y gynta yn gân brotest yn erbyn materoliaeth y byd modern, pŵer yr hysbysebion teledu a sut mae cwmnïau Japan yn rheoli ein bywydau. Mewn arddull sy'n groes rhwng y grŵp synth Almaenig, Kraftwerk a'r Ficar, mae'r geiriau'n taro'r marc ar ei ben, geiriau y basai Geraint Løvgreen yn falch ohonynt! Ble bynnag yr ewch y dyddiau hyn, mae dylanwad y gwŷr o Japan yn gryf a'r pennill ola sy'n dweud y cyfan – 'Braf iawn byw yn y gorllewin, talu rhent i'r dyn bach melyn, O Wlad y Basg i Morfa Nefyn, Sony Sandra Sony Kevin'. Dishgled arall o de yw 'Gwallt Nia 23'. Cân ddireidus, eto yn y mowld Kraftwerk/Ficar, yn canu clod i gyflwynwraig Slot 23, o'i gwallt, i'w dillad i'w hacen, ac mae bonws atyniadol i ffans Nia yn cyflwyno eitem ar y teledu. Ond cwpled ola'r gân sy'n cloi'r pwt hwn; 'Gan Nia siâp bach da, rhaid i ni dweud ta-ta'.[15]

Erbyn i Derec Brown fwrw golwg ar gynnyrch y label ymhen dwy flynedd arall roedd y Pregethwr ei hun wedi dechrau cymryd cyhoeddiadau:

A5 – *Adroddiad Du* (R-Bennig) EP 12

Y PREGETHWR – *Hollywood, Caerdydd* (R-Bennig) EP 12"

Cerddoriaeth a rhyddmau mwy arbrofol a ffrantig a geir gan
A5. Unwaith eto, lleisiau merched a glywir uwch dyfeisgarwch
peiriannol Johnny R a'i wahanol gymysgiadau a does dim
rhyfedd nad yw'r record allan o'i lle mewn rêfs yn Lloegr ac
ar y cyfandir. Y Pregethwr yw Johnny R ar ei ben ei hun, yn
ddigyfaddawd, yn wyllt ac ymosodol fel petai am dynnu i lawr
â'i ddannedd y weiren bigog sy'n cwmpasu ein dealltwriaeth o
gerddoriaeth. Yng Nghymru, mae e ar ei ben ei hun yn y maes
dawns/tecno.[16]

Byddai Johnny R i'w weld yn aml yn gwisgo coler gron pregethwr.
Ai arddel perthynas deuluol â rhai o bregethwyr mawr Môn oedd y
bwriad, neu wneud hwyl am ben y Gymru grefyddol Anghydffurfiol
nad oedd e'n rhan ohoni? Efallai ei fod yn gweld ei hun fel gŵr â
chenadwri ym maes y ddawns decno Gymraeg yn union fel roedd y
pregethwyr slawer dydd yn gweld eu hunain fel achubwyr eneidiau.
Ceisiodd Owain Beltram ap Pickering, a oedd yn amlwg am fod yr un
mor gynnil wrth ddatgelu gwybodaeth am ei gefndir ei hun ag oedd ei
wrthrych, osod Johnny R yng nghyd-destun y sîn roc Gymraeg wrth
adolygu ei record *Hollywood Mics Hunlle Pontcanna*:

> Tydio'n ddim cyd-ddigwyddiad na syndod fod gwenwyn geiriol
> yr 'R' yn erbyn y SRG yn cynyddu efo rhyddhau Pregethwr II,
> dyma record sy'n profi unwaith ac am byth pa mor unigryw ydi
> sefyllfa Johnny 'R' yn y Gymru Gymraeg, fel rhywun sy'n creu
> records sydd ar y ffryntlein o safbwynt moderniaeth, record sy'n
> gadael gweddill yr SRG mewn cae anghyfforddus o wahanol i'r
> mainstream Ewropeaidd.[17]

Ond doedd offrwm y Waw Ffactor ddim wedi plesio Rhys Lloyd.
Ar ôl lambastio cyhoeddiad o'r enw *Gwyneb Arall*, casgliad o ganeuon
o'r gorffennol, trwy ddweud mai gwely'r môr oedd y lle addas ar
gyfer rhai o'r caneuon ac y byddai pwy bynnag a brynai'r casét/CD yn
siŵr o ddifaru, mentrodd ddweud, serch hynny, ei fod 'yn golosws o'i
gymharu â Waw Ffactor. Rhowch ben Johnny R ar blât i mi – mi wna'
i ei fwyta'n gyfan, gyda photel o chianti a llawer o bleser.'[18]

Fu Johnny fawr o dro cyn ymateb, gan fanteisio ar y cyfle i ddangos
ei ddicter a'i ddigofaint tuag at o leiaf un wedd ar y sîn roc Gymraeg
nad oedd e'n rhan ohoni:

Ishe fy mhen? Tyrd lawr stryd fawr Llangefni un nos Wener, Mr
Lloyd, a mi wna' i ddangos y wir sefyllfa ddiflas o ddiweithdra,
cyffuriau, plant ar 20/20, tyrd Mr Lloyd... O na! mae HTV ar
dy beiriant ateb yn holi am ymchwilydd newydd i sioe bop
warthus eto. Dos cwic sharp Rhys, pres am ddim eto...[19]

Er bod y cyllyll wedi eu hogi a llythyrau o'r fath yn datblygu'n norm
o ysgrifbin y Monwysyn, roedd yna eisoes gytundeb bod Johnny R ar
y blaen. Roedd *Libido* Waw Ffactor yn 'gampwaith deinamig a ffres'
yn ôl Steffan Cravos.[20] Cyfareddwyd Derec Brown hefyd gan lais prif
leisydd y grŵp, Rachel Carpenter, a'r rhythmau dawns:

Dyma gerddoriaeth ddawns gyda phwrpas – geiriau sy'n
dweud rhywbeth ac alawon yn gweu o gwmpas cordiau. Mae
llais Rachel Carpenter yn mynd yn syth at y synhwyrau gyda'i
onestrwydd a'i hud, ac ar draciau lle mae'r llais wedi ei aml-
recordio, fel 'Gloi Bois', eir â ni i ryw fyd llaeth a mêl, ymhell
o gyrraedd hagrwch bywyd. Byd esmwyth, hyfryd, nwydus yw
byd Waw Ffactor, lle mae'r rhyddmau'n ddawnsiadwy ond nid
yn orwyllt. Erbyn i'r clustiau gyrraedd 'Dilyn Fi' ar ochr dau,
rhaid ufuddhau gyda chalon agored.[21]

Rhoddwyd croeso yr un mor frwd i offrwm nesaf Waw Ffactor,
Deheuwynt, gan Pwyll ap Siôn yn *Sothach*:

Dwi ddim wedi clywed cerddoriaeth pop masnachol fel
hyn yn y Gymraeg o'r blaen. Mae 'na awyrgylch a theimlad
arbennig (neu r-bennig) i'r EP, yn enwedig 'Ynys'. Prynwch a
mwynhewch yr 'aura'.[22]

Roedd Derec Brown yn llawn canmoliaeth hefyd:

Dyw'r caneuon eu hunain ddim yn bwysig, ond mae'r lleisiau
a'r rhythmau yn ein hudo i ryw arall fyd lle nad oes problemau
ecolegol a lle mae pawb yn glên. Ar ddiwedd diwrnod prysur
yn llawn ffwdan y nawdegau, mynnwch ryw ddeng munud o'r
sauna glywedol hon i atgyfnerthu'r synhwyrau a'ch atgoffa eich
bod yn fyw. Llwyddiant ysgubol i'r unigryw Waw Ffactor.[23]

Ond doedd Iwan Standley ddim wedi ei swyno gan record
ddwyieithog Rachel Carpenter a Waw Ffactor, *Swynedig/Spellbound*:

Y Gerddoriaeth: Casglwch ynghyd restr o ymadroddion
ystrydebol. Canwch nhw i gyfeiliant cerddoriaeth sydd ddim
yn mynd i unman. Er mwyn esgus bod pobol yn cael gwerth
eu harian, rhowch fersiwn hir, fersiwn byr a fersiwn Saesneg
ar y CD yn ogystal, heb unrhyw amrywiaeth ar y miwsig. Gan

gofio mai geiriau'r gytgan ydi 'Noeth dan y lleuad', rhyddhewch
ef ganol gaeaf er mwyn rhoi *hypothermia* i Gymru gyfan.[24]

Doedd Myrddin Gwynedd ddim wedi ei blesio chwaith gan *Egni*,
oedd yn cynnwys dwsin o ganeuon gan wahanol droellwyr ar label
R-bennig:

> ... debycach i'r math o sŵn y byddai plentyn chwech oed yn
> ei greu gydag offeryn hom-mêd Blue Peter... Mae rhywun yn
> sgrechian am ddistawrwydd erbyn hanner ffordd trwy un ochr
> y tâp.[25]

Ond doedd dim pall ar arloesi Johnny ym myd cerddoriaeth ddawns
a dim argoel ei fod yn colli blas ar wthio'r ffiniau. Ym mlwyddyn y
milflwyddiant sefydlodd ei wasanaeth radio amgen ei hun ar y we bob
nos Sul, Radio D. Yn un peth galluogai hynny artistiaid Cymraeg i gael
eu clywed mewn unrhyw ran o'r byd lle bynnag roedd yna gyfarpar
ar gyfer cysylltu â'r we. Yn hynny o beth roedd Gwalchmai yn rhan
o'r 'pentref byd-eang'. Profodd hyn unwaith eto fod Johnny yn barod
i wneud mwy na chwyno am agweddau ar y sîn roc Gymraeg: roedd
yn barod i arwain y sîn drwy ymestyn ei ffiniau. Fel pob arloeswr
diamynedd nad yw'n fodlon ag amgylchiadau fel y maen nhw, roedd
gan Johnny R ei hoff a'i gas bethau:

> Hoff Bethau: Slot 23, miwsig, Atari ST's, dan y ddaear, *White
> Labels* R-bennig, llais Nia Melville, sgams Nia Melville, car bŵt
> sêl Mona, Aberwastraff, Y Gwefrau, dawn Catrin CIA, gyts Rhys
> Mwyn, hiwmor Gary Slaymaker, MRG (Egni!).

> Cas Bethau: Dave Macher Winging!, Siôn Lewis (Y Profiad),
> Annwyl Sothach, nepotistiaeth *Golwg*, Dyfed Edwards – *bullshit*
> yn *Herald Môn*, datganiadau Ankst (mwy o *bullshit*), cyfwelwyr
> nawddoglyd Criw Byw, y wasg roc, asid jazz crap.[26]

Does dim amheuaeth bod Johnny R yn llinach gwŷr mawr Môn
ac wedi gosod ei farc ar un agwedd ar fywyd Cymru gan greu
cerddoriaeth ddawns decno Gymraeg gyfuwch ag eiddo ieithoedd
eraill mewn rêf a chlwb. Ond roedd rhai o'r farn mai arwydd arall o
ddiflaniad y sîn roc Gymraeg oedd cerddoriaeth o'r fath, am ei bod
yn fwy dibynnol ar sŵn bît a rhythm nag ar eiriau ac am nad oedd
yn bosib gwahaniaethu rhwng trac Cymraeg a thrac Saesneg o fewn
y *genre* o'u clywed mewn awyrgylch clwb. Sŵn y geiriau yn hytrach
na'u hystyr oedd yn cyfrif. Roedd yna eraill wrthi yn y maes a neb o'u
plith yn fwy cynhyrchiol na Lugg a Potter.

20 / Reu a Yo

Dau rebel celfyddydol o Gwm Rhymni oedd Gareth Potter a Mark Lugg. Does dim amau Cymreigrwydd a thraddodiad diwylliannol Cymraeg y cwm ond peidiodd y Gymraeg fel iaith gymunedol y mwyafrif o'r trigolion ymhell cyn dyddiau plentyndod y ddau. Pan oedden nhw'n ddisgyblion yn Ysgol Gyfun Rhydfelen ger Pontypridd y daethant o hyd i'r 'byd pop Cymraeg'. Roedd Gareth yn aelod o Clustiau Cŵn a fu'n perfformio ar raglenni teledu droeon cyn cyhoeddi record sengl ar label Sain, *Byw ar y Radio*. Bu'n actio yn y gyfres deledu sebon ar BBC 1, *EastEnders*, am gyfnod yn ogystal â chymryd rhan amlwg yn y gyfres *Slac yn Dynn* ar S4C. Beicio, cynllunio crysau-t a dylunio, ar ôl dilyn cwrs gradd yn Brighton, oedd *forte* Mark. Ond roedd yna brosiectau cerddorol wastad ar y gweill gan y ddau a doedden nhw ddim yn osgoi gwneud datganiadau gwleidyddol, a hynny trwy gyfrwng sŵn tecno yn amlach na pheidio. Traddodiad Ofnus oedd yr ymgorfforiad cyntaf o Potter a Lugg. Rhoddwyd croeso brwd i'r record *Welsh Tourist Bored* mewn adolygiad gan awdur anhysbys yn y ffansîn *Llmych*:

> Recordiwyd y caneuon yn stiwdio R.M.S. Llundain a heblaw
> am record Y Cyrff dyma'r sŵn stiwdio mwyaf llwyddiannus dwi
> wedi ei glywed ers tro... Mae'n amlwg fod Traddodiad Ofnus
> wedi meddwl yn ofalus iawn am sut i gyfleu'r naws roeddent
> yn awyddus i wneud ac i wneud y record yn wrandawadwy.
> Maent yn llwyddo i wneud hynny yn llawer iawn gwell na'r
> mwyafrif o grwpiau Eingl/Americanaidd sydd yn gweithio
> yn yr un maes ac yn rhannol oherwydd bod sŵn cyfoethog y
> lleisio Cymraeg yn ffitio'n well na'r Saesneg. Record Hir orau'r
> flwyddyn yn y Gymraeg.[1]

Erbyn 1996 roed Huw Dylan yn ei hystyried yn un o'r clasuron ac am weld ei chyhoeddi ar CD:

> Roedd Traddodiad Ofnus yn chwyldroadol yn 1987, yn wledd
> o wleidyddiaeth, sinigiaeth a gobaith yng nghanol erthyl-
> ddegawd Thatcher. Ni welwyd record debyg i hon erioed yn y

Gymraeg nac unrhyw iaith arall ac mae'n debyg mai ei chryfder oedd y rheswm am ei methiant ar y farchnad Brydeinig. Ei chryfder oedd cerddoriaeth agweddus a mentrus mewn partneriaeth hyderus a geiriau hy, cignoeth a galluog...

Terfyn y casgliad yw TEC 21 (Gwed na!) sy'n rap glasurol o ddydd 87 a Thatcheriaeth. Mae'n debyg mai dyma'r cliw cyntaf i beth fyddai dyfodol Traddodiad Ofnus. Mae'r pynciau am reibio Cymru, Tryweryn, y Cymoedd, difaterwch a phob dim arall allai sinic optimistaidd falio amdano, cân ddychrynllyd a gwych sy'n haeddu ganwaith mwy o sylw na gafwyd. Dyma un o recordiau gorau'r Gymraeg erioed. Byddech yn ddwl i beidio chwilio amdano. Roedd Traddodiad Ofnus yn gwneud cerddoriaeth Gorkyaidd yn well 10 mlynedd yn ôl ac yn uniaith Gymraeg. Efallai taw dyna pam mae'r radio yn eu hanwybyddu...[2]

Roedd gan y ddau bedigri cerddorol heb ei ail ar gyfer y 90au. Y greadigaeth ddilynol yn 1990 oedd Tŷ Gwydr, oedd yn arwain y byd 'reu' Cymraeg, sef cerddoriaeth ddawns a rêf ddiwydiannol. Doedd dim sicrwydd beth oedd union ystyr y gair 'reu'. Cyfeiriad at gyffuriau ydoedd yn ôl rhai, ond y tebygrwydd yw ei fod yn cyfleu holl sîn y byd dawns tecno. Yn bwysicach, roedd ei ystyr yn annealladwy i'r genhedlaeth hŷn. Bathodd y genhedlaeth iau air newydd i gyfleu cyffro'r byd Cymraeg roedden nhw'n rhan ohono ac yr oedd Tŷ Gwydr yn rhan ganolog ohono. Trefnodd Tŷ Gwydr noson gyda'r enw camarweiniol 'Noson Claddu Reu' adeg Eisteddfod Genedlaethol Aberystwyth 1992, a hynny ym Mhafiliwn Pontrhydfendigaid, gryn bellter o'r dref glan-y-môr. Ond nid honno oedd noson dirwyn naill ai Tŷ Gwydr na reu i ben. Roedd yr heip cyn bwysiced â'r sŵn. Yn ystod yr Eisteddfod Ryng-Golegol a gynhaliwyd yng Nghaerdydd yn 1994 y claddwyd Tŷ Gwydr go iawn. Roedd Gareth Potter yn ymwybodol o'r dylanwadau ac yn glir ei amcanion:

O'n i wastad yn lico miwsig bîts ac o'n i wedi symud i Lundain, yn mynd i'r clybiau hip-hop a *house* cynnar a *warehouse parties*. O'n i'n gwybod bod hwn yn mynd i fod yn fawr. I lawr yn Brighton, lle'r oedd Lugg yn y coleg, roedd *acid-house* yn dechrau... ac ro'n i'n mynd i glybiau hoyw i glywed y miwsig newydd yma a chael syniadau newydd. O'n i wastad eisie defnyddio'r Gymraeg i wneud pethau modern bywiog. Yn 1990 doedd neb yn gwneud *house* Cymraeg ar y pryd. Daeth Marc yn ôl o Brighton a 'naethon ni 'Rhyw Ddydd' fel *one-off* a gwbod na allen ni ei wneud e o dan enw Traddodiad Ofnus. Wedyn dechrau gwneud sioeau byw a jest cael parti.[3]

I ychwanegu at y chwilfrydedd ynghylch ystyr y gair 'reu' roedd gan Gareth Potter datŵ reu ar ei fraich; llun o'r haul yn cynrychioli bywyd a heb ei gynhesrwydd ni fyddai yna fywyd oedd yr esboniad. Doedd fawr o ddal pwy fyddai'n perfformio ar lwyfan yn enw Tŷ Gwydr. Roedd yr aelodaeth yn hyblyg ac yn dibynnu ar bwy oedd ar gael a phwy oedd mewn hwyliau i greu reu. Pan ofynnwyd i Heather Jones am ei chaniatâd i ddefnyddio ei recordiau i'w samplo fel rhan o'r bwrlwm reu fe benderfynodd y gantores, yn hytrach na rhoi ei chaniatâd, i ymuno ei hun a chyflwyno fersiwn newydd o glasur Harri Webb a Meredydd Evans, 'Colli Iaith'.

Cyfranwyr rheolaidd/achlysurol eraill oedd Phil Babbett, Alison Pierce, Quinton Qwame, Chris Jenkins, Guto Price, Beca Brown, Dave Morris, Neil White, Tim Short, David Lord, Ree Davies a Lisa Palfrey. Cyhoeddwyd saith o recordiau/casetiau yn enw Tŷ Gwydr ar label Ankst mewn cyfnod o dair blynedd, yn ogystal â chyfrannu at ambell offrwm amlgyfrannog. Roedd cynnyrch Cwmni Crysau Afiach Mark Lugg yn gymaint rhan o'r perfformiad â'r sŵn. Arbrofi oedd y cymhelliad pennaf yng ngolwg Mark:

> Roedd Tŷ Gwydr fel rhyw fath o *collective* mawr – mwy na miwsig yn unig – roedd yn cynnwys *design* a phopeth... Rwy'n credu bod y Cymry yn fwy parod i dderbyn syniadau newydd nag oedden nhw – mae yna wastad pocedi o bethau da wedi bod yn mynd ymlaen. Do'n i ddim eisie trio ei wneud yn Saesneg yn Lloegr – o'n isie trio gwneud rhywbeth newydd yn Gymraeg. Ni'n siarad Cymraeg, felly oedd e'n naturiol i ni 'neud e'n Gymraeg.[4]

Roedd Gorwel Roberts yn derbyn bod Potter a Lugg wedi gwirioni ar y gair 'reu' ac roedd yn ddigon parod i wamalu ynghylch ystyr y gair ei hun wrth adolygu'r sengl *Reu*:

> Mae 'Reu' Tŷ Gwydr yn cwympo ar eich pen fel talp rhynllyd o'r Plant Bach Ofnus cynnar cyn carlamu'n herciog ac ofergoelus tua'r llawr dawns, fel Yellow ar gwrs Wlpan. Deinamig a dawnsiadwy ac addas at ddiben Ankst wrth ryddhau'r sengl 12" label gwyn hon sef cyrraedd y disgos a'r clybiau a'r sin ddawns fondigrybwyll. Un gŵyn fach; efallai bod Lugg yn llygad ei le pan ddywed bod 'Reu' yn well gair na 'Yo!' ond mae'n cael ei ynganu'n rong ar y record hon!

…Mae lleisio'r ddau'n mynd yn agos iawn at fath o rap cydadrodd ac, os felly, mae Tŷ Gwydr yn haeddu marciau llawn am drio diweddaru traddodiad Cymraeg ond eto i gyd dwi'n amheus iawn o botensial Cerdd Dant o fewn cyd-destun cerddoriaeth ddawns gyfoes. Mae'r miwsig yn dda ond dyw'r gân ddim yn codi uwchlaw ystrydebau poplyd fel mae'r caneuon pop gorau'n gallu gwneud. Y trac gorau yw 'Gormod o Ffwdan' a glywyd eisoes ar y tap, *Effeithiol*. Mae hon yn gosod llwyfan effeithiol i 'chydig o dostio Cymraeg a Chymreig, *Pan-Welsh*, o'r Tŷ Gwydr gan Potter, Lugg a Daddy Lowry o Gaerdydd gyda'r rhythmau dawns a reggae'n clecian yn effeithiol. 'Dere ma, Lowry, dethol rhywbeth inni!' meddai Potter yn gellweirus ac mae'r tostiwr di-Gymraeg yn ateb hefo reggae-rap feibus.

Mae'r cwpled dadleuol; 'Iaith neu ddim s'dim ots fan hyn/Heb gymorth pawb cyflawnwn ddim' imi yn ddatganiad positif o Gymreictod Caerdydd ac mae'n braf gweld canu pop yn barod i ofyn cwestiynau a chwilio am ffordd newydd rhwng y rhagfarnau mewn cenedl ddwyieithog sydd mor amrywiol nes ei bod hi'n methu adnabod ei hun… Ond beth am y record? Wel, tydi hi ddim mor effeithiol ag *Effeithiol* ond mae'n hen ddigon reu…[5]

Roedd Jason Effeithiol Davies, yn ysgrifennu yn *Sothach*, wedi nodi rhagoriaethau *Effeithiol*:

Grŵp sydd am drosglwyddo nifer o negeseuon pwysig yw Tŷ Gwydr ac mae'r pwyslais ar ystyried a dehongli'r gerddoriaeth yn ogystal â'i mwynhau… Ffaeledd pennaf y casét hwn yw tueddiad y gerddoriaeth i fynd yn rhy beiriannol – a hynny ar draul yr elfen ddynol… Ond, wedi dweud hyn, un rhagoriaeth sy'n deillio o'r math hwn o fiwsig yw ei natur rythmig amlwg. Gellir teimlo'r rhythm hyd yn oed wrth ddarllen y diolchiadau ar y siaced.[6]

Ac roedd gan y rhythm lawer i'w wneud â'r arfer o gymryd y cyffur ecstasi ar gyfer dawnsio i gyfeiliant cerddoriaeth debyg i'r uchod mewn rêf. Byddai'n miniogi'r synhwyrau ac yn galluogi'r corff i ddawnsio'n egnïol i sŵn y bît parhaus am oriau, ar yr amod yr yfid galwyni o ddŵr. Ysgrifennodd 'Helen Jones' am ei phrofiadau'n defnyddio'r cyffur anghyfreithlon mewn rhifyn o'r cylchgrawn celfyddydol *Tu Chwith*:

Mae gen i atgofion melys o gymryd 'Ecstasy' am y tro cynta, dawnsio'n wyllt gyda gwên anferth a meddwl mai fi oedd John

Travolta. Mi roedd y teimlad o ryddhad personol yn anhygoel, yn rhyddhad llwyr ac yn sicr yn un o'r profiadau mwya gwefreiddiol o 'mywyd. Yr unig air i'w ddisgrifio ydi – wow! Mae Ecstasy a'i effeithiau'n rhan bwysig a naturiol o fywydau llawer iawn o bobol Cymru ac mae'r mwyafrif yn ei weld fel peth positif. Yn anffodus, mae'r 'Sefydliad' a'r wasg wedi ymateb trwy godi bwganod ynglŷn â'r cyffur a gosod pwyslais ar gosbi trwy'r drefn gyfreithiol. Byddai'n well deall yr atyniad a chynorthwyo gyda gwybodaeth a chymorth i'r defnyddwyr. Yr unig beth mae'r sefydliad wedi llwyddo i'w wneud ydi sicrhau fod y defnyddwyr yn colli ffydd yn y wasg a'r sefydliadau gan ddieithrio cenhedlaeth arall o bobol ifanc...

Pe baem yn wynebu'r gwirionedd ynglŷn â chyffuriau, mae'n rhaid cydnabod fod llawer o gyffuriau yn hwyl a dyna pam fod cymaint o bobol yn eu cymryd. Maent yn cynnig bywiogrwydd, cynnwrf, egni, llawenydd, dihangfa, rhyddhad, ac yn fwy na dim, pleser. Mae'n holl bwysig ein bod yn gwahaniaethu rhwng cyffuriau cymdeithasol fel Ecstasy a canabis, a chyffuriau anghymdeithasol fel heroin. Mae'n hen bryd i'r dosbarth canol Cymraeg ddeffro o'u *trance* cymdeithasol a chydnabod fod cyffuriau yn rhan bwysig o fywydau pobol ifanc Gymraeg. Nid yw pawb sy'n eu defnyddio'n *junkies* rheibus a lleiafrif fydd yn datblygu 'problem gyffuriau'. Bydd llawer iawn mwy yn cael eu hanafu o ganlyniad i alcohol.[7]

Er mwyn tanlinellu pa mor ddieithr oedd yr holl ddiwylliant rêf a reu i'r genhedlaeth hŷn, bu Beca Brown yn traethu am natur yr agendor o ran syniadau a phrofiadau:

Rydan ni'n byw mewn byd peryglus, yn teithio heb wregys diogelwch. Llond cae o bobl, stondinau, bwyd, diod di-alcohol a lot o gerddoriaeth. Nid Eisteddfod Genedlaethol, ond rêf yng nghaeau Brechfa fis diwethaf. Rhywle yng nghaeau Llandeilo eleni mi fydd yna ddigwyddiad tebyg – heb y stondinau – yn denu'r cystadleuwyr Cerdd Dant i gyfnewid eu ffrogiau Laura Ashley am rywbeth byrrach, tynnach. Rhagbrawf am ddeg y bore, arbrawf am ddeg y nos. Tra bydd gwyddoniaeth yn caniatáu creu cyffuriau newydd, mi fydd yna wastad bobl ifanc yn awyddus i'w trio, hyd yn oed yng nghefn gwlad Cymru, hyd yn oed yn yr eisteddfod.

Os caiff Wil ei ddal yn cael smoc slei drwy ffenest ei lofft, mi gaiff beltan am ei drafferth, ond fawr mwy. Wedi'r cyfan, roedd ei dad yn smocio'n bedair ar ddeg. A dydi ambell i dun o gwrw ar y ffordd adref o'r Aelwyd ddim yn debygol o gynhyrfu'r dyfroedd chwaith, wedi'r cyfan, mae Wil wedi gweld ei dad yn chwil ar nos Sadwrn droeon. Ond beth am y genhedlaeth yma o bobl ifanc sydd ddim am yfed, sy'n yfed dŵr ac yn dawnsio tan y wawr ar egni un tabled bach gwyn? Mae pob plentyn ysgol yng Nghymru drefol a gwledig yn gwybod sut i gael gafael mewn cyffuriau meddal a chaled, ac mae eu defnyddio nhw yn rhywbeth 'normal'. Gan Gymru mae'r canran uchaf o ddioddefwyr HIV heterorywiol yn y Deyrnas Unedig, ond rydan ni'n dal i gladdu'n pennau. Dydi'r gymdeithas Gymraeg Eisteddfodol barchus ddim gwahanol i unrhyw gymdeithas arall sydd â phobl ifanc yn rhan ohoni, dim ond bod y cedyrn yn cwympo ymhellach yng ngolwg eu rhieni.[8]

Adeg Eisteddfod Genedlaethol Castell-nedd 1994 aeth Robin Gwyn ati i brofi bod cymryd cyffuriau yn gyffredin ymhlith ieuenctid Cymraeg:

Cwpwl o beints, rhannu spliff – beth yw'r gwahaniaeth? Dim llawer, yn ôl rhai pobol ifanc y bu *Golwg* yn siarad â nhw yn Steddfod Cwm Nedd. Y peth arall trawiadol yw bod y rhesymau sy'n cael eu cynnig dros gyfiawnhau cymryd cyffuriau yn fan cychwyn i drafodaeth ehangach am natur cymdeithas heddiw... Rownd y tân yn y Maes Pebyll ar ddiwedd noson galed o 'gigio', roedd yna wrthwynebiad i'r ffaith bod *Golwg* yn gwneud stori o gwbl am bobol ifanc yn y Steddfod. Amheuaeth fawr y byddai camargraff yn cael ei rhoi o ieuenctid gwyllt yn gwrthod gwerthoedd eu rhieni'n llwyr. Ar ôl tipyn o berswadio, roedd rhai yn derbyn bod yna gyfle i ddweud ochr arall i'r stori. Does dim rhaid cytuno â'r ddadl bod cymryd cyffuriau meddal yn dderbyniol bellach ond mae'n amlwg bod angen trafod y peth a bod yn onest ynglŷn â'r hyn sy'n digwydd.[9]

Nôl at y dawnsio, ac at Diffiniad, Llwybr Llaethog ac Wzz. Codi o ffenics Mae Fi Gyn yn y Gogledd-ddwyrain wnaeth Diffiniad. Ymunodd Bethan Richards ac Aled Walters â'r aelodau gwreiddiol, Iwan Jones, Geraint Jones, Iestyn Davies ac Ian Cottrell. Rhwng 1992 a diwedd y degawd cyhoeddwyd tri albwm, *Di*, *Discodawn* a *Dinky*, ar label Ankst ac un, sef *Digon*, ar label a ffurfiwyd gan y grŵp eu hunain, Cantaloops. Roedd melodïau cryf, rapio ysgafn, samplau disgo a churiadau cerddoriaeth *house* yn nodweddiadol o Diffiniad. Roedd y trydydd offrwm yn haeddu sylw beirniadol Pwyll ap Siôn:

Rhaid ymlwybro at ganol y CD er mwyn clywed yr eiliadau mwyaf cofiadwy: fersiwn arbennig o 'Calon' (Caryl Parry Jones/ Injaroc) a cân wreiddiol egniol o'r enw 'Paid â Gadael Fi Lawr'.

Mae 'Calon' yn cychwyn gyda rhagarweiniad dychmygus ar y synth ynghyd â defnydd effeithiol o gordiau anarferol yn ystod y gân sydd o hyd yn ei gosod hi mewn gwrthgyferbyniad â'r fersiwn gwreiddiol. Eto mae Diffiniad wedi llwyddo i gynnal asbri ac awyrgylch 'disco' y saithdegau hwyr sy'n dilyn gyda rapio effeithiol yn null Stereo Mc's. Dydi'r cyfrwng rapio erioed wedi ymgartrefu'n gwbl hapus o fewn acen a chystrawen yr iaith Gymraeg. Nid mod i'n amau ei berthnasedd o gwbl.

Ar un olwg mae 'na gynsail hanesyddol i'r dull yma o ganu o fewn traddodiad barddol y Cymry, gyda'r pwyslais ar ffurfiau llafar (yn hytrach na rhai ysgrifenedig) ynghyd â'r gydblethiad rhwng cerddoriaeth a barddoniaeth. Mae 'Wyf Gymro' (Jecsyn Ffeif) yn enghraifft wych o'r math yma o lafarganu i gyfeiliant cerddoriaeth. Efallai mai'r dull mwy deilliadol Americanaidd sy ddim o hyd wedi taro deuddeg yn y gorffennol. Dyfal donc a dyr y garreg, fodd bynnag. Ac mae 'na adegau ar Dinky lle mae'r dull yma o rapio Broncsaidd ei naws yn swnio'n gwbl naturiol yn yr iaith Gymraeg ac yn ddatblygiad pellach o waith grwpiau fel Tŷ Gwydr ac I-Dot. Mae 'Funky Brenin Disco' yn gân arall o'r un anian.[10]

Gweld potensial ac addewid a wnâi Derec Brown hefyd wrth adolygu *Dinky*:

Caneuon ysgafn a hwyliog sydd yma heb gwmwl du nac angst ffug i geisio ennill cefnogaeth tywydd teg. Mae'r bechgyn hyn wedi eu magu ar beiriannau cyfrifiaduron a botymau creu sŵn di-ri, ond maent wedi ffrwyno'r holl wybodaeth gan ddewis a dethol yr hyn oedd ei angen i greu'r albwm perffaith ar gyfer yr haf.[11]

Gwelai Robin Gwyn y grŵp yn gwireddu addewid yn dilyn yr offrwm blaenorol, *Discodawn*, â'r fersiwn o 'Calon' yn rhagori ar y gwreiddiol hyd yn oed:

Fe ganodd Caryl y gân fel tasa hi yn Kylie Minogue ond mae lleisio dyfnach – a mwy rhywiol – Bethan Richards yn debycach i Alison Moyet ar ei gorau. Gyda'r bechgyn yn ychwanegu gwaedd teras pêl-droed i'r gytgan, dyma enghraifft brin o gopi sy'n welliant ar y gwreiddiol... Mae *Dinky* yn enw addas – sŵn slic hafaidd, poblogaidd, masnachol i blesio'r ffans presennol – ond mae yna siom yn disgwyl y sawl a oedd yn gobeithio y byddai'r grŵp yn caledu rhywfaint ar eu dawn disgo i greu rhywbeth mwy *techno* i lusgo pobl o'r bar i'r llawr dawnsio gerfydd eu clustiau.[12]

Doedd dim amheuaeth ym meddwl Elin Meredith ynghylch dylanwad a chyfraniad Diffiniad wrth iddi dafoli pedwerydd offrwm y grŵp, *Digon*, gan roi hergwd yr un pryd i dueddiadau cerddorol blaenorol:

> Does dim dwywaith nad Diffiniad yw deiliaid mantell a phelen ddisgo'r traddodiad pop-dawns yng Nghymru heddiw. Mae'n bosib i fandiau fel y Profiad a Hanner Pei ac eraill helpu i dorri'r gŵys yn wreiddiol ond Diffiniad a ddywedodd yn gadarn ei bod hi'n iawn canu yn ysgafn ac ysgafala yn Gymraeg am bynciau mor ddibwys (neu mor bwysig, a dibynnu ar eich blaenoriaethau) a bod yn 'ffynci brenin disgo'. Wedi blynyddoedd llethol roc tanddaearol tywyll yr wythdegau, dechreuodd y nawdegau ysgafnhau ac ymlawenhau.[13]

Llwybr Llaethog o Flaenau Ffestiniog wthiodd y cwch i'r dwfn o ran canu hip-hop a rap Cymraeg pan gyhoeddwyd y casét *Dull Di-Drais* yng nghanol yr 80au. Roedd y casét hwnnw yn ganlyniad ymweliad un o'r aelodau ag Efrog Newydd yn 1984. Cafodd John Griffiths ei hun yng nghanol bwrlwm cynnar y canu rap a hip-hop a phan ddychwelodd i Gymru roedd ar dân i wneud rhywbeth tebyg yn Gymraeg. Cyhoeddodd Llwybr Llaethog fersiwn offerynnol o gân Geraint Jarman 'Methu Dal y Pwyse' ar label Americanaidd ROIR, na ellid ei gael yng Nghymru ond trwy ei fewnforio. Cafwyd fersiwn Cymraeg o gân Gill Scott Heron, 'The Revolution Will Not Be Televised' – 'Fydd Y Chwyldro Ddim Yn Cael Ei Deledu, Gyfaill' – ar sengl a gyhoeddwyd ar y cyd â 'Maes E, Cnwch' Datblygu yn 1992. Ifor ap Glyn oedd y lleisydd gwadd. Ond David R Edwards oedd y lleisydd gwadd ar offrwm arall, ar y cyd â Tŷ Gwydr, a gyhoeddwyd gan Ankst yr un flwyddyn. Doedd Robin Gwyn ddim wedi ei blesio gant y cant:

> Mae cyd-weithio gyda Llwybr Llaethog yn gwneud sens ar bapur ac ar lwyfan – ond mae'r penderfyniad i wahodd 'gwir dywysog Cymru', David R Edwards, i ganu i'r ddau grŵp yn benderfyniad amheus...Dros ddeng mlynedd mae o wedi dangos dawn i greu delweddau diddorol ('Dafydd yn y Glaw...') ond mae ei apêl yn dal yn un lleiafrifol iawn ac mae'n parhau i ymddangos yn afresymol o negyddol ar lwyfan ac ar ddâp/record. Y canlyniad yw bod pob un o'r pedair cân yr un gan T.G. a Ll.Ll. yn dechrau yn addawol ac yn creu'r awydd i ddawnsio a mwynhau ond bod cyfraniad Dave wedyn yn torri'r hud. Mae'r trên yn dal ar y cledrau ar y ffordd i TransCentral ond efallai ei bod yn bryd i Dave gamu oddi arno yn yr orsaf nesa.[14]

Ond roedd Derec Brown o'r farn bod y cyfuno wedi creu campwaith a melys moes mwy oedd ei ddymuniad:

> O'r diwedd mae Ifor ap Glyn a Ll. Ll. wedi dod â dau beth hollol amlwg at ei gilydd, sef barddoniaeth a cherddoriaeth, a chreu campwaith. Mae arddull ddigri-ddifri Ifor ap Glyn a miwsig electronig Ll. Ll. yn asio'n berffaith. Hoffwn weld y berthynas hon ar waith mewn prosiect llawnach yn y dyfodol. Ar ochr arall y sengl – yr un olaf yn y Gymraeg efallai – cawn sŵn glân, slic, proffesiynol a meddylgar gan Datblygu, yn troi tudalen newydd efallai, a'r naws yn llai ymosodol nag mewn caneuon ar y Peel Sessions a gyhoeddwyd yn ddiweddar.[15]

Mae'n debyg bod Wwzz ym mhegwn eithaf yr arbrofi tecno ac, yng ngolwg y gwybodusion, i'w cymharu â grwpiau megis Kraftwerk, Innercity a Prodigy. Dyw geiriau ddim yn berthnasol i'r cyfansoddiadau peiriannol electronig. Nid pawb fyddai'n gallu gwerthfawrogi cynhyrchiad Gorwel Owen o'r offrwm tecno *Wwzz*. Ond roedd Owain Meredith yn gweld rhinweddau:

> Mae'n amheus gennai fydd hynt ddiwylliannol y Gorllewin yn newid cwrs wedi rhyddhau Wwzz, ond mae o'n ffaffin da er hynny... Mae Wwzz yn berfformiad cyntaf campus sy'n awgrymu hyder ac ymdeimlad yn yr hyn maen nhw yn, ac yn gallu, ei wneud yn y stiwdio... Dwi'n bersonol wedi ffoli ar y ffordd mae cynllun clawr Wwzz a chynllun clawr record Diffiniad, gath ei lansio'r un pryd, yn atgoffa rhywun o fferins, smart 'e's' neu flychau cyffuriau trendi o Amsterdam.[16]

Roedd gan Wwzz gyfraniad deuddeg munud o hyd o dan y teitl 'DD$$00' ar gasét amlgyfrannog o gerddoriaeth ddawns yn bennaf a gyhoeddwyd gan Ankst ar gyfer Eisteddfod Genedlaethol Llanelwedd 1993, *Electrodybtecnopopankst*. Grŵp arall yn yr un cywair arbrofol o stabl Gorwel Owen yn Stiwdio Ofn ar Ynys Môn oedd Plant Bach Ofnus. *Symudiad Ymddangosiadol y Lleuad* oedd teitl un offrwm o'u heiddo, oedd yn cynnwys pedwar darn dideitl o gerddoriaeth electronig. Roedd Eirin Peryglus, a gyhoeddodd *Trosgynnol* ar yr un label, eto'r un mor gyfarwydd â pherfformio ar gyfandir Ewrop ag oedden nhw yng Nghymru. Roedd Gorllewin yr Almaen yn gyrchfan gyson ac fe gyhoeddodd Llwybr Llaethog, yn ogystal â Plant Bach Ofnus, ddeunydd ar labeli yn y wlad honno. Credai'r artistiaid bod cydnabyddiaeth ar y cyfandir yn creu mwy o hyder a hunan-barch na chael cydnabyddiaeth yn Lloegr. Doedd 'iaith' ddim yn bwnc llosg yno o gymharu â'r ymateb arferol mewn gwlad mor unieithog â Lloegr.

Credai Rhiannon Tomos bod llwyddiant y grwpiau dawns yn cynnig cyfle euraid i farchnata delwedd y Gymraeg mewn modd herfeiddiol, a hynny'n arbennig pan gyhoeddwyd fideo o berfformiadau wyth o'r grwpiau amlycaf, *Pop Peth*, ar y cyd gan S4C ac Ankst. Roedd y byd rhyngwladol yn ymhŵedd:

> Mae pop Cymraeg, o'r diwedd yn <u>hollol</u> hip; 'Through new record labels like Ankst and Ofn, there's a new velocity sweeping through the valleys... scorching house rather than burning cottages is setting the pace, as Welsh rhythms remain the last true underground sound of Europe... But D.J's nationwide are catching on, and Tŷ Gwydr, Ail Gyfnod and Plant Bach Ofnus are the names on every groover's twisted tongue... yn ôl y cylchgrawn ffasiwn *Elle*.[17]

Doedd Pwyll ap Siôn ddim yn medru rhoi'r un clod i gynnwys y fideo *Pop Peth Dau*, y cyhoeddiad dilynol, a fyddai'n teilyngu ei farchnata y tu hwnt i Gymru:

> Mae dyfeisgarwch rhai o'r fideos (Beganifs 'Mewn Drych'; Catatonia 'Difrycheulyd'; Fflaps 'Nith y Gwlithglaw') dim ond yn llwyddo i ddatguddio'r gwendid o fewn y caneuon eu hunain: fe allai 'Difrycheulyd' fod yn gân dda petai'r ynganu yn Ffrangeg wedi bod yn fwy argyhoeddedig. Yn 'Mewn Drych' a 'Nith y Gwlithglaw' mae cryfder y delweddau mewn mannau yn bygwth torri'n rhydd y cydbwysedd a gosod y gerddoriaeth mewn ail safle sâl i'r ffilmio ei hun... Mae uchafbwynt cerddorol y casgliad yn perthyn heb amheuaeth i Catatonia gyda'r gân 'Dimbran' sy'n gorfod bod yn un o glasuron y nawdegau. Mae'r gân yn teyrnasu dros safon di-ddrwg didda rhan fwyaf o ganeuon eraill y casgliad. Os mai barn *Vogue* yw mai diwylliant pop Cymraeg yw'r sin wirioneddol danddaearol olaf, yna'n sicr mae *Pop Peth Dau* yn ymgorfforiad llwyr o'r statws hwn ac yn dyst i ddyfeisgarwch a chreadigrwydd cwmni recordiau Ankst a Criw Byw.[18]

Rhag bod Ankst yn dwyn y clod i gyd fe gyhoeddwyd offrwm tecno gan label Crai, dair blynedd yn ddiweddarach, a fyddai'n ddigon hawdd ei farchnata ar y cyfandir. Wrth adolygu casét *Crai – Tecno*, oedd yn cynnwys cyfraniadau gan artistiaid amrywiol, fe darodd Derec Brown ar union hanfod y gerddoriaeth beiriannol ei naws:

> Hepgorwyd y syniad o gyfansoddi caneuon. Yn hytrach cawn rywbeth yn debyg i dirluniau clywedol sydd wastad yn y

cefndir. Does dim yn mynnu sylw, dim yn rhagori, dim lliw a dim teimlad.[19]

Hwyrach mai dyna pam, yn rhannol, na chynhwysid unrhyw fanylion ar gloriau casetiau grwpiau fel Wwzz a Diffiniad. Doedd yna fawr o fanylion personol i'w datgelu am gerddoriaeth a grëid gan beiriannau, er taw pobl oedd yn gwasgu botymau'r peiriannau hynny.

Ond ai mater o farchnata oedd hi felly? Sicrhau llwyddiant o ran gwerthiant, beth bynnag, i fiwsig Cymraeg di-iaith trwy ddefnyddio delwedd o odrwydd yr Eisteddfod Genedlaethol, y sefydliad a gynrychiolai orau'r ymlyniad at y Gymraeg? Byddai angen arian sylweddol i hyrwyddo ymgyrch o'r fath – arian nad oedd ar gael ond gan y cwmnïau cyfalafol Americanaidd mwyaf, a wnâi'n siŵr bod eu diodydd yn cael eu gwerthu ar draws y byd. Pledio tlodi'n wastadol a dibynnu ar gymorthdaliadau blynyddol oedd hanes yr Eisteddfod hithau. Pwy a ŵyr, efallai y byddai cyhoeddusrwydd anuniongyrchol ar draul y grwpiau tecno wedi gwneud byd o les i garcas yr hen Eisteddfod ei hun. Ni ellir ond dyfalu. Ond roedd modd gwneud 'reu' yn air yr un mor adnabyddus ar y cyfandir â'r gair cyfatebol Saesneg 'yo'.

Artistiaid na phoenent am goncro tirlun mawr Ewrop ond a roddent bwys ar gyfansoddi caneuon am brofiadau y byddai eu cynulleidfaoedd Cymraeg yn medru uniaethu â hwy oedd y cantorion canu gwlad. Gwnâi rhai ohonyn nhw fywoliaethau digon bras ar ganu'n Gymraeg yn unig, diolch yn fawr, a hynny heb ddefnyddio dim mwy na dwy neu dair gitâr a set o ddrymiau.

2ٱ / Y Chwarelwr

Ni fu Meic Stevens erioed yn un i frathu ei dafod cyn gwneud
datganiadau. Ar wahoddiad un o newyddiadurwyr *Golwg* bu'n
bwrw ei lach ar y byd adloniant yng Nghymru yn y 90au. Roedd o'r
farn bod yna garfan o ddiddanwyr wedi symud y canu pop gam yn ôl i'r
dyddiau hynny ugain mlynedd ynghynt pan gafodd ef, Geraint Jarman
a Heather Jones eu hysbrydoli i ffurfio Y Bara Menyn fel grŵp sbŵff yn
gwneud hwyl am ben grwpiau poblogaidd y cyfnod. Roedd eu caneuon
yn dynwared arddull yr artistiaid hynny fyddai ar frig siart *Y Cymro* o
wythnos i wythnos. Ond credai cynulleidfaoedd y Nosweithiau Llawen
eu bod o ddifrif, hyd yn oed pan ymddangosai Meic mewn gwisg gwbl
'anffurfiol' ac yntau'n amlwg wedi bod yn tablenna'n drwm. Doedd yr
hyn a ystyriai Meic yn gyffredinedd ddim yn dderbyniol yr adeg hynny,
heb sôn am orfod ei arddel eto:

> Y ffordd mae'r thing yn mynd yng Nghymru nawr. Mae e jyst
> yn mynd nôl, yn 'y marn i, i Hogia'r Wyddfa a Tony ac Aloma.
> Datblygiad naturiol hynny ydi sŵn Sain. Beth sy gyda chi nawr
> – maen nhw wedi dod â'r cwbl yn ôl eto. Beth sydd yna nawr?
> Ffycin Dai a Jim neu Joe a Dai neu rywbeth, mae gyda chi ffycin
> Iona ac Andy, rhyw jerks eraill... John ac Alun – maen nhw'n
> lladd yr holl sîn. Ac mae gyda chi'r lleill yma yn eu dilyn nhw
> – ffycin Iwcs a Doyle, John ac Alun, Dave a Jean, Fran a Mike.
> Fe glywes i hyn ar y radio – 'brenhines canu gwlad Cymru' –
> Doreen rhywbeth neu'i gilydd. A nawr mae Iona ac Andy yn
> 'frenin a brenhines canu gwlad Cymru' – mae'n jôc.[1]

Doedd hi ddim syndod bod y sylwadau deifiol wedi denu adwaith
chwyrn. Prin bod hynny'n poeni Meic. Ni fyddai'n fwy nag esgus iddo
agor potel arall o win coch. Ond roedd yna artistiaid, ynghyd â'u
cefnogwyr, oedd wedi eu brifo i'r byw. Trwy gyfeirio at ddeuawdau
megis John ac Alun a Iona ac Andy yn y fath fodd roedd wedi clwyfo
cynheiliaid y canu gwlad Cymraeg. 'O leia, mi rydan ni'n llwyddo i
gario noson ymlaen heb dorri yn y canol a heb gwympo oddi ar y
stôl,' oedd ymateb John ac Alun yn y rhifyn dilynol o *Golwg*, gan

gyfeirio at anwadalwch y cerddor o Solfach. Roedd dyddiadur y ddau gyfaill o Ben Llŷn yn llawn a doedd hi ddim yn arfer ganddyn nhw i gadw draw neu dorri cyhoeddiad. Ac mi oedden nhw'n hynod o lwyddiannus.

Sefydlwyd Clwb John ac Alun gan Ann Davies o Henllan ger Dinbych, a byddai'n cyhoeddi dau gylchlythyr y flwyddyn yn croniclo hanes y ddau. Byddai carfan o bobl yn y Gogledd yn eu dilyn i bobman waeth ble fydden nhw'n perfformio. A'r un modd yn y De. Erbyn diwedd y 90au roedden nhw wedi cyhoeddi saith albwm, wedi cyflwyno pedair cyfres deledu, wedi cyhoeddi llyfr yn adrodd hanes eu llwyddiant rhyfeddol ac yn cyflwyno rhaglen radio reolaidd. Roedd y cryno-ddisg *Y Chwarelwr* wedi gwerthu dros 10,000 o gopïau. Gwnaent fywoliaeth gysurus o ganu a hynny am fod y galw yno. Ond roedd yna ryw islais o anfodlonrwydd ynghylch eu llwyddiant. Doedd ieuenctid cŵl ac aelodau'r dosbarth canol proffesiynol ddim ymhlith eu dilynwyr. Ar sail hynny, ac ar drothwy dangos rhaglen deledu am ymweliad y ddau a'u cefnogwyr â Nashville yn yr Unol Daleithiau, cartref ysbrydol y canu gwlad, adeg y Nadolig 1999, cyhoeddwyd sylwadau deifiol am y ddeuawd yn *Golwg*:

> Tra bod rhai cantorion eraill yn gallu ennyn edmygedd hyd yn oed oddi wrth bobol sy'n casáu canu gwlad, mae John ac Alun wedi colli cyn iddyn nhw agor eu cegau na strymio'r un nodyn. Ond mae eu ffans mewn llesmair heb glywed nodyn hefyd. Daeth yr arwydd mwya clir o faint y mae John ac Alun yn cael eu caru a'u casáu yng Nghant Uchaf Radio Cymru y llynedd. Fe gafodd eu cân 'Chwarelwr' ei dewis yn gynta. Hwre, meddai'r cefnogwyr. O fewn dim roedd pobl o fewn y sîn bop a roc yn bytheirio ym mhob cyfeiriad.[2]

Ni fu'n rhaid aros yn hir cyn sylweddoli mai teirw sanctaidd na ddylid eu beirniadu oedd y ddau yng ngolwg eu cefnogwyr brwd. Roedd dweud gair o feirniadaeth yn eu herbyn yn gyfystyr â thorri gwynt mewn oedfa. Lluniwyd llythyr ar y cyd gan W ac E Evans, M James, H Evans ac L Thomas o Gaerfyrddin, G a T Lewis, Llandysul, M Jones, Aberystwyth ac O Green o Lanbed a'i gyhoeddi yn *Golwg* ymhen pythefnos:

> ... yr oedd yn gwneud ein gwaed i ferwi bod rhywun yn medru bod mor hallt ei feirniadaeth am y ddau yma sydd wedi dod i'r brig ym myd y canu gwlad Cymraeg, heb lawer o gymorth gan neb. A ydi awdur yr erthygl wedi bod yng nghwmni y ddeuawd

mewn cyngerdd, i weld bod y gynulleidfa ar dân i glywed y ddau yn canu, neu ai geiriau gwag yw'r rhain gan berson sydd ddim yn hoff o weld rhai yn cyrraedd y 'top'.[3]

I lawer mae gan ganu gwlad ddelwedd anffodus, yn arbennig o dderbyn mai trosiad yw'r ymadrodd o'r term 'Country and Western'. Y 'Western' sy'n peri digofaint. Delwedd o gowbois yn gwisgo stetson fawr, sgidiau uchel, côt ledr frown yn gordeddog o ddiemwntau ffug a macyn gwddf yn canu caneuon siwgraidd i gyfeiliant syml gitâr. Cysylltir y gerddoriaeth â'r mewnfudwr gwyn ar hyd gwastadeddau eang America. Dyma'r sentiment sy'n boddhau'r rhai hynny sy'n treulio eu dyddiau mewn tirwedd sy'n newid o dymor i dymor yn hytrach nag mewn dinasoedd sy'n llawn clindarddach digyfnewid o ddydd i ddydd ac o dymor i dymor. Mae'r naill yn cofleidio harmoni syml tra bo'r llall yn dioddef o ecrwch didostur. Caneuon am ennill a cholli cariad, am fwrw'r botel a dioddef undonedd a diflastod diwrnod o waith yw hanfod y canu gwlad.

Mae'r datgeinydd, gan amlaf, yn derbyn yr amrywiol brofiadau yma yn rhan o drefn nad oes modd gwingo yn ei herbyn. Os oes yna ddiflastod, wel, bydded felly, fel rhan o ffawd. Ac os oes yna orfoledd achlysurol, wel, bydded felly hefyd. Ond, wrth gwrs, does dim sydd yn aros yn ei unfan am byth. Mae canu gwlad America wedi newid dros y blynyddoedd ac mae canu gwlad Cymraeg, er ei fod yn talu gwrogaeth i'r gwreiddiau yn yr Unol Daleithiau, hefyd wedi esblygu ar draul elfennau cynhenid y diwylliant. Dyna oedd yn taro Pwyll ap Siôn wrth iddo adolygu cryno-ddisg *Gwlad i Mi 2* (Sain):

> Ar y CD amlgyfrannog *Gwlad i Mi 2*, mae 'Weithiau Bydd y Fflam' yn trafod testun na fyddai'n anghyffredin mewn canu Eingl-Americanaidd, sef adegau o iselder, diymadferthedd ac anobaith sy'n effeithio arnom ni i gyd o bryd i'w gilydd... Mae'r thema o deimlo'n drist a llesg yn un sy'n ailymddangos yn gyson, yn arbennig efallai mewn cerddoriaeth blues, sef canu gwlad cenedlaethau croenddu America yn ystod hanner cyntaf y ganrif hon. Ond yn 'Weithiau Bydd y Fflam' mae Dafydd Iwan yn cyplysu'r tristwch â dyhead cenedl, yn priodoli trallod personol i gyflwr ein gwlad. Mae'r 'hiraethu ffôl' yn golygu i'r canwr rywbeth mwy na hel meddyliau am y gorffennol gyda'r awgrym mai ofer yw edrych yn ôl, ac yn hytrach ei bod hi'n bosib hiraethu am 'y dyddiau nad ydynt wedi digwydd eto', rhyw hiraeth iwtopaidd am y dyfodol. Yn sicr mae symlrwydd diffuant ac uniongyrchol y cyfrwng yn gwneud Canu Gwlad yn hynod berthnasol ar gyfer cerddoriaeth boblogaidd gynhenid y dwthwn hwn.

Syndod mwyaf y casgliad *Gwlad i Mi 2* yw'r penderfyniad i gynnwys Cajuns Denbo ac, yn fwyaf arbennig, Iwcs a Doyle yn y casgliad. O fewn terfynau arddull arferol canu gwlad, nid yw'r artistiaid hyn yn gweddu i'r *genre*. Mae cerddoriaeth *cajun* yn fath o ganu sy'n tarddu o ardaloedd Ffrengig Canada ac a ymsefydlodd yn Louisiana, ac ar hyd afon Mississippi, yn ystod y ddeunawfed ganrif. Mae cysylltiadau cryf unwaith yn rhagor â cherddoriaeth werin, yn arbennig o ran y pwyslais ar offerynnau megis y ffidil a'r *accordion*. Ond o gynnwys Iwcs a Doyle yn y casgliad, ni allai'r term canu gwlad olygu dim mwy na chanu y wlad i gyd, sef unrhyw gerddoriaeth o gefn gwlad yn y Gymraeg.[4]

O gofio mai o blith mewnfudwyr o gyfandir Ewrop y deilliodd y canu gwlad, mae'n deg tybio bod rhai o'r cantorion cynnar yn ddisgynyddion ymfudwyr o Gymru, yn arbennig y rhai oedd yn arddel cyfenwau Cymreig. Ond hyd yma, hyd y gwyddys, does yr un ohonynt wedi olrhain eu hachau nôl i Ben Llŷn, tiriogaeth yr amlycaf o'r cantorion gwlad Cymraeg cyfoes, John Jones ac Alun Roberts. Cafodd y ddau fagwraeth nodweddiadol Gymreig a naturiol Gymraeg yn Nhudweiliog, yn cymryd rhan mewn steddfodau lleol a mynychu'r Ysgol Sul a Chyfarfodydd Plant, a dweud eu hadnodau ar y Sul yng nghapel y Methodistiaid Calfinaidd.

Bu John yn gweithio'n lleol ar ôl gadael yr ysgol ac yn canu mewn grŵp o'r enw Y Melinwyr a ffurfiwyd gan ei dad. Canu caneuon Saesneg o eiddo Tom Jones, Johnny Cash ac Elvis a ballu o gwmpas tafarndai Pen Llŷn i ddiddanu'r fisitors a wnâi'r band â'r enw Cymraeg. Yn ystod wythnos Eisteddfod Genedlaethol Cricieth 1975 roedden nhw'n perfformio yn y Ranch, Llanystumdwy, pan oedd Hywel Gwynfryn yn y gynulleidfa. Rhoes y darlledwr eirda i'r perfformwyr a'u hannog i ddal ati ar yr amod eu bod yn chwilio am eiriau Cymraeg i'w halawon. Aeth Alun i Lundain yn 16 oed i weithio yn y gwasanaeth sifil a bu'n chwarae dipyn mewn bandiau roc trwm yn ystod y cyfnod hwnnw. Dychwelodd i'w gynefin gyda theulu yng nghanol yr 80au a thrwy hap, dros gyfnod y Nadolig 1984, yn nhafarn y Lion yn Nhudweiliog, dechreuodd yntau a John ganu i ddiddanu'r criw. Heuwyd yr hedyn. Roedd yr asio'n naturiol. Fe'u perswadiwyd i gynnal ambell sesiwn yn canu caneuon Don Williams a'r Everley Brothers ac, wrth gwrs, Elvis.

Daeth cyfle i berfformio ar rai o raglenni S4C oedd yn cyflwyno talentau newydd. Canwyd cyfieithiad o gân Don Williams, 'Gypsy

Woman', ar un rhaglen a chân Dafydd Iwan, 'Weithiau Bydd y Fflam', ar raglen arall. Daeth ceisiadau cyson i gynnal nosweithiau ar hyd Llŷn ac Eifionydd a thipyn o ysgogiad i ganu mwy o ganeuon Cymraeg. Roedden nhw'n cydio mewn cynulleidfaoedd ac fe gyhoeddwyd y casét cyntaf, *Yr Wylan Wen*, yn 1991 ar label Sain. Bu gwerthu sionc arno. Y flwyddyn ddilynol cyhoeddwyd *Y Chwarelwr*, ac mae'n debyg mai'r fersiwn Cymraeg o 'Working Man', gyda'r geiriau wedi eu llunio gan Brynmor Griffiths, y cigydd o Groesoswallt, yw'r gân a gysylltir yn bennaf â'r ddeuawd. Mae'n cynnwys yr holl bathos a gysylltir â chanu gwlad wrth i barodrwydd y chwarelwr i dderbyn ei dynged gael ei danlinellu:

> Chwarelwr ydwyf fi
> A dyma yw fy nghri,
> Y caf fi unwaith eto weld yr haul.
> Ac o fol y mynydd mawr,
> Lle gwelodd neb y wawr,
> Gad i mi unwaith eto weld yr haul.

Medrai cynulleidfaoedd y Gogledd uniaethu eu hunain â'r sentiment. Medrai'r gân yn hawdd gyfeirio at brofiadau cymunedau glofaol y De hefyd. Roedd canu gwlad Cymraeg wedi ei sefydlu a gyrfa John ac Alun fel diddanwyr poblogaidd wedi ei selio. Erbyn diwedd y degawd rhoes y ddau'r gorau i'w swyddi er mwyn canolbwyntio ar y canu. A chymaint oedd y dilyniant fel na chafwyd fawr o drafferth i berswadio dros ddau gant o gefnogwyr i dalu dros fil o bunnau'r un i ddilyn y ddau, ynghyd â chamerâu teledu, i Nashville a Graceland, cartref Elvis Presley – arwr mawr i John.

Bellach does yr un flwyddyn yn gyflawn heb fod cwmni Sain yn cyhoeddi cryno-ddisg gan John ac Alun. Cyfansoddwyd geiriau llu o'u caneuon gan Glyn Roberts o Bwllheli, ac mae'r ddeuawd yn ddyledus i Hywel Gwynfryn, y gŵr a siarsiodd John a'r Melinwyr i ganu'n Gymraeg adeg Eisteddfod Cricieth, am eiriau 'Braich Penrhyn Llŷn', y gân a'u gwnaeth yn 'hogia pen-draw'r byd' go iawn chwedl Jonsi:

> Penrhyn Llŷn a'i braich amdanaf,
> Penrhyn Llŷn yw'r lle a garaf;
> Aur ei thraethau, lliwiau'r machlud fel y gwin.
> Penrhyn Llŷn sy'n llonni nghalon,
> Penrhyn Llŷn sy'n llawn atgofion
> Sy'n gwireddu fy mreuddwydion,
> Penrhyn Llŷn.

Yn ôl Dafydd Iwan, mae cyfrinach llwyddiant John ac Alun i'w chanfod yn y ffaith eu bod yn rhan o'u cymdogaeth. Er i'r ddau ganu yn Saesneg am gyfnodau a throi nôl i ganu yn eu mamiaith, doedd yr un ohonynt, mewn gwirionedd, wedi gadael eu cynefin, a hynny er i Alun dreulio dros ddeng mlynedd yn Llundain:

> Yn y cyd-destun Cymraeg maen nhw i fyny yna yn yr oriel gyda Bob Roberts, Jac a Wil, Hogia'r Wyddfa a Trebor Edwards, ac yn parhau i ddwyn cysur a mwynhad i fywydau miloedd ar filoedd o Gymry – yng Nghymru a ledled y byd. Cefais gyfle i rannu llwyfan â nhw sawl gwaith, a thystio i gynhesrwydd ymateb y gynulleidfa ym mhob cwr o'r Gymru Gymraeg. A 'chynhesrwydd' yw'r gair priodol; nid cantorion i herio cynulleidfa mo John ac Alun, ond i'w gwahodd yn gynnes i rannu noson yn eu cwmni. Mae un nodwedd arall sy'n ganolog iawn i lwyddiant yr hogia, a hynny yw eu cysylltiad annatod â Phen Llŷn. Perthyn i'r 'Filltir Sgwâr', chwedl D. J. Williams, a'r berthynas glos honno yn allwedd i'r holl gymunedau Cymraeg eraill led-led Cymru. Beth bynnag yw'r gân, a ble bynnag y digwydd y canu, fedrwch chi ddim ysgaru John ac Alun oddi wrth Dudweiliog a Phen Llŷn; maen nhw'n cario'u bro efo nhw i bob cwr o Gymru a'r byd, ac y mae hynny, i ni'r Cymry beth bynnag, yn rhan fawr o'u hapêl.[5]

Pery'r didwylledd a'r agosatrwydd a'r ymlyniad at 'ben draw'r byd' i hudo cynulleidfaoedd. Mae eu fersiwn o emyn Gwyrosydd, 'Calon Lân', yn siŵr o ddenu ymateb ymhlith cynulleidfaoedd sy'n dal i feddu ar waddol y canu cynulleidfaol slawer dydd. Perthyn nodweddion cyffelyb i'r ddeuawd Iona ac Andy, ac mae Iona hithau'n rhannu'r un cefndir capelyddol â'r hogiau. Capel Baladeulyn yn Nyffryn Nantlle oedd ei chartref ysbrydol, ac yno roedd ei thad, Owen Myfyr Roberts, yn ysgrifennydd ac yn cyflawni gwaith bugeiliol am nad oedd yno weinidog. Âi Iona yn ei gwmni pan y'i gwahoddid i bregethu mewn capeli cyfagos, ac yn aml iawn byddai hi'n cyfrannu i'r oedfa trwy ganu i gyfeiliant gitâr, a'r ffefryn fyddai 'Mor Fawr Wyt Ti'.

Manteisiodd Iona ar bob cyfle i berfformio pan oedd yn fyfyrwraig yn y Coleg Normal ym Mangor, a hynny yn y dyddiau pan oedd y Nosweithiau Llawen yn dal mewn bri. Parhaodd ei phrentisiaeth pan fu'n canu caneuon gwerin ac yn gweini am gyfnod yng Ngwesty Plas Maenan ger Llanrwst. Ymddangosodd ar ambell raglen deledu megis *Disc a Dawn* a *Gwerin 76*. Ond yna yn 1979 bu'n perfformio'n achlysurol yn Nhafarn Glanrafon yng Nghaernarfon, caneuon

Saesneg o eiddo artistiaid megis Carole King a Janis Ian, ac yno y cyfarfu ag Andy Boggie, bwci siop fetio a gynigiodd chwarae gitâr fas iddi. Blagurodd carwriaeth a phartneriaeth gerddorol.

Penmaenmawr oedd cynefin Andy, a'r byd sgiffl a roc a rôl a gradd mewn Ffrangeg yng Ngholeg y Brifysgol, Bangor, oedd ei gefndir. Bu'n aelod o grŵp o'r enw'r Cossacks a gurodd yr Anglesey Strangers mewn cystadleuaeth yng Ngerddi'r Gaeaf, Llandudno, ar un achlysur. Roedd yna dipyn o elyniaeth rhwng dilynwyr selog y ddau grŵp ac, yn unol â'r arfer yn y dyddiau hynny, byddai digon o gledro a chwffio pan fyddent yn cyfarfod. Oni bai am farwolaeth sydyn y cynhyrchydd Joe Meek pan oedd y Strangers ar fin cyhoeddi record, mae'n bosib y bydden nhw wedi gwneud cryn enw iddynt eu hunain. Rhai o grwpiau adnabyddus eraill arfordir y Gogledd yn y 70au oedd y Nighthawks o Gaergybi a'r Moonshiners o Benmaenmawr. Arferai llanc o'r enw Ian Willis gymysgu â'r criw ac yntau ac Andy fyddai'n tynnu'r sylw oherwydd eu gwalltiau hir. Daeth Ian yn adnabyddus yn ddiweddarach fel Lemmy, arweinydd gwallgof y grŵp roc trwm Motorhead. Ond aelod o'r League of Gentlemen oedd Andy Boggie pan gyfarfu â Iona Roberts yn y Glanrafon.

O fewn dwy flynedd deuai digon o alwadau i berfformio nes i Iona ac Andy benderfynu mentro arni'n llawn-amser yn 1982. Dengys eu hunangofiant, *Llwybrau Breuddwydion*, sut yr aethant ati i sefydlu cysylltiadau o fewn y byd canu gwlad ledled Prydain. Erbyn canol y 90au fe'u hystyrid yn un o brif ddeuawdau canu gwlad gwledydd Prydain wrth iddynt ennill gwobr y Brif Ddeuawd Canu Gwlad wyth mlynedd yn olynol. Sefydlodd y ddau Ŵyl Canu Gwlad flynyddol yn Llandudno a brofodd yn llwyddiant ysgubol. Treulient gyfnodau hir yn diddanu yn rhai o'r atyniadau gwyliau ar y cyfandir. Ac, wrth gwrs, fe ymunon nhw â John ac Alun, a Jonsi, ar y daith honno i Nashville. Dychwelodd y ddau drachefn gan berfformio yn Awditoriwm Ryman, cartref gwreiddiol y sioe radio *Grand Ole Opry*, gan ganu 'Mor Fawr Wyt Ti'. Roedd yr awyrgylch yno'n dipyn gwahanol i awyrgylch Capel Baladeulyn yn nyddiau plentyndod Iona.

Unwaith eto pwysleisia Dafydd Iwan y cynhesrwydd a'r agosatrwydd wrth bwyso a mesur llwyddiant y ddau ar ôl iddynt gyhoeddi cyfres o gryno-ddisgiau ar label Sain. Doedd dim angen poeni a fyddai eu cryno-ddisgiau yn talu amdanynt eu hunain. Disgiau o'r fath fyddai'n creu'r elw i alluogi Sain i recordio grwpiau roc Cymraeg na ellid cyfiawnhau eu recordio oddigerth i hynny:

Mae Iona ac Andy'n perthyn i fyd hynod ac arbennig y 'canu gwlad', er eu bod yn medru ymestyn dros y ffiniau'n hawdd a chanu mewn sawl arddull gyda graen. Ond mae byd y canu gwlad yn fyd cynnes ac agos-atoch, a'r caneuon yn aml yn adrodd straeon bywyd-bob-dydd y gall y gynulleidfa a'r gwrandäwr uniaethu â nhw yn hawdd. Does gan y canwr gwlad ddim ofn mentro i fyd y teimladau a'r sentiment: dyw'r hiraeth a'r dagrau fyth ymhell i ffwrdd, ac y mae hynny'n gwneud y chwerthin yn fwy o hwyl. Mae Iona ac Andy wedi cymryd eu lle'n naturiol yn y byd hwn, ac wedi diddori cynulleidfaoedd, yn Gymraeg a Saesneg drwy wledydd yr ynysoedd hyn, a'r tu hwnt.[6]

Os oedd Yr Anhrefn yn perfformio mewn clybiau tywyll yn Warsaw a Berlin yna roedd Iona ac Andy'n perfformio yn y *Grand Ole Opry* yn Nashville ac yn Torremolinos ar lan Môr y Canoldir. Ymddengys nad yw hynny wedi amharu ar allu'r ddeuawd i berfformio ambell gân Gymraeg yn y llefydd pell hynny a pherfformio'n gyfan gwbl yn y Gymraeg yn ôl y gofyn adref yng Nghymru. Nid yw wedi peri pryder i'w cefnogwyr chwaith. Gyda chymorth y cyfryngau Cymraeg rhoesant hwb i ganu gwlad trwy gyfrwng y Gymraeg ac ar yr un pryd ennill parch a bri o fewn y byd Eingl-Americanaidd. Ac os oedd amharodrwydd Meic Stevens i roi geirda wedi brifo rhywfaint fe fu'r ddau'n hynod o hunanfeddiannol wrth gyfeirio ato yntau yn eu hunangofiant. Cofia Andy am y swynwr o Solfach pan fyddai'r League of Gentlemen yn chwarae yng nghyffiniau Bethesda:

> ... arferai rhyw ddyn tebyg i hipi godi a chanu gyda ni ac roedd wastad wedi cael un dros yr wyth a chanddo anadl garlleg allai stopio trên. A phwy oedd hwn ond neb llai na Meic Stevens. Roedd ar fin recordio ei albwm enwog *Gog* ar gyfer Recordiau Sain a gofynnodd i Ronnie (ein drymiwr), ac i minnau chwarae arni. Dyna fy mhrofiad cyntaf o fod mewn stiwdio recordio ac fe roddodd flas i mi o'r holl beth. Rwy'n siŵr mai ychydig o bobl a ŵyr mai'r Andy a ddiolchir iddo am ganu bas ar *Gog* oedd yr un Andy a ddaeth ddiweddarach yn Iona ac Andy. Rwy'n amau a yw Meic hyd yn oed yn gwybod.[7]

Ceir teyrnged Iona i Meic Stevens wrth iddi sôn am y cymorth a roddodd cyfansoddwr o'r enw Raymond Froggit i'w gyrfa hi ac Andy:

> Gŵr dawnus iawn oedd Ray a gallai fesmereiddio'i gynulleidfa gyda'i berfformiadau anhygoel, gan ganu ei ganeuon ei hun bob amser. Byddaf bob amser yn ei ddisgrifio i rai sydd heb

ei weld fel cymysgedd o Meic Stevens a Dafydd Iwan. Roedd wedi ysgrifennu caneuon i Cliff Richard ac i'r grŵp Dave Clark Five o'r chwedegau a gafodd rif un yn y siartiau gydag un o'i ganeuon, sef 'Red Balloon'. Roedd Raymond yn ffrindiau mawr gyda Jeff Lynne, Roy Wood ac Ozzy Osbourne – a'r olaf yn ŵr a hoffai rannu yr un gwendid ag ef, sef y ddiod feddwol.[8]

Mae'n anodd dychmygu'r cyfuniad. Mae darllen cofiannau Meic a Dafydd yn brofiad cwbl wrthgyferbyniol. Anodd credu y gellid eu cymhathu mewn unrhyw fodd.

Artist cynhyrchiol y gellir ei hystyried yn yr un *genre* yw Gwenda Owen. Os yw ymlyniad at diriogaeth yn bwysig ymhlith cantorion canu gwlad, yna does dim dwywaith bod Gwenda yn ymgorfforiad o Gwm Gwendraeth. Mae ardal Mynydd Sylen a Phontyberem yn annwyl iddi, a magwraeth ar yr aelwyd ac yn y capel wedi chwarae rhan allweddol yn ei datblygiad hithau hefyd fel diddanwraig:

Roedd Mam yn canu i ni drwy'r amser, ac yn aml bydde hi wrth y piano yn canu caneuon o *Sŵn y Jiwbilî*. Mae ganddi lais harmoni arbennig a chlust gerddorol hefyd. Mae'n hoffi pob math o gerddoriaeth ond bob amser ar un amod, sef ei bod hi'n deall y geiriau. Mae'n dweud o hyd 'Os nag wyt ti'n geirio'n blaen sdim pwynt i ti ganu o gwbl!' Roedd canu'n rhan o fywyd a phatrwm yr aelwyd a'r peth mwya naturiol yn y byd oedd i ymuno yn y gân... Dylanwad mawr arall oedd cael canu yn yr Ysgol Sul a'r capel yng Nghaersalem, Pontyberem. Mae fy nyled yn fawr i bawb a roddodd o'u hamser i hyrwyddo a chefnogi'r gân yng Nghaersalem. Roedd mynd yno'n golygu fy mod yn dod ar draws canu cynulleidfaol yn wythnosol ac yn cael fy annog hefyd i feddwl am ddatblygu dawn i ganu ar fy mhen fy hun.[9]

Daeth buddugoliaeth i Gwenda yng nghystadleuaeth *Cân i Gymru* yn 1995, ac yn yr Ŵyl Ban-Geltaidd ddilynol yng Ngweriniaeth Iwerddon, wrth ganu cyfansoddiad Arwel John a Richard Jones, 'Cân i'r Ynys Werdd'. Yn rhyfeddol, enillodd ei merch, Geinor Haf, yr un ddwy gystadleuaeth saith mlynedd yn ddiweddarach yn canu 'Dagrau Ddoe'. Gellid ystyried cyfansoddiad y Parch Emlyn Dole yn gyfeiriad at yr holl ddagrau yr oedd Gwenda wedi eu colli yn ystod y blynyddoedd cynt pan fu'n dioddef o gancr y fron. Bu cyfnod ei dioddef a'i thriniaeth yn un cyhoeddus gan iddi gadw dyddiadur radio yn cofnodi'r frwydr, i'w ddarlledu ar Radio Cymru. Unwaith eto, fel petai'n tanlinellu'r cwlwm clòs sydd yna rhwng artistiaid canu gwlad, trefnodd Gwenda gyfres o ddigwyddiadau i godi arian at Ymchwil Cancr. Ac oedden, roedden nhw yno yn y stiwdio recordio ac yn Neuadd Pontyberem – Siân James, Iona Myfyr, Toni Carroll, Gillian Elisa a Beth Robert – ar gyfer cyhoeddi CD *Neges y Gân*.

Ar ôl cyhoeddi pedwar albwm/casét ar label Fflach yn y 90au, cyhoeddwyd hyd yma ddau gryno-ddisg, *Gyda Ti* ac *Mae'r Olwyn yn Troi*, gan Gwenda a Geinor ar y cyd, ar eu label eu hunain, Cyhoeddiadau Gwenda. Troes yr unawd yn ddeuawd. A dyw deuawdau ddim yn anarferol mewn canu gwlad. Gellid yn hawdd ystyried Tony ac Aloma, a Rosalind a Myrddin, yn ddeuawdau canu gwlad yn ôl diffiniad Pwyll ap Siôn. Ond doedden nhw ddim yn cyfyngu eu hunain i ganu caneuon oedd eisoes yn gydnabyddedig o fewn y *genre* canu gwlad Americanaidd. Roedd llawer o'r deunydd yn codi o bridd eu cynefin, yn arbennig yn achos y ddau o Fôn, ac roedd cyfieithiadau o ganeuon adnabyddus grwpiau megis Abba yn rhan o arlwy Rosalind a Myrddin. Elwodd y ddwy ddeuawd ar gael eu cyfresi eu hunain ar S4C.

Am flynyddoedd fe fu Dylan Parri a Neville Jones yn canu'n Saesneg o dan yr enw Tenderfoot. Roedden nhw'n rhan o'r gylchdaith canu gwlad Saesneg ar hyd arfordir y Gogledd cyn troi i'r Gymraeg a mabwysiadu'r enw Traed Wadin. Daeth caneuon megis 'Potel Fach o Wîn' a 'Fory heb ei Gyffwrdd' yn adnabyddus. Cyhoeddwyd casetiau ar label Sain megis *Mynd fel Bom* yn yr 80au. Roedd Neville yn hen law arni ac wedi gwirioni ar y gitâr ddur. Bu'n edmygydd o Hogia Bryngwran o'r funud y clywodd sŵn gitâr Hawaii'r grŵp ar ddiwedd y 50au a bu'n aelod o'r grŵp. Yna yn y 90au pan oedd Neil Parry wedi ymuno â'i dad i gynnal deuawd yn lle Neville, cyhoeddwyd *Hen Wlad Llŷn*. Cyhoeddodd Dylan albwm Saesneg o'r enw *Country Rain* ar label Sain yn 1990 hefyd.

Clywid tinc o ganu gwlad yn rhai o ganeuon y Cymreiciaf o'r diddanwyr Cymraeg, Hogiau Llandegái, yr hogiau oedd yn rhychwantu cyfnod y sgiffl, y Pinaclau Pop a'r Nosweithiau Llawen heb bylu o ran poblogrwydd. Roedd Nev, Ron a'r anfarwol Now yn fytholwyrdd yng ngolwg cynulleidfaoedd ledled Cymru. Cyhoeddodd Sain *Dal i Ganu, Dal i Fynd* yn cynnwys dwsin o ganeuon newydd o'u heiddo yn 1992, a hynny 35 mlynedd wedi iddynt ddechrau canu. Fe'i recordiwyd mewn stiwdio bwrpasol gyda chymorth cerddorion profiadol. Roedd hynny'n o wahanol i'r profiad o recordio *Trên Bach Yr Wyddfa* mewn clwb yng Nghwm Tawe, i gyfeiliant sŵn tincial gwydrau yn y cefndir, dros chwarter canrif ynghynt. Yn 1992 hefyd cyhoeddwyd *Goreuon Hogia Llandegái* (21 o ganeuon) ar gryno-ddisg. I gyd-fynd â'u hymddeoliad go iawn cyhoeddwyd *Canu yn y Gwaed* yn 1994, a'r flwyddyn ddilynol gosodwyd perfformiadau o 17 o'u caneuon ar gof a chadw ar fideo.

Does dim maeddu hiwmor a Chymreictod naturiol os am ddarparu adloniant iach yn rhydd o wleidyddiaeth a datganiadau heriol. Roedd y triawd yn llond eu crwyn o ddireidi a'r un perfformiad yn gyflawn heb ganu cerdd William Griffiths, 'Defaid William Morgan', er mwyn rhoi cyfle i Now gyflawni ei giamocs. Ac os oedd hynny'n achosi rycsiwns gan nad oedd dal be wnâi Now fe achosodd ymddangosiad y gerdd yn *Yr HERALD CYMRAEG* dipyn o rycsiwns hefyd. Bu'n rhaid i'r papur dalu £100 o iawndal mewn enllib am fod rhyw ffermwr o'r enw William Morgan wedi gweld yn chwith!

Penderfynodd yr Hogia roi'r gorau iddi am y trydydd tro yn 1994. Fe fuon nhw'n ddistaw am chwe mis ar ôl rhoi'r gorau iddi yn 1964 ac yn ddistaw am bum mlynedd ar ôl rhoi'r gorau iddi yn 1973. Yn ystod pedwar mis olaf y flwyddyn cynhaliwyd tua 35 o gyngherddau 'ffarwél'. Cynhaliwyd dau gyngerdd yn Llanbedrgoch ar Ynys Môn, ac yn ôl yr Hogia roedden nhw'n 'nosweithiau gwirioneddol ffantastig'. Rhannwyd llwyfan gyda Hogia Bryngwran yn Oriel Môn, Llangefni, ac roedd artistiaid eraill am rannu llwyfan i ddymuno'n dda i'r tri diddanwr. Cynhaliwyd y cyngerdd olaf yn y De yn Neuadd y Tymbl yng Nghwm Gwendraeth ar Ragfyr 7, 1995, a'r olaf yn y Gogledd yn y Rhewl yng Nghlwyd ar Ragfyr 22. Bu John ac Alun yn canu yn y ddau gyngerdd. Ifan Gruffydd, Dilwyn Edwards ac Ifan JCB oedd yn arwain yn y Tymbl a Glyn Owens yn y Rhewl. Rhoddwyd elw'r 'Nosweithiau', wrth gwrs, i achosion da.

Ond fel petai hynny ddim yn ddigon, cynhaliwyd y 'Noson Olaf' olaf yn Nyffryn Ogwen ar Ionawr 6, 1996, ar ôl i eira orfodi gohirio'r noson ar Ragfyr 30. Yr artistiaid cynorthwyol y noson honno oedd Rosalind a Myrddin, Leah Owen ac Angharad Llwyd, Bryn o'r Bryn, Dylan a Neil, Dafydd Iwan a John Ogwen. Cyflwynwyd yr elw i bapur bro *Llais Ogwan*. Derbyniodd y tri Ddisg Aur yr un gan gwmni Sain er mwyn nodi gwerthiant rhyfeddol y record a chasét *Hogia Ni*. Gwerthodd y record yn gyson ers ei chyhoeddi yn 1973 ar adeg ail ymddeoliad yr hogiau. Tynnwyd y to i lawr pan ddaeth Now i'r llwyfan yn cario Sionyn y ci er mwyn hel 'Defaid William Morgan' i'r gorlan am y tro olaf.

Ar ôl hynny, cyfyngu eu perfformiadau i achlysuron arbennig a wnâi'r tri. Un o'r rheiny oedd tair noson ym mhentref Maenclochog yn Sir Benfro yn ystod haf 2002 fel rhan o sioe awyr-agored, 'Hisht, w', a drefnwyd i gofio'r arweinydd Nosweithiau Llawen, Dilwyn Edwards. A doedd eu hapêl ddim wedi ffado yr un dim. Does yna neb sydd wedi llenwi'r bwlch ar eu hôl, a fydd yna neb yn gwneud chwaith. Roedden nhw'n perthyn i gyfnod arbennig ac yn gynnyrch y cyfnod hwnnw. Trodd hiwmor yn fwy soffistigedig gan adael o'i ôl y diniweidrwydd hwnnw fyddai'n goglais pob aelod o'r teulu.

Pa glod uwch ellir ei roi i Hogia Llandegái o gofio'r modd yr argraffwyd eu diddanwch ar ymwybod y Cymry na'r geiriau a genir gan Arfon Wyn a'r Moniars: 'Doedd na neb, does na neb, fydd na neb / Cweit run fath â Hogia Llandegái'? Hyd y diwedd, bancwr, saer coed a gyrrwr lorri oedd triawd Hogia Llandegái yn ôl eu galwedigaethau. Ond ar benwythnosau fe fydden nhw'n defnyddio eu doniau i ddifyrru eu cyd-Gymry. Profodd eu hymdrechion i ddifyrru ymwelwyr yn y Dixieland, Y Rhyl, deirgwaith yr wythnos am ddeg wythnos yn ystod haf 1971 nad oedden nhw wedi eu geni i berfformio mewn clwb oedd yn wag yn gynnar yn y nos a dan ei sang swnllyd am hanner nos. Roedd yr Hogia wedi hen arfer â chroeso cynulleidfa wresog, gartrefol, werthfawrogol. Doedden nhw erioed wedi gorfod brwydro i ddal sylw cynulleidfa.

Ond mae yna ganu gwlad a chanu yn y wlad o hyd. Daeth deuawd arall o Fôn, Broc Môr, sef Alun Jones a'i frawd, Dafydd, i'r amlwg. Cyhoeddwyd casét yn 1994 ac yna eu CD cyntaf, *Cyfrif Hen Atgofion*, ar label Sain yn 1998 (C2200) a'r ail, *Goleuadau Sir Fôn* (SCD2325), yn 2001. Seiliwyd cyfres ddrama deledu gan Siwan Jones, wyres y dramodydd Saunders Lewis, ar hoffter cymunedau Cymraeg yr ardaloedd gweithfaol yn y De-orllewin o ganu gwlad. Gallai *Y Tair Chwaer* – yr actoresau Donna Edwards, Ruth Lloyd/Sera McGaughey a Llio Millward – fod wedi creu gyrfa lwyddiannus go iawn iddynt hwy eu hunain. A deil Doreen Lewis o Ddyffryn Aeron i ganu, a hynny ers dros 30 mlynedd. *Rhowch i Mi Ganu Gwlad* oedd teitl un o'i recordiau ar label Sain (SCD2054) yn 1993, a does dim amau ei theyrngarwch i ganeuon sy'n goferu o sentiment. Blodau mewn cae ar fferm ei phlentyndod a cheffyl rasio oedd yn dipyn o ffefryn yw'r math o atgofion sy'n debyg o ysgogi cân ganddi. Ond dibynnai'n drwm ar gyfieithiadau hefyd, a doedd hynny ddim yn plesio pawb. Byddai Lyn Ebenezer wedi croesawu mwy nag wyth cyfansoddiad gwreiddiol o blith y 14 o ganeuon oedd ar y record *Galw Mae Fy Nghalon* (Sain 1248M) yn 1982:

> Medraf ddeall yr awydd i gynnwys ambell gyfieithiad Saesneg poblogaidd. Ymgais, mae'n debyg, i sicrhau amrywiaeth. Ond, fel yn hanes artistiaid fel Trebor Edwards a Rosalind a Myrddin, mae rhai o'r cyfieithiadau hyn yn ganeuon a glywyd hyd at syrffed, 'Ychydig Hedd', e.e., cân sydd mor gyffredin fel na haedda gael ei chyfieithu i unrhyw iaith. Camgymeriad hefyd fu cynnwys 'Yr Hen Dŷ', a siglwyd i'w sail yn gyntaf gan Rosemary Clooney ac yn ddiweddarach gan Shaking Stevens, a 'Ti Gyda Mi' (The Wedding), cân sy'n ddigon i yrru unrhyw ŵr priod meidrol i freichiau ysgariad, ac i beri i bob hen lanc ganmol ei lwc. Nid nad yw Doreen yn eu canu'n dda. Ond o gynnwys cyfieithiadau dylid gofalu mynd ati i gyfieithu caneuon sy'n werth y drafferth o'u cyfieithu

> Credaf fod Doreen yn mynd tua'r cyfeiriad iawn trwy gyfieithu caneuon gwlad fel yr un gan Dolly Parton ar y record, 'Golau'r Dref'. Mae 'na ddadl dros ganu cyfieithiadau o ganeuon da na chafodd lawer o sylw yn Saesneg, ac mae hon yn un o oreuon Doreen. Cefais siom o'r ochr orau hefyd yn 'Baban Mair'. Pan glywais y nodau cyntaf a deall mai cyfieithiad o 'Mary's Boy Child' ydoedd disgwyliais am y gwaethaf gan dybiwn iddi gael ei difetha am byth gan fersiwn uffernol Boney M. Ond cefais foddhad mawr wrth wrando ar drefniant ffres a hyfryd Doreen. Am ei chaneuon gwreiddiol, hoffaf yn fawr y ddelwedd sy'n rhedeg drwy 'Y Sampler' a'r geiriau syml, ond effeithiol, ar thema sy'n hen ond sydd eto'n fythol gyfoes, sef yr angen am gydweithio er lles dynoliaeth. Un sydd yn nhraddodiad clasurol y canu gwlad yw 'Does Gen i Ddim Aur', perl o gân fach swynol tra mae 'Yr Anrheg' yn garol Nadolig hyfryd.[10]

Doedd dim yn anghyffredin mewn cyfieithu emynau a baledi rif y gwlith o'r Saesneg mewn cyfnodau cynt wrth gwrs. Ond mae'n debyg y byddai'n haws creu gwreiddiau i ganu gwlad Cymraeg petai crynswth y caneuon yn ymwneud â'r Gymru Gymraeg – defnyddio'r *genre* i gyfleu gwayw byw bywyd bob dydd fyddai'n gyfarwydd i bawb a'r byw hwnnw'n ymwneud â chefn gwlad. Doedd dim amheuaeth bod Cymry'r broydd Cymraeg yn medru uniaethu â'r gwayw a fynegid gan y doreth o gantorion canu gwlad a ddeilliai o daleithiau'r de yn America.

Lluniodd Ifor Hael o'r Groeslon ger Caernarfon lyfr o'r enw *Hael ar y Wlad* yn 1979. Roedd llyfryn Cyhoeddiadau Mei yn olrhain hanes taith Ifor a'i gyfaill, Maldwyn Lloyd, a oedd yn aelod o grŵp canu gwlad o'r enw Tumbledown Wind, i Nashville. Roedd hefyd yn cynnig portreadau o lu o gantorion gwlad o Roy Acuff a'i ffidil yn y cyfnod cynnar hyd at Tammy Wynette yn y cyfnod diweddar, gan ddyfalu a oedd yna waed Cymreig yn ei gwythiennau o gofio mai Wynnette Pugh oedd ei henw bedydd.

Fe fu Neville Jones yn cyflwyno cyfres o'r enw *Gwlad, Gwlad* ar Radio Cymru am gyfnod, a does ganddo ddim amheuaeth ynghylch y math o brofiadau sy'n cael eu hadrodd mewn cân canu gwlad, a pham y mae'r gwrthrych yn aml yn ymestyn am botel arall o win neu'n dweud wrtho'i hun nad yw yfory wedi ei gyffwrdd:

> Dydi o ddim yn gyfan yn rhyw fath o ffantasi drwodd a thraw. Mae yna realiti yma hefyd, achos delio mae'r caneuon, os ewch ati i'w dadansoddi nhw, hefo problemau pob dydd. Mae yna sôn am helyntion carwriaeth, tor-priodas, alcoholiaeth. Mae yna syniad o golled mewn bywyd. Waeth beth yw eich problem chi, mae yna rywun yn rhywle rywdro wedi sgwennu cân canu gwlad amdani hi.[11]

Prin bod yr un cyfansoddwr wedi sgwennu am brofiadau o'r fath mor doreithiog a heb ddibynnu ar brofiadau eraill nag Emyr Huws Jones. Hwyrach mai'r grŵp canu gwerin Mynediad am Ddim roes sylw i lawer ohonynt yn y lle cyntaf, ond mae cyfeiliant y gitâr ddur yr un mor addas â chyfeiliant y ffidil wrth i amrywiol gantorion gyflwyno a dehongli ei ganeuon. Lyn Ebenezer sy'n rhoi cip ar yr hyn sy'n gwneud i Ems dician:

> I mi, mae Ems yn golygu yfed seidir wrth wrando ar Bob Dylan a Tom Waits, Hank Williams a'r Dubliners. Mae'n golygu trafod Stephen King a Waldo, Patrick Kavanagh a Wil Sam. Ac mae'n golygu adnabod awdur rhai o'r caneuon hyfrytaf a thristaf yn yr iaith Gymraeg, caneuon sy'n ei wneud yn rhyw gysurwr eneidiau unig neu gyfannwr calonnau briw. Mae 'Ceidwad y Goleudy' a 'Pappagios', 'Mi Ganaf Gân' a 'Cofio dy Wyneb' yn glasuron.[12]

Pa deyrnged uwch ellid ei rhoi i gyfansoddwr rhai o ganeuon mwyaf teimladwy'r iaith Gymraeg yn ymwneud ag un o'r emosiynau oesol? Rhyw fater o 'hybu'r galon rhwng yr esgyrn crin' yw byrdwn bodolaeth cyfansoddwr caneuon gwlad.

Ond cwbl ecsentrig mewn cymhariaeth oedd caneuon cyfansoddwr ifanc o ardal Ystagbwll yn ne Sir Benfro. Roedd enw'r grŵp a ffurfiwyd gan Euros Childs – Gorky's Zygotic Mynci – yn her i'r dychymyg. Doedd hi fawr o syndod bod gan y grŵp ddilyniant rhyfeddol yn Siapan. Roedd y Gorky's yn rhan o draddodiad sy'n llawn o ddeinamig cyfnewidiol nad yw'n caniatáu i ddim aros yn ei unfan.

22 / 'Neud Gwallt Eu Gilydd'

25/11/94 – Undeb y Myfyrwyr, Aberystwyth
28/11/94 – Dublin Castle, Camden Town
29/11/94 – Coleg Farnham, Llundain
30/11/94 – LA2, Llundain
1/12/94 – Prifysgol Caerfaddon
2/12/94 – Clwb Ifor Bach, Caerdydd
6/12/94 – Joiners Arms, Southampton
7/12/94 – Clwb TJ's, Casnewydd
9/12/94 – Gwesty'r Rhaeadr Ewynnol, Betws-y-coed
16/12/94 – Fleece and Firkin, Bryste
17/12/94 – Jazz Rooms, Bryste

Dyna restr o'r gigs oedd wedi eu trefnu ar gyfer Gorky's Zygotic Mynci i gyd-fynd â chyhoeddi sengl o'r enw *Pentref wrth y Môr/Game of Eyes* a ddewiswyd yn sengl yr wythnos gan y *New Musical Express*. Roedd sgriblwyr Llundain eisoes yn baglu ar draws ei gilydd i ganu clodydd y Gorky's ers cyhoeddi'r albwm *Patio* yn ystod haf 1993 ar finyl 10" a'r sylw dilynol a gafwyd ar raglen John Peel, gan gynnwys y cyfle i recordio sesiwn ar ei raglen. Cyhoeddodd John Cale mai *Patio* oedd un o'i hoff recordiau erioed. Synhwyrid cyffro a chynnwrf bob tro yr yngenid enw'r grŵp. Dyna ysgogodd Ankst i ailgyhoeddi *Patio* flwyddyn yn ddiweddarach ar ffurf CD a chasét. Wel, os oedd yna ddau John uchel eu parch o fewn y diwylliant roc yn canu clodydd y record mae'n rhaid bod yna laweroedd nad oedd wedi cael y cyfle i'w phrynu. Rhaid oedd diwallu'r galw. Dyna a wnaed, gan gynnwys naw trac ychwanegol, oll â theitlau oedd yn nodweddiadol o natur hynod y grŵp: 'blessed are the meek, reverend oscar marzaroli, oren mefus a chadno, dean ser, siwmper heb grys, llenni ar gloi, anna apera, siwt nofio, hi ar gân'.

Esgusodai'r aelodau eu hunain rhag cymryd rhan yn y ddadl ynghylch y priodoldeb o droi i ganu'n Saesneg, gan ddweud mai band dwyieithog oedden nhw erioed, ers iddyn nhw ddechrau dablan yn y grefft pan oedden nhw'n ddisgyblion yn Ysgol Bro Myrddin. Teithiai'r brawd a chwaer Euros a Megan Childs, ynghyd â John Lawrence, o gyffiniau Penfro i Gaerfyrddin yn ddyddiol yn unol â dymuniadau eu rhieni iddynt dderbyn cyfran helaeth o'u haddysg trwy gyfrwng y Gymraeg. Saeson o ogledd Lloegr oedd rhieni John, y naill yn gweithio ym myd cynllunio llywodraeth leol a'r llall yn dilyn gyrfa ym myd gwleidyddiaeth a fyddai'n ei harwain i gynrychioli un o etholaethau Sir Benfro yn San Steffan ar ran y Blaid Lafur. Gadawodd John gwrs prifysgol ym Manceinion er mwyn mentro ei lwc gyda'r Gorky's.

Roedd rhieni Euros a Megan yn rhannu'r un enw, yn medru'r Gymraeg ac yn gweithio ym myd addysg, ac ymhlith dysgwyr yn arbennig. Ond, yn fwy arwyddocaol, roedd Lynn a Lynn hefyd yn gerddorion hynod o ran eu chwaeth ac yn arbenigo ar chwarae offerynnau canoloesol. Gadawodd Richard James yntau gwrs yng Ngholeg y Drindod er mwyn hyrwyddo gyrfa'r Gorky's i'r eithaf. Aelod cynnar arall o'r grŵp oedd Euros Rowlands, y drymiwr o Bontardawe a mab y prifardd a'r Archdderwydd Dafydd Rowlands.

Bu *Fideo 9* yn allweddol yn hybu gyrfa gynnar y grŵp o blant ysgol ac yn cynnig cyfeiriad i ddawn gyfansoddi hynod Euros Childs. Cyhoeddwyd fideo o ganeuon y grŵp ar label Ankst yn fuan ar ôl cyhoeddi *Patio*. Cafodd Elin Llwyd Morgan ei chyfareddu gan *Jyst-Jyst-Jyst-Jyst fel y Ffilms*:

> Mae'n dechrau efo cipiau o'r grŵp yn meimio canu a chwarae'u hofferynnau yn y tŷ, yn edrych fel *wannabes* poenus o ifanc sy'n ysu am gael neidio ar y *bandwagon* egotrip trendi. Ond unwaith mae Gorky Zygotic Mynci wrth y llyw, mae'r *bandwagon* yn sgrialu oddi ar y rheiliau i barth dirgel o'r SRG, i fath o *twilight zone* lle mae popeth yn frithwaith hudol, symudol o ddelweddau a sŵn.
>
> Mae 'Buwch' yn gân wironeddol hyfryd sy'n brawf o athrylith y grŵp a'r ffordd y maen nhw wedi aeddfedu. Yn y fideo yma ceir tri llun ar y sgrin; Euros Childs yr hogyn hardd (a'r prif ganwr) yn y canol a delweddau o'r grŵp, teganau a blodau o boptu iddo, a chefndir o wifrau a goleuadau gwyn sy'n fy atgoffa i o ddeithio'n gyflym ar draffordd ganol nos. Naws ffilm arswyd sydd i'r fideo olaf, 'Miriam o Farbel' wedi'i ffilmio mewn mynwent niwlog llawn o ddelwau marmor, a geiriau absŵrd y gân yn ymddangos ar y sgrîn fel *credits* un o ffilmiau Peter Cushing neu Christopher Lee. 'Miriam o Farbel y peiriant pleser, rwy'n mynd i fwrw ti fel ceser'. Yn sicr, dyna'r effaith gafodd y fideo yma arna i.[1]

Roedd gwedd fythol ifanc y bachgennyn, er yn allweddol o ran delwedd, yn gamarweiniol o ran tafoli dawn a gobeithion Euros Childs. Gwyddai'n union pa lwybr yr oedd am ei ddilyn a hynny ers y dyddiau ysgol hynny ar ddechrau'r 90au pan oedd yn perfformio yn enw'r Psycho Daisies:

> Wnaethon ni benderfynu fynd yn drydanol yn yr ysgol. Bryd hynny, roeddan ni'n chwarae stwff pynci achos doedden ni ddim yn gallu chwarae'n hofferynnau'n iawn... Y dylanwadau oedd pethau fel Elvis Costello, y Clash a 60's pop. Ond roedd yn rhaid i ni ddatblygu, doedden ni ddim eisie bod fel yr Anhrefn yn sefyll yn ein hunfan, neu fyse yna jest ddim pwynt.[2]

Bonws annisgwyl oedd derbyn cefnogaeth frwd Marc Vernon, asiant John Cale, oedd yn tyngu y gwnâi bob dim o fewn ei allu i hyrwyddo'r grŵp:

> Mae ganddyn nhw un o'r synau mwya ffres rydw i wedi ei glywed ers sawl blwyddyn. Mae ganddyn nhw ryw naïfrwydd a phwrpas ac maen nhw'n defnyddio asiad o offerynnau a sŵn nad ydw i erioed wedi ei glywed o'r blaen. Maen nhw'n rhyw fath o Captain Beefheart yn cyfarfod y Beach Boys yn cyfarfod *Sgt. Pepper's*. Dydw i ddim yn gwybod am be maen nhw'n ei ganu ond mae e'n gwneud i mi eisio mynd i mewn i fyd y Gorky's.[3]

Pan oedd unigolion dylanwadol felly o'u plaid roedd hi'n rheidrwydd i fentro hyd eithaf eu gallu, a doedd yna fawr o angen pendroni ynghylch bwrw ati'n llawn-amser. Pan ymddangosodd yr ail albwm, *Tatay*, roedd sgriblwyr Cymraeg am y gorau i'w ganmol hefyd. Ar ôl cydnabod yr hyder a'r beiddgarwch a berthynai i'r *Patio* gwyryfol roedd Derec Brown o'r farn bod *Tatay* yn gampwaith:

> Mae yma gymaint o offerynnau, dylanwadau a synau nes y mae'n anodd credu mai un grŵp sydd yma. Tuedda'r caneuon i gynnwys nifer o elfennau a darnau nad ydynt yn perthyn i'w gilydd – un funud yn swnllyd anniben a'r funud nesaf yn cynnig harmonïau perffaith, angylaidd a gitarau acwstig. Mae'n union fel taith ar fws oren Caerdydd – rhuthr gwyllt am hanner milltir, wedyn stopio'n sydyn wrth y goleuadau, wedyn llusgo mynd pum milltir yr awr.
>
> Ar ddiwedd yr albwm, gadewir rhywun yn teimlo bod tair neu bedair albwm wedi cael eu chwarae ar yr un pryd! Yn wir mae un gân. 'Amsermaemaiyndod/Cinema' yn ddwy gân hollol

wahanol yn cael eu chwarae yr un pryd, mewn stereo, un gân yn y *speaker* chwith a'r llall yn y *speaker* dde, ac mewn mono un *speaker* – anhrefn godidog! Gellir gwneud rhestr faith o ddylanwadau grwpiau eraill, ond synau seicadelic y chwedegau a'r anghyffredin yw'r prif nodweddion... Mae'r pleser yn tyfu gyda phob gwrandawiad. Campwaith anghyffredin a rhyfeddol.[4]

Credai Elin Llwyd Morgan bod yna haenau diddiwedd o fwynhad yn perthyn i *Tatay* a bod cynnwys y record yn brawf o amsugno arddulliau a dylanwadau pop helaeth:

Mae gwrando ar *Tatay* fel mynd ar wibdaith drwy ymennydd schizophrenic sy'n pendilio rhwng lloerigrwydd swnllyd a thawelwch meddwl melodaidd. Mae'n fy atgoffa o *The White Album* The Beatles, yn gasgliad eclectic o ganeuon bach swynol a thraciau sy'n swnio fel nerfau'n janglo.[5]

Wrth ragymadroddi ei adolygiad yntau penderfynodd Pwyll ap Siôn gyfeirio at ddamcaniaeth yr athronydd Theodor Adorno, a fynnai fod cerddoriaeth bop yn gwbl ailadroddus, yn troi'r gwrandawr yn gerflun goddefol ac yn creu boddhad tebyg i fynd i Burger King i gael bwyd neu weld y ffilm *Jurassic Park* am yr ugeinfed tro. Roedd y cwbl yn gyfarwydd. Ond roedd gwrando ar *Tatay* yn llwyr wrthbrofi damcaniaeth athronydd y 50au yn ôl Pwyll:

Ni allai syniadau Adorno fod ymhellach oddi wrth y gwir wrth wrando ar gerddoriaeth Gorky's Zygotic Mynci. Mae yma wreiddioldeb, newydd-deb, ffresni a dyfeisgarwch diamau ynghyd â syniad clir o gyfeiriad ac uchelgais. I mi, mae'r Gorky's yn llwyddo i ymgorffori holl nodweddion cymysglyd a chymhleth cenhedlaeth yn eu harddegau; y llesgedd, yr egni, y rhyddid rhwystredig, y diymadferthedd a'r byrhoedledd, y gobaith anfeidrol. Maen nhw'n cofleidio ansicrwydd, yn mwynhau eironi digyswllt y foment, yn torheulo yng ngwres prynhawn diofal llencyndod, gan daflu golwg bob hyn a hyn ar y cysgod sy'n cripian ar draws y patio. Ac mae'r ddeuoliaeth amwys yma o hapusrwydd hiraethus, bohemaidd, yn amlygu'i hun drwy gydol *Tatay*... Prynwch *Tatay*. Eisteddwch lawr. Gwrandewch arno nes ei fod yn treiddio mewn i gelloedd coll eich isymwybod.[6]

Enghraifft berffaith o sylwgarwch yr arddegau oedd y record fer *Merched yn Gwneud Gwallt Eu Gilydd*. Defnyddir y ddwy iaith o fewn yr un gân gan ychwanegu at y ddeuoliaeth gerddorol sydd i'w chlywed bron yn ddieithriad yn eu caneuon. Dengys sillafiad teitl y brif gân hefyd nad oedd yr aelodau yn hidio am gadw at reolau gramadeg confensiynol. Roedd yr uchod yn un o dair EP a gyhoeddwyd ar label Ankst o fewn byr dro ar ôl cyhoeddi *Tatay*. Gorwel Owen ac Alan Holmes oedd y ddau gynhyrchydd fu'n gwthio'r ffiniau yn y stiwdio recordio. Yn ôl Derec Brown roedd yr offrwm diweddaraf yma yn cadarnhau eto bod y Gorky's yn pefrio o'r annisgwyl:

> Mae'r brif gân yn wirioneddol wych, ond mae'n rhaid gofyn pam na all y grŵp ganu'r gytgan yn Gymraeg. Ceir digonedd o gyfeiriadau at ferched, gerddi, ysgol, blodau, haul, lleisiau Beach Boys, organ a hiwmor mewnblyg yr arddegau. Yr hiwmor digyfaddawd hwn, yn wir, yw'r peth mwyaf diddorol am Gorky's, ynghyd â'u hadnabyddiaeth o wahanol arddulliau cerddorol.[7]

Byddai'r albwm dilynol, y drydedd, sef *Bwydtime*, yn 1995 yn ei blesio hefyd:

> Daw rhai caneuon oddi ar yr EP's blaenorol fel 'Miss Trudy' a 'The Game of Eyes' ac ymhlith y rhai newydd mae 'Paid Cheto Pam' a 'Iechyd Da' yn rhagori, gyda'r ola yn mynd â ni'n ôl o ran naws at ganeuon tafarn Cymraeg diwedd y chwedegau. Gyda chaneuon am fwyta halen, gwrachod, sbienddrych a choelcerthi, mae yma rhwng popeth fosaic o wahanol synau a syniadau sy'n gwneud gwrando (yn hytrach na dawnsio) perffaith ar ddyddiau hirfelyn tesog yr haf yma. Mae'r Gorky's yn mynd o nerth i nerth, a dyma eu gwaith gorau hyd yn hyn.[8]

Gwrando mewn anghrediniaeth a wnâi Iestyn George a'i gydweithwyr yn swyddfa'r *NME* pan chwaraeid yr EP arall, *Llanfwrog*, a gyhoeddwyd fel rhagflas cyn cyhoeddi'r albwm *Bwydtime*. Roedd enw'r pentref ar Ynys Môn yn tanlinellu'r cysylltiad â Stiwdio Ofn lle'r oedd yr holl greadigrwydd yn digwydd:

> Mae yna ryw fath o hud iddyn nhw, yn fwy nag unrhyw grŵp arall yn eu maes falle. Dyw e ddim yn gwneud sens bod grŵp mor ifanc yn gwrando ar Robert Wyatt a Soft Machine, pobol ecsentrig ofnadwy. Mae yna gyfuniad o gerddoriaeth hen ffasiwn Gymraeg sydd bob amser yn gry' o ran melodi ond ar yr un pryd mae e'n left field ac yn ymylol ofnadwy. Petai Gorky's yn llwyddo mwy fe fydden nhw'n role models da i Gymru oherwydd dydyn nhw ddim yn swnio fel grwpiau Saesneg.[9]

Erbyn diwedd 1996 peidiodd y cysylltiad â chwmni Ankst a daeth Fontana i'r fei gan gyhoeddi'r sengl *Patio Song* cyn cyhoeddi'r albwm *Barafundle* yn 1997 gan ddenu rhagor o glod. Roedd grwpiau eraill wrthi hefyd fel lladd nadroedd yn ceisio denu sylw'r cwmnïau mawr ar ôl iddyn nhw wneud eu marc gyda'r cwmnïau annibynnol bychain. Wrth adolygu pedair EP gan grwpiau blaengar canol y 90au mynegodd Derec Brown ei amheuon, a'i rwystredigaeth, o weld y duedd o chwennych crafangau'r cwmnïau mawr rhyngwladol a'r tebygolrwydd o lastwreiddio Cymreictod. Y grwpiau a'r recordiau oedd *Moog Droog EP* gan y Super Furry Animals, *Moonbeats...* *Xylophones* gan Gorky's Zygotic Mynci, *Spoonicon* gan Ectogram, oll ar label Ankst, a *Swyniedig* gan Waw Ffactor/Rachel Carpenter ar label R-Bennig:

> Ceir cymysgedd o ganeuon Saesneg a Chymraeg ar y pedair EP yma, ac wrth droedio rhwng dau ddiwylliant, dwy iaith a dau faes, mae yna beryg o aros ar dir neb. Mae'r gwrandawr yn teimlo ei fod yn cael ei ddefnyddio, mai dim ond rhan o'r farchnad ydyw, ac felly collir unrhyw ymddiriedaeth rhyngddo a'r artist... Mae'n siŵr y bydd y pedair EP yma yn cael croeso dros y ffin ac yn dangos unwaith ac am byth nad gwlad beirdd, eisteddfodau, corau a glowyr mo Cymru fach. Ond wrth glosio at ddiwylliant arall, sy'n gyfeillgar ar hyn o bryd, fe gollwyd yr ethos Cymreig a phwrpas gwreiddiol canu yn Gymraeg. Mae hyn yn sefyllfa druenus pan fo grwpiau yn taflu briwsion at gynulleidfa sy'n haeddu gwell.[10]

Prin y byddai gan y Gorky's fawr o amser, hyd yn oed os byddai ganddynt yr awydd yn y lle cyntaf, i ystyried y cysyniad. Fe fydden nhw'n meithrin dilyniant yn Japan a hynny ynddo'i hun, efallai, yn troi'r drol o safbwynt eangfrydedd apêl cerddorol y Mynci's, yn ogystal ag unrhyw bwysigrwydd y dylid ei osod ar eu hymlyniad ieithyddol. Roedd teitl yr albwm *Barafundle* yn gyfeiriad daearyddol arall, y tro hwn ym mhegwn arall Cymru, yn eu cynefin eu hunain ar arfordir de Sir Benfro. Anodd canfod traeth hyfrytach ar ddiwrnod o haf. Yn ogystal â'r Dwyrain Pell roedd y Gorky's yn ennyn cefnogaeth yn eu cynefin, yn y Benfro Saesneg, 'Y Loegr Fach Tu Hwnt i Gymru'. Doedd Dafydd Iwan, Edward H Dafis na'r Trwynau Coch erioed wedi perfformio yn nhiriogaeth disgynyddion y Normaniaid a'r Llychlynwyr. Ond roedd Gorky's Zygotic Mynci yn gigio yn Ninbych-y-pysgod ac Arberth. Ac roedd B B Skone, colofnydd roc y papur wythnosol lleol, y *Western Telegraph*, yn barod i ganu eu clodydd, gan gyfeirio at y defnydd o offerynnau hynafol ar yr albwm *Barafundle*:

> The unique Gorky's sound, like a bittersweet and whimsical
> cross betweeen prog rock, psychedelia, pure pop and several
> genres yet to be invented, remains as fresh and as exciting as
> ever... one of the most original and distinctive sounds that has
> emerged from the vital post-Britpop Welsh scene of the 1990's
> ... Gorky's music is a truly collaborative effort, each member
> bringing their influences to bear on the overall sound. And what
> a sound; using unconventional time signatures, structures,
> instrumentation (crumhorns, anyone?), and melodic patterns,
> Gorky's create an energetic powerful form of rock 'n roll that is
> undoubtedly 'in love with the modern world'.[11]

Cafodd Iwan England ei blesio wrth wrando ar y sengl *Let's
Get Together (In Our Minds)* oddi ar yr albwm *Gorky 5*, a hynny i'r
graddau iddo sylweddoli bod y grŵp yn llwyddo heb arddel yr un
confensiwn pop cydnabyddedig:

> Mae'r eiliadau cynta yn swnio fel cerddoriaeth y byddech chi'n
> chwarae ar ben-blwydd eich mam-gu. Serch hynny, erbyn y
> gytgan gynta mae'r Gorky's yn codi i uchelfannau sydd y tu
> hwnt i gyrraedd unrhyw fand fydd yn ymddangos yn y clwb
> lleol. I gyfeiliant llinynnol nefolaidd, mae'r gân yn tyfu ac yn
> chwyddo at uchafbwynt rhamantus. Yn hytrach na dilyn eu
> patrwm arferol o newid amser a chywair yn gyson, y tro hwn
> mae'r Gorky's yn adeiladu eu cân gam wrth gam. Y canlyniad
> yw profiad pleserus sydd yn gorffen yn llawer rhy sydyn.[12]

Bellach roedd academyddion ym myd cerddoriaeth fodern yn
dechrau dyfalu beth oedd i gyfrif am lwyddiant Gorky's Zygotic
Mynci. Cyhoeddwyd rhai senglau'n benodol ar gyfer y farchnad yn
Japan, cofier. Un o'r academyddion hynny oedd Dai Griffiths, brodor
o Ddyffryn Aman oedd yn ddarlithydd ym Mhrifysgol Brookes yn
Rhydychen. Ni châi anhawster i gyffelybu creadigrwydd y Gorky's ag
eiddo John Cale, y crwt o'r Garnant a ymsefydlodd yn Efrog Newydd.
Bu'n gwrando ar yr albwm *Barafundle*. Medrai hefyd ddelio â'r ddadl
iaith:

> Mae penderfynu aros o ran yr iaith Gymraeg ai peidio, neu
> droi at y Saesneg, neu dipyn o'r ddwy, yn ymddangos yn
> ychydig o lyffethair. Mae a wnelo'r cwestiwn rywfaint â sain ac
> â cherddoriaeth: mewn geiriau eraill, a yw'r bandiau newydd
> yn Gymreig p'run bynnag, uwchlaw'r geiriau? Mae fy ateb
> i hyn yn sicr. Ydyn. A pheth da yw hyn hefyd, ond y mae'n
> golygu symud y ddadl, gan ddychwelyd at iaith ar hyd ffordd

wahanol... Mae'r ffaith fod John Cale yn hoffi Gorky Zygotic Mynci – yn gwneud synnwyr. Pan fydd Euros Childs yn darllen yn uchel, neu'n siarad, mae'n swnio fel llais Cale y straeon byrion, *Velvet.* Yn fwy arwyddocaol, fiola John Cale, ar un ystyr, yw ffidil Megan Childs, sef yr elfen ddiffiniol hollbresennol yn sain Gorky's...

Y peth arall mwy-Cymreig-na-Seisnig ynglŷn â Gorky's yw eu bod yn barhaus yn symud o un arddull i'r llall. Er mor arferol yw gweld hyn fel rhywbeth safonol ôl-fodernaidd, mae hefyd yn arwydd o anfodlonrwydd gyda chyfyngiadau pop: os gallodd Elvis wneud 'All Shook Up' mewn llai na dau funud, pam trafferthu cymryd dim mwy? Unwaith eto mae Cale yn llygad ei le – mae *Music for a new Society*, ei albym gorau, yn plethu at ei gilydd arbrofi *avant-garde* boncyrs, torcalon a bagbibau. Mae gan Gorky's ar eu halbym newydd ddarnau swnllyd, ddynwarediadau gwael a ffôl o gerddoriaeth ganoloesol, caneuon parlwr Edwardaidd, a llawer, llawer mwy. Unwaith eto, mae'n diriogaeth gerddorol-rwystredig: mae pob cân yn gerdd symffonig, pob albym yn gyfres gerddorol...

I grynhoi, mae'r diwylliant Cymraeg yn cynnig noddfa ac ymdeimlad o le, ond dyw e ddim yn talu'r biliau. Eto i gyd, mae unrhyw fand Saesneg ei iaith yn ymdoddi'n naturiol i gerddoriaeth Eingl-Americanaidd yn gyffredinol, boed yn Kraftwerk, Abba, neu The Alarm. Rhywle yn y canol, wedi ei daenu yn y sŵn, y mae gweddill-ddarnau cenedligrwydd. Mae'r arwyddnod cerddorol amlwg, cerddoriaeth werin ffidl-ffadl mor farw â'r dodo. Mae nodau diwylliant diwydiannol yn fwy fel creithiau ar yr wyneb neu beswch myglyd – yn boenus o hollbresennol. Gwrando am y creithiau hyn yw'r allwedd i ddilyn pop Cymreig, a'r mynegbost o ble i fynd.[13]

Os oedd Dai Griffiths yn medru delio â'r dimensiwn Cymreig a Chymraeg doedd hynny ddim yn rhan o feddylfryd Ben Thompson wrth iddo neilltuo pennod i ddelio â gyrfa gynnar Gorky's Zygotic Mynci yn ei lyfr *Seven Years of Plenty*. Am fod geiriau caneuon y grŵp mor abswrd a'r gerddoriaeth mor anghonfensiynol ni phoenai am y cwestiwn 'iaith':

There's no doubt that Gorky's have got better over the years: refining their own distinct brand of pastoral mayhem – a unique and intoxicating hybrid of pop, folk and psychedelia – to ever-higher levels of sophistication, through the infectious surrealism of *Tatay* and the acid-tinged madness of *Bwyd Time*, to the point on *Barafundle* where you think they could try just about anything and get away with it. The first time you hear this intoxicating brew of crazily overloading keyboards and courtly medieval instruments, of mystical ballads and savage attacks on the professional integrity of hated schoolteachers, it's as if someone was whistling these songs when you were a foetus. The germ of greatness was there from the beginning, though.[14]

Ymddengys nad oedd yr un angerdd na'r un meini prawf yn perthyn i'r ddadl iaith wrth ymdrin â chaneuon Gorky's Zygotic Mynci. Hybrid naturiol o ddynoliaeth oedd y prif aelodau yn dychwelyd i geyrydd Saesneg eu cymdogaethau gyda'r nos ar ôl cael chwistrelliad dyddiol o Gymreictod mewn ysgol ddwyieithog ymhell y tu hwnt i'w cynefin. Dibwys a bychanus fyddai eu beirniadu am ddefnyddio'r ffurf 'eu gilydd' yn hytrach na'r 'ei gilydd' arferol yn nheitl un o'u caneuon. Mae'n debyg y byddai eu nodau cerddorol yn tramgwyddo'r puryddion hefyd.

Ond o'r cawl potsh yma o gefndir a thrwy gadw'n driw iddynt hwy eu hunain, trwy beidio ag efelychu a thrwy anwybyddu'r rheolau o'r cychwyn cyntaf, esblygodd corff o waith na fedrai hyd yn oed y dadansoddwyr miniocaf roi'r union fys ar yr allwedd i'w lwyddiant. Doedd yr adolygwyr Cymraeg ddim yn ystyried tafoli offrwm nad oedd yn cynnwys ond dyrnaid o ganeuon Cymraeg yn brofiad gorchwithig. Yr hynodrwydd a gariai'r dydd – hynodrwydd a ddangosai nad oedd cerddoriaeth y Gorky's yn cymryd ei lle'n esmwyth ym mhrif lif y canu Eingl-Americanaidd chwaith.

Anodd gwybod yn gwmws ble oedden nhw rhwng.

23 / Yr Ebillion

Clerwr yw Twm Morys. Mae'n gwisgo fel clerwr. Sylwch ar ei het fawr ddu a fu ryw dro, efallai, ar gorun rhyw fwci-bo neu rafin gwyllt. Rhaid ei fod wedi ei chanfod yng nghornel dywyll rhyw dafarn ddiarffordd ym mherfeddion Llydaw. Rhy ei olwg yr argraff bod ganddo atebion i ddyrys a dirgel faterion bywyd. Teithiodd yn helaeth. Mae'n siarad fel clerwr. Clywch ei Gymraeg yn tasgu fel gwreichion oddi ar eingion. Mae'n gyfuniad o borthmon a baledwr yn chwennych cwmni i rannu chwart o gwrw, casgen o fedd neu ffiol o win, ynghyd â doniolwch os nad anlladrwydd rhibidirês o rigymau, cywyddau masweddol wrth y llatheidiau neu fwrlwm cân boed honno'n gân serch neu'n delyneg llawn hiraeth. Cwrw a chynghanedd, diod a delweddau yw ei bethau. Pa ryfedd ei fod yn ymateb i helyntion nos Sadwrn olaf Eisteddfod Genedlaethol Llanrwst 1989 fel petai'n glerwr wedi ei drawsblannu o'r canrifoedd pell pan oedd clera'n alwedigaeth o bwys?

> Yn Act 1, mi feddwodd pawb yn dwll a rhuthro'n un haid i'r lle chwech a'i falu a thynnu'r nenfwd am eu pennau ac yna lluchio rhywun drwy ffenest y dafarn. Yn Act 2, mi honciodd pawb yn eu holau i'r maes pebyll efo llond eu hafflau o ganiau i sglaffio hambyrgyrs a hewian Efengylwyr. Ac mewn corneli tywyll, bu chwydu mawr a ffwrcho. Yn Act 3, roedd pawb yn drewi mewn sachau ac ambell un yn codi ac yn hercian yn ôl i'r dre i slotian eto. Ond doedd dim llymaid i'w gael. Roedd y drysau wedi'u bolltio, a styllod ar draws y ffenestri a phawb yn Llanrwst yn diolch i'r nefoedd fod yr Eisteddfod Genedlaethol yn dal i symud.[1]

Pa ryfedd bod ei ddisgrifiad wedi denu ple ar ran Hazel Charles Evans o Lanelli yn deisyf ar yr ieuenctid i ystyried goblygiadau eu hymddygiad ac i newid eu ffyrdd?

> Diolch am aberth yr ifanc i rai cyfeiriadau, am eu safiad a'u sêl, ond beth am sianelu'r brwdfrydedd a diolch i Dduw ar

ddechrau'r Ŵyl am fodolaeth y genedl, ei hanes, a'i harwyr? Bobol ifanc Cymru, beth am lanw'r Babell fawr neu'r Babell Bop ar brynhawn Sul mewn Cymanfa Fodern o Fawl i Dduw? Heriaf drefnwyr yr Ŵyl ynghyd â gweinidogion ifanc Cymru, o bob enwad, i gynnig cyfle i'r ifanc gynnal oedfa. Pan ddechreua ieuenctid Cymru anwylo cwpan y Cymun a mwynhau i'r eitha' y rhyddid a ddaw o ddilyn Crist fe welwn Gymru yn ôl ar ei thraed eto a'i deiliaid yn ymarfer yr heniaith yn ei phurdeb.[2]

Fyddai'r ple ddim wedi creu fawr o argraff ar Twm. Arall oedd ei gefndir. Doedd e erioed wedi dweud adnod yn y Sêt Fawr nac wedi anghofio llinell ar lwyfan yr un eisteddfod. Doedd capel Anghydffurfiol na chwrdd cystadleuol ddim yn rhan o'i fagwraeth. Yn wir, ar un olwg, prin bod yna reswm iddo fod yn Gymro o gwbl. Cefndir addysgol ysgol fonedd yn yr Amwythig oedd ganddo ond roedd yna waed coch Cymreig yno rhywle yn ei wythiennau. Bu'n mela ag ardaloedd y Gororau a Brycheiniog yn arbennig. Astudiodd Gymraeg ar gyfer lefel A yn Ysgol Uwchradd Aberhonddu. Roedd ei dad, yr awdur James Morris a droes yn awdures, Jan Morris, yn meddu ar ymdeimlad dwfn o dras, hanes a lleoliad. Darganfuwyd llinynnau'r gwreiddiau Cymreig yn Eifionydd a doedd dim pall ar ei dyrchu i hanes hynafiaid a chyflwyno'r hyn a ddarganfu ar wedd fodern.

Bu Twm yn bysgio ar hyd strydoedd Abertawe gyda'i gitâr a'i organ geg yn cyflwyno caneuon gwerin a chaneuon Bob Dylan, yn ogystal ag alawon o'i wneuthuriad ei hun megis 'Swyddfa Bost Aberystwyth' a 'Difyrrwch Gweinidogion Tywyn'. Arferai ganu penillion megis

> Rhowch imi bres, y merchaid cwta,
> Mae gennych ddigon yn eich bagia,
> Chwithau'r bancars, dewch â ffeifar,
> Dwi heb gael stecsan ers nos Wenar.

Bu'n gwneud yr un fath yn Eisteddfodau diwedd yr 80au. Ffurfiodd bartneriaeth gyda Gorwel Roberts er mwyn clera ac o dipyn i beth fe eginodd yr Ebillion. Treuliodd amser yn Llydaw a ffoli a rhyfeddu ar y wlad, gan deimlo'n gartrefol ymhlith ei gefndryd gwyllt. Canfyddodd hen rialtwch Cymreig yno:

> 'Adeg An Ened' neu Ŵyl yr Ynyd oedd hi yn Douarnenez. Fuodd yna ddim byd tebyg yng Nghymru ers adeg y Gwylmabsantau – heblaw Steddfod Port hwyrach. Mae pob copa walltog yn

tyrru i'r Offeren Fawr i'r offeiriaid gael maddau iddyn nhw o flaen llaw, ac wedyn am dri diwrnod a thair noson maen nhw'n meddwi'n chwil gaib, ac yn gwneud follenteziau neu ffolinebau mawr, mewn gwisg ffansi.[3]

Ffurfiodd bartneriaeth gerddorol gyda Nolwenn Korbell hefyd, un a oedd wedi ei thrwytho yn niwylliant gwerin ei gwlad. Fe fu triniaeth y telynor Alan Stivell o hen alawon Celtaidd yn agoriad llygad iddo, ac yn fodd o'i argyhoeddi ymhellach o'r angen i ddefnyddio traddodiad at amcanion cyfoes. Roedd ganddo genhadaeth a doedd e ddim yn swil o'i chyhoeddi ym mherson ei *alter ego*, Bob Delyn:

> O sbïo'n ôl ar darddiad caneuon Cymraeg, mae'r rhan fwya' yn dod o wledydd eraill, ond yn Llydaw mae'r alawon i gyd yn rhai brodorol, ac wedi bod ers cenedlaethau, a hyd yn oed y rhai newydd yn cael eu llunio ar batrwm yr hen rai. Oherwydd hynny mae ganddyn nhw gyfoeth o ganeuon brodorol sy'n dal yn berthnasol i bobl ifanc heddiw. Mae yna rhythm cry iawn yn perthyn i'w miwsig nhw, ac fel Cymry mae gynnon ni hawl i gael ein dylanwadu ganddo fo... Yng Nghymru, pan o'n i'n dechrau canu'r delyn, roedd pawb yn chwarae'r delyn fawr, oedd yn ffitio'n dwt i gefn y Volvo. Fe ddaeth Stivell a chyhoeddi *Renaissance de l'harp Celtique* sy'n dal i yrru iasau lawr 'y nghefn i oherwydd ei bod hi mor syml.[4]

Os oedd dylanwad y Llydäwr Alan Stivell a'i delyn yn cael ei adlewyrchu yn yr enw a ddewisodd Twm Morys ar gyfer ei hun fel cerddor, yna roedd hanner arall yr enw yn adlewyrchu dylanwad Bob Dylan, yr Americanwr o dras Iddewig:

> Mae ei ddylanwad o'n fawr ar fy ngeiriau i. Yr hyn ddysgodd o i mi oedd bod yna ffordd o sgwennu cân llawn delweddau sy'n gadael i ti dorri'n rhydd oddi wrth unrhyw un ystyr penodol, yn wahanol i'r rhan fwyaf o ganeuon Cymraeg, lle nad oes yna ddim ond un ystyr, un haen o ddeall clir a phendant ar y gwrandawiad cynta'. Os wyt ti'n defnyddio delweddau cymhleth, ystyrlon fel y mae Bob Dylan yn ei wneud, yna mae gen ti ystyr sy'n rhywbeth pendant iawn i'r sgwennwr, ond yn golygu rhywbeth gwahanol yn ôl profiad yr un sy'n gwrando. Mae hynny'n gwneud y gân yn llawer mwy cyfoethog. Mae yna le i gân sy'n sôn am ddigwyddiad penodol ar adeg benodol, fel 'Peintio'r Byd yn Wyrdd', ond ymhen hanner can mlynedd mae yna beryg i'r ystyr bylu, i gilio o brofiadau pobl.[5]

Yn yr un cyfweliad gydag Iwan Llwyd soniodd am y rhyddid yr oedd yn chwilio amdano o fewn y caneuon gwerin cydnabyddedig:

Y gwir amdani yw mai cryfder caneuon gwerin ydi eu hadeiladwaith nhw. Maen nhw wedi eu hadeiladu ar sail cordiau cryfion, ond o fewn y cordiau hynny mae gen ti ryddid. Dos di at y chwarel a chael hyd i gân, ffosil o'r garreg; wedyn mae o i fyny i ti adfer y cordiau ar sail yr alaw. Dyna le mae'r rhyddid. Y cyfan sydd gen ti ydi nodau. Mae gen ti hawl i newid y bît, y tempo a'r cordiau hefyd – gosod rhai lleddf lle'r oedd y llon. Rhoi cig ar esgyrn y ffosil. Dydi hynny ddim yn cael ei dderbyn yn y wlad yma. Dyna un peth a'm denodd at Alan Stivell a'i ddefnydd o alawon gwerin ac alawon Llydaw. Yng Nghymru mae canu traddodiadol wedi mynd yn fonopoli, yn eiddo un math o bobl. Does ganddyn nhw ddim ond un ffordd o ganu 'Lisa Lân', yn ôl sut y'i cofnodwyd hi ar bapur. Ond mae 'Lisa Lan' yn union fel 'Isis' Bob Dylan, yr un cordiau – cyd-ddigwyddiad llwyr – ond fe elli di ei chanu hi efo'r un rhythm, yr un bît, ac mae gen ti berffaith hawl i wneud hynny. Does bia neb yr hen ganeuon, mae'r hawlfraint wedi darfod ers canrifoedd. Mae'n bechod na fasa llawer rhagor o bobl wedi mynd yn ôl at y chwarel cyn hyn.[6]

Dyna osod ei stondin. Clamp o her iddo i'w hebillio. Y cynnig cyntaf oedd *Croeso i'r Crac Cymraeg* ar label Ofn. Roedd Cedwyn Aled yn croesawu'r record am ei bod yn ots i'r cyffredin:

Dyw'r bois yma ddim yn swnio fel petaen nhw'n cymryd cân, yn ei whare hi'n berffaith, ac wedyn yn ei rhoi hi nôl yng ngofal Sain Ffagan tan y tro nesa (fel gwisg yr Orsedd). Na, mae'r bois yma'n swnio fel petai arnyn nhw eisiau cael crac at fyw'r caneuon, yn ogystal â'u canu nhw.[7]

Ni flinai Twm Morys sôn am yr angen i drin hen alawon yn greadigol drwy newid y geiriau neu'r trefniant. Ni chredai fod yna bwrpas i gerddorion Cymreig chwarae alaw Wyddelig pan fo degau o grwpiau Iwerddon, yn ôl pob tebyg, yn ei chwarae'n gan mil gwell. Mynnai fod rhaid wrth fwy na dysgu alaw yn union fel y cafodd ei chofnodi mewn llyfr. Rhaid oedd rhoi bywyd ac ysbryd o'r newydd iddi. Yr ysbryd hwnnw oedd Bob Delyn, ysbryd a fu erioed ond a fu'n dawedog ar ôl i ddiwygwyr dorri ei delynau yn y 18fed ganrif, ac yntau ddim ond wedi mentro nôl wrth i afael y capeli ar y werin bobl ddechrau llacio. Wrth fwrw golwg ar *Sgwarnogod Bach Bob* (Crai), mewn adolygiad hynod o broffwydol, cyfeiriodd Derec Brown at y modd yr oedd yr ysbryd yn gwrteithio'r tir:

Yn aml gwelir y grŵp yn cyrraedd rhyw le (tafarn neu westy gan amla') gyda'u hofferynnau, ac yn dechrau ar sesiwn cerddorol eitha anffurfiol. A dyna beth sy'n nodweddu'r grŵp a grwpiau eraill o'r fath – agwedd.[8]

Adolygu'r un offrwm ar dudalennau *Sothach* a wnâi Huw Dylan, gan nodi bod canu gwerin Cymraeg wedi camu i gyfeiriad newydd:

> Cam ymlaen i'r gorffennol? Gyda Bob D. a'r Ebillion erbyn hyn yn brif grŵp (feiddia' i ddweud o?) gwerin Cymru, roedd hi'n hen bryd derbyn arlwy newydd o ganeuon ar gasét/LP ganddynt. Wedi llwyddiant di-ben-draw eu tâp herfeiddiol cynta', *Croeso i'r Crac Cymraeg*, a'r gân pync-gwerin gyntaf yn y Gymraeg, 'Gwyddel yn y Dre', roedd hi'n anodd gwybod beth i'w ddisgwyl gan griw mor ddawnus. Ond yma, gydag ychydig o dywyllwch hwyrol, ychydig o farnish gitâr a naws gyfoes ryfeddol... maen nhw'n taro tri ar ddeg heb sôn am ddeuddeg! Mae safon hyd yn oed y gân wannaf ar y tâp/LP yn dangos i bawb mai dyma'r grŵp gorau yng Nghymru ers blynyddoedd. Mae lle i grwpiau roc diflas Cymraeg (sef pob grŵp dawns, pync, trwm, rap a grwpiau sy'n efelychu sŵn Manceinion) ddechrau poeni. Anghofiwch eich rhagfarn negyddol sydd wedi datblygu ers dawnsio gwerin sbaddedig yr Eisteddfodau, twmpathau hen ffasiwn yr Urdd a gwylio Ar Log eto fyth yn perfformio'r set nodyn-berffaith ddiflas, mae Bob D yma i roi'r sioe ddiwylliannol fwyaf ers cryn amser... Yn gyfoes a chyntefig, yn ddinesig a gwledig, mae cerddoriaeth Bob Delyn a'r Ebillion yn llwyddo orau yn y gofod sydd rhwng categorïau tebyg, yn puro, yn ail-ddiffinio ac yn alcemeiddio. Swyn pur. Deg allan o ddeg.[9]

Fe gymerodd hi'n agos at ddwy flynedd i esgor ar yr offrwm nesaf, a hir fu'r disgwyl a'r dyfalu ynghylch y casét a'r CD *Gedon*. Ond yn y cyfamser bu Bob a'r Ebillion yn brysur yn perfformio'n fyw yn lle bynnag fyddai'n estyn gwahoddiad iddynt, gan sylweddoli cymaint o waith oedd yna i gyflwyno'r diwylliant Cymraeg gerbron y Cymry eu hunain, o gymharu â'r marchnata tragwyddol ar bob agwedd ar adloniant yr iaith fain:

> Mi aethon ni ar gyrch i dafarn yn Llanrhaeadr ym Mochnant. Roedd yna ryw foi yno yn canu efo *backing tapes* – 'Lady in Red' – a rhyw bethau felly – a Chymry o bob oed oedd pawb yn y dafarn. Mi aethon ni i gyfeilio iddo fo, ac yna canu ychydig yn Gymraeg. Roeddan nhw wrth eu boddau. Pam nad ydi ein diwylliant ni yn cael ei drefnu a'i hyrwyddo'n well fel ei fod o'n cyrraedd reit at y ffin, neu hyd yn oed dros y ffin? A rŵan ydi'r adeg i'w wneud o, cyn i'r Gymraeg farw oherwydd diffyg diddordeb.[10]

Ymddengys bod ystyr teitl yr offrwm hirddisgwyliedig yn parhau'n ddirgelwch. Cymysg oedd ymateb Huw Gwyn wrth gyhoeddi'n groch mai camarweiniol oedd ystyried Bob Delyn a'r Ebillion yn rhan o'r byd canu gwerin:

> Dyw un delyn ddim yn creu grŵp gwerin, dim mwy nag oedd ffidil yn creu grŵp gwerin o'r Velvet Underground neu Gorky's. Yn anffodus nid felly mae Twm Morys a Gorwel Roberts yn ei gweld hi yn fy nhyb i. Maen nhw'n ceisio creu record wych ddwys gerddorol lenyddol hyfryd mae'n debyg, ond yn ceisio uno hynny gyda delwedd hwyliog wirion y 'taith wallgo arall ar drên bach y sgwarnogod...' sydd ddim hyd yn oed yn ddigri na'n ddoniol! Mae'r ddeuoliaeth ryfedd yma yn cael ei arddangos ar ei waethaf ar y trychineb o gân/ymosodiad ar y Cnapan – 'Corsydd Fyrjinia'. Melltith o gân sâl sy'n ymosod ar Ŵyl Werin y Cnapan ac ar bobl Ffostrasol... Yn fyw mae Bob Delyn wedi mynd i swnio fel band R & B. Os am gwerin gwyllt go iawn prynwch 'Red Kola' gan Nyah Fearties a gwgu ar unrhyw 'folkie'.[11]

Roedd Derec Brown ychydig yn garedicach, er ei fod yn derbyn y byddai'r sawl a fynnai ei ganu gwerin yn bur a glân yn sicr o gael ei siomi. Serch hynny roedd llawer o nodweddion i'w hedmygu:

> Ceir arddull gwerin/roc *a la* Stivell neu Fairport Convention ar ganeuon fel 'Poeni Dim' a 'Mil Harddach Wyt', gyda'r sacs ar yr ail gân yn arbennig. Ceir arddull sgiffl y Cynghorwyr ar y gân tynnu-coes 'Corsydd Fyrjinia' a 'Séance Syr Watcyn', lle maen nhw'n ymylu ar hiwmor y Bonzo Dog Doo Dah Band!... Gemau'r casgliad yw 'Llys Ifor Hael' a 'Blodau Haearn Blodau Glo', gyda'u hawyrgylch arallfydol a'u delweddau o oes a fu. Yn y ddwy gân yma, ynghyd â'r 'Clerwr Olaf', mae'r farddoniaeth ar ei phrydferthaf, gyda delweddau rhamantus a hudol fel 'mae'i hebog o'n ddall ar ei ysgwydd' a 'maen nhw'n dŵad heb ddim plu'n eu hetia duon'. Fe ddylai *Gedon* blesio dilynwyr Bob, ond fe ddylai hefyd ddenu rhai newydd. Er iddo ganu 'mae'r clerwr ola wedi mynd o'r byd', dwi ddim mor siŵr – wedi'r cyfan, onid clerwr yw Bob?[12]

Roedd Huw 'Bobs' Pritchard ar ben ei ddigon ac yn rhag-weld y byddai'n gwrando ar *Gedon* drosodd a throsodd:

> Yr argraff a geir wrth wrando ac edrych ar nodiadau clawr *Gedon* yw mai dyma grŵp rhyngwladol, cyfoes, arbennig ac unigryw. Gyda Gorwel Owen yn cynhyrchu, mae caneuon Twm

Morys a cherddoriaeth yr Ebillion yn hudolus, gwefreiddiol ac anhygoel! Cyfrinach y tâp yw'r *ambience* cyson sy'n cynnwys lleisiau ac offerynnau chwib fel cefndir i lais sibrydol a delweddol Hen Ffordd Gymreig (a Llydewig) o fyw yr awdur. Ar draws yr *ambience* addfwyn, fe ddaw ambell ffrwydriad abswrd i'n hatgoffa mai yn y 90au amherffaith yr ydym yn byw. Am weddill yr amser rydym ar goll ym myd swreal gwerinol-dechnolegol *Gedon* ac mae'n deimlad annisgrifiadwy.[13]

Ond nid casét a CD yn unig oedd *Gedon*. Cynhyrchwyd fideo hefyd a'i ddarlledu ar raglen *Dim Tafod* ar S4C ar nos Fawrth, 28 Rhagfyr 28, 1993. Roedd y dyddiad yn werth ei nodi fel dyddiad o bwys hanesyddol yn ôl yr adolygwyr. Sylwodd Derec Brown ar y delweddau swreal blith draphlith:

> Trwy'r fideo ceir delweddau o fynd a dod mewn amser gan greu'r argraff fod y caneuon yn perthyn i unrhyw amser. Er enghraifft, dechreua 'Seans Syr Watcyn' fel rhyw barodi ar berfformiad o *Hywel a Blodwen* o'r oes a fu, ond ar ôl dwy funud, daw'r band i mewn gyda'r sacs, gitâr a drymiau i roi naws swreal i weddill y gân. Ceir llawer o ddelweddau o yfed a bwyta, chwerthin a mwynhau, a chyferbyniad rhwng golygfeydd llonydd a rhithiol 'Dacw Nghariad' a 'Poeni Dim' a rhai cyflym ac i'r pwynt yn 'Y Clerwr Ola' a 'Trên Bach y Sgwarnogod'. Yn ôl y clawr, canlyniad cydweithio rhwng Twm Morys, canwr y grŵp, a Meical Jones, y gwneuthurwr ffilm, yw'r fideo, ac ar sail y gwaith yma, mae'n bartneriaeth lwyddiannus.[14]

Roedd Pwyll ap Siôn wedi ei gyfareddu gan yr egni a'r lledrith yn y dehongliadau gweledol:

> Mae traddodiadau a lleoliadau cymdeithas yn dod yn wrthrych nifer y caneuon; cyfeddach y dafarn, y wledd, yr angladd, y gwasanaeth crefyddol, y theatr, ac yn aml mae ein rhagdybiaethau ynglŷn â'r pethau hyn yn cael eu gwyrdroi; mae'r capel yn troi'n barti sy'n llawn o bobl wallgo, gyda'r pregethwr yn traethu dogma i'r dyrfa, ac mae'r theatr yn troi'n gyff gwawd i'r dosbarth uchel sy'n llawn dilettantes ffals. Drwy'r cyfan, mae'r camera fel llygad artistig, yn dethol, golygu a chofnodi'r adegau pwysig gwerthfawr. Dyma ffrwyth cydweithio cadarnhaol rhwng y band a'r cynhyrchydd, ac mae'r canlyniad yn un o gampweithiau mwyaf y diwydiant ffilm yng Nghymru.[15]

Roedd aelodau'r band oll yn 'sgwarnogod' ac yn unol â natur sgwarnog doedd pob un ddim ar gael ar gyfer pob gig a chyhoeddiad.

Ond mae'n werth nodi enwau rhai o'r cerddorion clustiau hirion fyddai ar gael o bryd i'w gilydd. Ymhlith y drymwyr yr oedd Hefin Huws a Gwyn Maffia. Edwin Humphries fyddai'n chwythu'r sacsoffon wedyn a naill ai Jamie Dore neu Gai Toms yn gwibio i chwarae'r gitâr fas.

Ac os oedd Bob Delyn yn ebillio yna roedd Twm Morys yn penillio a hynny mewn modd yr un mor eiconoclastig â'i bersona cerddorol. Syllu ar y darllenydd yn unllygeidiog o dan ei het a wna ar glawr ei gyfrol *Ofn Fy Het*. Ac yn ôl Simon Brooks roedd yna gysylltiad rhwng y ddau bersona:

> Mae Bob Delyn a'r Ebillion wedi chwyldroi canu gwerin yng Nghymru. Mae'u llwyddiant ynghlwm wrth ddelwedd Twm fel *icon* rhywiol. Ond mae yma hefyd osgo newydd sydd yn codi hen benillion ar wedd fodern a swrrealaidd.[16]

Roedd Gruffydd Aled Williams, wrth adolygu'r un gyfrol, yn ymwybodol bod gan yr awdur fwy nag un persona ac un o'r rheiny, hyd yn oed, yn sgrifennu cyflwyniad (chwareus) i'r gyfrol:

> Mewn cyflwyniad i'r gyfrol (a sgrifennwyd ganddo cyn ei foddi trist ar wyliau 'sgota yn Pogmohôn, Iwerddon ar drothwy'r Nadolig) meiddiodd yr Athro Neil Sagan (prifysgol Morgannwg gynt) ddyfarnu fod Twm Morys yn 'fardd sâl iawn'. Am unwaith, mae arnaf ofn, y mae'r diweddar Athro hoff yn methu'n o arw. Yr oedd unwaith yng Nghymru ddosbarth o feirdd amharchus – y glêr – a grwydrai'r wlad o lys y lys ac o dafarn i dafarn yn cyflwyno cerddi hwyliog a ffraeth ac yn cadw reiat, er dirfawr anniddigrwydd i barchusedigion a sefydliad llenyddol yr oes. Rwy'n tybio fod Twm Morys yn fardd a fyddai'n arddel yr enw 'clerwr' gyda balchder... Yr hyn a ddengys ei gyfrol ddifyr a diddorol yw bod modd cyfuno clerwriaeth a phrydyddiaeth, meddwdod a sobrwydd barddol, yn llwyddiannus. Edrychwn ymlaen at weld gwireddu mwy o bosibiliadau creadigol cyffrous y cyfuniad hwn yng ngwaith bardd llachar, ac efallai athrylithgar, ei ddoniau. Efallai bod 1995 yn rhy gynnar i fentro dyfarnu'r gadair i glerwr na ellid bod yn siŵr o'i sobrwydd. Ond rwy'n synhwyro y daw ei ddydd.[17]

Do, fe fu'r clerwr a'r reufardd yn perfformio yng ngŵyl Glastonbury gyda'r Ebillion ac mewn gwyliau gwerin di-ri ar y cyfandir, gan gynnwys rhai yn Llydaw, wrth gwrs. Cyhoeddwyd casét a CD *Gwbade Bach Cochlyd* yn 1996, ac yn ôl Pwyll ap Siôn roedd yr offrwm yn haeddu mwy nag un gwrandawiad:

Y môr sy'n gwahanu diwylliant Celtaidd y Gymraeg a'r
Llydaweg, ond maent wedi eu huno yn y modd creadigol mwyaf
grymus yng ngwaith Bob Delyn a'r Ebillion... Mae 'na ganeuon
cofiadwy ar *Gwbade Bach Cochlyd*, yn eu mysg 'Pwy fedar
Olchi', a 'Dacw Dir' ac 'Y Teithiwr'; ond fel CD arall a gymerodd
flynyddoedd lawer i'w eni a'i ddatblygu, *Canol Llonydd Distaw*
Steve Eaves, mae 'na ddyfnder aruthrol yn perthyn i'r recordiad
nad yw'n gwbl amlwg ar ôl y gwrandawiad cyntaf.[18]

Cyhoeddwyd CD *Dore* yn 2003. A do, fe ddaeth dydd y clerwr a'r
prydydd pan gafodd ei gadeirio yn Eisteddfod Genedlaethol Maldwyn
a'r Gororau 2003, a gynhaliwyd ym mhentref Meifod, ac yntau'n
gwisgo crys-t ac arno neges mudiad Cymuned, 'Dal dy dir'. Ym marn
y beirniaid, ac Ieuan Wyn yn arbennig, roedd awdl Twm Morys wedi
cwmpasu holl drueni cyfoes Cymru wrth ymdrin â'r testun *Drysau*,
a'r prifardd wedi defnyddio un o chwedlau'r Mabinogi i gynnal ei
weledigaeth drosiadol:

> Mae'n ymdrin â chwestiwn mawr mewn llenyddiaeth, sef beth
> yw realiti a sut mae ei wynebu. Ystyrir hynny ganddo mewn
> perthynas â'n cyfwng neilltuol ni'r Cymry Cymraeg a'n hymateb
> i fygythiad difodiant. Mae'n rhoi inni ymdriniaeth o gyflwr y
> seici Cymreig a chymhleth y taeog, a'r ymdriniaeth honno yn
> gynnyrch dychymyg celfyddydol... Yn neuadd ei anghofrwydd
> – yn ei gyflwr di-gof, anghymreig – mae'r Cymro'n dynwared
> y byd Eingl-Americanaidd; nid yn unig yn coleddu allanolion
> arwynebol diwylliant arall ond yn mabwysiadu ei gof yn
> gynhysgaeth hefyd, gan ddiosg ei hunaniaeth a'i hanes ei hun:
> 'Mae'r cap o America,/ mae'r co'n Americana'...[19]

Nid yw clerwr yn dilyn gyrfa fel bardd. Ennill crwstyn a'i fwyta yw
hynt clerwr. Y mae â'i fys ymhob brywes, ac wastad yn cadw ebill wrth
law boed hwnnw'n gymar i'r cŷn sy'n rhan o gist arfau'r saer neu'n
hoelen ar gyfer cadw tant y delyn yn ei le. Waeth ni wyddys pa bryd y
bydd angen y naill ddefnydd neu'r llall. Dau fyddai'n ymhyfrydu yng
nghampau Twm Morys a Bob Delyn am eu bod hwythau hefyd o'r un
anian â'r clerwr fyddai Elfed Lewys ac Eirwyn Pontshân, dau y bu'n
rhaid ffarwelio â hwy yn y 90au.

24 / Iechyd Da a Hyfryd Iawn

Roedd yna fwy i fuchedd Elfed Bach a Phontshân na dilyn eu gyrfaoedd, y naill yn weinidog yr efengyl a'r llall yn saer coed. O ran eu diddordebau a'u cynhysgaeth roedd yn amlwg eu bod yn perthyn i hen linyn hir o Gymreictod â'u bywydau'n rhychwantu cwmpas ehangach na'u dyddiol ddyletswyddau. Cyfeiriwyd eisoes at gampau diwylliannol Elfed Lewys yn y gyfrol *Be Bop a Lula'r Delyn Aur.* Byddai ei bresenoldeb bob amser yn cyffwrdd â chalonnau lle bynnag y byddai, boed yn arwain canu, yn seiadu neu'n annog rhyw weithgaredd er budd cadw'r chwedlau'n fyw.

Ar ddiwrnod oer yn gynnar yn 1999 bu'n rhaid daearu ei weddillion ym mynwent Capel Pen-y-groes yr Annibynwyr, o fewn golwg i Garn Alw ar Fynydd y Preseli ger Crymych, lle treuliodd ei laslencyndod cynnar cyn symud i Gefneithin. Roedd Euros Lewis yn gyfarwydd â derbyn galwadau ffôn yn hwyr y nos a chanfod mai Lewys arall oedd ar yr ochr draw yn awyddus i wyntyllu rhyw fater neu'i gilydd. Cywir oedd ei ddisgrifiad ohono fel 'Elfed y ganolfan ddiwylliannol beribatetig un-dyn':

> Roedd Elfed yn meddu ar gymaint o ddoniau artistig a medrau cymdeithasol fel mai'r unig air cymwys ar ei gyfer oedd 'unigryw'. Ond er mor rhyfeddol ystod ei alluoedd, yr hyn a'i gosodai ar wahân oedd ei annibendod – annibendod creadigol a fyddai'n ei alluogi i droi llys barn yn sgubor lawen, canu baled yn arf brotest finiog a chyfoes, neu steddle cae rygbi yn ysgol adfer y gân. Diolch na chadwodd ddim o'i ddoniau cyhoeddus o dan lestr. Ond o bair dirgel ei anghydffurfiaeth gynhenid y tarddai ei athrylith fel bod creadigol: ei awydd a'i allu rhyfeddol i ddwyn cymhendod o gefnfor annibendod.

> Pan fyddai'r ffôn yn canu'n hwyr gyda'r nos, fyddech chi ddim bob amser am ateb. Fyddech chi'n lled ofni clywed Elfed, un o gorgwn prin ein diwylliant, yn brathu'ch cydwybod parthed syniad a oedd heb ei wireddu. A chithau moyn gorffwys! Ond doedd dim gorffwys i'w gael. Wedi'r cyfan – beth bynnag oedd

y cyfrwng – hen frwydrwr oedd Elfed a'i frwydr fwyaf oedd brwydr dros adnabyddiaeth o wir botensial ein diwylliant.[1]

Doedd gan neb fwy o ddyled gerddorol iddo na'r gantores werin Linda Healy, aelod o'r grŵp Plethyn:

> Doedd yr hyn nad oedd Elfed yn ei wybod am ganu gwerin ddim yn werth ei wybod ac anghofia i fyth yr hyfforddiant cynnar hwnnw. Dysgais am gynildeb ac amseru – dysgais fod arddull canu gwerin yn gwbl wahanol i unrhyw fath arall o ganu. Oedd, roedd Elfed yn deall ei bethau. Mae Cymru'n gorlifo o bobl gerddorol o bob math ond prin iawn yw'r rhai sy'n deall canu gwerin. Roedd Elfed yn un o'r rhai prin hynny. Brwydrodd yn ffyrnig dros nifer o bethau yn ystod ei oes – un o'r rheiny oedd canu gwerin 'go iawn'. Roedd yn gwylltio gyda'r beirniaid hynny oedd yn rhoi blaenoriaeth bob tro i'r hyn yr oedd yn ei alw'n 'unawdwyr yn canu cân werin'. Pan oedd Elfed yn beirniadu, doedd e byth yn mynd am y dewis bach diogel, confensiynol, y cyflwyniad perffaith, y brawddegu cywir a.y.y.b. – na, roedd yn mynd am y perfformiad mwyaf gwerinol. Os oedd yna gymeriad ymhlith y cystadleuwyr; hwnnw neu honno fyddai ar y llwyfan ac Elfed wrth ei fodd, yn eistedd yn ôl yn ei gadair ac yn wên o glust i glust.[2]

Byddai Elfed Lewys yn dymuno iechyd da diwylliannol i bawb a'i cyfarfyddai. Byddai'n arfer gan Eirwyn Pontshân i ddymuno iechyd da i'w gydnabod hefyd. Roedd hynny'n rhan o'i ddyletswydd fel Llywydd Anrhydeddus Undeb y Tancwyr. Rhoes sêl bendith ar y gelfyddyd o ddiota yn null yr hen wyliau mabsant na fyddai neb yn eu cofio bellach. Rhoddwyd sylw i'w gampau yntau yn y gyfrol flaenorol ac i'w weryd yr aeth yntau yn gynnar yn 1994. Prin yr adwaenai neb ef yn well, y tu hwnt i'w deulu clòs, na Lyn Ebenezer:

> I Eirwyn, roedd cenedlaetholdeb yn gynneddf gwbl naturiol. Doedd yna'r un ffordd arall o fyw. Ac fe lwyddodd i gyfuno cenedlaetholdeb iach a hiwmor. Ei ddau arwr mawr oedd Idwal Jones a Saunders Lewis. Fel teyrnged i'r ddau fe enwodd ei blant yn Idwal a Blodeuwedd. Roedd Eirwyn yn athronydd a gallai siarad yn huawdl am Socrates a Plato. Ac, yn groes i'r dybiaeth mai ei gof anhygoel a'i ddawn i dynnu o'r cof hwnnw rigwm neu stori ar gyfer pob achlysur oedd yn bennaf gyfrifol am ei ddawn i ddiddanu, medrai saethu allan berl mewn eiliad. Rwy'n cofio'n dda, ar y Mynydd Bach, ffilmio eitem gydag Eirwyn am hen foncyffion derw'r gors. Dyma ganfod enghraifft wych a gofyn i Eirwyn pa mor hen oedd y pren yn debyg o fod? Ei ateb oedd, 'Lyn bach, o'dd hon ond yn fesen pan o'dd Adda'n grwt'.[3]

Neilltuwyd y rhan helaethaf o un o rifynnau'r cylchgrawn *Llafar Gwlad* y gwanwyn hwnnw i gyhoeddi teyrngedau i'r gŵr o ganolbarth Ceredigion. Roedd gan berchennog gwasg Y Lolfa, Robat Gruffudd, reswm arbennig dros dalu teyrnged i Eirwyn Jones. Nid yn unig roedd un o bosteri clyfar cynnar Y Lolfa wedi ei seilio ar lun o Pontshân yn yfed peint o laeth gan gyhoeddi 'Iechyd Da', ond fe gyhoeddodd y wasg hefyd ddwy gyfrol o'i straeon afieithus ac unigryw Gymreig. Ond roedd Robat, fel sawl cenhedlaeth o ieuenctid cenedlaetholgar, wedi dod ar draws athrylith Dosian, fel y'i gelwid yng ngodre Sir Aberteifi, mewn eisteddfod, a hynny mewn tafarn, wrth gwrs:

> Doedd dim wedi'i drefnu, y criw yn gymysg ac amharod i unrhyw berfformiad. Dechreuodd fynd trwy ei bethau...
>
> Meddwl byw blynyddoedd lawer,
> Falle angau wrth y drws
> Meddwl gwrthod temtasiynau;
> Cyn pen dwyawr, ar y bws.
>
> Yn fuan ac yn wyrthiol, nid criw o eisteddfodwyr sychedig oedd yno, ond cynulleidfa, yn hongian wrth ei eiriau. Yn yr ysbeidiau o dawelwch dychmygwn glywed rhyw 'fasgiau'n' disgyn i'r llawr; masgiau'r ego oeddynt; yr wynebau hynny a gyflwynwn i'r byd... Dyfais oedd yr anweddustra, wrth gwrs; rhyw fath o Oel Tri-yn-Un i helpu i lacio tyndra, torri rhagfuriau, ryddhau'r masgiau yma. A'r rheini ar lawr, gallai Pontshân gyrraedd at ein hisymwybod, fel Cymry; dod â ni at ein coed, sef at ein cymeriad naturiol, mewnol...
>
> Yn y dyfodol, bydd rhyw gyw ysgolhaig yn siŵr o astudio llyfrau Eirwyn er mwyn trio 'egluro' ei dalent arbennig. Bydd ganddo dasg anodd. Perfformiwr ac adlonnwr oedd Eirwyn yn bennaf, nid awdur. Buom ni'n ffodus iawn i allu profi a mwynhau ei ddawn 'gyhoeddus'. Braint oedd hynny, a braint hefyd yw perthyn i gymdeithas a allai gynhyrchu'r fath dalent, a rhoi inni, yn ei sgil, brofiadau cymdeithasol, neu lwythol, mor ddwfn o lawenydd a rhyddhad.[4]

Roedd Eirwyn yn Gymro nad oedd wedi ei lygru gan naill ai Brydeindod nac Anghydffurfiaeth. Cynrychiolai'r llinyn hwnnw o Gymreictod a ymestynnai nôl y tu hwnt i'r dylanwadau hynny. Ac er gwybodaeth i'r darpar ymchwilydd ysgolheigaidd hwnnw does yna fawr o gysylltiad rhwng Eirwyn a phentref Pontsian mewn gwirionedd. Dim ond am chwe blynedd y bu'n byw yno. Ym mhentref Talgarreg y cafodd ei fagu ac yn ymyl Banc Siôn Cwilt y bu'n byw am y rhan fwyaf o'i oes wedyn. Ac i ddeall yr arddeliad oedd ynghlwm wrth yr ymadrodd hwnnw, 'hyfryd iawn', a ddeuai o enau Eirwyn ar ôl iddo gyrraedd pen talar rhyw stori neu'i gilydd, rhaid i'r ysgolhaig ymgyfarwyddo â chymeriadau megis Gof Mawr Pontsian, a fodlonodd i gais Felinbob i dynnu ei ddant trwy ddweud 'Mi dynnwn i fe, se fe wedi rifeto yn dy din di'. Hyfryd iawn!

Diddanwr arall y bu'n rhaid ffarwelio ag ef yn ystod y 90au oedd Richard Hughes, y Co Bach. Rhoes fri ar ddoniolwch tafodiaith tref Caernarfon a hynny bob amser gyda gweddustra ac mewn amgylchiadau ffurfiol gan amlaf. Y Noson Lawen swyddogol oedd ei lwyfan wrth iddo roi bywyd i eiriau Gruffudd Parry, a doedd yr un o ddarllediadau anfarwol y *Noson Lawen* ar y radio yn gyflawn heb gyfraniad ganddo. Meredydd Evans sy'n ei gofio:

> Cyfrannodd yn hael i'w gymdeithas; actio mewn cwmnïau drama, canu mewn corau, adrodd mewn Nosweithiau Llawen rif y gwlith a chyda chymorth Gruffudd Parry anfarwoli'r 'Co Bach'. Fe ymddangosodd fel y cymeriad radio hwnnw am y tro cyntaf Ddydd Gŵyl San Steffan, 1946. Fe fu ar bob rhaglen *Noson Lawen* o hynny ymlaen nes i honno ddod i'w therfyn tua chwe blynedd yn ddiweddarach. Bu'n hynod o weithgar yn ei eglwys. Tystiolaeth wych i ansawdd bywyd y teulu yw i Naomi (ei wraig) ac yntau gael eu hethol yn flaenoriaid yn Eglwys Bethania, Y Felinheli, yr un pryd. Bu'n godwr canu yno dros flynyddoedd lawer; yn Llywydd ei Henaduriaeth a dyfarnwyd Medal Gee iddo yn 1990 am ei ymroddiad i waith yr Ysgol Sul. Llwyddodd i fyw gan gyfuno'r digrif a'r difrif, y byd a'r betws; yn fonheddwr bob modfedd ohono a chyn sythed yn foesol ag ydoedd yn gorfforol. Nid ar chwarae bach y cyflawnir y fath gamp.[5]

O ystyried bod y Gymraeg mor debyg i'r Llydaweg a chyflwr y ddwy iaith yn ddigon bregus i ddyn holi tan ba hyd y gallant oroesi, teg nodi marwolaeth un o gynheiliaid y diwylliant Llydewig yn y 90au hefyd. Bu farw'r bardd a'r canwr mawr barfog Glenmor ym mis Mehefin 1996. Roedd Bethan Evans yn ei angladd ym mhentref Maël Carhaix:

> Roeddan ni'n griw amrywiol iawn; perchnogion Mercedes a 2CV, dynion gwyllt mewn crysau *check*, pob un yr un ffunud â Meic Stevens, yn tynnu'n araf ar eu Gauloisies; merched ecsotig gyda chlustdlysau bendigedig o anferth yn syllu'n ddagreuol i'r awyr, a dynion cefnsyth fel derwyddon o'r oes a fu yn farfog hirwalltog a gwyn yn rhythu ar y ffotograffwyr a'r

dynion camera roedd yn gwthio drwy'r dorf. Roedden nhw i gyd yno i ffarwelio â'u cyfaill Glenmor, a fu farw ar Fehefin 18. Roedd o'n fardd a chanwr, ond yn fwy na dim, yn 'eveilleur de consciences' (un a gododd ymwybyddiaeth)...

Milig ar Skanv oedd ei enw swyddogol, wedi'i eni yn fab i werinwr ar Fehefin 25, 1931, ym Maël Carhaix, yng nghanol Finistere. Canai yn Ffrangeg a Llydaweg am ei wlad a'i iaith, ac am gariad, marwolaeth, a thranc diwylliant cefn gwlad. Bu'n canu gyda Leo Ferre a Jacques Brel ac, i Stivell a'i debyg, roedd yn arwr. Roedd wedi bod yn ddifrifol wael ers pedair blynedd ac wedi rhoi cyfarwyddiadau pendant ynglŷn â threfn ei angladd, ac er yn anffyddiwr, roedd wedi gofyn am seremoni grefyddol er parch at ei rieni. Roedd ei fam yno, hen wreigan fechan a thila, yn ddagrau drwy'r cwbl, ac yn cael ei chynorthwyo i gerdded y tu ôl i'r arch gan Katell, gwraig gyntaf Glenmor, a Marie-Pierre, ei gariad.

Roedd yr orymdaith i'r fynwent yn drist ac yn wefreiddiol ar yr un pryd, gyda bagad ifanc Quimperle yn cyfeilio, a'r pibau a'r bagbib yn chwarae cerddoriaeth oedd yn swnio'n rhyfeddol o fywiog i glustiau Cymreig sydd wedi arfer â phrudd-der tywyll ein capeli ni. Yn ôl ei ddymuniad, doedd yno ddim blodau na thorchau drud, dim ond banadl melyn ac eithin, llond gwlad ohono, un hen ŵr yn cario mwy nag a allai ei freichiau eu dal. Roedd yn angladd genedlaetholgar o'r dechrau i'r diwedd, sy'n rhywbeth pur anghyffredin yn Llydaw. Roedd yna ugeiniau o bobol yn dal baneri Llydaw o amgylch y bedd, rhai ar bolion crand a rhai wedi eu gosod ar ganghennau gyda *duck-tape*, ac un faner o Wlad y Basg yn eu mysg. Pan ganwyd yr anthem genedlaethol, sydd ar yr un dôn â Hen Wlad Fy Nhadau, roedd angerdd y pedair mil oedd yno yn ddirdynnol.[6]

Byddai Glenmor yn medru adleisio geiriau Alan Stivell, sy'n dal i geisio codi ymwybyddiaeth ynghylch cerddoriaeth Lydewig a Cheltaidd, wrth iddo danlinellu hanfod a hynafrwydd y canu sy'n gyffredin i'r cenhedloedd Celtaidd:

I believe that perhaps the main problem in the world today is that so many people have been uprooted. They have been cut off from their roots and have lost their identities and sense of connections to the world. Celtic culture can reconnect us because its roots go back to the beginning of western civilization. In other cultures the lines have broken, especially by imperialism. I believe this is why younger Europeans who do not live in Celtic countries feel something deep inside whenever they hear Celtic music... Breton music is a Celtic music. The rhythms and intervals in all Celtic musics are very similar. While other Europeans favour a diatonic scale, Celts have a tendency to go back to a pentatonic scale. The way an Irishman swings in a reel and a Breton swings in a gavotte (dance) are very close.

My music is primarily Celtic, and Celtic music is a part of the unconscious of all Western peoples. Celtic culture has much in common with all non-imperial cultures throughout the world – with American Indians, with Tibetans, with the Eskimos. But the commonality with American Anglo-Saxons is obvious, since the musics have Celtic roots. The Celtic culture in an American mind is something completely unconcscious.[7]

Ond nid y cysylltiad Celtaidd o reidrwydd yw'r unig ddolen sy'n gyffredin rhyngom a diwylliannau eraill ar draws y byd. Aderyn gwib fu'n cyfrannu'n achlysurol i'r maes adloniant Cymraeg, a hynny ar sail magwraeth ddiwylliannol ddieithr i'r mwyafrif ohonom, yw Rene Gruffydd. Fe'i magwyd yn y Wladfa ac am gyfnod maith bu'n rhannu ei amser rhwng Dyffryn Camwy a'r Andes a Chymru. Roedd naws y paith yn ei wythiennau i'r un graddau â Chymraeg y Bala ei gyndeidiau. Ymddangosodd mewn nifer o ffilmiau yn nyddiau cynnar S4C ond mae'n debyg bod ei natur aflonydd wedi ei rwystro rhag cyhoeddi toreth o recordiau. Roedd llwybr ei fywyd yn dibynnu ar ddylanwad ysbryd y *duende*:

> Ysbryd sydd gyda chi bob amser yw'r *duende*. Hen gred gan y Sbaenwyr yw e, ac mae'r *duende* sydd gen i yn fy helpu i o ddydd i ddydd. Dw i hyd yn oed yn gallu siarad â f'un i. Mae e'n dweud wrtha i cyn mynd ar lwyfan os yw'r perfformiad yn mynd i fod yn un llwyddiannus… a phan aiff y *duende* i mewn i'r gitâr, mae'n swnio cymaint yn well – mae'r cordiau yn llawer mwy pwerus.[8]

Serch hynny, mae ei unig record fer, a gyhoeddwyd gan Sain yn y 70au (Sain 39), yn brawf o'r cyfuniad o gerddoriaeth wedi ei seilio ar rythmau gwerin yr Ariannin a geiriau wedi eu seilio ar werthoedd Cymreig sy'n gysylltiedig glòs â Chymru. Cenir un o'r caneuon yn Sbaeneg ond mae hyd yn oed 'Mi Patagonia Madre', yn ôl Glyn Williams, yn Gymreig ei naws:

> Thema'r gân yw Patagonia fel mamwlad, rhywbeth yn debyg i'r syniad o Fôn, mam Cymru. Mae hyn yn groes i'r syniad arferol yn niwylliant cyffredinol Ariannin, lle cyfeirir yn aml at La Patria (y dad-wlad), ac efallai mai oherwydd hyn y cyfeirir

at ran o'r cyfan fel *mam*. Ond hyd yn oed os mai felly y mae hi, mae'n codi pwynt diddorol, a hefyd yn awgrymu syniadau diddorol ynglŷn â lle rhanbarth yn hunan-deimlad yr unigolyn o gefndir Cymreig. Hefyd rhaid deall pwysigrwydd y fam fel symbol a chanolbwynt emosiynol yn niwylliant Cymreig y Wladfa, agwedd bur wahanol i'r syniad am y fam yn y diwylliant Lladinaidd.[9]

Diddanwr arall a fu'n driw i'w gefndir a'i weledigaeth gynnar yw Tecwyn Ifan. Yn 1994 cyhoeddodd Sain gryno-ddisg o'i *Oreuon* (CD 2096), yn dyst o'i ymlyniad at werthoedd brogarwch a chadw cymunedau'n fyw trwy gyfosod amgylchiadau'r Gymru Gymraeg â hynt cymunedau brodorion cyntaf megis y Navaho. Pwysleisiai fod gan y naill a'r llall wersi hanes i'w dysgu. Cofiai Derec Brown am ei gyfraniad cynnar:

> Canodd Tecs gân newydd sbon gan ein hannog yn y gytgan i 'ail-adfer bro' ac 'ail-godi'r to' ac 'ail-oleuo'r tŷ'. Ar ôl clywed y gytgan am y tro cynta' roedd yr artistiaid wedi symud o'r tu ôl i'r llenni yn y cefn i ochrau'r llwyfan, roedd rhywbeth wedi digwydd, rhyw fflam wedi'i chynnau, a phawb yn barod i ymuno yn y gytgan pan ddôi hi eto. Ac felly y bu. Pan ddaeth y gytgan ar ôl y trydydd pennill, roedd y gynulleidfa wedi penderfynu ymuno. Ac wrth i bawb gyd-ganu cytgan cân yr oedd y rhan fwyaf o'r gynulleidfa heb ei chlywed o'r blaen, roedd Tecs wedi cael ateb i gwestiwn y llinell ola' – 'Pwy a saif gyda ni?'.
>
> Cryfder ei ganeuon yw eu bod yn syml, yn glir a phendant eu neges a llais sicr a diffuant yn eu canu nhw. Ni phylodd gweledigaeth Tecs er i'r byd gwleidyddol a cherddorol newid yn sylweddol o'i amgylch, ac er ei fod yn cael ei ystyried fel canwr gwleidyddol, mae mwy o bwyslais ar y personol a'r dynol yma. Mewn byd amherffaith, cana Tecs am obaith a thegwch mewn bywyd.[10]

Cyhoeddwyd cryno-ddisg/casét *Sarita* (CD 2170) yn 1997. Roedd y brif gân yn cyfeirio at ddarganfod sgerbwd merch tua wyth oed ar fynydd Sarasara yn yr Andes a fyddai, mae'n debyg, wedi ei hoffrymu i'r duwiau tua 500 mlynedd yn ôl gan yr Incas fel rhan o ddefod Capa Cocha yn ôl Tecwyn:

> Nawr, mae'r gwareiddiad hwnnw wedi dod i ben ond mae'n debyg bod yna dipyn o rialtwch yn perthyn i'r ddefod. A sdim dowt fod pethe tebyg wedi digwydd ar rai o foelydd y Preselau ymhellach nôl mewn hanes. Mae'r niwl dros Foel Drygarn yn

cwato'r un cywilydd yn aml iawn. Mae'r un dioddefaint i'w
weld heddiw o fewn cymdeithas. Mae plant yn cael eu cam-drin
am fod dynion yn gwneud duw o'u chwant. Mae'r hanesion i'w
gweld yn y papurau'n ddyddiol.[11]

Unwaith eto, roedd y canwr-bregethwr â'r mwstásh brwsh câns
yn cyplysu digwyddiad ym mhen draw'r byd ag amgylchiadau yn ei
gynefin. Fel Elfed Lewys o'i flaen fe ddilynodd Tecwyn alwedigaeth
ei dad, ond ni ellir dweud iddo erioed fabwysiadu agwedd syber y
barchus arswydus swydd. Yn wir, gellid synhwyro'n aml iawn nad
oedd yn gwbl ddiddig yn ei waith a'i fod yn ddiolchgar am ddihangfa'r
gitâr a'r gân:

> Dywedais ar y dechrau fod canu wedi fy helpu i wneud
> bywoliaeth yn y weinidogaeth! Ond credaf ei fod wedi rhoi
> rhywbeth gwerthfawrocach o lawer i mi na hynny, sef fy
> nghadw rhag cael fy nadrithio'n llwyr yn y weinidogaeth. Ofnaf,
> oni bai am fy rhan fel canwr, y buaswn wedi mynd i hen rigol
> o ddiflastod a chwerwder efallai hefyd. Mae'r syniad sydd gan
> rai pobl am weinidog fel rhywun ar wahân yn gosod straen
> arbennig arno heddiw. Mae'r duedd i roi gweinidog ar ryw
> 'bedestal' o barchusrwydd, a'i gadw rhag bod yn aelod naturiol
> o fywyd pentre neu ardal, yn anfantais fawr. Mae dianc o'r ffug-
> sefyllfa honno at gwmni a chymdeithas lle y cewch eich derbyn
> fel un ohonynt yn newid bendithiol a gwaredigol. Bu mynd i
> ganu yn fodd i leddfu llawer ar bwn y parchusrwydd a'r arswyd
> sy'n nodweddu'r 'barchus swydd' i mi.[12]

Erbyn diwedd y 90au ffeiriodd y weinidogaeth lawn-amser am
swydd ym myd cynllunio iaith. Yr oedd ei wraig, Rhiannon Ifan, yn
ymwneud â byd cerdd dant, cangen o'n diwylliant y gellir ei hystyried
yn unigryw a chynhenid Gymreig. Mae'r grefft yn annatod gysylltiedig
â'r delyn. Hyd y gwyddys ni ellir canu cerdd dant i gyfeiliant piano
neu gitâr. Ond mae'r grefft yn ymwneud yn bennaf â chystadlu a
hynny, ar unwaith, yn negyddu'r syniad ohoni fel adloniant. Os oes
rhaid plesio beirniaid yna mae'r elfen fyrfyfyr, ffwrdd-â-hi sy'n debyg
o gynhyrfu a phlesio cynulleidfa yn cael ei cholli.

Rhaid i'r gynulleidfa fod yn gwbl ddistaw pan fo datgeinydd
wrthi ar lwyfan, rhag tarfu ar y perfformiad ac amharu ar fwynhad
a gwerthfawrogiad y beirniad. Nid oes hawl gan y dorf i fod yn
rhan o'r perfformiad. Ond byddai rhai o'r hen ddatgeinwyr megis
William Edwards, Rhyd-y-main, ger Dolgellau, yn perfformio o fewn
y traddodiad gwerin. Cydiodd Arfon Gwilym, o'r un ardal, yn y grefft

fel datgeinydd anghystadleuol. Ar drothwy Gŵyl Gerdd Dant Bangor 1990 roedd Eluned Haf, lleisydd gyda'r grŵp roc Aros Mae, am weld closio rhwng y gwahanol ffyrdd o fynegiant:

> Yn bersonol, rydw i wrth fy modd yn canu a gwrando ar gerddoriaeth roc – rydw'i hefyd yn mwynhau prydferthwch canu cerdd dant, fel unawd neu mewn parti. Dwi'n credu bod gwerth amhrisiadwy i'r ddau fath o adloniant. I ddechrau mae'r sin roc Cymraeg yn datblygu'n gyflym ac yn denu mwy a mwy o bobol i gymryd sylw o'r math yma o ddiwylliant ac yn helpu i ddenu sylw at ein gwlad a'n hiaith. Mae cerdd dant ar y llaw arall yn rhywbeth unigryw i Gymru ac yn rhan annatod o'n traddodiad fel cenedl... Gorau po gyntaf y daw'r bariau rhwng cerdd dant a chanu roc i lawr ac y bydd pobol o bob oed yng Nghymru yn dod i ddeall ei gilydd yn well.[13]

Ond roedd hi'n anodd diosg y ddelwedd dosbarth canol wrth i'r ŵyl flynyddol gael ei chynnal mewn ardaloedd megis y Barri. Nid bod dim o'i le ar ganiatáu i'r breintiedig a'r llewyrchus ei morio hi wrth gynnal rhan o'r diwylliant Cymraeg. Ond golygai hynny nad oedd mynediad i'w phyrth yn arbennig o rwydd i'r rhai hynny nad oedden nhw'n gyrru Volvos ar gyfer cludo'r telynau drudfawr nac yn gyfarwydd â'r jargon technegol megis corfannu, acennu a chyfalawon. Doedd Siôn Jobbins ddim yn edmygydd:

> ... sut gellir cyfiawnhau rhoi gymaint o sylw i gerdd dant yn y diwylliant Cymraeg? Pa mor fyw yw cerddoriaeth na chlywir byth mohoni y tu allan i ddigwyddiadau sefydliadol neu bedair wal feirniadol? O'i gymharu â chanu roc Cymraeg neu ganu gwerin, pryd oedd y tro olaf i chi weld criw o bobl yn canu cerdd dant ar chwiw mewn tafarn neu daith fws?[14]

Er gwaethaf ymdrechion disglair ambell unigolyn megis Gareth Mitford Williams i roi bywyd newydd i'r hen grefft drwy ffurfio Côr Pantycelyn o blith myfyrwyr yn Aberystwyth ar ddiwedd y 70au, a llawer o'r un criw ddegawd yn ddiweddarach, dan arweiniad Gwennant Pyrs, yn canu yn enw Côr Seiriol yng nghyffiniau Môn ac Arfon, roedd Gwyn Erfyl o'r farn bod y grefft yn dirywio ar ôl iddo wylio'r ŵyl flynyddol ym Mro'r Frogwy ar y teledu. Doedd y gwisgoedd trendi, y bywiogrwydd a'r elfennau dramatig ddim yn ei argyhoeddi:

> Yn rhy aml, ryden ni'n colli'r gyfaredd neu'r hwyl gan gael ein llygad-dynnu gan berfformiadau gor-ffwdanus a llafarus.

Mewn cerdd dant, fel ein hiwmor, mae cynildeb a symlrwydd yn arwydd o wir gelfyddyd. Ac fe gollir yr hyn sy'n werthfawr yn ein traddodiad gwerinol wrth ymagweddu soffistigedig ac ystumio ymdrechgar o'r fath – mae techneg ac effeithiau trawiadol yn gallu disodli yn hytrach na chyfoethogi'r neges. Weithiau mae rhywun yn teimlo fod arafwch statig a llethol ambell gyfeiliant telyn yn lladd grym y gair, er mor syfrdanol newydd y cordiau.

Gallwn roi'r bai ar y delyn, neu'r gosod, neu'r perfformiwr. Neu dipyn o'r tri. Heb sôn am y rhai sy'n dewis y geiriau! Oni chawsom ormod o lawer o hiraeth, o angau, o ddiwedd Cymru ac o ddiwedd y byd? Tybed be' mae rhywun o'r tu allan, fel petai, yn ei wneud o'r cyfan? Mi wn fod rhai o'r cerddi gorau gawson ni yn ddiweddar wedi bod yn fynegiant o wewyr ac argyfwng cenedl. Dwi hefyd am eu clywed yn ogystal â'u darllen. Ond mae'r sbectrwm yn llawer ehangach. Fe all celfyddyd cerdd dant gofleidio'r cyfan. Tyden ni ddim yn gwneud hynny ar y funud. Mi garwn gael mwy o lawenydd a chwerthin ac ymollwng – yn hytrach na byw'n barhaus mewn dillad galar a gwae.[15]

Mae teulu'r Puwiaid o ardal y Parc ger y Bala wedi cynnal y traddodiad ers sawl cenhedlaeth. Cred un ohonynt, Guto Pryderi Puw, bod yna le i arbrofi ac i newid, ar yr amod na chrwydrir oddi wrth hanfod y grefft. Ar un adeg roedd yna gysylltiad clòs rhwng crefft cerdd dant y datgeinwyr a chrefft cerdd dafod y beirdd. Roedden nhw'n gorgyffwrdd wrth i'r beirdd ganu amryw o'r mesurau ar geinciau adnabyddus. Roedd hynny pan oedd y traddodiad yn fyw a heb angen cystadleuaeth i'w gynnal. Ond wrth iddo edwino daeth yr Eisteddfod i'r bwlch a'i gynnal ar ffurf cystadleuaeth:

Symudodd y pwyslais oddi wrth y byrfyfyr i berfformio gosodiadau ar y cof, o'r traddodiad llafar i'r traddodiad ysgrifenedig sol-ffa neu hen nodiant. Un o'r manteision a geir o ganlyniad i hyn yw y daw ystyr y geiriau yn gryfach drwy'r cyfalawon. Gyda'r gosodiadau parod, yn ôl mynegiant y farddoniaeth gellir pwysleisio a lliwio rhai geiriau, a fuasai bron yn amhosibl wrth ganu ar y pryd oherwydd y prinder amser a geir i feddwl am y geiriau a'r gyfalaw ar yr un pryd...

Cyfyngedig iawn yw'r dulliau o boblogeiddio'r grefft. Anodd yw newid delwedd y traddodiad o'i gymharu â thraddodiadau eraill, megis dawns y glocsen. Cymharer perfformiad dawnswyr clocsiau Cyngerdd Dathlu'r Urdd yn 75 mlwydd oed lle'r oedd y perfformwyr mewn trowsusau lledr yn lle'r wisg draddodiadol. Er bod y wisg wedi newid, roedd y stepio yn union yr un fath, yn y dull traddodiadol. Ai rhywbeth fel hyn y dylid anelu ato gyda cherdd dant? Cadw ein traddodiad ond ei gyflwyno mewn cyd-destun gwahanol, ei berfformio mewn gwyliau gwerin, ffeiriau, cyngherddau, mynd â'r gelfyddyd at y bobl a'u cael nhw i gymryd rhan yn y gweithgareddau. Ni ellir newid cwrs hanes, mae'r datblygiadau diweddaraf wedi digwydd. Ond gall yr Ŵyl Gerdd Dant a'r Eisteddfodau Cenedlaethol ffrwyno'r newidiadau i'r traddodiad, neu o leiaf sicrhau fod cystadlaethau cerdd dant hollol draddodiadol yn cael y flaenoriaeth ar y rhai mwy arbrofol.[16]

Wrth i'r cerdd dantwyr bendrymu sut i gynnal y grefft a hyd yn oed ei phoblogeiddio i gyfeiriad ei gwneud yn adloniadol, roedd y byd canu gwerin yn ei morio hi, neu felly yr ymddangosai wrth i drefnwyr Gŵyl y Cnapan yn Ffostrasol ger Llandysul ystyried sut i ddelio â llwyddiant. Roedd y *craic* Cymraeg wedi cydio ar ddechrau'r 90au.

25 / Craic y Cnapan

Mae'n debyg mai'r gair Cymraeg 'hwyl' sy'n cyfateb orau i'r gair Gwyddelig 'craic'. 'Sut hwyl oedd yno?' yw mynych gyfeiriad y Cymro wrth holi am hynt rhyw ddigwyddiad neu'i gilydd. Fe holid y cwestiwn yn gyson ar un adeg yng nghyd-destun cyrddau pregethu pan fyddai'n arfer i wahodd dau neu dri o bregethwyr i gynnal gŵyl bregethu dros gyfnod o ddeuddydd neu dri. Codid pabell pe na bai'r capel yn ddigon mawr i ddal y tyrfaoedd. Ceid oedfaon pen y mynydd rif y gwlith. I'r Gwyddel mae'r cwestiwn 'How was the craic?' yn cael ei holi yng nghyd-destun cynulliad cerddorol pan fod awen y cerddor a'r datgeinydd yn cydblethu i gyffroi calonnau'r gynulleidfa. Digwydd hynny gan amlaf mewn tafarndai. Ond eto codir pabell os am wahodd wnifeintoedd o gerddorion. Yn anterth Gŵyl y Cnapan, am gyfnod ym mlynyddoedd cynnar y 90au, daeth y ddau air yn gyfystyr. Roedd anian y Cymro a'r Gwyddel, y ddau gefnder Celtaidd, bron yn un. Ceid enjoio mas draw di-ben-draw.

Ym mis Gorffennaf 1991 roedd aelodau o'r grŵp byd-enwog The Dubliners yn lletya yn nhafarn Glan-yr-afon yn Nhalgarreg. Wrth i'r bechgyn baratoi i fynd i Ffostrasol fe gyrhaeddodd llond bws o drigolion hŷn o ardal Llangeler i swpera yn y dafarn. Roedd yna fwstwr a thynnu coes. Penderfynodd y Gwyddelod oedi a chyn pen dim roedd Barney McKenna yn chwarae ei fanjo i ddifyrru'r Cymry. Defnyddiai gerdyn banc fel plectrwm. Roedd yr hwyl a'r *craic* byrfyfyr yn un. Prin y byddai aelodau o grŵp roc o faintioli tebyg wedi gwneud yr un fath. Ond ym myd y canu gwerin, yn arbennig y canu gwerin Gwyddelig, mae'r cyswllt â'r bobol yn hollbwysig. Cerddoriaeth y bobl yw'r gerddoriaeth werin a rhannu mwynhad yw'r nod. Ar ôl ymweld â gŵyl werin y 'Fleadh' yn Sligo roedd Lleucu Siencyn yn gwybod pa fath o ysbryd oedd angen ei gyniwair yng Ngŵyl y Cnapan:

> Mae'r cerddorion yn cael eu trin â'r parch mwya yn y Fleadh.
> Roedd gan bob tafarn yn Sligo bosteri ar y drysau a'r ffenestri

yn croesawu cerddorion i'r aelwyd. A phobman roedden ni'n troi, gellid clywed tonau joli, cyflym y jigs Gwyddelig. Ble yng Nghymru gewch chi rywbeth fel hyn? Trueni, achos dwi'n nabod nifer o bobol fydde wrth eu boddau yn hwyl y Fleadh. Yn blant bach drwg, yn fyfyrwyr cŵl, yn iypis 'diwylliedig', yn ffrics Celtaidd canol oed ac yn bensiynwyr penchwiban – mae'r Fleadh yn fflipin anhygoel yn ei thrawsdoriad o wahanol bobl, i gyd yn mwynhau'r un peth.

Yr hyn sy 'da ni'r Cymry i'w roi fel anrheg i'n hunain yw'r Eisteddfod. Ac mae hon (fel y gŵyr pawb) yn sbort, ond o mor wahanol i'r Fleadh. I bob pwrpas, lle mae 'da'r Gwyddelod eu crac – mae 'da ni ein *clique*. I'r ifanc ystyr Eisteddfod yw gigio'n galed am wythnos, ac ymdrechu'n sodle bant – nid i ddawnsio – ond i sefyll yn cŵl. Nes bod y Cymry (a siarad yn gyffredinol nawr) yn ymlacio a stopio bod mor *tense*, chawn ni fyth fwynhau'r un crac â'n cefndryd Celtaidd. Diffyg hyder yw ein problem – a'n hesgus? Gormod o ormes? Ond does gan y Gwyddelod ddim unrhyw esgus. Diffyg awydd sydd gennym, i gamu – na, i neidio – allan o'r crowd a bod yn ddafad ddu hapus. Mae Iwerddon, i mi – yn enwedig y Fleadh – yn enfys o ddefaid o bob lliw sy'n wirioneddol fwynhau cracer o fywyd i'r eithaf. 'Pintoguinness, os gwelwch yn dda, a phenwythnos o'r crac gorau'.[1]

Ers ei sefydlu yn 1984 mewn hen felin wlân yn Nrefach Felindre fe dyfodd Gŵyl y Cnapan y tu hwnt i bob disgwyl. Roedd y trefnwyr yn uchelgeisiol a denwyd goreuon y byd canu gwerin i berfformio ar nos Sadwrn olaf yr ŵyl. Doedd dim ofn mentro ar y criw o wirfoddolwyr lleol. Cynhelid nosweithiau amrywiol ar hyd yr wythnos boed yn ddarlith, yn Dalwrn y Beirdd neu'n gymanfa ganu. Wrth i'r ŵyl fagu cwils a symud i safle yng nghanol pentref Ffostrasol trefnwyd Gŵyl Roc hefyd. Am yn agos i bythefnos bob mis Gorffennaf roedd Dyffryn Teifi yn ffenestr siop i'r hyn a gynrychiolai ddiwylliant Cymraeg cyfoes. Sefydlwyd maes pebyll a deuai ieuenctid i aros am benwythnos i flasu'r gwlith yn disgyn ac yn codi yn gymysg â'r rhialtwch a'r hwyl. Ac un trefniant oedd yn ddigyfnewid o flwyddyn i flwyddyn, waeth pa artistiaid Celtaidd blaenllaw fyddai wedi eu gwahodd, oedd mai'r un artist fyddai'n perfformio olaf ar y nos Sadwrn, sef Dafydd Iwan. Cofnodwyd y ffaith yma mewn nofel o waith Daniel Davies, *Pelé, Gerson a'r Angel*. Rhy ddisgrifiad o'r awyrgylch yn Ffostrasol:

> Dim ond tri pherson allai achosi'r fath hypnosis torfol. Bu farw un ar fynydd Calfarî, bu farw'r ail mewn byncer ym Merlin yn

Ebrill 1945. Felly, dim ond un person allai hwn fod. Yn sydyn dechreuodd y dorf gymeradwyo a chamodd arwr y genedl i'r llwyfan. Canwr, protestiwr, cynghorydd, cyfarwyddwr cwmni, miliwnydd o bensaer. Frank Sinatra Cymru. Yr enwog Dafydd Iwan, yn gwisgo crys caws, a chyda gwên gawslyd ar ei wyneb. Sylweddolais nawr pam fod gymaint o bobl yn yr Ŵyl; nid i wrando ar gerddoriaeth Wyddelig, rhyw aperitif oedd hwnnw. Na, y rheswm syml oedd eu bod wedi dod i wrando ar David Yawn yn canu caneuon fyddai'n ei troi'n genedlaetholwyr a Sais-gasawyr am noson.[2]

Rhan o hwyl Gŵyl y Cnapan yn y blynyddoedd cynnar oedd gweld Brodyr Maesllyn yn cneifio hwrdd yn y dafarn ar sgwâr Ffostrasol. Ond erbyn canol y 90au roedd llwyddiant Gŵyl y Cnapan yn broblem. Prin bod pentref bychan fel Ffostrasol yn medru dygymod â thorf o dair mil. Wrth drin cyllideb o £50,000 ac yn y gred mai cynyddu eto wnâi'r ŵyl wrth ddenu grwpiau megis Boys of the Lough, Wolfe Tones ac Iron Horse, mentrodd y trefnwyr wario £28,000 ar brynu cae 30 cyfer ar gyrion y pentref. Ond cafwyd trafferth i gael caniatâd cynllunio ar gyfer y safle, codwyd amheuon ynghylch ei addasrwydd ac ofnid na fyddai'n bosib creu naws o'r newydd i'r ŵyl. Fu ffrae gyhoeddus rhwng y trefnwyr ac aelodau o'r grŵp Ar Log fawr o help i gynnal hygrededd yr ŵyl chwaith. Ar ôl bwlch o wyth mlynedd atgyfodwyd Sesiwn Fawr Dolgellau. Doedd yna ddim monopoli gan Ŵyl y Cnapan o ran cynnal gŵyl werin Gymraeg bellach. Ac roedd gŵyl Dolgellau â'i chanolfan yn y dref, lle'r oedd yna ddigonedd o dafarndai. Gwelai Cen Llwyd y perygl o ran dyfodol y Cnapan:

Y peth hanfodol i'w gadw yw'r naws hwyliog a chartrefol yna lle mae pobol yn rhoi o'u gwirfodd. Rhaid i hynny barhau – dyna pam mae'r ŵyl mor llwyddiannus. Mae rhyw gymdeithas wedi tyfu o gwmpas y Cnapan erbyn hyn a bydden i'n hoffi meddwl bod rhyw gordyn euraid sy'n ymwneud â pherthyn i gymuned a pherthyn i Gymru ynghlwm yn y peth.[3]

Roedd yna berygl y collid yr hwyl a'r *craic* oedd yn cyniwair. Ymddengys yn ôl nifer o'r grwpiau Celtaidd bod tafarndai'n hanfodol ar gyfer cynnal yr agwedd anffurfiol oddi ar y llwyfan swyddogol. Dyna fel yr oedd Stuart Eydmann o'r grŵp Whistlebinkies o'r Alban yn ei gweld hi, beth bynnag, ar ôl iddo fod wrthi tan bedwar o'r gloch y bore yn cyfnewid alawon:

If I go to a folk festival at home, I can walk into a bar, sit down, take up my fiddle and play with musicians that I've never seen

before, generally there's enough music in common between the
musicians to be able to communicate with complete strangers
and to get to know each other's music maybe learn from each
other. When we come to Wales we feel that we are crossing a
bit of a cultural gap.[4]

Bu rhywfaint o anesmwythyd hefyd am fod rhai o'r grwpiau roc
yn mynnu canu'n Saesneg. Doedd dim gwaharddiad ar grwpiau
gwerin rhag canu mewn ieithoedd ar wahân i'r Gymraeg, a'r
Saesneg oedd cyfrwng y mwyafrif o'r grwpiau gwerin Gwyddelig ac
Albanaidd, felly doedd grwpiau roc megis y Gorky's a'r Super Furries
ddim yn croesawu'r pwysau arnyn nhw i gyfyngu eu hunain i ganu'n
Gymraeg.

Ond fe lwyddwyd i gynnal cyfres o wyliau ar Gae'r Winch ar ôl
apelio'n llwyddiannus ar i'r Swyddfa Gymreig wyrdroi penderfyniad
yr awdurdod cynllunio lleol i wrthod caniatâd cynllunio. Cafwyd
mesur amrywiol o lwyddiant yn y gwyliau hynny. Ond erbyn diwedd
y 90au dechreuodd yr ŵyl gloffi a bu'n rhaid rhoi'r gorau iddi yn ei
ffurf fawreddog yn dilyn anawsterau ariannol a baich trymlwythog
ar ysgwyddau ychydig o drefnwyr. Collwyd cytundeb teledu proffidiol
i recordio'r ŵyl ar gyfer S4C. Ond yn ystod ei hoes bu'n arloesol.
Trefnwyd Ffair Faledi a chystadleuaeth Cythrel Canu i wobrwyo
grwpiau gwerin newydd gan gynnig abwyd ariannol hael.

Ond gydol yr amser synhwyrid mai straffaglio i efelychu naws
y *craic* Gwyddelig oedd y Cnapan. Does gan y Gwyddel ddim o'r
rhwystredigaethau a deimla'r Cymro, sy'n dal yn glaf o grefyddolder
Anghydffurfiaeth a'r erlid a fu ar y delyn, y crwth a'r ffidil. Ni chafodd
yr un offeryn ei hebrwng o'r un dafarn yn Iwerddon. Parhaodd y
traddodiad yn ddi-dor ymhlith ein cefndryd Pabyddol. Yn wir, roedd
sŵn ffidil a bodhran yn cael ei annog yn nhafarnau'r Ynys Werdd, a
dyna pam y cafodd Dylan Huw Lewis ei gyfareddu gan yr awyrgylch
yn un o'r gwyliau pan-Geltaidd yn Tralee:

> Y tafarnau, yn naturiol, oedd yn mynd â'n bryd ni gyda'r hwyr.
> Y cyfuniad hynod o gwrw da ac adloniant. Roedd yfed mewn
> tafarn yn Tralee yn wahanol iawn i yfed mewn unrhyw dafarn
> yng Nghymru. Doedd y pwyslais yno ddim ar yfed er mwyn
> meddwi, dim ond fel ffordd o gymdeithasu a chael sgwrs. Mae
> yna groeso twymgalon i Gymry yn nhafarndai'r ddinas ac
> roedd hi'n grêt profi'r awyrgylch hamddenol. Buom mewn un
> dafarn boblogaidd lle'r oedd offerynwyr yn perfformio yno yn
> ystod y nos a phawb yn cael amser da.[5]

Ond waeth faint yw apêl y *craic* Gwyddelig does yna'r un ŵyl Geltaidd sydd yn fwy na Gŵyl Lorient yn Llydaw ar ddechrau mis Awst. Dyw hi'n ddim i 4,500 o artistiaid berfformio i 300,000 o bobl ar draws yr ŵyl. Fel y canfu Pwyll ap Siôn yn 1997, cymharol bitw yw cyfraniad Cymru o'i gymharu â chyfraniadau Iwerddon, yr Alban a Llydaw:

> Mae'r gwledydd 'mawr' hyn yn marchnata eu cerddoriaeth werin ar raddfa ryngwladol yn llwyddiannus ac mae cwmnïau megis Guinness yn Iwerddon, Macallan yn yr Alban a Paysan Breton, Radio France ac Ouest France yn Llydaw yn noddwyr parod a hael i'r digwyddiadau. Mae'r sefyllfa yng Nghymru yn wahanol iawn.[6]

Ond edrych i gyfeiriad Iwerddon oedd y duedd yn gyson a chyfeirio'n eiddigeddus at fwrlwm byw'r traddodiad yno. Dyna a wnâi Stephen Rees, cyn-aelod o'r grŵp Ar Log a darlithydd yn adran gerddoriaeth Prifysgol Cymru, Bangor:

> Mae'r traddodiad offerynnol yno'n gryfach nag erioed, mewn pedwar maes cyhoeddus a gweledol; perfformiadau cyhoeddus gan grwpiau ac unigolion, cyfeilio i ddawnsio, cystadlu offerynnol, sesiynau anffurfiol... Ymddengys fod yr un elfennau gennym yng Nghymru ag sydd gan y Gwyddelod, ond rywsut dyw pethau ddim yn ffynnu'r un fath. Beth, felly, sydd o'i le?
>
> Yn y lle cyntaf, mae'r rhan fwyaf o'r gweithgareddau uchod yn digwydd ar raddfa lawer llai yng Nghymru nag yn Iwerddon, ond mae'r broblem yn ymwneud mwy â strwythur yr elfennau a'r berthynas rhyngddynt. Yn Iwerddon mae'r elfennau uchod yn bod oherwydd traddodiad llewyrchus; canlyniad y traddodiad hwnnw ydynt, nid rhesymau dros ei fodolaeth. Dau reswm dros gryfder y traddodiad Gwyddelig yw'r ffaith ei fod wedi parhau yn draddodiad llafar, a bod nifer fawr iawn o alawon wedi'u casglu ddechrau'r ganrif hon...
>
> Rhaid rhoi alawon cynhenid Cymreig yn ôl yn eu priod le yn niwylliant Cymru gan eu gwneud yn rhan annatod o ymwybyddiaeth gerddorol y genedl. Ac mae'n rhaid dechrau trwy wneud ein halawon yn rhan hanfodol o addysg gerddorol ieuenctid Cymru. Wedyn fe fydd gan gerddorion y dyfodol etifeddiaeth deilwng a pherthnasol, ac un y byddant yn falch o'i throsglwyddo i'r cenedlaethau a ddaw ar eu hôl.[7]

Arferai Dan Morris fod yn aelod o'r grŵp Cilmeri, ac erbyn dechrau'r 90au roedd yn aelod o Gwerinos. Ffurfiwyd y grŵp ar ôl iddo yntau ac Ywain Myfyr flino ar eu hymdrech i ailgodi a phoblogeiddio twmpathau dawns ym Meirionnydd. Roedd y ddau, ynghyd â Huw Dylan, Elfed ap Gomer, Emlyn Gomer a Tony Hodgson, yn gredwyr cryf yn ethos y *craic*, gyda'r sesiwn, os rhywbeth, yn bwysicach na'r cyngerdd neu'r gig ac Iwerddon yn dipyn o dynfa yn ôl Ywain:

> Dwi'n meddwl mai sesiynau ydi'r galon y tu ôl i'r gerddoriaeth mewn gwirionedd. Mae gen i lot o ffrindiau sydd wedi dechrau dysgu offerynnau mewn sesiwn achos does yna ddim pwysau ar neb, jyst ymuno i mewn ac yna chwarae – grêt. Mae'r sesiwn yn wych. Ac mae hynna'n rhywbeth braf iawn i ddweud y gwir.[8]

Pan gyhoeddwyd CD/casét Gwerinos, *Di-Didl-Lan* (SCD2075), ar label Sain fe'i derbyniwyd fel offrwm a oedd yn llawn o hwyl y *craic* yn hytrach na cherddoriaeth werin gaboledig. Gwelai Derec Brown y grŵp yn gwisgo mentyll cenhadon:

> Yr hyn sy'n bwysig gyda Gwerinos yw bod criw yn dod at ei gilydd i greu sŵn, ac yna'n mynd â'r sŵn hwnnw at y bobl, yng Nghymru a thu hwnt. Gyda *Di-Didl-Lan* mae'n amlwg y bydd Gwerinos yn dilyn y crac i ble bynnag y bydd yn eu tywys.[9]

Gwelodd cwmni Fflach bod yna fwlch o ran cyhoeddi deunydd yn ymwneud â'r traddodiad gwerin a chyda chymorth Ceri Mathews yn gweithredu fel cyfarwyddwr artistig aed ati i gynhyrchu cryno-ddisgiau yn cyflwyno'r traddodiad yn ei burdeb. Roedd *Ffidil* yn cynnwys traciau gan ddwsin o ffidlwyr wedi eu recordio yn Eglwys Machen ger Caerffili. Cyhoeddiad arall yng nghanol y 90au oedd *Gadael* yn cynnwys caneuon am hiraeth ac alltudiaeth gan artistiaid o Gymru, Llydaw, Iwerddon a'r Alban. Y bwriad oedd manteisio ar yr hyn a ddisgrifiwyd fel marchnad cerddoriaeth byd oedd ar ei phrifiant. Roedd Ceri ei hun, ar y pryd, yn chwarae'r pibau mewn grŵp o'r enw Dynion Hysbys.

Un o'r artistiaid a recordiai'n rheolaidd gyda'r cwmni oedd y delynores Llio Rhydderch o Farianglas, Ynys Môn, a gafodd ei hyfforddi a'i chyfareddu gan neb llai na Nansi Richards. Dywed rhai, o'i chlywed yn canu'r delyn, ei bod nid yn unig yn swnio fel Nansi ond hyd yn oed yn edrych yn debyg iddi ar adegau o ran y modd y mae'n canolbwyntio ac yn ymgolli yn sŵn y tannau. Roedd y ddwy'n perthyn o bell. Mae hithau'n arddel yr un agwedd iach anghystadleuol tuag at gynnal y traddodiad wrth hyfforddi eraill a chadw elfennau byrfyfyr yn ei pherfformiadau:

Dwi ddim yn gwybod beth sy'n digwydd i mrêns i, ond yn aml dwi'n taro nodyn anghywir mewn perfformiad, ond mi fyddai'n gwneud rhywbeth ohono. Mae'r brên fel petai'n ymateb, ac weithiau dwi'n rhyfeddu efo fi fy hun fy mod wedi medru gwneud rhywbeth o hwnna, er nad ydio'n gweithio allan bob amser. Wrth recordio'r gryno-ddisg *Melangell*, mi ddigwyddodd rhywbeth ar ddamwain, ac fe gafodd ei gadw yn y perfformiad. Mae fy ngherddoriaeth i ar ddisg yn berfformiad. Y perfformiad hwnnw. Ac mi gadwyd yn *Alawon Môn*, ac er na fedra i ei wneud o eto, roedd o'n dod mor naturiol. Dwn i ddim be' ddaeth drosta i. Ond mi wnes i o ar ddamwain, rhywbeth na wnes i erioed o'r blaen.[10]

Un arall o artistiaid label Fflach-Trad sy'n ymestyn yn ôl dros y canrifoedd i gydio yn y traddodiad yw Cass Meurig. Rhy hithau hefyd bwyslais ar drosglwyddo'r traddodiad mewn modd anffurfiol yn hytrach na thrwy hyfforddiant caeth. Bu'r ffidlwraig yn gyfrifol am drefnu sesiynau rheolaidd yn nhafarn y Tap a'r Sbeil ym Mangor gyda'r pwyslais ar hybu arddull Gymreig:

Mae'n rhy hawdd rhoi gormod o bwyslais ar swnio'n 'Geltaidd', i neidio ar y *band-wagon*, yn lle rhoi'r pwyslais ar fod yn Gymreig. Os nad yw cerddoriaeth werin yn swnio'n Wyddelig, yna mae pobl yn troi trwynau arno, sy'n bechod. Diffyg hunan-barch at ein cerddoriaeth ein hunain yw hynny. Dylai pawb werthfawrogi'r gerddoriaeth fel y mae, ac nid fel peth Celtaidd.[11]

Deallai Guto Pryderi Puw yr hyn yr oedd Cass Meurig yn ei bregethu o wrando ar un o'r sesiynau yng nghwmni tua phymtheg o gerddorion yn chwarae ffidlau, chwisl dun, ffliwt, gitâr, bodhran, acordion a thelyn Geltaidd a hyd yn oed dwy lechen yn cael eu hysgwyd i greu sŵn taro:

Un o'r nodweddion amlycaf sy'n ein gwahaniaethu ni oddi wrth ein cefndryd Celtaidd yw harmoneiddio'r alaw – h.y. yn ychwanegol at gyfeiliant y gitâr a'r bodhran fe ffurfia offeryn arall gyfalaw sy'n cynganeddu gyda'r brif alaw. O ganlyniad cyfoethogir gwead y gerddoriaeth a cheir mwy o amrywiaeth gyda'r alawon. Fuasai techneg o'r fath ddim yn gweithio gyda'r rhan fwyaf o alawon Gwyddelig.[12]

Roedd Cass Meurig hefyd wedi meistroli'r crwth hynafol ac yn ei chwarae fel rhan o gyfeiliant y grŵp Pigyn Clust. I Bob Evans o Gaerdydd, yr arbenigwr ar yr offeryn ac ar lawysgrifau Robert ap

Cusan Tân o Aberystwyth: Telynor
Moreia Robin Huw Bowen, Sue
Jones Davies, ac Ann Morgan
Jones

Anweledig o ardal Blaenau Ffestiniog. Un o ychydig grwpiau ei gyfnod na droes i ganu'n Saesneg

Ectogram, a gododd o ffenics y Fflaps

Meic Stevens yn canu am y môr o
gariad a gwaddod y botel win
Llun: Stuart Ladd

Huw Chiswell a'i biano yn cyfleu
ychydig o blŵs Cwm Tawe
Llun: Marian Delyth

Eilunod canu gwlad, Iona ac Andy

Steve Eaves yn chwilio am 'y canol llonydd distaw'

Gorky's Zygotic Mynci cynnar yn sôn am 'ferched yn gwneud gwallt eu gilydd'
Llun: Pat Pope

Triawd aeth â'u Cymreictod
i Hollywood a charchardai a
chlybiau America: Rhys Ifans,
Howard Marks, a Gruff Rhys
Llun: Rolant Dafis

'R'yn ni yma o hyd': Dafydd
Iwan, y canwr protest a droes yn
wleidydd
Llun: Stuart Ladd

Cerys Mathews o Catatonia – yn
diolch i Dduw ei bod yn dihuno'n
Gymraes bob bore
Llun: Stuart Ladd

Mark Roberts o'r Cyrff, a aeth yn ei flaen i ffurfio Catatonia
Llun: Rolant Dafis

Bethan Richards o Diffiniad
– 'melodïau cryf, rapio ysgafn,
samplau disgo a churiadau
cerddoriaeth house'
Llun: Keith Morris

Jess – bois o Aberteifi a droes yn
Poets of Justice yng nghwmni
Mike Peters am gyfnod. Brychan
Llyr yw'r bachan â'r got ledr, mab
Dic Jones yr Hendre
Llun: Keith Morris

Ffa Coffi Pawb: egnïol a dyfeisgar
o ran eu gallu i gyfansoddi
caneuon cywrain
Llun: Rolant Dafis

Neil 'Wi'n Napod Cerys Mathews' Rosser a'i sylwadaeth gymdeithasol grafog
Llun: Keith Morris

Y Moniars, grŵp codi hwyl yn
canu hen ffefrynnau
Llun: Stuart Ladd

Huw, yr oedd y diolch am ei hyfforddi a'i gosod ar ben ffordd. Unwaith eto, ni chredai mai cystadlu o reidrwydd oedd yr allwedd i greu diddordeb o'r newydd yn yr offeryn. Offeryn llys oedd y crwth yn yr hen ddyddiau a doedd dim elfen o gystadlu a gwobrwyo yn perthyn i ddatganiadau llys. Ni chredai, felly, y dylid gwneud y crwth yn offeryn eisteddfodol a'i gadael ar hynny:

> Mae'n bwysig rhoi ar ddeall ei fod yn offeryn mae nifer cynyddol o bobl yn ei chwarae. Dwi'n meddwl ei fod i raddau yn yr un sefyllfa â'r delyn deires, er nad yw'r crwth yn cystadlu gyda math newydd diweddarach o'r offeryn – heblaw am y ffidil hwyrach. Dwi'n meddwl y buasai mwy o werth mewn trefnu cynhadledd i grythorion, cael rhyw griw ohonom at ein gilydd mewn tafarn yn rhywle. Buasai hynny yn dod â mwy o ymwybyddiaeth i'r offeryn ac yn gyfle i'r chwaraewyr i gyfarfod a chymharu technegau gyda'n gilydd.[13]

Os rhywbeth roedd nifer o'r grwpiau gwerin yn perfformio'n amlach y tu hwnt i Gymru nag oedden nhw yng Nghymru. Roedd Cusan Tân o Aberystwyth yn gyfarwydd â pherfformio yn yr Unol Daleithiau. Yr actores Sue Jones Davies, a ddaeth i'r amlwg ar ôl ymddangos yn y ffilm *Life of Brian*, a gymerai olwg sgi-wiff ar fywyd Crist, ynghyd ag Ann Morgan Jones oedd yr aelodau gwreiddiol. Roedd cynnwys yr offrwm cyntaf ar label Fflach, *Cusan Tân*, yn atgoffa Derec Brown o ddeuawd fenywaidd arall:

> Mae'r ddeuawd yn dilyn y llwybr a dorrwyd yn y saithdegau gan y chwiorydd McGarrigle o Ganada, sef caneuon meddylgar a thyner yn ymwneud â'u cyd-ddyn (a'u cyd-fenyw) a'r hyn sy'n digwydd yn y byd o'u cwmpas.[14]

Clywed dylanwad Joan Baez a Joni Mitchell, a'r hyn a alwai'n gerddoriaeth 'Oes Newydd' yr Unol Daleithiau, wnâi Siwsann George wrth adolygu'r un cryno-ddisg. Cydnabu gyfraniad disglair Robin Huw Bowen ar y delyn deires ond anwastad oedd yr elfen leisiol yn ei golwg hi:

> Fel llawer o recordiadau Cymraeg, mae *Cusan Tân* yn dangos diffyg profiad gweithio fel grŵp o flaen cynulleidfa cyn recordio albwm.[15]

Trwy gysylltiadau'r telynor Robin Huw Bowen, oedd yn hen gyfarwydd â theithio a pherfformio yn America, y dechreuodd Cusan Tân ymweld â'r wlad. Ond roedd Ann ei hun, ar ôl graddio o'r Academi Frenhinol fel ffliwtydd, wedi treulio cetyn go hir o amser yn crwydro Canada yn perfformio yn ôl y gofyn. Bedair blynedd yn ddiweddarach cyhoeddwyd ail gryno-ddisg y grŵp, *Yr Esgair*, y tro hwn ar label Sain (SCD 2115). Fe'i croesawyd gan Derec Brown:

> Nid caneuon hwyliog i orffen Gŵyl Werin y Cnapan sydd yma, ond caneuon tyner a meddylgar am dreialon bywyd a'r byd o'n cwmpas, yn addas ar gyfer noson o ymlacio o flaen y tân.[16]

Roedd Robin yn gerddor a thelynor yn ei hawl ei hun, wrth gwrs. Gyda chymorth Eldra Jarman cyhoeddodd gryno-ddisg o hen alawon sipsiwn Cymru. Roedd Eldra yn hanu o deulu o sipsiwn ac yn or-wyres i John Roberts, Telynor Cymru. Dysgodd hi'r alawon gan ei thad, Reuben, a fu'n delynor gyda'r Ffiwsilwyr Cymreig, ac roedd wrth ei bodd o weld cyhoeddi *Hela'r Draenog*:

> Fi yw'r diwetha' un i gario'r traddodiad a dwi ddim eisio iddyn nhw fynd ar goll. Roeddan nhw'n arfer cael eu chwarae rownd y tafarndai a neuaddau'r mân-fonedd. Er bod y Methodistiaid wedi gwahardd pob peth yr oedd pobl yn ei fwynhau, roedd fy nhylwyth i y tu allan i'r cylchoedd yna.[17]

Ac yn y byd gwerin yr oedd Robin wedi sodro ei hun yn holbidag. Doedd ganddo fawr ddim i'w ddweud wrth fyd y delyn glasurol a doedd ymagweddu'r sefydliadau diwylliannol Cymreig tuag at yr offeryn ddim yn ei blesio chwaith. Roedd Telynor Moreia yn hallt ei feirniadaeth o'r gwyliau swyddogol:

> Does 'na ddim parch tuag at y delyn yng Nghymru heddiw, beth bynnag y buasai'r genedl yn leicio ei gredu am yr 'offeryn cenedlaethol'. Prin iawn mae'n ymddangos ar lwyfan y Brifwyl, a does dim bri ar unrhyw gystadleuaeth telyn debyg i'r bri sydd ar y gystadleuaeth farddoni neu ganu lleisiol... Rwyf wedi dod i wybod mor hoff y mae'r werin Gymraeg (a di-Gymraeg o ran hynny) o glywed yr hen alawon pan gân nhw'r cyfle. Pan gofiwn fod Arglwyddes Llanofer a Chymreigyddion Y Fenni yn arfer rhoi telynau Teires Cymreig newydd, hardd, a medalau arian yn wobrwyon mewn cystadlaethau telyn eu heisteddfodau, lle na fyddent yn caniatáu dim ond canu Cymreig ar y Delyn Deires, mae'n rhaid cytuno ei bod yn bryd i'r Eisteddfod Genedlaethol, Eisteddfod yr Urdd, yr Ŵyl Gerdd Dant, a Gŵyl Telynau'r Byd gofio am y traddodiad telyn Cymreig go iawn, a Chymreigio rhywfaint arnynt eu hunain o ganlyniad, fel bod yna le teilwng i'r delyn Gymreig ochr yn ochr â'r delyn glasurol ar eu llwyfannau.[18]

Un a oedd yn rhannu afiaith Robin o ran hybu canu gwerin fel telynores a pherfformwraig oedd Siân James. Roedd hi ar dân dros osgoi rhigolau a chamu tu hwnt i'r byd cystadleuol. Cafodd ei chodi yng nghanol y traddodiad yn ardal Dyffryn Banw ym Maldwyn ac er iddi flasu'r byd eisteddfodol ni fu'n fodd i'w llethu. Rhoddodd ddisgyblaeth a chefndir cadarn iddi. Pan oedd yn y coleg ym Mangor bu'n cyfrannu at ffresni'r grŵp Bwchadanas yn ogystal â chymryd prif rannau yng nghynyrchiadau Theatr Ieuenctid yr Urdd. Yna, ar ôl treulio blwyddyn yn gweithio yn Disneyland yn yr Unol Daleithiau, mentrodd ar ei liwt ei hun gan ddangos parodrwydd cyson i groesbeillio'n gerddorol a pharhau â'i gyrfa fel actores gyda Chwmni Bara Caws ac ambell ran ar y teledu. Cyhoeddodd ei hoffrwm unigol cyntaf yn 1990, *Cysgodion Karma* (Sain C437). Awgrymai'r teitl nad mewn rhigol gyfarwydd y bwriadai Siân ddefnyddio ei doniau. Yng nghrefydd yr Hindŵ mae'r gair *karma* yn gyfystyr ag 'ailymgnawdoliad'. Roedd Derec Brown wedi ei blesio:

> Dywed Siân James helo i jazz, gospel a roc ac, ar y cyfan, mae'n tueddu at y lleddf... Yr un naws â rhai o ganeuon Clannad ac Enya o'r Iwerddon; rwy'n siŵr y gall 'Marchnad Llangollen' gyrraedd siartiau Lloegr fel sengl... Wedi'r cyfan, does dim rhaid deall y geiriau i werthfawrogi teimlad a phrydferthwch cân.[19]

Cyn pen fawr o dro roedd gan Siân ddilynwyr selog yn Sbaen a Japan, a dôi gwahoddiadau cyson i ddychwelyd i'r gwledydd hynny i berfformio yn ogystal ag yn y gwyliau Celtaidd ar draws Ewrop. Roedd gan Dafydd Iwan obeithion mawr ar ei rhan, petai'n cael gafael ar y gân a'r cynhyrchiad iawn. Credai y medrai efelychu llwyddiant cantores megis Enya:

> Mae mor amlweddog. Mae'n actio, mae'n recordio ac yn gallu amrywio ei harddull wrth ganu. Ond mae hynny'n gallu bod yn wendid yn ogystal â chryfder. Dydi hi ddim wedi sefydlu un arddull arbennig nac wedi sefydlu ei hun yn fwy fel cantores nag actores. Mae un cynhyrchydd, sydd wedi gweithio gyda'r gantores Enya, yn dweud fod gan Siân fwy o dalent gynhenid, mwy o botensial. Mae ganddi lais hynod iawn, llais acrobatig iawn ac mae'n gerddorol dros ben.[20]

Ar ôl cyhoeddi'r CD/casét *Distaw* (SCD2025) roedd Derec Brown o'r farn bod Siân ben ac ysgwydd uwchben ei chymheiriaid yn y byd gwerin Cymraeg o ran ei gallu i ddehongli caneuon:

Mae Siân James yn un o'r cantorion prin hynny sy'n gallu creu awyrgylch arbennig gyda'i llais ac ychydig o offerynnau fel cefndir. Ar ganeuon fel 'Branwen' a 'Pam Na Ga I?' prin iawn yw'r offerynnau – piano, bâs, gitâr, telyn – ond mae'r awyrgylch yn drydanol a hudol. Dim ond Siân sydd â'r gallu a'r hyder i ganu caneuon o'r fath ar hyn o bryd, ac i droedio'n ddidrafferth rhwng meysydd gwerin, jazz a chanu 'torch'.[21]

Doedd dim amheuaeth ym marn Pwyll ap Siôn bod Siân wedi ychwanegu dimensiwn newydd i'r byd gwerin. Roedd ei mentrusrwydd yn y stiwdio recordio yn ddiarhebol, ac erbyn 1997 roedd pum offrwm o'i heiddo yn brawf diamheuol o ystod ei dawn gerddorol a'i gallu i weithio gyda chynhyrchwyr gwrthgyferbyniol i'w gilydd. Doedd hi ddim syndod i Pwyll mai traciau o eiddo Siân oedd yn agor casgliad *Goreuon Canu Gwerin Newydd* (SCD2146) cwmni Sain. Wrth groniclo ei chyfraniad yn 1997 dywedodd:

Mae Siân James wedi profi ei bod hi'n bosib addasu'r cyfrwng gwerin at bwrpasau gwahanol iawn ac mae'n llwyddo i wneud hynny at safon uchel, boed yn gweithio yn arddull gymharol saff ond cynnil *Gweini Tymor* neu ym myd arbrofol ac eofn *Di-gwsg*. Gyda'r tri CD olaf yn hollol wahanol i'w gilydd a gyda phob un yn defnyddio cynhyrchydd gwahanol (Les Morrison ar *Distaw*, Geraint Cynan ar *Gweini Tymor* a Ronnie Stone ar *Di-gwsg*) mi fydd hi'n ddiddorol clywed os bydd y record nesaf yn ddatblygiad pellach o awyrgylch a byd cerddorol unigryw un o'r rhain, neu'n brawf newydd, arall, o'r potensial di-ben-draw sy'n perthyn i'n traddodiad gwerin i greu arddulliau newydd a gwreiddiol.[22]

Os oedd Siân James wrthi'n gwthio'r ffiniau, a hynny dros y dŵr yn gymaint ag yng Nghymru, roedd yna artistiaid eraill yn canolbwyntio ar greu noson o hwyl ar sail y traddodiadol gyfarwydd. O gymharu â'r lodes o Bowys roedd grwpiau megis y Moniars yn rhoi mwy o bwys ar y *craic* nag ar yr elfen gerddorol. Cadarnhawyd hynny gan Derec Brown wrth iddo wrando ar y casét *I'r Carnifal* ar label Crai (CO38N):

Mae'r dewis o ganeuon yma hefyd yn afaelgar gyda'u cytganau syml a chofiadwy, a hawdd deall eu hapêl mewn tafarn glyd gyda chwmni a pheint da... I'r rhai sydd wedi eu siomi nad yw Mynediad am Ddim wedi rhyddhau casgliad o ganeuon newydd ers y saithdegau, bydd y casgliad hwn yn plesio i'r dim.[23]

Roedd casét stiwdio'r grŵp a arweinid gan Arfon Wyn yn 'ddigon cyffredin a dinod' yng ngolwg Pwyll ap Siôn, ond roedd yn barod i gydnabod cryfder y Moniars fel grŵp byw o safbwynt ymestyn y traddodiad:

Nid digwyddiad ar wahân i fywyd oedd cerddoriaeth werin, felly, ond rhan annatod o batrwm bob dydd y dafarn a'r stryd, neuadd sgwâr y pentre a'r sgubor, a diwylliant y bobl gyffredin. Nid rhywbeth i'w wylio a'i feirniadu oedd o, ond moment a ddeuai â phawb at ei gilydd, i gyfrannu a chyd-ddathlu. Ceisia'r grwpiau hyn gyfleu egni ac ysbryd gwreiddiol y gair, ac i ail-greu asbri a brwdfrydedd y sesiwn werin.[24]

Prin bod yna'r un penwythnos segur gan yr hogiau a doedd hi ddim syndod bod y CD/casét a gyhoeddwyd yn 1996, *Hyd 'noed Nain yn Dawnsio* (Sain CD052), yn cynnwys nifer o draciau byw. Awgrymai Derec Brown y byddai'r offrwm yn gloddfa ar gyfer grwpiau gwerin y dyfodol:

A fydd grwpiau 'gwerin' yr unfed ganrif ar hugain yn troi at hen Cdiau Moniars ac yn darganfod caneuon addas ar gyfer eu cynulleidfaoedd? Amser a ddengys.[25]

Un arall o wŷr mawr Môn oedd â'i fys mewn sawl brywes oedd Tudur Morgan. Roedd Pedwar yn y Bar yn mwynhau llwyddiant cyffelyb i eiddo'r Moniars. Ond fe allai Tudur fod wedi ei eni'n Americanwr yn ddigon hawdd am fod ei daid wedi ymfudo i America am gyfnod cyn dychwelyd gyda'i fab ar ôl colli ei wraig a'i ferch mewn tân. Ymfudodd cymaint o bobl o bentref Gaerwen i America nes i stryd yno gael ei henwi yn Stryd America, a dyna roes deitl i gryno-ddisg Pedwar yn y Bar ar label Fflach. Roedd hyd yn oed dylanwad arddulliau cerddorol America ar y caneuon yn ôl Derec Brown:

Gyda'u casgliad cyntaf ers hydoedd, mae'r grŵp wedi mynd yn fwy Americanaidd o ran sain ac arddull ac mae'r dylanwad *bluegrass* yn amlycach. Defnyddir offerynnau acwstig ar y rhan fwyaf o'r caneuon, fel gitâr, ffidil, mandolin a phib, ynghyd â synth ar ambell i gân. Mae 'Waltz Bethan' yn enghraifft wych o'r newid arddull, gyda Huw Roberts yn chwarae'r ffidil yn yr arddull *bluegrass*, sy'n hollol wahanol i arddull alawon gwerin Cymru. Yn wir, oni bai am enw Pedwar yn y Bar ar y CD a'r casét, gellid tyngu mai cân gan grŵp o gefn gwlad Kentucky yw hi.[26]

A phwy a geidw i lawr wŷr mawr Môn? Roedd Tudur eisoes wedi amlygu ei amlochredd trwy gynhyrchu cyfres o ganeuon, offerynnol yn bennaf, ar thema chwedl Branwen. Roedd y CD/casét o'r un enw ar label Sain (SCD4074) yn cynnwys cyfraniadau gan gerddorion Gwyddelig o fri megis Donál Lunny a Keith Donald, ill dau wedi creu cerddoriaeth debyg gyda'r grŵp Moving Hearts. Darnau ar y gitâr acwstig oedd cyfraniad Tudur, yn llawn o alawon gwreiddiol cryf a chofiadwy megis 'Llongau Ddaeth', 'Ffarwel i'r Marian' a 'Cennad Aber Menai'. Roedd Tudur hefyd yn asgwrn cefn i'r grŵp Mojo. Cyhoeddwyd *Tra Mor* ar label Sain (SCD 2137) yn 1996. Mae'n debyg bod fersiwn Pedwar yn y Bar o'r gân 'Dacw Nghariad' a gafodd ei chynnwys ar gasgliad o'r enw *Celtic Legacy* gan gwmni o'r enw Narada Media wedi gwerthu dros 60,000 o gopïau ar draws Ewrop ac America.

Grŵp a gadwai'r fflam yn fyw o ran chwarae mewn twmpathau yn y De-orllewin oedd Jac y Do o gyffiniau Rhydaman. Roedd dyddiadur y grŵp yn llawn ond fe gawsant amser i recordio casét o'r enw *Cyfri Saith* ar label Recordiau Mynydd Du. Ond pwy bynnag oedd wrthi'n cadw'r fflam yn fyw ac yn gwneud yn siŵr ei bod yn llosgi dramor, ni fyddai'n hir cyn diffodd oni bai bod yna wreichion yn tasgu ar yr adegau anffurfiol hynny pan fyddai offerynwyr a datgeinwyr yn dod at ei gilydd. Un peth oedd cyhoeddi casetiau ac ati. Roedd rhaid wrth awyrgylch y *craic* a'r codi hwyl. Daeth Siôn Jobbins ar ei draws yn Sesiwn Fawr Dolgellau yn 1994:

> Mewn sefyllfaoedd fel hyn mae Cymry yn dod at ei gilydd, yn rhannu offerynnau a syniadau ac yn creu agenda cerddorol eu hunain ac nid yn ceisio dynwared cerddoriaeth pobl eraill, yn enwedig Gwyddelod. Mae'r sin yn un byw a symudol. Roedd hi'n braf clywed tonau Cymreig heb yr un piano festri ar gyfyl y lle... Ond roedd rhywbeth ar goll. Dyma'r tro cyntaf i mi fynd i sesiwn ganu heb glywed taro'r un nodyn o'r un emyn. Dim nodau trymion trist, dim o ragrith canu'r Cristnogion priodas-angladd-a-bedydd. Dim ond caneuon gwerin a phoblogaidd Cymraeg.[27]

Os oedd yna afiaith i'w ddeimlo yn y sesiynau gwerin, beth am y Noson Lawen draddodiadol a gynhelid o hyd, o bryd i'w gilydd, pan fyddai angen codi arian at ryw achos neu'i gilydd? A beth am y fersiwn teledu ohoni, un o'r ychydig gyfresi adloniant sydd wedi para bron yn ddi-dor bob gaeaf ers sefydlu S4C? Efallai fod y ffigyrau gwylio gyda'r uchaf ar gyfer rhaglenni'r sianel ond doedd y pynditiaid ddim yn hael eu canmoliaeth. Oedd hi wedi chwythu ei phlwc? Ai deinosor wedi goroesi oedd hi? Ai ymestyn pangfeydd ei marwolaeth wnâi'r teledu yn hytrach na chwistrellu bywyd o'r newydd iddi?

26 / Noson Aflawen

Yfersiwn radio o'r Noson Lawen, a ddyfeisiwyd gan Sam Jones yn y 1940au, oedd pinacl darlledu radio Cymraeg, ond efelychiad gwael iawn ohono oedd fersiwn teledu'r 90au yn ôl R Alun Evans:

> Nid yw'r *Noson Lawen* gyfredol ar S4C yn ddim ond cysgod gwan o'r hyn a gafwyd o Fangor hanner canrif yn ôl. Fel y rhaglen radio, cyfres o eitemau, a chyfuniad o gerddoriaeth ac o hiwmor, yw'r patrwm ar deledu hefyd. Ond eitemau parod yw'r rhain, nid eitemau a grëwyd ar gyfer y gyfres. Does yma mo'r gwreiddioldeb a nodweddai'r gyfres radio gynt, nac unrhyw ymdrech i greu tîm o ddiddanwyr.[1]

Recordid y rhelyw o raglenni'r *Noson Lawen* ar gyfer y teledu yn ystod yr haf a hynny mewn sguboriau ar ffermydd gan amlaf, gyda'r gynulleidfa yn eistedd ar fyrnau gwair. Ond doedd y rhaglenni ddim yn cael eu darlledu tan y gaeaf felly doedd cyfoesedd ddim yn bosib o ran yr hiwmor. Hwyrach nad yw bod yn amserol yn nodwedd o Noson Lawen beth bynnag. Nid llwyfan ar gyfer comedi a ffraethineb amgen mohoni. Ni pherthynai i'r ardaloedd diwydiannol. Doedd llwyfan clwb ddim yn gartref iddi. Pan dynhawyd y rheolau diogelwch bu'n rhaid hepgor y byrnau gwair a gosod y gynulleidfa ar gadeiriau. Ond yr un oedd yr arlwy. Teg dweud iddi ddiflannu am dri gaeaf yn ystod teyrnasiad Geraint Stanley Jones fel Prif Weithredwr S4C. Ond un o benderfyniadau cyntaf ei olynydd, Huw Jones, oedd adfer y gyfres. Huw oedd yn gyfrifol am y cyfresi cyntaf yn nyddiau cynnar y sianel yn enw Cwmni'r Tir Glas. Roedd Peter Hughes Griffiths, oedd ei hun yn un o'r arweinwyr cyson, yn barod i'w derbyn am yr hyn oedd hi:

> Nid rhaglen stiwdio soffistigedig mo'r *Noson Lawen* ond ffordd lwyddiannus o gyflwyno rhai o'r nosweithiau cynnes cartrefol cefn gwlad rheini ryn ni mor gyfarwydd â nhw.[2]

Mae'n debyg mai un rheswm am y ffigyrau gwylio uchel oedd nid o reidrwydd apêl yr artistiaid ond awydd y gynulleidfa i weld eu hunain, ac awydd gwylwyr i weld cydnabod a pherthnasau ymhlith y gynulleidfa. Mae'n hen gynneddf i wybod 'pwy oedd yno', boed yn trafod angladd, cymanfa ganu neu Noson Lawen. Hynny ynghyd â'r elfen gartrefol gyfarwydd sy'n bodloni cynulleidfaoedd cefn gwlad oedd yn gyfrifol am y nifer sylweddol o wylwyr, yn aml yn croesi'r 100,000. Ond roedd pynditiaid megis Meinir Pierce Jones yn ei chael yn anodd canfod rhinweddau:

> Mae'n debyg fod y *Noson Lawen* yn rhaglen boblogaidd, ond alla'i ddim peidio â gofyn a ydi hi'n deledu da. Rhyw fudr sbïo arni y bydda i fel arfer... gan deimlo mod i'n cael cip yn ôl ar ryw gyfnod 'euraid' pan oedd pobol yn troi allan i siediau silwair am eu hadloniant.[3]

Roedd Philip Christopher o Gasnewydd yn ddilornus o'r rhaglen mewn llythyr o'i eiddo a gyhoeddwyd yn *Golwg*:

> Heb os nac oni bai, y noson waethaf yw nos Sadwrn. Mae mwy o safon yn perthyn i'r hysbysebion nag sydd i *Noson Lawen*... S4C annwyl – rydym yn byw yn 1993, nid 1963. Mae fformat *Noson Lawen* mor hen ffash mae'n anhygoel. Ar ben hyn cawn gynulleidfaoedd di-ri yn chwerthin nerth eu pennau ar ddynion wedi'u gwisgo fel menywod yn gor-actio. Yn y neuaddau pentref mae lle'r bobol hyn, nid ar deledu cenedlaethol.[4]

Roedd Joanna Davies Passmore yn ddeifiol ei beirniadaeth wrth adolygu'r rhaglen ac eraill o'r un *genre*:

> Tri gair sy'n ddigon i godi cyfog ar unrhyw wyliwr gwerth ei halen yw *Goreuon y Jocars*. Pe na bai hwn yn gylchgrawn parchus byddwn yn cael fy nhemtio i newid y gair ola' i rywbeth mwy addas. Os ydych wedi bod yn ddigon ffodus i osgoi'r gyfres, mae'n debyg iawn i gyfres a fu ar ITV, ganrifoedd yn ôl bellach, sef *The Comedians* lle ceir holl *has-beens* byd comedi, neu, yn achos S4C, ffoaduriaid o'r *Noson Lawen* i adrodd eu jôcs hynafol barfog o flaen cynulleidfa gorffwyll neu gasét chwerthin *canned*. Roedd gweld y dynion canol-oed yma'n ceisio ein diddanu gyda'u straeon hirwyntog am fronnau Mrs Jones drws nesa a gorchestion rhywiol y ficer yn chwerthinllyd ynddo'i hunan...[5]

Rhoes Illtyd ab Alwyn y gyfres o dan y lach hefyd:

> Mae'r profiad o wylio *Noson Lawen* fel gwylio sioe bentre' fach yn ôl mewn oes fwy diniwed, pan oedd plismyn yn gyfeillgar a lladron yn ddireidus; pan oedd gwaith yn hawdd i'w gael a gofid yn ddieithryn; pawb yn Gymry Cymraeg a phob Gweinidog Amaeth yn bwyta cig. Wrth i mi ddechrau ymgartrefu yn hedd

yr hen oes hon, mi sylweddolais i fod rhywbeth o'i le. Wrth gwrs! Mae jôcs yr oes honno yn swnio braidd yn hen yn y 1990au. Un peth da am *Noson Lawen* fel arfer yw ei bod hi'n cynnig cyfle i wynebau newydd gael eu gweld ar y teledu am y tro cynta', gan adael i dalentau lleol ddangos ychydig ar eu doniau...

Erbyn hyn, mae cyfresi *Noson Lawen*, fel Saeson yn disgyn oddi ar yr Wyddfa neu'r Fam Frenhines, wedi bod o gwmpas ers cymaint o amser nes i rywun gael trafferth cofio pryd nad oeddan nhw o gwmpas. Peryg darlledu rhaglenni cyfarwydd fel hyn yw bod comisiynwyr teledu yn gallu disgyn yn hawdd i mewn i rigol, heb orfod meddwl gormod am ddatblygu syniadau newydd, gwreiddiol a chyffrous. Dyma ydi hanfod cyfres *Noson Lawen* felly – rhaglenni cyfforddus a diniwed, yn dilyn fformiwla sydd bron mor hen â rhai o jôcs y diddanwyr eu hunain. Dynion mewn dillad merched, a merched mewn dillad dynion – os mai hyn sy'n gwneud i ni Gymry chwerthin ar droad y mileniwm, pwy ydw i i ddadlau?[6]

Teg dweud na lwyddodd y gyfres deledu i chwistrellu bywyd o'r newydd i'r fformwla gyfarwydd er i arwyddion adfywiad gael eu gweld o dro i dro wrth i actorion cyfarwydd megis John Ogwen, Llion Williams, Rhian Morgan ac Eilir Jones gyflwyno monologau clyfar a doniol. Ond ni ellir dweud bod yna bartïon Noson Lawen wedi codi o'r newydd fel madarch dros nos ar draws y wlad. Ni ellir dweud bod yna ymchwydd wedi digwydd yn nifer y Nosweithiau Llawen a drefnid ar lawr gwlad. I'r gwrthwyneb, yr unig Noson Lawen mewn ambell i ardal fyddai'r un a drefnid ar gyfer y teledu. Arall oedd cyfrwng hwyl a *craic* cenhedlaeth iau a ystyrient eu hunain yn fwy soffistigedig ac a oedd wedi ymbellhau oddi wrth y tir. Doedd jôcs am feddwi a godinebu, ar wahân i fod yn amheus eu moesoldeb, ddim yn ddoniol bellach naill ai am fod gweithredoedd o'r fath yn cael eu derbyn fel norm neu am fod yna gynulleidfa oedd yn fwy sensitif i effaith y fath ymddygiad ar fywydau eraill.

Pan gyhoeddwyd llyfr o *Jôcs Noson Lawen* gan wasg Y Lolfa ac S4C ar y cyd, gyda llun o John Ogwen yn rhith ei *alter ego*, y barman, ar y clawr, roedd Dafydd Huws yn drwm ei lach ar y fformat a'r hiwmor:

Mae'r *Noson Lawen* yn codi cymaint o'r felan arnaf â *Caniadaeth y Cysegr*. Hen ffurfiau blinedig sy'n cael eu halio gerfydd eu gwalltiau blw-rins i mewn i ganrif gyfryngol arall. Ond dyna fo. Does 'na fawr neb yn cwyno, a does gan neb ddim byd gwell na dynwarediadau o sioeau Saesneg i'w cynnig yn eu lle. Os oes yna ddigon o bobl ar gael i lenwi capel, mynd drwy'r moshiwns a smalio'u bod yn credu'r geiriau maen nhw'n eu canu, be' di'r ots?... Mae'r jôcs yn iawn – y rhan fwyaf ohonyn nhw. Ambell un yn gwneud i mi chwerthin hyd yn oed. Ddim cweit cymaint â'r bonllefau o chwerthin a ddaw o'r gynulleidfa ar y sgrin ond does dim dwywaith nad yw'r cynnwys wedi ei ddiweddaru ar gyfer 'chwaeth' yr oes.

Beth yw cynnwys ein diwylliant ysgafn rhagor? Beth yw ei werth oni bai ei fod yn fodlon ymwneud â dyfodol ei fodolaeth ei hun? Rhwng llinellau'r jôcs gwelir trasiedi'r hyn a adewir allan. Mae rhai o ddiddanwyr gorau'r genedl i'w gweld yma. Seiri gwych yn mesur gwynt. Nid yw'r defnydd yn deilwng ohonynt. Creisus? Pa greisus, Mr Picton? Pryd clywsoch chi jôc Sais ddwetha? Pryd clywsoch neb yn meiddio gofyn Hain be' ydi Peter? Mae un peth yn sicr, chlywsoch chi ddim byd ar y sgrin. Oherwydd mae con- olaf y concwest ar droed, tydi? Glywsoch chi'r jôc am y boi drws nesa'n torri mewn i'ch tŷ chi a'i falu fo'n rhacs jibidêrs ac wedyn mynd â chi i'r llys am wrthwynebu? 'Mae Cymru wedi gwylltio', chwedl geiriau 'I'r Gad' ers talwm, ond fel dwedodd y boi hwnnw; fydd y chwyldro ddim ar y teledu, na fydd, bois? Sbïwch ar glawr y llyfr yna eto: at bwy y mae John Ogwen yn pwyntio bys?[7]

Fe roddwyd cynnig hefyd ar efelychu'r tueddiadau o fewn y byd Saesneg trwy roi llwyfan i'r comedïwr stand-yp a oedd mewn bri yng nghlybiau Llundain. Hiwmor beiddgar a swrrealaidd ymhell o wynt clos ac ydlan fferm oedd eiddo Gethin Thomas, James Thomas, Gary Slaymaker, Daniel Glyn a Rhodri Ogwen. Mentrodd dau a oedd yn gyfarwydd â pherfformio yng nghlybiau Llundain, Noel James a Leighton John, yn y Gymraeg am gyfnod. Mentrodd y merched hefyd i'r un cyfeiriad pan gyflwynodd Rhian Morgan, Llio Silyn a Nia Samuel sioe'r un mor feiddgar, *Gramogusanwyr*.

Un o jôcs soffistigedig y bechgyn oedd dweud y byddai'r athletwraig a'r gyflwynwraig deledu Angharad Mair, erbyn 2015, mor denau â llinell storïol yr opera sebon *Pobol y Cwm*. Yr un pryd bydden nhw'n cyflwyno cymeriadau megis y Parchedig Fatwah Mathias, Teifi Teifi ap Teifi a Rhuddlan ap Cricieth er mwyn gwneud hwyl am ben stereoteipiau Cymreig. Byddai'r merched yn cyflwyno cymeriadau eithafol o ffeministaidd ac yn ymdrin â materion rhywiol mewn modd na ellid dychmygu ei glywed ar lwyfan y Noson Lawen. Doedd dim ffiniau o ran pynciau na geirfa ac roedd cynulleidfaoedd yn chwerthin.

Roedd Elin Llwyd Morgan yno yn nhafarn y Cŵps pan lansiwyd cylchdaith gomedi y Stand Yp Cymraeg ym mis Mawrth 1993:

> Enigma'r sioe oedd Sib y consuriwr, 'Plentyn Siawns Tommy Cooper', oherwydd ei gap Morocaidd, pen fel Hari Krishna, corff fel Gandhi a llygaid fel soseri hedegog. Deuai Sib ymlaen am ryw bum munud rhwng bob act mewn trowsus bach a chroesau o selotep du ar ei dethi i ddiddanu'r gynulleidfa drwy daro hoelion i fyny ei ffroenau, llyncu cleddyf a rhoi maneg rwber dros ei ben a'i chwythu i fyny'n anferth nes iddo fyrstio. Does dim amheuaeth fod y cymeriad yma'n hollol honco, a hynny'n amlwg yn y ffordd yr oedd o'n medru cadw wyneb syth tra oedd pawb arall yn eu dyblau wrth iddo roi ei ddehongliad ei hun o'r gân 'And when they were up they were up, and when they were down they were down' (rhowch rwydd hynt i'ch dychymyg i ddyfalu sut).

> Daniel Glyn oedd y gorau, ond wedyn mae Daniel yn seren, yn befriog a bywiog ac yn gwybod sut i ddal sylw ei gynulleidfa. Roedd ei jôcs yn ddoniol yn y traddodiad clasurol anweddus a'i lais a'i holl osgo yn dangos stamp perfformiwr naturiol. Roedd yr act ddwbwl rhyngddo fo a'r compere Gethin Thomos yn llwyddiant hefyd, wrth iddyn nhw ddychanu dau hen 'Gog' siwdo-ddiwylliedig yn malu awyr. Yn sicr, mae hon yn sioe werth ei gweld, yn enwedig os ydych chi'n mwynhau awyrgylch clybaidd a hiwmor sydd ddim hyd yn oed yn <u>gwybod</u> ystyr y gair 'cynnil'.[8]

Serch hynny, ni ellir dweud bod y stand-yp Cymraeg wedi dod yn rhan naturiol o arlwy adloniant y clybiau yn yr ardaloedd Cymraeg mwy nag oedd y diddanwyr hynny megis Bobby Wayne, Johnny Tudor, Freddy Kerswell a John Phillips a fu'n canu yn Gymraeg ar y rhaglen deledu gyda'r nos, *Heno*. Roedd y bechgyn yma'n hen gyfarwydd â thrin cynulleidfaoedd y clybiau a chystadlu gyda'r bar ond roedd yr arfer o ddifyrru'n Saesneg wedi hen gydio a throi i'r Gymraeg i'w weld yn ots. Ni lwyddwyd i dorri tir newydd yn hynny o beth. Roedd y cyfarwydd yn dal ei dir. Ac roedd y cyfarwydd yn achosi penbleth i'r meddylgar Robin Gwyn:

> Doeddwn i erioed yn meddwl fod Charles Williams nac Eirwyn Pontsian yn ddoniol. A'n syniad i o hunlle yw rhewi mewn *Noson Lawen* dan arweiniad rhyw gymer lleol. Ar y llaw arall, am fod Ryan Davies wedi marw'n ifanc, rwy'n teimlo rhyw bwysau gwleidyddol-gywir i wylio ailddangosiadau o *Fo a Fe* hyd syrffed a chytuno eu bod yn glasuron. Fe aeth Gari Williams hefyd i'r Cabaret Mawr yn y Nen o flaen ei amser ac mae hi'n

anodd ei feirniadu yntau'n wrthrychol heb swnio'n grintachlyd
a di-chwaeth. Ond tu mewn, fe fydda i'n gwingo wrth wylio
parodi Ryan o hwntw didoreth yn cael ei wrthgyferbynnu
â chapelwr gogleddol diwylliedig Guto Roberts. Yr un yw'r
profiad wrth ddiodde' canu trwynol Gari Williams wedi ei wisgo
fel boi-sgowt sy'n gyfuniad o Benny Hill a 'Shorty' *o It Ain't Half
Hot Mum*. Chwalu ystrydebau a dryllio cadwyni ddylai comedi
Gymraeg ei wneud, nid chwarae'n saff.

A byd bach diogel oedd cynefin llawer iawn o'r digrifwyr ar *Y
Jocars* hefyd. Ar ôl cael eu llusgo o'r sgubor dywyll i'r stiwdio
lachar, roedd rhai yn edrych fel cwningod wedi eu dal yng
ngoleuadau landrover Dai Jones. Ac, o ddifri, ydi *innuendos*
rhywiol a diffyg crebwyll y gweinidog lleol yn ddoniol bellach?
Efallai bod cymunedau Cymraeg, er mor brin a gwasgaredig,
yn parhau'n glos a chartrefol, ond maen nhw'n aml yn cynnwys
pobl hunandybus a rhagrithiol sy'n ymrannu'n sefydliadau,
carfannau ac unigolion cenfigennus a checrus.

Mae gwleidyddiaeth grym yn fusnes budur a gwleidyddiaeth heb
rym yn destun hiwmor amlwg sy'n cael ei anwybyddu. Gydag
adran o'r rhaglen wedi ei neilltuo i ffermwyr a ffermio, ro'n i'n
gobeithio clywed jôcs deifiol yn codi o flerwch y llywodraeth
cyn ac yn ystod yr argyfwng BSE. Mae ffermwyr Cymru yn
anifeiliaid gwleidyddol craff ond ble oedd yr ymosodiadau ar
ddryswch biwrocrataidd polisïau amaeth Ewrop? A oes neb
yn fodlon dinoethi'r balchder styfnig sy'n rhwystro'r ddau
undeb amaethwyr yng Nghymru rhag uno? Efallai ei bod hi'n
annheg disgwyl i genedl fechan ddi-senedd gynhyrchu hiwmor
politicaidd aeddfed, ond mae *Y Jocars* angen chwistrelliad o
amarch *Lol* at yr unigolion a sefydliadau Cymreig sy'n meddwl
eu bod yn bwysig.[9]

Un datblygiad ysblennydd ym maes adloniant yn ystod yr
80au a'r 90au nad oedd yn ddibynnol yr un whithryn ar deledu na
thueddiadau'r oes oedd cyflwyniadau Cwmni Theatr Ieuenctid
Maldwyn. Pan lwyfannwyd y cynhyrchiad cyntaf, *Y Mab Darogan*, yn
Eisteddfod Genedlaethol Maldwyn 1981, yn clodfori'r gwladweinydd
mawr o'r 15fed ganrif, Owain Glyndŵr, roedd y cenedlaetholwr cyfoes
Gwynfor Evans ar ei draed yn cymeradwyo'n frwd erbyn diwedd yr
act gyntaf. Digwyddodd rhywbeth trydanol o ganlyniad i weithred yr
aelod seneddol ac arweinydd Plaid Cymru. Daethpwyd ag arwr yn fyw
a hynny'n fuan ar ôl methiant refferendwm ar ddatganoli y byddai
Owain ei hun wedi bod yn danbaid o'i blaid. Ac o weld Gwynfor ar
ei draed roedd cynulleidfa pafiliwn yr Eisteddfod yn gweld un arwr

yn talu gwrogaeth i arwr arall. Cododd y gynulleidfa fel un gŵr. Mae prif gân y sioe yn dal i gael ei chanu.

Ers hynny bu'r cwmni, dan arweiniad Penri Roberts, Derec Williams a Linda Gittins, yn cynhyrchu sioe bron bob dwy flynedd, yn seiliedig ar ddigwyddiadau hanesyddol gan amlaf, boed *Pum Diwrnod o Ryddid* yn ymwneud â hanes y Siartwyr yn Llanidloes, *Myfi Yw* yn ymwneud â'r croeshoeliad neu *Heledd* yn ymwneud â chyfnod Llywarch Hen yn y 7fed ganrif ar hyd y Gororau. Daeth gweithgarwch y criw i ben yn Eisteddfod Genedlaethol Meifod 2003 pan lwyfannwyd y sioe *Ann* yn seiliedig ar fywyd yr emynyddes Ann Griffiths. Roedd pob eiliad o'r sioe yn wefreiddiol wrth i gynnwrf crefyddol y lodes o Ddolwar Fach a fu farw'n 29 oed, yn cael ei phortreadu gan Sara Meredith, ddod yn fyw. Ieuenctid Maldwyn yn ymestyn ar hyd tiriogaeth o Fachynlleth at y ffin fu'n perfformio'n ddi-dâl gydol y blynyddoedd. Afraid nodi rhibidirês o enwau am nad oedd neb yn sêr fel y cyfryw ond, yn hytrach, oll yn cyfrannu'n unol ag arwyddair y cwmni, 'Bodlondeb, Ffyddlondeb'. Aed â nifer o'r sioeau ar daith. Ni chafwyd nawdd i gynnal y cwmni. Profwyd am yn agos i chwarter canrif bod yna ruddin ac athrylith yn perthyn i Gymreictod o hyd ac nad bwyd llwy o wasgu botwm yw'r unig adloniant sydd ar gael.

27 / Y Tri Hyn (2)

Prin y gellir rhagori ar werthfawrogiad Dylan Iorwerth o ddawn ac athrylith Meic Stevens wrth iddo sgrifennu amdano yn cyrraedd ei ben blwydd yn drigain:

> Yng Nghymru, fo yn fwy na neb arall, sy'n cynrychioli hanes canu roc a gwerin modern, o'r gwreiddiau i'r oes aur... Rhyw ddiwrnod, pan fydd myfyrwyr yn astudio barddoniaeth Gymraeg yr ugeinfed ganrif, gobeithio y byddan nhw'n darllen barddoniaeth Meic Stevens – y farddoniaeth sydd yn ei ganeuon. Mae yna linellau i'w cofio – 'Cyllell trwy'r galon yw hiraeth / Pladur trwy wenith yr enaid' – ond mae yna hefyd ganeuon cyfan sy'n crisialu profiadau pobol yn well na'r un Gerdd Fawr.
>
> Mae'n ddigon posib mai 'Cân Walter' a 'Ddaeth neb yn ôl' ydi'r cerddi gorau sydd ganddon ni am yr Ail Ryfel Byd. A hynny ar waetha, neu oherwydd, eu tôn amrwd a'r sgwennu syml. Mae 'Erwan' a 'Gwin, a Mwg a Merched Drwg' yn farwnadau i'w rhoi ochr yn ochr â rhai o'r marwnadau mawr ac ae 'Môr o Gariad' a'u tebyg yn brydferth yn yr un ffordd ag y mae cerddi Emyr Lewis yn brydferth y tu hwnt i'r geiriau. Eironi hollol Gymraeg ydi fod caneuon gorau Meic Stevens yn aml yn codi allan o dristwch, ei fod yn tynnu harddwch o'r profiadau mwya' chwerw. Yr angel a'r diafol gyda'i gilydd.[1]

Beth oedd y Brawd Houdini wedi bod yn ei wneud felly ar drothwy ei ben blwydd? Wel, bu'n llunio rhan gyntaf ei hunangofiant. Fel y gellir dychmygu, roedd yn hunangofiant gwahanol i'r rhelyw o'i fath yn y Gymraeg. Roedd hynny'n anorfod am fod y gwrthrych yn dipyn o aderyn drycin. Rhy ddisgrifiad o'i fam-gu fel y cofia hi yn y cartref yn Solfach:

> Edrychai fel gwrach os bu un erioed, yn eistedd ger y tân mewn cegin fawr dywyll, wedi'i gwisgo bob amser mewn dillad hir, duon, cath ddu ar ei glin, a siôl besli a chanddi batrwm rhyfeddol wedi'i thaenu dros ei hysgwydde, cadwyni o fwclis

jet am ei gwddwg a chapyn du â phig dros ei gwallt pleth, hir.
Doedd Mam Roza ddim yn perthyn i'r oes fodern yma – roedd
hi'n deillio o gyfnod cynoesol tywyllach, oedd rywfodd yn
goroesi yn y presennol ynddi hi.[2]

O weld Michael Louis James Stevens yn llechu yn y cysgodion, yn
ei gôt a'i hat ddu, yn Nhafarn y Llong yn ei bentref genedigol ar noson
lansio casgliad cyflawn o'i ganeuon ar ffurf cryno-ddisgiau gan gwmni
Sain, a hynny ychydig oriau ar ôl cyngerdd gorchestol o'i eiddo ym
Mhafiliwn Eisteddfod Tyddewi 2002, roedd y gymhariaeth â Mam
Roza yn amlwg. Adyn nad yw'n cydymffurfio â'r oes hon yw Meic
hefyd, a hynny am ei fod yntau'n amlwg yn mynd ar ambell sgawt i oes
arall o bryd i'w gilydd, a'r un ohonom ni feidrolion yn gallu ei ddilyn.
Ond beth oedd ei hynt pan oedd yn ein plith yn y 90au?

Bu'n cyfansoddi ac yn perfformio a hynny mor wachul wych
ag erioed. Fyddai neb yn cwyno o glywed y caneuon cynnar am y
canfed tro am fod pob perfformiad o eiddo Meic yn wahanol i'r un
blaenorol a'r un dilynol. Mater o bwyso a mesur ei hwyliau ar y pryd
oedd hi. Cyhoeddwyd casét ohono'n perfformio'n fyw yn Eisteddfod
Bro Colwyn 1995, *Yn Fyw o Swroco* (C2121A), ar label Sain. Er y
diffygion roedd yn cyfleu naws yr hyn sy'n gyfarwydd i'w ddilynwyr
ac roedd Derec Brown wedi ei blesio:

> Ysbryd rhydd o berfformiwr fu Meic Stevens erioed; ni ellir
> disgwyl iddo ail-greu perfformiad cyffelyb o un noson i'r
> llall, ac felly braf yw cael perfformiad sy'n deilwng o'i ddawn
> fel canwr, cyfansoddwr a gitarydd. Mae'r caneuon i gyd yn
> gyfarwydd – 'Cân Walter', 'Rue St. Michel', 'Brawd Houdini',
> 'Môr o Gariad' – pob gair a nodyn wedi ei saernïo i greu
> campwaith ar ôl campwaith. Ond peidied disgwyl slicrwydd
> y dechnoleg newydd yma. Perfformiwr cig a gwaed yw Meic
> – mae'n gorfod ail-diwnio'r gitâr yn ystod 'Cân Walter'. Dyw
> rhai pethau byth yn newid – diolch byth![3]

Offrwm cyntaf Meic yn y 90au oedd *Ware'n Noeth (Bibopalwla'r
Delyn Aur)* (SCD4088) wedi ei gyhoeddi ar ei label ei hun, Solva
Music, yn union fel y gwnaeth mewn cyfnodau cynt trwy gyhoeddi
deunydd ar labeli Newyddion Da a Tic Toc. Fe'i cyhoeddwyd fel cryno-
ddisg yn ddiweddarach ar label Sain. Fe'i recordiwyd yn Stiwdio Les
ym Methesda ac roedd gŵr o'r enw Ubert Felix Thiefaine wedi cyd-
gyfansoddi tair o'r caneuon. Yn ôl Derec Brown roedd y gwych a'r
gwachul yn gymysg â'r fflachiadau o athrylith:

Ar y cyfan, tywyll, prudd a lleddf yw naws *Warë'n Noeth* – math o fiwsig i'w chwarae'n hwyr y nos. Mae'r cynhyrchiad weithiau'n adleisio cynhyrchiad rhai o recordiau cynnar Meic yn y chwedegau a'r saithdegau cynnar, ac er nad mor drawiadol â'i recordiau hir yn yr wythdegau fel *Nos Du Nos Da*, *Gitâr yn y Twll Dan Star* a *Lapis Lazuli*, mae unrhyw gasgliad o ganeuon gan Meic Stevens yn cyfoethogi'n archwaeth am gerddoriaeth real a gonest.[4]

Os oedd yna awgrym yn yr anwastadrwydd bod Meic yn chwythu ei blwc roedd yna gyfnod ar gychwyn pan fyddai'n profi i'r gwrthwyneb. Byddai Sain yn cyhoeddi casét o'i ganeuon cynnar gan brofi unwaith eto nad perthyn i gyfnod oedden nhw ond eu bod yn oesol. Dyna oedd byrdwn sylwadau Derec Brown wrth dafoli *Caneuon Cynnar* (C485G):

> Perthyn llais ac arddull unigryw i Meic Stevens ac erbyn y 90au, mae'r caneuon fel petaen nhw wedi hedfan gydag amser i fod yr un mor berthnasol heddiw â phan yr ysgrifennwyd nhw. Mae neges 'Tryweryn' a 'Gwely Gwag' yn oesol; mae cymeriad 'Merch o'r Ffatri Wlân' yn dal i'w gweld heddiw yn unrhyw le; gallai stori wir 'Cân Walter' fod wedi digwydd adeg Rhyfel y Gwlff, a'r un yw neges 'Yr Eryr a'r Golomen' adeg unrhyw ryfel.[5]

Ni fu'n rhaid iddo aros yn rhy hir am record arall debyg. Erbyn diwedd 1992 roedd *Dim Ond Cysgodion – Y Baledi* wedi ei chyhoeddi ar gasét/CD gan Sain (SCD2001). Unwaith eto, roedd Derec Brown yn ei chroesawu:

> Baledi ydynt sy'n dweud stori neu hanes person arbennig, baledi sy'n rhan annatod o hanes Meic ei hun, a baledi sy'n rhan o'n diwylliant ninnau erbyn hyn. Mae 'Erwan', 'Bobby Sands' a 'Dic Penderyn' yn ganeuon i gofio ffrindiau ac arwyr fu, tra mae 'Gwenllïan' a 'Môr o gariad' yn swnio fel petaent wedi eu hysgrifennu mewn penbleth a phoen. Daw'r caneuon o wahanol adegau yng ngyrfa Meic Stevens rhwng 1970 a 1992, a braf yw clywed rhai cynnar fel 'Rhyddid Ffug' unwaith eto. Pedair cân ar bymtheg a'r cwbl yn gywrain, gonest a hudol a hollol unigryw – trysorwch nhw![6]

Ond doedd dim rhaid dibynnu ar y catalog yn unig. Cyhoeddwyd CD/casét o ganeuon gwreiddiol newydd *Er Cof am Blant y Cwm* ar label Crai (CD306). Manteisiodd Emyr Huws Jones ar y cyfle i dalu teyrnged i hen stejar:

Mae'n rhaid edmygu ei hirhoedledd a'i ddyfal barhad. Mae o wedi bod wrthi fel canwr a chyfansoddwr ers y 60au ac mewn byd lle mae cryn gecru ac edliw'r dyddiau hyn fod rhywun sydd dros 30 yn rhy hen. Eto, mae Meic Stevens – a Dafydd Iwan o ran hynny – yn cael eu derbyn oherwydd eu bod nhw'n hŷn, ac wedi cadw i fynd. Mae Meic Stevens hefyd wedi cadw'n driw i'w gredoau a'i steil ac wedi gwrthod cyfaddawdu.

Ac, wrth gwrs, mae'n gallu sgrifennu caneuon amrywiol iawn ag iddyn nhw stamp unigryw. Gall fod yn ddigri neu yn ddwys. Ac nid cyfansoddwr yn unig ydi o wrth gwrs; mae hefyd yn fardd, bardd greddfol sydd â'r gallu i daro ar y gair iawn neu'r ddelwedd iawn yn ymddangosiadol ddiymdrech. Mae'n gallu gweld pethau fel plentyn ar adegau ac nid oes ganddo ofn mynegi ei hun yn yr un modd.[7]

Yn ei adolygiad yntau, ar ôl ymdrin â chyfraniad y cerddorion sesiwn, roedd Derec Brown am dynnu cymhariaeth â hen stejar a oedd ugain mlynedd yn hŷn na Meic:

Mae gan John Lee Hooker, y canwr blws sy'n dal i ganu a recordio ac yntau yn ei saithdegau, lu o edmygwyr, ym myd cerddorion a thu hwnt. Mae Meic Stevens yntau uwchlaw pob ffasiwn, ac yn denu edmygwyr newydd i'r gorlan o hyd wrth ddal ei afael ar y cefnogwyr selog yr un pryd. Dengys y casgliad hwn ei onestrwydd, ei ofnau, ei hiwmor a'i hoffter o sawl math o gerddoriaeth – conglfeini ei lwyddiant parhaus.[8]

Yn 1998 cyhoeddwyd y cryno-ddisg *Mihangel* ar label Crai. Roedd Bernie Holland yn cyfrannu eto a'r tro yma roedd y mwyafrif o'r caneuon wedi eu cyfansoddi ar y cyd gan Meic a Rob Mills. Ar drothwy cyhoeddi'r record cyhoeddwyd cyfweliad gyda Meic yn y cylchgrawn *Golwg* yn bwrw golwg dros ei yrfa. Doedd yna fawr o sensro ar yr hyn yr oedd wedi ei ddatgelu wrth Kate Crockett. Soniodd am y cyfle i recordio gyda Warner Brothers ar ddiwedd y 60au a'i amgylchiadau 30 mlynedd yn ddiweddarach:

Mae'n mynd lawr i beth wnes i gyda'r Warner Brothers yn 1969, a jyst dweud, ffwcio chi, dydych chi ddim yn fy nefnyddio i. Sa i ishe gwybod am eich cachu showbusiness chi. Cerddor ydw i a dw i eisiau creu cerddoriaeth. Sa i ishe bod yn blydi Rod Stewart a phobol felly. Os 'ych chi'n moyn prynu'r gerddoriaeth fe gewch chi, ond chewch chi ddim prynu'r dyn... Dw i ar income support! Wir i ti! Un o'r musicians gore mae Cymru wedi gweld mewn hanes y genedl i gyd – a dw i ar fucking income support. Mae rhywbeth mas o'i le.[9]

Roedd yr hyn oedd ganddo i'w ddweud am ei berthynas â'r gitâr a chanu yn agoriad llygad:

> Dydi cerddoriaeth ddim yn adloniant i fi. Mae cerddoriaeth yn rhyw fath o – o fyw... O'n i bron yn mynd i ddweud ymchwil – ond mae e fel... byw. That's the way I live. Mae rhyw ffrindie i fi sy'n pysgota, gartre, maen nhw'n mynd mewn cychod pren ar y lli, i bysgota. Dw i'n pysgota, ond dw i ddim yn mynd mewn cwch bren ar y lli, dw i'n mynd bron yn noeth, ma's, sdim cwch amdana i, sdim injan 'da fi. Dw i'n hel sŵn... Chi'n mynd lan i'r Royal Oak, a'r *rapport*, cwrdd â rhywun sy'n gallu whare neu canu, ac mae popeth yn clicio, mae'n naturiol – whiw! Mae e'n dod i 'mhen i, yn cerdded lawr y stryd, neu ar y bws i Aberystwyth, ar y Traws Cambria, a rhyw dôn fach yn dod, ma's o'r ether! Mae e'n blydi brilliant.[10]

Roedd *Mihangel* yn cynnwys yr amrywiaeth arferol o'r tywyll pwerus, y tyner sidanaidd a'r gwallgof amharchus, gyda chyfraniad amheuthun gan Billy Thompson ar y ffidil ar y caneuon 'Cecilia' a 'Morrison's Jig', cyfraniad fyddai'n dwyn ffrwyth pellach mewn perfformiadau byw. Roedd Bernie Holland, gyda llaw, yn un o'r cerddorion ar yr LP *Outlander* a recordiwyd 27 mlynedd ynghynt a doedd Billy Thompson ddim wedi ei eni'r adeg hynny. Un o ryfeddodau'r albwm yw Heather Jones yn canu cân o'r enw 'Blodau Gwyllt y Tân' mewn llais dwfn, deniadol.

Yn ystod oes Meic mae chwiwiau cerddorol wedi mynd a dod ac yntau wedi tynnu caneuon o'i brofiad a'u goglais o'r ether yn ddi-hid o'r tueddiadau masnachol diweddar. Ni chafodd erioed swydd fel y cyfryw ond daeth o hyd i fynegiant, a'r fath fynegiant ydoedd. Pan ganai'n Gymraeg canai ei gyfansoddiadau ei hun bron yn ddieithriad, gydag ambell gân werin yn achlysurol. Nis clywir yn canu caneuon artistiaid Cymraeg eraill. Ni fyddai hynny'n gweddu. Mae ganddo gasgliad eang o ganeuon sy'n mynegi amrywiaeth o brofiadau ac yn cyfleu ei fywyd cyfan. Ond nid felly pan fydd yn canu'n Saesneg. Bydd yn ei morio hi wrth gyfleu angerdd bois y blŵs cynnar a fu'n gymaint o ddylanwad arno, yn ogystal, eto, a chanu ei gyfansoddiadau ei hun. Noson felly y bu B B Skone yn dyst iddi yng Ngwesty'r Eastgate, Penfro, ym mis Mai 1998. Ymddangosodd ei adolygiad yn y papur lleol o dan y pennawd 'Welsh Hero with a Chequered Past':

> Meic Stevens has gained something of a reputation as an erratic performer, which is maybe one of the reasons that greatness has eluded him. A memorable show was stamped with Meic

Stevens' unique performing style, his guitaring in particular was both powerful and unpredictable. Guitarist Jim Carew shouldn't be underestimated. He's no slouch when it comes to Telecasting. Unfortunately it was often too far back in the mix. Meic Stevens also gave him a hard time. But, to be fair, following Meic Stevens must be a bit like playing with an individualist such as John Lee Hooker – even the best find it difficult to hang in there with his idiosyncrasies.

The best bits, at which Meic Stevens excelled, were the bluesy numbers and his own songs. But a lot of it was ragged. Not the sort of ragged that comes from audacious experimentation, no, the sort of ragged born of lack of preparation, a seat of the pants, buskers ragged trouserness. However, I also enjoyed some fearsome and fiery guitar duels when both guitarists appeared to be playing Russian roulette with the other man's head as the target; it was awesome (c. Boxcar) stuff.[11]

Fe'i hadwaenid ac fe'i gwerthfawrogid y tu hwnt i'r byd Cymraeg. Rhoddir sylw teilwng iddo yn y gyfrol *Cydymaith i Lenyddiaeth Cymru*, sy'n cofnodi cyfraniad unigolion i fywyd Cymru. Fe'i disgrifir fel 'canwr a bardd' gan nodi bod y dylanwadau a fu arno yn deillio o'r tu hwnt i Gymru gan fwyaf:

> Gwelwn yn ei waith barodrwydd i adael i'r caneuon ddramateiddio profiad personol: ceir caneuon serch a chaneuon am garwriaethau aflwyddiannus; marwnadau i berthnasau a theyrngedau tyner i ffrindiau, caneuon am effaith y mewnlifiad Saesneg a phortreadau teimladwy o bobl megis Vincent Van Gogh a Sylvia Plath. Chwaraea ardal Solfach a Llydaw (lle y bu'n ymwelydd cyson) ran amlwg yn ei ganeuon. Y mae ei gerddi yn gyfuniad o symlder didwyll a dawn farddonol soffistigedig.[12]

Ni fu raid i Meic Stevens erioed chwaith gysylltu ei hun â'r un mudiad protest, grŵp ymgyrchu na phlaid wleidyddol er mwyn cael ei gydnabod. Roedd ei ddawn a'i ganu uwchlaw hynny ac ni ellir dweud iddo sloganeiddio'r un gân at bwrpas unrhyw frwydr. Gweithreda fel artist sydd, yn ôl ei anian, yn medru bod yn anwadal ac yn anodd. Dyna a dystia cyd-gerddorion megis Meredydd Morris, a fu'n cyfeilio iddo ar un o'i deithiau i Lydaw:

> Dwi'n cofio gig yn Llydaw a dyma fo'n penderfynu peidio chwarae'r caneuon arferol, ond chwara llwyth o ganeuon obsciwyr Bob Dylan. Roedd petha fel'na eto'n brofiad... yn enwedig pan nad oedd gen ti ddim syniad sut oeddan nhw'n mynd.[13]

Roedd Huw Dylan yn tystio i'w anwadalwch ac eto'n tystio i'r modd y mae ei edmygwyr yn barod i ddygymod â hynny ar sail eu hadnabyddiaeth ohono a'u parch tuag ato fel perfformiwr sydd, ar ei orau, yn ddiguro:

> Ychydig fisoedd yn ôl roedd 'na lawer ohonom wedi cael llond bol ar ymarferion meddwol y bardd, y trueni oedd bod Stevens mor boblogaidd nes ei fod yn cael ei ganmol gan ambell un hyd yn oed ar noson ddi-hwyl! Ond wedyn, mae'r cerddor hwn wedi atgyfodi yn ddiweddar. Cafwyd stoncar o noson anhygoel yng Nghlwb y Bont, Pontypridd llynedd. Roedd perfformiad *Un Dydd, Rhyw Ddydd* yn aruchel fel canwr gwerin. Yn Ninas Mawddwy yn ddiweddar gwelwyd Meic yn arwain un o'r perfformiadau *jam-blues* gorau welwyd yn y Canolbarth. Ac wrth gwrs roedd yr argraff ddofn gafwyd ganddo fel y baledwr yn Sesiwn Fawr Dolgellau yn ystyrlon ac yn gadael pawb yn syllu'n ddidramgwydd ar y ffefryn hwnnw o Solfa – Meic Stevens.[14]

Prin yw'r trefnwyr hynny all ddweud bod Meic Stevens wedi cadw pob oed a drefnwyd. Ar y nos Sadwrn gyntaf ym mis Rhagfyr 1998 roedd Meic, ynghyd â'r Cadillacs, wedi addo perfformio yn Nhafarn yr Oen ym mhentref Hermon, yng nghynefin ei gyndeidiau llengar a cherddgar yng ngogledd Sir Benfro. Cyrhaeddodd bois y band mewn da bryd a chafwyd adroddiadau bod Meic ei hun wedi cyrraedd cyn belled â Hwlffordd yn ystod y prynhawn. Ond mae'r criw lleol yn dal i ddisgwyl iddo gyrraedd y dafarn. Fodd bynnag, cafwyd shwd hwyl yng nghwmni'r Cadillacs nes i Mebs, y tafarnwr, benderfynu eu gwahodd yn ôl yn eu hawl eu hunain, a naw wfft i'r Mihangel ei hun.

Eto, prawf o rychwant ei apêl yw bod label o America o'r enw Purple Lantern wedi cynnwys un o'i ganeuon oddi ar *Outlander*, 'The Sailor and The Madonna', ar record amlgyfrannog o'r enw *Electric Psychedic Sitar Headswirlers Vol 2* gyda'r disgrifiad canlynol ohono: 'UK 70's Celtic folk-psychster, scintallating performance with angst ridden vocal, frantic and frenetic acoustic guitar strumming cleverly interwoven with flute and sitar leads, all enveloped in a web of tabla and conga.' Pwrpas y CD oedd cofnodi'r defnydd o'r sitar mewn canu roc. Cynhwyswyd un arall o ganeuon *Outlander*, 'Yorric', ar Gyfrol 3.

Doedd hi ddim yn ofynnol i Geraint Jarman uniaethu ei hun â'r un mudiad nac ymgyrch er mwyn cael ei gydnabod fel y cyfryw chwaith. Roedd e'n sylwebydd soffistigedig ar Gymreictod o safbwynt y dinesydd dinesig ac yn cynnig dadansoddiad deallus o dueddiadau'r oes trwy gyfrwng *reggae*, a hynny'n aml iawn yn llawn amwyster neu gyfeiriadau cudd yn null y cerddorion *dub*. Roedd mwy o ddylanwad Trenchtown ar ei waith nag o ddylanwad Tylorstown. Cyffyrddodd ei bersona Cymreig anhraddodiadol ag aml i enaid Cymreig trwy gyfrwng ei recordiau ar ddiwedd y 70au. Sonia Rhiannon Tomos am ddylanwad yr anthem honno, 'Ethiopia Newydd':

> O'r trawiad agoriadol, mae fel petai awel gref yn chwythu o'r cynfyd pell, yn ein tywys i ddawnsio heibio i bob lludded, i gario'n hysbryd yn ddiymdrech goruwch y byd a'i bethau; petai ond am bum munud, mae'r gwynt o dan ein hadenydd, a ninnau ar fin anghofio sut i hedfan.[15]

Yn ôl Dylan Iorwerth roedd y record hir *Hen Wlad Fy Nhadau* yn herio syniadaeth traddodiad ar ei thalcen ac yn cyhoeddi ffordd newydd a gwahanol o feddwl:

> Fe ddaeth reggae a roc wyneb yn wyneb â'r Pethe ac roedd sbarcs yn fflio o'r cyfarfyddiad. Roedd agwedd hyd-braich eironig y ddwy record gynta wedi ildio i gyffro darganfyddiadau newydd a sŵn anniddigrwydd bywyd modern wedi treiddio trwodd. Cyn Geraint Jarman, roedd gwleidyddiaeth roc Cymraeg yn golygu canu am Y Fro neu gofio Llywelyn. Yn *Hen Wlad Fy Nhadau* roedd y wleidyddiaeth yn llai amlwg ond yn llenwi teimlad y caneuon.[16]

Teimlai Steve Eaves fod yr un deffroad ymhlyg yn y record:

> Doedd neb wedi gwneud hyn o'r blaen. Roedd pawb yn canu am 'gadw'r ffynnon rhag y baw' ac 'awn i ail adfer bro'. Ond mi ddudodd Jarman ar yr LP yma – yn lle gweld ein hunain fel pobl bur sy'n cael ein hamhuro gan y Saeson beth am weld ein hunain fel Rastaffariaid yn ymochel rhag Babylon. Roedd cân fel 'Ethiopia Newydd' yn gwneud inni sbio ar y Rastaffariaid ac arnom ni'n hunain. Roedd 'na lot yn y wasg ar y pryd am ddiwylliant y Rastaffariaid ac mi oedd diwylliant y Rastaffariaid wastad yn isddiwylliant. Roedd o fel petai Jarman yn dweud – cadwch y peth yn is-ddiwylliant... Roedd o'n uffarn o beth clyfar i ddefnyddio trosiad fel 'na a'i roi o ar y traddodiad Cymraeg. Yn lle sôn am 'ail-adfer bro' a defnyddio delweddau'r beirdd roedd Jarman yn hijacio rhywbeth newydd. Ar ôl iddo fo wneud hynna oni'n meddwl mor naturiol oedd reggae yn Gymraeg. Roedd hi'n haws inni gymryd reggae gan grwpiau Cymraeg na grwpiau Saesneg.[17]

Gyda sefydlu S4C troes Geraint fwyfwy at waith teledu.

Cyfansoddodd dair ffilm deledu sef *Macsen*, *Enka* a *Cherddorfa Wag* gyda mesur amrywiol o lwyddiant. Fe'u cyhoeddwyd ar ffurf recordiau ac yna, rhwng 1988 a 1991, troes ei egnïon tuag at gynhyrchu'r rhaglen deledu *Fideo 9* gyda chwmni Criw Byw. Ar ôl tua phum mlynedd yn yr anialwch fel perfformiwr byw ymddangosodd yn un o 32 o grwpiau ar lwyfan Pafiliwn Pontrhydfendigaid ym mis Rhagfyr 1991 yng nghyngerdd Rhyw Ddydd, Un Dydd a drefnwyd gan Gymdeithas yr Iaith Gymraeg. Roedd yna eironi yn hynny o beth gan fod y Gymdeithas wedi ei wahardd rhag perfformio mewn gigs o'u heiddo am flwyddyn saith mlynedd ynghynt am ei ran yn nathliadau goresgyniad y Normaniaid yng Ngŵyl y Cestyll.

Ond doedd ei fflam ddim wedi diffodd. Cyhoeddodd Sain gasét/CD *Goreuon Cyfrol 1* a gafodd ymateb chwyrn am nad oedd nifer o'r goreuon cydnabyddedig oddi ar y record *Hen Wlad Fy Nhadau* wedi eu cynnwys yn y casgliad. Roedd hynny ynddo'i hun yn brawf bod yna rai'n edmygu ei waith o hyd. Ond roedd Ankst wedi cyhoeddi dehongliadau newydd o'r caneuon oddi ar *Hen Wlad Fy Nhadau*, yn cael eu cyflwyno gan artistiaid eraill, flwyddyn ynghynt, ac erbyn haf 1992 roedd CD/casét o ddeunydd gwreiddiol newydd wedi ei gyhoeddi gan Ankst, sef *Rhiniog*. Roedd Huw 'Bobs' Pritchard yn croesawu'r record:

> Mae Jarman yn reit amrywiol ei ffordd y dyddie hyn. Reggae, pop a roc – mae yma ddyfnder, prydferthwch, dinistr sŵn synths yn gwrthdaro yn erbyn tristwch y byd. Cyfanwaith celfyddydol yw *Rhiniog* sy'n gafael yn eich clustiau a'u troi i mewn i'ch penglog.[18]

Roedd Derec Brown yn cydnabod bod yna artist wrth ei waith a bod yna ddatblygiad ers y recordiau cynnar:

> Mae'r cyffyrddiadau reggae yn dal yno ac ambell i dric cynhyrchu, ond yr hyn sy'n gwneud y casgliad hwn yn safonol a chyfoes ac yn hollol wahanol i unrhyw beth arall o eiddo Jarman yw technoleg newydd y rhaglennydd sy'n gyfrifol am amryfal synau allweddellol a phatrymau drymiau. Er hynny, gyda Jarman, y caneuon sy'n dod gyntaf.[19]

Mentrodd Jarman a'r Cynganeddwyr ar daith unwaith eto gan gefnogi grŵp ifanc o Waunfawr, Y Beganifs. Gwnaeth hynny fyd o les i'w hygrededd ymhlith cenhedlaeth newydd o edmygwyr, ac yn 1994 cyhoeddwyd *Y Ceubal, y Crossbar a'r Cwango* ar label Ankst. Roedd Robin Gwyn yn clywed yr hen Jarman a'r Jarman newydd yn y traciau:

Gyda theitl fel 'Quango, Quango' mae'n profi – unwaith eto os oes angen – ei fod yn gallu sgrifennu cân sydd yr un mor gyfoes ag eiddo grwpiau y mae'n ddigon hen i fod yn dad arnyn nhw. Cân sy'n cynnwys adlais o'r sŵn organ swynol a wnaeth yr LP *Hen Wlad Fy Nhadau* yn gymaint o glasur. Dyw hi ddim mor rymus ei gweledigaeth ag 'Ethiopia Newydd' neu mor berffaith ei delweddu â 'Sgip ar Dân' ond mae 'Quango Quango' yn tanlinellu statws Jarman fel bardd o bwys sy'n digwydd defnyddio miwsig i gyflwyno ei fyfyrdodau i gynulleidfa na fyddai, fel arall (efallai), yn trafferthu darllen barddoniaeth mewn llyfr.[20]

Roedd Derec Brown yn taro'r un cywair wrth gydnabod mawredd:

Er nad oes un gân yn ei hamlygu ei hun, ceir cytganau cofiadwy yn 'Y lleill', 'Dilyn fi' ac 'Er i Ni' ac mae'r datblygiad tuag at sŵn jazz/ffynci Steely Dan-aidd yn llwybr newydd a diddorol. Rhaid nodi yma hefyd mai dyma'r tro cyntaf i Jarman ryddhau albwm heb Tich Gwilym, a roddodd gymaint o liw a min i'r casgliadau blaenorol. Amser a ddengys a fydd hon yn plesio dilynwyr Jarman.[21]

Wrth i Jarman fwrw ati i geisio cyhoeddi *Sub Not Used* fe gyhoeddodd Sain gryno-ddisg dwbl *Neb yn Deilwng 1977–97: Goreuon Cyfrol 2* yn 1998. Roedd y record-bryf Gari Melville yn trysori'r ychwanegiad i'w gasgliad helaeth:

Mae Jarman ar ei orau pan fo'n sgrifennu am bobol a llefydd go iawn, steil y mae Meic Stevens, ei hen bartner o ddyddiau'r grŵp Bara Menyn, yn ei ddefnyddio yn aml. Mae'r CD yn dod gyda nodiadau swmpus gan Jarman ei hun sydd yn rhoi hanes y band a chefndir i'r caneuon. Ond mae geiriau'r caneuon unwaith eto yn absennol – sy'n biti mawr achos mae Geraint Jarman yn un o'n beirdd pop gorau ni fel cenedl. Gyda phob disg dros 70 munud o hyd, mae'r casgliad yma yn fargen, ac fel casgliad o ganeuon mae'n haeddu clod ac yn wir deilwng o'r teitl *Goreuon*.[22]

Does dim dwywaith bod Geraint Rhys Maldwyn Jarman wedi hen ennill ei blwyf fel lladmerydd nid yn unig ei genhedlaeth ei hun ond cenedlaethau dilynol ar sail sŵn taer y ddinas. Fe'i derbyniwyd gan eraill o gefndiroedd gwahanol am ei fod yn driw i'w gefndir ei hun. Roedd ei onestrwydd a'i barodrwydd i wneud synnwyr o'i brofiadau boed y rheiny yn baranoia neu'n ansicrwydd yn ei anwylo. Roedd ei bersona dinesig yn cynnig dimensiwn arall i roc Cymraeg ar ddiwedd y 70au pan oedd gorfoledd i'w glywed yn nodau pob gitâr a Chymru fel petai ar orymdaith i'w Hethiopia Newydd. Yn ôl Llion Williams roedd y defnydd o'r cyfrwng *reggae* ynddo'i hun yn drosiad o frwydr Dafydd yn erbyn Goliath:

> Prif thema ei gyfansoddiadau reggae yw brwydr yr unigolyn a diwylliannau bychain yn erbyn materoliaeth a grym pwerau mawr yr ugeinfed ganrif. Mae gan bob bardd ei ddelfryd bersonol a defnyddiodd Jarman ei gyfrwng hyd yr eithaf – ar adegau i leisio anfodlonrwydd ynglŷn â'r hyn a ystyria yn niweidiol i ysbryd dyn a'r gymdeithas mae'n rhan ohoni.[23]

Gwelai fod Jarman yn gyffyrddus yn byw y tu fas i'r sefydliad Cymraeg ond eto'n ddigon cyfarwydd ag ef i fedru ei ddychanu'n finiog mewn caneuon megis 'Lle Mae'r Bobl Gwyllt yn Byw', 'Y Dyn oedd yn Hoffi Pornograffi', 'Bourgeois Roc', 'I've Arrived', 'Nos Sadwrn yn ein Pentref Bach Ni' a 'Steddfod yn y Ddinas' o'r cyfnod cynnar:

> Rhoddodd gic go egar yn nhin y cyfryngau yn 'Instant Pundits'
>
> Beth wnawn ni nes daw ein rhyddid, sgwennu sothach yn y comics Cymraeg
> Sneb yn malio am farn y werin, mae'r cyfryngau a'u ffefrynnau ffraeth
> O mor ddiwerth yw'r gyfathrach pan fo'r beirniad mor ddi-chwaeth
> O am weld yr 'instant pundits' yn siarad ar y sgrin.
>
> Mae'n debyg mae'r enghraifft fwyaf nodedig o'r math yma o ganu dychanol yw 'Beirdd gwleidyddol'. Yma, mae'n beirniadu'r meddylwyr mawr a geisiodd ryddhau'r werin o'i hualau drwy gyfrwng geiriau yn hytrach na gweithred. Collodd rhai ohonynt gysylltiad yn gyfangwbl â'r werin honedig honno. Roedd Sartre, er enghraifft, yn casáu ffrwythau – nid oherwydd eu blas ond oherwydd eu gwead. Ni hoffai ychwaith eistedd ar dywod na chyffwrdd â dim llaith –
>
> 'Dyw beirdd gwleidyddol byth yn golchi dillad brwnt, byth yn mynd tu hwnt i'r isymwybod wrth freuddwydio am Utopia
>
> Dyw beirdd gwleidyddol byth yn sefyll yn y glaw na rholio yn y baw o flaen y car sy'n symud heibio'r llys a'r sgidiau glas
>
> O, 'na chi berthynas Jean-Paul Sartre a Saunders yn yfed coffi mewn café yn Berlin, John Cale yn y cwpwrdd yn bugeilio'r gwenith gwyn'.[24]

Ond er i Geraint Jarman gynnal y cynnwrf ni fedrai atal y merddwr a gafwyd erbyn canol y 90au. Roedd Iwan Llwyd yn ymwybodol o'r modd y lledai'r crych a ffurfiodd ar wyneb y dŵr:

> Yr eironi yw, erbyn i'r record hon ymddangos yr oedd y 'sin roc Gymraeg', y bu Jarman a'i Gynganeddwyr mor ganolog iddo ar ei anterth, eisoes ar ei wely angau. Roedd teledu wedi troi cefn arno ac yr oedd grwpiau ifanc, a'u cwmnïau recordiau, yn edrych tua meysydd brasach dros Glawdd Offa. Profodd Jarman fod modd creu a chyfuno sŵn Cymreig gyda geiriau a chaneuon oedd yn gyfoethog eu delweddau a'u cynnwys, ac yn cynnig gweledigaeth Gymreig oedd yn gyson â bywyd yng Nghymru ar ddiwedd y ganrif. Gallai greu a chynnal naws a chymeriad arbennig ar draws record gyfan, ac yna archwilio cyfeiriadau a synau newydd yn y record nesaf. Dylanwadodd ar genhedlaeth o grwpiau, ac ar feirdd ac awduron y cyfnod diweddar, a thrwy'r cyfan arhosodd yn driw i'w weledigaeth a'i gynulleidfa. Mae ei ddylanwad i'w gymharu â dylanwad rhywun fel Bob Dylan o fewn y byd Eingl-Americanaidd. Y tristwch yw, ar hyn o bryd, nad yw'r fframweithiau na'r gynulleidfa yna i alluogi'r dylanwad i dreiddio i ysgogi cenhedlaeth newydd o roc-feirdd.[25]

Os yw'r gymhariaeth â Bob Dylan yn dal dŵr, a does dim lle i amau nad yw hi, fe gafwyd ymdriniaeth o waith Jarman gan Pwyll ap Siôn mewn cylchgrawn o'r enw *Tu Chwith* oedd yn deilwng o'r holl ddadansoddi academaidd a fu ar waith Dylan ei hun dros y blynyddoedd. Digon yw dyfynnu ei ymdriniaeth o'r gân 'Fflamau'r Ddraig':

> Ar lefel gyffredinol mae'r gân 'Fflamau'r Ddraig' yn sylwebaeth ddeifiol ar yr ymgyrch losgi tai haf a oedd wedi cychwyn ond ychydig fisoedd cyn recordio'r gân ei hun yn stiwdio newydd Sain yng Nghaernarfon. Ynghlwm wrth yr ymgyrch losgi roedd digwyddiadau'r un mor sinistr o du'r heddlu, lle'r arestiwyd dros ddeugain o bobl ddiniwed mewn coup gefn trymedd nos ar Ebrill 1 (Sul y Blodau), 1980.
>
> Yn y llinell gyntaf – 'Gwed os wy' ti'n ein adnabod' mae Jarman yn cynrychioli her y llosgwyr i awdurdod yr heddlu yn wyneb embaras gweithredoedd 'Sul y Blodau'. Mae 'na elfen gref o wawd yn perthyn i'r gosodiad hefyd, 'adnabod' yw'r peth hwnnw na allai'r heddlu ei wneud. Yr awgrym yw mai'r llosgwyr – sef Meibion Glyndŵr – sy'n siarad yn y gytgan hefyd, i'r geiriau, 'ti wedi cyfaddef y cyfan / a nawr rhaid talu'n brydlon / Talu'r pwyth yn ôl'. Y tro yma mae'r syniad o 'gyfaddef', sef yr hyn

a geisia'r heddlu'i gymell o'r sawl a arestiwyd, wedi'i gyfeirio at berchnogion y tai haf eu hunain. Lle y bydden ni'n disgwyl gweld y llosgwyr yn 'cuddio yn y ffos', mae Jarman yn gosod yr heddlu yno, a'u dulliau hwy sy'n ymddangos yn llechwraidd ac amheus, yn hytrach na gweithredoedd y llosgwyr.[26]

Dengys y dadansoddiad uchod bod caneuon o eiddo Geraint Jarman yr un mor wleidyddol ag eiddo Dafydd Iwan wrth ymdrin â'r ymgyrch losgi. Cipluniau cynnil a geid gan y naill tra bo'r llall yn agored ddychanol, hwyliog. Roedd 'Ciosg Talysarn' yn cyfeirio at ymdrech fwngleraidd yr heddlu cudd i osod offer clustfeinio mewn ciosg ym mhentref Talysarn. Yn hynny o beth awgrymai'r un diymadferthedd ar ran yr heddlu wrth geisio dod o hyd i'r 'drwgweithredwyr' ag a awgrymai Geraint Jarman. Ond os oedd Geraint Jarman yn sylwebydd oedd yn ffrwyno dylanwadau cerddorol i gyflwyno ei bersbectif ar Gymru roedd Dafydd Iwan yn ei chanol hi fel gweithredydd nad oedd yn hidio am ddylanwadau cerddorol a dim ond yn ystyried y gitâr a'i ddawn gyfansoddi a pherfformio fel arfau i ddwyn y maen i'r wal. Doedd e ddim yn chwilio am soffistigeiddrwydd. Digon iddo oedd cyfathrebu â chynulleidfa a'u perswadio i gefnogi ei ddaliadau. Rhoes ddimensiwn o lawenydd i frwydr yr iaith yn ôl Ffred Ffransis:

> Yn y chwedegau fe wnaeth o ddechrau personoli'r frwydr, mae'n haws uniaethu â pherson na'r syniad haniaethol o frwydr. Trwyddo ef yn bennaf fe ddaeth hi'n frwydr lawen lle'r oedd pobl yn mwynhau bod yn rhan ohoni yn hytrach na'i deimlo'n ddyletswydd. Fel arall fyddai hi ond yn frwydr wleidyddol.[27]

Bu'r berthynas rhyngddo ac Ar Log yn ystod dwy daith ar ddechrau'r 80au yn ffrwythlon. Cafodd Gwyndaf Roberts gyfle i werthfawrogi ei ddawn wrth drin cynulleidfa waeth beth am ei allu cerddorol:

> Ni ddysgodd y pedwerydd cord i Dafydd Iwan! Ond be' mae o'n ei wneud â'r cordiau sy'n bwysig. Mae gwleidyddiaeth y caneuon yn cael dylanwad oherwydd bod y neges gerddorol yn syml. Dyna'i gryfder o, mae o'n llwyddiannus am greu *hookline* sef y cymal cerddorol sy'n gafael yn y gynulleidfa.[28]

Dyw hi ddim yn anarferol i berson dorri mas i ganu 'er gwaethaf pawb a phopeth ry'n ni yma o hyd' yn ddiarwybod wrth wag-symera cymaint yr aeth y fath gymalau yn rhan o'n seici. A hyd yn oed ar yr awr dduaf yn ein hanes roedd ganddo'r gallu i gyfansoddi geiriau a fyddai'n cynnal yr ysbryd. Nid cyfansoddi caneuon myfïol hunandosturiol a wnâi ond caneuon oedd wedi eu llunio i gynnal ffydd a goleuo brwydr. Oni bai bod yna gynulleidfa ni fyddai wedi trafferthu cyfansoddi a pherfformio:

> Gweithred gymdeithasol yw canu imi. Rhywbeth sy'n digwydd am fod yna bobol i wrando ac ymateb. Nid canu i blesio fy hun y byddaf, nac i ymgyrraedd at unrhyw ganonau celfyddydol, beth bynnag yw'r rheini. Rwy'n canu am fy mod wrth fy modd yn cysylltu â chynulleidfa, yn cyfathrebu â phobol. Dweud stori ar gân, gan ddefnyddio'r arfau a ddefnyddiwyd gan ddeudwyr stori ers cyn cof – hiwmor, sentiment, dychan, emosiwn, ac ychydig o feiddgarwch weithiau.[29]

Mae'n debyg mai'r gân o'i eiddo sydd wedi dal y dychymyg fwyaf yw 'Pam fod Eira'n Wyn'. Bu'n gymorth i lawer ateb amheuwyr a gwatwarwyr. Roedd yn gân a gododd o wres y frwydr tua chyfnod achos llys wyth o aelodau Cymdeithas yr Iaith ym Mrawdlys Abertawe yn 1971, a Dafydd ei hun yn eu plith:

> Mi roedd 'na gymaint o bobl yn holi cwestiynau'r dyddiau hynny o'r wasg a'r cyfryngau – pam ydyn ni'n gorfod esbonio'n bodolaeth fel Cymry, pam ydyn ni'n gorfod egluro'n cymhellion fel Cymry Cymraeg, pam ydyn ni'n gorfod dweud fod Cymreictod yn golygu rhywbeth i ni. Yn y pen draw does dim rhaid i ni ond edrych ar y mynyddoedd a'r môr a gwrando ar ein pobl ni'n siarad, gwrando ar ein caneuon ni, ac rŷn ni'n gwybod pam mae perthyn i ddarn o dir, ac i bobl arbennig, ac i iaith arbennig yn golygu cymaint i ni.[30]

Ni fu Dafydd Iwan yn arbennig o gynhyrchiol o ran cyhoeddi cryno-ddisgiau yn y 90au wrth i waith gwleidyddol fel cynghorydd sir ac o fewn rhengoedd Plaid Cymru fynnu ei amser. Ond cafwyd *Dal i Gredu* (SCD4053) yn 1991 a oedd, yn ôl Derec Brown, yn nodweddiadol o'r artist a ymatebai i drybestod y cyfnod yn hytrach na chofnodi profiadau personol anwleidyddol:

> Mae hwn yn gasgliad hanfodol i unrhyw un sy'n poeni am y byd a'i bethau, ond dylai fod yn hanfodol hefyd i bawb nad ydynt mor ymwybodol o'r hyn sy'n digwydd o'u cwmpas.[31]

Yn 1996 cyhoeddodd gasét/CD o dan y teitl *Cân Celt* gan ddefnyddio geiriau o eiddo'r Tori Elwyn Jones i'w hyrwyddo mewn hysbysebion. Ym marn y gŵr o Flaenau Ffestiniog roedd y casgliad o ganeuon yn ddim ond 'propaganda gwleidyddol hollol unochrog... eithafol... yn ennyn cynddaredd mewn rhai ohonom'. Gwnaeth y gosodiad ar y rhaglen deledu *Heno* ac wrth gyfeirio at y dyfyniad fe ychwanegodd

Dafydd Iwan y geiriau 'os ydio'n gwylltio Elwyn mae'n rhaid ei fod o'n dda!' Ond yr hyn oedd yn ots am yr offrwm oedd bod y gân deitl yn cyfeirio at un o feibion Dafydd a fu'n ddifrifol wael. Doedd hi ddim yn arfer gan Dafydd i ganu am ofid personol ynghylch aelod o'r teulu. Tynnodd Derec Brown sylw at hyn:

> Yn wahanol i gyfansoddwyr eraill o'i genhedlaeth, anaml iawn y cawn unrhyw oleuni ar ei fywyd personol. Eithriad felly yw'r brif gân ar y casgliad hwn, 'I ble aeth haul dy chwerthin' (Cân Celt), ac mae'n un o'r caneuon mwya' trawiadol i DI eu cyfansoddi erioed.
>
> Yn ôl nodiadau'r clawr, bu Celt, y mab ieuenga', yn wael iawn gydag afiechyd anghyffredin a bu pryder mawr amdano. Mae'r ddau bennill cyntaf yn sôn am y gwacter a'r distawrwydd yn y tŷ hebddo, yr oriau maith o ddisgwyl a chwestiynu pam a sut. Daw gwellhad a llawenydd yn y pennill ola', a golwg ar wir ystyr cariad. Fe gana DI gydag angerdd am nifer o bethau, ond mae natur bersonol y gân syml ond gynnes yma, sy'n adleisio teimladau greddfol pob rhiant tuag at ei blentyn, yn torri tir newydd. Nid cân i gloi'r Cnapan, efallai, ond cân fawr serch hynny.[32]

Dyna o bosib gipolwg ar Ddafydd Iwan y cyfansoddwr a fyddai wedi datblygu pe na bai wedi penderfynu mai pair Cymreictod a gwayw ei genedl oedd priod faes ei gyfansoddi a'i berfformio. Roedd yn gymaint o eilun fel na fentrai neb ei feirniadu am ei ddiffygion cerddorol. Gwnaed esgusodion ar ei ran byth a beunydd. Pan gyhoeddodd ar ddiwedd y 90au ei fod am roi'r gorau i ganu'n rheolaidd cyhoeddwyd teyrnged ddienw yn *Golwg*:

> Prif wendid Dafydd efallai yw ei gysondeb. Yn gerddorol, mae wedi bod yn barod i chwarae'r un tric drosodd a throsodd. Nid ar hap y mae 'Yma o Hyd' bellach yn anthem bersonol. Mae'r sicrwydd yn rhan o'r apêl, gan fod cyngerdd Dafydd Iwan, yn wahanol i gyngerdd Meic Stevens, yn *safe bet*. Ond, eleni, mae'n destun edmygedd go iawn. Gan nad oes gan neb arall y gyts i ddweud wrtho ei bod hi'n bryd mynd, mae wedi penderfynu ei hun y bydd yn rhoi'r gorau i ganu'n gyson. Ac roedd hynny'n annisgwyl.[33]

Wrth gyhoeddi ei benderfyniad i laesu dwylo cydnabyddai Dafydd Iwan nad oedd yna'r un angen â chynt am ganwr-protestiwr yn yr un mowld ar ôl sefydlu'r Cynulliad. Awgrymai ei fod o'r diwedd yn barod i ganolbwyntio ar gymryd rhan yn y broses o wneud penderfyniadau a fyddai'n sicrhau newid yn hytrach na galw am beirianwaith a fyddai'n galluogi'r broses i ddigwydd:

> Mae'r cyfnod y mae fy nghaneuon i'n perthyn iddo fe'n dod i ben. Os oes yna elfen wleidyddol yn perthyn i waith unrhyw un, yna mae'r artist neu'r canwr yn gweithio mewn cyd-destun. A does dim pwynt i mi esgus y bydd pethau'r un fath – mae Cymru wedi cyrraedd carreg filltir, ac mae angen nodi'r garreg filltir honno. Mae angen caneuon newydd, a rhywun arall i'w canu nhw. Fe fydda i wedi bod yn canu ers 37 mlynedd erbyn diwedd y flwyddyn nesa, ac mae hynny'n ddigon i unrhywun call, faswn i'n meddwl.[34]

Yn ystod ei gyfnod yn strymian gitâr bu canu Dafydd Iwan yn gwbl greiddiol i newid yr hinsawdd wleidyddol yng Nghymru ac i newid meddylfryd carfan helaeth o Gymry Cymraeg. Nid ar sail ei ragoriaeth gerddorol y gwnaeth hynny ond ar sail ei gred a'i angerdd, yn union fel y mae eraill wedi gwneud mewn diwylliannau lleiafrifol trefedigaethol yn ôl Simon Brooks:

> Un nodwedd amlwg o'r bardd-ganwr cenedlaethol yw nad oes raid iddo fod yn ganwr arbennig o 'dda'. Nid oherwydd destlusrwydd celfyddydol y bydd beirdd-ganwyr gwerinol yn cael eu cofio. Fe'i cofir am iddynt godi dau fys ar y system, a chreu byd arall, llawn rhamant yn aml, gan danseilio gorthrwm a grym y wladwriaeth bellennig; a honno o dan reolaeth dosbarth a chenedl arall yn aml iawn.

> Mae cyfraniad o'r fath yn amhrisiadwy. Mae gwneud diwylliant lleiafrifol yn ddiwylliant hegemonaidd yn gamp fawr. Mae ei ganeuon wedi newid y bydysawd diwylliannol y mae pobl yn byw ynddo, ac nid oes dwywaith na fu'r newid ymwybyddiaeth hynny yn greiddiol i ymdaith y mudiad cenedlaethol. Hwyrach mai pregethwr, ac nid cerddor, yw e, ond yn ei gatecismau newidiodd hanes Cymru.[35]

Pan oedd o leiaf ddau o'r tri hyn yn ystyried y Gymraeg yn ganolog i'w mynegiant, ac yn ystyried eu defnydd ohoni fel iaith eu caneuon yn rhan o'r frwydr dros ymestyn ei pharhad, roedd yna grwpiau newydd nad oedden nhw'n gweld yr iaith yn ddim mwy na chyfrwng mynegiant dros dro, nes y deuai llwyddiant yn y byd Saesneg. Ar wahân i'r ffaith na fyddai llawer o ganeuon Dafydd Iwan a Geraint Jarman yn gwneud fawr o synnwyr o'u trosi a'u perfformio'n Saesneg, roedd eu caneuon a'u perfformiadau, beth bynnag, yn ymgorfforiad o Gymreictod ymosodol, yn ogystal â bod yn rhan o ddiwylliant gwerin a roc. Ar un wedd roedd agwedd nifer o'r grwpiau newydd yn rhoi'r argraff eu bod am wyrdroi hyn oll er mwyn ennill bri a chyfoeth yn y byd Saesneg a hynny ar unrhyw delerau.

Yn hyn o beth fyddai hi ddim yn deg i dadogi'r un agwedd uchod o eiddo Dafydd Iwan a Geraint Jarman i Meic Stevens. Doedd yr arch-gamdreiglwr erioed wedi arddel yr un dogma. Pan oedd y ddadl ynghylch chwarae recordiau Saesneg ar Radio Cymru ar ei hanterth nid y ffaith bod yna recordiau Saesneg yn cael eu chwarae ar orsaf radio Gymraeg oedd yn ei boeni ond yn hytrach ansawdd y recordiau hynny. Yn y cyfweliad nodedig hwnnw gyda Kate Crockett roedd e'n difyrio'i hochor hi o ran y recordiau Saesneg a'r hyn oedd yn cynrychioli adloniant Cymraeg ar y pryd:

> Maen nhw'n whare CRAP ar Radio Cymru. Yn lle whare stwff da – mae recordiau Saesneg da i gael – maen nhw'n chwarae Abba! A'r Spice Girls! Ar Radio Cymru! A'r crap fel na! Fydd Barry Manilow gyda nhw cyn hir! *The showbiz factions versus the real people, the real musicians...* Does dim rheswm pan na allai S4C fod yn dda. Fe allai fod yn dda. Fe allai fod yn blydi gwych. Pam nad ydi e'n wych, dyna beth ydw i eisiau'i wybod. Rho hwnna yn dy erthygl. Beth yw'r rheswm?... Beth dw i'n parchu a beth dw i'n leicio clywed ydi *straight from the shoulder*. Stwff naturiol. Ddim blydi *showbiz* fel ffycin Eden. Beth fydd Caryl Parry Jones yn ei dynnu allan o'i het nesa?... Cyn belled â'i fod e'n swnio rhywfaint yn debyg i Dafydd Iwan, mae'n iawn. *Disgusting, low class shit, practically karaoke...*[36]

Gwrandawer arno'n sôn am 'Yr Incredibyl Seicedelic Siliseibyn Trip i Grymych'. Byddai eraill wedi cyfansoddi cân dra gwahanol am y Fro Gymraeg:

> Yn ardal ni, 'sdim mwg na thes
> ac mae'r bobol dda yn gweud 'wês,wês'
> ond *down below*, maen nhw'n dweud 'Gadeeks'!
> ac mae'r fro yn llawn o *English freaks*,
> ie, yn y fro, lawr yn y fro Gymraeg.
> Sneb wedi gweld nhw'n gweitho lot
> maen nhw'n gwerthu *antiques*, tyfu pot
> gwisgo lan fel bois y Frenni
> mewn welis gwyrdd ar Garreg Menyn
> lawr yn y fro Gymraeg.
> Sa i'n gweud ei fod yn mynd rhy fynych
> i dorri hedd cymdogion Crymych
> mae cyfoeth yr ardal yn edrych lan

nhw sy'n prynu'r hen grocs a'r carafans
lawr yn y fro, lawr yn y fro Gymraeg
seni' nhw'n byta lot,
ambell i daten a'r hen shalot,
maen nhw'n gweithio hefyd gawl heb gig
llonydd i'r defed a'r moch yn y grug
yn y fro, ie yn y fro Gymraeg.
Maen nhw'n gwybod popeth am *astrology*,
crefyddau'r dwyrain gwrechcrafft, *anarchy*
mae'r druan Glas mor dwp a ffôl
chasio bob man ar ei hôl
Too much yw Operation Julie.
Asid, kitchen, sbîd – hen ddwli
pechod i ni sy'n talu'r trethi
hela ar ôl shwt dacle,
lawr yn y fro Gymraeg.
Roedd *festival* 'da nhw yn yr haf
roc a rôl yn y tywydd braf
meddwi, mwgi, tancio'n llawn,
dawnsio'n borcyn bob prynhawn
yn y fro, dawnsio yn y fro Gymraeg
ond paid corbelo, paid mynd mor boeth,
diniwed glân yw dawnsio'n noeth
tethe'n fflachio yn yr haul
cael dy gorff lawr yn y gwair
baniwch hwn, paid bod mor ffôl
mae Bryn yn dangos ei ben ôl.
Pigo madarch yn y parc
dal i bigo *in the dark*
ond beth sy'n synnu chefs y fro
ti'n bwyta nhw, ti mas o'th go.
Far out man, you really flip.
Sdim byd fel y Crymych trip
Yn y fro, tangnefedd yn y fro Gymraeg.
Yn y London House oedd rhyw foi,
aelod brwd o'r Peace Convoy
ebe fe, oedd 'dag e ffrind
a ga'th ei gorff lawr gyda Bryn
a'r cewri oll yn chwerthin
pan ffeindiodd Gwynfor ei fod e'n perthyn
I un o'r hipis noeth y ffair,
Mae wedi galw'r babi Gwair, neu Mair,
Ie Gwair Mair Cymraeg ac ati.[37]

28 / Dwi Ddim yn Angen yr Iaith

Cythruddwyd llawer gan benderfyniad Hanner Pei o Gaerdydd i ganu un gân Saesneg yn ystod eu perfformiad yn Eisteddfod Genedlaethol yr Wyddgrug 1991. 'Fire' o eiddo Jimi Hendrix oedd y gân, ac amddiffyniad y grŵp oedd y byddai'r gân yn colli ei grym a'i nerth o'i chyfieithu. Ychwanegwyd nad oedd yn arferiad ganddyn nhw i gyfansoddi caneuon Saesneg. Roedd llinellau megis 'Ti'n neud i fi deimlo'n peciwliar / Matilda, mae gen ti gorff fel bildar' yn nodweddiadol o'u cyfansoddiadau Cymraeg. Ond roedd Hitchcock, grŵp pum aelod o Gaernarfon, yn cyhoeddi'n groch ar dudalennau *Y Cymro* mai chwennych llwyddiant yn Saesneg oedd y nod. Barman oedd Rhys Lloyd ar y pryd:

> Mae grwpiau fel y Super Furry Animals a Catatonia wedi ei gwneud hi yn y mainstream. Rhywsut, mae pobl yn disgwyl i'r bandiau Cymraeg i gyd fod yr un peth. Ar hyn o bryd rydan ni i gyd yn gweithio ac yn trio gwneud gig unwaith bob pythefnos; so mae'n rhaid cael dyfalbarhad. Tydi band yn chwarae'n Saesneg ddim yn golygu fod Cymry Cymraeg yn gadael yn siarad Saesneg. Mae'r kids yn colli allan.[1]

Postman oedd Alex Philp, a chredai fod yr Eisteddfod Genedlaethol allan ohoni'n llwyr o ran deall meddylfryd hogiau cyffredin oedd am ffurfio grwpiau:

> Roedd cael chwarae ar nos Sadwrn yn yr Eisteddfod Genedlaethol yn arfer bod yn rhywbeth mawr. Dim ond y bandiau gorau fyddai'n cael gwneud hynny, ond tydio ddim bellach. Mae bandiau Cymraeg sydd yn canu'n Saesneg yn tynnu allan erbyn hyn sydd yn wirion achos mae'r Eisteddfod yn colli'r grwpiau a'r gerddoriaeth orau.[2]

Ni chlywid fawr o sôn am Hitchcock naill ai'n Gymraeg nac yn Saesneg. Yng Ngŵyl Roc y Cnapan yn 1995 cythruddwyd Garmon Rhys gan o leiaf ddau o'r grwpiau 'Cymraeg':

> Y grŵp cyntaf i ymddangos oedd Robin Reliant o Gaerdydd. Daethant i'r llwyfan a datgan bod cerddoriaeth Cymraeg yn

'crap' a'u bod felly am ganu yn Saesneg. Yn ffodus nid oedd llawer o dorf yn gorfod dioddef eu cerddoriaeth uffernol. Dangosodd y grŵp nesaf, Anweledig, yr un hyder a oedd yn hollol anghydnaws â'u safon a'u safle ar y leinyp. Dull arbennig canwr y grŵp o ddangos ei aeddfedrwydd oedd gweiddi 'f...off you w...' a 'piss off Ffostrasol' rhwng pob cân. Roedd gwylio ei ymdrech i geisio bod yn rhyw fath o gymeriad Liam Gallagheraidd herfeiddiol yn embarrasing a dweud y lleiaf.[3]

Ond roedd gan y grŵp o Flaenau Ffestiniog ei amddiffynwyr. Roedd Meleri Williams o Drawsfynydd yn cyfiawnhau rhegi ar lwyfan:

> Mae rhegi ar lwyfan yn digwydd. I ddweud y gwir mae'n rhan annatod o ddiwylliant y Sîn Roc Cymraeg felly pam canolbwyntio ar hyn ac anwybyddu'r miwsig? Be oedd o'n disgwyl? Perfformiadau taclus, dosbarth canol y Brodyr Gregory neu rwbath?[4]

Teg nodi bod Anweledig wedi datblygu'n un o'r grwpiau mwyaf poblogaidd erbyn diwedd y 90au ac yn un o'r ychydig rai nad oeddent wedi fflyrtio o ddifrif â chanu'n Saesneg. Ond wrth i gerddoriaeth ddawns gydio, dadleuai rhai nad oedd iaith yr ychydig eiriau fawr o bwys bellach, na chwaith ansawdd y geiriau hynny. Dyna oedd wedi taro Ifor ap Glyn wrth fwrw golwg ar un o gynyrchiadau Johnny R ar drothwy'r 90au, gan dynnu sylw at erthygl yn un o bapurau wythnosol Ynys Môn:

> Wn i ddim be'n union i'w ddweud am yr hyn sydd y tu fewn. A barnu oddi wrth erthygl a ymddangosodd yn yr *Holyhead and Anglesey Mail*, ddylwn i ddim poeni'n ormodol am hyn – mae gan Johnny R. ddigon i'w ddweud drosto'i hun. 'Maen nhw'n chwara 'ngherddoriaeth i lot ar y West Coast' meddai – ac nid Malltraeth a Chaergybi y mae'n ei olygu. Mae'n ychwanegu, 'Dyw iaith cân ddim yn bwysig cyn belled â'ch bod chi'n gallu dawnsio i'r miwsig'... Efallai ei bod hi'n annheg rhoi geiriau Johnny R. dan y chwyddwydr ac yntau wedi datgan mai ei fiwsig sy'n bwysig. Mae A5 yn creu sŵn da iawn ond mae rhywbeth ar goll; gorweithio riffs y maen nhw ar lawr y ddawns ond, o ran eistedd i lawr a gwrando, mae peryg i rai o'r caneuon droi'n 'bapur wal i'r clustiau' ymhell cyn y diwedd...[5]

Daliodd Hanner Pei ati ac erbyn 1993 roedden nhw wedi cyhoeddi eu trydydd casét, *Vibroslap*, ar label Crai, yn dilyn *Locsyn* a *Boomshakaboomtang*. Roedd yr eirfa yn benthyg ei hun i'r Saesneg a'r awgrym o ynganu rhegfeydd yn amlwg, ac yn ôl Huw 'Bobs' Pritchard roedd y pwyslais yn amlwg ar greu cerddoriaeth ddawns:

> Rydym yn dawnsio, rydym yn hapus. Onest. Ac mae *Vibroslap* yn ddarn o'n dedwyddwch, yn enwedig os ydach chi athrawon cynradd yn chwilio am gerddoriaeth pop fywiog, addas ar gyfer dawnsio disgo Steddfod Yr Urdd.[6]

Tebyg oedd arlwy Ectogram, a gododd o ffenics grŵp o'r enw Y Fflaps. Ann Mathews ac Alan Holmes o'r grŵp hwnnw oedd asgwrn cefn y grŵp newydd a byddent yn defnyddio amrywiaeth o gerddorion eraill yn dibynnu ar ba offerynnau oedden nhw'n eu chwarae. Cyhoeddwyd *Ectogram* ar label ATOL, is-label Ankst, yn 1994 gyda'r dewis o eirfa eto'n ieithyddol amwys. Ar greu sŵn y rhoddid y pwyslais yn ddiamheuol, fel y tystia adolygydd o'r enw E.P. yn *Sothach*:

> Mae'r caneuon yn gyflwyniad da i gerddoriaeth Ectogram sy'n gyfuniad o felodïau pop, gwaith offerynnol unigryw, gitars 'crafog' yn ffidbacio, ffidil, rhythmau pendant, harmonica a llais cyfarwydd unigryw Ann Mathews. Mae 'Sbio Trwy Tyllau' yn gymysgedd rhythmig tonnog o gitarau metalic sleid hiraethus gyda llais breuddwydiol hudolus ac ambell blast ar yr harmonica yn fy atgoffa fi braidd o stwff Pink Floyd cynnar.[7]

Yn yr un rhifyn roedd yr un adolygydd yn cyfeirio at sengl 7" pedwar trac yn cynnwys cyfraniadau gan bedwar grŵp 'Cymraeg' sef Catatonia, Ectogram, Paladr a Rheinallt H Rowlands, eto ar label ATOL. Yn ôl yr adolygydd roedd y teitl a ddewiswyd yn bendifaddau'r 'teitl gorau ar unrhyw record ers erioed, mae'r teitl ynddo'i hun yn ddigon o reswm i'w gynnwys yn eich casgliad'. Y teitl oedd *S4C Makes Me Want To Smoke Crack, Volume 1*. Tua'r un adeg cyhoeddodd grŵp o'r enw Vaffan Coulo o gyffiniau Bangor ei bedwerydd sengl, *Vaffan Coulo yn Goch*, y tro hwn ar label Madryn. Ymhlith teitlau'r caneuon roedd 'International Hitman' a 'The High Street Side Eat All The Pies'.

Roedd yna sôn bod y record wedi ei chlywed ar orsafoedd radio ym Mharis, Gwlad Belg, Yr Almaen a Lithwania. Os felly byddai'r brodorion wedi clywed hanes ffermwyr ifanc yn 'cwffio efo'r townies yn y pyb ym Mangor... mynd adref ar dractor i mynd off eu pennau ar pig tranquiliser'. Bydden nhw hefyd wedi clywed y datganiad 'dwi ddim yn angen yr iaith' ar un o'r caneuon. Ymddengys bod nifer cynyddol o grwpiau Cymraeg yn teimlo nad oedd angen yr iaith arnynt, naill ai am eu bod yn canolbwyntio ar greu cerddoriaeth ddawns neu am eu bod am gofleidio'r Saesneg. Roedd yna ansicrwydd ynghylch bodolaeth sîn roc Gymraeg ac anallu i'w ddiffinio os oedd un yn bod. Roedd yna ymdeimlad bod y cyfryngau'n ceisio swcro rhywbeth nad oedd, efallai, yn bod, a'r ymdeimlad o ffalster hwnnw yn arwain grwpiau i chwilio am gyfeiriadau eraill. Lleisiai Ann Fflaps yr anniddigrwydd a deimlid:

> Mae o'n arwydd o 'desperation' ac yn adlewyrchiad o'r sin Gymraeg ar hyn o bryd. Does dim cefnogaeth, dim gigs, dim byd. Ond does dim byd ym Mhrydain a falle bod y sin yng Nghymru yn adlewyrchu sin Prydain. Mae'n well gen i ganu yn Gymraeg a mynd i Ewrop...[8]

Roedd un o ganeuon y Fflaps, 'Cenedl Malwod', oddi ar eu hail record, *Malltod*, wedi taro tant ym meddyliau llawer oherwydd ei disgrifiad o Gymru. Cadwai Ann ac Alan Holmes eu pellter oddi wrth yr hyn oedden nhw'n ei ystyried yn 'Sîn Gymraeg' trwy beidio â manteisio ar gyfleoedd i ymddangos ar y teledu byth a hefyd. Doedd ganddyn nhw fawr i'w ddweud wrth sefydliad megis yr Eisteddfod Genedlaethol. Eto, roedden nhw'n ystyried eu hunain yn fwy Cymreig na'r hyn a ystyrient yn grwpiau 'Cymraeg-Cymraeg'. Teimlai'r Fflaps ac Ectogram yn fwy cartrefol yn gigio ar draws Ewrop nag yng Nghymru. Doedd Ann Fflaps/Ectogram ddim yn mynd i wrando ar neb a feiddiai ddweud wrthi ym mha iaith y dylai ganu:

> Rwy'n cyfansoddi rhai caneuon yn Gymraeg a rhai'n Saesneg. Mae fy rhieni i'n Saesneg ond fe es i i ysgol Gymraeg... Dwi ddim yn mynd i apologeisio i neb. Rydw i'n 30 rŵan a dwi eisio gwneud be dwi eisio'i wneud.[9]

Nid pawb oedd yn gwerthfawrogi ymdrechion Ectogram waeth ym mha iaith roedden nhw'n canu. Doedd gan Iwan Standley ddim byd cadarnhaol i'w ddweud am yr EP *Spoonicon*:

> Doeddwn i byth wedi meddwl y gallen i gwympo i gysgu wrth wrando ar Ectogram, ond mi wnes i. Sy'n profi'r gwendid arall – mae o'n hynod o ddiflas.[10]

Ond roedd Gari Melville yn gweld rhinweddau amlwg yn yr offrwm o'r enw *Spitsbergen* a gyhoeddwyd ar label Ochre:

> Dyma gerddoriaeth ddigyfaddawd a diffuant yn nhraddodiad John Cale (cyfnod 'The Academy in Peril' a 'Faust'). Prynwch y record yma, achos fydd ganddoch chi ddim gobaith caneri o'i chlywed hi ar *Radio Cymru* gyda'i restr chwarae saff ac anesthetig.[11]

Roedd Pwyll ap Siôn yntau'n canu clodydd Ectogram ar sail cyhoeddi *i can't believe it's not reggae* ar label Ankst. Gwelai mai gweddus oedd cyflwyno'r CD fel teyrnged i Nia Melville a'r ymadawedig *Heno Bydd yr Adar yn Canu*:

> Mae LP CD Ectogram *i can't believe it's not reggae!* yn agosach at ysbryd ac awyrgylch gwreiddiol sesiynau *Heno Bydd yr Adar yn Canu* gyda'r gân agoriadol 'Ebargofiant' yn cychwyn i gyfeiliant *power tools* a sgriwdreifars trydanol! Mae 'na ganeuon cofiadwy ar yr LP, megis 'Her Wings' a 'Meindlos', ond yn aml mae'r caneuon yn gor-ddefnyddio syniadau cerddorol nes iddynt fynd yn llafurus a digyfeiriad. Mae 'Rapier' yn enghraifft o'r llesgedd cerddorol hwn.[12]

Pan gyhoeddwyd *All Behind the Witchtower* ar label Ankst yn 1999 roedd adolygydd *Golwg* bellach yn gweld bod yna rinweddau'n perthyn i gerddoriaeth Ectogram, hyd yn oed os oedd ei hapêl yn gyfyng:

> Cymysgedd anghynnes o ddylanwadau gwahanol sydd i gerddoriaeth Ectogram ac yn y gorffennol mae'r arbrofi cyson wedi creu caneuon cymhleth sy'n anodd gwrando arnyn nhw, ac yn anodd ei deall... Mae Ectogram wedi canolbwyntio ar greu lleoliadau gyda sŵn, bron fel y cewch chi ar drac sain sinematig. Ac er bod rhai o'r lleoliadau hyn yn rhyfedd iawn, dyw'r gwrandäwr ddim yn teimlo ei fod mewn lle cwbl ddieithr. Nid alawon pert a geiriau barddonol sydd yma, ond teimladau a haenau. Os ydych chi'n chwilio am rywbeth confensiynol, cadwch draw, ond os ydych chi eisiau sialens gerddorol, sydd ar yr un pryd yn deimladwy, dyma'r peth i chi.[13]

Wrth i'r 'teimladau' a'r 'haenau' yma gael eu cyflwyno ar draws cyfandir Ewrop, doedd gan yr impresario o Gwm Tawe, Gari Melville, ddim llawer o amynedd â'r sawl oedd yn gwarafun y cyfle i artistiaid roc ei mentro hi y tu hwnt i Gymru:

> Mae'r holl fusnes o droi at y Saesneg yn hen, hen ddadl, o Glyndŵr i Jac a Wil a'r SFA. Erbyn hyn mae'r to newydd yn gweld eu llwyfan ar y sin rhyngwladol yn yr un modd ag yr oedd Owain Glyndŵr yn gweld ei hun, nid fel Cymro cul ond yn un o ddinasyddion Ewrop. Mae'r byd yn rhy fach bois.[14]

Arweiniwyd y ffordd gyfoes i Ewrop, wrth gwrs, gan Rhys Mwyn a'r Anhrefn. Roedd Rhys yn dyheu am gael dianc i'r Almaen, ail gartref y grŵp, o bryd i'w gilydd:

> Roedd yn amser gadael Cymru eto. Roeddwn wedi gorfod trafod y sin yng Nghymru gyda phobol oedd yn gweld rhyw

fath o werth cerddorol yng ngwaith Sobin a'r Smaeliaid a Jess. Oedd, roedd hi'n bryd gadael. Dwi'n gwybod ers blynyddoedd nad ydi'r Cymry yn deall roc a rôl... dwi'n dal i wylltio am y myths. Fod rhai'n dal i gredu fod yna obaith i Jess neu pwy bynnag. Mi ofynnodd un boi o Fethesda (RIP) i mi a fyddwn yn helpu Sobin i deithio dramor. Ha blydi ha; mae yna gomidians o gwmpas.[15]

Roedd bodolaeth sîn danddaearol y tu hwnt i'r sîn danddaearol swyddogol ar ddechrau'r 90au yn tanlinellu'r diffyg cyfeiriad a'r anniddigrwydd cyffredinol. Roedd Steffan Cravos yn gwybod beth oedd yn digwydd ymhell tu hwnt i stiwdio Sain a hyd yn oed y tu hwnt i swyddfa Ankst:

> Yn y trydydd rhifyn o Egni, mae yna becyn o dapiau a bathodynnau ayb, fydd allan erbyn i chi ddarllen hwn, ac mae'r unig ffansin Saesneg sy'n sôn am y sîn Gymraeg, *Macher* ar gael nawr. Mae rhifyn #13 yn cynnwys cyfweliadau gyda Soriant, Yr Addewid a llu o grwpiau eraill... Felly, mae pethau'n 'digwydd' ac mae yna sîn danddaearol yn bodoli, lle llawer iachach na'r 'Sîn Roc' myglyd brwnt hynafol. Cofiwch, peidiwch credu heip... nid glo yw popeth du.[16]

Doedd gwneud safiad neu ddatganiad neu hybu unrhyw fath o chwyldro cymdeithasol neu wleidyddol trwy gerddoriaeth ddim yn rhan o arfogaeth y rhelyw o fandiau. Achwyn am y drefn a chreu cerddoriaeth ddawns oedd hi ar y cyfan yn hanes grwpiau'r 90au cynnar. Roedd Derec Brown yn feirniadol o ail gasét y Beganifs o'r Waunfawr ger Caernarfon, *Aur*, ar label Ankst, am fod dwy o'r caneuon yn efelychiadau rhy amlwg o ganeuon oddi ar glasur y Beatles, *Sgt Pepper*. Doedd yr ebychu yn yr iaith fain byth a hefyd ddim yn ei blesio chwaith:

> Mae defnyddio dylanwad mewn cyd-destun newydd yn gallu bod yn ddiddorol ac yn greadigol, ond mae copïo slafaidd fel hyn yn dangos diffyg hunanhyder, yn enwedig mewn grŵp ifanc a ddangosodd fynydd o addewid ar eu casét cyntaf y llynedd. Un peth arall sy'n mynd ar y nerfau yw'r ebychiadau Saesneg sy'n britho'r caneuon – pam ac i beth?[17]

Ai mater o drochi bysedd eu traed yn y dŵr oedd yr ebychiadau Saesneg i weld beth fyddai'r ymateb? Yn ddiweddarach byddai Beganifs yn newid eu henw i Big Leaves ac yn ei mentro hi yn Lloegr. Ond roedd gan Siân Owen ddisgwyliadau mawr wrth fwrw ati i wrando ar *Aur*. Ei chael yn brin yn y glorian wnaeth hi:

OK yn unig ydi'r tâp yma. Does dim un o'r caneuon yn codi unrhyw ymchwydd o emosiwn ynof. Fedrai mo'i gasáu o, ond eto does gen i ddim awydd gwrando arno eto. Deud y gwir, dwi'n meddwl 'sa well gen i dalu'r bil trydan na phrynu'r casét yma...

Ac mi glywais i lais arall hefyd, tebyg i ryw 'creep-da-i-ddim-yn-gwely' yn gofyn fel hyn, 'Was it good enough for you?' Tybed fase'r plantos yn deall taswn i'n ateb 'Wonderful dahling!' !?!*** 2 Slepjan wymon allan o 10.[18]

Os taw arfer Siân Owen a'i thebyg oedd cymryd partneriaid gwelyol Saesneg eu hiaith neu ddewis defnyddio'r iaith honno yn y gwely, yna manamanamwnci troi i ganu'n Saesneg a phlesio cynulleidfaoedd Lloegr hefyd. Hwyrach mai dyna benderfynodd Rheinallt H Rowlands, a chael clod pynditiaid megis Ben Thompson:

The great thing about Rheinallt H Rowlands is their intensity. For all their juxtaposition of disparate musical forms – seventies disco drum fills, Beach Boys harmonies, Johnny Cash guitar riffs, Ennio Morricone hoof-noises, and 'If I Were a Rich Man'–style Yiddish folk/pop crossover melodies are just a few of *Bukowski*'s stylistic staples – there is never a hint of pastiche about them.[19]

Un cyfrwng cyfathrebu ymysg nifer o gyfryngau posib oedd y Gymraeg bellach yn hytrach na chyfrwng mynegiant oedd ynghlwm â holl draddodiadau a diwylliant hanesyddol Cymru. Y gerddoriaeth ei hun oedd y mynegiant a'r nod oedd sicrhau bod ansawdd y gerddoriaeth gyfuwch ag eiddo'r byd Saesneg cyfatebol. Ymddengys bod olrhain llinach gerddorol yn bwysicach na llinach syniadol/ ieithyddol. Mae'n debyg mai dyna'r unig feini prawf beirniadol oedd yn bosib i sgriblwyr Saesneg eu hiaith a'u cefndir. Gyda llaw, cyfraniad Rheinallt H Rowlands i'r record amlgyfrannog honno *Hen Wlad y Lladd-dai* gan Alan Holmes oedd fersiwn o 'Ethiopia Newydd' Geraint Jarman a'r Cynganeddwyr. Roedd yr adolygiad o *Bukowski* yn y rhifyn olaf o *Sothach* gan gyfrannwr dienw yn barod i gydnabod y pedigri cerddorol:

Mae Rheinallt H Rowlands yn llwyddo i atgyfodi ysbrydion, yn deffro lleisiau o'u trwmgwsg dwfn, yn plethu emosiwn a seiniau hen a chyfarwydd sy'n atsain o ogofau pell yr isymwybod. (waw!) Mae ei ddefnydd o lais a synau i gysylltu â'i gilydd drwy gyfrwng amrywiaeth o felodïau cyfarwydd sy'n cwmpasu arddull cewri megis Leonard Cohen, Roy Orbison, Scott Walker, Nick Cave, Joy Division... Casgliad o osodiadau a threfniant am farwolaeth, yfed, serch a rhyw. Ac fel mae'r teitl yn awgrymu, caneuon teyrnged yn benodol i Charles Bukowski, bardd cyfoes o America (prynwch ei lyfrau!).[20]

Roedd Derec Brown hefyd yn crybwyll y gyfeiriadaeth gywir wrth fwrw golwg ar un o gasetiau cynharaf Rheinallt H Rowlands, *Caneuon o'r Tywyllwch* ar label ATOL. Cymerai ei le yn gyffyrddus yng nghanol y prif lif diwylliannol Eingl-Americanaidd:

> Casét pedair cân yw offrwm diweddara Rheinallt, y canwr gyda'r llais mawr dwfn. Arbeniga mewn caneuon gothig, fel arfer yn y cyweirnod lleddf, a dibynna'n helaeth ar seiniau allweddellau sy'n adleisio grwpiau Ewro-pop yr wythdegau.[21]

Erbyn canol y 90au bron ei bod hi'n norm i unrhyw record 'Gymraeg' a gyhoeddid gynnwys caneuon yn Saesneg, yn union fel yr oedd cynnwys golygfa defod lladd mochyn yn *de rigueur* mewn rhyddiaith Gymraeg ar un cyfnod. Felly oedd hi'n hanes Melys pan gyhoeddwyd *Fragile* ac roedd adolygydd dienw *Sothach* yn derbyn hynny'n ddigwestiwn yn rhifyn olaf un y cylchgrawn:

> Does dim dwywaith bod y gerddoriaeth yn gyfoes ac amserol – llais 'plentynnaidd' Andrea yn mynnu gwrandawiad o'r cychwyn yn felys ond ddim yn siwgraidd, fersiwn arall o Catatonia, Garbage, Cardigans ac yn y blaen ond eto yn ddigon gwahanol.[22]

Roedd ymgais gyntaf Melys yn apelio'n fawr at Pwyll ap Siôn:

> Mae'r sampl o guriadau calon *foetus* yn 'Let Yourself Scream' yn gosod cefnlen gerddorol addas ar gyfer y gân. Mae'r caneuon yn syml a hynod 'wrandawadwy' gyda llais Andrea Parker yn awgrymu diniweidrwydd a diymadferthedd llais Cerys Matthews o Catatonia. Yn wir, mae testunau'r caneuon yn annog y math yma o wrando wrth iddynt drafod heb eithriad elfennau o wrthdaro mewn perthynas, gyda'r ferch yn aml yn wrthrych gwawd a dirmyg gan ei chariad.[23]

Cyn bo hir byddai Melys yn denu sylw John Peel ac yn datblygu yn un o'i hoff grwpiau erioed. Hwyrach bod rhan o'r esboniad dros yr awydd i lwyddo yn y byd Saesneg i'w ganfod mewn brygowthan ynghylch yr ymdeimlad clawstroffobig o fod yn 'nigar Cymraeg' a gafwyd gan Ifor ap Glyn ar sengl 7" a gyhoeddwyd ar y cyd â Llwybr Llaethog yn 1992. Ai dyma ble y gwelid gwir angst Ankst yn dod i'r golwg? Roedd y sylw byr a bachog a roddwyd i *Ni fydd y Chwyldro ar y Teledu Gyfaill* mewn rhifyn o *Golwg* yn tanlinellu'r anniddigrwydd a fodolai ymhlith y to ifanc ynghylch yr hyn a ystyrid yn Gymreictod llywodraethol y dydd:

> Undonedd, rhagrith a diffyg arweiniad y Gymru Gymraeg ddosbarth canol sy'n dod dan y lach – yn arbennig y ffordd y mae teledu Cymraeg yn symud y cadeiriau o gwmpas dec y Titanic yn lle cydnabod maint Yr Argyfwng. Clyfar a chry'.[24]

Ai adwaith oedd troi at y byd Saesneg yn erbyn diffyg cyflawniad y byd swyddogol Cymraeg? Teimlai llawer o'r ieuenctid Cymraeg creadigol fod eu teyrngarwch wedi'i gamgyfeirio. Pa ddiben oedd iddyn nhw uniaethu eu hunain â charfan o bobl oedd wedi methu â dwyn y maen i'r wal o ran sicrhau mesur o hunanreolaeth pan gynhaliwyd y refferendwm ar ddatganoli yn 1979? Pa genedl sy'n gwrthod cyfle i greu sefydliad a fyddai'n meithrin creadigrwydd o'r newydd ymhlith ei phobl gyda mesur helaeth o reolaeth dros y creadigrwydd hwnnw? Onid dyna oedd yn gyfrifol am y penderfyniad i geisio cynnal rhan o'r diwylliant Cymraeg y tu fas i Gymru, yn Lloegr ac Ewrop, er mwyn ei ailddiffinio? Roedd yna artistiaid yn efelychu camp rhai o Gymry Dadeni Dysg yr Oesoedd Canol, megis Gruffydd Robert a fu'n cynnal y Gymraeg ym Milan ac yn defnyddio'r adnoddau yn y fan honno er mwyn hyrwyddo'r iaith.

Pan ddaeth hi'n ofynnol i Iwan, Dyfrig a Peter o Benygroes ger Caernarfon wneud penderfyniad ynghylch bwrw ati o ddifrif yn y byd roc, fuon nhw fawr o dro yn ffeirio'r enw Paladr am enw oedd yn swnio'n fwy fel enw ar far o siocled ac yn haws i'w rowlio ar hyd y tafod – Topper:

> Ddeudodd Ankst wrthan ni y basan ni'n cael *hassles* am dipyn os fasan ni'n newid ein henw, ac fe gaethon ni am ychydig, ond doedd hynny ddim am yn hir iawn. Mae rhai pobol eraill jest yn meddwl mai grŵp hollol wahanol i Paladr ydi Topper – pobol oedd ddim yn cymryd sylw ohonan ni o'r blaen. Efallai fod hynny'n beth da hefyd.[25]

Lansiwyd EP gyntaf Topper, *Arch Noa*, yng nghlwb nos y Monarch yn Llundain ym mis Chwefror 1997. Flwyddyn yn ddiweddarach roedden nhw'n dal wrthi ac fe gyhoeddodd Ankst LP chwe thrac o dan y teitl *Something To Tell Her*. Enwau rhai o'r caneuon eraill oedd 'Tuneless Man', 'Hapus', 'Strange Man' a 'Won't Do You No Harm'. Roedd y triawd yn cydnabod dylanwad David Bowie, Lou Reed a John Lennon ar eu cerddoriaeth. Cyhoeddwyd record ar label Kooky Records o Northampton yn 1998 yn cynnwys dwy gân Saesneg ac un gân Gymraeg. Ddaeth yna ddim llwyddiant ysgubol i'w rhan.

Ymhlith nifer o grwpiau oedd yn bodoli ar y cyrion yn y 90au yn canolbwyntio ar naill ai greu sŵn dawns neu fflyrtian â chanu'n Saesneg roedd Ail Gyfnod, Jylopis, Aros Mae, Dom, Ian Rush, RMS, Caffi Vadassi, Almanac, Diems, Soriant, Yr Addewid, Tips Wyn Gruffydd, Act, David Wrench, Murray the Hump, Maharishi, Cartoon, Gwacamoli, Lucie Chivers, Pic Nic, Nar, Albert Hoffman, Doli, Zabrinski, Baby Oil Rig, Texas Radio Band, y Crumblowers a'r Gwefrau. Yn wir, os am wrando ar gerddoriaeth ddawns 'Gymraeg', i brofi pa mor amherthnasol yw geiriau ac iaith, rhodder yr offrwm *Crai Tecno 2* ar label Sain yn y chwaraewr cryno-ddisgiau. Dyw naratif a negeseuon ddim yn bod. Yn ôl Pwyll ap Siôn, waeth beth oedd y gwendidau roedd o leiaf yn fodd o dynnu at ei gilydd artistiaid digon anghymarus:

> Dim ond dau drac (allan o dair ar ddeg) ar gryno-ddisg *Crai Tecno 2* sy'n gwneud defnydd echblyg o iaith; mae 'Dulaman' gan Hyper (Borea) mewn Gwyddeleg ac mae'r trac olaf gan Harvinder Sangha ('Indian Gangsta') yn Saesneg. Mae gweddill y traciau, i bob pwrpas, yn offerynnol, ond fe fyddai'n anghywir credu nad oes ystyr yn perthyn iddynt... Ac o ystyried fod y rhan helaethaf o'r artistiaid yn dod o Gymru mae'r amrywiaeth o fewn un *genre* yn ddisglair iawn. Mae 'Fy Mab i ar y Lleuad' gan Plant o Wyddelwern yn atgoffa dyn o ambient cynnar Fripp ac Eno ar Evening Star yn y saithdegau. Un o uchafbwyntiau'r casgliad yw 'Sôn of 5am' gan Audio Air Strike – trip-hop ar ei fwyaf medrus a dyfeisgar. Mae Agent 1475 yn llwyddo i gymysgu histrionics gitâr roc trwm â synau dawns. Trac mwyaf cofiadwy'r casgliad yw 'Indian Gangsta', fodd bynnag, sy'n uniad effeithiol o alawon dwyreiniol, Indiaidd a rhythmau hip-hop ffrenetig.[26]

Roedd yna hefyd ganu rap Cymraeg yn dechrau datblygu o ddifrif yn sgil arloesi cynnar Llwybr Llaethog. Yn 1991 cyhoeddodd Y Profiad gasét ar y cyd â'r Gwefrau gan alw eu cyfraniad hwy o dair cân yn *This is Mega!* Roedd Derec Brown yn cydnabod bod yna ddyfodol i'r cyfrwng rap:

Mae'n grŵp mawr – drymiau, bâs, gitâr, adran bres, dau ganwr/ rapiwr a chefnleisiau benywaidd. Mae rhyw fath o batrwm yn cysylltu'r caneuon – mae'r drymiau, bâs a'r gitâr yn gosod rhythm dawnsiadwy, heintus, wedyn y ddau lais gwrywaidd yn cymryd eu tro i rapio yn y penillion gyda chanu, a harmonïau ar adegau, yn y cytganau.[27]

Dwy ferch a ddenodd sylw, a hynny ar sail eu lleisiau cryf, oedd Siriol Williams a Jackie Williams (yr hanai ei mam o Kenya a'i thad o Fethesda), y naill yn canu gyda grŵp o'r enw Brasil a'r llall gyda grŵp o'r enw Jina. Drymio a rhaglenni seiniau oedd sail sŵn Brasil ond roedd Jina yn mentro i gyfeiriad jazz, yn arbennig ar ôl i Pwyll ap Siôn ymuno â'r grŵp. Roedd Jina yn chwa o awyr iach yng ngolwg Derec Brown ar ôl gwrando ar ail gasét y grŵp, *Pam?*, a gyhoeddwyd ar label Fflach:

> Caneuon pop i'r nawdegau sydd yma, rhai'n ddawnsiadwy gyda chytganau cofiadwy fel 'Pwy wyt ti?', 'Beirniad Mawr' a 'Bywyd Rhydd', y tair yma'n llawn o newidiadau annisgwyl a chordiau soffistigedig... Mae'n anodd meddwl pwy arall sy'n cynhyrchu cerddoriaeth o'r fath yn Gymraeg ar hyn o bryd (rhyw fath o Bando i'r nawdegau efallai), a rhaid canmol dewrder y grŵp yn dilyn y trywydd hwn ynghanol y gormodedd o grwpiau llwydaidd, undonog sy'n swnio'r un fath â'i gilydd.[28]

Yng nghanol y llwydni roedd y cyfryngau'n ceisio cyfleu darlun o sîn roc Gymraeg fywiog a chynhyrchiol, ond doedd Dyfrig Jones ddim am gael ei dwyllo ar drothwy'r milflwyddiant:

> Yn fy marn i, tydi'r sîn Gymraeg ddim yn ddigon aeddfed i gynnal rhaglen sydd yn canolbwyntio yn gyfangwbl ar fandiau Cymraeg eu hiaith. Mae'n glefyd yn y cyfryngau Saesneg yn ogystal â Chymraeg – bod bandiau mor wahanol â'r Super Furry Animals a'r Stereophonics yn cael eu grwpio efo'i gilydd fel un 'sîn' gerddorol. Mae'n rhaid i gynhyrchwyr sylweddoli nad oes gan ddilynwyr grwpiau *'alternative'* ddiddordeb mewn clywed barn gerddorol aelod o Eden. Mae'n rhaid sylweddoli hefyd mai dim ond hyn a hyn o eitemau am Catatonia fedr gael eu cynhyrchu heb ddiflasu'r gwylwyr. Mi fasa hi'n beth da petai darlledwyr cerddoriaeth bop yng Nghymru yn llunio polisi cerddorol cyn mynd ati i ddarlledu unrhyw hen sŵn sy'n cael ei gynhyrchu o fewn ffiniau'r wlad.[29]

Roedd gan Johnny R gydymdeimlad â safbwynt Dyfrig Jones wrth iddo nodi nad oedd canu'n Gymraeg, yng ngolwg rhai, yn ddim mwy na chyfle i ymarfer cyn mentro i'r byd Saesneg:

> Mae'n edrych i mi fod yr iaith Gymraeg yn ddim ond demo
> iaith i'r byd pop, nid yn llygaid y bandiau ond y cynhyrchwyr
> radio a theledu. Gyda'r holl nonsens o gwmpas fod yr iaith yn
> gyfartal bla bla, mae triniaeth S4C o'r rhai sy'n dal yn ddigon
> dewr i berfformio trwy'r Gymraeg yn dangos diffyg parch...[30]

Roedd Pwyll ap Siôn wedi cynnig esboniad ers tro am ddadfeiliad
y sîn roc Gymraeg, a hwnnw'n ymwneud â'r hyn a ystyriai'n obsesiwn
Radio Cymru â gosod mwy o bwys ar gynyddu nifer y gwrandawyr nag
ar greu rhaglenni perthnasol. Roedd diddymu rhaglen Nia Melville,
Heno Mae'r Adar yn Canu, yn un hoelen yn yr arch:

> Coeliwch fi, mae 'na nifer fawr o bobl wedi'u dadrithio'n
> llwyr ynglŷn â'r sefyllfa. Oherwydd, yn hollol groes i'r *zeitgeist*
> rhyddfreiniol a lluosogol rydym yn hoffi meddwl ein bod yn
> byw a bod ynddi, mae positifiaeth i'w weld â'i afael haearnaidd
> arnom o hyd. Enghraifft amlwg o hyn yw'r obsesiwn sydd
> gan y corfforaethau radio a theledu ynglŷn â ffigyrau gwylio,
> obsesiwn sydd wedi ei amlygu ei hun yn y gofid dros ennyn
> a sicrhau brîd newydd o wylwyr a gwrandawyr, lle bynnag y
> maent a phwy bynnag ydynt.[31]

Ond rhag digalonni a rhoi'r ffidil yn y to roedd Pwyll ap Siôn, o
fewn yr un erthygl, yn gweld arwyddion gobaith:

> Ond efallai mai at y Tystion ac Alffa Un y dylid troi ein golygon...
> Fel yn rapio y diwylliant Eingl-Americanaidd, fe ymddengys
> mai cymysgfa o ymffrost, proffwydoliaeth a beirniadaeth sydd
> yma, gydag Alffa Un yn lambastio ein gwerthoedd ceidwadol,
> a'n diffyg gweledigaeth: 'Dyw'r ateb ddim gyda Dafydd Iwan /
> Rhaid symud ymlaen rhoi Cymru ar y llwyfan / agwedd bositif
> y Super Furry / Dyma beth dyle Cymru ganu'. Mae'r adnoddau
> a ddefnyddir yn gyfyng – yr un *drum-sample* ar gyfer y ddwy
> gân ond wedi'i gyflymu ar gyfer 'Isymwybod'! Mae'r ddwy gân
> yn gorffen (neu'n stopio) yn yr un ffordd a heb fawr o arddeliad
> nac argyhoeddiad. Ond mae yna addewid. Edrychaf ymlaen at
> gynnyrch nesaf Fitamin Un.[32]

Yn wir, ymhen y flwyddyn, ar ôl bod yn garcus ei groeso i offrwm
cyntaf y Tystion, roedd yn barod i'w croesawu fel achubwyr rap y sîn
roc Gymraeg pan gyhoeddwyd *Rhaid i Rywbeth Ddigwydd*:

> Ni fyddai hi'n ormodiaith i ddatgan fod y Sîn Roc Cymraeg yn
> dal mewn argyfwng. Beth bynnag fo'r symptomau sy'n gyfrifol
> am y llesgedd anrheithiol hwn – diffyg proffesiynoldeb o ran

rheolaeth a safon grwpiau, diffyg fframwaith ar gyfer cefnogi a hyrwyddo recordiau a chyngherddau, difaterwch ynglŷn â phethau Cymraeg a Chymreig – mae angen chwistrelliad ffrwydrol o waed newydd a delwedd bwerus i adfywio bwystfil blinderus y sîn roc. Efallai mai'r Tystion yw'r ateb.[33]

29 / Shrug Off Ya Complex

A r ôl cyfnod hysb o ran artistiaid newydd yn mynegi unrhyw safbwynt ymgyrchol am warchod hunaniaeth Cymru fe ffrwydrodd y Tystion i'r amlwg yn rhith Steffan Cravos a Gruff Meredith. Eu dewis gyfrwng oedd rap neu hip-hop, sef math o lafarganu cyflym sy'n dibynnu ar rythm a rhywfaint o odl gydag amrywiaeth o synau'n gefndir iddo. Tarddodd y cyfrwng o strydoedd *ghettoes* y dyn du yn ninasoedd America ac fe'i cysylltid â'r gwrthdaro rhwng gangiau a'r diwylliant cyffuriau. Iaith y stryd a ddefnyddid, a hynny'n aml ar ei mwyaf cwrs a lliwgar ac yn llawn shiprys. Roedd yn bosib, unwaith eto, i'r Cymry fabwysiadu'r cyfrwng a'i deilwra i'w dibenion eu hunain fel y gwnaed â thueddiadau cerddorol blaenorol. Gwelai Pwyll ap Siôn ei botensial fel cyfrwng gwleidyddol:

> Rap yw cyfrwng mynegiant cerddorol y Tystion, sef llafarganu egniol i guriadau ailadroddus hypnotig sy'n gorwedd rywle ar y ffin rhwng rhyddiaith a barddoniaeth. Yn yr un modd ag y gwelodd Dafydd Iwan faledi syml Pete Seeger fel arddull effeithiol ar gyfer trosglwyddo ei weledigaeth wleidyddol yn ystod y chwedegau, a Jarman yr un modd gyda reggae Bob Marley ar ddiwedd y saithdegau, tybed ai rap yw'r ffordd o hoelio sylw ein hieuenctid ar yr iaith Gymraeg a materion cyfoes perthnasol ar droad y mileniwm newydd? Ai rap fydd catalydd *patois* newydd y diwylliant tanddaearol yng Nghymru yn y nawdegau? Gyda cherddoriaeth bop a roc yn gyffredinol yn hidio llai a llai ynglŷn â phregethu neges, beirniadaeth neu sylwebaeth gymdeithasol mewn caneuon, mae rap yn gosod ei hunan fel arddull amgen, gyfoes a pherthnasol.[1]

Roedd yna artistiaid o blith yr ifanc, unwaith eto, oedd yn ymwybodol o hanes eu cenedl ac yn barod i rantio ynghylch ei bodolaeth a'i hysgwyd i'w deffro o drwmgwsg. Doedd Steffan Cravos ddim yn derbyn y gwerthoedd a osodwyd ar Gymru gan Lundain. 'Cool Cymru Sucks' oedd teitl un rant o'i eiddo. Doedd e ddim am i newyddiadurwyr yr *NME* a *Sounds* osod yr agenda o ran diwylliant yr ifanc yng Nghymru:

Mae Cymru wastad wedi bod yn cŵl. Dw i ddim yn deall pam
fod llond dwrn o newyddiadurwyr yn Llundain wedi penderfynu
ei bod hi'n cŵl i greu sin. Mae'r cyfan yn rhywbeth sydd wedi
ei ddyfeisio gan y cyfryngau y tu allan i Gymru. Mae'r sin wedi
bod yma erioed.[2]

Medrai fod yr un mor feirniadol o'r byd Cymraeg, fel y tystia'r rap
'Y Byd Hip Hop vs Y Byd Cymraeg' oddi ar y cryno-ddisg *Hen Gelwydd
Prydain Newydd*. Bu Steffan yn difyrio ar raglen John Peel:

> Yo! Dwi'n byw ar y blaned hip hop
> Ond paid galw fi'n boyo
> 'Cos dw i ishe'r ddau blaned wrthdaro.
> Er mwyn cynnal unrhyw iaith
> Rhaid cyfoethogi ac ychwanegu at ei diwylliant.
> Dim jyst core, oedfa'r bore a cherdd dant,
> Dw i ishe gweld gwelliant.
> Dim cynhyrchwyr teledu didalent
> Yn trin artistiaid fel bechgyn rent
> Ym mynwent diwydiant y byd adloniant
> Ra ra ra rant am gant punt wythdeg – stop!
> Dw i'n caru'r Gymraeg gymaint
> A dw i'n caru'r byd hip hop,
> Heb anghofio be dw i'n gwbod
> Jyst yn dilyn fy nghydwybod...
> Yr iaith fain yn erbyn Tafod y Ddraig
> Y Blaned Hip Hop yn erbyn y blaned Gymraeg...
> Cyfwelwyr yn cyfweld â chyfwelwyr
> Brodyr a chwiorydd lle mae'r synnwyr?
> I gynnal ein gwlad a'n iaith
> Rhaid symud gyda'r rhaglen.
> Dw i'n parchu ein hunaniaeth
> Ond dw i ishe popeth yn fy mamiaith.
> Dw i'n wyn, mae'n ffaith
> Ond dyna neges i'r rhai sy'n meddwl
> Na all dyn gwyn rapio -
> Dyma'r farn gul o feddwl
> Sy'n gyfystyr â na all y dyn du
> Ganu opera neu chwarae yn y byd roc,
> Dw i'n wyn, dw i'n Gymraeg, ad hoc,
> Ond mae gen i'r skillz
> Da ni'n symudiad ymarferol,
> Byddarol.
> Ma nhw'n dweud bod ni'n herfeiddiol
> Ond dw i wedi cael llond bol
> Ar anallu, apathi a diogi.

Er mwyn goroesi rhaid i ni gyfaddasu
Er mwyn cynyddu a thyfu.

Yn wir, roedd proffwydoliaeth Pwyll ap Siôn y byddai'r Tystion yn 'adfywio bwystfil blinderus' y byd roc Cymraeg erbyn y milflwyddiant newydd yn cael ei hadleisio gan Huw Stephens. Os oedd grwpiau'r gorffennol yn medru rocio roedd Y Tystion yn medru rapio gyda'r gorau ac, yn ots i fandiau Cymraeg y cyfnod, roedden nhw'n cynnig deunydd cnoi cil i'r gwrandawyr:

> Mae *Shrug Off Ya Complex*, ail albym hir-ddisgwyliedig Y Tystion allan yn y siopau ar label Ankstmusik. Mae'n llawn o samplau ffynci, odli cyflym a hiwmor unigryw... Mae mor ffres â'r bore 'ma, ac yn dangos fod y band, sy'n cynnwys dros ugain o bobl, wedi ffeindio ffydd newydd yn y gerddoriaeth. Mae'r Tystion, heb os nac oni bai, yn y tŷ.[3]

Roedd y troellwr a'r hyrwyddwr seigiau cerddorol blasus a wyddai beth oedd beth o fewn ffiniau diwylliant yr ifanc wrthi eto ymhen ychydig fisoedd yn canu clodydd Y Tystion. Wrth gydnabod lledaeniad byd-eang y cyfrwng hip-hop adnewyddwyd ffydd Huw Stephens yng ngallu'r Cymry i greu deunydd unigryw Gymreig a Chymraeg unwaith eto, a hynny gan dalu teyrnged i un o fawrion y diwylliant roc Cymraeg ar yr un pryd:

> Ym myd cerddoriaeth boblogaidd ar ddiwedd yr ugeinfed ganrif, un o'r straeon llwyddiant mawr yw'r *genre* hip-hop y 90au fel cerddoriaeth danddaearol, yn apelio at leiafrif mewn clybiau nos yn yr Amerig, ond erbyn hyn mae hip-hop (neu 'rap') yn gyfrwng byd-eang a llwyddiannus. Yn lle canu, rapio ac odli yw'r brif ffurf cyfathrebu, i gerddoriaeth wedi ei greu o sampls (darnau o gerddoriaeth pobl eraill), bîts ac offerynnau traddodiadol ac electronig. Pan ddaeth *Rhaid i Rywbeth Ddigwydd* allan ddwy flynedd yn ôl ar label annibynnol Fitamin Un, fe greodd y Tystion gyffro newydd yng Nghymru, ar record ac yn fyw. Roedd bît syml caneuon fel 'Gwyddbwyll' yn cael ei gymysgu gyda geiriau gwleidyddol a gwallgof Steffan Cravos a Gruff Meredith (bellach mae Gruff wedi gadael), gyda rhyw bymtheg o gantorion a cherddorion yn ychwanegu at yr 16 trac.
>
> Ar 'Smo Fi Ishe Mynd' maen nhw'n samplo Edward H Dafis, ac mae'n swnio'n gwbl naturiol. Ar 'Diwrnod Braf', mae'r naws hamddenol a hafaidd yn dod drosodd yn llwyddiannus, lle gallai fod wedi swnio'n ddiog a thrafferthus. Ar bob un gân

mae yna gerddoriaeth a geiriau bywiog, doniol, cymdeithasol-ymwybodol a hollol ddifyr. Wrth i'r flwyddyn 2000 agosáu, dyma'n union beth oedd ei angen yn gerddorol, ynghyd â'u halbym *Shrug Off Ya Complex*, i aildanio'r ffydd mewn cerddoriaeth Gymraeg fod yna gerddorion a cherddoriaeth unigryw allan fan'na. Y gân orau? 'Rhaid i Rywbeth Ddigwydd'. Mae Gruff a Crav yn anwybyddu pob rheol yn y llyfr ac yn creu trac gwirioneddol wych.[4]

O fewn y flwyddyn byddai Kate Crockett yn cyhoeddi'n groch, wrth gydnabod arloesedd hip-hop Llwybr Llaethog, fod y cyfrwng newydd wedi rhoi cic haeddiannol yn nhin y sîn roc Gymraeg:

Roedd Llwybr Llaethog yr 80au a'r 90au cynnar wedi bod yn rhan o'r un sin arloesol â nifer fawr o fandiau gitâr. Erbyn heddiw fe fyddwn i'n dadlau mai'r grwpiau hip hop ydi brenhinoedd y sin. A does dim prinder ohonyn nhw. Dyw hi ddim yn beth newydd i weld ffraeo ffyrnig yn y byd hip hop, ac mae'r grŵp y Tystion wedi gweld nifer o newidiadau i'r *line-up* ar hyd y blynyddoedd. Erbyn hyn mae cyn-aelodau'r Tystion wedi mynd ati i greu grwpiau eraill – Skep a'r ysbrydoledig MC Mabon. A thra bod y sin hip hop yng Nghymru heb ddisgyn i lefel y saethu a'r llofruddio sy'n nodweddu'r byd yr ochr arall i Fôr yr Iwerydd, mae'n amlwg o rai o'r sylwadau mewn ambell i gân nad ydi rhyfeloedd hip hop yn unigryw i ghettos a swyddfeydd recordio Efrog Newydd a Los Angeles.[5]

Mae gwefan Ankstmusik yn ceisio crisialu'r ymateb cynnar fu i ffrwydrad y Tystion fel petaen nhw'n genhadon chwalu mythau:

By releasing the album they hoped to destroy the myth that Wales is just about boring shit like choirs, chapels and mountains. As G Man explains, they knew they would'nt get away with lyrics like 'I f**ked that Michelle in the kitchen/Man that bitch was twitching' – instead they rapped about going to the SPAR to buy a packet of Wagon Wheels or doing handbreak turns in TESCO's or getting wrecked in a field and sleeping in a hedge, munching on a twig. In 1998 the newly revitalised ANKSTMUSIK Record label fell in love with their music and politically charged pop sensibilities and took tracks from their album and released them on the BRERWER SPINKS 12" single. It did the trick – people started to take notice.

The Melody Maker made it their single of the week saying 'this as they say is the bomb, and despite it not being in my mother tongue it's pretty fuckin brilliant'. Comparisons were made with NWA, D La Soul and The Pharcyte. As well as delighting

some music fans the record also confused some, with the Big
Issue debating whether they were terrorists or not (Doh!)...
gigs were reported in the NME along the following lines 'this
is an anarchic shattering of a rosy idyll, crushed under the
dampled ranting of TWIN TOWN's Lewis brothers. TYSTION
are a Welsh Hip-Hop band. But, quiet at the back, they're
actually very good. F**k off to racism, f*ck off to lazy cliché
and f*ck off to tradition. The past may be miners, but the
future's theirs'.[6]

Doedd y sgriblwyr Saesneg ddim yn medru manteisio ar syberdod
safon sgwennu beirniadol y *Cyfansoddiadau a'r Beirniadaethau*
blynyddol na chwaith ar goethder cyfieithiad yr Esgob William
Morgan o'r Beibl wrth fwrw ati i dafoli creadigrwydd. Arall oedd eu
templed a gorliwio er mwyn gorchest a wnaent, boed yn gadarnhaol
neu yn negyddol, er mwyn denu sylw megis peunod yn chwibanu. Ta
waeth, cryfhau yn hytrach na gwanhau'r sîn rapio Gymraeg wnaeth
penderfyniad Gruff Meredith i adael y Tystion a chyhoeddi deunydd yn
enw MC Mabon. Sylwodd Iwan England fod offrwm cyntaf MC Mabon,
Mr Blaidd, yn llai gwleidyddol ei naws na deunydd y Tystion:

Mae MC Mabon hefyd wedi defnyddio cymysgedd o ieithoedd
fel dyfais greadigol. Mae cyfres o draciau Saesneg ar ganol yr
albwm rhwng dau set o ganeuon Cymraeg. Ar yr un pryd mae
rapiau Sbaenaidd yn britho nifer o'r traciau gan gynnig sŵn
diddorol arall i'r cymysgedd. Er na fydd yr arbrofi cyson yma
at ddant pawb, yn sicr dyma albwm trawiadol o safon uchel,
sy'n dangos dyfeisgarwch cerddorol anhygoel.[7]

Roedd Ian Edwards o'r farn mai ail offrwm MC Mabon oedd 'yr
albwm mwya' gwreiddiol o gerddoriaeth bop Cymraeg ers dyddiau
da Datblygu' a hynny er mai'r Saesneg oedd prif gyfrwng y caneuon.
Roedd hefyd yn amlwg mai'r nod ym marn yr adolygydd oedd
ymdebygu i fawrion y byd Eingl-Americanaidd:

Y canlyniad ydi cymysgedd seicadelig o Captain Beefheart, Joy
Division a Beck sy'n swnio fel rhywbeth newydd sbon, ymhell
o flaen ei gyfoedion... Felly er gwaetha'r ffaith ei fod ar berwyl
i fynd o dan groen y gwrandawyr, Gruff Meredith yw'r peth
agosaf y mae Cymru wedi ei gael i Brian Wilson neu i Phil
Spector. Ac ar ôl gwrando ar ei gyfoeswyr, ddylen ni i gyd fod
yn ddiolchgar am hynny.[8]

Ac i'r sawl a feiddiai ddweud bod y cyfrwng rapio'n estron ac
anghymreig, gan ei wfftio o'r herwydd, byddai MC Mabon ac MC

Sleifar (Steffan Cravos) yn barod i ddadlau bod yna gyfatebiaeth yn y modd y byddai'r rapiwr mawr hwnnw o'r gorffennol, Dafydd ap Gwilym, yn cyflwyno ei ddeunydd i gyfeiliant ei delyn frwyn. Celfyddyd lafar oedd ei eiddo yntau hefyd wrth iddo edliw ac adrodd ei helyntion trwstan, carwriaethol yn amlach na pheidio a digon amrwd yn aml, yn y 14eg ganrif. Yn wir, roedd Dafydd yn ei ddydd yr un mor chwyldroadol â'r rapwyr cyfoes am iddo yntau hefyd gyflwyno dylanwadau cyfandirol i'w farddoniaeth. Ni fyddai'n amhosib rapio awdlau cyfoes. Meddylier am awdl arobryn Ifan Prys o Goleg y Brifysgol, Aberystwyth, yn yr Eisteddfod Ryng-golegol yn Abertawe 2000, a beintiai ddarlun o fyd ieuenctid:

> Eto'n deg bydd Awst yn dod -
> Awst addfwyn yr Eisteddfod,
> Yn Awst nid oes anhawster
> ym meysydd pell y misoedd pêr.
> Mis y bydd ar y Maes B
> fyddin o rai am feddwi
> yn hollol ar ddiwylliant,
> ar ddiod oer a cherdd dant.
> Byw mewn pyb ac mewn pabell
> a chael peint gwael ac un gwell.
> Yna gwau trwy dorf y gig
> i nodau anweledig.
> Yna'n llon awn oll yn llu
> a chynnau'r tân a chanu
> hen emynau dymunol,
> cynnal hwyl, canu lol
> wrth i hud y goelcerth hon
> ein hanwesu bob noson.

I'r pegwn eithaf arall, os oedd yna unigolion yn benderfynol o ennyn dilynwyr trwy greu mesur o hygrededd y stryd a bod yn llais i'w cenhedlaeth, roedd yna eraill am greu bandiau a roddai bwyslais ar gynnal delwedd ac apelio at deimladau rhywiol cynnar y genhedlaeth iau. Pobol o fewn y cyfryngau oedd yr unigolion hyn a grwpiau ar gyfer y cyfryngau oedden nhw'n eu sefydlu. Aelodau'r grŵp Cic oedd Sarra Elgan, Haydn Holden, Tara Bethan a Steffan Rhys Williams, unigolion dawnus ac wynebau cyfarwydd ar raglenni plant S4C. 'Boi band' oedd Mega oedd wedi perffeithio'r dechneg o symud a dawnsio i rythm y gerddoriaeth wrth yngan geiriau caneuon ceiniog-a-dimai, diddim. O leiaf roedd eu perfformiadau mor wahanol i'r patrwm Eisteddfodol o berfformio ag ydoedd cân y frân i gân y deryn du. Marc, Trystan, Rhydian ac Arwel oedd enwau aelodau Mega ond roedd y plantach yn cael eu hannog i'w galw yn ôl eu llysenwau – Ard, Icl, Rib a Taz. Roedd datganiad eu mentor, Emyr Afan, ar ôl cyhoeddi'r CD gyntaf, *Mwy na Mawr*, yn swnio'r un mor ffuantus â chaneuon y grŵp:

> Mae'r ymateb anhygoel i grynoddisg cynta Mega yn cadarnhau bod plant a phobol ifanc heddiw yn dymuno gweld cynnyrch safonol, clir ei delwedd ac sy'n bennaf oll yn gerddoriaeth pop da.[9]

Roedd hi'n fwriad gan Mega berfformio'n Saesneg hefyd a doedd dim prinder grwpiau tebyg yn Saesneg oedd yn denu sylw ieuenctid Cymraeg eu hiaith. Ar boen eu bywyd ni fyddai aelodau'r grwpiau yma'n rhoi'r gorau i wenu am nad oedd y fformwla'n caniatáu hynny. Fydden nhw fyth yn yngan yr un gair o feirniadaeth gymdeithasol na gwleidyddol boed ar lwyfan nac oddi arno. Doedd y cytundeb ddim yn caniatáu hynny. Doedd y grwpiau yma ddim yn ennyn dilynwyr trwy gigio'n gyson y tu hwnt i stiwdio deledu. Yn ôl Dyfrig Jones roedd yna elfen o gymryd mantais ac ecsploetio yn rhan o'r senario:

> Modd o ddefnyddio plant i ddenu arian y rhiant ydi'r grŵp Cic, a'r jôc drist ydi fod cyllideb S4C – arian cyhoeddus – yn talu am y cyfan. Mae yna lawer i'w ddweud am y ffordd y mae diwylliant Cymreig, yn bennaf trwy ddiwylliant eisteddfodol, wedi ein troi'n genedl sy'n gwerthfawrogi perfformio uwchlaw creu. Mae yna gymaint i'w ddweud am dwf y grwpiau Mega ac Eden, sydd bron mor euog â Cic am ymosod ar blant... ond mae hyn i gyd yn draethawd ynddo'i hun. Pan o'n i'n ddeuddeg oed, roeddwn i'n gwrando yn bennaf ar Yr Anhrefn, band a oedd yn rhoi pwyslais enfawr ar addysgu ei dilynwyr, ar bwysigrwydd mynegi eich hun fel unigolyn. Tybed os byddai presenoldeb un grŵp, neu hyd yn oed sin cerddorol, mor gryf y dyddiau yma, y byddai hynny'n golygu na fyddai'n rhaid i gwmnïau teledu fynd allan o'u ffordd i greu grwpiau pop i lenwi'r gwagle celfyddydol sydd wrth wraidd diwylliant ieuenctid Cymraeg.[10]

Roedd yna riant o'r enw Arwel Elis Owen oedd hefyd wedi ei gythruddo gan yr arlwy:

> Bûm yn gweld y grŵp Cic ar faes Eisteddfod yr Urdd gyda fy merch pum mlwydd oed. Fel plentyn, roedd hi wrth ei bodd. Fel oedolyn, roeddwn i bron â chyfogi. Mae hwn yn amlwg yn 'fand gwneud' ac yn ffordd effeithiol iawn o wneud arian. Does a wnelo eu gwaith ddim oll â chelfyddyd.[11]

Mae'n debyg y dylid crybwyll bod gan Eden, triawd o ferched oedd wedi ymgartrefu yng Nghaerdydd ac oedd yn cael hyfforddiant gan Caryl Parry Jones, gryn dipyn o grebwyll cerddorol a'u bod wedi meistroli sawl arddull canu. Gwrandawer ar *Paid a Bod Ofn* (Sain SCD2174) a *Nôl i Eden*.

Ond adwaith i'r duedd yma o ffurfio 'band gwneud' oedd ffurfio'r grŵp Y Bois Bach gan griw o fechgyn o ardal Crymych, nad oedden nhw'n eu harddegau cynnar na hwyr ac na ellid eu disgrifio gydag unrhyw gredinedd chwaith fel 'hyncs'. Cyhoeddwyd deunydd tafod-yn-y-boch ar label Rasp. A phrin bod cyfaddef eu bod yn hanu o Grymych cweit mor rhywiol â dweud eu bod yn dod o Gaerdydd. Doedden nhw ddim i'w gweld ar y teledu byth a beunydd.

Rhyw ymbalfalu oedd y sîn roc Gymraeg o hyd wrth i nifer o fandiau blaenllaw ddyheu am sylw yn yr *NME* a llwyddiant yn siartiau Lloegr ac wrth i gynhyrchwyr teledu fynd ati i greu bandiau yn union fel tasen nhw'n creu rhaglen gwis neu opera sebon. Os oedd Dyfrig Jones wedi bod yn chwyrn ei feirniadaeth o'r rhaglen *Garej* ar un adeg roedd ganddo bellach rhywfaint o gydymdeimlad â phicil y cynhyrchwyr:

> Wrth adolygu *garej*, mi wnes i fentro dweud fod ansawdd teledu 'pop' Cymraeg yn isel ar y funud, gan fod cyfyngiadau cul ar ddefnydd iaith o fewn y rhaglenni, o dan bwysau ceidwadwyr cenedlaetholgar, yn tagu rhyddid cynhyrchwyr teledu i roi llwyfan i fandiau ar sail ansawdd, ac nid iaith eu cerddoriaeth. Fel ydw i'n gweld y sefyllfa, mae yna lond dwrn o fandiau Cymraeg sydd wedi codi yn yr ychydig flynyddoedd diwetha' (Tokyu, Big Leaves a Topper yn fwya' amlwg) sydd yn llawn haeddu sylw ar deledu cenedlaethol. Y drafferth ydi nad oes posib llenwi cyfres deledu o hyd gydag ychydig bach o fandiau, a phroblem rhaglenni fel *garej* ydi llenwi gweddill yr amser gyda bandiau Cymraeg... Mae pob sîn gerddorol ar draws y byd yn cynnwys nifer fach o grwpiau talentog, a nifer fawr o 'wannabes' eilradd, ac mae'n rhaid dibynnu ar bolisïau cerddorol beirniadol i wahanu'r da oddi wrth y drwg. Heb hyn, mae sîn gerddorol yn cael ei rheoli gan hyrwyddwyr yn hytrach na bandiau.[12]

Ond os oedd y 'wannabes' a'r grwpiau oedd yn cael eu creu yn apelio at y nwydau, roedd y rapwyr yn torri eu cwysi eu hunain yn ddihid o chwiwiau hyrwyddwyr a chynhyrchwyr. Er eu bod yn defnyddio ieithoedd ar wahân i'r Gymraeg doedd dim amau eu bod yn cyfleu 'agwedd'. Ond roedd yna un grŵp a lynai wrth y rheol

Gymraeg o ran recordio caneuon, ac oedd wedi gwneud hynny ers tua deng mlynedd a llwyddo i ennyn dilynwyr yn y fargen. Roedd hyd yn oed enw'r grŵp yn enw Cymraeg heb unrhyw amwysedd yn perthyn iddo. Cafodd Kate Crockett rywfaint o abwth o sylweddoli bod Anweledig yn lled unigryw yn hynny o beth:

> Dyma grŵp sydd wedi canolbwyntio ar yr hyn a arferai gael ei alw'n Sîn Roc Cymraeg (cyn bod yna anghytuno a oedd rhaid bod yn Gymraeg neu'n Roc er mwyn cael bod yn y Sîn – ac a oedd yna Sîn o gwbl). A hwyrach mai'r ffaith eu bod nhw'n fand uniaith Gymraeg sy'n golygu nad ydyn nhw wedi ennill yr un math o statws â rhai o'r grwpiau gafodd eu henwi yn yr NME unwaith ac sydd o ganlyniad wedi sicrhau'u lle yn y byd Cymraeg am byth. Os yw'r Stereophonics yn rhyddhau albwm newydd mae'n cael ei gyfri'n Ddigwyddiad Cenedlaethol o Bwys, ond prin fod fawr neb wedi sylweddoli fod *Gweld y Llun* wedi cyrraedd y siopau, a bod y band wedi bod ar daith o gwmpas Cymru i'w hyrwyddo: er bod hyn yn llawer mwy perthnasol a phwysig i'r Gymru Gymraeg...
>
> Yr ysbrydoliaeth y tu ôl i'r gân 'Graffiti Cymraeg' yw gweld graffiti Saesneg ar wal yng ngogledd Cymru, ac mae'r geiriau: 'Rioed di gweithio'n chwaral/ Ond gennai lechan yn y gwaed./ Gwrando ar Marley,/ Morrison a Jimi' yn gystal disgrifiad â dim o'r ddau beth sy'n nodweddu'r grŵp: balchder yn eu cefndir Cymraeg yn cyd-fynd â dylanwadau cerddorol rhyngwladol. Dyw hyn yn ddim byd newydd i fand Cymraeg wrth gwrs: meddyliwch am Geraint Jarman, er enghraifft, ond mae'n amser maith ers i grŵp Cymraeg fynegi'r peth gystal â hyn.[13]

Os oedd Anweledig, dan arweiniad Ceri Cunnington, yn unigryw yn eu cyfnod roedd y mwyafrif o'u cymheiriaid yn y diwylliant roc yn byw ar yr ymylon. Doedden nhw ddim yn bodoli gant y cant o fewn y sîn roc Gymraeg na chwaith gant y cant o fewn y sîn roc Saesneg. Ond roedden nhw ar drywydd breuddwyd yn ymwneud â llwyddiant ac ennill bywoliaeth trwy gyfrwng eu dewis grefft. Roedden nhw hefyd yn hynny o beth yn ceisio diffinio eu Cymreictod o'r newydd yn wyneb croeswyntoedd o bob cyfeiriad. Hwyrach mai'r diffiniad 'newydd' o grŵp neu artist Cymraeg yw grŵp neu artist sydd ddim ond yn cynnwys rhai caneuon Cymraeg mewn set lwyfan ac ar record.

30.Ymaelodi â'r Ymylon

Pan gyhoeddwyd y CD *Cockahoop* yn 2003 yn cynnwys fersiwn o'r emyn 'Mi Glywaf Dyner Lais' roedd gyrfa gerddorol Cerys Matthews wedi ei throi â'i phen i waered. Roedd yn ymddangos bod y groten a adwaenid fel 'fastrisingbeersoakedriproaringpoptart' wedi canfod rhyw ganol distaw llonydd yn ei bywyd. Naws canu gwlad oedd i'w record unigol gyntaf ers i Catatonia chwalu. Roedd wedi cefnu ar ffordd afradlon o fyw. Ac am fywyd oedd hwnnw. Roedd ei datganiadau mynych a'i hyfed chwedlonol yn rhoi modd o fyw nid yn unig i sgriblwyr y papurau cerddorol ond hefyd i olygyddion tudalennau blaen y wasg felen. Yn eu golwg hwy Cerys oedd yr ymgorfforiad o'r ymadrodd 'Cool Cymru' a fathwyd ganddynt.

Mae'n rhaid bod y geiriau 'Every day when I wake up I thank the Lord I'm Welsh' wedi gwneud byd o les i hygrededd Cymreictod. Dyna'r geiriau a ddynodai ei bod yn 'cŵl' i arddel Cymreictod. A doedd ddal beth ddeuai o enau Cerys Catatonia ond fe wnâi ddyfyniad da. Byddai'r datganiadau yn fanna o'r nefoedd i'r newyddiadurwyr Llundeinig er mwyn eu galluogi i barhau i hyrwyddo'r myth. Ond roedd ensyniad ynghylch arferion rhywiol un o'r selebs Cymreig ar noson y refferendwm ar ddatganoli ym mis Medi 1997 a datganiad ynghylch ei pharodrwydd i brynu heroin yn mynd braidd dros ben llestri yn ôl un newyddiadurwr Cymraeg hirben, Gwilym Owen:

> Mae'r cyfryngau Cymraeg wedi llwyr feddwi ar yr hyn a elwir yn ddiwylliant ieuenctid – ond dagrau pethau ydi mai'r cyfan sy'n cael ei gynnig ydi cawl eildwym Seisnig... a dyna i chi sylwadau diweddara brenhines diwylliant yr ifanc, Cerys Matthews o Catatonia – y ferch a wnaeth y sylw ffiaidd hwnnw ar raglen S4C ar noson y Refferendwm. Wele hi bellach yn dweud y basa hi'n barod i brynu heroin gan un o'i ffrindiau petai hi'n ei gael o'n rhatach. Dyma'r ferch sy'n symbol o'n Cymreictod am ei bod hi'n canu 'I Thank the Lord I'm Welsh'.

> Ond ydi hi'n bryd i ni ofyn o ddifri ai dyma'r math o ddelwedd o'n Cymreictod yr ydan ni am ei weld? A ddylen ni gymryd

pwyll cyn cael ein tynnu gan heipio cyfryngol ac ieithyddol dinesig Gaerdydd-aidd i gredu mai dyma yw ein gwir ddyfodol? Oherwydd tra bod hyn yn digwydd, mai yna ffaith frawychus arall sy'n cael dim sylw o gwbl. Yn yr ardaloedd gwir Gymreig mae mwy a mwy o'n plant yn dewis troi cefn ar yr iaith. Ar ddiwedd canrif fel hyn, mae'n ymddangos nad ydi hi yn edrych yn obeithiol.[1]

Felly mae hi yn y byd roc a rôl. Roedd Cerys eisoes wedi derbyn clod am hyrwyddo Cymru gan Sefydliad Cysylltiadau Cyhoeddus Cymru. Fe'i gwelwyd hi a Kelly Jones o'r grŵp Stereophonics ar ddudalen flaen y *Melody Maker* yn 1996. Fe'u disgrifiwyd fel 'Tywysog a Thywysoges Cymru'. Ers i Martin Patton o Lundain gymryd y cyfrifoldeb o reoli Catatonia oddi wrth Rhys Mwyn o Gaernarfon yn 1994 fe fu'n gyfnod helter-sgelter. Rhoes Cerys a Mark y gorau i alw eu hunain yn Cerys Anazepela a Marc E Zaun a phrofodd y berthynas yn ffrwythlon o ran cyfansoddi a chyflwyno caneuon. Pan ddadfeiliodd y berthynas daeth cyfres o ganeuon pwerus eto ar ddiwedd y degawd.

Un o benderfyniadau cyntaf y tîm rheoli newydd oedd cael gwared ar Clancy Pegg, yr allweddellwraig, a bwrw ati i fanteisio ar y sylw a roddid i Gymru yn gyffredinol gan y wasg roc. Roedd Casnewydd eisoes yn cael ei hystyried yn fridfa ar gyfer grwpiau pop a hynny ar sail honiad gan newyddiadurwr o'r Unol Daleithiau a anfonwyd i lunio stori am yr Eisteddfod Genedlaethol yn ôl y sôn. Am iddo fethu dod o hyd i'r Eisteddfod treuliodd ei amser yng nghlybiau Casnewydd gan roi penrhyddid i'w awen a'i ddyfeisgarwch. Ond roedd y sîn roc Gymraeg yn cael ei hystyried yr un mor gynhyrchiol. David Owens oedd yn disgrifio'r amgylchiadau yn 1994:

Newport – a predominant bastion of English-speaking Welsh – was spinning on the axis of angry white-boy rock 'n 'roll – sounds culled from the council estates that had spawned the Manic Street Preachers. It was the sound of alienation and boredom, a pissed-off vibe that told stories of crime and unemployment. At the other end of the spectrum, bands like the emerging Super Furry Animals and Gorkys Zygotic Mynci – from the Welsh-speaking North – were more artistically obtuse, peddling a more gentle indefinable brand of wilfully different psychedelic pop. Where The 60ft Dolls snarled nihilistically, Gorky's Zygotic Mynci sang about love in sweet falsettos. Being based in Cardiff, Catatonia embraced both camps. They were both tough and tender, punk and psychedlic. They could rock as hard as a stormy day and radiate the warmth of a hazy summer afternoon. I would have called it schizo-pop, but luckily there were no takers for that particular tag.[2]

Bwriad y rheolwyr oedd cyhoeddi nifer o recordiau sengl a threfnu digonedd o gigs i hyrwyddo'r cynnyrch, gan obeithio y byddai'n bosib denu sylw un o'r cwmnïau recordio mawr i gynnig cytundeb i'r grŵp. Roedd y rheiny a ganmolai'r cynnyrch, fel arfer, am dynnu cymaint o sylw iddyn nhw eu hunain ag yr oedden nhw i Gatatonia. Dyma oedd gan *Time Out* i'w ddweud ar ôl i'r grŵp ryddhau sengl o'r enw *Whale*:

> Swirling adrenalin guitars duel with warped world-weary harmonies to knicker-wetting effect. Catatonia are a) from Cardiff b) unfeasibly ace c) about to become bigger than Godzilla's piles. I've strapped myself to the Clairol footspa for the entire weekend with only this humble seven-inch for thrills. Furthermore, Catatonia's singer is called Cerys. You don't know how happy this makes me![3]

Ac roedd ffansîn o'r enw *Fantasy Y-Fronts* yr un mor awyddus i ddefnyddio cyfeiriadaeth gymdeithasol gyfoes:

> You know the scene in *Boys From The Blackstuff* where Yosser Hughes's daughter smiles sweetly then headbutts the social worker? Cross this with Omen 1 and Omen 2 and you're some way towards capturing the Catatonia experience – a childlike, high-pitched, cutesy pie voice which deceives the listener into a false sense of security, then suddenly snarls and pounces leaving a hideous bloody mess.[4]

Doedd yr un wythnos yn mynd heibio heb i'r wasg roc roi modfeddi helaeth o sylw i gampau cymdeithasol y grŵp gan ganolbwyntio ar anturiaethau Cerys yn bennaf, boed yn piso mewn sinc rhywle neu yn diflannu i Ffrainc am dridiau heb yn wybod i'w chyfeillion, ac yn wir heb yn wybod iddi hi ei hun. Doedd y fath sylw ddim yn gwneud drwg i werthiant recordiau nac i yrfa grŵp roc a rôl, boed yr honiadau yn wir neu beidio. Oedden nhw wedi eu gwahardd o glwb y Camden Underworld am regi ar y bownsers yn Gymraeg? Oedden nhw wedi eu hel o Stringfellows am feiddio helpu eu hunain i ddiod? Roedd y straeon yn rhan o'r chwedloniaeth a dyfai o gwmpas y band beth bynnag.

Roedd un o is-gwmnïau Warner, Blanco Y Negro, wedi cymryd gofal o Catatonia erbyn diwedd 1996. Gadawodd Dafydd Ieuan i ddrymio i'r Super Furry Animals ac ymunodd Aled Richards yn ei le. Ymunodd

Owen Powell fel gitarydd, ac ynghyd â Paul Jones ar y bas roedd yr aelodaeth wedi sefydlogi. Cerys a Mark oedd yn cyfrannu'r sbarc creadigol. Ym mis Rhagfyr 1996 cynhaliwyd cyngerdd hanesyddol yng nghanolfan CIA yng Nghaerdydd pan oedd pob un o'r grwpiau'n hanu o Gymru ac eisoes yn adnabyddus yn Lloegr. Tyrrodd 6,000 i weld y Manic Street Preachers, Super Furry Animals a Catatonia. Mawr fu'r canmol a phroffwydo ynghylch dadeni Cymreig o ryw fath. Roedd hyd yn oed gohebydd *Golwg*, Euros Wyn, ymhlith y dorf:

> Gyda photel o Bud yn un llaw a meicroffon yn y llall, canodd Cerys Matthews ei ffordd trwy set wych yn ei dull dihafal, herfeiddiol ei hun. Wrth iddi berfformio caneuon oddi ar eu halbwm ddiweddara *Way Beyond Blue*, cefais fy argyhoeddi mai Cerys yw y Piaf cyfoes – ei hagwedd, ei hosgo ac, yn fwy na dim, natur anwadal ei llais. Wrth iddi ymdrechu i gyrraedd y nodau uchel, am ennyd fechan deuai dim sain trwy ei gwefusau ac wrth i chi ddechrau amau ei gallu roedd hi'n llwyddo i daro'r nodau perffeithia a chliria' i mi eu clywed ar lwyfan gig ers tro. Y ddeuoliaeth hon yn ei llais, yr ymdrech rhwng y pur a'r garw sydd i mi yn gwneud ei pherfformiad mor ddeniadol.[5]

Doedd dim pall ar y sylw na chwaith ar y llwyddiant. Profodd y cryno-ddisg *International Velvet* yn gyfrwng i wneud arian. Gwerthwyd 600,000 o gopïau o fewn dim o dro a dringodd nifer o'r caneuon yn uchel yn y siartiau o'u cyhoeddi fel senglau. Er y tyndra amlwg rhwng Mark a Cerys roedd y caneuon yn llifo. Ar lwyfan roedd Cerys yn swyno'r tyrfaoedd. Mae'n debyg mai John Mulvey, dirprwy olygydd yr *NME*, lwyddodd orau i fynegi hanfod ei phresenoldeb ar lwyfan:

> Intoxication costs, you want to get catatonic fast, you buy your booze off the shelf, mix your drinks and, before you can say Merthyr Tydfil, you're flying. Just past 9pm on the London Astoria stage, and Cerys Matthews is a fly girl cruising the warm currents of a dependable pop high. With practised ease, she lifts a wine bottle to her lips, swigs it back and dumps it down next to the can of lager. Her inhibitions are gone, her belly button is communing with the crush of fans... her arms are aloft, twisting in the sensual jangle as age displays the formidable confidence of someone blessed with the symmetrical good looks, the voice of a playground sweetheart and a pair of great trainers. Cerys is on good form tonight. Her voice is shagged like a four year old Janis Joplin on 'Stars In Their Eyes' but she still holds every available attention-grabbing second.[6]

Fe fyddai yna uchafbwyntiau lu dros y ddwy flynedd nesaf gan gynnwys gigs cofiadwy yn Llangollen a Pharc Margam ym mis Mai 1999. Profodd y cryno-ddisg *Equally Cursed and Blessed* yn llwyddiant masnachol ac o dipyn i beth byddai *International Velvet* yn gwerthu ymhell dros filiwn o gopïau. Ond bu'n rhaid canslo un daith hyrwyddo am fod y band wedi llwyr ymlâdd yn ôl y datganiad swyddogol. Ar yr un adeg roedd perthynas Cerys â chynhyrchydd yr albyms, Tommy D, wedi dod i ben. Ond roedd gan Cerys ddigon o stumog i fwrw ati i recordio cân ar y cyd â Tom Jones, 'Baby It's Cold Outside', a ddenodd sylw helaeth, ac yn gynnar yn 2000 gwnaed ymdrech i goncro'r Unol Daleithiau. Ond nid felly y bu am amrywiol resymau. Ni lwyddodd aelodau'r band i gadw addewidion i gyflawni nifer o brosiectau cyhoeddusrwydd oedd wedi eu trefnu ar eu cyfer. Roedd Cerys ei hun mewn tipyn o strach emosiynol. Cyhoeddwyd bod ei pherthynas fyrhoedlog gyda cherddor o'r enw Anthony Genn wedi dod i ben er eu bod wedi dyweddïo. Dywedwyd bod y drymiwr Aled Richards wedi ei gymryd i'r ysbyty yn ddisymwth. Dychwelodd y band i Brydain heb gyflawni bwriadau cwmni Atlantic. Aed ati i baratoi pedwaredd albwm ond roedd y sgrifen ar y mur. Bu'n rhaid canslo taith hyrwyddo *Paper, Scissors, Stone* a dyna fu diwedd Catatonia. Roedd y bywyd hedonistaidd wedi gadael ei draul a bu'n rhaid i Cerys dreulio cyfnod yn derbyn cymorth i adfer ei hiechyd.

Waeth beth fydd y dyfarniad terfynol ynghylch cyfraniad Catatonia does dim dwywaith i'r grŵp, a Mark Roberts a Cerys Matthews yn arbennig, brofi nifer o wirioneddau. Profodd Mark iddo'i hun, ar ôl llwyddiant Y Cyrff, yr hyn oedd yn bosib iddo'i gyflawni fel cyfansoddwr a pherfformiwr o gael yr adnoddau gorau posib o ran cyfleusterau stiwdio a chefnogaeth hyrwyddo. A doedd y fath adnoddau a chefnogaeth ddim ar gael i'r un graddau yn y byd Cymraeg. Doedd dim amau ei dalent. Profodd Cerys hithau ei bod yn berfformwraig reddfol a fedrai hudo cynulleidfa gan gyflwyno sawl persona ac amrywio ei llais yn ôl y gofyn o'r pwerus ffwrdd-â-hi i'r tyner bregus. Doedd dim amau ei thalent. Ond rhoddwyd llai a llai o bwyslais ar ganu yn Gymraeg. Ai grŵp dwyieithog oedd Catatonia felly neu grŵp Cymraeg? Mae'n debyg y caiff y grŵp ei gofio yng Nghymru, beth bynnag, am y gân ddwyieithog 'I Thank the Lord' a oedd yn ddatganiad pleidiol i Gymru. Ac yn fwy na hynny mae'n rhaid bod yr aelodau oll wedi profi'n lefain yn y blawd o ran perswadio grwpiau eraill o Gymru, megis y Manic

Street Preachers a'r Stereophonics, i ystyried eu hunain yn Gymry ac i adlewyrchu hynny yn eu caneuon a'u hymarweddiad.

Doedd y pedwarawd o'r Coed-duon yng Ngwent yn sicr ddim am hyrwyddo eu Cymreictod mewn unrhyw fodd yn y dyddiau cynnar. Roedden nhw'n adweithio yn ei erbyn ac roedd hyd yn oed eu henw yn awgrymu hynny o dderbyn bod 'Preachers' yn gyfeiriad at waddol Cymreictod y Cymoedd yn y 19eg ganrif. Fe wrthododd y grŵp rannu llwyfan gyda Tynal Tywyll yng Nghlwb Ifor Bach am fod Richey Edwards, o leiaf, o'r farn bod y grŵp Cymraeg yn hiliol ar sail y ffaith eu bod yn canu'n Gymraeg:

> Mae cenedlaetholdeb yn athroniaeth sydd bron mor isel â hiliaeth... Tydi'r iaith Gymraeg ond yn bwysig i ddeinosoriaid a phobl sy'n licio bwyta glo... Naethon ni ganslo'r gig pan glywon ni y bydden ni'n canu hefo band hefo credoau hiliol fath â Tynal Tywyll a bydden ni byth yn cael band sy'n canu mewn iaith farw yn syportio ni. Mae geiriau'n bwysig wyddoch chi.[7]

Roedd llun o'r band ar dudalen flaen y rhifyn o *Sothach* y cyhoeddwyd y sylwadau uchod ynddo. Tebyg oedd sylwadau Richey Edwards wrth y newyddiadurwr David Owens:

> People should be prepared to accept reality. The Welsh Language is basically dead, it doesn't matter to the majority of people in Wales, so just let it die a natural death. You can't reinvent a language or culture. It gets to a scary level when people are so obsessed with nationalism, it just borders on fascism.[8]

Caneuon yn adlewyrchu diflastod bywyd boed o ganlyniad i'r trais economaidd a ddigwyddodd yn eu cymunedau yn eu golwg hwy neu o ganlyniad i ddiffygion eu personoliaethau unigol oedd eu caneuon cynnar ar recordiau megis *Generation Terrorists* yn 1992. Roedd yr aelodau'n hoff o wisgo colur a chyfleu ansicrwydd ac amwysedd eu rhywioldeb. Pan heriwyd Richey Edwards gan un o newyddiadurwyr yr *NME* ynghylch ffalsedd eu datganiadau fe gydiodd y Cymro mewn rasel a thorri'r geiriau '4REAL' ar ei fraich o flaen llygaid anghrediniol Steve Lamacq. Bu'n rhaid iddo gael ymron i ugain o bwythau yn yr anaf. Doedd dim amau wedyn bod caneuon y Manics yn gri o'r galon a'u bod yn lladmeryddion o leiaf gyfran o'u cenhedlaeth oedd yn byw mewn dadrith. Dyna farn Iestyn George:

Mae'r Manics wedi tynnu math arbennig o bobol i'w dilyn nhw – pobol sy'n antithesis i bobol y 90au mewn ffordd, pobol *introverted*... yn debyg i ffans The Smiths yn yr 80au. Maen nhw'n fand sydd yn tueddu i newid bywydau grŵp cymharol fychan o bobol yn lle rhoi pleser byr i lot o bobol.[9]

Tebyg oedd disgrifiad David Owens:

They were just wildly alluring and immediately beguiling. They were also pent-up and pissed off, alienated by the boredom of small-town life in Blackwood and fired-up with nihilistic anger at anything and everything.[10]

Ar Chwefror 1, 1995, fe ddiflannodd Richey Edwards ac ni chlywyd siw na miw ganddo hyd y dydd heddiw. Daethpwyd o hyd i'w gar ger Pont Hafren. Roedd yn dioddef o iselder, anorecsia a phroblemau diffyg cwsg ac alcohol. Un o gystadlaethau Eisteddfod Genedlaethol Bro Ogwr 1998 oedd 'Portread o unrhyw berfformiwr o dras Gymreig'. Y buddugol o dan feirniadaeth Vaughan Hughes oedd Rhys Powys yn ysgrifennu am Richey Edwards, gan ddefnyddio gair Saesneg wedi ei sillafu sha nôl fel ffugenw, sef Enola. Roedd Rhys am gredu ac am ddychmygu bod Richey yn dal yn fyw yn rhywle ar ei ben ei hun:

Ac mae miloedd o ddilynwyr sy'n credu ei fod yn fyw. Mae teimlad eu bod nhw angen iddo fe fod yn fyw – wedi goroesi. Am wythnosau wedi iddo ddiflannu roedd colofnau'r papurau cerddoriaeth yn llawn llythyrau gan gyd-ddioddefwyr iselder, *anorexia*, neu'r rhai oedd yn gyson dorri eu crwyn, yn erfyn arno roi gwybod iddynt ei fod yn saff. Roedd e'n arwr iddynt gan iddo fod mor gyhoeddus, mor onest yn y ffordd y deliodd gyda'i anhwylder. Yn ei ddatganiadau i'r wasg roedd e'n siarad dros genhedlaeth o gyd-ddioddefwyr, ac roedd geiriau ei ganeuon yn adrodd am deimladau na allen nhw mo'u mynegi. Afiechydon cudd yw anorexia ac iselder yn aml ond gwisgai Richey ei wendidau fel arfwisg o greithiau, a daeth yn arwr i'r rhai fu gynt yn cuddio yng nghysgodion eu poen...

Richey oedd y meddyliwr – a'r prif gyfansoddwr. Dôi ei ysbrydoliaeth o'r hyn a welai'n digwydd o'i gwmpas, o'i hoffter o lenyddiaeth ac o'i broblemau dyrys ef ei hun. *Generation Terrorists, Gold Against the Soul, The Holy Bible* – roedd y recordiau hir hyn yn llawn anthemau teimladwy; emynau poenus a rwygwyd o ddyfnderoedd dioddefaint Richard James Edwards... Roedd yna ganeuon hollol orfoleddus hefyd, caneuon oedd yn codi'r galon ac yn gwneud i ysbryd dyn hedfan. Uchelfannau ac iselfannau – mae gwrando ar recordiau'r Manics yn eu trefn fel dilyn hynt bywyd ei hun...

Dw i'n gobeithio y bydd ein llwybrau yn croesi rywbryd yn
y dyfodol; dw i'n gobeithio y caf i'r cyfle i ddweud 'helo', ac
ysgwyd ei law. Dw i'n gobeithio ei fod yn fyw, ac yn hapus, a'i
fod wedi profi bod yr athronydd Jean-Paul Sartre yn dweud
y gwir pan ddywedodd fod, 'bywyd yn dechrau y tu draw i
anobaith'. A heno, wrth roi cusan 'nos da i'r plant, fe fydda i'n
dweud gymaint o weddi ag y galla i fod Richey Edwards ei hun
yn cysgu'n gynnes a thawel – yn Goa, India, yn Efrog Newydd,
yn y Coed-duon – ym mha le bynnag y llwyddodd i ddianc rhag
ei boen.[11]

Parhaodd y triawd, James Dean Bradfield, Sean Moore a Nicky
Wire, i gyhoeddi albyms. Cymreigiwyd eu deunydd ar offrymau
megis *This is My Truth, Tell Me Yours* ac *Everything Must Go*. Roedd
Aneurin Bevan ac R S Thomas yn rhan o'u hymwybyddiaeth bellach
yn hytrach na lladmeryddion nihiliaeth o wledydd y cyfandir. Sylwodd
Huw Stephens ar y newid a fu:

> Pan ddaeth *Everything Must Go* allan yn 1996, newidiodd
> cynulleidfa'r Manics. Roedd y gerddoriaeth mor bwerus yn
> eiriol ac yn gerddorol, ond fe ddechreuodd pobl hŷn wrando
> a mwynhau. Roedd caneuon fel 'Design For Life' ac 'Australia'
> yn cael eu mabwysiadu gan bobl na fuasent fel arfer yn hoffi
> band o'r fath, ond daethai eu naws anthemig a chofiadwy â
> miloedd o brynwyr ychwanegol iddyn nhw.

> Mae'r albym yn un pwysig, yn llwyddo i ddal naws byw yn
> y Cymoedd ar ddiwedd y mileniwm, ond hefyd yn edrych
> am bethau eraill drwy gyfleu syniadau gwleidyddol a
> chymdeithasol. Ac o bosib y MSP ddechreuodd y term erchyll
> 'Cŵl Cymru', ond nid eu bai nhw oedd hynny. Y gân orau? 'A
> Design for Life'. O'r cychwyn cyntaf wrth i'r llinynnau melodig
> ddechrau chwarae hyd at y drymiau pwerus ar y diwedd,
> does dim byd ond gwychder yma. Ac mae'n cynnwys y geiriau
> 'Libraries gave us power, then work came and made us free'.[12]

Erbyn y cyngerdd yng nghanolfan CIA Caerdydd ar y cyd â'r
Super Furry Animals a Catatonia ym mis Rhagfyr 1996 doedd dim
amheuaeth mai grŵp Cymreig oedd y Manics â'u caneuon yn tynnu
oddi ar eu cefndiroedd Cymreig. Yn ôl Euros Wyn, a oedd yn y
gynulleidfa, roedd yna uniad i'w deimlo yn enw Cymreictod:

> Dechreuodd eu perfformiad gyda fersiwn offerynnol y gân
> 'Design For Life' yn chwarae dros y system p.a. Ar yr un
> pryd roedd sgrin enfawr yn cyflwyno delweddau i ddangos
> annhegwch cymdeithasol a gwerthoedd llygredig y Gorllewin.

Rhwng pob un o'r delweddau roedd gosodiad damniol yn cadarnhau hyn. Erbyn i aelodau'r band eu hunain ddod i'r llwyfan, roedd lefel y dorf yn fyddarol... roedd yna deimlad o gyd-falchder cwbl Gymreig ymysg pawb oedd yno... Os oedd gan bawb ei hoff fand ar ddechrau'r noson, effaith y gig oedd toddi ac uno perfformiad y tri ac argyhoeddi pob un oedd yno mai dyma oedd penllanw un o'r blynyddoedd disgleiria' i gerddoriaeth Gymreig ers tro byd.[13]

Doedd gohebydd *Y Cymro* yn y gig, Owain Meredith, ddim wedi cymryd at y Manics i gychwyn ond yn sydyn fe sylweddolodd, wrth wrando ar un gân yn arbennig, fod 'barddoniaeth' y bois o'r Coed-duon yn disodli holl farddoniaeth Gymraeg yr Eisteddfod o ran perthnasedd i'w fywyd:

Mi sylweddolais wrth ddarllen y farddoniaeth gyfoes yma ar gân milltir yr awr yn nwndwr y gitâr drydan pam fod barddoniaeth sidet, ffug angerddol yr Eisteddfod Genedlaethol mor amherthnasol i mi... gwefr genedlatholgar ar y diwedd wrth i'r Manics ganu 'Hen Wlad Fy Nhadau'. Mae Tich Gwilym wedi gwneud hyn o'r blaen, wrth gwrs, ac mae Edward H wedi canu i dorf fwy yng Nghorwen, ond un cam nôl a dau ymlaen.[14]

O fewn ychydig wythnosau roedd Owain Meredith yn cyfweld un o 'boi bands' Iwerddon, Boyzone, ar dudalennau *Y Cymro*. Erbyn hyn roedd y Manics wedi meirioli o ran eu hagwedd tuag at y Gymraeg. Sylweddolai Sean Moore eu bod wedi eu hamddifadu o'r cyfle i feistroli'r iaith a'u bod yn gynnyrch meddylfryd arbennig oedd wedi ei orfodi arnynt:

Fe gafodd y Gymraeg fel pwnc ei dynnu oddi ar y cwricwlwm yn 1966 yn Y Coed Duon. Rwy'n teimlo'n ddig pan mae siaradwyr Cymraeg yn pwyntio'r bys aton ni ac yn dweud, 'Sut allwch chi ymladd am ddiwylliant Cymraeg pan fedrwch chi ddim hyd yn oed siarad Cymraeg?' Yr unig beth allwn ni ei ddweud yw ein bod ni'n gynnyrch agwedd Lloegr tuag at Gymru a'r ffordd wnaeth y Saeson ein hamddifadu ni o lawer o'n diwylliant ein hunain.[15]

Roedd yr aelodau am gydio yn eu gwreiddiau sosialaidd hefyd ac i'r diben hwnnw fe lansiwyd yr albwm *Know Your Enemy* yng Nghiwba. Ar ôl rhoi'r argraff eu bod am ddianc rhag hualau eu cefndir yn y dyddiau cynnar, roedd y Manics bellach wedi canfod eu lleisiau eu hunain ac yn ymfalchïo yn eu cefndiroedd waeth beth oedd y gwendidau. Fe fu'r

£250,000 o fuddsoddiad ar ran Sony yn hwb i ddatblygu eu gyrfa ac yn gyfrwng iddyn nhw ganfod ble oedden nhw rhwng. Yn wahanol i'r rhelyw o fandiau doedd concro America ddim yn rhan amlwg o obeithion y Manic Street Preachers.

Doedd y triawd o Gwmaman ger Aberdâr, y Stereophonics, ddim yn swil o ran ei mentro hi yn yr Unol Daleithiau. Er eu bod yn ymfalchïo yn eu cefndir Cymreig ac yn ei arddel ar bob cyfle, petai ond trwy gyfrwng eu hacenion trwchus, roedd llawer o'u caneuon wedi eu hysgogi gan y Freuddwyd Americanaidd. Bu cryn helynt ar ôl iddyn nhw ganu 'As Long As We Beat The English' gan ddangos ceisiau yn cael eu sgorio yn erbyn y Saeson ar sgrin fawr mewn cyngerdd yn Stadiwm y Morfa, Abertawe. Trodd y wasg Saesneg yn eu herbyn am gyfnod gan ddefnyddio'r ddau air cyfleus hynny, ffasgiaeth a hiliaeth, i'w condemnio. Roedd y gân 'Mr Writer' ar y cryno-ddisg *Just Enough Education To Perform* yn ymateb chwyrn ar ran Kelly Jones, y lleisydd a phrif gyfansoddwr y grŵp, a hynny gyda'i oslef raeanllyd arferol.

Grŵp roc Cymreig a Chymraeg neu ddwyieithog nad oes ganddo ofn rhoi cynnig ar geisio concro America ac ar yr un pryd barhau i gwestiynu ei ymrwymiad ei hun i Gymru a natur Cymreictod yw'r Super Furry Animals. Cnewyllyn y grŵp yw'r hen Ffa Coffi Pawb gyda Gruff Rhys yn lleisydd, cyfansoddwr a lladmerydd eiconoclastig. Ymunodd Dafydd Ieuan ar ôl cyfnod yn taro'r drymiau gyda'r Catatonia cynnar ar ôl i Ffa Coffi Pawb chwalu. Bu ei frawd Cian Ciaran yn aelod o Wwzz ac roedd Guto Pryce a Huw Bunford yn gyn-aelodau o U Thant. Cyhoeddwyd dwy EP gynnar ar label Ankst ac yn ôl Derec Brown roedd *Llanfairpwllgwyngyllgogerychwyndrobwllsantysiliogogogochynygofod(in space)* yn llawn o synau'r 70au ac yn brawf o feistrolaeth y grŵp ar eu cyfrwng:

> Neidiwn i mewn i'r peiriant amser gyda hwn. Gyda fformat sy'n adleisio'r saithdegau cynnar yng Nghymru – pedair cân ar 7, egni a gitarau'r cyfnod pync, seicadelics y chwedegau a chaneuon byr bachog, mae record gynta' SFA yn lobsgóws o syniadau. O gymryd hon ochr yn ochr â chyfraniadau diweddar Tynal Tywyll a Gorky's Zygotic Mynci, gellir dweud mai dyma'r chwedegau na fuont yng Nghymru.[16]

Moog Droog oedd yr EP gynnar arall a doedd hi fawr o dro cyn i label Creation gynnig cytundeb i'r Super Furries. Arwyddwyd ar yr amod na fydden nhw'n gorfod gweithio ar Ddydd Gŵyl Dewi ac na fydden nhw'n cynnwys mwy na dwy gân Gymraeg ar yr un albwm.

Byddai Gorwel Owen yn profi'n allweddol fel cynhyrchydd. Ond roedd y cwestiwn o ganu llai o ganeuon Cymraeg, neu gyflwyno eu hunain fel band dwyieithog oedd yn canolbwyntio ar ganu'n Saesneg, yn codi ei ben yn amlach wrth drafod gyrfa'r SFA na'r un grŵp arall yng Nghymru. Ond fel arfer roedd yr hyglod Gruff Rhys yn barod i ddadlau ei achos:

> Mae'r sîn roc Cymraeg yn ynysig iawn, does dim lle i uchelgais ac mae'r awyrgylch yn gallu bod yn llethol. Mae'n hiaith yn bwysig iawn i ni ond rydan ni am anelu'n caneuon at y gynulleidfa ehangaf bosibl. Dydan ni ddim yn dweud na fydd yna ganeuon Cymraeg ond mi fydd pob trac ar ein albyms yno oherwydd eu cryfder ac nid oherwydd eu hiaith... Rydan ni jest yn teimlo fod ein hapêl yn ymestyn y tu hwnt i Gymru. Mi rydan ni'n byw yn Ewrop a does dim ffiniau bellach.[17]

Cododd storm ar ôl i'r grŵp ganu yn Saesneg yng Ngŵyl Roc y Cnapan yn 1996. Ond roedd Gruff mor huawdl ag erioed yn amddiffyn y weithred ac yn nodi diffygion y sefyllfa yng Nghymru o ran cefnogaeth i artistiaid roc:

> Wel, roedd y set yn y Cnapan yn ddwyieithog, a dwi'n gweld y cyhuddiad a wnaed yn ein herbyn gan bwyllgor yr Ŵyl yn rhagrithiol gan fod holl lwyddiant eu gŵyl yn dibynnu yn rhannol ar ddenu grwpiau uniaith Saesneg megis THE DUBLINERS... Da ni di bod yn chwarae ledled Ewrop yr haf yma yn canu caneuon yn Gymraeg i filoedd o bobl sydd heb glywed am ein bodolaeth, ac mae canu caneuon yn Saesneg hefyd wedi ein helpu i gyrraedd y sefyllfa honno. Hefyd dwi'n rhugl iawn yn Saesneg ac yn mwynhau ysgrifennu yn yr iaith honno. Mae'n ymddangos ei bod yn iawn i BRYN TERFEL neu rywun fel HUW EDWARDS i ddefnyddio unrhyw iaith y dymunant. A be am fy arwr JOHN CALE? Mae'r cyfryngau Cymraeg yn meddwl bod yr haul yn sgleinio o'i dwll tin o a be mae o 'di neud dros yr iaith? Ffyc ôl heblaw am ganu 'Myfanwy' ar Heno![18]

Ar gyfer Eisteddfod Genedlaethol Bro Dinefwr y flwyddyn honno penderfynodd y grŵp daro pwnc llosg yr iaith yn ei dalcen. Cyhoeddwyd sengl Gymraeg *(Nid) Hon Yw'r Gân Sy'n Mynd i Achub yr Iaith* ar eu label eu hunain, Placid Casual. Roedd Pwyll ap Siôn bellach o'r farn bod 'mater yr iaith' yn haeddu trafodaeth ystyrlon, ddeallus:

> Y ddwy linell gyntaf 'Nid hon yw'r gân sy'n mynd i achub yr iaith / ond neith o'm difrod iddi chwaith' sy'n crynhoi'r neges. Yr awgrym yw nad oes gan destunau caneuon y grym

i ddylanwadu ac effeithio ar y gymdeithas a'i phobl. Wnaiff yr iaith Gymraeg ddim byw neu farw yn ôl neges un gân, bid siŵr, ond mae'r syniad sydd ymhlyg yn 'Nid hon yw'r gân...' fod y cyfrwng pop Cymraeg wedi colli'r awch i genhadu neges annibyniaeth a pharhad ei hiaith yn arwydd o agwedd llesg a difater rhyw gyfnod ôl-Thatcheraidd.

Os ydi'r isddiwylliant wedi'i barlysu gan rethreg llywodraethau, yna mae ymdrechion artistiaid megis Dafydd Iwan, Geraint Jarman, Trwynau Coch – a grwpiau mor wahanol erbyn heddiw â'r Moniars a Tŷ Gwydr – i osod ystyr a phwrpas i'r testun geiriol wedi bod yn wastraff llwyr. Beth sy'n eironig, efallai, yw bod y SFA yn raddol ddadwreiddio a diarddel yr elfennau Cymreig sy'n eu gosod ar wahân i grwpiau eraill tebyg yn Lloegr ac mai diwedd y broses fydd grŵp heb agwedd na delwedd unigryw i'w gynnig i'r gynulleidfa tu hwnt i'r ffin. Credaf fod hunaniaeth Gymreig y band yn hanfodol i'w delwedd a'u llwyddiant ni waeth pa iaith byddant yn penderfynu canu ynddi yn y dyfodol.[19]

Heriwyd rheol Gymraeg y brifwyl a gwelwyd y dorf o ieuenctid yn canu caneuon Saesneg y grŵp yn uwch nag aelodau'r grŵp. Ar ben hynny roedd y Super Furry Animals wedi cael gafael ar danc milwrol go iawn i'w ddefnyddio fel stỳnt gyhoeddusrwydd yn yr Eisteddfod. Erbyn cyhoeddi'r sengl *The Man Don't Give a F**k* yn yr hydref doedd adolygydd dienw'r rhifyn olaf o *Sothach* ddim yn hidio am ddadl yr iaith:

Beth sy'n bwysig yw cyfraniad SFA i fyd cerddoriaeth gyfoes ac mae'r recordiad yma yn garreg filltir arall ar y daith i amlygrwydd. Yn ystod 1996 mae'r band wedi llamu allan o gysgodion Cymru i lif oleuadau rhyngwladol gydag ymweliadau â Japan, America, Gwlad yr Ia, Scandinavia... bydd albym arall yn 1997 a mwy o senglau gwych. Mae 'The Man Don't Give a F**k' yn stoncar o sengl, gobeithio eich bod wedi llwyddo i gael copi.[20]

Roedd y sengl honno'n rhyfeddol am ei bod, mewn ychydig dan bum munud o amser, yn cynnwys hanner cant o ynganiadau o'r gair 'f**k'. Yn fwy na hynny, fe gyrhaeddodd ugain uchaf y siartiau er nad oedd, wrth reswm, yn cael ei chwarae ar yr un orsaf radio. Cafodd gryn gyhoeddusrwydd am fod y geiriau allweddol wedi eu 'benthyca' heb ganiatâd oddi ar gân o'r enw 'Showbiz Kids' gan Donald Fagan o'r grŵp Steely Dan.

Doedd dim lle i amau bod y SFA yn cefnu ar eu Cymreictod.

Ceisio dod i delerau â'u perthynas â Chymru oedden nhw yn dilyn eu penderfyniad i goncro'r byd. Roedd y sefyllfa'n gyfnewidiol. Ond eto roedd y gig honno yn y CIA yng Nghaerdydd, ar y cyd â Catatonia a'r Manic Street Preachers, yn garreg filltir yn gymaint iddyn nhw ag i'r gynulleidfa o Gymry:

> Dechreuodd y dorf gael ei chynhyrfu go iawn gan gyfuniad gwrthgyferbyniol y band o bop egniol, caled ac o ganeuon acwstig, hiraethus. Roedd yr ymateb yn dyst i'r dilyniant anferth a thriw sydd gan y band erbyn hyn. Heb os, mae llais Gruff Rhys wedi datblygu'n arw dros y flwyddyn ddiwetha'. Roeddwn i'n ffan o'r blaen ond erbyn hyn does dim dwywaith fod y *vibrato* a'r *falsetto* y mae'n eu defnyddio mor effeithiol yn fwy nag adlais o Mark Bolan.[21]

Os oedd Euros Wyn wedi ei blesio doedd gohebydd *Y Cymro*, Owain Meredith, heb gael profiad tebyg o'r blaen:

> Mae llwyfan y CIA yn anferth ond mi wnaeth Super Furry's lenwi'r holl ganolfan hefo un o'r perfformiadau mwyaf anhygoel dwi erioed wedi ei weld. Cythraul o set hefo popeth, balâd, roc, glam roc ag anthem y 'Brawd Houdini' yn rhoi gwefr aruthrol wrth i 7,000 o bobl ddawnsio i synau peraidd yr iaith Gymraeg. Mi oedd y band i gyd yn cael amser eu bywydau, a Gruff Rhys yn meistroli'r llwyfan fel rhyw artist gwallgo' yn lluchio paent o gwmpas. Mi oedd o'n gymaint o hwyl clywed y Furry's.[22]

Ond nid ar sail eu cerddoriaeth a'u hathroniaeth yn unig y rhoddwyd modfeddi o sylw i'r grŵp yng ngholofnau'r wasg. Bu yna fater bach o achos llys yn y Drenewydd ar ôl i Huw Bunford gael ei gyhuddo o fod â'r cyffur cocên yn ei feddiant. Mae'n debyg bod hynny ynddo'i hun yn codi'r llen ar arferion o fewn y byd roc a rôl yn y dinasoedd nad oeddent cweit mor dderbyniol yng nghefn gwlad. Plediodd y Super Furry yn euog a chafodd ddirwy o £700.

Nid ymbellhau o'r byd cyffuriau ond yn hytrach ei gofleidio a wnaeth y Super Furry Animals, a hynny trwy arddel perthynas glòs â'r arch-smyglwr cyffuriau o Gymro, Howard Marks. Treuliodd y gŵr o Gwm Ogwr saith mlynedd yng ngharchar yn yr Unol Daleithiau. Ar ôl iddo ddychwelyd i Brydain bu'n sefyll droeon fel ymgeisydd etholiadol er mwyn ceisio cyfreithloni'r defnydd o ganabis, a hynny nid er mwyn caniatáu defnydd meddygol ohono ond er mwyn ei ddefnyddio fel cyffur oriau hamdden. Ar un adeg dywedwyd bod ganddo dros 40 o enwau ffug, dros 80 o linellau ffôn a dros 20 o gwmnïau yn rhan o'i ymerodraeth smyglo. Ond ar ôl rhoi hynny i gyd y tu cefn iddo roedd i'w weld yn ddieithriad am gyfnod yng nghwmni'r SFA yn eu gigs. Medrai floeddio canu 'Wele cawsom y Meseia' gyda'r gorau. Roedd ei bresenoldeb a'r uniaethu rhyngddynt yn creu mwy o sylw na'r stỳnts o logi tanc milwrol neu'r eirth ffug enfawr a fu hefyd yn rhan o arfau cyhoeddusrwydd y grŵp wrth iddynt fwrw ati i goncro'r byd.

Roedd rhan gyntaf y dasg honno wedi ei chwblhau'n llwyddiannus ar ôl derbyn clod a chanmoliaeth am yr albwm gyntaf, *Fuzzy Logic*. Mae'n debyg mai'r *NME*, unwaith eto, oedd yn arwain y gwerthuso:

> The Super Furry Animals care not for baby-smooth sophistication. Sure, the likes of 'Mario Man' and 'Long Gone' are classy epics in a mournful kind of way, but for the most part this is a record of tough'n'tumble antics; a collection of scrappy, scruffy sonic farragoes with a side order of leering madness; an obstinate, cunning, crafty beast which grabs reality by the throat and rocks its world. So if Super Furry Animals were a film, they would be Trainspotting? Yeah, OK then. In classic style, 'Fuzzy Logic' closes with the smashingly cheesy 'For Now And Ever', wherein Gruff howls, 'We'll be together till the end' and the punters hold their SFA scarves aloft and weep particularly tearful finale. It then ends with what appears to be the BBC sound effects workshop being blown up.[23]

Byddai rhai o'r farn mai cyfeiriad at drip asid oedd teitl y record. Yn wir, wrth edrych nôl ar y cyfnod yn ddiweddarach cyfaddefai Dafydd Ieuan fod cyffuriau wedi chwarae rhan amlwg yn natblygiad y grŵp:

> I'm sick of all the wacky stuff now, but that's where we were at a point in time. I think we were coming down off the biggest LSD binge in fucking history. It got to the point where I was walking around Cardiff in a fur coat and turquoise hat not giving a shit. I saw pictures of myself a couple of months ago and I thought you cunt. That's what happens when you do 10 tabs a week for a year. I mean, the bears and the tanks weren't totally down to the LSD. But it did help.[24]

Yr ail offrwm o ran albwm oedd *Radiator* ac er taw dim ond un gân Gymraeg oedd arni roedd Iwan England yn awyddus i ganu ei chlodydd yn gyflawn ar dudalennau *Golwg*:

> Wythfed trac *Radiator* yw 'Herman Loves Pauline', un o uchafbwyntiau gyrfa'r Super Furry Animals hyd yn hyn, yr unig beth sy'n well na'r geiriau electrig yw medruster Cian ar

yr allweddellau. Yn dilyn y clasur yma daw 'Chupacabras', sy'n debyg iawn mewn rhai ffyrdd i 'God! Show Me Magic'. Mae'r pennill yn dangos ôl pync traddodiadol SFA, ac mae'r cytgan fel rhyw fath o tsiant pêl-droed bwystfilaidd.

Gwrthgyferbyniad llwyr i'r gân fer yma yw 'Torra Fy Ngwallt yn Hir'. Mae'n gân hyfryd sy'n eich atgoffa o weithiau cynhara'r band. Mae'n sôn am y gallu i anwybyddu'r byd trwy 'dorri fy ngwallt yn hir, reit i lawr at fy nghlun'. Un o linellau mwya paradocsaidd Gruff hyd yn hyn. Mae rhan ola, mwya uchelgeisiol yr albwm yn cychwyn gyda 'Bass Tuned to D.E.A.D.' Un o ganeuon serch cynta' y band ers 'Gathering Moss', er nad yw hi'n gân hollol gonfensiynol. Gwell fyth yw 'Down a Different River', uchafbwynt yr albwm. Mae'n dechrau'n dywyll ac yn llawn paranoia, cyn chwyddo ar y gytgan sy'n canu'n obeithiol am sefyllfa anobeithiol. Er bod nifer o ganeuon yn cynnwys penillion tawel sy'n chwyddo at gytgan enfawr, dyma'r gorau ohonyn nhw.[25]

Dilynwyd *Radiator* gan *Guerilla* ac yna albwm o ganeuon Cymraeg, *Mwng*. Amcangyfrifwyd bod Creation wedi gwario tua £100,000 ar baratoi *Guerilla* ond tua £6,000 yn unig ar baratoi *Mwng* yn stiwdio Gorwel Owen ar Ynys Môn. Bu'r band yn hyrwyddo gwerthiant yr albwm yng Ngogledd America hyd yn oed, gan drefnu gigs mewn llefydd fel Detroit Seven's House, Chicago Double Door a New York Bowery Ballroom. Doedd y ffaith nad oedd yr un gân Saesneg ar yr albwm ddim yn rhwystro'r *NME* rhag ei hadolygu'n gyflawn. Bellach rhoddid hygrededd a pharch i grŵp roc oedd yn arddel ei gefndir Cymreig:

> You could phrase it in terms of war. Peripheries versus consensus. Welsh versus English. Bands with ideas versus bands who might once have seen an idea on TV, but startled, quickly turned over to watch DIY SOS. There's always a battle, always a struggle – but rather than being press-ganged into some time-wasting, point-scoring squabble, the effortlessly righteous Super Furry Animals lead by example. Sometimes, just by making an example of themselves – let's recall with pleasure their early Howard Marks affiliations, their personalized tanks and pints of fizzy logic – but they've never stopped developing, never stopped ticker-taping ideas like some crazed code-breaking computer.
>
> It's no real culture shock – after all, Gruff has always sounded like he's singing in Welsh. It's a beautiful language, a perfect mirror to their musical mix of friction, space and softness.

The real issue is that Super Furry Animals are doing what the hell they like. 'Ymaelodi A'r Ymylon', a choral riot that sounds like a hypothermic Beach Boys, means either 'Banished To' or 'Joining The Periphery'. A wry joke on the loss of their record label, certainly; but this record also bears witness to fading identities, lost languages, a way of life.

It's the superb 'Gwreiddiau Dwfn/Mawrth Oer Ar Y Blaned Neifion' that perhaps best encapsulates *Mwng*, though – a touch of emotional wildness creeping into his lovely voice, the slow lament vapourising into a free-spirited xylophone groove. Something to say, in any language. In a world where a cheap squirt of brass is enough to equal 'a new direction', the Super Furries free-range ideas-farming is a vital antidote to the preservative-pumped junk that curdles music's bloodflow. Maybe, in the end, it does all come down to boundaries – not of land, not of language, but of imagination – leaping the barriers, ignoring the checkpoints and galloping into the horizon. A quiet army. Peripheral visionaries.[26]

I'r gwrandawr o Gymro Cymraeg byddai'n bosib dehongli nifer o'r caneuon mewn ffyrdd gwahanol. Medrai 'Ymaelodi â'r Ymylon' fod yn gyfeiriad at y profiad o wynebu ysgymuniad posib o ganlyniad i'r penderfyniad i droi i ganu'n Saesneg neu gael eich diarddel gan grŵp o ffrindiau. Medrai 'Pan ddaw'r Wawr' fod yn gyfeiriad at farwolaeth cymunedau gwledig. Ar yr albwm hefyd roedd cân o eiddo'r grŵp Datblygu, 'Teimlad', a hynny ynddo'i hun yn arwydd o barch Gruff Rhys tuag at David R Edwards. Cyrhaeddodd y record Gymraeg *Mwng* rif 11 yn y siartiau Prydeinig.

Ond doedd mater yr 'iaith' ddim wedi peidio. Yn wir, o ganlyniad i lwyddiant y Super Furry Animals a pharodrwydd Gruff Rhys i fanteisio ar bob cyfle i hyrwyddo gogoniannau diwylliannau lleiafrifol waeth pa mor fregus eu cyflwr, roedd yna hyder o'r newydd ymhlith pleidwyr mentro yn y byd Saesneg. Roedd cwmni Ankst eisoes wedi bwrw ei goelbren i'r cyfeiriad hwnnw. Yn ôl un o'r sylfaenwyr, Alun Llwyd, ac yntau'n gyn-gadeirydd Cymdeithas yr Iaith Gymraeg, ymestyn peuoedd yr iaith Gymraeg oedd troi i ganolbwyntio ar ganu'n Saesneg:

Mae'n naturiol i'r SFA, mae'n naturiol i Catatonia, Gorky's ac yn y blaen ganu caneuon Cymraeg a Saesneg ac mae hwnna yn gam anferth ymlaen... ydach chi'n sôn am genhedlaeth gyfan o bobl rhwng 12 i fyny at 25, 30 yn derbyn y Gymraeg fel rhan naturiol o'u bywydau nhw... Mae hynna wedi gwneud mwy o waith bron na mae llawer mudiad iaith wedi ei wneud dros y blynyddoedd... ydach chi, i raddau, wedi cymryd y cam cynta yn arfogi'r genhedlaeth yna i gymryd rhan mewn sicrhau dyfodol i'r iaith Gymraeg. Un rhan o'r gacen ydi bod grŵp fel SFA yn canu'n ddwyieithog. Rhan arall yr un mor bwysig ydi cyfraniad y Manics sydd yn grŵp di-Gymraeg o ardal ddi-Gymraeg sydd yn deud, reit, ydan ni'n fodlon hysbysebu ein record ni yn Gymraeg, a iawn, stynt gyhoeddusrwydd ydi hynna... ond fasan nhw ddim yn defnyddio'r stynt gyhoeddusrwydd yna oni bai eu bod nhw'n meddwl bod yna rhyw effaith i'w gael a'i fod o'r peth iawn i'w wneud.

Y realiti i grŵp fel SFA neu Gorky's neu Catatonia ydi na allan nhw ddim byw fel cerddorion proffesiynol drwy gyfrwng y Gymraeg. Fedran nhw ddim. Un o'r pethau dwi'n dal yn flin amdano fo... ydi nad oes yna ddim unrhyw fath o ddiwylliant wedi datblygu o ganlyniad i lwyddiant unrhyw grwpiau... Mae'r drefn sy'n bodoli ar hyn o bryd – mae'r cyfryngau, mae'r drefn gigs yng Nghymru, mae'r drefn radio – mae'r holl beth wedi ei gerio i greu bandiau amatur – o'n i'n gobeithio y bysa Ankst wedi symbylu mwy o gwmnïau recordiau... mwy o raglenni teledu ar y byd pop, mwy o raglenni radio ar y byd pop, mwy o grwpiau wedi'u sefydlu, mwy o gigs. O'n i'n gobeithio y basa fo wedi gallu bod yn rhan o ryw fath o atgyfodiad yn y diwydiant... a wnaeth hynny ddim digwydd.[27]

Mater o ymarferoldeb oedd troi i ganu yn Saesneg hefyd yng ngolwg Gruff Rhys, a doedd hynny ddim yn golygu troi cefn ar y cefndir Cymraeg. Ni flinai ar ddweud hynny:

Mae canu'n Saesneg yn benderfyniad anghyfforddus, ond yn rhywbeth yr o'n i'n teimlo'n anorfod i'w wneud ar y pryd. Dwi'n deall os ydi pobol yn poeni am rai sy'n gwerthu eu treftadaeth a throi cefn ar ddiwylliant ond dwi'n meddwl bod gynnon ni ran i chwarae yn ein diwylliant ni, trwy hysbysebu o gwmpas y byd. Ydan ni'n dod o wlad ddwyieithog, ac ydan ni'n hollol rugl yn y ddwy iaith, felly dw i ddim yn paranoid o ddefnyddio'r ddwy, er mwyn cyfathrebu hefo pobol yng Nghymru, heb sôn am y byd.

Mae yna *life span* braidd i grwpiau Cymraeg ac mae'n anodd iawn i gadw pethau i fynd ar ôl tair LP. Mae'r bobol yn colli diddordeb achos ti'n chwarae hanner cant o weithiau yn yr un lle o hyd. Maen nhw'n cael llond bol ac rwyt ti'n cael llond bol ohonyn nhw hefyd. Oeddan ni'n gweld y grwpiau yma'n canu yn Saesneg, ac oeddan ni'n meddwl, allwn ni wneud hyn. Ti'n meddwl, ydan ni ddim ond yn byw unwaith, a beth allwn ni greu o hyn, pa mor bell allwn ni fynd a faint allwn ni newid?[28]

Wrth dafoli'r dadleuon bu'n rhaid i'r cylchgrawn *Golwg* dderbyn nad oedd rhwystro'r duedd mwyach ac mai'r drasiedi fwyaf fyddai petai'r grwpiau yma oedd yn troi at y Saesneg yn rhoi'r gorau'n gyfan gwbl i ganu'n Gymraeg:

> Wrth i gyn-fandiau Cymraeg ddechrau cael llwyddiant yn y byd roc rhyngwladol, mae yna ddadlau wedi bod ynglŷn â phenderfyniad rhai i ganolbwyntio ar ganu yn Saesneg. Nid dewis canu mewn iaith arall oedd y broblem, ond rhoi'r gorau i ganu yn Gymraeg. Nid dangos ei bod hi'n bosib i siaradwyr Cymraeg lwyddo yr oedden nhw, ond awgrymu fod anghofio'r iaith yn rhan o'r broses honno. Mae'r rhan fwya' o bawb ohonom yn defnyddio'r Saesneg yn ein gwaith a llawer yn ennill arian trwy berfformio neu sgrifennu ynddi. Rhagrith ydi beio neb arall am wneud yr un peth. Mi roedden ni'n falch o lwyddiant y grwpiau ac mi roedd yna les yn dod o gynnwys ambell bennill Cymraeg – ond mi fyddai'r lles seicolegol yn llawer mwy pebaen nhw hefyd yn cynnal gig Cymraeg.
>
> Y broblem efo rhai o'r grwpiau oedd eu bod nhw – fel y mae un o ganeuon diweddar Steve Eaves yn awgrymu – fel petawn nhw'n ymorchestu yn y Saesneg ac wedi diflannu o ddigwyddiadau mawr Cymraeg fel yr Eisteddfod. Y canlyniad oedd bod y rhan fwya' o grwpiau Cymraeg newydd hefyd yn dechrau canu caneuon Saesneg, heb fawr ddim gobaith o wneud unrhyw argraff ar y byd rhyngwladol. Roedd y diwylliant ei hun yn troi'n Saesneg. Roedd yna wendid yn rhai o'r dadleuon hefyd, yn enwedig mewn dwy:
>
> Os oedd cerddoriaeth yn 'iaith ryngwladol', pam oedd angen troi i unrhyw iaith ond y Gymraeg? Os ydi pawb bellach yn hyderus yn yr iaith, pam nad ydan ni'n ddigon hyderus i fynd â hi efo ni i'r byd y tu allan?
>
> Ond yn fwy na dadleuon negatif fel yna, mae penderfyniad Big Leaves a SFA yn gam cadarnhaol. Mi fydd yn cyfoethogi'r hyn sydd ar gael ar y radio ac mi fydd yn dangos fod creu cerddoriaeth roc wefreiddiol yn dal yn bosib yn Gymraeg. Efallai y byddan nhw'n canu ac yn recordio yn Saesneg yn y dyfodol, ond mae'n parhau'n gwbl hanfodol i unrhyw iaith ei bod hi'n cael ei gweld yn gyfrwng creu yn y meysydd celfyddydol pwysica' – ac mae roc yn un o'r rheiny... ni fedr yr iaith bellach ddibynnu ar garreg yr aelwyd nac ar gael ei gweld yn brif gostrel ein Cymreictod ni, mae'n rhaid ffeindio peiriannau grymus eraill i'w chynnal hi. Un o'r rheiny ydi diwylliant modern. Petai ein cerddorion ifanc ni yn dweud nad oes pwynt creu trwy'r Gymraeg, mi fyddai'n amser chwilio am yr amdo.[29]

Roedd Johnny Cigarettes yn barod i roi SFA ar bedestal ar ôl eu clywed yn perfformio yn yr Ipswich Corn Exchange:

> They have no limits to the kind of music they can make, because they never set themselves any. They're only identified by the way they feel at any given time. Another aspect that sets them apart from the majority of boring, touring, snoring dopehead guitar bands is that they are inspired, inspired by the spirit of places like Lapland, Latvia, Colombia and Patagonia, inspired by ideas from other cultures or other planets. Come to that. They're hungry for knowledge, new thrills and new sounds. And at the same time they are far too passionate about everything to just be cultural or intellectual tourists. They're inherently political in their outlook as well – it comes with the territory.[30]

Doedd Huw Stephens ddim am faldorddi ynghylch yr 'iaith' wrth iddo dafoli *Mwng*. Fel 'dyn cerddoriaeth' credai fod y cyfrwng uwchlaw ymhél â gwleidyddiaeth 'iaith' ac nad oedd angen synnu bod y Super Furry Animals wedi cyhoeddi record yn llawn caneuon Cymraeg:

> Cymraeg yw iaith gynta'r band, maent i gyd yn byw yng Nghymru ac wedi bod yn canu ac ysgrifennu yn Gymraeg o'r cychwyn. Mae'r SFA yn Gymry, a Chymry yw'r SFA. Ac nid creu'r albym i daro nôl at y rheiny wnaeth ddweud fod y band yn tanseilio'r Gymraeg, yn ei hanwybyddu a'i dinistrio, wrth ganu'n Saesneg ar ddechrau eu gyrfa a wnaethant. Nid dyna steil SFA o gwbl. Oherwydd, yn syml iawn, maen nhw'n rhyddhau *Mwng* oherwydd mai dyna yw eu 'swydd', sef rhyddhau recordiau i bobl brynu ac i chwarae'r caneuon yn fyw. Dyma yn union yr un rheswm sydd y tu ôl i'w penderfyniad i ryddhau albyms yn Saesneg – oherwydd maen nhw'r un mor dalentog yn y ddwy iaith. Ac ar ddiwedd y dydd, y gerddoriaeth sydd yn bwysig, ac ar ddiwedd y dydd, mae'r gerddoriaeth ar *Mwng* yn arbennig iawn.[31]

Penderfynodd y *Sunday Times* mai *Mwng* fyddai 'albwm yr wythnos' ac yn ôl Mark Edwards doedd anallu i ddeall yr iaith ddim yn hindrans i werthfawrogi'r caneuon:

> The language issue isn't really a hindrance; in fact, on tracks such as 'Gwreiddiau Dwfn' (Deep Roots) the inability to follow the lyrics leaves you more time to ponder the fact that the Super Furries are rapidly approaching the melodic sophistication of old-school songwriters such as Burt Bacharach. Career-wise, who knows what this will do to the band but musically they've made exactly the right move. This is a delicate, organic, melancholic, utterly charming record.[32]

Doedd yna'r un cylchgrawn na phapur newydd, gan gynnwys y rhai trymion, nad oedd am roi sylw i'r Super Furry Animals yn ei dro. Ai mesur o'u llwyddiant, a cham o blaid y Gymraeg a Chymreictod, oedd gweld cyhoeddi adolygiad o berfformiad yn y Brixton Academy ym mhapur Sul yr *Observer?* Roedd Barbara Ellen yn sgwennu am y profiad mewn modd nad oedd yn gyffredin yn y wasg Gymraeg:

> Since they sprang out of Wales in the mid-1990s, the Super Furry Animals have consistently proved that there is a lot more to them than collegiate angst and sound-checked rebellion. They were the jokers who turned up to a music festival in a tank, and who used drug icon Howard Marks as the poster boy for their 1996 Creation debut, *Fuzzy Logic.* Moreover, when Creation folded, they responded, not by whingeing, but by releasing a fabulous low budget Welsh language LP, *Mwng,* which went on to bother the top end of the charts. Once safely signed to Epic, and drowning in moolah, the Furries released their fifth album, *Rings Around The World,* with individually-commissioned mini-movies for each song on surround-sound DVD (whatever *that* is). Personally, I find it really hard to care about such things, but I am reliably informed that, technologically speaking, this was a groundbreaking step forward for pop culture as we know it. Then there is the music – oh, yes, the music.
>
> While I'm not convinced that the fledgling Super Furry Animals could ever lay claim to being the best, most inspired band in the world, by now they must certainly rank among the most improved. While albums such as *Fuzzy Logic,* and 1999's *Guerilla,* had their own rough-and-ready charm, I for one, was taken aback by the look-no-money-no-hands chutzpah of *Mwng,* and the lush tortured soundscapes of *Rings Around The World.* Usually, when you hear that a band has been 'having a little think' about 'issues', such as global warming, communication breakdown, and organised religion, a little shiver can't help but run down your spine. Simply because, let's face it, having such a 'little think' about such heavyweight matters is usually the point when bands decide that they must put aside childish things (tunes; humour), and start reading improving literature in the back of the Transit van.
>
> Happily, this wasn't the case with *Rings Around The World,* which featured Paul McCartney (munching celery like he once did for the Beach Boys) and John Cale (on piano). As evidenced by the Brixton show, the Furries aren't exactly in your face (singer Gruff Rhys made about five semi-intelligible remarks

all evening), but the music stakes its claim from the off. The sound is Beach Boys meets Frank Zappa meets Hawkwind meets Bacharach in a tricky mood. Then again, it isn't just that. There is a pure punk shudder going through *Rings Around The World* which energises the whole, saving it from a proggy early bath. Moreover, there is an elastic sense of purpose, of personal destiny exploding to include the entire world. All this and the mini-movies too, though, to me, most of them resembled lost episodes of *South Park*, with a couple of farty-student attempts at Dante's *Inferno* thrown in.[33]

Dringodd dros ddwsin o senglau'r Super Furry Animals i barthau uchaf y siartiau Prydeinig a deil eu halbyms i werthu wrth y miloedd, a hynny ar draws Ewrop ac yn America. Derbyniodd y grŵp ddylanwadau o bob cyfeiriad o ran eu creadigrwydd. Mae'r berthynas â'r byd Cymraeg yn parhau. Dyw eu safbwynt fyth yn gwbl sefydlog. Mae Gruff Rhys yn dal i ddadansoddi, yn dal i synnu, yn dal i gyfansoddi ac yn dal i grwydro lle bynnag y mae chwiw yn ei dywys. Nid perthnasol yw gofyn iddo naill ai 'o ble wyt ti'n dod?' nac 'i ble wyt ti'n mynd?' ond yn hytrach 'ble wyt ti rhwng?'. Mae'r un cwestiwn yn berthnasol yng nghyd-destun diwylliant yr ifanc yng Nghymru.

31 / Ble Wyt Ti Rhwng?

Os am adnabod diwylliant a ffordd o fyw pobl Bolifia neu Albania, dyweder, rhaid teithio i'r gwledydd hynny a threulio amser yno yn blasu pob dim. Ond os am adnabod diwylliant a ffordd o fyw pobl yr Unol Daleithiau does dim rhaid symud o'ch cadair freichiau. Fe ddaw holl rychwant eu diwylliant i'ch aelwyd ar amrant trwy wasgu botwm. Yn wir, mae'n anodd ei osgoi. Gall hynny fod yn fendith ac yn felltith. Mae diwylliant Yncl Sam yn hollgofleidiol, yn ddeniadol, yn ddeinamig ac yn ddi-hid o ddiwylliannau lleiafrifol am ei fod yn cael ei reoli gan y ddoler. Mae grym ariannol yn ei gynnal. Am nad yw'n bosib ei anwybyddu tasg pob diwylliant lleiafrifol yw tynnu maeth oddi arno ac ar yr un pryd osgoi cael ei draflyncu ganddo. Mae'n ddylanwad parhaus.

Pwy all wadu na fu dylanwad Elvis Presley yn aruthrol ar lawer o eneidiau yn bersonol ac ar ffordd ieuenctid o fynegi eu hunain yn gyffredinol? Ef oedd ac yw'r 'Brenin Mawr' yng ngolwg llawer. Bu ei ddylanwad cymaint os nad mwy nag eiddo Martin Luther neu John Calfin yn pledio Protestaniaeth mewn cyfnod cynharach. Dyhead llawer oedd ymuno â'r diwylliant Eingl-Americanaidd oherwydd ei berthnasedd i'w bywydau a'r cyffro oedd ynghlwm wrtho. Byddent yn barod i wneud hynny ar draul eu diwylliant cynhenid am fod hwnnw i'w weld yn amherthnasol ac yn 'boring'. Byddai eraill am impio'r dylanwadau estron ar y cynhenid er mwyn ei gyfoethogi a'i ddatblygu. Byddent yn ddigon parod i gyfrannu at lesiant y ddau. Byddai eraill am warchod y cynhenid trwy geisio cadw'r estron draw. Dyna'r senario a wyneba'r diwylliant Cymraeg wrth geisio goroesi yn nwylo'r ieuenctid.

Y côr-feistr Caradog fathodd y term 'Gwlad y Gân' yn 1878. Roedd ei gôr mawreddog wedi ennill dwy gystadleuaeth o'r bron yn y Palas Grisial yn Llundain. Bu'r côr yn perfformio yn Chicago. Balm i enaid cenedl ddi-wladwriaeth oedd canmoliaeth a'i gosodai ar y brig, o leiaf mewn un maes o gelfyddyd, ac, wrth gwrs, trysorwyd y ddwy fuddugoliaeth hynny yn Llundain, ar dir y Saeson eu hunain. Daeth cymanfaoedd canu i fri. Amcangyfrifwyd bod 20,000 yn bresennol mewn un gymanfa ganu ym Mhontypridd yn 1892. Datblygodd sŵn côr meibion Cymreig yr un mor unigryw ag eiddo côr meibion o Rwsia a deil felly hyd y dydd heddiw. Deil nifer o gorau meibion i deithio'r byd gan gyflwyno *repertoire* amlieithog. Llwyddodd Côr Meibion Orffiws Treforys i lenwi Neuadd Carnegie yn Efrog Newydd yn ogystal â'r Tŷ Opera yn Sydney. Ond erbyn heddiw disodlwyd yr ymadrodd 'Gwlad y Gân' gan yr ymadrodd a fathwyd gan newyddiadurwyr y *New Musical Express*, 'Cool Cymru', a hynny am fod cynifer o grwpiau roc o Gymru, yn canu'n Gymraeg a Saesneg, yn creu argraff ar y siartiau Saesneg.

Roedd y gydnabyddiaeth yma, yn groes i'r arfer cynt o ddilorni grwpiau Cymreig yng nghyd-destun y ddelwedd o byllau glo, cennin Pedr a defaid, yn hwb i hunan-gred y Cymry. Ond doedd dim angen argyhoeddi pawb o ragoriaeth y canu Cymraeg fel cyfrwng a oedd eisoes gyfuwch ag eiddo unrhyw wlad arall. Er hynny, cydnabyddai Dafydd Iwan fod ychydig o ganmol gan rywrai o'r tu allan yn llesol:

> Tydan ni ddim yn gwybod pa mor dda ydi ein grwpiau ni cyn i rywun arall ddweud. Fel digwyddodd efo Catatonia neu Aled Jones, rydan ni fel petai ni eisiau i'r byd ddweud ein bod ni'n dda. Yn anffodus dw i'n credu fod hon yn syndrom sy'n perthyn i'r ieithoedd lleiafrifol. Dw i'n hollol argyhoeddedig bod ein grwpiau o safon ryngwladol.[1]

Am gyfnod bu caneuon Dafydd Iwan yn drac sain i wleidyddiaeth a diwylliant Cymru pan oedd brwydr 'achub yr iaith' yn flaenllaw ar agenda'r ifanc yn y 60au a'r 70au. Ond nid felly oedd hi mwyach ar ddiwedd y 90au yn ôl Rhys Mwyn. Credai'r cynhyrfwr bod yn rhaid arddel yr ymadrodd 'Cŵl Cymru' a gwneud yn fawr ohono. Nid yn unig roedd angen statws i'r iaith ond roedd angen statws i ddiwylliant yr ifanc hefyd:

> Be sydd gan y cyfryngau i'w golli? Dim ond y dyfodol, a'r holl fandiau sy'n dechrau allan yn canu yn Gymraeg. Ond mae'n rhaid i ni brofi yn fasnachol iddyn nhw ei bod hi werth canu yn Gymraeg bellach – dydi'r ddadl wleidyddol o achub yr iaith ddim yn gweithio – felly mae'n rhaid i ni gynnal momentwm 'Cŵl Cymru'.[2]

Ond doedd y rapiwr Steffan Cravos ddim am gydymffurfio:

Sdim byd 'cŵl' am fod yn rehab, sdim byd 'cŵl' am greu elw i gwmnïau recordio corfforaethol sydd wedi eu canoli yn Llundain, sdim byd 'cŵl' am fod yn anniddorol ac anwreiddiol – does dim byd cŵl am Cŵl Cymru... a'i dyma'i ddiwedd, o'r diwedd? Mae'r sin electronica danddaearol yn lle llawer iachach, ac yn wahanol i'r nawddoglyd afiach Cŵl Cymru, does dim terfynau ieithyddol neu gyfyngiad ar ddaearyddiaeth neu oedran o gwbwl... Dyma sin sy'n ffyrnig o annibynnol o ran agwedd, gyda'i labeli recordio bychan yn dilyn ethos DIY gan ryddhau cerddoriaeth, nid er mwyn creu elw, ond am fod nhw'n credu ynddo yn angerddol... Yma yng Nghymru, mae'r gweithwyr sain a sŵn mwya blaenllaw yn y maes, y criw Labordy Sŵn Cont, sef SJ OHM, Llwybr Llaethog, BomBoomBomB, Dave Handford a'r Trawsfynydd Lo-Fi Liberation Front yn paratoi i fynd ar daith i Wlad yr Iâ. Mae'n annhebyg iawn y bydd y sîn electronica yn tyfu i fod yn symudiad prif ffrwd, ond mae e'n sicr yn rhywbeth gwahanol i'w gymharu â sîn transient, flonegog, flinedig a elwir Cŵl Cymru (heddwch i'w lwch).[3]

Does dim sy'n sefydlog am yn hir yn ôl Steffan Cravos. Gall diwylliant yr ifanc hyd yn oed fod yn ddiddaearyddiaeth, yn ddi-iaith ac yn ddiffiniau yn ei fersiwn electronig. Peryg ei fod yn ddiddim hefyd o'r herwydd. Trwy gyhoeddi deunydd electronig y dathlodd label Ankstmusik ei ganfed offrwm gan ei farchnata'n fyd-eang trwy lansio cryno-ddisg *Tall Things Falling* Ectogram mewn noson yn Neuadd Hendre ger Bangor ac yn Dublin Castle yn Llundain ym mis Mawrth 2002.

Os oedd yna duedd i greu deunydd oedd yn rhydd o unrhyw arlliw o Gymreictod roedd yna gerrig milltir wedi eu dathlu hefyd na ellid eu gwerthfawrogi oni bai eich bod wedi eich golchi eich hun mewn Cymreictod. I'r rhai a fynychodd Eisteddfod Genedlaethol y Bala 1967 roedd ymweliad yr ŵyl a thre'r gwyniad 30 mlynedd yn ddiweddarach yn ddathliad o chwalu rhagfuriau. Yn y Babell Lên yn '67 y perfformiodd grŵp o fyfyrwyr hirwalltog o Goleg y Brifysgol, Aberystwyth, Y Blew, set drydanol cyn cychwyn ar daith i gynnal dawnsfeydd ar draws Cymru. A do, fe chwaraewyd eu hunig record ar Radio 1 hefyd. Ond roedd Steddfod y Bala yn nodedig hefyd am mai yno y sefydlwyd maes pebyll yn ogystal â gweithgareddau ieuenctid wedi eu canoli yn y tafarndai. Lyn Ebenezer sy'n cofio:

Yn y Bala y daeth y cyfan at ei gilydd. Yn Y Bala y ffrwydrodd yr afiaith a'r egni yn un danchwa o firi. Yn Y Bala yr hawliodd

yr ieuenctid eu lle yn y dathlu. Yn Y Bala y crëwyd, am y tro
cyntaf, eisteddfod o fewn yr Eisteddfod, neu yn hytrach o'r tu
allan iddi, rhyw fath ar ŵyl yr ymylon di-drefn, di-raglen a di-
reolau.[4]

Ddeng mlynedd ar hugain yn ddiweddarach roedd yr ieuenctid
wedi meddiannu mwy a mwy o'r Eisteddfod gan wneud rhannau
ohoni yn eiddo iddynt hwy eu hunain. Roedd cwrwgarwch yn parhau
ac un o dafarnwyr y Bala yn dweud iddo ddefnyddio 50,000 o wydrau
plastig yn ystod yr wythnos – a hynny heb sôn am y tafarnau eraill a'r
bariau ar y maes. Oedd, roedd gan yr ifanc eu bar eu hunain ar Faes
B. Ond os oedd 1967 wedi tanio ieuenctid i fod ar dân dros yr iaith
roedd 1997 yn nodedig am fod rhai bandiau Cymraeg yn gwrthod
ymddangos yn y Pafiliwn am na chaniateid iddyn nhw ganu'n Saesneg.
Fe fu Gwyneth Glyn yn blasu'r afiaith:

> Er i ni ennill brwydr y bar, colli bu ein hanes yn achos y bandiau
> dwyieithog. Mi fûm i'n ddigon lwcus i fynychu dwy gig y Super
> Furry Animals yr wythnos diwethaf, ond mae'n drist o beth na
> chafodd pawb yr un cyfle i'w mwynhau. Yn absenoldeb Gorky's,
> Catatonia a Topper roedd hi'n foel arnom ni am fandiau prif-
> ffrŵd, ond mae'n braf gallu dweud imi gael fy siomi ar yr ochr
> orau hefo ambell grŵp uniaith Gymraeg – mi aeth Yr Anweledig
> a Steve Eaves i lawr yn dda iawn. Sut bynnag, uchafbwynt y
> Steddfod imi, heb os oedd y noson tecno 'Big Belan'. Roedd
> yr awyrgylch yn fendigedig a'r ddarpariaeth yn wych. Gydag
> effeithiau gweledol 'amAzing' ym marn pawb, siomedig oedd yr
> 'addurniadau cyffrous' yr addawyd inni yn y babell adloniant.
> Gydag ychydig o ddychymyg ac amser, mi allai'r deco fod wedi
> bod yn llawer mwy mentrus na rhyw ambell damaid o wenwisg
> yr Archdderwydd a phaent du.[5]

Os oedd hi'n anodd i griw '67 ddeall agwedd criw '97 roedd gan
Beca Brown esboniad hyglod dros anwylo bandiau dwyieithog yn
y brifwyl. Canu cyfieithiadau o ganeuon Saesneg ac Americanaidd
a wnâi Y Blew. Roedd Catatonia a Gorky's Zygotic Mynci yn canu
caneuon Saesneg gwreiddiol. 'Cul Cymru' oedd hi yn ôl Beca:

> Mae 'na groeso i bawb yn yr Eisteddfod. Cymry, Saeson,
> dysgwyr, pobol mewn sandals – pawb. Pawb, hynny ydi, heblaw
> am fandiau pop sy'n canu yn Saesneg. Rŵan, mae hi'n fileniwm
> newydd. Mae ganddon ni Gynulliad. Mae ganddon ni ganeuon
> Cymraeg yn y siartiau Prydeinig. Mae ganddon ni selebs!
> Mae enwogion oedd ddim yn gwybod eu bod nhw'n Gymry, a
> Chymry oedd ddim yn gwybod eu bod nhw'n enwog. Cerwch i

gig Catatonia yn Leeds ac mae pawb yn y dre yn diolch i Dduw am fod yn Gymro. Mae Twm Morys yn cynganeddu yn Saesneg, myn uffar i! Dydi brwydr yr iaith heb ei hennill, ond diawl, ma' hi'n iachach arnon ni rŵan na ma'i di bod ers talwm...

Pryd felly ydan ni'n mynd i ddeall nad oes rhaid dewis un math o Gymreictod dros un arall. Does dim rhaid inni ddewis diwylliant modern ar draul diwylliant traddodiadol, a dim ond wrth gydio'n dynn yn yr hen y mae cofleidio'r newydd yn llwyddiannus beth bynnag. Ond ar hyn o bryd mae Cymru ddoe a Chymru fory yn milwrio yn erbyn ei gilydd, ac mae Rheol Gymraeg yr Eisteddfod yn lledu'r gagendor. Unwaith eto felly, does 'na ddim croeso ar Faes B yr Eisteddfod i fandiau sy'n canu yn Saesneg, er mai Catatonia, y Manics, a'r Super Furries ydi'r bandiau mae Cymry ifanc am eu gweld yn anad dim. Y nhw hefyd ydi'r bandiau fyddai'n denu'r rhai sydd 'rioed 'di bod mewn Steddfod – y rhai sydd yn ddiarth i ddigwyddiad diwylliannol sy'n honni'i fod o'n genedlaethol. Mae'n bryd i'r Steddfod agor ei llygaid, ei meddwl a'i drysau.[6]

Mae'n debyg bod portread Gwenfair Michael mewn stori fer arobryn yn yr Eisteddfod Ryng-golegol yn ddarlun cywir o fywyd hedonistaidd llawn niwl alcoholig Cymry ifanc y cyfnod ôl-grefyddol. Mae dyfynnu'r ddau baragraff agoriadol yn ddigon i osod y cywair:

'God ma' mhen i'n dost... Beth ddiawl ydw i'n ei wneud fan hyn? Mae'r lle yma'n fes...' Cododd Sara ei phen o'r soffa'n araf a griddfan yn boenus wrth wneud. Doedd hi ddim yn teimlo'n dda a doedd hi ddim yn gwybod pam ei bod hi wedi dihuno ar y soffa. Roedd hi yn gwisgo'r jîns nefi ers neithiwr o hyd, a'r crys t gyda chartŵn angel ar y blaen yn gofyn 'Who's Me?'

Roedd y lolfa'n fes, a dau focs kebab gwag wedi eu taflu ar y llawr a'r letys yn stribedi o'u hamgylch. Roedd olion sôs coch ar ei jîns ac roedd blas cas uffernol yn ei cheg. Aeth i'r gegin i nôl gwydraid o ddŵr a chamu'n ofalus dros beth a fu'n botel o win ond oedd nawr yn ddim ond darnau o wydr gwyrdd teilchion. Sipiodd y dŵr yn ddiolchgar a gweddïodd y byddai'n dechrau clirio'r niwl oedd wedi ymgasglu yn ei phen. Pam oedd hi wedi cysgu ar y soffa neithiwr pan fod ganddi wely clyd ei hunan yn yr ystafell drws nesa? Doedd hi ddim yn gallu cofio dod adre' hyd yn oed, a pham oedd hi wedi mynd ma's yn y lle cyntaf... [7]

Doedd dim dwywaith bod ieuenctid yn troi cefn ar yr hyn a ystyrient yn hualau crefydd gyfundrefnol yr enwadau Anghydffurfiol. Roedd un o gyflwynwyr Radio Cymru ar un adeg, Dr Alun Owens, yn galw ei hun yn Barchedig Pop, yn gwisgo coler gron ac yn defnyddio ymadroddion megis 'oedfa' a 'chymanfa' yn ei sgwrs ar y rhaglen *Ram Jam Sadwrn*. Arferai fod yn aelod o grwpiau megis Madfall Rheibus a Profiad Rhys Lloyd. Roedd ganddo radd PhD mewn Cemeg. Cafodd ei benodi'n ddiweddarach yn rheolwr Gwersyll yr Urdd yng Nglan-llyn. Gwelid hyn gan rai yn ffurf ar watwar sefydliad a fu ar un adeg yn gynheilydd Cymreictod. Ym marn Dafydd Job, Cadeirydd Pwyllgor Gwaith Cymreig y Mudiad Efengylaidd, roedd yna anesmwythyd i'w deimlo:

> Ma'r Parchedig Pop yn defnyddio geiriau fel 'Haleliwia' yn ysgafn ac yn gyson. Ond mae gair fel yna'n llawn ystyr i Gristnogion. Mae'r ffordd y mae e hefyd wedi cael pobol i gyffesu eu pechodau honedig ar ei raglen, yn gwneud i bobl ifanc dwi'n eu nabod deimlo'n anesmwyth. [8]

Ond i eraill roedd y derminoleg gyfarwydd wedi colli ei hystyr wreiddiol bellach a deuai parodïo'n hawdd. Doedd gwerthoedd a gysylltid â chapel ddim yn cyfrif. 'Y Pregethwr' oedd enw Johnny R fel perfformiwr. Roedd Bryn Fôn yn hanner cant oed yn priodi ac yn dad i blant yn eu harddegau hwyr. Ac nid mewn capel y priododd chwaith. Croesawai ddymchwel Capel Salem, Dyffryn Nantlle, ei fachgendod:

> Fues i erioed mor falch o weld rhywle yn dod i lawr. Oedd o'n cynrychioli rhywbeth ffug barchus i fi. Gofyn i hogyn deg, unarddeg oed fynd i mewn i adeilad poeth ar b'nawn braf o ha... os oedd yna ryw fath o Dduw, mi ddylai fo fod yn falch o' ngweld i'n rhedeg i mewn i'r môr yn Dinas Dinlle. Bobi Jones oedd yr athro calla, yn deall teimladau'r bechgyn... siarad am ffwtbol ac wedyn eu perswadio i daro golwg tros adnod neu ddwy yr un ffordd. Ella i fod o ddim yn cael ei gyfri'n un o gonglfeini'r sefydliad, ond roedd o'n Gristion i'r carn. Dwi jyst wedi stopio mynd. Ond dwi'n gwybod fod mam yn talu pres weinidogaeth drosta fi, rhag codi cywilydd.[11]

Mae'n debyg mai isafbwynt eithaf y dilorni neu'r difrïo yma oedd penderfyniad y Manic Street Preachers i alw eu halbwm dywyllaf yn *The Holy Bible*. Roedd eu henw fel grŵp ynddo'i hun yn arwyddocaol. Cyfansoddiadau Richey Edwards oedd cynnwys yr albwm ac roedd yntau'n gyn-ddisgybl Ysgol Sul. Er i lawer ddisgrifio'r albwm fel clasur o'i bath yr hyn a geir yw dyfnderoedd eithaf iselder ac anobaith personol a chymunedol. Ar un adeg roedd Gwent ar y brig ym Mhrydain gyfan o ran nifer yr achosion o wenwyno alcoholaidd.

Arferai ieuenctid hyd yn oed chwistrellu seidir i'w gwythiennau. Daeth y diwydiannau trwm â'u sicrwydd o waith am oes, neu tan fod salwch yn goddiweddyd, i ben, ac yn eu lle daeth diwydiannau ysgafn cwmnïau tramor â'u cytundebau byr. Y Manics oedd etifeddion a lladmeryddion y tirlun llwm.

Medrai'r Cymry uniaethu â thrasiedïau gwewyr diflastod eiconau roc ar draws y byd. Roedd hunanladdiad Kurt Cobain wedi cyffwrdd ag Elin Llwyd Morgan:

> Roedd nifer o resymau dros hunanladdiad eilun mwya'r mudiad *grunge* yn ôl y sôn, yn amrywio o'r poenau bol dirdynnol a fu'n ei blagio ers blynyddoedd, i'w fethiant i ymdopi â'i enwogrwydd byd-eang a byw heb *heroin*. Ond y gwir amdani ydi na fedr unrhyw un amgyffred y gwewyr llethol a'r anobaith ingol sy'n gyrru rhywun arall i gyflawni hunanladdiad. Roedd yna eironi creulon yn y ffaith fod Cobain wedi penderfynu hepgor y gân 'I hate myself and I want to die' oddi ar ei albym olaf. Dim ond 27 oedd o.[12]

Eithriadau oedd Eifion Williams o Wrecsam a Nia Jones o Gynwyl Elfed ger Caerfyrddin a oedd yn gwneud gyrfa o ganu Cristnogol. Yn y byd Saesneg roedden nhw'n perfformio a chyhoeddi recordiau, gan ymuno ag artistiaid megis Bryn Yem a Mal Pope. Canai Mal fersiwn rocaidd o 'Calon Lan' gydag afiaith. Yn 2001 cyhoeddodd yr enwadau Cymraeg gyfrol drwchus, *Caneuon Ffydd*, yn cynnwys 850 o emynau Cymraeg ac 80 o emynau Saesneg. Argraffwyd 50,000 o gopïau ac fe werthwyd y mwyafrif ohonynt. Ond ai teg tybied na chyhoeddwyd erioed gymaint o ganiedyddion ar gyfer cyn lleied o ddefnydd o ystyried nad yw Cymru bellach, yn ystadegol o leiaf, yn wlad gapelyddol? Ai rhaglen adloniant yw'r hen ffefryn *Dechrau Canu, Dechrau Canmol* bellach o ystyried mai wynebau aelodau corau lleol sydd i'w gweld ar y galerïau yng nghapeli ardaloedd penodol? Hebddynt ni fyddai modd llenwi'r lle.

Sefydliad arall a fu o dan y lach oedd Urdd Gobaith Cymru. Manteisiodd Simon Brooks ar ddathliadau tri-chwarter canrif y mudiad i danlinellu pa mor amherthnasol ydoedd, yn ei farn ef, o ran diwylliant yr ifanc:

> Edrychwch ar 'ŵyl i ieuenctid fwyaf Ewrop'. Mae'r clod rhwydd a gaiff enillwyr prif lawryfen Eisteddfod yr Urdd yn dangos yn eglur y math o ddelwedd y mae caredigion y Gymraeg yn dymuno ei harddel; cymesuredd, cymhendod, purdeb

o ran iaith ac ymarweddiad, diwylliant gyda 'D' fawr, trefn a glendid. Roedd y ffordd y dathlodd Urdd Gobaith Cymru ei ben blwydd yn 75 oed yn 1997 yn ddrych o'r trybini a'r dryswch yma; gorymdaith i'r plant a Bryn Terfel i'r henoed; anwybyddu diwylliant cyfoes yn llwyr.[13]

Canmolai Elin Meredith fenter y mudiad yn cyflwyno dawns ddisgo ymhlith y cystadlaethau eisteddfodol ond gan nodi bod hynny'n arddangos y bwlch rhwng gwerthoedd y mudiad a byd go iawn yr ifanc:

> Pan fentrodd yr Urdd i'r oes fodern gyda'r gystadleuaeth egsotig honno, y ddawns disgo, ychydig a wyddai y byddai'n amlygu'r gagendor enfawr a fodolai mewn cerddoriaeth Gymraeg gyfoes. I giwed y cerdd dant a ffyddloniaid y fflasgiau te, rhyw esgus oedd y gystadleuaeth hon i roi cyfle i'r trueiniaid hynny o blith ieuenctid Cymru na fedrent doncio'r delyn, hei-ffwdl-lalio nac ystumio yn yr hen ffordd draddodiadol Gymreig, gael mynd i Steddfod yr Urdd. Doedd neb hyd yn oed yn siŵr os oedd 'coriograffi' yn air Cymraeg, a'r syniad o neidio o gwmpas mewn leotard o flaen ein cyfoedion yn ddigon arswydus i sicrhau na fyddai'r rhan fwyaf ohonom fyth yn cyfnewid dillad 'hen-gyrtens' y dawnsio gwerin am na leotard na theits spangli.[14]

Ofnai Robin Gwyn nad oedd yr Urdd, ar ôl ymweliad Eisteddfod y mudiad â Bro Islwyn yn 1997, wedi llwyddo i gael gwared ar ddelwedd a ystyriai'n anffodus o safbwynt denu ieuenctid i ymrestru yn ei rhengoedd:

> Ar waetha'r holl ymdrechion i brofi bod yr Urdd yn hwyl, hip a threndi mae'r hyn sy'n digwydd y tu mewn i Bafiliwn yr Eisteddfod weithiau yn dal i ddod ag atgofion erchyll o blentyndod traddodiadol Cymraeg. Mae olion yr hen drefn yno o hyd: Arweinyddion sych hunanbwysig yn corlannu plant i wlychu eu trowsus o flaen y genedl. Beirniaid hunandybus yn canmol y lleiafrif breintiedig ar draul y mwyafrif sydd heb rieni enwog. Moesoldeb capelyddol dosbarth canol bythol-orthrymus yn rhwygo'r colyn gwleidyddol o bob gweithgaredd ac araith.[15]

Un arall o ladmeryddion disgleiriaf a thanbeitiaf y 'Cymry newydd' nad oedd yn ofni lambastio'r un mudiad na chwaith hyrwyddo bandiau dwyieithog o safbwynt hyder yn nyfodol y Gymraeg a pharodrwydd i wneud i'r Gymraeg deithio oedd Beca Brown. Gwelai hi beryglon yn yr hyn a ystyriai'n gulni a phurdeb:

Dwi'n rhy ifanc ac yn rhy sad – yn hen ystyr y gair – i gofio rhyw lawer am fudiad Adfer. Mae'r mudiad hwnnw wedi hen farw o'r tir, ond mae'n ymddangos imi fod yna frîd newydd o buryddiaeth ac anoddefgarwch ar gerdded. Dwi ddim am ladd ar Gylch yr Iaith mwy nag sydd raid, ond mae'n ymddangos i mi fod y math o bobol sydd ynghlwm wrth y mudiad yma yn gwarchod eu buddiannau nhw eu hunain a neb arall... Er eu bod nhw mewn lleiafrif ac yn haeddu cael eu hanwybyddu, mae criw *Lol* a'r Dr Dic Sais yn symptom o agweddau afiach sydd yn bygwth yr holl waith da mae ysgolion Cymraeg y de-ddwyrain a Mentrau Iaith y de wedi ei gyflawni dros y blynyddoedd diwethaf. Ar eu gorau mae'r bobol yn gul. Ar eu gwaethaf maen nhw'n hiliol.[16]

Er y rhyddfreinio dwyieithog ymhlith meddylwyr rhyddfrydig a llunwyr ffasiynau'r ifanc roedd aelodau Cylch yr Iaith yn benstiff gadarn bod yna beryglon o gyflwyno defnydd bwriadol o'r Saesneg i beuoedd traddodiadol a swyddogol y Gymraeg. Roedd aelodau'r mudiad yn barod i wynebu carchar yn hytrach na thalu trwydded ddarlledu pan oedd Radio Cymru'n cael ei llethu gan Saesneg diangen yn eu barn hwy. Dyma oedd amddiffyniad Guto Llywelyn wrth wynebu'r fainc yn Llys Ynadon Caerfyrddin:

Yr argraff sy'n cael ei chreu o wrando ar raglenni fel Beks a Gang Bangor yw y dylai fod yn uchelgais gan bob Cymro Cymraeg i lwyddo yn y byd Saesneg, gan ddefnyddio'r cyfryngau Cymraeg a'r iaith Gymraeg fel y cam cyntaf wrth hyrwyddo'u hunain. Llwyddiant mewn diwylliant torfol ac estron sy'n cael ei bwysleisio gan Beks a'i chyd-gyflwynwyr. Maen nhw'n mawrygu a chlodfori un diwylliant ac yn hybu adloniant Saesneg ac Americanaidd, gan anwybyddu a dibrisio'r iaith a'r diwylliant Cymraeg yn gyfangwbl...[17]

Ildio i'r drefn fu'n rhaid i Gylch yr Iaith o dipyn i beth. Doedd Radio Cymru ddim yn mynd i newid trywydd a gwahardd chwarae recordiau Saesneg yn gymysg â recordiau Cymraeg. Byddai'r to ifanc o Gymry Cymraeg, yn amlach na pheidio, yn gofyn am gael clywed record Saesneg wrth ffonio neu e-bostio neu decstio yn gofyn am gais. Bu'n rhaid i'r puryddion hefyd ildio i'r drefn o ran gwrthwynebu bratiaith a diffyg sylwedd un o gyflwynwyr mwyaf poblogaidd yr orsaf, Jonsi. Roedd y gŵr a fu'n bwrw ei brentisiaeth ar orsafoedd radio lleol Saesneg bellach yn eilun i garfan helaeth o wrandawyr nad oedden nhw'n hidio am naill ai gywirdeb Cymraeg na thrafodaeth o bwys. Jonsi oedd i'w glywed ar yr oriau brig.

Eto nid anhawdd cytuno â'r sawl a ddywed mai cyfraniad mawr Jonsi fu dibrisio'r grefft o siarad gwast i'r graddau nes iddi gyrraedd y pydew eithaf. Am fod y rhelyw o raglenni'r orsaf yn arddel yr un patrwm o rwdlan di-baid a chystadlaethau gwantan, hawdd derbyn nad yw'r Cymry mwyach yn ddim amgen na chenedl o bobl arwynebol heb yr un ffeuen o grebwyll yn eu hymenyddiau.

Ehangwyd darpariaeth rhaglenni pobl ifanc hefyd i gynnwys dros deirawr o gerddoriaeth bob nos ar wahân i nos Sul yn ogystal â slot yn hwyr yn y prynhawn ddyddiau'r wythnos. Byddai'r orsaf yn trefnu gigs a chyngherddau i'w darlledu'n gyson. C2 oedd yr enw a roddwyd i'r gyfres o raglenni gyda'r nos ar un adeg ond doedd Lefi Gruffudd ddim wedi ei blesio am nad oedd yna raglenni penodol ar gyfer jazz, gwerin neu blŵs:

> Yn anffodus diodde'r plentynnaidd Ecdauecdauecdau... ecincaudygeg a phaldaruo Jonsi yw'r unig opsiwn, sy'n sarhad ar ein deallusrwydd. Fel ma'r ffigyrau gwrando diweddaraf yn dangos, dyw pobl Cymru ddim bob amser yn mynd i dderbyn unrhyw rwtsh sy'n cael ei gyflwyno iddyn nhw. Ai'r un fydd yr ymateb i Seren Seibr y BBC? Sef creadigaeth erchyll safle we'r BBC sydd i fod i apelio at ein pobl ifainc. Yn y paragraff cyntaf ddarllenais i gan y Gymraes ifanc a grëwyd gan uwch-swyddogion y BBC a'i 'focus groups' Blairaidd, roedd 51 gair allan o 113 yn Saesneg. Ac er bod Saesneg ieuenctid Lloegr hefyd yn eithriadol o ansafonol, dwi'n amheus a yw'r BBC yn Llundain yn annog y dirywiad gyda rhaglenni a safleoedd we cwbl wallus a gwael. Yr ofn sy gyda fi yw y bydd y 'poblogeiddio' yn y pen draw yn arwain at ddiffyg hunan-barch, hunaniaeth, diwylliant ac iaith i fod yn falch ohoni.[18]

Dal i achosi cynnwrf a dryswch wnâi awyddfryd yr ifanc i gofleidio'r Saesneg yn ogystal â'r Gymraeg o fewn sefydliadau traddodiadol Gymraeg. Rhoes Beca Brown gynnig arall ar egluro safbwynt ei chenhedlaeth wrth ymdrin â pholisi iaith Clwb Ifor Bach yng Nghaerdydd:

> Demand and supply ydi hi yng Nghlwb Ifor hefyd, ac os na chaiff pobol yr hyn maen nhw ei eisiau, mi â'n nhw i rywle arall, ac wedyn y Clwb fydd yn colli allan yn y pen draw. Ym myd celf, ffilm, drama a cherddoriaeth yn gyffredinol, mae yna hinsawdd o rannu ac ehangu yn bodoli. Mae'r bobol sydd yn llwyddiannus yn y meysydd hyn yn ddigon hyderus yn eu gwaith i fedru mynd â fo allan o Gymru ac allan o Brydain i'w ddangos i gynulleidfaoedd gwahanol. Clwb Ifor Bach yw'r

unig glwb Cymraeg ym mhrifddinas Cymru, ac fe ddylai agor
ei ddrysau o ddifri; ac ymfalchïo yn y ffaith fod pobol eraill o'r
diwedd am ddeall natur y Gymru Gymraeg.[19]

Nid merch o'r brifddinas oedd Beca Brown. Fe'i magwyd yn y
Waunfawr ger Caernarfon i rieni o Saeson oedd wedi dysgu Cymraeg
yn rhugl. Ond roedd hi'n rhan o'r newid agwedd a'r meithrin agwedd
oedd yn digwydd ymhlith yr ifanc. Does gan yr un genhedlaeth
yr hawl i ddweud wrth y genhedlaeth ddilynol sut i ymddwyn na
sut i adlonni waeth faint y mae'n credu iddi fraenaru'r tir. Mae'r
genhedlaeth nesaf bob amser yn adweithio ac yn pwyso a mesur yn
ôl ei llinynnau mesur ei hun cyn gweithredu. Dyna pam y bu rhai'n ei
chael yn anodd dygymod ag awen y roc-fardd Iwan Llwyd. Enillodd
y gitarydd bas goron Eisteddfod Cwm Rhymni 1990, ond roedd ei
olygon wedi eu llywio gan fethiant refferendwm 1979. Peredur Lynch
fu'n tafoli'r anawsterau yma:

Yn fy niniweidrwydd, fe arferwn gredu nad oedd na bwlch
na rhagfur rhwng Iwan Llwyd a'i ddarpar ddarllenwyr, ac y
gallai dyfu'n fardd poblogaidd yng ngwir ystyr y gair. Moel ac
uniongyrchol, ar y cyfan, yw ei fynegiant, ac y mae trywydd
a thymer ei feddwl yn fy nwyn o hyd i fyd cyfarwydd. Gallaf
ddirnad ei fyfyrdodau, a'u gwerthfawrogi'n frwd, a diau fod
hynny'n wir yn achos y rhelyw o'n cyfoedion colegol. Ond yn
sgil buddugoliaeth Iwan yng Nghwm Rhymni, a minnau'n
gorfoleddu uwch ei ddilyniant cerddi, fe'm trawyd gan ymateb
llugoer rhai cyfeillion hŷn. Yn sicr, nid unrhyw fethiant o ran
arddull na mynegiant oedd i'w gyfrif am hynny, yr oedd y peth
yn ddyfnach – dieithrwch llwyr iddynt hwy oedd pererindod
wleidyddol a phersonol ei ddilyniant...

Ond pam fod ei gerddi yn dir anhygyrch i lawer? Oni fu 1979 yn
brofiad chwerw i'r dosbarth canol Cymraeg yn ei gyfanrwydd?
A'r hen garreg yn cael ei gwthio i 'ben bryn Rhyddid' unwaith
eto, onid hen hen hanes yw 1979 bellach? Wel, digon gwir, a
dyna hefyd ran o'r broblem. Yn 1979 yr oedd yna rai ohonom,
yn anffodus ddigon, yn ifanc. Rhwng y deunaw a'r pump ar
hugain y bydd delfrydau'n cael eu llunio. A beth oedd yna i
ennyn breuddwydion llanc yn Aberystwyth a Bangor yn 1980?
Cymru rydd Gymraeg? Senedd yng Nghaerdydd a Gwynfor
yno'n ben? Na. Ond yr oedd yno ddigon o wacter a dadrith, bid
siŵr. Ac yr oedd yno adweithio dealladwy ond *smug* yn erbyn y
genhedlaeth hŷn. Yr oeddynt *hwy*, cenhedlaeth y pedwardegau
a'r pumdegau wedi bod mor naïf â chredu eu breuddwydion. Ac
onid *hwy* hefyd, yn eu diniweidrwydd, oedd wedi ein harwain

at gachfa'r refferendwm? Yn y dyddiau hynny roedd bod yn
fyfyriwr llidiog a sur yn *chic*, ac roedd Nihilistiaeth ac Angau'r
hen genedl a Dewi *Cymru Fydd* yn gwmni lysh difyr.[20]

Mae'n debyg bod angen mynegbyst ar lawer i ddeall agwedd
cenhedlaeth Beca Brown oedd am dynnu rhagor i mewn i'w byd
Cymraeg yn hytrach na chadw pobol draw. Roedden nhw â'u bryd ar
agor y drysau led y pen yn hytrach na'u cau a'u bolltio. Y mynegbost
mwyaf tryloyw fyddai Ed Thomas, oedd yn llawn 'agwedd'. Daeth y
crwt o Gwmgïedd yng Nghwm Tawe i amlygrwydd ar sail ei ddrama
lwyfan gyntaf, *House of America*, yn 1988. Dangosai'r ddrama gignoeth
ddylanwad yr America fytholegol ar deulu Cymreig nad oedd yn arddel
y gwerthoedd Cymreig a bortreadir fel arfer mewn drama am Gymru.
Roedd lleoliad y ddrama ar ddarn o dir gwastraff a welodd raib y
diwydiant glo ynddo'i hun yn drosiad am gyflwr y teulu. O fewn deng
mlynedd i'w llwyfannu gyntaf gwnaed fersiwn ffilm gan Marc Evans.
Roedd hi'n ffilm Gymreig gan Gymry am Gymru. Gwelai Robin Gwyn
ei harwyddocâd yn glir:

> Er ei bod yn ffilm amherffaith o ran crisialu ei neges yn
> ddiamwys, mae Ed Thomas o leia'n gofyn y cwestiynau iawn.
> Fel gyda'r refferendwm ar ddatganoli, mae gwylio *House
> of America* yn ein gorfodi ni i holi ein hunain: pwy ydan ni
> a beth ydan ni eisiau bod? Yn lle pregethu'n drwsgl yn erbyn
> saith canrif o sbaddu gwleidyddol a diwylliannol, mae *House
> of America* yn defnyddio pleserau secs a drygs a roc a rôl i
> ddangos pam ryden ni wedi cynhyrchu ffigyrau trist fel George
> Thomas, Carys Pugh, Tim Williams, Llew Smith, Felix Aubel
> ac Elwyn Jones. Ydi mae *House of America* yn blasu fel joch o
> Jack Daniels ar ddiwedd taith hir a blinderus ar draws *dustbowl*
> deallusol Cymru.[21]

Fel Saesnes o dras a adwaenai Gymru fel cefn ei llaw roedd Beca
Brown yn gweld *House of America* yn ffilm a danlinellai'r gwahaniaeth
sylfaenol rhwng diwylliannau Cymru:

> Mae'r gwahaniaeth amlwg rhwng cynnyrch sinematig ein
> diwylliannau yn awgrymu fod gwneuthurwyr ffilmiau Cymraeg
> eu hiaith yn gallu delio'n iawn â marwolaeth, tlodi ac anobaith
> – cyn belled â'i fod yn digwydd yn ddigon pell yn y gorffennol.
> Mae sgriptwyr a chyfarwyddwyr sy'n gweithio drwy'r Saesneg
> ar y llaw arall yn mynd ar eu pennau i ymaflyd â hanfodion
> yr oes, yn procio'r wythïen nes ei fod yn brifo, yn cymryd
> tymheredd yr hyn sydd. Yn mesur heddiw a rŵan. Wrth gwrs

does dim rhaid wrth ffilm gyfoes i archwilio bywyd cyfoes, ac mae llawer o drasiedi anorfod *HOF* i'w weld yn *Un Nos Ola Leuad*. Mae unigrwydd, colled, hunanladdiad a gwallgofrwydd mor hen ag amser...

Mae Mam, Sid, Gwenny a Boyo yn byw ar ymyl y dibyn. Mae'u bodolaeth wedi'i glymu'n drwsgwl gan ddiod, cyffuriau, breuddwydion, breuddwydion a mwy o freuddwyd. Mae Sid a Gwenny yn eilunaddoli Jack Kerouac a diwylliant y 'beat generation', ac yno yn y mwd a'r glaw ar y Banwen maen nhw'n difyrru'i gilydd â straeon cyffrous a rhamantus am Jack a'i gariad Joyce. Mae Boyo yn gweld ei frawd a'i chwaer yn ymbellhau fwyfwy i fyd ffantasi sy'n gwbwl ddieithr iddo fo, a buan iawn y mae chwarae'n troi'n chwerw. Y Freuddwyd Americanaidd – neu *Yankage*, chwedl Boyo – yw thema fawr y ffilm. Mae'n troi o gylch yr awydd i ddianc i fyd gwell, yr hiraeth am le sy'n hollol ddiarth ond sy'n gaddo popeth. Teyrnas a adeiladwyd ar freuddwyd. Mi fyddai bywyd yn berffaith i Sid a Gwenny, dim ond iddyn nhw gyrraedd America.[22]

Adleisiai agweddau cymeriadau'r ddrama union obeithion rhai o'r grwpiau roc o Gymru oedd am gael eu derbyn ar lwyfannau Lloegr a hynny ar eu telerau hwy eu hunain yn hytrach nag ar delerau Lloegr. Cyflwynodd Edward Thomas nifer o ddramâu Cymreig ar lwyfannau Llundain megis *Flowers of The Dead Red Sea* ac *East From The Gantry* ar ddechrau'r 90au a chael ei dderbyn. 'Mi ydw i'n Gymro gydag agwedd' oedd ei ddatganiad cyson. Ni phlygai lin i feddylfryd y Saeson o'r hyn yw Cymru. Os oedd Jack Kerouac yn arwr a'r Freuddwyd Americanaidd yn denu Cymry'r Cymoedd roedd yr un arwr a'r un freuddwyd yn denu'r Cymry Cymraeg hefyd.

Un o brosiectau eraill Marc Evans oedd *Y Camgymeriad Gwych*, sef ffilm yn croniclo perthynas y Cymro alltud o Efrog Newydd, John Cale, â nifer o artistiaid cyfoes Cymru. Fe'i ffilmiwyd yn cyd-weithio gyda James Bradfield, lleisydd y Manic Street Preachers, Julie Murphy, lleisydd y grŵp gwerin Fernhill, Cerys Matthews (yn canu un o'i ganeuon), Big Leaves a'r Super Furry Animals ymhlith eraill. Byddai wedi bod yr un mor berthnasol petai'r gŵr o'r Garnant wedi rhannu ei amser â chyfoedion ieuengoed megis Dafydd Iwan, Endaf Emlyn a Meic Stevens a mapio eu pererindodau cerddorol ar y cyd. Ond nid yw'n deg dweud bod John Cale wedi cefnu ar Gymru. Bu Cymru a Chymreictod yn rhan o'i dryblith cerddorol gydol ei fywyd. Roedd bywyn Cymreictod yn rhan o'r cymysgedd yng nghanol yr holl ddylanwadau eraill a ffurfiodd y Velvet Underground a'r holl brosiectau *avant garde* eraill y bu ynghlwm â hwy. Recordiodd drefniadau o gerddi Dylan Thomas, canodd 'Myfanwy' ar y rhaglen deledu *Heno* a bu'n perfformio yng Nghymru'n gyson gydol ei yrfa. Roedd Dylan Iorwerth yn un o'i berfformiadau yng Nghaerdydd ac aeth ati i ddadansoddi hudoliaeth y gŵr:

> Pan fydd yn dechrau dyrnu'r piano, mae ei ynni yn gafael ynoch. Mae yna rywbeth ffrantig yn y ffordd y mae'n pwnio'r allweddellau gan ailadrodd patrymau o sŵn, fel petai'n taflu rhyw ddiafol o'r neilltu. Wedyn, yn sydyn, mi fydd eiliadau tawelach a'i fysedd yn anwesu'r nodau fel pluen ar awel o wynt. Does dim modd rhoi label call ar yr hyn y mae'n ei wneud – mae sŵn roc a cherddoriaeth glasurol yn rhai o'i ganeuon ac mi fedrwch hefyd weld olion y cerddor *avant garde* yng nghanol y 60au. Mae'r rhan fwya o'r caneuon yn dweud stori, amdano ef neu bobol eraill. Maen nhw hefyd yn creu darluniau, rhai'n dywyll, rhai'n od, rhai'n brydferth.[23]

Mae holi John Cale 'Ble wyt ti rhwng?' yn sicr o esgor ar atebion dyrys. Er iddo symud o Gymru a chodi ei babell yng nghanol bwrlwm byd-eang y byd roc, bodoli ar ymylon y byd hwnnw fu ei hanes. Mae'n anodd ei ddirnad am iddo fod mor agored i gymaint o ddylanwadau ac eto fynnu parhau'n rebel yn edrych ar bob dim o'r tu fas. Yn ôl ei gyfaddefiad ei hun ni theimlai ei fod wedi cyflawni fawr ddim o bwys yn ystod ei yrfa:

> When I look back at the things I have done, I don't see a body of work that is coherent. It just reminds me of things I haven't done.[24]

Do, bu eraill yn cyfrannu at, ac yn elwa o'r, diwylliant torfol ehangach, ond fyddai wplabobihocdw ddim yn bosib petai hynny'n cael ei ystyried fel unig swm a sylwedd y diwylliant roc Cymraeg.

Bu Toni Caroll o Gwmtawe yn rhan o fwrlwm y 60au ac yn ymddangos mewn nosweithiau *cabaret* ar draws Ewrop cyn dilyn gyrfa actio lwyddiannus yn Gymraeg ar deledu yn bennaf. Bu Stifyn Parri o Rosllannerchrugog yn cymryd rhan mewn sioeau megis *Les Misérables* yn Llundain yn ogystal ag actio mewn cyfresi teledu megis *Brookside* a *Coleg* cyn mynd ati i ffurfio gyrfa iddo'i hun fel impresario a sefydlu mudiad SWS mewn dinasoedd megis Llundain ac Efrog Newydd er mwyn tynnu Cymry alltud at ei gilydd. Ar un adeg cafodd Ceredwen, grŵp gwerin a ffurfiwyd gan Rene Gray o Frynaman, gytundeb recordio yn America. Defnyddiwyd un o'u caneuon, 'Gates of Annwfn', mewn *remix* tecno gan DJ Junior Vasquez a ddringodd yn uchel yn siartiau America.

Yng nghanol y 90au hefyd roedd record o eiddo Donna Lewis o Gaerdydd, 'I Love You Always', yn uchel yn siartiau America. Bu'r gantores werin o Gwm Rhymni, Katell Keineg, yn recordio'n America. Bu Ria Jones o Abertawe yn perfformio mewn cynyrchiadau megis *Evita*, *Cats* a *Sunset Boulevard* yn Llundain. Roedd nifer o Gymry Cymraeg yn aelodau o grwpiau gafodd lwyddiant yn y siartiau Prydeinig. O'r Rhyl yr hanai Lisa Scott-Lee a fu'n aelod o'r grŵp Steps ac roedd ei chyd-aelod Ian Watkins yn hanu o Dreorci. Roedd Scott Rosser o Lwynhendy ger Llanelli yn aelod o Dario G, a Damon Rochfort o Ddinas Powys yn aelod o Nomad. Roedd Catrin Lowri o Gaerfyrddin yn aelod o Bad Dream Fancy Red, ac Aled Haydn Jones o Aberystwyth yn aelod o dîm *The Breakfast Show* ar Radio 1. Roedd y brodyr Rheinallt a Peredur ap Gwynedd o Grymych yn cyfeilio i artistiaid ar draws y byd.

Mae'n debyg nad oedd bod yn rhan o ddiwylliant roc Cymraeg na cheisio cyfrannu at ei gynnal yn flaenoriaeth gan yr uchod mewn unrhyw fodd. Roedd yna lawer, wrth gwrs, o fewn y byd roc 'Cymraeg' yn dymuno cael eu disgrifio fel grwpiau dwyieithog. Byddai Bethan Elfyn a Huw Stephens yn troelli disgiau ar Radio 1 ac ar Radio Cymru. Doedd y duedd yma ddim yn dderbyniol yng ngolwg Lefi Gruffudd, aelod o'r Wiwerod Rhyw o Uffern. Gwelai beryglon:

> Beth sy gyda ni nawr? – sîn roc dwyieithog lle mae bandiau ag enwau Saesneg yn newid o un iaith i'r llall gan obeithio cael cynulleidfa a mwy o werthiant drwy ganu yn yr iaith fain, a thrwy farchnata yn yr iaith honno. Does dim un cylchgrawn Cymraeg am y sîn roc bellach (heblaw am y sgleiniog, sybsideiddiedig, sbaddedig, *Tacsi*). Cyflwynir y cyfan am y sîn roc 'Gymreig' neu'r 'Welsh scene' mewn un cylchgrawn Saesneg o'r enw *Sound Nation*, sydd, chware teg, yn cynnig un golofn Gymraeg (neu ddwyieithog o leia) gan Rhys Mwyn. Bach fel Dafydd Iwan yn cael 'ambell i lesson yn Welsh, chware teg'.[25]

Ond a derbyn bod yna ganu Cymraeg o hyd, boed o fewn fframwaith dwyieithrwydd neu beidio, oes yna ddigwyddiad neu ddigwyddiadau ar ddiwedd un milflwyddiant a chychwyn un arall sy'n crisialu hanfod y diwylliant roc yng Nghymru ar y pryd? Oes yna eiliadau diffiniol sy'n mynd i aros yn y cof? Mae'n debyg ein bod yn rhy agos at y cyfnod i gynnig atebion pendant. Ond mae yna ddigwyddiadau sy'n cynnig eu hunain yn bendifaddau. Beth am Meinir Gwilym a'i halbwm *Dim Ond C'lwydda* ar label Gwynfryn? Beth am Bryn Fôn a gwerthiant rhyfeddol, unwaith eto, ei albwm *Abacus* ar ei label ei hun? Beth am albwm Huw Chiswell, *Dere Nawr*, ar label Sain? Beth am albwm Gruff Rhys, *Yr Atal Genhedlaeth*, ac yn arbennig y gân 'Ni yw y Byd', sy'n gymaint o anthem ag 'Yma o Hyd' Dafydd Iwan? Beth am ddeunydd Mim Twm Llai neu Pep le Pew? Beth am gryno-ddisg *Proc i'r Tân* ar label Sain gan gynheilydd y traddodiad gwerin, Arfon Gwilym, neu berfformiad Cogiau Cut Lloi yn Eisteddfod Genedlaethol Meifod 2003 dan arweiniad Siân James? Medrai lleisiau cadarn a sain unigryw Gymreig y bechgyn ddifyrru cynulleidfaoedd mewn unrhyw ran o'r byd yn union fel y gwna canu afieithus llawer o gorau'r Affrig. Neu beth am albwm Texas Radio Band, *Baccta Crackin*, a ddyfarnwyd yn albwm Gymraeg orau'r flwyddyn yn Noson Wobrwyo Flynyddol Radio Cymru, er bod y mwyafrif llethol o'r caneuon yn ganeuon Saesneg? Beth am berfformiadau Ryland Teifi a'i gryno-ddisg *Heno* ar label Kissan, neu Alun Tanlan? Gellir ychwanegu at y rhestr mae'n siŵr.

Ond un peth y gellir yn sicr ei wneud yw edrych yn ôl a hynny gyda hyder a balchder wrth dafoli cyfraniadau rhai o'r artistiaid hynny na fynnent gael eu galw'n berfformwyr dwyieithog. Gellir eu gwerthfawrogi a'u cydnabod am osod seiliau a bod yn gerrig ateb i sawl cenhedlaeth o ieuenctid, yn ogystal ag agor eu meddyliau i Gymreictod. Doedd gan Angharad Tomos ddim amheuaeth ynghylch cyfraniad Dafydd Iwan:

> Dwi'n meddwl fod rhaid i rywun gael ei ddeffro i'r peth, ac mi oedd ei ganeuon o fel agor cist drysor ac yn gwneud i rywun sythu ei gefn mewn balchder.[26]

Roedd Robin Gwyn am gydnabod cyfraniad Caryl Parry Jones:

> Ar ôl dechrau ei gyrfa gyda'r grŵp ysgol neis-neis Sidan, fe flodeuodd Caryl (ar ffurf Injaroc, Bando a Caryl a'r Band) ynghanol y 70au a dechrau'r 80au. Mae 'Calon', 'Space Invaders', 'Chwarae'n troi'n chwerw' a llu o glasuron eraill wedi datblygu yn anthemau oesol. Fel yn achos Abba, roedd Caryl yn darged hawdd oherwydd ei phwyslais ar kitsch, perfformio camp(us) ac adloniant pur – ond roedd hi hefyd yn sgrifennu caneuon disgo gwych. A heddiw, un o ganeuon pop gorau'r 90au yw fersiwn y grŵp hip a trendi Diffiniad o 'Calon'... Os mai Geraint Jarman yw Tad y Sîn Roc Gymraeg, Caryl Parry Jones yw ei Mam.

Hi a heuodd yr hadau ar ran y cnwd newydd o berfformwyr benywaidd Cymraeg ac mae Eden, Waw Ffactor, Lucy Chivers a Catatonia yn medi ffrwyth ei harloesi. Efallai mai Cerys sydd ar flaen y cylchgronau sglein yn Smiths ond Caryl a wnaeth y gwaith caib a rhaw.[27]

Un arall o linynnau feiolin Caryl oedd ei sioe o ganeuon pop cyfarwydd y 60au a'r 70au. Gyda chymorth rhai o gerddorion profiadol cylch Caerdydd byddai'n cynnal *cabaret* a dawns ar gyfer cymdeithasau oedd yn ymwneud â diwylliant Cymraeg ar hyd y De boed yn elusennau, eisteddfodau neu gymdeithasau rhieni ysgolion dwyieithog. Sioe o ganeuon Saesneg fyddai hon.

Pan gyhoeddwyd y CD *Dilyn y Graen*, sef casgliad o ganeuon y cyfarwyddwr ffilm o Ben Llŷn a Bro Morgannwg, Endaf Emlyn, ugain mlynedd ar ôl iddo gyhoeddi ei offrwm olaf, rhoes Pwyll ap Siôn ddadansoddiad cryno o ddawn yr artist:

'Dianc ar gerddorol daith' oedd un o linellau Endaf ar ei record hir olaf, *Dawnsionara*, ac mae'n ddisgrifiad addas o'i recordiau ar hyd y blynyddoedd. I fachgen a dyfodd i fyny yn sŵn y môr, yr oedd prydferthwch gerwin Pen Llŷn yn pylu wrth iddo wrando ar atgofion hen longwyr Pwllheli am y byd tu hwnt i'r gorwel. Yr oedd y byd hwnnw, a'i ddiwylliant estron, yn un y câi Endaf gip arno wrth wrando ar y *Forces Network* yn darlledu roc a rôl ar y radio yn ystod y 50au. Fe'i cyfareddwyd gan y gerddoriaeth drydanol, herfeiddiol hwn ac o'r eiliad honno yr oedd yn benderfynol o dramwyo daearyddiaeth y canu newydd Americanaidd a'i osod i'w ddibenion creadigol ei hun.[28]

I'r sawl sy'n gwegian ac yn betrusgar ynghylch y posibiliadau o gyfrannu at ddiwylliant roc Cymraeg, ac at y posibiliadau o ddefnyddio'r cyfrwng i archwilio'r diwylliant Cymraeg ehangach, fe ddylai *Dilyn y Graen* fod yn ei beiriant CD yn feunyddiol. Yn wir, mae yna 'estroniaid' sydd wedi darganfod canu roc Cymraeg ac sydd yn deyrngar iddo. Dyna chi Takahiko Togano o Japan sydd â chasgliad helaeth o recordiau Cymraeg a Debbie Prowse o Camden yn Llundain a aeth ati i gyhoeddi ffansîn dwyieithog yn rhoi sylw i fandiau o Gymru.

Ond un maes cerddorol nad yw ymlyniad at iaith na diwylliant yn berthnasol wrth ei fwynhau a'i dafoli yw jazz. Ac mae yna Gymry sydd wedi dwli ar y cyfrwng ac yn cyfrannu tuag ato. Arferai'r clarinetydd Wyn Lodwick o Lanelli deithio'n flynyddol i Efrog Newydd i chwarae gyda'r Harlem Blues and Jazz Band o ganlyniad i'w gysylltiad â Dil

Jones, y pianydd jazz o Geinewydd a fu'n byw yn y ddinas. Mae yna glybiau a thafarndai ledled y wlad sydd yn rhoi llwyfan i gerddorion jazz yn rheolaidd, yn arbennig yn y dinasoedd. Mae Cenfyn Evans o Bontsian yng Ngheredigion a Trefor Owen o Walchmai ar Ynys Môn ymhlith y cerddorion hynny. Ond, er hynny, statws ymylol sydd i'r cyfrwng yn niwylliant poblogaidd Cymru yn ôl Pwyll ap Siôn:

> Does dim byd cynhenid Cymreig yn perthyn i'r cyfrwng ac nid oes unrhyw artist o bwys hyd yma wedi ceisio cymhathu'r arddull er dibenion creu gofod newydd o ystyr i'n cenedligrwydd, fel y gwnaeth Geraint Jarman gyda reggae a Steve Eaves gyda'r blues. Efallai'r rheswm yn rhannol dros hyn yw mai cerddoriaeth offerynnol yw jazz ar y cyfan ac mai neges gynhenid gerddorol sy'n perthyn iddo yn hytrach na bod y gerddoriaeth yn sail i ystyr neu neges eiriol, mwy diriaethol... Nid yw jazz wedi derbyn sylw teilwng yng Nghymru – mae nifer o gerddorion yn ei weld fel ffurf elitaidd i'r rhai hynny sy'n credu eu bod yn hyddysg yn ei hiaith. Ond rhaid cofio fod 'na fwy i jazz na fformiwlâu ailadroddus diddiwedd.[29]

Bellach un o wyliau jazz mwyaf Ewrop yw'r ŵyl flynyddol yn Aberhonddu. Ac os nad oes yna Gymry ymhlith y mawrion sy'n perfformio yno mae yna'n sicr Gymry megis Dylan Iorwerth a Dylan Williams sy'n medru gwerthfawrogi'r lliwiau llachar sy'n cael eu creu gan y synau:

> Eleni roedd hi'n amlwg fod jazz yn gerddoriaeth ryngwladol sy'n ymgorffori sbectrwm diddiwedd o arddulliau, a'r rheiny'n cael eu perfformio gan gerddorion o gefndiroedd gwahanol iawn. Un o'r cerddorion a wnaeth lawer iawn i greu'r sefyllfa iachus yma yw'r sacsoffonydd Benny Carter – un o sacsoffonwyr mwya' dylanwadol y 30au a'i feiddgarwch cerddorol yn cael ei adlewyrchu ar lefel gymdeithasol wrth iddo greu'r band cynta' a oedd yn gymysg o gerddorion du a gwyn. Fe ddechreuodd chwara yn 20au cynnar y ganrif a chadwodd i ddatblygu trwy gydol ei yrfa gan ymateb i ddatblygiadau chwyldroadol *be-bop* y 50au a jazz rhydd y 60au.
>
> Ac yntau'n 87 mlwydd oed, mae'n dal i feddu ar dôn llawn ac aeddfed ac mewn cyngerdd gwefreiddiol gyda'r pedwarawd Ffrengig Saxomania roedd fel pe bai'n adrodd hanes jazz ei hun yn ei unawdau gafaelgar. Y tro yma, roedd y fenter o wahodd Carter i chwarae gyda'r pedwarawd sacsoffon wedi gweithio i'r dim. Roedd y pedwar Ffrancwr yn unawdwyr medrus iawn eu hunain ac yn amlwg yn cael eu hysbrydoli'n fawr ym mhresenoldeb un o'u harwyr...[30]

Fydd yna gerddorion Cymreig a Chymraeg, boed yn chwarae sacsoffon neu gitâr, yn dal wrthi'n 87 mlwydd oed mewn Noson Lawen, cyngerdd roc, gŵyl jazz neu werin neu mewn sesiwn anffurfiol yng nghornel tafarn? Ydi'r duedd ymhlith grwpiau Cymraeg i fentro yn y byd Saesneg maes o law yn debyg o barhau? Ac ai glastwreiddio'r cynhenid yw hynny o reidrwydd neu fodd yn y pen draw i dynnu mwy i mewn i'r diwylliant roc Cymraeg, gan roi mwy o statws a hunan-barch iddo? Yr artistiaid eu hunain sydd i benderfynu: nhw sydd i holi eu hunain ble maen nhw rhwng.

A yw Gruff Rhys a'r Super Furry Animals wedi dangos y ffordd i bwy bynnag sydd am wneud bywoliaeth yn y maes a cheisio cyrraedd yr uchelfannau'r un pryd trwy ymestyn eu doniau i'w heithaf? Pe na bai Gruff Rhys wedi gwneud mwy na chyfansoddi'r llinell 'meddwl yn ddwys am ddim byd o bwys yw amcan fy ymennydd', sy'n adlais o linell ei arwr John Cale 'the best of times are the thoughtless times', yn nyddiau Ffa Coffi Pawb byddai wedi gwneud cyfraniad o bwys.

Mae gan bawb ei wirionedd, ac os mai un o'r rhesymau dros gynnal diwylliant roc Cymraeg yw er mwyn sicrhau goroesiad y Gymraeg, rhaid amenio sylw tad y sîn roc Gymraeg, Geraint Jarman, ar raglen radio 'nad yw'r Gymraeg hyd yma wedi cyrraedd mangre llawenydd'. Fydd hi'n bosib ei thywys i fangre ei llawenydd boed yn cwrso'r Freuddwyd Americanaidd neu'r Freuddwyd Gymreig neu'n cwrso'r ddwy ar y cyd? Un eironi yw'r ffaith mai cerddorion di-Gymraeg oedd y Cynganeddwyr yn cyfeilio i artist Cymraeg tra bo cerddorion y Super Furry Animals, er enghraifft, yn gerddorion Cymraeg eu hiaith yn cyfeilio i ganwr o Gymro Cymraeg sy'n canu yn Saesneg gan amlaf. Does dim amwyster yn safbwynt Steve Eaves wrth ddelio â'r cwestiwn o ba iaith y dylid ei defnyddio fel cyfrwng mynegiant os am hyrwyddo diwylliant roc Cymraeg:

> Dwi ddim am gondemnio grwpiau ond dwi'n meddwl, i ni gael dyfodol i'r iaith mae'n rhaid iddi fod yn iaith greadigol a mentrus, ac mae'n rhaid i bobol fod yn y rheng flaen o beth sy'n newydd ac sy'n torri tir newydd yn y Gymraeg. Fedr rhywun ddim cymryd agwedd negyddol achos mai ennill bywoliaeth y mae'r grwpiau yma. Mae lot ohonon ni yn gorfod gweithio tipyn yn Saesneg, felly sut fedra i gondemnio rhywun sy'n ennill bywoliaeth mewn ffordd arall drwy gyfrwng yr iaith? Dw i ddim yn erbyn bandiau sy'n canu yn Saesneg ond dw i dros ganu yn Gymraeg.[31]

Rhaid parhau i holi ble ydan ni rhwng. Gosodwyd y norm hwnnw ym myd barddoniaeth gan y roc-fardd Iwan Llwyd, fel y tystia Robert Rhys wrth fwrw golwg ar ei gyfrol *Dan Ddylanwad*:

> Teithio daearyddol, diriaethol yng Ngogledd America a Chymru yw sylfaen y mwyafrif o'r cerddi newydd hyn ond eu bod wrth reswm yn awgrymu taith cenedl a chenhedlaeth... Wrth gofnodi'i brofiadau yng Ngogledd America yn rhan gyntaf y gyfrol mae'r bardd yn troedio tirlun a roes i'r diwylliant cyfoes llywodraethol gynifer o'i eiconau grymusaf. Mewn mwy nag un gerdd drawiadol ('Harley Davidson', 'Route 66', 'Haight Ashbury') adroddir hanes cyfarfyddiad y bardd â'r gwir y tu cefn i'r ddelwedd, y ffatri sy'n cynhyrchu'r breuddwydion a hudodd filiynau. Fe'n tywysir yn y gerdd-deitl 'Dan Ddylanwad', i wlad 'o enwau Palestina neu Rodd Mam', gwlad 'gorthrwm a chwlwm a chwalfa',/ gwlad fu'n gaethglud a Gwladfa'.[32]

Soniwyd llawer am fwrlwm a gobeithion y blynyddoedd cyn y refferendwm ar ddatganoli yn 1979 ac yna am y chwalfa a'r dadrithiad dilynol. Ymateb sardonig gafwyd gan Bando wrth ganu 'Ie, Ie, Dros Gymru' ac awgrymwyd bod y cwffio gafwyd ym Mhen Llŷn mewn gig Maffia Mr Huws yn tanlinellu parhad ymdeimlad o waseidd-dra dwfn. Ond mynna Iwan Llwyd fod y cyffro adloniadol ymhlith yr ifanc yn digwydd ar wahân ac yn annibynnol ar y brif ffrwd wleidyddol a diwylliannol, ac mai dyna oedd ei gryfder:

> Ni oedd y genhedlaeth oedd 'wastad ar y tu fas' yng ngeiriau'r Trwynau Coch. Roedden ni wedi cael ein gwrthod gan y Gymru dosbarth canol parchus. Roedd yn rhaid i ni greu ein hystyr ein hunain i Gymreictod. Roedd refferendwm 1979 wedi dangos nad oedd modd diffinio Cymru yn ôl yr hen ganllawiau. Roedd y Gymru honno wedi darfod amdani. Roedden ni'n ôl ym mlwyddyn un. A thrwy gyfrwng digwyddiadau oedd yn denu'r cannoedd, os nad miloedd, fel Twrw Tanllyd yn yr Eisteddfod a nosweithiau *Sgrech* yng Nghorwen, roedden ni'n gosod ein hagenda ein hunain – yn ein tyb ni, beth bynnag. Roedden ni y tu allan i'r system – rhan o fynd yn hŷn yw llithro'n ôl i mewn i'r system, mae'n siŵr.[33]

Does dim dwywaith bod Bob Dylan, Mick Jagger a'u tebyg wedi bod yn fwy o ddylanwad ffurfiannol ar Iwan Llwyd nag y bu'r beirdd traddodiadol Cymraeg. Torrodd ei gŵys ei hun heb hidio am ganfod ei le ymhlith y criw traddodiadol na chwennych eu cymeradwyaeth. Cynigiodd ei hun fel llais ei genhedlaeth aflonydd gan resynu na roddir cydnabyddiaeth deilwng i'r sawl sy'n gwthio ffiniau'r diwylliant cyfoes:

Yn yr Unol Daleithiau mae hen rocyrs fel Bob Dylan, John Lennon neu Jim Morrison yn destunau cyfrolau neu gyrsiau academaidd. Hyd yma dydan ni fel Cymry Cymraeg ddim wedi cychwyn y gwaith o werthfawrogi cyfraniad rhai o gewri canu cyfoes Cymraeg i oroesiad yr iaith a'r diwylliant yn ystod y deng mlynedd ar hugain diwethaf.[34]

Er mor angenrheidiol oedd y gerdd 'Cilmeri' o eiddo Gerallt Lloyd Owen, a'r geiriau dirdynnol hynny 'Wylit, wylit Lywelyn / Wylit waed pe gwelit hyn', yn 1969 i ddynodi maint ein cywilydd a'n taeogrwydd roedd 'Ethiopia Newydd' Geraint Jarman yn agor golygon i bosibiliadau newydd a chyfle i symud ymlaen ar yr ymdaith barhaus. Fydd yna artistiaid cyfoes yn rhoi arweiniad a chyfeiriad cyffelyb yn ystod y blynyddoedd nesaf nawr bod y chwiw o lwyddo yn Lloegr wedi pylu? Er mwyn rhoi hwb a chwarae teg i'r diwylliant roc Cymraeg mae Simon Brooks am weld y Cynulliad yn deddfu o'i blaid:

Mae gennym eisoes ym Mhrydain ddeddfwriaeth sydd yn gwahardd creu monopolïau er mwyn cyfyngu ar gystadleuaeth. Bydd eisiau estyn deddfwriaeth o'r fath i faes diwylliant poblogaidd er mwyn gomedd sefyllfa lle bo deunydd Cymraeg yn cael ei gau allan o'r farchnad mewn dull hollol artiffisial. Ni wn, er enghraifft, am yr un siop gadwyn gerddoriaeth (HMV, Virgin, Our Price) sydd yn stocio'r un gryno-ddisg Gymraeg heblaw, wrth gwrs, am gorau meibion; nac ychwaith am yr un clwb nos (ac eithrio Clwb Ifor) sydd wedi chwarae'r un gân Gymraeg *erioed* (ar rwyf yn *aficiando* rhai o glybiau nos Abertawe); a phrin eithriadol yw'r sgrechflychau a'r systemau sain mewn tafarnau ac arnynt recordiau Cymraeg.

Mae sefyllfa felly'n sathru ar hawliau ieithyddol Cymry Cymraeg i glywed eu cerddoriaeth mewn mannau cyhoeddus, fel iaith *normal* y gymuned gyfan. Ai oherwydd ein cefndir ymneilltuol yr osgowyd hyd yma ymgyrch yn erbyn diffyg Cymreictod clybiau a thafarnau, er mai dyna'r dylanwadau ieithyddol mwyaf pellgyrhaeddol ar bobl ifanc? Mae Cymreigio bywyd nos, a gwneud *clubland* yn rhan o'r Gymru Ewropeaidd fodern, yn gwbl hanfodol wrth geisio normaleiddio'r defnydd o'r iaith ymhlith pobl ifanc yn yr oedran ar ôl gadael ysgol.

Yn ôl deddf gwlad y wladwriaeth Gymreig, dylai canran fechan ond penodol (1-5%, efallai) o'r cynnyrch sydd ar gael yn siopau cerddoriaeth y stryd fawr fod yn Gymraeg. Dylai hyn fod ynghlwm wrth fenter farchnata fawr i ddarbwyllo tafarnau a chlybiau i gynnig caneuon Cymraeg yn rhan o'u harlwy gerddorol. Ac yma hefyd, pe bai'r sefydliadau hyn yn gwahardd deunydd Cymraeg ar egwyddor, gan gyfyngu ar y farchnad mewn dull annheg, dylai'r Cynulliad fod yn barod i ddeddfu.[35]

Fodd bynnag, hyd yma, gellir brolio bod canu roc Cymraeg fel rhan o ddiwylliant lleiafrifol wedi profi'n wyrthiol o wydn i ddatblygu a goroesi yng nghesail diwylliant roc mwyafrifol pwerus nad oes modd ei osgoi. Dyna yw casgliad academydd a sylwebydd ym maes gwleidyddiaeth a thueddiadau rhyngwladol, Richard Wyn Jones, cyn-aelod o'r grwpiau Siencyn Trempyn, Arfer Anfad a Steve Eaves:

> Y gwir amdani yw bod ffyniant diwylliant poblogaidd i'r ifanc yn y Gymraeg yn ffenomenon a fu bron yn unigryw ymysg cenhedloedd di-wladwriaeth Ewrop yn ystod y degawdau diwethaf. Ac mae'r ffaith ei fod wedi ffynnu i'r fath raddau yn union o dan gesail diwylliant Anglo-Americanaidd sydd wedi profi mor ddeniadol a deinamig ledled y byd, yn rhywbeth y gallwn ymfalchïo ac ymffrostio ynddo.[36]

Roedd yr hanesydd R Merfyn Jones am bwysleisio bod y canu Cymraeg wedi goroesi'n rhannol am ei fod wedi ymestyn allan, wedi croesbeillio ac wedi tynnu eraill i mewn:

> Ond yn negawd ola'r ganrif yr ymddangosodd cerddoriaeth roc Gymreig ar lwyfan ehangach, ffenomen a nodweddwyd gan groesffrwythloni diddorol rhwng y Gymraeg a'r Saesneg. Band roc llwyddiannus ond cyffredin braidd oedd Alarm o'r Rhyl, nes i'w brif ganwr, Mike Peters, gael ei gyffroi yn yr wythdegau gan Gymreictod a dechrau arbrofi gyda chanu corau meibion a chanu yn Gymraeg. Ar y dechrau yn Gymraeg yn unig y canai Super Furry Animals, Gorky's Zygotic Mynci a Catatonia, ond yn nes ymlaen canu'n bennaf, er nad yn gyfangwbl, yn Saesneg a wnaethant.
>
> Bandiau Saesneg oedd y Manic Street Preachers o'r Coed Duon yng Ngwent a'r Stereophonics o Gwmaman yng Nghwm Cynon, ond chwyrliai'r Ddraig Goch yn eu cyngherddau gan danlinellu'r ffaith bod bandiau Saesneg eu hiaith yn medru bod yn fandiau Cymreig. Anodd yn y saithdegau fyddai dychmygu'r gyngerdd a gynhaliwyd yng Nghaerdydd yn 1997 pan ddaeth talentau mwya'r maes at ei gilydd i glodfori cerddoriaeth roc Gymreig; gyda'r Gymraeg a'r Saesneg yn cael eu defnyddio a'u derbyn heb na thrafferth na thyndra. Daeth grwpiau Cymreig i fod yn boblogaidd tu hwnt a thu allan i Gymru er i rai yn Lloegr weld eu Cymreictod fel bygythiad 'ffasgaidd'.[37]

Tybed a ellir perswadio Meic Stevens i recordio ei fersiynau ei hun o ganeuon megis 'Y Ferch o Blwy Penderyn', 'Ar Lan y Môr', 'Ffarwel i Blwy Llangywer' ac ati? Byddai'n glo teilwng i yrfa cyfansoddwr sydd ei hun wedi cyfansoddi ei siâr o ganeuon gwerin a fyddant fyw tra bydd y Gymraeg. Nododd un tro mai ei uchelgais oedd cyfansoddi cân a fyddai'n cael ei thrysori ar yr un gwynt â rhai o'r uchod:

Mi fedrwn farw'n hapus pe medrwn gyfansoddi un gân debyg i 'Bugeilio'r Gwenith Gwyn'.[38]

Cred Robin Gwyn iddo apelio ar sail ei athrylith ar draws y cenedlaethau waeth beth oedd y chwiw gerddorol ar y pryd:

Ers y 60au bellach, mae yna genedlaethau o blant dosbarth canol Cymraeg neis wedi mynd i golegau Cymru gyda'r bwriad o ddryllio holl gadwyni Anghydffurfiaeth. O'r Normal, Bangor ac Aber i lawr i Lambed, y Drindod, Abertawe a Chaerdydd, yr un yw'r ddefod oesol. Rhyw, alcohol a miwsig – ond nid o reidrwydd yn y drefn yna. Efallai bod cyfeiliant cerddorol rhan gynta'r traddodiad wedi esblygu o Gymreictod di-gwestiwn disgos Hywel Gwynfryn a Mici Plwm, Edward H, Jarman, Y Trwynau a Maffia Mr Huws, i ddwyieithrwydd 'goleuedig' Tynal Tywyll, Beganifs, Catatonia, Gorky's a'r Super Furries.

Ond mae'r epilog wedi aros yn ddigyfnewid. Fel arfer, mae'n digwydd tua thri o'r gloch y bore, ar ôl yr 'ail waith' a phan fod un o'r ddau sydd yn y gwely yn dechrau sobri. Y foment dyngedfennol yw'r ymgais ofer a phathetig i gofio enwau: Gwenan? Gwenno? Gwerfyl? Gwawr? Neu, wrth gwrs, Dafydd? Dei? Dylan? Daniel? Yna, fflach o ysbrydoliaeth – rhoi un o recordiau tawel Meic Stevens ymlaen i lenwi'r distawrwydd annifyr gan roi mwy o amser i feddwl. Wedyn y dal dwylo tyner a nofio'n ysgafn ar wyneb môr o gariad.

Y patrwm oesol hwn a roddodd arwyddocâd angerddol i'r rhaglen *Meic* (nos Lun y Pasg). Trwy gyflwyno pigion cyngerdd arbennig yng Nghaernarfon wedi eu plethu gydag atgofion y dyn ei hun am gefndir rhai o'i glasuron, fe lwyddodd y cynhyrchwyr i agor y llifddorau ar atgofion melys i rai ond chwerw i eraill. I bobol pedwardegrhywbeth, cenhedlaeth yr LP arloesol *Gwymon*, roedd clywed 'Yr Eryr a'r Golomen', 'Cân Walter' a 'Merch o'r Ffatri Wlân' fel camu'n ôl i ganrif arall pan oedd hi'n bosib newid y byd er gwell, neu o leia paentio'r byd yn wyrdd.

I genhedlaeth y record hir Gog, roedd 'Rue St Michel' yn eu hatgoffa o ble y cafodd Twm Morys yr ysbrydoliaeth i feithrin ei obsesiwn gyda Llydaw a byw bywyd bohemaidd gan wrthod gwerthoedd gwyrdroëdig y clic breintiedig Cymraeg. Hyd yn oed yn yr 80au a'r 90au, mae Meic Stevens wedi parhau i gynhyrchu baledi sy'n tyfu yn eu statws, fel 'Bobby Sands' ac 'Erwan'. Fel rhyw fath o Van Morrison Cymraeg, mae wedi ennill edmygedd, os nad parch, byddin o ffyddloniaid o sawl cefndir ac oedran.

Roedd 1962 – tynged yr iaith, sefydlu Cymdeithas yr Iaith – yn drobwynt i bobol ifanc a oedd am weld y syniad o Gymru yn cael ei wireddu ac mae Meic Stevens wedi darparu soundtrack y golygfeydd tyngedfennol wrth i obeithion gael eu codi a chwalu am yn ail. Ar wahân i Dafydd Iwan, Dewi Pws a Geraint Jarman efallai, mae'n anodd meddwl am unigolyn arall sydd wedi cael cymaint o ddylanwad parhaus dros gyfnod mor faith ar ddatblygiad diwylliant ieuenctid Cymraeg gwirioneddol gyfoes a phoblogaidd. Efallai bod rhai yn licio Mynediad am Ddim ac eraill yn licio Oasis – ond mae pawb yn gwrando'n astud pan fydd Meic yn cyflwyno 'Môr o Gariad'.[39]

Be-bop-a-lula'r delyn aur.

Wplabobihocdw ble wyt ti rhwng? Ai ni yw'r byd?

Ymddengys bod deiliaid y diwylliant roc Cymraeg megis rhwyfwyr mewn cwrwgl yn ceisio cadw'n gyfochrog â llong fawr. Weithiau mae rhai o'r rhwyfwyr yn penderfynu dringo ar fwrdd y leinar er mwyn difyrru'r dorf yno. Mae'n anodd i'r cwrwgl gadw at ei gwrs am ei fod yn cael ei ddal yng ngherrynt y llong.

Hwyrach y bydd rhai'n deisyf swcwr mewn gwyliau gwerin wrth i Sesiwn Fawr Dolgellau a Gŵyl y Gwyniad yn y Bala ail-greu rhywfaint o hwyl a llawenydd a *craic* y gwyliau mabsant slawer dydd. Bydd yno elfennau rhyngwladol wrth i'r cynhenid frigo i'r wyneb yng nghanol y mabsanta.

Pwy sydd i ddweud na fydd y Noson Lawen yn canfod ail wynt yn nwylo digrifwyr fel Trefor Owen a John Sellars ac yn torri'n rhydd o hualau caethiwus y fformat teledu? Wedi'r cyfan, mae'n gynhenid a siawns na ellir wrth ddyfeisgarwch a dychymyg ei hail-greu o'r newydd. Dyw'r ffaith nad oes rhaglenni brethyn cartref o Bolton, Truro neu Widnes yn llenwi oriau benbwygilydd ar sianeli Lloegr byth a hefyd ddim i ddweud na ellir datblygu'r gynneddf Gymreig. Does bosib y cyflwynir eitemau Saesneg i fformat y Noson Lawen.

Ymddengys ei bod yn norm bellach i glywed lleisiau radio'n cyflwyno caneuon yr Eingl-Americân trwy gyfrwng y Gymraeg fel sy'n arferol ymhlith gorsafoedd radio gwladwriaethau bychain eraill. Oes yna blygu i'r anorfod mai cyfyng yw peuoedd y Gymraeg? Ai bodoli yma a thraw fel briwsion cwrens yn y gacen fawr fydd ei thynged? Ymddengys nad oes gan hyrwyddwyr y diwylliant mawr fawr o glem o le'r Gymraeg na'r un o'r ieithoedd roc llai yn y patrwm byd-eang. Er bod ymgyrch fawr glodwiw Bob Geldof i ddileu tlodi, er enghraifft, yn ymwneud ag adfer urddas, balchder a thras cenhedloedd ar gyfandir Affrica nad yw'r Saesneg yn iaith gynhenid i'r un ohonyn nhw, Saesneg oedd iaith perfformio'r grwpiau a wahoddwyd i gymryd rhan mewn cyngherddau ledled y byd Gorllewinol yn 2005. Byddai rhoi lle i grwpiau'r ieithoedd llai wedi bod yn fodd o adlewyrchu'r amrywiaeth diwylliannol ymhlith yr holl wledydd yr aed ati i'w cynorthwyo. Byddai'n ddatganiad o gefnogaeth i gydraddoldeb diwylliannol o fewn y byd roc.

Ai nhw yw'r byd? Neu wplabobihocdw, ble wyt Ti rhwng?

Nodiadau

Rhagair
1 Meic Llewellyn, 'Popular music in the Welsh language and the affirmation of youth identities', *Popular Music* 19/3 (2000), 319.

Rhagarweiniad
1 *Golwg* (Cyfrol 2, Rhif 6, 12 Hydref 1989), 30.

Pennod 1
1 John Davies, *Hanes Cymru* (Penguin, 1992), 652.
2 *Barn* (Rhif 213, Hydref 1980), 325.
3 *ibid* (Rhif 215, Rhagfyr 1980), 372.
4 *Sgrech* (Rhif 22, Chwefror 1982), 5.
5 *ibid*.
6 *ibid*. (Rhif 31, Awst 1983), 17
7 *Sgrech* (Rhif 26, Hydref 1982), 7.
8 *ibid*.
9 *Sgrech* (Rhif 27, Nadolig 1982), 17.
10 *ibid* (Rhif 22, Chwefror 1982), 12.
11 *ibid* (Rhif 23, Pasg 1982), 10.
12 *ibid* (Rhif 27, Nadolig 1982), 14.
13 Gwyn Erfyl (gol.), *Radio Cymru – Detholiad o Raglenni* (Gwasg Gomer, 1989), 75 (1985).
14 *Sgrech* (Rhif 25, Awst 1982), 3.
15 *Taliesin* (Cyfrol 90, Haf 1995), 50.

Pennod 2
1 *Sgrech* (Rhif 28, Chwefror 1983), 7.
2 *ibid* (Rhif 31, Awst 1983), 7.
3 *ibid* (Rhif 24, Mehefin 1982), 19.
4 *ibid* (Rhif 25, Awst 1982), 3.
5 *ibid* (Rhif 26, Hydref 1982), 19.
6 *ibid*.
7 *Sgrech* (Rhif 34, Chwefror 1984), 2.

Pennod 3
1 *Y Faner* (13 Mehefin 1980), 11.
2 *Sgrech '83* (Cyhoeddiadau Mei, 1983), 10–11.
3 *Y Cymro* (17 Mehefin 1980), 10.
4 *Sgrech* (Rhif 23, Pasg 1982), 5.
5 *Y Faner* (12 Hydref 1984), 9.
6 *Y Trên Olaf Adref* (Y Lolfa, 1984), 6.
7 *Y Cymro* (13 Ebrill 1982), 10.

Pennod 4

1 *Y Faner* (20 Gorffennaf 1984), 6.
2 *ibid* (12 Hydref 1984), 9.
3 *ibid* (21 Chwefror 1986), 16.
4 *Y Cymro* (21 Rhagfyr 1982), 8.
5 *Sgrech* (Rhif 37, Awst 1984), 18.
6 *Y Cymro* (28 Mehefin 1983), 7.
7 *Sgrech '83* (Cyhoeddiadau Mei, 1983), 26.
8 *Tu Chwith* (Cyfrol 8, Gaeaf 1997), 29.
9 *Sgrech* (Rhif 31, Awst 1983), 9.
10 *ibid*, 15.
11 *ibid* (Rhif 28, Chwefror 1983), 8.
12 *Y Cymro* (12 Chwefror 1985), 7.

Pennod 5

1 *Barn* (Rhif 104, Mehefin 1971), 232.
2 *Y Cymro* (11 Medi 1985), 7.
3 *ibid* (11 Rhagfyr 1985), 7.
4 *ibid* (8 Ionawr 1986), 7.
5 *Cristion* (Mai/Mehefin 1988), 6–7.
6 *Y Cymro* (20 Ionawr 1988), 7.
7 *Sylw* (Rhif 3, 1986), 2.
8 *ibid*.
9 *Y Cymro* (6 Medi 1983), 8.
10 *Sgrech* (Rhif 32, Hydref 1983), 9.
11 *Y Cymro* (26 Awst 1987),3.

Pennod 6

1 *Y Cymro* (3 Mehefin 1987), 7.
2 *Y Faner* (25 Ionawr 1985), 10.
3 *Y Cymro* (25 Mehefin 1986), 7.
4 *ibid* (23 Medi 1987).
5 *Y Faner* (13 Medi 1985), 8.
6 *ibid* (16 Mai 1986), 9.
7 *Y Cymro* (9 Ebrill 1987), 7.
8 *ibid* (17 Medi 1986), 7.
9 *ibid* (5 Chwefror 1985), 9.
10 *ibid* (17 Medi 1986), 7.
11 *ibid* (29 Mai 1985), 5.
12 *ibid* (11 Chwefror 1987), 7.
13 *Y Faner* (1 Mawrth 1985), 10.
14 *Y Cymro* (26 Mawrth 1986), 7.
15 *Y Faner* (1 Mawrth 1985), 10.
16 *Sylw* (Rhif 2, Ionawr 1986), 10–11.

Pennod 7

1 Meic Stevens, *Hunangofiant y Brawd Houdini* (Y Lolfa, 2003), 282.
2 *Y Cymro* (25 Medi 1985), 7.
3 *Barn* (Rhif 308, Medi 1988), 20.
4 *ibid* (Rhif 104, Mehefin 1971), 240–1.
5 *Sgrech* (Rhif 27, Nadolig 1982), 17.
6 *Y Cymro* (5 Chwefror 1986), 7.

7 *ibid* (13 Tachwedd 1985), 13.
8 *Y Faner* (6 Mai 1988), 17.
9 *ibid* (4 Gorffennaf 1988), 17.
10 Dafydd Iwan, *Cant o Ganeuon* (Y Lolfa, 1982), 4.
11 *Sgrech* (Hydref 1982), 13.
12 *Dafydd Iwan Ar Dân* (Sain 1217M).
13 *Barn* (Rhif 288, Ionawr 1987), 26.
14 *Y Faner* (12 Mehefin 1987), 10.
15 *Sothach* (Rhif 2, Mehefin 1988), 16.
16 *Barn* (Rhif 222/223, Gorffennaf/Awst 1981), 300.

Pennod 8

1 *Y Faner* (27 Medi 1985), 15.
2 *ibid* (18 Hydref 1985), 2.
3 *Y Cymro* (19 Tachwedd 1986), 9.
4 *Barn* (Rhif 288, Ionawr 1987), 26.
5 *Y Faner* (13 Ionawr 1984), 16.
6 *Y Cymro* (20 Tachwedd 1983), 10.
7 *ibid* (9 Hydref 1985), 7.
8 *ibid* (11 Hydref 1983), 2.
9 *ibid* (11 Hydref 1983), 2.
10 *Y Cymro* (8 Hydref 1986), 9.
11 *ibid* (12 Mehefin 1987), 10.
12 *Hogia Ni* (Sain C504), 1989.
13 *Golwg* (Cyfrol 2, Rhif 23, 22 Chwefror 1990), 18.

Pennod 9

1 *Blwyddlyfr Sgrech 81* (Cyhoeddiadau Mei, 1981),12.
2 *Y Cymro* (2 Ebrill 1986), 7.
3 Barn (Rhif 210/211, Gorffennaf/Awst 1980), 243.
4 *Y Cymro* (9 Mawrth 1982), 11.
5 *Barn* (Rhif 288, Ionawr 1987), 26.
6 *Sgrech* (Rhif 27, Nadolig 1982), 7.
7 *Y Cymro* (30 Gorffennaf 1986), 7.
8 *Y Faner* (29 Mehefin 1990), 15.
9 *Sothach* (Rhif 14, Rhagfyr/Ionawr 1989), 35.
10 *Y Faner* (16 Tachwedd 1990), 15.
11 *Sothach* (Rhif 11, Medi 1989), 9.
12 *ibid* (Rhif 4, Tachwedd 1988), 7–8.
13 *Sgrech* (Rhif 27, Nadolig 1982), 13.
14 *ibid* (Rhif 30, Mehefin 1983), 6.

Pennod 10

1 *Y Cymro* (9 Awst 1989), 7.
2 *Sothach* (Rhif 13, Tachwedd 1989), 21.
3 *ibid* (Rhif 5, Chwefror 1989), 11.
4 *Y Cymro* (1 Hydref 1986), 6.
5 *Blwyddlyfr Sgrech* 1982 , 12.
6 *Y Cymro* (24 Medi 1986), 7.
7 *ibid* (13 Ionawr 1988), 7.
8 *Sothach* (Rhif 1, Mawrth 1988), 2.
9 *ibid* (Rhif 3, Awst 1988), 18.

10 *ibid*, 7.
11 *Barn* (Rhif 305, Mehefin 1988), 17.
12 *ibid*, 19.
13 *Y Cymro* (5 Tachwedd 1986), 7.
14 *Blwyddlyfr Sgrech* 1981 (Cyhoeddiadau Mei, 1981, 15.
15 *Golwg* (Cyfrol 2, Rhif 1, 7 Medi 1989), 30.
16 *Barn* (Rhif 309, Hydref 1988), 31–2.
17 *Y Cymro* (9 Ionawr 1988), 7.
18 *ibid* (19 Mawrth 1985), 7.
19 *Sothach* (Rhif 9, Mehefin 1989), 20.
20 *ibid* (Rhif 10, Gorffennaf/Awst 1989), 9.
21 *ibid* (Rhif 7, Ebrill 1989), 5.
22 *Barn* (Rhif 318/319, Gorffennaf/Awst 1989), 85.
23 *ibid*, 91
24 *ibid*, 88.
25 *ibid*, 94.
26 *Sothach* (Rhif 12, Hydref 1989), 8.
27 *Y Cymro* (25 Ebrill 1983), 7.
28 *New Musical Express* (4 Tachwedd 1989), 13.
29 *Sothach* (Rhif 14, Rhagfyr/Ionawr 1989), 8.

Pennod 11

1 *Sothach* (Rhif 14, Rhagfyr/Ionawr 1989), 18.
2 *Barn* (Rhif 332, Tachwedd 1989), 38.
3 *ibid* (Rhif 344, Awst/Medi 1991), 85.
4 *Y Faner* (6 Rhagfyr 1991), 16.
5 *Barn* (Rhif 375, Ebrill 1994), 31.
6 *Sothach* (Rhif 58, Chwefror 1994), 27.
7 *Golwg* (Cyfrol 6, Rhif 23, 13 Chwefror 1994), 23.
8 *Sothach* (Rhif 64, Hydref 1994), 21.
9 *Golwg* (Cyfrol 3, Rhif 50, 29 Awst 1991), 2.
10 *Sothach* (Rhif 20, Tachwedd 1990), 2.
11 *Golwg* (Cyfrol 3, Rhif 29, 4 Ebrill 1991), 11.
12 *Sothach* (Rhif 45, Hydref 1992), 2.

Pennod 12

1 *Sothach* (Rhif 30, Mai 1991), 20.
2 *ibid* (Rhif 39, Mawrth 1992), 18.
3 *ibid* (Rhif 48, Chwefror 1993), 26.
4 *ibid*, 3.
5 *Barn* (Rhif 337, Chwefror 1991), 38.
6 *Golwg* (Rhif 6, 8 Hydref 1992), 7.
7 *Y Cymro* (19 Gorffennaf 1995), 6.
8 *Sothach* (Rhif 50, Ebrill 1993), 30.
9 *Y Cymro* (4 Ionawr 1995), 6.
10 Marilyn Samuel a Siân Esmor, *Sobin a'r Smaeliaid* (Hughes a'i Fab, 1992), 12.
11 *Caneuon Sobin* (Cwmni Cyhoeddi Gwynn Cyf., 1990), 7.
12 *Sothach* (Rhif 50, Ebrill 1993), 17.

Pennod 13

1 *Sothach* (Rhif 31, Mehefin 1991), 20.

2 *Taliesin* (Cyfrol 20, Haf 1995), 39–40.
3 *Golwg* (Cyfrol 2, Rhif 33, 2 Mai 1991), 16.
4 *Rhif 10* (Ffansîn Cymdeithas yr Iaith Gymraeg, Rhanbarth Clwyd), 19.
5 *Golwg* (Cyfrol 2, Rhif 3, 21 Medi 1989), 22.
6 *New Musical Express* (17 Medi 1993), 8
7 *Barn* (Rhif 378/379, Gorffennaf/Awst 1994), 73
8 *Golwg* (Cyfrol 6, Rhif 13, 25 Tachwedd 1993), 3.
9 *ibid.*
10 *Golwg* (Cyfrol 6, Rhif 38, 2 Mehefin 1994), 23.
11 *Y Cymro* (6 Mai 1992), 6.
12 Poster *Golwg*, 1994.

Pennod 14

1 *Sothach* (Rhif 34, Hydref 1991), 2.
2 *Golwg* (Cyfrol 4, Rhif 2, 12 Medi 1991), 12.
3 *Asbri* (Cyfrol 2, Rhif 2, Haf/Hydref 1989), 9.
4 *Golwg* (Cyfrol 4, Rhif 2, 12 Medi 1991), 12.
5 *Diwylliant Poblogaidd a'r Gymraeg*, (Cyfres y Cynulliad 2, Y Lolfa, 1998), 24–5.
6 David Owens, *Cerys, Catatonia and the Rise of Welsh Pop* (Ebury Press, 2000), 31.
7 *Sothach* (Rhif 47, Rhagfyr 1992/Ionawr 1993), 14.
8 *ibid.*
9 *ibid.*
10 *Sothach* (Rhif 48, Chwefror 1993), 25.
11 *Golwg* (Cyfrol 5, Rhif 16, 17 Rhagfyr 1992), 23.
12 *Barn* (Rhif 362, Mawrth 1993), 44.
13 *Sothach* (Rhif 77, Chwefror 1996), 20.
14 Barn (Rhif 334, Tachwedd 1990), 8.
15 Elena Morus (gol.), *Sain, Camau'r Chwarter Canrif* (Gwasg Carreg Gwalch, 1994), 108.
16 *Golwg* (Cyfrol 5, Rhif 38, 3 Awst 1993), 19.
17 *Sothach* (Rhif 60, Mai 1994), 22.
18 *Barn* (Rhif 350, Mawrth 1992), 45.

Pennod 15

1 *Barn* (Rhif 350, Mawrth 1992), 45.
2 *Sothach* (Rhif 5, Chwefror 1980), 11.
3 *atolwg* (*Golwg*, Cyfrol 6, Rhif 11, 11 Tachwedd 1993), 8.
4 *Golwg* (Cyfrol 7, Rhif 10, 3 Tachwedd 1994), 25.
5 *Sothach* (Rhif 54, Medi/Hydref 1993), 15.
6 *ibid*, 6.
7 *Golwg* (Cyfrol 5, Rhif 48, 12 Awst 1993), 12.
8 *ibid* (Cyfrol 6, Rhif 47, 4 Awst 1994), 16.
9 J. Elwyn Hughes (gol.), *Cyfansoddiadau a Beirniadaethau 1993* (Gwasg Dinefwr, 1993), 15.
10 *Golwg* (Cyfrol 6, Rhif 39, 9 Mehefin 1994), 16.
11 *ibid* (Cyfrol 3, Rhif 29, 4 Ebrill 1991), 13.
12 *atolwg* (*Golwg*, Cyfrol 6, Rhif 38, 2 Mehefin 1994), 8.

Pennod 16

1 *Golwg* (Cyfrol 1, Rhif 43, 13 Gorffennaf 1989), 18.
2 *Barn* (Rhif 350, Mawrth 1992), 45.
3 *Sothach* (Rhif 65, Tachwedd/Rhagfyr 1994), 31.

4 *Golwg* (Cyfrol 4, Rhif 47, 6 Awst 1992), 25.
5 *ibid.*
6 *Barn* (Mehefin 1996), 41/2.
7 *Barn* (Mai 1996), 22
8 *atolwg* (*Golwg*, Cyfrol 12, Rhif 18, 13 Ionawr 2000).
9 *Barn* (Mai 1996), 22.
10 *ibid* (Rhif 328, Mai 1990), 46.
11 *ibid* (Rhif 332, Medi 1990), 41.
12 *Sothach* (Rhif 85, Tachwedd/Rhagfyr 1996), 20.
13 *Y Faner* (29 Mehefin 1990), 15.

Pennod 17

1 *Sothach* (Rhif 52, Mehefin 1993), 31.
2 *ibid* (Rhif 50, Ebrill 1993), 36–7.
3 *Golwg* (Cyfrol 7, Rhif 47, 3 Awst 1995), 34.
4 *Barn* (Rhif 412, Mai 1997), 31.
5 *ibid* (Rhif 419, Ionawr 1998), 39.
6 *Golwg* (Cyfrol 8, Rhif 23, 22 Chwefror 1996), 10.
7 *ibid* (Cyfrol 4, Rhif 48, 13 Awst 1992) 12
8 *ibid* (Cyfrol 9, Rhif 35, 15 Mai 1997), 20.
9 *ibid* (Cyfrol 8, Rhif 5, 5 Hydref 1995), 3.
10 *Barn* (Rhif 417, Hydref 1997), 57.
11 *Golwg* (Rhifyn Arbennig, Awst 1998), 8.
12 *ibid* (Cyfrol 1, Rhif 12, 24 Tachwedd 1988), 26.
13 *ibid* (Cyfrol 3, Rhif 17, 10 Ionawr 1991), 25.
14 *Barn* (Chwefror 1991, Rhif 337), 38.
15 *Sothach* (Rhif 60, Mai 1994), 23.

Pennod 18

1 *Golwg* (Cyfrol 1, Rhif 30, 13 Ebrill 1989), 30.
2 *Y Cymro* (29 Mai 1992), 7.
3 *Golwg* (Cyfrol 3, Rhif 29, 4 Ebrill 1991), 29.
4 *ibid* (Cyfrol 2, Rhif 29, 5 Ebrill 1990), 29.
5 *ibid* (Cyfrol 3, Rhif 35, 16 Mai 1991), 29.
6 *ibid* (Cyfrol 4, Rhif 2, 10 Medi 1992), 26.
7 *ibid* (Cyfrol 5, Rhif 27, 18 Mawrth 1993), 27.
8 *ibid* (Cyfrol 6, Rhif 5, 30 Medi 1993), 30.
9 *ibid* (Cyfrol 6, Rhif 12, 18 Tachwedd 1993), 29.
10 *ibid* (Cyfrol 3, Rhif 2, 13 Medi 1990), 11.
11 *ibid* (Cyfrol 4, Rhif 49, 19 Awst 1993), 3.
12 *ibid.*
13 *Golwg* (Cyfrol 4, Rhif 46, 29 Gorffennaf 1993).
14 *ibid* (Cyfrol 6, Rhif 48, 11 Awst 1994).
15 *Western Mail* (*Television Wales*, 22 Mehefin 1996), 15.
16 *Golwg* (Cyfrol 7, Rhif 14, 1 Rhagfyr 1994), 30.
17 *ibid* (Cyfrol 9, Rhif 14, 5 Rhagfyr 1996), 24.
18 *ibid* (Cyfrol 10, Rhif 38, 4 Mehefin 1998), 25.
19 *Barn* (Rhif 404, Medi 1996), 18–19.
20 *Golwg* (Cyfrol 8, Rhif 43, 11 Gorffennaf 1996), 6.
21 *ibid.*
22 *Barn* (Rhif 404, Medi 1996), 20.
23 *ibid* (Rhif 453, Hydref 2000), 21.

24 *Golwg* (Cyfrol 8, Rhif 29, 4 Ebrill 1996), 24.
25 *Barn* (Rhif 419/420, Rhagfyr 1997/Ionawr 1998), 35.
26 *ibid*.
27 *Y Cymro* (31 Gorffennaf 1996), 2.
28 *Barn* (Rhif 430, Tachwedd 1998), 33.
29 *Golwg* (Cyfrol 8, Rhif 47, 8 Awst 1996), 9.
30 *ibid* (Cyfrol 8, Rhif 48, 15 Awst 1996), 7.
31 *ibid* (Cyfrol 8, Rhif 37, 30 Mai 1996), 22–3.
32 Ioan Bowen Rees, *Cymru Heddiw: Cenedl ynteu Marchnad?* (Gwasg Gomer, 1993), 188.
33 *Golwg* (Cyfrol 7, Rhif 43, 6 Gorffennaf 1995), 15.
34 *atolwg (Golwg*, Cyfrol 9, Rhif 1, 5 Mai 1996).

Pennod 19

1 *Golwg* (Cyfrol 4, Rhif 39, 11 Mehefin 1992), 18.
2 *Al, Mae'n Urdd Camp* (Cyfres y Beirdd Answyddogol, Y Lolfa, 1992), 42.
3 *ibid*.
4 *Barn* (Rhif 354, Gorffennaf 1992), 36.
5 *ibid* (Rhif 443/444, Rhagfyr1999/Ionawr 2000), 65.
6 *Sothach* (Rhif 25/26, Rhagfyr 1990/Ionawr 1991), 30.
7 *ibid* (Rhif 38, Chwefror 1992), 7.
8 *ibid*.
9 *Datblygu 1985–1995* (ankstmusik CD 086, 1999).
10 *Barn* (Rhif 355/356, Awst/Medi 1992), 91.
11 *ibid* (Rhif 366/377, Gorffennaf/Awst 1993), 66.
12 *Golwg* (Cyfrol 5, Rhif 43, 8 Gorffennaf 1993), 27.
13 *Sothach* (Rhif 53, Gorffennaf/Awst 1993), 48–49.
14 *Golwg* (Cyfrol 11, Rhif 27, 25 Mawrth 1999), 30.
15 *Barn* (Rhif 343/344, Awst/Medi 1991), 85.
16 *ibid* (Rhif 369, Hydref 1993), 54.
17 *Sothach* (Rhif 47, Rhagfyr 1992/Ionawr 1993), 32.
18 *Golwg* (Cyfrol 5, Rhif 47, 5 Awst 1993), 27 .
19 *ibid* (Cyfrol 5, Rhif 49, 19 Awst 1993), 8.
20 *ibid* (Cyfrol 6, Rhif 16, 16 Rhagfyr 1993), 23.
21 *Barn* (Rhif 373, Chwefror 1994), 37.
22 *Sothach* (Rhif 64, Hydref 1994), 21.
23 *Barn* (Rhif 383/384, Rhagfyr 1994/Ionawr 1995), 40.
24 *Golwg* (Cyfrol 8, Rhif 15, 14 Rhagfyr 1995), 19.
25 *atolwg (Golwg*, Cyfrol 10, Rhif 21, 5 Chwefror 1998).
26 *Tu Chwith* (Cyfrol 1, Ebrill/Mawrth 1993), 49.

Pennod 20

1 *Llmych* (Rhif 10, dim dyddiad), 9.
2 *Sothach* (Rhif 79, Ebrill 1996), 10.
3 *Golwg* (Cyfrol 6, Rhif 19, 20 Ionawr 1994), 12.
4 *ibid*, 13.
5 *Golwg* (Cyfrol 4, Rhif 7, 17 Hydref 1991), 18.
6 *Sothach* (Rhif 33, Medi 1991), 20.
7 *Tu Chwith* (Cyfrol 4, 1995/1996), 62.
8 *Barn* (Rhif 402/403, Gorffennaf/Awst 1996), 13.
9 *Golwg* (Cyfrol 6, Rhif 48, 11 Awst 1994), 10.
10 *Sothach* (Rhif 63, Medi 1994), 22.

11 *Barn* (Rhif 380, Medi 1994), 15.
12 *Golwg* (Cyfrol 6, Rhif 47, 4 Awst 1994), 31.
13 *Barn* (Rhif 423, Ebrill 1998), 28.
14 Golwg (Cyfrol 4, Rhif 28, 1992), 19.
15 *Barn* (Rhif 357, Hydref 1992), 43.
16 *Sothach* (Rhif 47, Rhagfyr 1999/Ionawr 1993), 31.
17 *Golwg* (Cyfrol 4, Rhif 47, 6 Awst 1992), 22.
19 *Barn* (Rhif 401, Mehefin 1996), 41.

Pennod 21

1 *Golwg* (Cyfrol 10, Rhif 20, 29 Ionawr 1998), 15.
2 *ibid* (Cyfrol 12, Rhif 14, 2 Rhagfyr 1999), 14.
3 *ibid* (Cyfrol 12, Rhif 14, 16 Rhagfyr 1999), 7.
4 *Barn* (Rhif 413, Mehefin 1997), 43.
5 *John ac Alun* (Gwasg Gwynedd, 2001), 8.
6 *Llwybrau Breuddwydion, Chwarter Canrif o Gân* (Gwasg Gomer, 2004), 7.
7 *ibid*, 34.
8 *ibid*, 72.
9 *Ymlaen â'r Gân* (Gwasg Gomer, 2003), 55.
10 *Y Cymro* (11 Ionawr 1983), 11.
11 *Golwg* (Cyfrol 7, Rhif 21, 2 Chwefror 1995), 15.
12 *ibid* (Cyfrol 7, Rhif 18, 12 Ionawr 1995), 30.

Pennod 22

1 *Golwg* (Cyfrol 6, Rhif 9, 28 Hydref 1993), 25.
2 *ibid* (Cyfrol 6, Rhif 39, 9 Mehefin 1994), 17.
3 *ibid* (Cyfrol 6, Rhif 23, 13 Chwefror 1994), 22.
4 *Barn* (Rhif 375, Ebrill 1994), 31.
5 *Golwg* (Cyfrol 6, Rhif 23, 13 Chwefror 1994), 23.
6 *Sothach* (Rhif 59, Mawrth/Ebrill 1994), 34.
7 *Barn* (Rhif 378/379, Gorffennaf/Awst 1994), 72.
8 *ibid* (Rhif 392, Medi 1995), 24.
9 *Golwg* (Cyfrol 7, Rhif 31, 13 Ebrill 1995), 17.
10 *Barn* (Rhif 395/396, Rhagfyr 1995/Ionawr 1996), 43.
11 *Western Telegraph* (9 Mai 2001), 28.
12 *atolwg* (*Golwg*, Cyfrol 10, Rhif 51, 3 Medi 1998).
13 *Golwg* (Cyfrol 9, Rhif 31, 17 Ebrill 1997), 19.
14 Ben Thompson, *Seven Years of Plenty* (Victor Gollancz, 1998), 188.

Pennod 23

1 *Golwg* (Cyfrol 1, Rhif 49, 24 Awst 1989), 26.
2 *ibid* (Cyfrol 1, Rhif 50, 31 Awst 1989), 26.
3 *ibid* (Cyfrol 1, Rhif 26, 16 Mawrth 1989), 18.
4 *Barn* (Rhif 359, Rhagfyr 1992), 8.
5 *ibid*.
6 *ibid*.
7 *Golwg* (Cyfrol 2, Rhif 3, 21 Medi 1989), 23.
8 *Barn* (Rhif 333, Hydref 1990), 46.
9 *Sothach* (Rhif 23, Hydref 1990), 24.
10 *Barn* (Rhif 359, Rhagfyr 1992), 9.
11 *Sothach* (Rhif 49, Mawrth 1993), 28.
12 *Barn* (Rhif 360/361, Ionawr/Chwefror 1993), 72.

13 *Golwg* (Cyfrol 5, Rhif 22, 11 Chwefror 1993), 18.
14 *Barn* (Rhif 375, Ebrill 1994), 31.
15 *Sothach* (Rhif 57, Ionawr 1994), 20.
16 *Barn* (Rhif 397, Chwefror 1996), 29
17 *Golwg* (Cyfrol 8, Rhif 19, 25 Ionawr 1996), 20.
18 *Barn* (Rhif 404, Medi 1996), 25.
19 *Cyfansoddiadau a Beirniadaethau 2003* (Gwasg Dinefwr, 2003), 11.

Pennod 24

1 *Barn* (Rhif 434, Mawrth 1999), 62.
2 *Taliesin* (Cyfrol 105/106, Gwanwyn/Haf 1999), 176.
3 *Golwg* (Cyfrol 6, Rhif 23, 13 Chwefror 1994), 30.
4 *Llafar Gwlad* (Rhif 44, 1994), 9.
5 *Barn* (Rhif 411, Ebrill 1997), 42.
6 *Golwg* (Cyfrol 8, Rhif 42, 4 Gorffennaf 1996), 26.
7 June Skinner Sawyers, *The Complete Guide to Celtic Music* (Aurum Press, 2000), 1, 13.
8 *Golwg* (Cyfrol 9, Rhif 49, 21 Awst 1997), 17.
9 *Barn* (Rhif 152, Medi 1975), 80.
10 *ibid* (Rhif 390/391, Gorffennaf/Awst 1995), 82.
11 *Golwg* (Cyfrol 10, Rhif 17, 8 Ionawr 1998), 16.
12 *Barn* (Rhif 244, Mai 1983), 153.
13 *Golwg* (Cyfrol 3, Rhif 10, 8 Tachwedd 1990), 7.
14 *Y Cymro* (27 Gorffennaf 1994), 6.
15 *Golwg* (Cyfrol 7, Rhif 15, 1 Rhagfyr 1994), 18.
16 *Barn* (Rhif 426/427, Gorffennaf/Awst 1998), 44.

Pennod 25

1 *Golwg* (Cyfrol 3, Rhif 2, 13 Medi 1990), 24.
2 Daniel Davies, *Pelé, Gerson a'r Angel*, (Y Lolfa, 2001), 14, 47.
3 *Golwg* (Cyfrol 6, Rhif 43, 8 Gorffennaf 1993), 23.
4 Sothach (Rhif 53, Gorffennaf/Awst 1993), 15.
5 *Golwg* (Cyfrol 7, Rhif 34, 4 Mai 1993), 12.
6 *Barn* (Rhif 416, Medi 1997), 34.
7 *ibid* (Rhif 404, Medi 1996), 18.
8 *Sothach* (Rhif 50, Ebrill 1993), 38.
9 *Barn* (Rhif 377, Mehefin 1994), 9.
10 *ibid* (Rhif 461, Mehefin 2001), 42.
11 *ibid* (Rhif 437, Mehefin 1999), 49.
12 *ibid*.
13 *Barn* (Rhif 455/456, Ionawr 2001), 57.
14 *ibid* (Rhif 353, Mehefin 1992), 42.
15 *Golwg* (Cyfrol 4, Rhif 34, 7 Mai 1992), 17.
16 *Barn* (Rhif 399, Ebrill 1996), 32.
17 *Golwg* (Cyfrol 6, Rhif 35, 12 Mai 1994), 22.
18 *ibid* (Cyfrol 6, Rhif 40, 17 Mehefin 1994), 19.
19 *Barn* (Rhif 333, Hydref 1990), 46.
20 *Golwg* (Cyfrol 9, Rhif 3, 19 Medi 1996), 26.
21 *Barn* (Rhif 368, Medi 1993), 47.
22 *ibid* (Rhif 416, Medi 1997), 35.
23 *ibid* (Rhif 373, Chwefror 1994), 37.
24 *Sothach* (Rhif 57, Ionawr 1994), 23.

25 *Barn* (Rhif 399, Ebrill 1996), 32.
26 *ibid* (Rhif 353, Mehefin 1992), 42.
27 *Y Cymro* (27 Gorffennaf 1994), 6.

Pennod 26

1 R Alun Evans, *Stand By! Bywyd a Gwaith Sam Jones* (Gwasg Gomer, 1998), 258.
2 *Y Cymro* (9 Medi 1989), 6.
3 *Golwg* (Cyfrol 5, Rhif 13, 26 Tachwedd 1992), 27.
4 *ibid* (Cyfrol 5, Rhif 39, 10 Mehefin 1993), 7.
5 *ibid* (Cyfrol 9, Rhif 18, 16 Ionawr 1997), 25.
6 *ibid* (Cyfrol 11, Rhif 46, 5 Awst 1999), 33.
7 *Barn* (Rhif 491/492, Rhagfyr 2003/Ionawr 2004), 77.
8 *Golwg* (Cyfrol 5, Rhif 30, 8 Ebrill 1993), 22.
9 *Western Mail* (*Television Wales*, 6 Gorffennaf 1996), 15.

Pennod 27

1 *Western Mail* (27 Mawrth 2002), 10.
2 Meic Stevens, *Hunangofiant y Brawd Houdini* (Y Lolfa, 2003), 48.
3 *Barn* (Rhif 399, Ebrill 1996), 32.
4 *ibid* (Rhif 343/344, Awst/Medi 1991), 85.
5 *ibid* (Rhif 346, Tachwedd 1991), 46.
6 *ibid* (Rhif 360/361, Ionawr/Chwefror 1993), 73.
7 *Golwg* (Cyfrol 5, Rhif 35, 13 Mai 1993), 22.
8 *Barn* (Rhif 364, Mai 1993), 45.
9 *Golwg* (Cyfrol 10, Rhif 20, 29 Ionawr 1998), 15.
10 *ibid*.
11 *Western Telegraph* (3 Mehefin 1998),12.
12 Meic Stephens (gol.), *Cydymaith i Lenyddiaeth Cymru* (Gwasg Prifysgol Cymru, 1997), 680.
13 *Golwg* (Cyfrol 3, Rhif 20, 31 Ionawr 1991), 25.
14 *Sothach* (Rhif 48, Chwefror 1993), 28.
15 *Golwg* (Cyfrol 2, Rhif 4, 28 Medi 1989), 24.
16 *ibid* (Cyfrol 3, Rhif 15, 13 Rhagfyr 1990), 15.
17 *Sothach* (Rhif 25/26, Rhagfyr 1990/Ionawr 1991), 10.
18 *Golwg* (Cyfrol 4, Rhif 47, 6 Awst 1992), 23.
19 *Barn* (Rhif 357, Hydref 1992), 43.
20 *Golwg* (Cyfrol 6, Rhif 47, 4 Awst 1994), 31.
21 *Barn* (Rhif 380, Medi 1994), 15.
22 *atolwg* (*Golwg*, Cyfrol 10, Rhif 29, 2 Ebrill 1998).
23 *A5* (Rhif 1, Gaeaf 1985), 58.
24 *ibid*.
25 *Barn* (Rhif 421, Chwefror 1998), 31.
26 *Tu Chwith* (Cyfrol 4, 1995/1996), 28.
27 *Golwg* (Cyfrol 11, Rhif 3, 24 Medi 1998), 17.
28 *ibid*.
29 *Tu Chwith* (Cyfrol 4, 1996), 40.
30 Gwyn Erfyl, *Radio Cymru – Detholiad o Raglenni* (Gwasg Gomer, 1989), 128.
31 *Barn* (Rhif 348/349, Ionawr/Chwefror 1992), 91.
32 *ibid* (Rhif 401, Mehefin 1996), 41.
33 *Golwg* (Cyfrol 2, Rhif 16, 16 Ionawr 1999), 24.
34 *ibid* (Cyfrol 11, Rhif 2, 17 Medi 1998), 17.
35 *Barn* (Rhif 481, Chwefror 2003), 42.

36 *Golwg* (Cyfrol 10, Rhif 20, 29 Ionawr 1998), 15.
37 *I Adrodd yr Hanes: 51 o Ganeuon Meic Stevens* (Gwasg Carreg Gwalch, 1993), 47.

Pennod 28

1 *Y Cymro* (18 Chwefror 1998), 12.
2 *ibid*.
3 *Y Cymro* (19 Gorffennaf 1995), 6.
4 *ibid* (9 Awst 1995), 2.
5 *Golwg* (Cyfrol 2, Rhif 7, 19 Hydref 1989), 19.
6 *ibid* (Cyfrol 5, Rhif 22, 11 Chwefror 1993), 18.
7 *Sothach* (Rhif 66, Ionawr 1995), 18.
8 *ibid* (Rhif 41, Mai 1992), 16.
9 *Golwg* (Cyfrol 17, Rhif 16, 15 Rhagfyr 1994), 34.
10 *ibid* (Cyfrol 8, Rhif 15, 14 Rhagfyr 1995), 19.
11 *atolwg* (*Golwg*, Cyfrol 10, Rhif 25, 5 Mawrth 1998).
12 *Barn* (Rhif 407/408, Rhagfyr 1996/Ionawr 1997), 29.
13 *atolwg* (*Golwg*, Cyfrol 12, Rhif 18, 13 Ionawr 2000).
14 *Golwg* (Cyfrol 8, Rhif 42, 4 Gorffennaf 1996), 14.
15 *ibid*.
16 *Tu Chwith* (Cyfrol 1, Ebrill/Mai 1993), 36.
17 *Barn* (Rhif 362, Mawrth 1993), 45.
18 *Sothach* (Rhif 49, Mawrth 1993), 28.
19 Ben Thompson, *Seven Years of Plenty* (Victor Gollancz, 1998), 236.
20 *Sothach* (Rhif 85, Tachwedd/Rhagfyr 1996), 20.
21 *Barn* (Rhif 393, Hydref 1995), 20.
22 *Sothach* (Rhif 85, Tachwedd/Rhagfyr 1996), 22.
23 *Barn* (Rhif 407/408, Rhagfyr 1996/Ionawr 1997), 29.
24 *Golwg* (Cyfrol 4, Rhif 47, 6 Awst 1992), 25.
25 *atolwg* (*Golwg*, Cyfrol 9, Rhif 21, 6 Chwefror 1997).
26 *Barn* (Rhif 419/420, Rhagfyr 1997/Ionawr 1998), 49.
27 *ibid* (Rhif 346, Tachwedd 1991), 46.
28 *ibid* (Rhif 345, Hydref 1991), 47.
29 *Golwg* (Cyfrol 12, Rhif 11, 11 Ionawr 1999), 25.
30 *ibid* (Cyfrol2, Rhif 12, 18 Tachwedd 1999), 7.
31 *Barn* (Rhif 407/408, Rhagfyr 1996/Ionawr 1997), 28.
32 *ibid*.
33 *Barn* (Rhif 419/420, Rhagfyr 1997/Ionawr 1998), 48.

Pennod 29

1 *Barn* (Rhif 419/420, Rhagfyr 1997/Ionawr 1998), 48.
2 *Golwg* (Cyfrol 12, Rhif 36, 18 Mai 2000), 20.
3 *Barn* (Rhif 436, Mai 1999), 33.
4 *ibid* (Rhif 443/444, Rhagfyr 1999/Ionawr 2000), 68.
5 *ibid* (Rhif 446, Tachwedd 2001), 36.
6 *www.ankstmusik.com*
7 *atolwg* (*Golwg*, Cyfrol 12, Rhif 38, 1 Mehefin 2000).
8 *atolwg* (*Golwg* (Golwg, Cyfrol 13, Rhif 48, 9 Awst 2001).
9 *Golwg* (Cyfrol 11, Rhif 10, 12 Tachwedd 1998), 5.
10 *ibid* (Cyfrol 12, Rhif 39, 8 Mehefin 2000), 26.
11 *ibid* (Cyfrol 12, Rhif 40, 15 Mehefin 2000), 24.
12 *ibid* (Cyfrol 12, Rhif 19, 20 Ionawr 2000), 25.
13 *Barn* (Rhif 472, Mai 2001), 33.

Pennod 30

1 *Golwg* (Cyfrol 12, Rhif 15, 9 Rhagfyr 1999), 7.
2 David Owens, *Cerys, Catatonia and the Rise of Welsh Pop* (Ebury Press, 2000), 100.
3 *ibid*, 95.
4 *ibid*, 107.
5 *atolwg* (*Golwg*, Cyfrol 9, Rhif 17, 9 Ionawr 1997).
6 David Owens, *op.cit.*, 188.
7 *Sothach* (Rhif 44, Medi 1992), 12.
8 David Owens, *op.cit.*, 13.
9 *Golwg* (Cyfrol 7, Rhif 28, 23 Mawrth 1995), 15.
10 David Owens, *op.cit.*, 13.
11 *Cyfansoddiadau a Beirniadaethau 1998* (Gwasg Dinefwr, 1998), 95.
12 *Barn* (Rhif 443/444, Rhagfyr 1999/Ionawr 2000), 66.
13 *atolwg* (*Golwg*, Cyfrol 9, Rhif 17, 9 Ionawr 1997).
14 *Y Cymro* (1 Ionawr 1997), 6.
15 *Golwg* (Cyfrol 13, Rhif 27, 15 Mawrth 2001), 8.
16 *Barn* (Rhif 390/391, Gorffennaf/Awst 1995), 82.
17 *Sothach* (Rhif 77, Chwefror 1996), 20.
18 *ibid* (Rhif 82, Gorffennaf/Awst 1996), 14.
19 *Barn* (Rhif 404, Medi 1996), 24.
20 *Sothach* (Rhif 85, Tachwedd/Rhagfyr 1996), 23.
21 *atolwg* (*Golwg*, Cyfrol 9, Rhif 17, 9 Ionawr 1997).
22 *Y Cymro* (1 Ionawr 1997), 6.
23 *www.graciouslyimpatient.co.uk*
24 *Mojo* (Rhif 92, Gorffennaf 2001).
25 *atolwg* (*Golwg*, Cyfrol 9, Rhif 47, 7 Awst 1997).
26 *nme.com* (10 Mai 2000).
27 *Golwg* (Cyfrol 12, Rhif 16, 16 Ionawr 1999), 24.
28 *ibid* (Cyfrol 12, Rhif 37, 25 Mai 2000), 12.
29 *ibid* (Cyfrol 12, Rhif 26, 9 Mawrth 2000), 3.
30 *New Musical Express* (1 Tachwedd 1997), 45.
31 *Barn* (Rhif 448, Mai 2000), 30.
32 *Sunday Times* (Review, 14 Mai 2000), 20.
33 *Observer* (Review, 7 Ionawr 2001), 13.

Pennod 31

1 *Golwg* (Cyfrol 11, Rhif 15, 17 Rhagfyr 1998), 21.
2 *ibid* (Cyfrol 11, Rhif 1, 10 Medi 1998), 6.
3 *atolwg* (*Golwg*, Cyfrol 13, Rhif 50, 23 Awst 2001).
4 *Barn* (Rhif 414/415, Gorffennaf/Awst 1997), 42.
5 *Golwg* (Cyfrol 9, Rhif 48, 14 Awst 1997).
6 *Barn* (Rhif 450/451, Gorffennaf/Awst 2000), 71.
7 *Golwg* (Cyfrol 12, Rhif 27, 16 Mawrth 2000), 18.
8 *ibid* (Cyfrol 11, Rhif 12, 8 Ebrill 1999), 6.
11 *ibid* (Cyfrol 2, Rhif 37, 31 Mai 1990), 20.
12 *ibid* (Cyfrol 6, Rhif 32, 21 Ebrill 1994), 3.
13 *Diwylliant Poblogaidd a'r Gymraeg* (Cyfres y Cynulliad, Y Lolfa, 1998), 13.
14 *Barn* (Rhif 423, Ebrill 1998), 28.
15 *Western Mail* (Arena, 31 Mai 1997), 5.
16 *Barn* (Rhif 455/456, Ionawr 2001), 57.
17 Llys Ynadon Caerfyrddin, 8 Ebrill 2002.
18 *Western Mail Magazine*, Hydref 12 2002.
19 *Tu Chwith* (Cyfrol 4, 1995/1996), 38.

20 *Barn* (Rhif 360/361, Ionawr/Chwefror 1993), 91.
21 *Golwg* (Cyfrol 10, Rhif 7, 16 Mehefin 1997), 23.
22 *Barn* (Rhif 418, Tachwedd 1997), 30.
23 *Western Mail* (Television in Wales, 20 Ionawr 1993), 11.
24 *ibid* (Television in Wales, 21 Mawrth 1998), 8.
25 *ibid* (Magazine, 12 Hydref 2002), 53.
26 *Golwg* (Cyfrol 11, Rhif 3, 24 Medi 1998), 17.
27 *Western Mail* (Arena, 27 Mehefin 1998), 10.
28 *Dilyn y Graen* (Sain SCD 2287, 2001).
29 *Barn* (Rhif 409, Chwefror 1997), 27.
30 *Golwg* (Cyfrol 6, Rhif 49, 18 Awst 1994), 22.
31 *ibid* (Cyfrol 12, Rhif 20, 27 Ionawr 2000), 16.
32 *Barn* (Rhif 419/420, Rhagfyr 1997/Ionawr 1998), 72.
33 *Taliesin* (Cyfrol 90, Haf 1995), 48.
34 *ibid* (Cyfrol 98, Haf 1997), 132.
35 *Diwylliant Poblogaidd a'r Gymraeg*, 28.
36 *Taliesin* (Cyfrol 112, Haf 2001), 108.
37 *Cymru 2000. Hanes Cymru yn yr 20fed Ganrif* (Gwasg Prifysgol Cymru/Hughes a'i Fab, 1999), 89.
38 *Y Cymro* (16 Mai 1978), 9.
39 *Western Mail* (Arena, 5 Ebrill 1997), 5.

Mynegai

Hefyd o'r Lolfa...

Y BLEW A BUDDUGOLIAETH GWYNFOR
Dyddiadur 60au Dafydd Evans

Dyddiadur gonest, gwreiddiol a meddylgar mab Gwynfor, Dafydd, a sefydlodd y grŵp roc trydanol Cymraeg cyntaf erioed – Y Blew.

£12.95
ISBN: 0 86243 672 9

Mynnwch gyfrol gyntaf Hefin Wyn ar ganu pop...

BE BOP A LULA'R DELYN AUR

Hanes Canu Poblogaidd Cymraeg gan Hefin Wyn

Twf hanes canu poblogaidd Cymraeg hyd at 1980. Y datblygiadau a'r dylanwadau, yr ymgyrchu iaith a'r neuaddau gorlawn. Rhestr fer Llyfr y Flwyddyn 2002.

£14.95

ISBN: O 86243 634 6

Am restr gyflawn o lyfrau'r wasg,
mynnwch gopi o'n Catalog newydd, rhad
– neu hwyliwch i mewn i'n gwefan

www.ylolfa.com

i chwilio ac archebu ar-lein.

Talybont Ceredigion Cymru SY24 5AP
e-bost ylolfa@ylolfa.com
gwefan www.ylolfa.com
ffôn (01970) 832 304
ffacs 832 782